Menschenrechte und ordre public im Internationalen Privatrecht

SCHRIFTEN ZUM STAATS- UND VÖLKERRECHT

Herausgegeben von Prof. Dr. Dieter Blumenwitz

Band 100

Peter Lang
Frankfurt am Main · Berlin · Bern · Bruxelles · New York · Oxford · Wien

Markus Voltz

Menschenrechte und ordre public im Internationalen Privatrecht

Peter Lang
Europäischer Verlag der Wissenschaften

Die Deutsche Bibliothek - CIP-Einheitsaufnahme

Voltz, Markus:

Menschenrechte und ordre public im internationalen Privatrecht / Markus Voltz. - Frankfurt am Main ; Berlin ; Bern ; Bruxelles ; New York ; Oxford ; Wien : Lang, 2002
(Schriften zum Staats- und Völkerrecht ; Bd. 100)
Zugl.: Würzburg, Univ., Diss., 2002
ISBN 3-631-39612-0

D 20
ISSN 0172-7796
ISBN 3-631-39612-0

www.peterlang.de

FÜR
CLAUDIA
MORITZ UND MIRIAM

VORWORT

Die vorliegende Untersuchung wurde im Wintersemester 2001/2002 von der Juristischen Fakultät der Bayerischen Julius-Maximilians-Universität Würzburg als Dissertation angenommen. Aktuelle Rechtsentwicklungen konnten in Teilen noch bis April 2002 nachgetragen werden.

Mein besonderer Dank gilt meinem verehrten akademischen Lehrer und Doktorvater, Herrn Prof. Dr. Dieter Blumenwitz, der mich in meinen beiden Jahren als Wissenschaftlicher Assistent an seinem Lehrstuhl an die Thematik der Untersuchung herangeführt und mir bei der Ausarbeitung großzügige wissenschaftliche Freiheit gewährt hat. Für seine wohlwollende Verbundenheit auch über die Assistentenzeit hinaus bin ich besonders dankbar. Die Aufnahme der Arbeit in die vorliegende Schriftenreihe als deren 100. Band ist mir eine besondere Ehre. Herrn Prof. Dr. Dr. h.c. Hugo J. Hahn LL.M. (Harvard) bin ich für manche Anregung und die rasche Erstellung des Zweitgutachtens zu Dank verpflichtet. Meinen ehemaligen Kollegen am Institut, Herrn Prof. Dr. Burkhard Schöbener, Herrn Dr. Winfried Bausback und insbesondere Herrn Dr. Marten Breuer danke ich für den ständigen gedanklichen Austausch und ihre konstruktive Kritik. Viele Helfer haben zum Entstehen der Arbeit beigetragen. Bei den Mitarbeitern am Institut fand ich immer zuverlässige Unterstützung bei der Literaturbeschaffung. Frau Bettina Prager und Herr Daniel Hauschildt haben dankenswerterweise die Korrekturarbeiten übernommen. Besonderen Dank schulde ich Frau Ruth Rupp. Ihrer fürsorglichen Unterstützung während und nach meiner Tätigkeit am Lehrstuhl konnte ich stets gewiß sein. Herrn Notar Klaus-Dietmar Schmidt danke ich für das Verständnis, das er mir und den Belangen der Arbeit in der Endphase der Ausarbeitung entgegengebracht hat.

Gewidmet ist die Schrift meiner Familie, namentlich meiner Frau Claudia. Sie hat mir in allen Phasen der Arbeit den Rücken gestärkt und gemeinsam mit meinen Schwiegereltern durch Übernahme der familiären Verpflichtungen den zeitlichen Freiraum geschaffen, den eine berufsbegleitende Promotion erfordert. Moritz und Miriam bitte ich um Verständnis für die knapp bemessene Zeit im vergangenen Jahr. Meinen Eltern danke ich für die stete Unterstützung in allen Abschnitten meiner Ausbildung.

Weimar, im Mai 2002 *Markus Voltz*

Inhaltsübersicht

INHALTSVERZEICHNIS

ABKÜRZUNGSVERZEICHNIS

a.A.	andere, -r Ansicht
a.a.O.	am angegebenen Ort
Abs.	Absatz
Abschn.	Abschnitt
Add.	Addendum
a.E.	am Ende
AEMR	Allgemeine Erklärung der Menschenrechte
a.F.	alte Fassung
AG	Amtsgericht
AGJ	Arbeitsgemeinschaft für Jugendhilfe
AJIL	American Journal of International Law
AJP	Aktuelle Juristische Praxis
AK	Alternativ-Kommentar
allgem.	allgemein, -e
a.M.	am Main
AmMRK	Amerikanische Menschenrechtskonvention
amtl.	amtlich, -e
AmUnivLRev	American University Law Review
Anh.	Anhang
Anm.	Anmerkung
AöR	Archiv des öffentlichen Rechts
Art.	Artikel
Aufl.	Auflage
Austral. YBIL	Australian Yearbook of International Law
AVR	Archiv des Völkerrechts
AWD	Außenwirtschaftsdienst des Betriebsberater
Az.	Aktenzeichen
BAG	Bundesarbeitsgericht
BayObLG	Bayerisches Oberstes Landesgericht
BayObLGZ	Entscheidungen des Bayerischen Obersten Landesgerichts in Zivilsachen
BayVBl	Bayerische Verwaltungsblätter
BBl.	Bundesblatt
Bd.	Band
Bearb.	Bearbeiter

beispw.	beispielsweise
BerDGVR	Berichte der Deutschen Gesellschaft für Völkerrecht
BGB	Bürgerliches Gesetzbuch
BGBl.	Bundesgesetzblatt
BGE	Entscheidungen des Schweizerischen Bundesgerichts
BGH	Bundesgerichtshof
BGHZ	Entscheidungen des Bundesgerichtshofs in Zivilsachen
BörsG	Börsengesetz
BRAGO	Bundesrechtsanwaltsgebührenordnung
BT-Drucks.	Bundestagsdrucksache
BVerfG	Bundesverfassungsgericht
BVerfGE	Entscheidungen des Bundesverfassungsgerichts
BVerwG	Bundesverwaltungsgericht
BVerwGE	Entscheidungen des Bundesverwaltungsgerichts
bzw.	beziehungsweise
Cc	frz. Code civil
C. civ.	ital. Codice civile
CCPR	Covenant on Civil and Political Rights
CEDAW	Convention on the Elimination of All Forms of Discrimination against Women
CERD	Convention on the Elimination of All Forms of Racial Discrimination
CESCR	Committee on Economic, Social and Cultural Rights
CMLR	Common Market Law Review
Columbia JTransnatL	Columbia Journal of Transnational Law
CSP	Code du Statut Personnel et des Succession
DDR	Deutsche Demokratische Republik
ders.	derselbe
DGVN	Deutsche Gesellschaft für die Vereinten Nationen
DGVR	Deutsche Gesellschaft für Völkerrecht
d.h.	das heißt
dies.	dieselbe, -n
Diss.	Dissertation

DIV	Deutsches Institut für Vormundschaftswesen
Doc.	Document
DÖV	Die Öffentliche Verwaltung
DVBl.	Deutsches Verwaltungsblatt
ebd.	ebendort
ECOSOC	Economic and Social Council
EGBGB	Einführungsgesetz zum Bürgerlichen Gesetzbuche
EGMR	Europäischer Gerichtshof für Menschenrechte
Einl.	Einleitung
EKMR	Europäische Kommission für Menschenrechte
EL	Ergänzungslieferung
ELR	European Law Review
EMRK	Europäische Menschenrechtskonvention
engl.	englisch
EPIL	Encyclopedia of Public International Law
EPL	European Public Law
ESC	Europäische Sozialcharta
et al.	et alii
ETS	European Treaty Series
EuGRZ	Europäische Grundrechte-Zeitschrift
f.	und folgende
FamRZ	Zeitschrift für das gesamte Familienrecht
FAZ	Frankfurter Allgemeine Zeitung
ff.	und folgende
FGG	Gesetz über die freiwillige Gerichtsbarkeit
Fn.	Fußnote, -n
FP	Fakultativprotokoll
frz.	französisch
FS	Festschrift
GA	General Assembly
GAOR	General Assembly Official Records
GBl.	Gesetzblatt
gem.	gemäß
GeorgiaJInt&CompL	Georgia Journal of International and Comparative Law
GG	Grundgesetz
ggf.	gegebenenfalls

GS	Gedächtnisschrift
GV	Generalversammlung
GYIL	German Yearbook of International Law
h.A.	herrschende Ansicht
Habil.-Schr.	Habilitationsschrift
Halbs.	Halbsatz
Hervorheb.	Hervorhebung
h.L.	herrschende Lehre
h.M.	herrschende Meinung
HRLJ	Human Rights Law Journal
HRQ	Human Rights Quarterly
Hrsg.	Herausgeber
Hs.	Halbsatz
HStR	Handbuch des Staatsrechts
ICJ	International Court of Justice
i.d.F.	in der Fassung
IGH	Internationaler Gerichtshof
IJVO	Internationale Juristenvereinigung Osnabrück
ILA	International Law Association
ILC	International Law Commission
ILM	International Legal Materials
InfAuslR	Informationsbrief Ausländerrecht
insbes.	insbesondere
Int&CompLQ	International and Comparative Law Quarterly
IPbpR	Internationaler Pakt über bürgerliche und politische Rechte
IPR	Internationales Privatrecht
IPRax	Praxis des Internationalen Privat- und Verfahrensrechts
IPRspr.	Die deutsche Rechtsprechung auf dem Gebiete des internationalen Privatrechts
IPwskR	Internationaler Pakt über wirtschaftliche, soziale und kulturelle Rechte
i.S.d.	im Sinne des/der
i.S.v.	im Sinne von
i.V.m.	in Verbindung mit
IZPR	Internationales Zivilprozeßrecht
IZVR	Internationales Zivilverfahrensrecht
JA	Juristische Arbeitsblätter
JIR	Jahrbuch für Internationales Recht

JR	Juristische Rundschau
JuS	Juristische Schulung
JW	Juristische Wochenschrift
JZ	Juristenzeitung
KG	Kammergericht
KindRG	Kindschaftsrechtsreformgesetz
KRK	UN-Kinderrechtekonvention
LG	Landgericht
lit.	litera
LoN	League of Nations
MRM	Menschenrechtsmagazin
MRZ	Menschenrechtszentrum (Universität Potsdam)
MüKo	Münchener Kommentar zum Bürgerlichen Gesetzbuch
m.w.N.	mit weiteren Nachweisen
NGO	Nongovernmental Organizations
NILR	Netherlands International Law Review
NJW	Neue Juristische Wochenschrift
NJW-RR	NJW-Rechtsprechungs-Report Zivilrecht
No.	Numero
NordÖR	Zeitschrift für öffentliches Recht in Norddeutschland
Nr.	Nummer
NVwZ	Neue Zeitschrift für Verwaltungsrecht
o.g.	oben genannte, -r
OGH	österr. Oberster Gerichtshof
OJ	Official Journal
ÖJZ	Österreichische Juristenzeitung
OLG	Oberlandesgericht
OP	Optional Protocol
österr.	österreichisch, -e, -es
OVG	Oberverwaltungsgericht
RabelsZ	Rabels Zeitschrift für ausländisches und internationales Privatrecht
RdC	Recueil des Cours de l'Académie de droit international
Rep.	Report
Res.	Resolution
Rev.	Revised
Rev. crit. dr. intern. privé	Rcvuc critiquc dc droit intcrnational privé
RG	Reichsgericht

RGZ	Entscheidungen des Reichsgerichts in Zivilsachen
RIW	Recht der internationalen Wirtschaft
Rn.	Randnummer
Rspr.	Rechtsprechung
S.	Seite
SchiedsVfG	Schiedsverfahrensgesetz
schweiz.	schweizerisch, -e, -es
SchweizJIR	Schweizerisches Jahrbuch für Internationales Recht
Sec.	Section
Ser.	Series
sog.	sogenannte, -r
st.	ständig, -e
StAZ	Das Standesamt
StIGH	Ständiger Internationaler Gerichtshof
TexasILJ	Texas International Law Journal
Tz.	Textziffer
u.a.	und andere / unter anderem
UN	United Nations
Univ.	Universität
UNO	United Nations Organisation
UNTS	United Nations Treaty Series
URL	Unique Ressource Locator
USA	United States of America
Verf.	Verfasser
VG	Verwaltungsgericht
VGH	Verwaltungsgerichtshof
vgl.	vergleiche
Virginia ILJ	Virginia Journal of International Law
VIZ	Zeitschrift für Vermögens- und Immobilienrecht
VN	Vereinte Nationen
Vol.	Volume
VwGO	Verwaltungsgerichtsordnung
WM	Wertpapier Mitteilungen
WRV	Weimarer Reichsverfassung
WÜD	Wiener Übereinkommen über diplomatische Beziehungen
WÜK	Wiener Übereinkommen über konsularische Beziehungen

WVRK	Wiener Übereinkommen über das Recht der Verträge
YBILC	Yearbook of the International Law Commission
Yearb. Priv. Intern. Law	Yearbook of Private International Law
ZaöRV	Zeitschrift für ausländisches öffentliches Recht und Völkerrecht
z.B.	zum Beispiel
ZfJ	Zentralblatt für Jugendrecht
ZfRV	Zeitschrift für Rechtsvergleichung
ZGB	Zivilgesetzbuch
Ziff.	Ziffer
zit.	zitiert
ZPO	Zivilprozeßordnung
ZRP	Zeitschrift für Rechtspolitik
z.T.	zum Teil
zugl.	zugleich
ZVglRWiss	Zeitschrift für vergleichende Rechtswissenschaft
ZZP	Zeitschrift für Zivilprozeß
z.Zt.	zur Zeit

EINLEITUNG

I. GEGENSTAND DER UNTERSUCHUNG

Es liegt in der Natur kollisionsrechtlicher Systeme, daß die Befolgung des Verweisungsbefehls mit dem „Risiko" eines mit der *lex fori* unvereinbaren Rechtsanwendungsergebnisses behaftet ist. Kaum eine Aussage beschreibt diese Unwägbarkeit treffender als *Raapes* geflügeltes Wort vom „Sprung ins Dunkle".[1] Die kollisionsrechtliche Öffnung für fremdes Recht bedarf deshalb eines wertenden Korrektivs zur Vermeidung untragbarer Anwendungsergebnisse. In dieser Situation bilden Vorbehalte zum Schutz elementarer Prinzipien der eigenen Rechtsordnung einen integralen Bestandteil kollisionsrechtlicher Systeme und begleiten insbesondere die Entwicklung des IPR.[2] In allen modernen Rechtsordnungen finden sich – als Bestandteil des geschriebenen oder ungeschriebenen Rechts – ordre public-Klauseln zum Schutz des unantastbaren Bereichs der jeweiligen Rechtsordnung.[3] Für das deutsche IPR erfüllt seit der Gesetzesreform im Jahre 1986 Art. 6 EGBGB die Funktion einer allgemeinen Vorbehaltsklausel. Wesentliche Strukturprinzipien des ordre public-Vorbehalts reichen allerdings zu den Ursprüngen der modernen deutschen IPR-Wissenschaft zurück. Die Fortbildung der Generalklausel und die Auffüllung des ordre public durch materielle Wertentscheidungen hat von jeher Rechtsprechung und Schrifttum intensiv beschäftigt. Maßgeblichen Anteil an heutiger Gestalt und Interpretation der Vorbehaltsklausel hatte nicht zuletzt das BVerfG, das mit dem „Spanier-Beschluß"[4] aus dem Jahre 1972 den Grund-

1 Vgl. *Raape*, IPR, S. 90; *Raape/Sturm*, IPR I, S. 199. Die Metapher findet sich in zahlreichen Darstellungen zum ordre public, vgl. etwa *Ch. v. Bar*, IPR I, Rn. 627; *Spickhoff*, ordre public, S. 22; Staudinger-*Blumenwitz*, Art. 6 EGBGB Rn. 15; *Völker*, Dogmatik, S. 58; *Keller/Siehr*, IPR, S. 260 und 536; sie hat auch Eingang ins fremdsprachige Schrifttum gefunden, vgl. etwa *Lando*, in: FS Drobnig, S. 361 (362): „jump into darkness"; *Ballarino/Bonomi*, Yearb. Priv. Intern. Law, Vol. 2 (2000), S. 99 (111): „jump into dark"; *Audit*, Droit international, Nr. 300: „saut dans l'inconnu"; ebenso *Batiffol/Lagarde*, Droit international, Nr. 354.

2 *Ch. v. Bar*, IPR I, Rn. 631, spricht geradezu vom ordre public als „conditio sine qua non einer Emanzipation des Kollisionsrechts vom Sachrecht"; unter Verweis auf den gescheiterten Versuch der ersten Haager IPR-Konvention gelangt er zu dem Ergebnis, daß kein kollisionsrechtliches System auf Dauer ohne eine solche Korrekturmöglichkeit funktionieren kann.

3 Vgl. Staudinger-*Blumenwitz*, Art. 6 EGBGB Rn. 15; *Ch. v. Bar*, IPR I, Rn. 631.

4 BVerfGE 31, 58 ff.

rechten des Grundgesetzes auch im Kollisionsrecht Geltung verschaffte und damit ein dogmatisches Erdbeben auslöste. Die Durchsetzung des Grundrechtsschutzes erfaßte nicht allein die Vorbehaltsklausel, sondern das bis dahin herrschende Grundverständnis vom IPR als wertneutralem, rechtstechnisch operierenden System überhaupt, wie sich an der Reform des Jahres 1986 ablesen läßt. Die Grundrechte sind seither als besonderer Bestandteil des deutschen ordre public explizit in der allgemeinen Vorbehaltsklausel verankert.

Angesichts der ausdrücklichen Erwähnung der Grundrechte in Art. 6 S. 2 EGBGB mag auf den ersten Blick eine Relevanz internationaler Menschenrechte für die Vorbehaltsklausel schwerlich erkennbar sein, gilt es doch als ausgemacht, daß kaum in der Welt – schon gar nicht auf der Ebene des universellen Völkerrechts – ein höheres Schutzniveau als durch die deutschen Grundrechte vermittelt wird.[5] Zudem scheint einer Internationalisierung der Vorbehaltsklausel deren nationaler Bezugspunkt – die wesentlichen Grundsätze des *deutschen* Rechts – entgegenzustehen. Die Ansatzpunkte für eine Konkretisierung des ordre public durch die internationale Menschenrechtsordnung offenbaren sich allerdings, wenn die spezifische Situation der kollisionsrechtlichen Rechtsanwendung berücksichtigt wird.

In seiner Schutzrichtung ist der ordre public-Vorbehalt traditionell auf die innerstaatliche Rechts- und Werteordnung gerichtet. Solange aber die (Grund-)Rechtsordnung der Bundesrepublik den originären und ausschließlichen Bezugspunkt der ordre public-Konkretisierung bildet, besteht die Tendenz, einer fremden Rechtsordnung vorschnell den Stempel der innerstaatlichen Werteordnung aufzudrücken. Der Gefahr eines deutschen Grundrechtsoktroi wird dagegen von vornherein entgegengewirkt, wenn zur Auffüllung der Vorbehaltsklausel soweit als möglich und vorrangig auf außerstaatlich entwickelte Wertvorstellungen zurückgegriffen wird. Eine Konkretisierung des ordre public durch internationale Menschenrechte erscheint gerade der international-privatrechtlichen Situation dem Wesen nach angemessen, wird doch der ordre public-Vorbehalt mit seiner nationalen Bezugsrichtung typischerweise als „Störenfried“[6] für den internationalen Entscheidungseinklang als Leitprinzip des modernen IPR empfunden. Wenn aber der ordre public-Maßstab nicht durch autonome Vorgaben der innerstaatlichen Rechtsordnung, sondern anhand der auch von anderen Staaten anerkannten Wertent-

---

5 Vgl. nur *Dreier*: in ders. (Hrsg.), GG, Bd. I, Vorb. Rn. 19 sowie Art. 1 II Rn. 14 a.E., jeweils m.w.N.

6 So eines der gängigen Attribute, mit denen die Lehre die systemdurchbrechende Wirkung der Vorbehaltsklausel beschreibt, vgl. *Kropholler*, IPR, S. 242; ebenso schon bei *Neuhaus*, Grundbegriffe, S. 375.

scheidungen konkretisiert wird, so bleibt selbst der Einsatz der Vorbehaltsklausel dem kollisionsrechtlich Ideal des Entscheidungseinklangs und dem Grundsatz der Schonung des fremden Rechts im größtmöglichen Umfang verpflichtet. Je weitreichender dabei die Verbreitung und Akzeptanz des einschlägigen Menschenrechtssatzes, desto eher steht zu erwarten, daß ein international-privatrechtlicher Sachverhalt – auch und gerade unter ordre public-Gesichtspunkten – von den Gerichten unterschiedlicher Staaten in vergleichbarer Weise beurteilt wird.

Eine Öffnung der Vorbehaltsklausel für den internationalen Menschenrechtsschutz war bei der Reform des ordre public-Vorbehalts im Jahre 1986 ausdrücklich angestrebt.[7] In der gerichtlichen ordre public-Praxis hat sich diese gesetzgeberische Intention – im Gegensatz zur grundrechtlichen Dimension der Vorbehaltsklausel – allerdings bislang nicht erkennbar niedergeschlagen. Dagegen lassen sich im Schrifttum zunehmend Tendenzen ausmachen, bei der Anwendung fremden Rechts auch die für die Bundesrepublik verbindlichen Vorgaben des völkerrechtlichen, insbesondere europäischen Menschenrechtsschutzes mit einzubeziehen. Die vorliegende Arbeit geht diesen Ansätzen aus dem Schrifttum nach, lenkt den Blick aber über die europäische Ebene hinaus und versucht, generelle Kriterien einer menschenrechtsbezogenen ordre public-Anwendung zu entwickeln.

Die Fruchtbarmachung gerade auch der auf UN-Ebene entwickelten Menschenrechtsregimes für die Vorbehaltsklausel setzt freilich neben der generellen Bereitschaft, den Horizont der innerstaatlichen Grundrechtsordnung zu überschreiten,[8] einen hohen Kenntnisstand des innerstaatlichen Rechtsanwenders voraus. Der materielle Gehalt des völkervertraglichen *human rights law* erschließt sich nur selten allein über deren Wortlaut, sondern in erster Linie durch die Auslegungspraxis der zuständigen Kontrollorgane. Insofern muß der innerstaatliche Rechtsanwender zumindest mit den grundlegenden Interpretationsansätzen und Überwachungsmechanismen vertraut sein, will er dem Völkerrecht eine zutreffende Rechtserkenntnis abgewinnen.

Letztlich entscheiden aber weder das IPR noch das Völkerrecht allein über die Beachtlichkeit des außerstaatlichen Menschenrechtschutzes als Maßstab der

7 Vgl. die Regierungsbegründung zum IPR-Reformgesetz, BT-Drucks. 10/504, S. 44.

8 Diese Bereitschaft wird von Seiten des völkerrechtlichen Schrifttum beständig eingefordert und vor allem der Rechtsprechung ein diesbezügliches Defizit attestiert, vgl. etwa *Tomuschat*, DÖV 1998, S. 806 ff. Gerade vom international-privatrechtlichen Rechtsanwender, der sich etwa mit gabunesischem Stammesrecht zu befassen hat, darf allerdings erwartet werden, daß er auch einer Berücksichtigung internationaler Menschenrechte nicht von vornherein abhold ist.

ordre public-Anwendung. Die Brücke zwischen den Rechtsmaterien bildet in der deutschen Rechtsordnung das Grundgesetz mit seinen Inkorporationsmechanismen und seinen allgemeinen Aussagen zum Verhältnis von völkerrechtlicher Verpflichtung der Bundesrepublik und innerstaatlicher Rechtsanwendung. Für die Berücksichtigung der internationalen Menschenrechte im Rahmen der kollisionsrechtlichen Vorbehaltsklausel sind deshalb gerade auch die verfassungsrechtlichen Vorgaben für das Wirken völkerrechtlicher Normen im innerstaatlichen Rechtsraum zu berücksichtigen und zu würdigen.

An dieser Stelle deutet sich bereits an, daß zur Entwicklung einer allgemeinen Systematik eines menschenrechtsbezogenen ordre public ein disziplinübergreifender Ansatz erforderlich ist, der die betroffenen Rechtsmaterien – Internationales Privatrecht, Völkerrecht und Verfassungsrecht – in einen geschlossenen Zusammenhang stellt, ohne die innere Logik einer einzelnen Disziplin zu vernachlässigen. Die Arbeit sieht ihre Zielsetzung deshalb nicht zuletzt in der Vermittlung der Begriffswelt und des Instrumentariums der betroffenen Disziplinen und soll, wie es *Kronke* in einem ähnlichen Kontext ausgerückt hat,[9] in dieser Hinsicht auch „Dolmetscherdienste" leisten.

II. Gang der Untersuchung

Die vorstehenden Erwägungen prägen den Aufbau der Arbeit. Das I. Kapitel dient zunächst der Vermittlung des kollisionsrechtlichen Umfelds der ordre public-Anwendung. Die Darstellung fokussiert sich auf Art. 6 EGBGB und grenzt dabei den Untersuchungsgegenstand ein. Erörtert werden insbesondere die Strukturprinzipien und Anwendungsvoraussetzungen der Vorbehaltklausel im deutschen IPR, wie sie sich nach heute herrschender Ansicht und Rechtspraxis darstellen. Zum Ende des Kapitels wird der Frage nachgegangen, welche Rolle den internationalen Menschenrechten in der ordre public-Diskussion gegenwärtig zukommt.

Mit den für die Bundesrepublik verbindlichen Kernelementen des Menschenrechtsschutzes befaßt sich das II. Kapitel. Dieser – völkerrechtliche – Abschnitt der Arbeit beleuchtet vor allem die zentralen Menschenrechtsverträge auf europäischer und universeller Ebene. Eine Heranziehung dieses völkerrechtlichen Normbestandes verlangt vom innerstaatlichen Rechtsanwender

9 Vgl. *Kronke*, BerDGVR 38 (1998), S. 33 (34), zur Notwendigkeit der Abstimmung kollisionsrechtlicher und verfassungsrechtlichen Sichtweisen im Bereich des Grundrechtskollisionsrechts.

zumindest die Kenntnis der Grundstruktur und des Geltungsanspruchs der einzelnen Konventionen. Deshalb stellt die Untersuchung nicht die einzelnen Rechte in den Vordergrund; vielmehr wird versucht, anhand der Überwachungspraxis die für das allgemeine Verständnis des jeweiligen Vertrages grundlegenden Interpretationsansätze und den Stand der Rechtsfortbildung aufzuzeigen. Im Schlußabschnitt dieses Kapitels wird untersucht, inwieweit sich Menschenrechte als Bestandteil der außervertraglichen Völkerrechtsordnung verfestigt haben.

Im III. Kapitel wird der Versuch unternommen, die Grundlagen einer menschenrechtsbezogenen ordre public-Anwendung in dogmatischer und systematischer Hinsicht aufzuzeigen. Ausgehend von den verfassungsrechtlichen Vorgaben für das Zusammenspiel von Völkerrecht und innerstaatlicher Rechtsordnung wird überprüft, inwieweit der im vorhergehenden Kapitel aufgezeigte Menschenrechtsbestand zur Konkretisierung des ordre public herangezogen werden kann und welche Folgerungen sich dabei für die Handhabung der Vorbehaltsklausel ergeben. Dabei wird auch zu klären sein, welche Funktion den innerstaatlichen Grundrechten im Rahmen eines primär menschenrechtsbezogenen ordre public zukommt.

Die bis dahin abstrakten Ergebnisse der Arbeit werden im IV. Kapitel für die Rechtspraxis konkretisiert. Am Beispiel des deutschen internationalen Eheschließungsrechts wird untersucht, ob die bisherige Praxis der Gerichte bzw. die Anschauungen im Schrifttum auch und gerade unter Berücksichtigung des internationalen Menschenrechtsschutzes aufrechterhalten werden können oder ob sich im Einzelfall Abweichungen zu den rein innerstaatlich entwickelten Wertvorstellungen ergeben.

I. KAPITEL

NORMZWECK, FUNKTION UND HANDHABUNG DES ALLGEMEINEN ORDRE PUBLIC-VORBEHALTS IM DEUTSCHEN INTERNATIONALEN PRIVATRECHT

Das folgende Kapitel befaßt sich zunächst mit Strukturprinzip, Funktion und Wirkungsweise des international-privatrechtlichen ordre public-Vorbehalts, wie sie der heutigen Rechtslehre und -praxis zugrunde liegen. An diese allgemeinen Erkenntnisse knüpfen die Erörterungen in Kapitel III und IV der Arbeit an. Im weiteren Verlauf des folgenden Abschnitts wird sodann der Frage nachgegangen, inwieweit die gegenwärtige Dogmatik und Anwendungspraxis Normen des internationalen Menschenrechtsschutzes im Rahmen der Vorbehaltsklausel bereits zu berücksichtigen bereit und imstande ist.

I. ART. 6 EGBGB ALS ALLGEMEINE ORDRE PUBLIC-KLAUSEL IM DEUTSCHEN INTERNATIONALEN PRIVATRECHT

Vergleichbar anderen europäischen Rechtsordnungen,[10] hält auch das deutsche Internationale Privatrecht[11] mit Art. 6 EGBGB eine allgemeine Klausel zum Schutz der grundlegenden innerstaatlichen Wertentscheidungen bereit:

---

10 Vgl. etwa § 6 österr. IPR-Gesetz, Art. 17 schweiz. IPRG und nunmehr auch Art. 16 im reformierten italienischen IPR, zu letzterem noch unten in Fn. 64. Hinweise auf die gesetzlichen bzw. richterrechtlich geprägten Regelungen anderer Staaten bei MüKo-*Sonnenberger*, Art. 6 EGBGB Rn. 2 mit Fn. 2 f. Terminologisch ist der Vorbehalt der öffentlichen Ordnung in verschiedensten Rechtsordnungen fest etabliert; so spricht beispielsweise das italienische IPR vom *ordine pubblico*, das spanische Recht von *orden público*, der anglo-amerikanische Rechtskreis von *public policy*. Freilich besteht die Parallelität der Rechtsordnungen nur hinsichtlich der Anerkennung des Instituts an sich und nicht bezüglich der Ausgestaltung und Anwendung des Vorbehalts. Zur public policy im englischen IPR vgl. etwa *Morris/McClean*, Conflict of Laws, S. 47 ff. sowie die Ausführungen zur „Rule 5" in *Collins* (Hrsg.), Dicey and Morris, S. 81 ff. Als Instrument der innerstaatlichen Rechtsordnung unterliegt der ordre public-Vorbehalt der autonomen Rechtssetzung und -anwendung, soweit nicht speziellere zwischenstaatliche Vereinbarungen eingreifen; vgl. dazu unten in Fn. 66.

> „Eine Rechtsnorm eines anderen Staates ist nicht anzuwenden, wenn ihre Anwendung zu einem Ergebnis führt, das mit wesentlichen Grundsätzen des deutschen Rechts offensichtlich unvereinbar ist. Sie ist insbesondere nicht anzuwenden, wenn die Anwendung mit den Grundrechten unvereinbar ist."

Art. 6 EGBGB stellt die Anwendung fremden Rechts unter den Vorbehalt der innerstaatlichen öffentlichen Ordnung. Mit dem ordre public-Vorbehalt hat der Gesetzgeber ein notwendiges Korrektiv – ein „Überdruckventil"[12] – zu den Kollisionsnormen geschaffen, die ihrerseits nicht nach dem materiell-rechtlichen Gehalt der ausländischen Rechtssätze blicken.[13]

Der bis zum Inkrafttreten der IPR-Reform[14] im Jahre 1986 geltende Art. 30 EGBGB a.F. kam gar mit einem einzigen Satz aus:

---

11 Im Bereich des Internationalen Zivilprozeßrechts finden sich nahezu wortgleiche Vorbehaltsklauseln, vgl. § 328 Abs. 1 Nr. 4 ZPO und § 16 a Nr. 4 FGG für den anerkennungsrechtlichen und über die Verweisung des § 723 Abs. 2 S. 2 ZPO auch für den vollstreckungsrechtlichen ordre public. Insoweit lassen sich die Ergebnisse der Arbeit grundsätzlich auch für diese Institute fruchtbar machen. Allerdings bedarf es der Rücksichtnahme auf die spezifische Funktion und Wirkungsweise des ordre public im Internationalen Zivilprozeßrecht. Die h.M. geht insoweit von einer gegenüber Art. 6 EGBGB abgeschwächten Anwendung des ordre public aus, sog. *ordre public atténué de la reconnaissance*. Zur „geringeren Angriffsintensität" (so *Schwarck*, in: FS Sandrock, S. 881 (883)) des anerkennungsrechtlichen ordre public vgl. für die h.M. etwa *Geimer*, Anerkennung, S. 60 mit zahlreichen Nachweisen; kritisch hinsichtlich eines *effet atténué* hingegen *Völker*, Dogmatik, S. 51 ff. Für die Anerkennung ausländischer Schiedssprüche verweist § 1061 Abs. 1 S. 1 ZPO nunmehr ausschließlich auf das Übereinkommen über die Anerkennung und Vollstreckung ausländischer Schiedssprüche vom 10. Juni 1958 (BGBl. 1961 II S. 121), soweit nicht spezielle Staatsverträge zur Anwendung gelangen. Bis zur Änderung des Zehnten Buches der ZPO durch das SchiedsVfG vom 22. Dezember 1997 (BGBl. 1997 I S. 3224) enthielt § 1044 Abs. 2 Nr. 2 ZPO eine dem anerkennungsrechtlichen Vorbehalt entsprechende ordre public-Klausel.

12 *Ch. v. Bar*, IPR I, Rn. 631; *ders.*, BerDGVR 33 (1994), S. 208. Schon *C.L. v. Bar*, Theorie, S. 132 spricht bei seinen Überlegungen zur Formulierung einer ordre public-Klausel vom „Sicherheitsventil".

13 Vgl. MüKo-*Sonnenberger*, Art. 6 EGBGB Rn. 2.

14 Eine Änderung des sachlichen Gehalts der Vorbehaltsklausel strebte der Gesetzgeber mit der Neufassung ausdrücklich nicht an. Vielmehr sollte eine Anpassung „an die internationale Rechtslage unter Berücksichtigung der Erfordernisse der Rechtsklarheit" erfolgen, vgl. Regierungsbegründung zum IPR-Reformgesetz, BT-Drucks. 10/504, S. 42; dazu noch unten S. 34 ff.

„Die Anwendung eines ausländischen Gesetzes ist ausgeschlossen, wenn die Anwendung gegen die guten Sitten oder gegen den Zweck eines deutschen Gesetzes verstoßen würde."

Ebenso wie die Vorgängernorm ist auch Art. 6 EGBGB augenscheinlich als Generalklausel formuliert. Er gibt „eine allgemeine Marschrichtung, aber nennt nicht den Weg, der im einzelnen zu beschreiten ist."[15] Dies ist vielmehr Sache des Rechtsanwenders, der die „wesentlichen Grundsätze des deutschen Rechts" im Einzelfall zu konkretisieren hat.[16] Durch den Verweis auf die Grundrechte in Art. 6 S. 2 EGBGB geht dieser Charakter einer Generalklausel keineswegs verloren, soll doch durch die Hervorhebung lediglich „ein wichtiger und vorrangig zu beachtender Bestandteil der deutschen öffentlichen Ordnung"[17] i.S. des S. 1 gekennzeichnet werden.[18]

II. Normzweck und Funktion von Art. 6 EGBGB

Der ordre public besteht – nach einer allgemeinen Definition von *Kegel* – aus dem „unantastbaren Bereich der eigenen Rechtsordnung, den preiszugeben keine Rechtsordnung bereit ist"[19]. Normen, die dem Schutz dieses Kernbereichs dienen, können im Rahmen der kollisionsrechtlichen Rechtsanwendung in verschiedener Weise fungieren. Einmal vermag die Berufung auf den ordre public schlicht der Abwehr – die Nichtanwendung – eines an sich berufenen Rechtssatzes dienen. Andererseits können die dem ordre public zuzurechnenden Wertentscheidungen auch gebieten, den entsprechenden Rechtssatz der *lex fori* stets zur Geltung zu bringen, so daß bereits eine kollisionsrechtliche Ver-

15 Soergel-*Kegel*, Art. 6 EGBGB Rn. 5. Freilich entwickeln sich bei der Anwendung von Generalklauseln im Laufe der Zeit für bestimmte Fallgruppen feste Rechtssätze und Unterregeln, vgl. Soergel-*Kegel*, Art. 6 EGBGB Rn. 6; MüKo-*Sonnenberger*, Art. 6 EGBGB Rn. 16.

16 Für die insoweit einhellige Meinung MüKo-*Sonnenberger*, Art. 6 EGBGB Rn. 16; vgl. auch die Regierungsbegründung zum IPR-Reformgesetz, BT-Drucks. 10/504, S. 43.

17 Regierungsbegründung zum IPR-Reformgesetz, BT-Drucks. 10/504, S. 44. Vgl. auch *Ch. von Bar*, IPR I, Rn. 633.

18 Zur Funktion des Art. 6 S. 2 EGBGB und der Bedeutung der Grundrechte im Rahmen des ordre public noch ausführlich unten S. 36 ff.

19 *Kegel/Schurig*, IPR, S. 453.

weisung auf fremdes Recht zu unterbleiben hat.[20] Diese beiden Funktionsweisen des ordre public werden mit negativer und positiver Funktion des ordre public bezeichnet. Im Kern geht es also um die Frage, ob sich der Einwand der öffentlichen Ordnung – *negativ* – in einer Abwehrhaltung gegenüber der Anwendung des ausländischen Rechts erschöpft, oder ob er – *positiv* – der unmittelbaren Durchsetzung gewisser inländischer Sachnormen dient.[21]

1. Positive und negative Funktion von ordre public-Klauseln

Normen, die den ordre public einer Rechtsordnung *positiv* zur Geltung bringen, verhindern von vornherein die Anwendung des an sich berufenen fremden Rechts, weil sich die den ordre public verkörpernde inländische Sachnorm stets durchzusetzen vermag. In diesem Fall wird der ordre public zur Grundlage der (steten) Anwendung der *lex fori*[22] – zum Ermächtigungsgrund für die unmittelbare Durchsetzung von Sachnormen.[23] Zu einer kollisionsrechtlichen Verweisung in das fremde Recht kommt es nicht; vielmehr werden unmittelbar die eigenen Sachnormen angewendet.[24] Die Nichtanwendung ausländischen Rechts erscheint hier als bloßer Reflex der Anwendung inländischer Sachnormen.[25] Über den Umfang des Geltungsanspruches der Norm entscheidet dabei die Stärke seines Durchsetzungsanspruches im innerstaatlichen Normgefüge.[26]

In seiner *negativen* Funktion kommt der ordre public zum Tragen, wenn der kollisionsrechtliche Verweisungsbefehl zunächst befolgt, die Anwendung des ermittelten Rechtssatzes aber im Einzelfall ausgeschlossen wird. Dann erschöpft sich die Wirkung des ordre public in einer bloßen „Vorbehaltsklausel".[27] Diese Abwehrfunktion läßt sich freilich auch als Teilmenge der positiven Durchsetzung ordre public-relevanter Rechtssätze auffassen. Mit der

---

20 Vgl. *Neuhaus*, Grundbegriffe, S. 365; Staudinger-*Blumenwitz*, Art. 6 Rn. 16; *Kegel/Schurig*, IPR, S. 453.

21 Grundlegend *Neumayer*, in: FS Dölle, Bd. 2, S. 179 ff.; siehe auch *Neuhaus*, Grundbegriffe, S. 364 ff.; *Epe*, Funktion, S. 107 ff. Aus der neueren Literatur vgl. etwa *Spickhoff*, ordre public, S. 112 ff.; *Junker*, IPR, Rn. 273; *Kropholler*, IPR, S. 239 f.; *Völker*, Dogmatik, S. 58 ff.

22 Vgl. *Spickhoff*, ordre public, S. 112.

23 Vgl. *Bucher*, Grundlagen, S. 134 ff.; MüKo-*Sonnenberger*, Art. 6 EGBGB Rn. 5.

24 Vgl. *Spickhoff*, ordre public, S. 112.

25 Vgl. MüKo-*Sonnenberger*, Art. 6 EGBGB Rn. 5.

26 Vgl. *Bucher*, Grundlagen, S. 116 f.

27 Der Begriff geht wohl zurück auf *Zitelmann*, IPR I, S. 317.

zwingenden Anwendung inländischer Sachnormen geht auch immer der Ausschluß des an sich berufenen Rechts einher.[28] Eine negative Funktion kann es nur geben, wenn nicht inländische Wertvorstellungen positiv beachtet werden wollen.[29] Die Differenzierung zwischen positiver und negativer Funktion wird deshalb nicht selten als bloße Akzentverschiebung bezeichnet.[30]

Die Auswirkungen der Unterscheidung offenbaren sich allerdings bei der Rechtsfolge: Bei Zugrundelegung einer positiven Funktion des ordre public ergibt sich von vornherein, welches Recht zur Geltung kommt – stets die *lex fori*. Hingegen läßt die bloße Abwehr fremden Rechts die Frage nach dem Ersatzrecht zunächst unbeantwortet. Die innerstaatlichen Gesetze spielen nur im Rahmen einer Ersatzlösung eine Rolle, ihre Anwendung ist aber nicht zwingend.[31] Nicht zu Unrecht stellt *Sonnenberger* deshalb fest, bei den unterschiedlichen Wirkungen handle es sich letztlich nicht um ein Problem der Funktion der ordre public-Klausel, sondern der Rechtsfolge ihrer Anwendung.[32]

2. Historische Wurzeln der Diskussion

Die Frage, welche Funktion ordre public-zugehörigen Rechtssätzen beizumessen ist, hat in erster Linie einen begriffs- und ideengeschichtlichen Hintergrund. Der Begriff ordre public findet sich erstmals in Art. 6 des französischen Code civil von 1804:[33]

> „On ne peut déroger, par des conventions particulières, aux lois qui intéressent l'ordre public et les bonnes meurs.“

Waren damit zunächst nur Gesetze der öffentlichen Ordnung von rein internrechtlicher Tragweite gemeint, so wurde der Begriff doch alsbald von der ro-

28 Vgl. *Neuhaus*, Grundbegriffe, S. 368; MüKo-*Sonnenberger*, Art. 6 EGBGB Rn. 5; *Raape/Sturm*, IPR I, S. 200.

29 Vgl. MüKo-*Sonnenberger*, Art. 6 EGBGB Rn. 5.

30 Vgl. *Raape/Sturm*, IPR I, S. 200. *Neuhaus*, Grundbegriffe, S. 368, spricht von der negativen Funktion als „Abart“ der positiven Funktion; *Wiethölter*, BerDGVR 7 (1967), S. 133 (137) bezeichnet die Kategorien als „heuristische Arbeitsvokabeln“.

31 Vgl. MüKo-*Sonnenberger*, Art. 6 EGBGB Rn. 3.

32 Vgl. ebd. Rn. 17 a.E.; zum Ersatzrecht siehe im einzelnen unten S. 20 ff.

33 Vgl. *Neuhaus*, Grundbegriffe, S. 365; Staudinger-*Blumenwitz*, Art. 6 EGBGB Rn. 14.

manischen Schule[34] „als pars pro toto vom innerstaatlichen Recht auf die Ebene des internationalen Privatrechts gehoben“[35] und aus der absoluten Geltung gewisser inländischer Sachnormen ein kollisionsrechtliches Anknüpfungsprinzip entwickelt.[36] Terminologisch zeigt sich der gemeinsame Ursprung in der noch heute gebräuchlichen Unterscheidung der französischen Doktrin zwischen *ordre public international* (international zwingende Normen) und *ordre public interne* (innerstaatliches *ius cogens*).[37]

Hingegen hatte *Savigny* im letzten Band des „Systems des heutigen römischen Rechts“ eine andere Konzeption des ordre public, ja des gesamten Kollisionsrechts entwickelt. Die Statutentheorie hinter sich lassend,[38] suchte er den maßgeblichen Anknüpfungspunkt im „Sitz“ des Rechtsverhältnisses, also in dem zu beurteilenden *Sachverhalt*.[39] Diese grundlegende kollisionsrechtliche Methodik sollte aber nicht ausnahmslos gelten. Ohne die Begriffe öffentliche

---

34 Zum historischen Ursprung und zur Entwicklung der romanischen Schule vgl. *Neuhaus*, RabelsZ 15 (1949/50), S. 22 (25 ff.).

35 So *Neumayer*, in: FS Dölle, Bd. 2, S. 183.

36 Bei *Mancini*, Diritto internazionale, S. 285 ff., erscheinen diese als *leggi di ordine pubblico*; zur Übernahme dieses Ansatzes ins französische Recht vgl. *Laurent*, Droit civil, Bd. I, Nr. 26 (S. 62 ff.). Soweit die Rechtssätze rein innerstaatliche Geltung beanspruchten war die aus Art. 3 Code civil entnommene Bezeichnung als *lois de police et de sûreté* gebräuchlich; im kollisionsrechtlichen Zusammenhang wurden diese als *lois d'ordre public* bezeichnet, vgl. *Neumayer*, in: FS Dölle, Bd. 2, S. 179 (182 und 184). Nach dem dualistischen Ansatz der romanischen Lehre teilten sich die Rechtssätze in zwei Normgruppen auf: Für Rechtssätze, die dem privaten Interessenausgleich – dem „persönlichen“ Recht (so *Kegel/Schurig*, IPR, S. 454) – dienten, sollte das Staatsangehörigkeitsprinzip, für Normen, die im Interesse der öffentlichen Ordnung existierten, hingegen die territoriale Anknüpfung maßgeblich sein. Aus der Sachnorm, die sowohl aus dem öffentlichen als auch aus dem Privatrecht stammen konnte, ergab sich damit der kollisionsrechtliche Aspekt ihrer Anwendbarkeit auf Fälle mit Auslandsberührung; die Zugehörigkeit zu einer der Normgruppen entschied damit zugleich über das anzuwendende Recht, vgl. im einzelnen *Spickhoff*, ordre public, S. 45 ff.

37 Vgl. *Neumayer*, in: FS Dölle, Bd. 2, S. 179 (182 und 184); *Neuhaus*, Grundbegriffe, S. 365; *Kegel/Schurig*, IPR, S. 454.

38 Die zeitgenössische Kritik an der Statutenlehre faßt *Spickhoff*, ordre public, S. 35 und 37 f. zusammen.

39 *Savigny*, System VIII, S. 28, kleidet dieses Prinzip in den Kernsatz: „(...) bei jedem Rechtsverhältnis [müsse] dasjenige Rechtsgebiet aufgesucht werde[n], welchem dieses Rechtsverhältnis seiner eigenthümlichen Natur nach angehört oder unterworfen ist“; ebenso a.a.O., S. 108 mit dem prägenden Zusatz: „(...) worin dasselbe seinen Sitz hat“.

Ordnung bzw. ordre public zu verwenden, bildete *Savigny* Fallgruppen,[40] in denen der fremde Rechtssatz unmaßgeblich sein soll: Die Anwendung, so *Savigny*, müsse einerseits unterbleiben bei „Rechtsinstitute[n] eines fremden Staates, deren Dasein in dem unsrigen überhaupt nicht anerkannt [sei]."[41] Das nach dem Kollisionsrecht berufene Recht solle aber auch unmaßgeblich bleiben, wenn Gesetze der *lex fori*, deren „besondere Natur einer so freien Behandlung der Rechtsgemeinschaft unter verschiedenen Staaten widerstrebt", dem entgegenstünden.[42] Dazu rechnete *Savigny* vor allem innerstaatliches *ius cogens*, in seinen Worten „Gesetze streng positiver (...) Natur",[43] die „nicht lediglich um der Person Willen, welche Träger der Rechte sind", erlassen seien,[44] sondern „ihren Grund und Zweck außer dem reinen, in seinem abstrakten Dasein aufgefaßten Rechtsgebiet"[45] hätten. Zu diesen externen Zwecken rechnete *Savigny* etwa Rechtssätze, die auf sittlichen Gründen oder der *publica utilitas* beruhen.[46]

Materiell weist dieser Ansatz *Savignys* durchaus Parallelen zur romanischen Schule auf; der kollisionsrechtliche Standpunkt liegt jedoch diametral entgegengesetzt. Während die romanische Schule die *lois d'ordre public* zum Anknüpfungsprinzip erhob, gestand *Savigny* diesen Normen nur die Funktion einer (Bereichs-)Ausnahme bezüglich der nach Kollisionsrecht, also dem natürlichen Sitz des Rechtsverhältnisses zu ermittelnden Anknüpfung zu. Mit dieser Sichtweise war der Grundstein für die systematische Herauslösung zwingender Sachnormen aus dem allgemeinen Kollisionsrecht gelegt, wie sie auch dem heutigen deutschen IPR noch zugrunde liegt.[47]

---

40 Savigny, System VIII, S. 33 verwendet dafür den Begriff „Klassen".

41 Ebd., S. 33 und 37; *Savigny* nennt an letzterer Stelle die Sklaverei und den bürgerlichen Tod.

42 Ebd., S. 32; an die Stelle dieser Rechtssätze müsse folglich die *lex fori* treten: „Bei solchen Gesetzen wird der Richter das einheimische Recht ausschließender anzuwenden haben (...)."

43 Ebd., S. 33.

44 Ebd., S. 36.

45 Ebd., S. 35 mit Anmerkung c): „contra rationem juris".

46 Ebd., S. 36, etwa das Verbot der Polygamie; auch eine politische, sicherheitsrechtliche („polizeiliche") oder volkswirtschaftliche Zielsetzung könne maßgeblich sein.

47 Die legislatorische Entwicklung zeichnet *Spickhoff*, ordre public, S. 39 f. nach.

3. Die negative Funktion von Art. 6 EGBGB und die Abgrenzung der Vorschrift von verwandten Instituten

Im Einklang mit Wortlaut und Konzeption der Vorschrift versteht die ganz überwiegende Meinung Art. 6 EGBGB – ebenso wie bereits die Vorgängernorm[48] – als reine Vorbehaltsklausel, die lediglich zur Abwehr einer vom Kollisionsrecht berufenen *lex causae* führt, wenn deren Anwendungsergebnis sich als mit dem Kernbestand der inländischen Rechtsordnung unvereinbar erweist.[49] Die Überprüfung eines Anwendungsergebnisses setzt damit zunächst die Befolgung der kollisionsrechtlichen Verweisung *lege artis* voraus.

Die Durchsetzung bestimmter, (international) zwingender Sachnormen, im *savingny*'schen Duktus „Gesetze streng positiver Natur", erfolgt nicht durch und im Rahmen von Art. 6 EGBGB, sondern – sei es im Wege spezieller kolli-

---

48 Hierzu etwa MüKo[1]-*Kreuzer*, Art. 30 EGBGB Rn. 3 ff.; *Neumayer*, in: FS Dölle, Bd. 2, S. 179 (206 f.); Zum Verständniswandel in der deutschen IPR-Wissenschaft seit *Savigny* vgl. auch *Epe*, Funktion, S. 125 ff.

49 Statt vieler vgl. MüKo-*Sonnenberger*, Art. 6 EGBGB Rn. 3; *Kropholler*, IPR, S. 240; *Ch. v. Bar,* IPR I, Rn. 640. Vgl. auch die Regierungsbegründung zum IPR-Reformgesetz, BT-Drucks. 10/504, S. 43 f. Aufbauend auf *Schurig*, Kollisionsnorm, S. 248 ff. findet sich nun auch bei *Kegel/Schurig*, IPR, S. 454 ff. die Auffassung, hinter dem ordre public-Begriff verberge sich generell „ein zweites, kumulatives, noch unausgeformtes kollisionsrechtliches Anknüpfungsprinzip für die elementaren Rechtsprinzipien der eigenen Rechtsordnung" (a.a.O., S. 460). Der ordre public-Vorbehalt sei selbst „Teil des kollisionsrechtlichen Anknüpfungssystems" (a.a.O., S. 457). Das bei Kollisionsnormen typischerweise tatbestandlich festgelegte Anknüpfungsmoment fehle zwar auf den ersten Blick bei der Berufung auf den ordre public, doch sei es – wenn auch *ad hoc* und für den Einzelfall – wegen des steten Erfordernisses eines Binnenbezuges gewährleistet (a.a.O., S. 457 f.). Entscheidend für den kollisionsrechtlichen Charakter des ordre public sei, daß das fremde Recht sich an den materiellrechtlichen Grundvorstellungen der *lex fori* breche und der eigene Rechtsgrundsatz den fremden verdränge (a.a.O., S. 455 f.). Insofern seien positive und negative Funktion „zwei Seiten einer Medaille." (a.a.O., S. 456). Der Ansatz *Schurigs* mag zwar die Rechtsprechungspraxis durchaus widerspiegeln, wo die Frage des anzuwendenden Ersatzrechts häufig nicht deutlich von der eigentlichen ordre public-Entscheidung abkoppelt. Mit dem Wortlaut, der gesetzgeberischen Intention und der gewachsenen Dogmatik ist er indes nur schwer vereinbar. In der Vorauflage, *Kegel*, IPR, S. 385, finden sich denn auch die von der herrschenden Lehre vorgetragenen Gegenargumente: Art. 6 EGBGB ist eine die übrigen Kollisionsnormen nur einschränkende Klausel und nicht – wie etwa Art. 13 Abs. 3 S. 1 EGBGB – eine aus ordre public-Erwägungen verselbständigte Vorschrift mit kollisionsrechtlichem Gehalt. Darüber, was materiellrechtlich gilt, wenn er eingreift, enthält Art. 6 EGBGB keine Aussage, vgl. noch unten S. 20 ff.

sionsrechtlicher Vorschriften, sei es im Wege der Sonderanknüpfung – dogmatisch wie systematisch außerhalb der Vorbehaltsklausel verselbständigt.[50]

Vom generellen ordre public-Vorbehalt sind daher systematisch und begrifflich diejenigen Mittel des Kollisionsrechts – im untechnischen Sinne – abzugrenzen, die zwar ebenfalls auf Erwägungen der öffentlichen Ordnung beruhen[51] und die Anwendung ausländischen Rechts einschränken bzw. verhindern, jedoch außerhalb der allgemeinen Vorbehaltsklausel fungieren.

a) Spezielle ordre public-Klauseln im IPR

Zu diesen vom allgemeinen ordre public-Vorbehalt zu unterscheidenden Normen zählen zunächst die besonderen Vorbehaltsklauseln des Kollisionsrechts. In ihren Tatbeständen wird der in Art. 6 EGBGB enthaltene allgemeine ordre public für besondere Sachverhalte ausgeformt und konkretisiert.[52] Soweit ihr Tatbestand reicht, gehen sie als Spezialregeln dem Art. 6 EGBGB vor und verdrängen insoweit auf der Ebene des Kollisionsrechts die Generalklausel.[53] Erfassen die besonderen Klauseln den Sachverhalt nicht oder liegen deren Anwendungsvoraussetzungen nicht vor, so verbleibt der allgemeinen Vorbehaltsklausel ein eigenständiger Anwendungsbereich.[54] Zu den besonderen

---

50 Vgl. etwa *Junker*, IPR, Rn. 273; *v. Hoffmann*, IPR, § 6 Rn. 142 sowie *Völker*, Dogmatik, S. 60 mit umfangreichen Nachweisen. Die Abgrenzung des ordre public-Vorbehalts von dem Institut der Sonderanknüpfung zwingender Eingriffsnormen hebt auch die Regierungsbegründung zum IPR-Reformgesetz hervor, vgl. BT-Drucks. 10/504, S. 43.

51 An dieser Grundlage fehlt es bei dem Institut der Angleichung (Anpassung), die zwar ebenfalls zur Korrektur des aufgrund der Kollisionsnorm berufenden Rechts führt, sich aber in Wirkungsweise und Struktur vom ordre public unterscheidet. Die Berechtigung einer Angleichung liegt in der Vermeidung wertungs- oder sinnwidriger Ergebnisse aufgrund nicht mit der *lex fori* harmonisierenden Verfahrensregeln der *lex causae* oder aufgrund der Disharmonie zweier vom IPR zugleich berufender Rechtsordnungen, vgl. MüKo-*Sonnenberger*, Einl. IPR Rn. 561. Insoweit erfolgt eine – rechtstechnisch der ordre public-Kontrolle vorausgehende – Korrektur des Verweisungsbefehls, sei es auf kollisionsrechtlicher oder materiell-rechtlicher Ebene, vgl. im einzelnen *Neuhaus*, Grundbegriffe S. 353 ff.; *Ch. v. Bar*, IPR I, Rn. 627 ff.; Soergel-*Kegel*, vor Art. 3 EGBGB Rn. 154 ff.; *Kegel*, IPR, S. 259; *Schwander*, Lois d'application, S. 32 ff. alle m.w.N.

52 Vgl. RGRK-*Wengler*, Bd. VI/1, § 7, S. 83 f.; *v. Hoffmann*, IPR, § 6 Rn. 142; MüKo-*Sonnenberger*, Art. 6 EGBGB Rn. 17.

53 Vgl. MüKo-*Sonneberger*, Art. 6 EGBGB Rn. 24.

54 Vgl. Staudinger-*Blumenwitz* Art. 6 EGBGB Rn. 48, der die Sondervorschriften nur als Mindestvoraussetzung für die Nichtanwendung des fremden Rechts ansieht, im übrigen aber Raum für die Anwendung von Art. 6 EGBGB lassen will.

Vorbehaltsklauseln sind etwa die Art. 13 Abs. 2, Art. 17 Abs. 3 S. 2 sowie Art. 18 Abs. 2 EGBGB zu rechnen.[55]

b) Einseitige Kollisionsnormen

Von der allgemeinen Vorbehaltsklausel wie von den besonderen ordre public-Vorschriften grenzt ein Teil des Schrifttums[56] diejenigen Normen des Kollisionsrechts ab, die für bestimmte Sachverhalte von vornherein deutsches Sachrecht berufen. Auch diese Vorschriften entspringen letztlich den ordre public-Erwägungen.[57] Jedoch greifen sie nicht erst als Folge der Anwendung fremden Rechts ein, sondern tragen *als Kollisionsnormen* dafür Rechnung, daß im Einzelfall stets und unmittelbar deutsches Recht anzuwenden ist. Da fremdes Recht von vornherein nicht berufen wird, erscheint es terminologisch schärfer, in diesen Fällen nicht von *Vorbehalts*klauseln, sondern von einseitigen Kollisionsnormen zu sprechen.[58] Zu diesen zählt etwa Art. 13 Abs. 3 S. 1 EGBGB.

c) International zwingendes Sachrecht (Sonderanknüpfung von Eingriffsnormen, *lois d'application immédiate)*

Außerhalb der kollisionsrechtlichen Vorbehaltsklauseln stehen auch diejenigen Normen, für die sich bereits die Rechtsanwendungs- bzw. Kollisionsfrage nicht vom Sachverhalt, sondern vom Anwendungsbereich der Norm her stellt.[59] Es handelt sich dabei um Vorschriften des *materiellen* Rechts, die nicht nur innerhalb der eigenen Rechtsordnung zwingend anzuwenden sind, sondern

---

55 Vgl. etwa die Aufzählung bei *Jayme*, Methoden, S. 22 ff. Zum Verhältnis von Art. 13 Abs. 2 EGBGB zu Art. 6 EGBGB vgl. noch ausführlich im IV. Kapitel, S. 319 ff. Bis zur Neugestaltung des Internationalen Deliktsrechts im Jahre 1999 konnte auch Art. 38 EGBGB a.F. zu dieser Gruppe gerechnet werden. Nunmehr normiert Art. 40 Abs. 3 EGBGB die Schranken der Anwendung fremden Deliktsrechts.

56 Die Differenzierung zwischen speziellen Vorbehaltsklauseln und einseitigen Kollisionsnormen wird nicht allseits vorgenommen, vgl. etwa *Kegel/Schurig*, IPR, S. 459 und Staudinger-*Blumenwitz* Art. 6 EGBGB Rn. 47. Besonders hervorgehoben wird sie bei MüKo-*Sonnenberger*, Art. 6 EGBGB Rn. 24, aber auch bei *Jayme*, Methoden, S. 22 ff.

57 Vgl. MüKo-*Sonnenberger*, Art. 6 EGBGB Rn. 24.

58 So zutreffend MüKo-*Sonnenberger*, Art. 6 EGBGB Rn. 24.

59 Zu dieser seit *Savigny* prägenden „Zweipoligkeit" des IPR anschaulich MüKo-*Sonnenberger*, Einl. IPR Rn. 9 ff.; vgl. auch *Kropholler*, IPR, S. 16 ff.; *Junker*, IPR, Rn. 84 ff; *Zimmer*, in: Mélanges Fritz Sturm, Bd. II, S. 1709 (1717 f.).

sich auch in Fällen mit Auslandsbezug durchzusetzen vermögen.[60] Mit der Auffindung derartiger international zwingenden Normen des Sachrechts und ihrer Einordnung in das kollisionsrechtliche System beschäftigt sich die international-privatrechtliche Lehre seit geraumer Zeit. Die Aufgabe, die materiellrechtliche Grundlage jeder Abweichung von der an sich einschlägigen kollisionsrechtlichen Verweisung zu ermitteln, veranlaßten *Kahn* zu der vielzitierten These, darin liege der „noch unerkannte und (...) unfertige Teil des internationalen Privatrechts."[61]

Wenn auch im einzelnen vieles streitig ist,[62] so besteht doch über die Stellung dieser Normen im kollisionsrechtlichen System weitgehend Einigkeit. Ihre

---

60 Im deutschen IPR wird diesbezüglich zumeist von Eingriffsnormen als Oberbegriff für diejenigen Rechtssätze des innerstaatlichen Rechts gesprochen, die bei internationalen Rechtsverhältnissen zwingende Geltung beanspruchen. Der Begriff geht wohl auf *Neuhaus*, Grundbegriffe, S. 366 zurück. Von MüKo-*Martiny*, Art. 34 EGBGB Rn. 9, wird der Terminus als „üblich" bezeichnet und daher auch hinsichtlich des Art. 34 EGBGB beibehalten. In gleicher Weise verfährt Soergel-*v. Hoffmann* Art. 34 EGBGB Rn. 3 ff. Kritisch zum diesbezüglichen Verständnis hingegen *Sonnenberger*, in: FS Fikentscher, S. 283 (287). Die Terminologie ist von jeher nicht einheitlich: *Wengler*, ZVglRWiss 54 (1941), S. 168 (187) spricht vom „Privatrecht mit öffentlichrechtlichem Hintergrund"; *Stoll*, RabelsZ 24 (1959), S. 601 (635) von „öffentliche[m] Recht mit privatrechtlicher Wirkung"; *Neumayer*, RabelsZ 25 (1960), S. 649 (651) wiederum hält die „privatrechtlichen Sanktionen" des Normverstoßes für wesenstypisch. Die Diskussion beschränkt sich keineswegs auf Normen, die Eingriffe im öffentlich-rechtlichen Sinne zulassen, vgl. MüKo-*Sonneberger*, Einl. IPR Rn. 38. *Sonnenberger* greift zwar die Bezeichnung Eingriffsnorm auf, favorisiert aber den Begriff der „ordnungsrelevanten Norm", die sich durch Gewährleistung überindividueller Gemeinschaftsinteressen charakterisiert, vgl. a.a.O. Rn. 34 ff.; siehe auch noch unten in Fn. 62. Im *kegel*'schen Duktus handelt es sich um „Kollisionsnormen des ordre public", die von vornherein die materielle Gerechtigkeit vor die internationalprivatrechtliche Gerechtigkeit stellen, vgl. *Kegel*, IPR, S. 117 f. und 385. Zu den verschiedenen Begriffsinhalten und deren theoretischen Grundlagen ausführlich *Schwander*, Lois d'application, S. 235 ff.

61 *Kahn*, zitiert aus: Lenel/Lewald, Abhandlungen I, S. 161 (251), freilich noch im Sinne eines positiven ordre public, aus dem heraus die das Kollisionsrecht ergänzenden und umgestaltenden Normen zu entwickeln wären.

62 Grundlegend zur Sonderanknüpfung von Sachnormen und zur Abgrenzung von anderen kollisionsrechtlichen Instituten die Untersuchung von *Schwander,* Lois d'application immédiate (1975). Aus dem umfangreichen Schrifttum vgl. etwa *Schurig*, RabelsZ 54 (1990), S. 217 ff. mit Übersicht über die jüngere Literatur in Fn. 3; MüKo-*Sonnenberger*, Einl. IPR Rn. 34 ff.; *ders*., in: FS Fikentscher, S. 283 ff; *Jayme*, Methoden, S. 28 f.; *Keller/Siehr*, IPR, S. 536 f. Zur Behandlung ausländischer Eingriffsnormen vgl. etwa *Busse*, ZVglRWiss 95 (1996), S. 386 ff., mit einer Analyse der Rechtsprechung sowie *Kreuzer*, Ausländisches Wirtschaftsrecht vor deutschen Gerichten (1996). Kritisch zur Aufnahme von Eingriffsnormen in kodifizierte IPR-

Durchsetzung im internationalen Rechtsverkehr erfolgt nicht mittels der allgemeinen Vorbehaltsklausel, sondern verwirklicht sich im Wege der Sonderanknüpfung.[63] Von der Existenz solcher international zwingender Vorschriften im deutschen Recht, geht etwa Art. 34 EGBGB aus und sichert so für den Bereich des Vertragsstatuts die Durchsetzung zwingender Normen der innerstaatlichen Rechtsordnung.[64] Daneben sind etwa die Art. 27 Abs. 3 EGBGB

Systeme etwa *Siehr*, in: FS Drobnig, S. 444 (448 f.). Der Meinungsstand kann hier kaum ansatzweise dargestellt werden. Eine abstrakte Eingrenzung dieser Normgruppe wird in erster Linie durch konzeptionelle, aber auch durch terminologische Vielfalt der Literaturstimmen erschwert. Als gemeinsamer Ausgangspunkt aller Ansätze kann die Erkenntnis dienen, daß es bei der Gestaltung von Rechtsbeziehungen zwischen Privaten nicht stets und ausschließlich um den Ausgleich privater Interessen geht, sondern daß diese Rechtsbeziehungen auf vielfältige Interessen eines staats-, sozial- und wirtschaftspolitischen Ordnungsgefüges treffen, vgl. MüKo-*Sonnenberger*, Einl. IPR Rn. 34, der diese Belange unter dem Begriff „überindividuelle Gemeinschaftsinteressen" zusammenfaßt. Die Zugehörigkeit zu dieser dem Gemeinschaftsinteresse dienenden Normgruppe soll dabei nicht von einer allein im Inland gültigen Abgrenzung von Privatrecht und öffentlichem Recht abhängig gemacht werden, da diese von Staat zu Staat differiere, häufig sogar zufällig und in erster Linie von der innerstaatlichen Kompetenzordnung bestimmt sei, vgl. hierzu *Kropholler*, IPR, S. 21 f.; MüKo-*Martiny*, Art. 34 EGBGB Rn. 11; MüKo-*Sonnenberger*, Einl. IPR Rn. 38; ähnlich Staudinger-*Blumenwitz*, Art. 6 EGBGB Rn. 32. Andererseits will *Junker*, IPR, Rn. 87 f., Normen des öffentlichen Rechts i.S.v. § 40 VwGO von vornherein den zwingenden Normen zurechnen und bezeichnet lediglich die Normen, bei denen der Gesetzgeber „von hoher Hand" in Privatrechtsbeziehungen eingreift, als (privatrechtliche) Eingriffsnormen. Der differenzierte und einleuchtende Ansatz von MüKo-*Sonnenberger*, Einl. IPR Rn. 47 ff., rechnet zu den international zwingenden Normen zunächst diejenigen, deren Tatbestand eine Rechtsfolge auslöse, die unmittelbar ein überindividuelles Gemeinschaftsinteresse gewährleisteten und deshalb häufig dem Privatinteresse neutral gegenüber oder sogar entgegen stünden. Die dabei verfolgten Gemeinschaftsinteressen seien in der Regel wirtschaftlicher Natur, doch könnten auch kultur-, erziehungs-, familien- oder gesundheitspolitische Zwecke im Vordergrund stehen, etwa Handelsbeschränkungen, Haftpflichtversicherungspflichten, Verfügungsbeschränkungen zugunsten gemeinschaftlicher Belange im Bodenverkehrsrecht. Aber auch Normen, durch die der Staat die ihm obliegenden Leistungs- und Fürsorgepflichten erfülle, gehörten hierher, so z.B. die Vorschriften des öffentlichen Jugendschutzes oder der Erziehungs- und Ausbildungsbeihilfen. Daneben zählten zu den zwingenden Normen Vorschriften, deren Tatbestand zwar Beziehungen zwischen Privaten betreffe und die mit Rechtsfolgen verbunden seien, die unmittelbar Privatinteressen gewährleisteten, denen aber darüber hinaus noch ein „Plus" an überindividuellem Gemeinschaftsinteresse innewohne.

63 Vgl. nur *Junker*, IPR, Rn. 89; *Kropholler*, IPR, S. 240; *v. Hoffmann*, IPR, § 6 Rn. 142.

64 Zur Entstehungsgeschichte von Art. 34 EGBGB und zum Zusammenhang mit der Lehre von den *lois d'application immédiate* vgl. MüKo-*Martiny*, Art. 34 EGBGB Rn. 4 m.w.N. Kritisch zur Stellung von Art. 34 EGBGB im kollisionsrechtlichen Sy-

(Rechtswahlbeschränkung), Art. 29 Abs. 1 EGBGB (Verbraucherverträge) und Art. 30 Abs. 1 EGBGB (Arbeitsverträge) von den zwingenden innerstaatlichen Bestimmungen für Vertragsverhältnisse geprägt und führen jedenfalls zur Rechtswahlbeschränkung, soweit von zwingenden Vorschriften des an sich berufenen Vertragsstatuts abgewichen wird.[65]

---

stem hingegen *Sonnenberger*, in: FS Fikentscher, S. 283 (287 ff.). Zum Begriff der *lois d'application immédiate* vgl. vor allem *Schwander*, Lois d'application, S. 235 ff.; siehe auch *Neuhaus*, Grundbegriffe, S. 366 sowie Staudinger-*Blumenwitz*, Art. 6 EGBGB Rn. 27, wo nicht dieser systematische Unterschied, sondern das Verhältnis Generalklausel und Spezialnorm hervorgehoben wird. Auch der romanische Rechtskreis verwendet heute den ordre public nicht mehr im überkommenen Sinne als eigenständiges Anknüpfungsprinzip, vgl. *Raape/Sturm*, IPR I, S. 200; zusammenfassend *Spickhoff*, ordre public S. 49 ff., dort auch zur Entwicklung der romanischen Schule. International zwingendes Recht wird nunmehr dogmatisch vom ordre public in seiner o.g. Funktion als Vorbehaltsklausel abgekoppelt, vgl. etwa *Audit*, Droit international, Nr. 301. Gleichwohl hat die Lehre von den *lois d'application immédiate* (synonym wird auch von *règles d'application nécessaire* gesprochen, vgl. etwa *Mayer*, Droit international, Nr. 131) als immanenter Bestandteil des kollisionsrechtlichen Systems in diesen Ländern einen größeren Stellenwert behalten. Zur Bedeutung zwingender Sachnormen im heutigen französischen Recht vgl. wiederum *Mayer*, Droit international, Nr. 121 ff. sowie *Audit*, Droit international, Nr. 306. Das reformierte italienische IPR enthält nunmehr in Art. 17 eine vom allgemeinen Vorbehalt systematisch getrennte Regelung zur Durchsetzung international zwingender Sachnormen (*norme di applicazione necessaria*). Dennoch besteht Übereinstimmung, daß die Berufung auf Art. 17 wegen seines Charakters als Ausnahmevorschrift nur als *ultima ratio* in Betracht zu ziehen ist, um die gesetzgeberische Entscheidung zur Öffnung gegenüber fremden Rechtsordnungen und die Begrenzung des Rückgriffs auf die *lex fori* im neugefaßten (allgemeinen) ordre public-Vorbehalt des Art. 16 Abs. 2 IPRG nicht zu unterlaufen, vgl. *Maglio/Thorn*, ZVglRWiss 96 (1997), S. 347 (353). *Boschiero*, ZfRV 1996, S. 143 (150) fordert „besondere Strenge und Vorsicht" bei der Anwendung von Art. 17 IPRG. Zum reformierten italienischen IPR vgl. auch *Ballarino/Bonomi*, Yearb. Priv. Intern. Law, Vol. 2 (2000), S. 99 ff., zum ordre public und Eingriffsnormen insbesondere S. 111 f.

65 Die Einordnung dieser Vorschriften – insbesondere deren Verhältnis zu Art. 34 EGBGB – ist allerdings umstritten, vgl. nur MüKo-*Sonnenberger*, Einl. IPR Rn. 54, der die Vorschriften wegen des fehlenden überindividuellen Gemeinschaftsinteresses von den eingriffsrechtlichen Sonderanknüpfungen abgrenzt und deshalb nicht als *leges speciales* zu Art. 34 EGBGB einordnet. *Schurig*, RabelsZ 54 (1990), S. 217 (220) weist darauf hin, daß die Art. 27 Abs. 3, 29 Abs. 1 und 30 Abs. 1 EGBGB im Gegensatz zu Art. 34 EGBGB diejenigen zwingenden Vorschriften durchsetzten, die ihrer Natur nach zu dem ohne die Rechtswahl berufenen Vertragsstatut gehörten. Im Gegensatz dazu bewegten sich die von Art. 34 EGBGB angesprochenen Vorschriften der *lex fori* gerade außerhalb der kollisionsrechtlichen Verweisung; zur Abgrenzung vgl. auch MüKo-*Martiny* Art. 34 EGBGB Rn. 15 f. und 79 f. m.w.N.

III. Rechtsfolgen eines ordre public-Verstoßes

Wird fremdes Recht kraft einer Regelkollisionsnorm berufen und der Anwendungsbereich von Art. 6 EGBGB nicht durch Spezialnormen beschränkt oder ausgeschlossen[66], so verhindert die allgemeine Vorbehaltsklausel eine ordre public-widrige Rechtsanwendung. Die negative Funktion von Art. 6 EGBGB beweist sich in seiner Rechtfolge: der schlichten Nichtanwendung des auslän-

---

66 Die Anwendung von Vorbehaltsklauseln kann auch durch völkerrechtlichen Vertrag ausgeschlossen oder eingeschränkt sein. Einen solchen Ausschluß mißt die Literatur etwa Art. VIII Sec. 2 (b) des sog. *Bretton-Woods*-Abkomens (Abkommen über den Internationalen Währungsfonds), BGBl. 1952 II S. 637, bei: „Exchange contracts which involve the currency of any member and which are contrary to the exchange control regulations of that member maintained or imposed consistently with this Agreement shall be unenforceable in the territories of any member." Vor nationalen (Gerichts-)Behörden kann daher der ordre public-Einwand nicht gegenüber solchen Devisenbestimmungen eines Vertragsstaates, die sich auf den abkommenskonformen Schutz der Währung beschränken, erhoben werden. Allein bei diskriminierenden und offensichtlich völkerrechtswidrigen Schutzvorschriften kann der ordre public-Vorbehalt zum Tragen kommen, vgl. MüKo-*Martiny*, nach Art. 34 EGBGB Anhang II Rn. 10; MüKo-*Sonnenberger*, Art. 6 EGBGB Rn. 27; *Mann*, JZ 1981, S. 327 (329). Eine andere Frage ist hingegen, ob die Verwendung von ordre public-Klauseln allgemeiner oder spezieller Art in Staatsverträgen bzw. das Absehen hiervon zum Ausschluß des nationalen Vorbehalts führt. Die Antwort ist in erster Linie im Wege der Auslegung des Vertrages nach den allgemeinen Regeln (Art. 31 ff. WVRK; dazu im II. Kapitel in Fn. 299) zu suchen. Im einzelnen ist hier freilich vieles streitig, vgl. nur *Jayme*, BerDGVR 16 (1975), S. 7 (19 ff.) Den Meinungsstand stellen Staudinger-*Blumenwitz*, Art. 6 EGBGB Rn. 49 ff. und MüKo-*Sonnenberger*, Art. 6 EGBGB Rn. 24 dar. Man wird wohl mit der h.M. davon ausgehen können, daß ausdrücklich (als Generalklauseln) formulierte Vorbehalte als *leges speciales* im Anwendungsbereich der Verträge die ordre public-Vorbehalte des nationalen Rechts verdrängen. Dies um so mehr, als die Neuformulierung des Art. 6 EGBGB auf Art. 16 des EG-Schuldvertragsübereinkommens zurückgeht (vgl. Regierungsbegründung zum IPR-Reformgesetz, BT-Drucks. 10/504, S. 43) und der Gesetzgeber ausdrücklich die Vorbehaltsklausel deckungsgleich mit den international verwendeten Formulierungen („manifestly incompatible with the public order"; „manifestement incompatible avec l'ordre public") ausgestaltet hat, vgl. Regierungsbegründung zum IPR-Reformgesetz, BT-Drucks. 10/504 S. 42 f. Soweit nach dem Staatsvertrag ein Vorbehalt nur für besondere Bereiche eingreifen soll, bleibt im Zweifel auch hier zur Wahrung des Vertragszwecks der Rückgriff auf nationale Regelungen versagt. Vollends Sache der Auslegung ist die Bedeutung des Fehlens jeglicher ordre public-Klauseln, vgl. MüKo-*Sonnenberger*, Art. 6 EGBGB Rn. 29. Zu den Möglichkeiten des Rückgriffs auf Art. 6 EGBGB neben Art. 8 Abs. 3 S. 2 des deutsch-iranischen Niederlassungsabkommens vgl. etwa OLG Hamm, IPRax 1994, S. 49 (52).

dischen Rechts.[67] Der Einsatz der Vorbehaltsklausel folgt dabei dem Prinzip des geringst möglichen Eingriffs – der weitestgehenden Schonung – des fremden Rechts.[68] Nur soweit das Anwendungsergebnis im Einzelfall dem ordre public widerspricht, greift die Vorbehaltsklausel ein; so weit als möglich verbleibt es im übrigen bei der Anwendung des nach der Regelkollisionsnorm berufenen fremden Rechts.[69] Insbesondere gibt Art. 6 EGBGB zunächst keinen Aufschluß über das an die Stelle des abgewehrten Rechtssatzes tretende Sachrecht. Die Vorbehaltsklausel selbst besitzt keinen sachrechtlichen Gehalt, aus dem die Ersatzlösung bestimmt werden könnte.[70]

1. Fälle ohne Problematik der Lückenfüllung

Geringe Schwierigkeiten bereitet die Frage nach den weiteren Rechtsfolgen des ordre public-Einsatzes in zwei Fällen. Mit der bloßen Nichtanwendung eines fremden Rechtssatzes kann es sein Bewenden haben, wenn auf der Grundlage des verbleibenden Teils der berufenen Rechtsordnung ein ordre public-konformes Ergebnis erzielt werden kann.[71] Hier entsteht von vornherein keine Lücke, die durch Ersatzvorschriften gefüllt werden müßte. Zu diesen Fällen zählen etwa fremde Eheverbote, denen die deutsche Rechtsordnung schlicht die Anerkennung versagt, ohne ihrerseits Beschränkungen aus vergleichbaren Gründen vorzuhalten.[72] Andererseits wird ein Rückgriff auf die *lex fori* zur Vermeidung ordre public-widriger Ergebnisse dann unumgänglich

67 Für die ganz h.M. vgl. *Schwung*, RabelsZ 49 (1985), S. 407 (408); Staudinger-*Blumenwitz*, Art. 6 EGBGB Rn. 129; *Lorenz*, IPRax 1999, S. 429 (429).

68 Allgemeine Meinung vgl. nur *Kegel/Schurig*, IPR, S. 473, *Raape/Sturm*, IPR I, S. 219; Staudinger-*Blumenwitz*, Art. 6 EGBGB Rn. 137; *Lorenz*, IPRax 1999, S. 429 (430); BGHZ 120, S. 29 (37 f.); OLG Hamm IPRax 1994, S. 49 (54). Der Grundsatz zählt zu den allgemein anerkannten Prinzipien des modernen Kollisionsrechts; konkret formuliert findet er sich wohl erstmals bei *Pillet/Niboyet*, Manuel, S. 554: „minimum d'atteinte portée à loi étrangère".

69 Vgl. *Junker*, IPR, Rn. 280; MüKo-*Sonnenberger*, Art. 6 EGBGB Rn. 90.

70 Vgl. Regierungsbegründung zum IPR-Reformgesetz, BT-Drucks. 10/405, S. 44.

71 Vgl. *Junker*, IPR, Rn. 281; MüKo-*Sonnenberger*, Art. 6 EGBGB Rn. 93; ähnlich Neuhaus, Grundbegriffe, S. 376.

72 Vgl. *Junker*, IPR, Rn. 281; MüKo-*Sonnenberger*, Art. 6 EGBGB Rn.93 unter dem Oberbegriff „Verhaltensverbot". Zu den Eheverboten fremder Rechte und ihrer Behandlung unter ordre public-Gesichtspunkten vgl. noch eingehend im IV. Kapitel.

sein, wenn die ordre public-Widrigkeit sich gerade aus der Nichtexistenz einer nach unseren Maßstäben unverzichtbaren Regelung im fremden Recht ergibt.[73]

2. Anzuwendendes Ersatzrecht bei entstehenden Normlücken

Umstritten ist hingegen die Frage des Ersatzrechts, wenn zur Entscheidung des Sachverhalts an die Stelle der abgelehnten Norm notwendig eine andere Bestimmung treten muß, und sowohl der *lex causae* als auch der *lex fori* Anhaltspunkte für Ersatzlösungen entnommen werden können. Hier entsteht eine Regelungslücke, für deren Auffüllung – vergleichbar der Angleichungsproblematik[74] – sowohl kollisionsrechtliche als auch materiell-rechtliche Ansätze vorgetragen werden.

Die einfachste – kollisionsrechtliche – Lösung ist der (stete) Rückgriff auf die *lex fori.*[75] *Raape/Sturm* konstatieren diesem Ansatz jedenfalls den Vorzug der Rechtsgleichheit und Rechtssicherheit.[76] Die wohl herrschende Meinung berücksichtigt dagegen den Grundsatz der Schonung des fremden Rechts auch bei der Suche nach dem Ersatzrecht und löst die Frage materiell-rechtlich, indem zunächst die berufene Rechtsordnung auf taugliche, d.h. ordre public-konforme Ausweichlösungen untersucht und die *lex fori* nur subsidiär – bei ergebnisloser Suche – herangezogen wird.[77] Einige wollen zuvor gegebenen-

---

73 Vgl. *Junker*, IPR, Rn. 282, mit dem Beispiel der Anfechtung der Vaterschaft. Vgl. auch Staudinger-*Blumenwitz*, Art. 6 EGBGB Rn. 139, – freilich vor der Kindschaftsrechtsreform – bei fehlender Möglichkeit zur Legitimation des nichtehelichen Kindes. MüKo-*Sonnenberger*, Art. 6 EGBGB Rn. 94, mit weiteren Fällen.

74 Mit dem Unterschied, daß sich die Notwendigkeit einer Angleichung (Anpassung) nicht aus dem Ausschluß einer anwendbaren Norm, sondern aus dem Normwiderspruch des kollisionsrechtlich berufenen Rechts unmittelbar ergibt. Zu den Wesensunterschieden zwischen Anpassung und ordre public vgl. *Kropholler*, in: FS Ferid, S. 279 (286 f.). Ein Überblick über die materiellen bzw. kollisionsrechtlichen Lösungsansätze bei der Anpassung findet sich bei *Junker*, IPR, Rn. 266 f.

75 So auch im Ansatz § 6 Abs. 2 österr. IPRG und traditionell der romanische Rechtskreis, vgl. die Darstellung bei *Spickhoff*, ordre public, S. 103 f.

76 Vgl. *Raape/Sturm*, IPR I, S. 219 f.

77 So schon der vielerorts aufgegriffene Fall der Unverjährbarkeit einer Forderung nach schweizerischem Recht, RGZ 106, S. 82 (86); exemplarisch BGHZ 120, S. 29 (37): Ein Verstoß gegen den ordre public „führt nicht zwangsläufig dazu (...), daß (...) deutsches Recht zur Anwendung kommt. Vielmehr ist die Regelungslücke, die durch die Nichtanwendung der dem ordre public zuwiderlaufenden Vorschrift entsteht, nach Möglichkeit nach dem [berufenen, Anm. d. Verf.] (...) Recht zu schließen." Vgl. auch BGHZ 44, S. 183 (190); OLG Hamm, IPRax 1995, S. 174 (176 f.). Für die überwie-

falls noch die der *lex causae* verwandten Rechtsordnungen desselben Rechtskreises oder allgemeinen Rechtsgrundsätze auf Ersatzlösungen überprüfen.[78] Vor allem *Kegel* hat sich hingegen zur Lösung der Frage nach dem Ersatzrecht für die Ausbildung eigenständiger Sachnormen ausgesprochen. An die Stelle des untragbaren fremden Rechtssatzes solle eine (gerade noch) mit dem ordre public vereinbare Regelung treten.[79]

Der Ansatz der herrschenden Meinung verdient Zustimmung. Er trägt zum einen der gesetzgeberischen Vorgabe Rechnung, keine allgemeine (Kollisions-)Norm für das Ersatzrecht vorzuhalten.[80] Zum anderen ermöglicht er innerhalb des kollisionsrechtlichen Systems eine einzelfallbezogene Betrachtung, ohne die Belange der Rechtssicherheit aus den Augen zu verlieren. Die kollisionsrechtlich begründete (stete) Heranziehung der *lex fori* hieße dagegen, „das Kind mit dem Bade ausschütten".[81] Freilich darf nicht verkannt werden, daß gerade die Instanzgerichte *in praxi* häufig ohne weitere Erörterung die *lex fori* als Ersatzrecht heranziehen, wenn das fremde Recht qualitativ andere Regelungen als das innerstaatliche Recht enthält.[82] Dogmatisch erfolgt dies aber nicht auf kollisionsrechtlicher Grundlage, sondern weil – wenngleich unausgesprochen oder gar unreflektiert – der *lex causae* schwerlich eine Ersatzlösung

---

gende Literatur siehe etwa *Neumayer*, in: FS Dölle, Bd. 2, S. 179 (207 f.); Staudinger-*Blumenwitz*, Art. 6 EGBGB Rn. 137; MüKo-*Sonnenberger*, Art. 6 EGBGB Rn. 92; *Kropholler*, IPR, S. 249; *Junker*, IPR, Rn. 282; Ermann-*Hohloch*, Art. 6 EGBGB Rn. 26; Palandt-*Heldrich*, Art. 6 EGBGB Rn. 13. Vgl. aber auch *Lorenz*, IPRax 1999, S. 429 (431), der darauf hinweist, die Diskussion um die Lückenfüllung im Anschluß an RGZ 106, S. 82 ff. drehe sich in Wahrheit um ein Scheinproblem, da das RG nicht das Anwendungsergebnis, sondern die streitentscheidende Norm selbst am ordre public gemessen habe. Statt dessen wäre zu prüfen gewesen, ob es mit dem ordre public unvereinbar sei, daß die streitgegenständliche Forderung zum konkreten Zeitpunkt noch nicht verjährt war.

78 So etwa die Stufenfolge bei *Wuppermann*, Rechtsprechung, S. 72; vgl. auch *Neuhaus*, Grundbegriffe, S. 389 ff.

79 Vgl. *Kegel*, IPR, S. 384 f.; *ders.*, in: FS Drobnig, S. 315 (323 ff.); Soergel-*Kegel*, Art. 6 EGBGB Rn. 34; vgl. auch *Schurig*, Kollisionsnorm, S. 260; nunmehr auch *Kegel/Schurig*, IPR, S. 473 f., allerdings mit dem Unterschied, daß infolge der von *Schurig* ermittelten „kollisionsrechtlichen Struktur des ordre public" die Sachnorm nicht im deutschen IPR (so noch Kegel, IPR, S. 384), sondern als materielle Norm *ad hoc* im Sachrecht gebildet werden soll.

80 Vgl. die Regierungsbegründung zum IPR-Reformgesetz, BT-Drucks. 10/504, S. 44.

81 Zutreffend insoweit *Kegel/Schurig*, IPR, S. 473.

82 So das Ergebnis von *Wuppermann*, Rechtsprechung, S. 68 ff.; die dort zusammengestellte Rechtsprechung ließe sich nahtlos fortführen.

entnommen werden kann.[83] Daß es im Ausnahmefall, bei dem weder die berufene Rechtsordnung noch die *lex fori* zu angemessenen Ergebnissen führen, geboten sein kann, fallbezogene Ersatzrechtslösungen zu bilden, wird auch in der vorherrschenden Ansicht nicht verkannt, ohne daß daraus ein Prinzip der Ersatzrechtslösung abgeleitet werden müsste.[84]

IV. Die Handhabung der Vorbehaltsklausel im einzelnen

Diente der vorangehende Abschnitt der Darstellung des kollisionsrechtlichen Instrumentariums und der Wirkungsweise verschiedener ordre public-Institute, so geht es im folgenden um die von der Rechtslehre und –praxis herausgebildeten einzelnen Anwendungsvoraussetzungen der allgemeinen Vorbehaltsklausel.

1. Der ordre public-Vorbehalt als Korrektiv des konkreten Anwendungsergebnisses

Anders als die speziellen ordre public-Normen – das wurde bereits deutlich – besteht die Funktion der allgemeinen Vorbehaltsklausel nicht in einer Beschränkung der kollisionsrechtlichen Regelverweisung, sondern in einer Ergebniskorrektur der Anwendung fremden[85] Rechts. Art. 6 EGBGB ist damit

---

83 Vgl. Staudinger-*Blumenwitz*, Art. 6 EGBGB Rn. 139. Deshalb sei, so *Raape/Sturm*, IPR I, S. 220, „[d]er Zug zur lex fori (...) hier ja nicht mehr und nicht weniger als gesundes Heimwärtsstreben."

84 Vgl. MüKo-*Sonnenberger*, Art. 6 EGBGB Rn. 96 zur überhöhten *quota litis* als Anwaltshonorar; vgl. insoweit auch *Kegel/Schurig*, IPR, S. 474. Hingegen sieht *Junker*, IPR, Rn. 282, in den Höchstsätzen der BRAGO die Obergrenze; vgl. auch Ermann-*Hohloch*, Art. 6 EGBGB Rn. 26. Der einklagbaren Schadenshöhe setzt nunmehr Art. 40 Abs. 3 EGBGB explizite Grenzen.

85 Art. 6 S. 1 EGBGB spricht vom Recht eines *anderen* Staates und nicht, wie noch Art. 30 EGBGB a.F. vom *ausländischen* Gesetz bzw. Art. 3 Abs. 1 S. 1 EGBGB und Art. 38 EGBGB a.F. vom *ausländischen* Staat bzw. *Ausland*. Der Begriffswechsel hätte bei der Anwendung des interlokalen (interzonalen) ordre public im Verhältnis Bundesrepublik / DDR Bedeutung erlangen können, nach dem das BVerfG vom Fortbestand eines einheitlichen Staates ausging und demgemäß die DDR nicht als Ausland angesehen werden konnte, vgl. etwa BVerfGE 31, S. 1 (16 f.); 77, S. 137 (154 f.). Bei Soergel-*Kegel* findet sich allerdings der Hinweis, der Sinn dieser Wort-

nicht Ausgangspunkt, sondern Abschluß eines *lege artis* durchgeführten Entscheidungsvorgangs.[86] Begriffsnotwendige Voraussetzung seiner Anwendung ist deshalb, daß fremdes Recht überhaupt zur Entscheidung berufen ist.[87] Regelmäßig wird es sich dabei um Privatrechtsnormen handeln, wobei der Begriff nicht im Sinne der deutschen Abgrenzung zwischen Privat- und Öffentlichem Recht zu verstehen ist. Vielmehr zählen zu den Privatrechtsnormen all diejenigen, die im Rahmen des kollisionsrechtlichen Vorgangs berufen werden können.[88] Dazu zählt neben den Sachnormen auch ausländisches IPR oder ein

---

wahl in der reformierten Vorbehaltsklausel bleibe unklar. In der Tat ergeben sich aus den Gesetzesmaterialien keine Hinweise auf die Gründe der abweichenden Formulierung. Zu einem Streitfall ist es hingegen nicht gekommen, zumal das BVerfG die Existenz eines interlokalen/-zonalen ordre public im Verhältnis Bundesrepublik / DDR ohne weiteres anerkannt, wenngleich nicht durchgesetzt hat, vgl. BVerfGE 77, S. 137 in Leitsatz 1 und auf S. 149 ff. Zum interlokalen/-zonalen ordre public vgl. vor allem *Knoke*, Grundvertrag, S. 105 ff.; zur Bedeutung nach der Wiedervereinigung Deutschlands vgl. Ermann-*Hohloch*, Art. 6 EGBGB Rn. 25; Staudinger-*Blumenwitz*, Art. 6 EGBGB Rn. 71 sowie *ders.*, in: Isensee/Kirchhof, HStR XI, § 211, zu den intertemporalen und interlokalen verfassungskollisionsrechtlichen Fragestellungen.

86 Vgl. exemplarisch BGH, IPRspr. 1998, Nr. 6 (S. 12 f.).

87 Nur hingewiesen werden kann an dieser Stelle auf die dem Art. 6 EGBGB vorgelagerte und mittlerweile verselbständigte Problematik der Anwendung ausländischen öffentlichen Rechts, insbesondere fremder Eingriffsnormen. Ein einheitliches Verständnis über Inhalt und Wirkung eines Internationalen Öffentlichen Rechts hat sich bislang noch nicht zu bilden vermocht. Der BGH sieht diesen Bereich als vom Territorialitätsprinzip bestimmt an und gelangt so zur Unanwendbarkeit jedenfalls solcher Normen des ausländischen öffentlichen Rechts, die spezifischen Staatsinteressen zu dienen bestimmt sind, st. Rspr. seit BGHZ 31, S. 367 (370 ff.), vgl. etwa BGHZ 43, S. 162 ff.; 64, S. 183 ff. Eine klare Abgrenzung derartiger Normen von öffentlichrechtlichen Vorschriften, denen der Schutz (auch) privater Interessen zugrunde liegt, läßt sich jedoch schwer treffen. In der Lehre wird vor allem von *Sonnenberger* die Ausbildung von Kollisionsnormen für ausländische Eingriffsnormen propagiert, vgl. MüKo-*Sonnenberger*, Einl. IPR Rn. 58 ff. und Rn. 379 ff. sowie Art. 6 EGBGB Rn. 33 ff; für ein autonomes Anknüpfungssystem aber auch *Kegel/Schurig*, IPR, S. 136 ff. Zu Anwendung fremder wirtschaftsrechtlicher Bestimmungen etwa *Kreuzer*, Ausländisches Wirtschaftsrecht vor deutschen Gerichten (1986) sowie *Zimmer*, IPRax 1993, (65) 67 f.; *ders.* in: Mélanges Fritz Sturm, Bd. II, S. 1709 (1718 f.). Aus dem älteren Schrifttum siehe vor allem *K. Vogel*, Der räumliche Anwendungsbereich der Verwaltungsrechtsnorm (1965); vgl. aber auch *Zweigert*, in: Fünfzig Jahre Institut, S. 124 ff. und *Jaenicke*, BerDGVR 7 (1967), S. 77 (96 ff.). Zur Behandlung drittstaatlicher Eingriffsnormen vgl. *Siehr*, in: Serik/Niederländer/Jayme (Hrsg.), Albert A. Ehrenzweig, S. 35 (115 f.) mit Darstellung des Meinungsstandes in Fn. 508.

88 Vgl. MüKo-*Sonnenberger*, Art. 6 EGBGB Rn. 32 und 45; *Spickhoff*, ordre public, S. 78.

anderes ausländisches Kollisionsrecht, soweit dieses nach den Vorschriften des deutschen Kollisionsrechts zu beachten ist.[89]

Nicht die berufene fremde Norm ist jedoch am ordre public zu messen, sondern gem. Art. 6 S. 1 EGBGB das *Ergebnis* ihrer Anwendung.[90] Es wird also nicht isoliert auf den abstrakten Gehalt, sondern in erster Linie auf die konkrete Rechtsfolge[91] bzw. -wirkung[92] einer Norm abgestellt. Stets ist daher die Norm in einen Gesamtzusammenhang mit den für den Sachverhalt maßgeblichen Vorschriften zu stellen. So kann die *lex causae* an anderer Stelle einen Ausgleich gewähren, der die ansonsten ordre public-widrige Rechtsfolge „abfängt".[93] Ohnehin sind nach deutschem IPR ausländische Rechtsnormen so auszulegen und anzuwenden, wie sie in der berufenen Rechtsordnung gelten.[94] Dies hat zur Folge, daß der deutsche Rechtsanwender ggf. auch die Vereinbar-

---

89 Beispielsweise nach Art. 4 Abs. 1 S. 1 und Abs. 3 S. 1 EGBGB, vgl. Soergel-*Kegel*, Art. 6 EGBGB Rn. 8; *Kropholler*, IPR, S. 240; *Spickhoff*, ordre public, S. 78.

90 Ganz h.M.; vgl. aus der neueren Rspr. exemplarisch BGHZ 120, S. 29 (34); BGH, IPRspr. 1998, Nr. 6 (S. 12 f.), sowie für die insoweit einhellige Literaturmeinung Staudinger-*Blumenwitz*, Art. 6 EGBGB Rn. 86 m.w.N. Zur Ergebnisbezogenheit der Prüfung bei der Verweisung auf fremdes Kollisionsrecht vgl. *Lorenz*, in: Mélanges Fritz Sturm, Bd. II, S. 1559 (1565 ff.). Art. 30 EGBGB a.F. sprach von der „Anwendung" eines fremden Rechtssatzes und wurde von jeher im gleichen Sinne verstanden, vgl. RGZ 119, S. 259 (262 f.); BGHZ 35, S. 329 (337); 39, S. 173 (177); 60, S. 68 (78); *Jayme*, StAZ 1980, 302; MüKo[1]-*Kreuzer*, Art. 30 Rn. 48. Im Rahmen der IPR-Reform wurde nichtsdestotrotz die Bedeutung des Anwendungsergebnisses ausdrücklich hervorgehoben, vgl. Regierungsbegründung zum IPR-Reformgesetz, BT-Drucks. 10/504, S. 43; siehe auch *Kühne*, IPR-Entwurf, S. 61 und *Spickhoff*, ordre public, S. 79.

91 Vgl. Staudinger-*Blumenwitz*, Art. 6 EGBGB Rn. 86.

92 Vgl. MüKo-*Sonnenberger*, Art. 6 EGBGB Rn. 47.

93 Vgl. MüKo-*Sonnenberger*, Art. 6 EGBGB Rn. 47 mit weiteren Beispielen für die Gesamtkontextuierung der anzuwendenden Norm. Auch das schlichte Fehlen von nach der deutschen Rechtsordnung zu erwartenden Vorschriften kann den ordre public-Verstoß begründen, vgl. etwa OLG Karlsruhe, FamRZ 1970, S. 251 (253) und OLG Köln, IPRspr. 1976, Nr. 108. Technisch anders hingegen die Methode des RG in RGZ 150, S. 283 (Darstellung bei Staudinger-*Blumenwitz*, Art. 6 EGBGB Rn. 87); dazu die Kritik von *Spickhoff*, ordre public, S. 80 mit Fn. 15; für Anpassung wiederum Soergel-*Schurig*, Art. 14 EGBGB Rn. 41 mit Fn. 12.

94 St. Rspr., vgl. BGH, NJW 1963, S. 252 (252 f.) dort auch zur Behandlung einer uneinheitlichen Rspr. im *lex causae*-Staat. Zu den Anforderungen an die Ausschöpfung der Erkenntnisquellen bezüglich Inhalt und Rechtspraxis vgl. BGH, NJW 1991, S. 1418 (1419 f.) sowie OLG Düsseldorf, NJW-RR 1997, S. 3 (4); aus der die Literatur vgl. nur *Ferid*, in: FS Dölle, Bd. 2, S. 119 (146). Die praktischen Schwierigkeiten bei der Ermittlung des Rechtsinhalts zeigt *Fastrich*, ZZP 97 (1984), S. 423 (428) auf.

keit der aufgerufenen Norm mit höherangigem Recht – insbesondere Verfassungsrecht – des entsprechenden Staates zu untersuchen hat, soweit dies nach den dortigen Regeln auch dem dortigen Richter erlaubt bzw. geboten ist.[95] Im Grunde genommen liegt hier auch die erste – freilich rechtstechnisch außerhalb der Vorbehaltsklausel stehende – Einwirkungsmöglichkeit internationaler Menschenrechtsverbürgungen auf den deutschen ordre public. Soweit nach den Regeln des ausländischen Staates dessen innerstaatliches Recht auf die Vereinbarkeit mit völkerrechtlichen Standards hin überprüft werden kann oder muß, hat dies auch vom deutschen Richter zu geschehen.[96] Die Vorbehaltsklausel darf jedenfalls erst nach erfolgloser „Ausschöpfung aller in dem anwendbaren fremden Recht liegenden Möglichkeiten“[97] eingesetzt werden.[98] Dadurch wird dem Charakter der Vorbehaltsklausel als Ausnahmevorschrift von der kollisionsrechtlichen Regel Rechnung getragen.[99]

---

95 Vgl. MüKo-*Sonnenberger*, Einl. IPR Rn. 307 m.w.N. und zu den Fällen, in denen die Überprüfung besonderen Gerichten, regelmäßig Verfassungsgerichten, vorbehalten ist.

96 Unabhängig von der gegebenenfalls erforderlichen völkerrechtsbezogenen Interpretation stellt sich die Frage, ob nicht bereits eine fremde Norm aufgrund ihrer Völkerrechtswidrigkeit nichtig und damit für den Rechtsanwender überhaupt nicht zur Anwendung gelangen kann. Generell kann wohl nicht davon ausgegangen werden, daß die Völkerrechtswidrigkeit einer innerstaatlichen *Norm* bereits kraft Völkerrechts zu deren Nichtigkeit führt, vgl. etwa *Schütz*, ordre public, S. 18 ff.; *Steinberger*, in: Isensee/Kirchhof (Hrsg.), HStR VII, § 173 Rn. 39 und 54 f. Vielmehr obliegt es dem Forumstaat, innerhalb seiner Rechtsordnung die Anwendung fremden Rechts in Einklang mit seinen völkerrechtlichen Pflichten sicherzustellen, vgl. *Schütz*, ordre public, S. 20. Auch im Internationalen Enteignungsrecht wird die Frage, ob völkerrechtswidrige Enteignungsakte schlechthin als nichtig anzusehen oder ob deren Anerkennung erst im Rahmen und nach den Regeln des ordre public zu versagen ist, seit langem diskutiert, vgl. etwa *Mann*, NJW 1961, S. 705 (707); *Meng*, Recognition of foreign legislative and administrative acts, in: Bernhardt (Hrsg.), EPIL, Vol. IV, S. 50 ff.; MüKo-*Kreuzer*, nach Art. 38 EGBGB, Anhang III Rn. 32 ff.; *Hofmann*, ZaöRV 49 (1989), S. 41 (42 ff.); *Doehring*, Völkerrecht, Rn. 954 ff.; *Seidl-Hohenveldern*, in: FS Heymanns Verlag, S. 591 ff.; letzterer stellt in seinem Diskussionsbeitrag, BerDGVR 38 (1998), S. 115 (116), fest, daß sich eine einheitliche Meinung auch heute noch nicht gebildet habe.

97 MüKo-*Sonnenberger*, Art. 6 EGBGB Rn. 47.

98 Auch muß im einzelnen geprüft werden, ob nicht in Wahrheit ein Anwendungsfall der Angleichung vorliegt. Darauf weisen vor allem Soergel-*Kegel*, Art. 6 EGBGB Rn. 10 a.E. sowie – mit Blick auf RGZ 150, S. 238 ff. – Soergel-*Schurig*, Art. 14 EGBGB Rn. 41 mit Fn. 12 hin. Zum Verhältnis von Angleichung und ordre public vgl. bereits oben bei Fn. 51.

99 Für die ganz h.M. vgl. Staudinger-*Blumenwitz*, Art. 6 EGBGB Rn. 20 sowie MüKo-*Sonnenberger*, Art. 6 EGBGB Rn. 14, jeweils m.w.N. Die zurückhaltende Anwendung des ordre public-Vorbehalts entsprach schon unter der Geltung des Art. 30

2. Die Relativität des ordre public

Art. 6 S. 1 EGBGB gebietet die Nichtanwendung fremden Rechts – genauer: des auf der Grundlange des anzuwendenden fremden Rechts gewonnenen Ergebnisses – , wenn sich dieses als „mit den wesentlichen Grundsätzen des deutschen Rechts offensichtlich unvereinbar“ erweist. Als Generalklausel, das wurde schon deutlich gemacht, überläßt die Vorschrift dem Rechtsanwender die Entscheidung darüber, ob und wann ein solcher Konflikt mit der *lex fori* zu Tage tritt und relevant wird.

Die Ausgestaltung als Generalklausel und der Ausnahmecharakter von Art. 6 EGBGB gebieten nach allgemeiner Ansicht Zurückhaltung beim Einsatz der Vorbehaltsklausel;[100] erforderlich ist stets die Betrachtung der konkreten Umstände des Einzelfalls.[101] Selbst wenn feststeht, daß das Anwendungsergebnis im Widerspruch zu einem elementaren Rechtssatz des innerstaatlichen Rechts steht, rechtfertigt dieses Ergebnis nach überkommener Ansicht für sich alleine noch nicht den ordre public-Verstoß, da der öffentlichen Ordnung kein unbedingter Geltungsanspruch zukommt.[102] Vielmehr hängt der Einsatz der Vorbehaltsklausel vom Hinzutreten weiterer – untereinander und in sich variabler – Faktoren ab.[103] So kann sich das Anwendungsergebnis ein und derselben fremden Rechtsnorm in einem Fall als vereinbar mit dem deutschen ordre public, im anderen Fall jedoch als Verstoß gegen wesentliche Grundsätze der innerstaatlichen Rechtsordnung erweisen.[104] Diese Variabilität der ordre public-Anwendung wird heute zumeist unter dem Stichwort der Relativität des ordre

---

EGBGB a.F. der herrschenden Überzeugung, vgl. etwa *Dölle*, in: Wolff (Hrsg.), Landesreferate, S. 397 (399); MüKo[1]-*Kreuzer*, Art. 30 EGBGB Rn. 15.

100 Statt aller vgl. die Umschreibung bei *Ch. v. Bar*, IPR I, Rn. 631. Auch die französische und italienische Rechtslehre weist dem allgemeinen ordre public eine Ausnahmefunktion zu, vgl. etwa *Batiffol/Lagarde*, Droit international I, Nr. 354 f.; aus dem jüngeren Schrifttum etwa *Mayer*, 80 Rev. crit. dr. internat. privé (1991) S. 651 (652); *ders.*, Droit international, Nr. 199; *Fohrer*, L'incidence, S. 51 ff. Zum ordre public im neuen italienischen IPR und seiner Ausnahmefunktion vgl. *Maglio/Thon*, ZVglRWiss 96 (1997), S. 347 (353); *Boschiero*, ZfRV 1996, S. 143 (149). *Ballarino/Bonomi*, Yearb. Priv. Intern. Law, Vol. 2 (2000), S. 99 (111), heben die Notwendigkeit einer auf das konkrete Rechtsanwendungsergebnis bezogenen ordre public-Prüfung hervor.

101 Für die insoweit einhellige Auffassung in Schrifttum und Rechtsprechung vgl. nur Soergel-*Kegel*, Art. 6 EGBGB Rn. 25 mit zahlreichen Nachweisen – auch aus der Rechtssprechung zu Art. 30 EGBGB a.F.

102 Vgl. *Spickhoff*, ordre public, S. 96.

103 Vgl. MüKo-*Sonnenberger*, Art. 6 EGBGB Rn. 77.

104 Ebd.

public beleuchtet.[105] In erster Linie sind es drei Variablen, die der Vorbehaltsklausel eine relative Prägung verleihen.[106]

a) Offensichtliche Unvereinbarkeit – inhaltliche Relativität

Der Tatbestand der Vorbehaltsklausel erfordert zunächst einen „offensichtlichen" Verstoß gegen die inländische Rechtsordnung. Durch die Aufstellung von Kollisionsnormen nimmt der Gesetzgeber gerade die Abweichung der Entscheidung gegenüber rein internrechtlichen Sachverhalten bewußt in Kauf. Unvereinbarkeit i.S.v. Art. 6 EGBGB liegt deshalb nicht schon immer dann vor, wenn das ausländische Recht nicht unseren Vorstellungen entspricht oder von im Inland zwingenden Normen abweicht.[107] Zur offensichtlichen Unvereinbarkeit gereicht das Anwendungsergebnis erst, wenn es sich für die innerstaatliche Rechts- und Werteordnung als „schlechthin untragbar" erweist.[108] Freilich vermag auch diese Wendung zur Konkretisierung des Begriffs der offensichtlichen Unvereinbarkeit nur wenig beizutragen.[109] Sie ist vielmehr Abwägungsrichtlinie und Ausdruck der allgemein anerkannten Tendenz, die

105 Zu den Grundlagen der Relativität und der bisweilen divergierenden Terminologie vgl. vor allem *Meise*, Relativität, S. 8 ff. Zur Relativität des ordre public im französischen IPR vgl. etwa *Loussouarn/Bourel*, Droit international, Nr. 254-2.

106 Neben den angeführten Gesichtspunkten wird zumeist noch die Frage, ob das unerwünschte Anwendungsergebnis eine Haupt- oder Vorfrage betrifft, als Bestandteil der Relativität betrachtet. Die an sich untragbare Lösung einer Vorfrage kann immer noch zu einem tragbaren (End-)Ergebnis des Falles führen, vgl. etwa *Meise*, Relativität, S. 179 ff.; MüKo-*Sonnenberger*, Art. 6 EGBGB Rn. 87; Soergel-*Kegel*, Art. 6 EGBGB Rn. 28; *Kegel/Schurig*, IPR, S. 463; *Spickhoff*, ordre public, S. 99 ff.; Staudinger-*Blumenwitz*, Art. 6 EGBGB Rn. 128, sämtlichst m.w.N.

107 Vgl. Palandt-*Heldrich*, Art. 6 EGBGB Rn. 4.

108 So die in Rechtsprechung und Schrifttum seit geraumer Zeit verwandte Formulierung, vgl. etwa BGH, WM 1962, S. 466 (468); BGHZ 50, S. 370 (375 f.); BVerfGE 79, S. 203 (210): „untragbar"; siehe auch Staudinger-*Blumenwitz*, Art. 6 EGBGB Rn. 111; *Spickhoff*, ordre public, S. 97; Soergel-*Kegel*, Art. 6 EGBGB Rn. 9 mit umfangreichen Rechtsprechungsnachweisen. Zum Kriterium der offensichtlichen Unvereinbarkeit bei Grundrechtsrelevanz vgl. unten S. 42 ff.

109 In der Literatur finden sich deshalb bisweilen „Testfragen", mit denen die Untragbarkeit festgestellt werden soll, etwa: Könnte der Gesetzgeber der *lex fori* verfassungs-, insbesondere rechtsstaats- und grundrechtskonform, eine dem Anwendungsergebnis entsprechende Norm erlassen?; vgl. MüKo-*Sonnenberger*, Art. 6 EGBGB Rn. 80; siehe auch RGRK-*Wengler*, IPR, Bd. I, § 7 S. 74 zur Toleranz bestimmter Rechtsmaterien für abweichendes fremdes Recht.

Vorbehaltsklausel nur mit Zurückhaltung und nach sorgfältiger Abwägung anzuwenden.[110]

b) Gegenwartsbezug – zeitliche Relativität

Als ungeschriebenes Tatbestandsmerkmal für die Ausübung des ordre public-Vorbehalts wird zumeist auch eine Gegenwartsbeziehung des Sachverhalts gefordert.[111] Je länger ein Tatbestand in der Vergangenheit zurückliegt, je schwächer sich also der Gegenwartsbezug darstellt, um so mehr Zurückhaltung ist beim Einsatz der Vorbehaltsklausel angezeigt.[112] Andererseits werden die Anforderungen an die zeitliche Nähe geringer, je schwerer die Abweichung des ausländischen vom deutschen Recht wiegt, je intensiver der Konflikt mit der *lex fori* sich darstellt.[113] Der ordre public-Vorbehalt ist deshalb auch in zeitlicher Hinsicht relativ.[114]

c) Inlandsbeziehung – örtliche Relativität

Zu den ungeschriebenen, nach ganz herrschender Ansicht gleichwohl unverzichtbaren Voraussetzungen für den Einsatz der Vorbehaltsklausel zählt darüber hinaus eine gewisse Inlandsbeziehung[115] des Sachverhalts, die über die

---

110 Vgl. *Spickhoff*, ordre public, S. 97.

111 Vgl. etwa *Ferid*, IPR, Rn. 3-26; Soergel-*Kegel*, Art. 6 EGBGB Rn. 28. Zur Parallele im französischen Recht vgl. *Audit*, Droit international, Nr. 310.

112 Vgl. *Meise*, Relativität, S. 201; *Dölle*, IPR, S. 107.

113 Vgl. *Spickhoff*, ordre public, S. 101; *Meise*; Relativität, S. 203.

114 Die so verstandene zeitliche Relativität ist eng verbunden mit der Bestimmung des maßgeblichen Zeitpunkts für die beurteilungsrelevanten Rechtsanschauungen der *lex fori*. In diesem Sinne eines gegenwartsbezogenen Beurteilungsmaßstabes etwa Staudinger-*Blumenwitz*, Art. 6 EGBGB Rn. 123 f. und nun auch *Kegel/Schurig*, IPR, S. 464 und 472; ähnlich wohl auch *Schwander*, IPR I, Rn. 484. Die Vermengung von Gegenwartsbezug und Wandelbarkeit des ordre public kritisiert dagegen *Jayme*, IPR, Rn. 3-27; bei letzterem gehe es um den Wandel der die öffentliche Ordnung konstituierenden Wertentscheidungen im Laufe der Zeit. Maßgeblich für die Beurteilung, ob ein ordre public-Verstoß vorliegt, ist stets der Zeitpunkt der gerichtlichen Entscheidung; ausführlich hierzu *Raape/Sturm*, IPR I, S. 218 f; so auch *Kegel*, IPR, S. 381 (unter Verweis auf *C.K. Allen*): „public policy is the policy of the day". Anschaulich zum Wandel der Rechtsanschauungen etwa OLG Düsseldorf, IPRax 1997, S. 427 (428). Zu den Parallelen im französischen IPR (*actualité* bzw. *évolution de l'ordre public*) vgl. *Audit*, Droit international, Nr. 300 sowie *Loussouarn/Bourel*, Droit international, Nr. 254-1.

115 Synonym werden die Begriffe „Binnenbeziehung" oder „Inlandsberührung" verwandt. Der Begriff Inlandsbeziehung selbst geht nach *Meise*, Relativität, S. 85 auf *Niedner*

bloße Befassung eines deutschen Gerichts, also die internationale Zuständigkeit, hinausgeht.[116] Die wesentlichen Grundsätze des deutschen Rechts sollen nur dann Vorrang vor dem internationalen Entscheidungseinklang beanspruchen, wenn auch ein Bezug zur inländischen Rechtsordnung besteht.[117] Andernfalls geriete, wie *Neuhaus* es ausgedrückt hat, „die Nichtanwendung ausländischen Rechts zu einer abstrakten Beurteilung seines Inhalts (...).“[118] Das Erfordernis eines Binnenbezuges erweist sich damit als Ausdruck des

---

zurück. Bei Soergel-*Kegel*, Art. 6 EGBGB Rn. 27 ist von „Inlandsberührung“ die Rede. Beide Begriffe sind auch im schweizerischen Schrifttum gebräuchlich, vgl. *Keller/Siehr*, IPR, S. 544; *Bucher*, RdC 239 (1993-II), S. 9 (52 ff.); *Schwander*, IPR I, Rn. 485. Sie werden aber auch im deutschen Schrifttum ohne Unterschied verwandt, vgl. etwa *Spickhoff*, ordre public, S. 97. Die Begriffe haben auch Eingang in die französische international-privatrechtliche Doktrin gefunden, vgl. etwa *Fohrer*, L'incidence, S. 60 (in Fn. 110) und *passim*; *Hammje*, 86, Rev. crit. dr. internat. privé (1997), S. 1 (13 und *passim*); *Audit*, Droit international, Nr. 307; *Loussouarn/Bourel*, Droit international, Nr. 254-2.

116 St. Rspr., vgl. BGHZ 63, S. 219 (226); 120, S. 29 (34); zum abgestuften Prüfungsmaßstab und entsprechender Inlandsbeziehung beim anerkennungsrechtlichen ordre public vgl. etwa BGHZ 118, S. 312 (348). Aus der Literatur vgl. Soergel-*Kegel*, Art. 6 EGBGB Rn. 27 mit umfangreichen Nachweisen aus der Rspr.; *Spickhoff*, ordre public, S. 97; MüKo-*Sonnenberger*, Art. 6 EGBGB Rn. 81; *Völker*, Dogmatik, S. 231; *Kegel/Schurig*, IPR, S. 458; *v. Hoffmann*, IPR, § 6 Rn. 142 (S. 246); *Kropholler*, IPR, S. 240 f.; Staudinger-*Blumenwitz*, Art. 6 EGBGB Rn. 116; *Jayme*, Methoden, S. 35. Siehe auch die Regierungsbegründung zur IPR-Reform, BT-Drucks. 10/504, S. 43. Entsprechend bereits die ganz herrschende Meinung zu Art. 30 EGBGB a.F., vgl. BGHZ 28, S. 375 (385); 31, S. 168 (172 f.); 39, S. 220 (232); vgl. im einzelnen die Darstellungen bei *Epe*, Funktion, S. 125 ff.; *Wuppermann*, Rechtsprechung, S. 67 ff.; *Schütz*, ordre public, S. 62; *Weitz*, Inlandsbeziehung, S. 4 ff. und vor allem *Meise*, Relativität, S. 84 ff. Bedenken hinsichtlich einer relativen ordre public-Handhabung bei Verletzung von Grund- und Menschenrechten äußert seit jeher *Stöcker*, vgl. bereits RabelsZ 38 (1974), S. 79 (101); insoweit kritisch auch *Raape/Sturm*, IPR I, S. 217 f. Zu den neueren Ansätzen im international-privatrechtlichen Schrifttum vgl. aber noch unten S. 44 ff. Zum Erfordernis eines Binnenbezuges bei Verstoß gegen menschenrechtliche Verbürgungen ausführlich im III. Kapitel, S. 292 ff. Der Inlandsbezug wird auch im österr. IPR als Voraussetzung für das Eingreifen der Vorbehaltsklausel (§ 6 IPR-Gesetz) angesehen, vgl. exemplarisch OGH, ZfRV 1999, S. 79 (80). Gleiches gilt für die Schweiz, vgl. etwa BGE 64 II, S. 103 f.; 84 I, S. 119; 93 II, S. 379; 94 II, S. 297; siehe auch *Keller/Siehr*, IPR, S. 544; dagegen aber deutlich *Schwander*, IPR I, Rn. 486. Die französischen IPR-Lehre geht ebenfalls von einem „principe de proximité“ aus, vgl. *Audit*, Droit international, Nr. 307; zu den einzelnen „liens spatiaux avec le for“ siehe etwa *Mayer*, Droit international, Nr. 137 sowie *Audit*, Droit international, Nr. 307.

117 Vgl. Staudinger-*Blumenwitz*, Art. 6 EGBGB Rn. 116.

118 *Neuhaus*, Grundbegriffe, S. 367; *Kropholler*, IPR, S. 240.

nationalen Charakters der Vorbehaltsklausel.[119] Nur dann, wenn der Sachverhalt wesentliche Berührungspunkte zur innerstaatlichen Ordnung aufweist, bedarf es eines ordre public-Einsatzes zum Schutz der nationalen Rechtsordnung.[120] Als Anknüpfungsmomente für eine Inlandsbeziehung kommen dabei alle persönlichen, tatsächlichen oder rechtlichen Umstände des Sachverhaltes in Betracht,[121] insbesondere diejenigen Faktoren, aus denen regelmäßig auch das kollisionsrechtliche Anknüpfungsmoment entnommen wird.[122] Für die Feststellung der Inlandsbeziehung kommt es dabei auf den Zeitpunkt der gerichtlichen Entscheidung an.[123] Starke Inlandsberührung begründen folglich der Wohnsitz bzw. der gewöhnliche Aufenthalt oder die Staatsangehörigkeit der betroffenen Person; als weitere Inlandsbeziehungen können aber auch der Geburtsort, der Ort einer Handlung, der Firmensitz oder die Belegenheit des Streitgegenstandes in Betracht kommen.[124] Welche Umstände eine die Berufung des ordre public legitimierende Inlandsbeziehung begründen, läßt sich nach herkömmlicher Auffassung jedoch nicht absolut, sondern nur für den jeweiligen Einzelfall feststellen.[125] Auch das Erfordernis der Binnenbeziehung unterliegt nach überwiegender Meinung grundsätzlich der Relativität: Die Intensität des Inlandsbezuges steht im umgekehrten Verhältnis zur Erheblichkeit der Abweichung des ausländischen Rechts von der deutschen Rechtsordnung.[126] Je stärker also die Inlandsbeziehung des Sachverhaltes, desto weniger

---

119 Vgl. die allgemeinen Ausführungen zum Zweck des Inlandsbezuges bei *Bucher*, RdC 239 (1993-II), S. 9 (52).

120 Ebd., S. 98.

121 Die von *Meise*, Relativität, S. 162 ff. vorgenommene Gruppenbildung wird vielerorts aufgegriffen, vgl. etwa *Wuppermann*, Rechtsprechung, S. 37 mit umfangreicher Analyse der Rspr.; siehe auch MüKo-*Sonnenberger*, Art. 6 EGBGB Rn. 83; Staudinger-*Blumenwitz*, Art. 6 EGBGB Rn. 120; *Völker*, Dogmatik, S. 223.

122 Die Bezugnahme auf die regelmäßigen kollisionsrechtlichen Anknüpfungspunkte ist freilich untechnisch zu verstehen, vgl. für die ganz h.M. Ermann-*Hohloch*, Art. 6 EGBGB Rn. 16. *Wengler*, in: Caemmerer/Friesenhahn/Lange (Hrsg.), Festschrift 100 Jahre Juristentag, S. 239 (290 f.) scheint hingegen die Faktoren der Binnenbeziehung als echte, wenngleich negative, durch die Untragbarkeit des Anwendungsergebnisses bedingte, Anknüpfungskriterien zu verstehen.

123 *Raape/Sturm*, IPR I, S. 219; MüKo-*Sonnenberger*, Art. 6 EGBGB Rn. 85, vgl. bereits oben in Fn. 114.

124 Weitere von der Rechtsprechung herangezogene Bezugspunkte bei *Wuppermann*, Rechtsprechung, S. 38 ff.; MüKo-*Sonnenberger*, Art. 6 EGBGB Rn. 83; Staudinger-*Blumenwitz*, Art. 6 EGBGB Rn. 120 ff.

125 Vgl. MüKo-*Sonnenberger*, Art. 6 EGBGB Rn. 82.

126 Vgl. *Neuhaus*, Grundbegriffe, S. 367; *Spickhoff*, ordre public, S. 97; MüKo-*Sonnenberger*, Art. 6 EGBGB Rn. 82; Staudinger-*Blumenwitz*, Art. 6 EGBGB Rn. 118. Kritisch zur Relativität hingegen *Raape/Sturm*, IPR I, S. 217.

werden fremdartige Ergebnisse hingenommen und umgekehrt.[127] Mit zunehmender Inlandsberührung verengt sich daher der Spielraum, in dem sich das ausländische Recht bewegen darf.[128] Anders ausgedrückt: Je stärker der Inlandsbezug, desto eher kommt die Abwehr fremden Rechts mit Hilfe der Vorbehaltsklausel in Betracht; umgekehrt sind die Anforderungen an die Binnenbeziehung geringer, je offensichtlicher und krasser der Widerspruch zur deutschen Rechtsordnung ausfällt.[129] Terminologisch spiegelt sich die örtliche Relativität darin wider, daß vom Erfordernis einer hinreichend starken[130], bestimmten[131], gewissen[132] oder genügend engen[133] Inlandsbeziehung gesprochen wird.

---

127 Vgl. *Kropholler*, IPR, S. 241.

128 Vgl. *Kegel*, IPR, S. 116, mit der Prämisse, es müsse zunächst einmal der international-privatrechtlichen Gerechtigkeit der (systematisch bedingte) Vorrang gegenüber der materiell-privatrechtlichen Gerechtigkeit eingeräumt, in Ausnahmefällen, in denen die materiell-privatrechtlichen Interessen überwögen, jedoch das räumlich beste Recht dem sachlich besten untergeordnet werden.

129 Vgl. nur Staudinger-*Blumenwitz*, Art. 6 EGBGB Rn. 118; Soergel-*Kegel*, Art. 6 EGBGB Rn. 27; *Spickhoff*, ordre public, S. 97; *Kropholler*, IPR, S. 241; ähnlich *Keller/Siehr*, IPR, S. 544; ausführlich *Meise*, Relativität, S. 104 f. Vor allem *Völker*, Dogmatik, S. 236 (mit Beispielen aus der Rspr.) betont, daß nicht allein das Verhältnis von Inlandsbeziehung und Art des Verstoßes in Bezug zu setzen sei, sondern auch die jeweiligen „Anknüpfungspunkte" dahingehend überprüft werden müßten, ob sie eine Relevanz zur Zielsetzung der jeweils berufenen deutschen Grundwertung aufwiesen. Ähnlich *Kropholler*, IPR, S. 240, der verlangt, die Binnenbeziehung müsse den Kern der Rechtsfrage berühren; ginge es etwa um den Schutz des Rechtsverkehrs, so könne nicht (allein) die Staatsangehörigkeit eines Beteiligten den Binnenbezug herstellen, sondern die Vornahme des Rechtsgeschäfts im Inland. Dieses Beispiel findet sich schon bei *Meise*, Relativität, S. 98 und *Neuhaus*, Grundbegriffe, S. 366, bei letzterem allerdings im Zusammenhang mit der positiven Funktion des ordre public. Freilich fließen diese Erwägungen in der Literatur und Rspr. zumeist in den allgemeinen Relativitätsbegriff mit ein, wenn etwa von einer regelmäßig, aber nicht zwingend relevanten Inlandsbeziehung gesprochen wird, vgl. MüKo-*Sonnenberger*, Art. 6 EGBGB Rn. 83 m.w.N. Anders dagegen *Raape/Sturm*, IPR I, S. 217, wo aus Gründen der Rechtsstaatlichkeit bestimmte Bezugspunkte, insbes. die deutsche Staatsangehörigkeit, der Wohnsitz im Inland und die Belegenheit der Sache im Inland als stets zu beachtende, absolute Bezugspunkte eingeordnet werden und die von der h.M. befürwortete (örtliche) Relativität „als Magie, nicht als Jurisprudenz" qualifiziert wird.

130 Vgl. etwa *Spickhoff*, ordre public, S. 97; MüKo-*Sonnenberger*, Art. 6 EGBGB Rn. 81.

131 Vgl. Staudinger-*Blumenwitz*, Art. 6 EGBGB Rn. 117.

132 Vgl. *Kropholler*, IPR, S. 240.

133 Vgl. *Schütz*, ordre public, S. 62.

V. DIE „WESENTLICHEN GRUNDSÄTZE DES DEUTSCHEN RECHTS“

Bezugspunkt des ordre public ist also stets der eigentliche Prüfungsmaßstab – das originäre Schutzgut – der Vorbehaltsklausel: die wesentlichen Grundsätze des deutschen Rechts. Als Anwendungsvoraussetzungen treten die relativen Erfordernisse um so mehr in den Hintergrund, je tiefgreifender die innerstaatliche Rechtsordnung in ihren Prinzipien berührt ist. Welches sind aber nun die wesentlichen Grundsätze des innerstaatlichen Rechts, aus denen sich die Generalklausel speist?

1. Fortgeltung des sachlichen Gehalts von Art. 30 EGBGB a.F.

Nach der gesetzgeberischen Intention sollte die Neuformulierung der Vorbehaltsklausel durch die IPR-Reform im Jahre 1986 die bis dahin geltende Formel in Form der „wesentlichen Grundsätze des deutschen Rechts“ in Art. 6 S. 1 EGBGB terminologisch zusammenfassen; eine sachliche Änderung der Vorschrift war ausdrücklich nicht angestrebt.[134] Bis zur IPR-Reform stellte die Vorbehaltsklausel auf einen Verstoß gegen „die guten Sitten oder den Zweck eines deutschen Gesetzes“ ab. Wegen der angestrebten sachlichen Fortgeltung bleiben die zu Art. 30 EGBGB a.F. entwickelten Grundsätze auch unter der Geltung des Art. 6 EGBGB relevant.[135] Zur Konkretisierung des Verstoßes gegen den Zweck eines deutschen Gesetzes hatte das Reichsgericht die Formel entwickelt, „der Unterschied zwischen den staatspolitischen oder sozialen Anschauungen, auf denen das (...) Recht des Auslands und das davon abweichende deutsche Recht beruhen“, müsse so erheblich sein, „daß die Anwendung des ausländischen Rechts direkt die Grundlagen des deutschen staatlichen oder wirtschaftlichen Lebens angreifen würde“.[136] In der Literatur ist diese Formel nicht von Kritik verschont geblieben. Schon die Tatsache, daß das RG überhaupt eine Formel aufgestellt hatte, wurde gerügt, da dies dem Charakter einer Generalklausel entgegenstünde; es sei nicht Aufgabe des Richterrechts, allgemeine Rechtsgrundsätze aufzustellen, sondern durch Ein-

---

134 Vgl. die Regierungsbegründung zum IPR-Reformgesetz, BT-Drucks. 10/504, S. 42 f.

135 So auch die einhellige Auffassung im Schrifttum, vgl. etwa Soergel-*Kegel*, Art. 6 EGBGB Rn. 11 ff.; MüKo-*Sonnenberger*, Art. 6 EGBGB Rn. 49 ff.; *Spickhoff*, ordre public, S. 83 ff.; *Völker*, Dogmatik, S. 115 f.; *Kegel/Schurig*, IPR, S. 461 f. Ebenso die Rspr., vgl. nur BGHZ 120, S. 29 (34).

136 Vgl. nur RGZ 60, S. 296 (300); 63, S. 18 (19); 93, S. 182 (183); 138, S. 214 (216); 169, S. 240 (245).

zelfallentscheidungen auf die Rechtsfortbildung einzuwirken.[137] Inhaltlich wurde bemängelt, die Formel sei zu eng, weil sie auf die Staatsautorität abstelle,[138] und die Grundlagen des staatlichen oder wirtschaftlichen Lebens wohl kaum durch einen zivilrechtlichen Einzelfall ins Wanken gebracht werden könnten.[139] Die Formulierung klingt gleichwohl auch in der jüngeren Rechtsprechung noch an.[140] Der BGH, anfänglich noch der Formulierung des RG folgend,[141] verwendet seit geraumer Zeit eine andere – freilich nicht minder generelle – Umschreibung des ordre public-Vorbehalts. Ein Verstoß gegen den ordre public liegt danach vor, „wenn das Ergebnis der Anwendung eines ausländischen Rechts zu den Grundgedanken der deutschen Regelungen und der ihnen zugrundeliegenden Gerechtigkeitsvorstellungen in so starkem Widerspruch steht, daß es von uns für untragbar gehalten wird“ bzw. „das Ergebnis der Anwendung in einer besonders schwerwiegenden Weise dem Sinn und Zweck der deutschen Regelung widerspricht“.[142] Letztgenannte Formel hat nicht zuletzt wegen ihrer sprachlichen Nähe zu Art. 6 S. 1 EGBGB ganz überwiegend Gefolgschaft in der Rechtsprechung[143] und Zustimmung in der Literatur erfahren.[144] Letztlich spiegeln die Ansätze der Rechsprechung die Notwendigkeit der Entwicklung einer dem Charakter einer Generalklausel entsprechenden und für eine Vielzahl von Sachverhalten tauglichen Konkretisierung wider. Die Anwendung der Kriterien im Einzelfall ist deshalb vielschichtig und in ihrer Kasuistik, insbesondere wegen der Relativität der Vorbehaltsklausel, nur schwer in weitere konkretisierende Merkmale zu fassen.[145]

Im Gegensatz zum Verstoß gegen den Zweck eines deutschen Gesetzes, dessen Verwirklichung anhand konkret normierter Wertentscheidungen feststellbar ist, hat das Merkmal des Sittenverstoßes bislang keine maßgebende Rolle in

137 Vgl. etwa *Wolff*, IPR, S. 64.

138 Vgl. *Dölle*, in: Wolff (Hrsg.), Landesreferate, S. 397 (407); Soergel-*Kegel*, Art. 6 EGBGB Rn. 18.

139 Vgl. *Stöcker*, StAZ 1970, 328.

140 Vgl. etwa OLG Bremen, NJW-RR 1996, S. 1029 (1030); BayObLG, BayObLGZ 1993, S. 222 (223).

141 BGHZ 22, S. 162 (167); 28, S. 375 (378); 35, S. 329 (337).

142 Seit BGHZ 50, S. 370 (375) in st. Rspr.

143 Vgl. die umfassenden Nachweise bei Soergel-*Kegel*, Art. 6 EGBGB Rn. 20 mit Fn. 8.

144 Vgl. etwa *Kegel/Schurig*, IPR, S. 461 f.; Staudinger-*Blumenwitz*, Art. 30 EGBGB Rn. 9; Ermann-*Hohloch*, Art. 6 EGBGB Rn. 13; *v. Hoffmann*, IPR, § 6 Rn. 139; MüKo-*Sonnenberger*, Art. 6 EGBGB Rn. 60; Soergel-*Kegel*, Art. 6 EGBGB Rn. 20.

145 Nach den Einzelgebieten des Zivilrechts geordnete Übersichten findet sich etwa bei Ermann-*Hohloch*, Art. 6 EGBGB Rn. 28 ff.; Palandt-*Heldrich*, Art. 6 EGBGB Rn. 15 ff. sowie Staudinger-*Blumenwitz*, Art. 6 EGBGB Rn. 94 ff.

der Rechtspraxis gespielt. Bereits der Reichsgesetzgeber wies ihm lediglich eine Ergänzungsfunktion für den Fall zu, daß sich das Rechtsbewußtsein noch nicht zu einem konkreten Rechtssatz verdichtet hatte.[146] Wurde bereits im Schrifttum zu Art. 30 EGBGB a.F. die Ansicht vertreten, Gesetzes- und Sittenverstoß seien als einheitlicher Maßstab heranzuziehen,[147] so besteht jedenfalls heute weitgehend Einigkeit, daß die wesentlichen Grundsätze des deutschen Rechts heute in konkrete Rechtsnormen gegossen sind, so daß ein Rückgriff auf die guten Sitten im Rahmen des Art. 6 S. 1 EGBGB kaum relevant werden dürfte.[148]

2. Die deutschen Grundrechte als hervorgehobener Bestandteil des ordre public

Die deutsche öffentliche Ordnung wird in fundamentaler Weise durch den Grundrechtskatalog des Grundgesetzes geprägt. Die Neufassung der Vorbehaltsklausel tritt deshalb am augenscheinlichsten durch die Hervorhebung der Grundrechte in Art. 6 S. 2 EGBGB zu Tage. Der Reformgesetzgeber hatte mit der Neufassung der Vorbehaltsklausel explizit die Konsequenz aus der „Spanier-Entscheidung“[149] gezogen und den Grundrechten ihren Platz als „wichtiger und vorrangig zu beachtender Bestandteil der deutschen öffentlichen Ordnung“ zugewiesen.[150] Was sich aus heutiger Sicht als Selbstverständlichkeit darstellt und allgemeiner Ansicht entspricht, kam freilich im Zeitpunkt der Entscheidung des BVerfG einem Erdbeben gleich, dessen Nachwirkungen auch heute noch und über das Internationale Privatrecht hinaus spürbar sind.

a) Der „Spanier-Beschluß“ des BVerfG als Leitentscheidung

Der Spanier-Beschluß bildet bis heute die Basis für die Frage der Wirkungen, die die Grundrechte des Grundgesetzes im Rahmen des ordre public-Vorbehaltes entfalten. Die zentralen Aussagen des BVerfG sind zum festen Bestandteil der dogmatischen Durchdringung und der praktischen Handhabung

---

146 Vgl. MüKo-*Sonnenberger*, Art. 6 EGBGB Rn. 63 unter Verweis auf die Materialien.

147 Vgl. die Nachweise bei Staudinger-Blumenwitz, Art. 6 EGBGB Rn. 88. Die Diskussion faßt *Spickhoff*, ordre public, S. 84 zusammen.

148 Vgl. MüKo-*Sonnenberger*, Art. 6 EGBGB Rn. 63; im Ergebnis wohl auch Soergel-*Kegel*, Art. 6 EGBGB Rn. 14.

149 Beschluß vom 4. Mai 1971, BVerfGE 31, S. 58 ff.

150 So ausdrücklich die Regierungsbegründung zum IPR-Reformgesetz, BT-Drucks. 10/504, S. 44.

der Vorbehaltsklausel geworden und von unveränderter Relevanz geblieben.[151] Wie noch zu zeigen sein wird, sind sie gerade auch im Hinblick auf die dieser Arbeit zugrundeliegende Thematik von maßgeblicher Bedeutung. Die beiden entscheidungsprägenden Grundthesen der Spanier-Entscheidung sind im zweiten Leitsatz enthalten:

> „Die Vorschriften des deutschen Internationalen Privatrechts und die Anwendung des durch sie berufenen ausländischen Rechts im Einzelfall sind an den Grundrechten zu messen."[152]

Die erste Kernaussage mahnte die Grundrechtskonformität der Verweisungsnormen des deutschen IPR an[153] und führte letztlich zur Reform zahlreicher Anknüpfungsregeln im Jahre 1986.[154] Hingegen betraf der zweite Halbsatz unmittelbar den Anwendungsbereich der Vorbehaltsklausel. Während die bis dato herrschende Auffassung die Geltung der Grundrechte grundsätzlich von

---

151 Speziell zur Spanier-Entscheidung vgl. aus der jüngeren Literatur etwa *Jayme*, in: Mußgnug (Hrsg.), Rechtsentwicklung, S. 127 (128 ff.); *Spickhoff*, JZ 1991, S. 323 (323 f.); *Elbing*, Anwendbarkeit, S. 33 f.; *Völker*, Dogmatik, S. 122 ff.; *Kreuzer*, in: FS Benda, S. 152 (161 ff.); *Damm*, Einwirkung, S. 56 ff.; *Schemmer*, ordre public, S. 39 ff.; *Hofmann*, Grundrechte, S. 60 ff. und S. 128 ff.

152 BVerfGE 31, S. 58 (58).

153 Hierzu stellte das BVerfG, BVerfGE 31, S. 58 (73) fest, „daß für den Erlaß einer Kollisionsnorm durch den deutschen Gesetzgeber oder ihrer Übernahme aus dem vorkonstitutionellen Recht das gleiche gilt wie bei anderen im Rang unter der Verfassung stehenden Gesetzen. Als nationales, innerstaatliches Recht [...] sind die Vorschriften des deutschen Internationalen Privatrechts in vollem Umfang an den Grundrechten zu messen."

154 Die Regierungsbegründung zum IPR-Reformgesetz, BT-Drucks. 10/504, S. 20 hebt die vom BVerfG aufgezeigten grundrechtsspezifischen Defizite im alten Kollisionsrecht eigens hervor: „Das Inkrafttreten des Grundgesetzes hat bislang nicht zu Änderungen der gesetzlichen Regelungen des IPR geführt. Die Bedeutung des Grundgesetzes für dieses Rechtsgebiet ist grundsätzlich in der Entscheidung des Bundesverfassungsgerichts (...) hervorgehoben worden. Es ist jedoch bisher nicht geklärt, welche Auswirkungen auf das Kollisionsrecht sich aus der Verfassung im einzelnen ergeben." Und weiter heißt es, a.a.O., S. 24: „Die Beseitigung der in der Praxis inzwischen eingetretenen erheblichen Unsicherheit selbst über die Grundfragen des deutschen IPR ist eines der wesentlichen Anliegen des vorliegenden Gesetzesentwurfs." Nachdem die Zivilgerichte die verfassungsgerichtlichen Leitlinien anfangs nur zögerlich umsetzten (anschaulich hierzu *Kreuzer*, in: FS Benda, S. 153 (162 ff.)) und bis zur Reform im Jahre 1986 streitig geblieben war, in welchem Umfang das bestehende Kollisionsrecht den Grundrechten zuwiderlief, zog der Gesetzgeber die Konsequenz und beseitigte vor allem die konfliktträchtigen Bevorzugungen des Mannesrechts als Anknüpfungspunkt im Internationalen Familienrecht, vgl. hierzu im einzelnen MüKo-*Sonnenberger*, Einl. IPR Rn. 297 f.

der kollisionsrechtlichen Verweisung auf deutsches Sachrecht abhängig machte,[155] stellte das BVerfG – ausgehend von der „Leitnorm des Art. 1 Abs. 3 GG“[156] – klar, daß es gerade bei einer Verweisung ins fremde Recht nicht angehe, „die verfassungsrechtliche Prüfung auszusetzen und die Betroffenen ohne den Schutz der Grundrechte dem ungewissen Ergebnis der jeweiligen Anwendung des durch die Kollisionsnormen berufenen ausländischen Rechts zu überlassen.“[157] Von der Grundrechtsbindung aller staatlicher Gewalt sei auch die Rechtsanwendung durch die Behörden und Gerichte im Bereich des Internationalen Privatrechts erfaßt.[158] Gleichwohl liegt nach Ansicht des Gerichts in dem „Geltungsanspruch der Grundrechte auch für die Anwendung des berufenen ausländischen Rechts (...) keine unzulässige Ausweitung des Geltungsbereichs des Grundgesetzes gegenüber dem fremden Staat (...).“[159] Es gehe nicht um eine generelle Zensur der ausländischen Rechtsordnung, sondern um die Überprüfung der innerstaatlichen Rechtsanwendung im konkreten Einzelfall.[160] Zudem sei es verfassungsrechtlich nicht geboten, „die Anwendung des ausländischen Rechts in jedem Fall genau so [zu] behandeln wie die Anwendung gewöhnlicher deutscher Sachnormen auf rein inlandsbezogene Sachverhalte.“[161] Eine unzulässige Ausweitung des Grundrechtsschutzes oder gar der Oktroi deutscher Wertvorstellungen sei nicht zu befürchten. Den Besonderheiten der international-privatrechtlichen Rechtsanwendung könne vielmehr durch eine „sinngerechte Auslegung der Grundrechte“ Rechnung getragen werden.[162] Im Rahmen dieser spezifischen Auslegung sei für die Verfassungsnorm jeweils festzustellen, „ob sie nach Wortlaut, Sinn und Zweck für jede denkbare Auslegung hoheitlicher Gewalt innerhalb der Bundesrepublik gelten will oder ob sie bei Sachverhalten mit mehr oder weniger intensiver

---

155 Nur im Ausnahmefall eines Verstoßes gegen den Wesensgehalt eines Grundrechts wurde die Abwehr des fremden Rechts mittels der Vorbehaltsklausel gebilligt, vgl. etwa *Neuhaus*, FamRZ 1964, S. 609 (610 f.); *Sonnenberger*, Bedeutung, S. 113 ff.; *Beitzke*, Grundgesetz, S. 34 f.; *Ferid*, in: FS Dölle, Bd. 2, S. 119 (143 ff.); BGHZ 41, S. 136 (150 f.); 42, S. 7 (13 ff.); 54, S. 123 (129 f.). In diese Richtung auch noch nach der Spanier-Entscheidung *Strack*, in: v. Mangoldt/Klein/Starck, GG^3, Bd. 1, Art. 1 Rn. 150; der explizite Widerspruch zum BVerfG wird nunmehr von *Starck* in: v. Mangoldt/Klein/Starck, GG, Bd. 1, Art. 1 Rn. 210 nicht länger aufrechterhalten.

156 BVerfGE 31, S. 58 (72); entsprechender Ausgangspunkt bereits bei *Stöcker*, JR 1965, S. 456 (457).

157 Das BVerfG greift hier explizit *Raapes* Metapher vom „Sprung ins Dunkle“ auf, vgl. BVerfGE 31, S. 58 (73).

158 Vgl. ebd., S. 74.

159 Ebd., S. 74 f.

160 Vgl. ebd., S. 75.

161 Ebd., S. 76 f.

162 Ebd., S. 77.

Auslandsbeziehung eine Differenzierung zuläßt oder verlangt (...).“[163] Dabei sei auch die völkerrechtsfreundliche Grundhaltung der Verfassung gegenüber anderen Staaten und der Völkerrechtsgemeinschaft zu berücksichtigen.[164] Differenzierungsansätze erblickt das BVerfG zum einen in der bereits vom Verfassunggeber getroffenen Unterscheidung zwischen Deutschen- und Jedermann-Grundrechten. Zum anderen könne ein Grundrecht „wesensmäßig eine bestimmte Beziehung zur Lebensordnung im Geltungsbereich der Verfassung voraussetzen, so daß eine uneingeschränkte Durchsetzung in ganz oder überwiegend auslandsbezogenen Sachverhalten den Sinn des Grundrechtsschutzes verfehlen würde.“[165] Zugleich stellt das BVerfG klar, daß die Reichweite der Grundrechte in auslandbezogenen Fällen „aus der Verfassung selbst“ entwikkelt werden müsse.

Letztlich offen gelassen hatte das Gericht hingegen die Methode der Grundrechtseinwirkung.[166] Der Ausschluß des als grundrechtswidrig erkannten Anwendungsergebnisses „könnte entweder dadurch erreicht werden, daß in den Grundrechten eine Schranke gesehen wird, die unmittelbar die Anwendung des durch eine Kollisionsnorm berufenen Rechts begrenzt, oder aber durch die Heranziehung des Art. 30 EGBGB [a.F., Anm. d. Verf.].“[167] Soweit die Berücksichtigung der Grundrechte im Rahmen der Vorbehaltsklausel erfolge, „dürfte allerdings nicht zwischen tragbaren und untragbaren Grundrechtsverletzungen unterschieden werden. Vielmehr müßte die (...) Klausel schlechthin als ‚Einbruchstelle‘ der Grundrechte in das Internationale Privatrecht“ verstanden werden.[168] Für das Maß einer so gestalteten Durchsetzung der Grundrechte verweist das Gericht wiederum auf die Prüfung, „ob und wieweit das betroffene spezielle Grundrecht nach Wortlaut, Inhalt und Funktion unter Berücksichtigung der Gleichstellung anderer Staaten und der Eigenständigkeit ihrer Rechtsordnungen für auslandsbezogene Sachverhalte Geltung erlangt.“[169]

---

163 Ebd.

164 Ebd.

165 Ebd.

166 Gleichwohl ist die Präferenz zu einem vom international-privatrechtlichen Entscheidungsvorgang losgelösten Einwirkungsmodus an mehreren Stellen der Entscheidung spürbar, vgl. etwa die Ausführungen a.a.O., S. 77 und 86, zumal das BVerfG explizit auf die Vorarbeiten von *Wengler*, JZ 1965, S. 100 (101 f.) und *Bernstein*, NJW 1965, S. 2273 (2275) zurückgriff.

167 BVerfGE 31, S. 58 (86).

168 Ebd.

169 Ebd., S. 86 f.

b) Umsetzung und Fortentwicklung der verfassungsgerichtlichen Leitlinien

Bereits in den anfänglichen Stellungnahmen der international-privatrechtlichen Literatur zur Entscheidung des BVerfG, die von schlichter Zustimmung bis zu vehementer Kritik reichten,[170] kristallisierten sich zwei Fragestellungen heraus: Die erste betraf die vom Gericht ausdrücklich offen gelassene Art und Weise der Einbeziehung der Grundrechte in den international-privatrechtlichen Entscheidungsvorgang. Die zweite Fragestellung betraf die Ermittlung der Variablen, denen die Grundrechtsanwendung bei Sachverhalten mit Auslandsbezug unterliegen sollte.

aa) Berücksichtigung der Grundrechte „innerhalb“ der kollisionsrechtlichen Vorbehaltsklausel

Während ein Teil der Literatur die Berücksichtigung der Grundrechte – wie vom BVerfG favorisiert – über ein von den international-privatrechtlichen Vorgaben lösgelöstes Instrumentarium zu bewerkstelligen suchte,[171] folgten die Rechtsprechung und Teile der Literatur dem zweiten vom BVerfG angedeuteten Lösungsweg und griffen auf die Vorbehaltsklausel als „Einbruchstelle“ für die Grundrechte zurück.[172] Im letzteren Sinne entschied sich auch der Gesetzgeber und verortete die Grundrechtsprüfung innerhalb der neugestalteten Vorbehaltsklausel.[173] Freilich war zu diesem Zeitpunkt bereits deutlich

---

170 Das Spektrum der ersten Bewertungen spiegeln bereits eindrucksvoll die Beiträge von *Henrich* (S. 2 ff.); *Jayme* (S. 19 ff.); *Kegel* (S. 27 ff.); *Lüderitz* (S. 35 ff.); *Makarov* (S. 54 ff.); *Neumayer (S. 73 ff.); Siehr* (93 ff.); *Wengler* (S. 116 ff.) *und Neuhaus* (S. 127 ff.) in RabelsZ 36 (1972) sowie *Sturm*, FamRZ 1972, S. 16 ff. wider. Zu den ersten Niederschlägen des Urteils in der Rspr. des BGH vgl. *Sturm*, RabelsZ 37 (1973), S. 61 ff. Die Reaktionen der international-privatrechtlichen Lehre und Praxis auf die Spanier-Entscheidung faßt *Damm*, Einwirkung, S. 79 ff. zusammen.

171 Grundlegend die bereits vom BVerfG herangezogenen Arbeiten von *Wengler*, JZ 1965, S. 100 (101 ff.) und *Bernstein*, NJW, S. 2273 (2275); vgl. auch *Stöcker*, StAZ 1968, S. 33 (35); *Schurig*, Kollisionsnorm, S. 267 f.; *Siehr*, RabelsZ 36 (1972), S. 93 (111 ff.). *Kegel*, zuletzt IPR, S. 382, hat für diesen Ansatz den Begriff des „internationalen Grundrechtsrechts“ geprägt.

172 Vgl. etwa BGHZ 60, S. 68 (78). Aus der Literatur vor der IPR-Reform vgl. etwa *Henrich*, RabelsZ 36 (1972), S. 2 (6); *Sandrock*, in: FS Mann, S. 267 (287 f.); *Meessen*, BerDGVR 16 (1975), S. 49 (64 ff.). Zur „Standortfrage“ in den ersten Urteilen des BGH vgl. *Sturm*, RabelsZ 37 (1973), S. 61 (72 f.). Zusammenfassend *Spickhoff*, ordre public, S. 115 ff.

173 Diese systematische Lösung wird im neueren international-privatrechtlichen Schrifttum nunmehr durchgängig befürwortet, vgl. nur Staudinger-*Blumenwitz*, Art. 6 EGBGB Rn. 106; MüKo-*Sonnenberger*, Einl. IPR Rn. 301; Soergel-*Kegel*, vor Art. 3

geworden, daß es sich bei der Diskussion, ob ein selbständiges Grundrechtskollisionsrecht zu entwickeln sei, eher um eine Frage der Etikettierung und Nuancierung handelte.[174] Den normtheoretischen Bedenken einer Einbeziehung der Grundrechtsprüfung in eine zur Disposition des Gesetzgebers stehenden Norm[175] wurde bewußt durch die normtechnische Aufteilung der Vorbehaltsklausel entgegengetreten. Durch die „von der von Satz 1 unabhängigen Formulierung der Voraussetzung für die Nichtanwendung fremden Rechts in Satz 2“ sollte der vom BVerfG eingeforderten Maxime, es dürfe nicht zwischen tragbaren und untragbaren Grundrechtsverletzungen unterschieden werden, explizit Rechnung getragen werden.[176] Eine Grundrechtsverletzung im Einzelfall bewirke stets einen offensichtlichen Verstoß gegen die wesentlichen Grundsätze des deutschen Rechts.[177]

Dem allgemeinen Merkmal der Offensichtlichkeit des Verstoßes kommt deshalb nach heute herrschender Ansicht im Bereich von Art. 6 S. 2 EGBGB keine tatbestandliche Funktion mehr zu.[178] Vielmehr ist der Verweis auf die Grundrechte als eine den allgemeinen Vorbehalt ergänzende ordre public-Klausel mit spezifischem Verfassungsbezug zu verstehen.[179] Das eigentliche Sachproblem – die Bestimmung der Reichweite der Grundrechte – hängt freilich nicht von einer Verortung der Prüfung inner- oder außerhalb der Vorbe-

---

EGBGB Rn. 20; *Kegel/Schurig*, IPR, S. 469 f.; *Kropholler*, IPR, S. 245 f.; *Coester-Waltjen*, BerDGVR 38 (1998), S. 9 (18 f.). Das BVerfG hat die Verortung innerhalb der Vorbehaltsklausel (noch zu Art. 30 EGBGB a.F.) ebenfalls gebilligt, vgl. BVerfGE 79, S. 203 (210).

174 Vgl. *Kegel*, RabelsZ 36 (1972) S. 27 (33 f.); *ders.*, IPR, S. 382. *Sandrock*, in: FS Mann, S. 267 (269 und 288) kommt zu dem Ergebnis, das einseitige Kollisionsrecht für die Verfassung sei mit der Lehre vom ordre public identisch.

175 Zu diesen Bedenken bereits vor dem Spanier-Beschluß etwa *Wengler*, JZ 1965, S. 100 (102) und *Stöcker*, StAZ 1968, S. 33 (35); ähnlich *ders.*, StAZ 1970, S. 325 (328).

176 So die Regierungsbegründung zum IPR-Reformgesetz, BT-Drucks. 10/504, S. 44.

177 Vgl. ebd.

178 Vgl. etwa *Spickhoff*, ordre public, S. 124; *Junker*, IPR, Rn. 272; *Damm*, Einwirkung, S. 87; *Coester-Waltjen*, BerDGVR 38 (1998), S. 9 (19); MüKo-*Sonnenberger*, Art. 6 EGBGB Rn. 53. Soergel-*Kegel*, Art. 6 EGBGB Rn. 30 vermag hingegen der Hervorhebung der Grundrechte in Art. 6 S. 2 EGBGB keine besondere Bedeutung zuzumessen. Entgegen den Ausführungen des BVerfG hatte auch der BGH anfänglich am Merkmal der „Anstößigkeit im Einzelfall“ festgehalten, vgl. BGHZ 60, S. 69 (77 ff.). Die neuere Rechtsprechung folgt jedoch den verfassungsgerichtlichen und gesetzgeberischen Vorgaben, vgl. nur BGHZ 120, S. 29 (34 f.).

179 Vgl. MüKo-*Sonnenberger*, Art. 6 EGBGB Rn. 53. *Spickhoff*, ordre public, S. 127, geht von einem *lex specialis*-Verhältnis aus.

haltsklausel ab.[180] Vielmehr ist es in jedem Einzelfall durch die Prüfung, ob und inwieweit das betroffene spezielle Grundrecht nach Wortlaut, Inhalt und Funktion gerade für den auslandsbezogenen Sachverhalt Geltung verlangt, zu ermitteln.[181]

bb) Inhaltlichen Kriterien zur Bestimmung der Grundrechtsgeltung

Spätestens seit der gesetzgeberischen Vorgabe hat sich der Schwerpunkt der Diskussion auf den sachlichen Kern der Spanier-Entscheidung verlagert. Den Befürchtungen, eine nicht nur auf extreme Fälle beschränkte Prüfung der Anwendung fremden Rechts könne das Kollisionsrecht aus den Angeln heben, ist das BVerfG – wie gezeigt – mit einer, im Gegensatz zu reinen Inlandssachverhalten, differenzierten Anwendung der Grundrechte im international-privatrechtlichen Entscheidungsvorgang entgegengetreten.[182] Entscheidende Bedeutung für die grundrechtsbezogene Handhabung des ordre public hat dabei die vom BVerfG selbst herausgestellte variable Prüfungsmethode, insbesondere das Merkmal der Inlandsbeziehung, gewonnen.

(1) Die grundrechtsbezogene Handhabung der Vorbehaltsklausel in der gerichtlichen Praxis

Schon ein kursorischer Streifzug durch die seit der Spanier-Entscheidung zur Vorbehaltsklausel ergangene Rechtsprechung zeigt, daß die vom BVerfG durchgesetzte Aufnahme der Grundrechte als schlechterdings unverzichtbarer ordre public-Maßstab in einigen Bereichen des Internationalen Privatrechts zu einem Anwendungsschwerpunkt der allgemeinen Vorbehaltsklausel geworden ist.[183] Auf den ersten Blick erscheint es deshalb verwunderlich, daß gerade aus der international-privatrechtlichen Rechtsprechung bislang kaum Impulse für eine Fortentwicklung der spezifischen Kriterien, nach denen sich die Reichweite der Grundrechte im Einzelfall bestimmt, zu verspüren waren und sind. Nur ganz gelegentlich findet in der Rechtsprechung etwa die vom BVerfG herangezogene Differenzierungsmöglichkeit zwischen Deutschen- und Menschenrechten Erwähnung.[184]

---

180 Vgl. *Spickhoff*, ordre public, S. 120; *Jayme*, Methoden, S. 15.

181 Vgl. BVerfGE 31, S. 58 (87).

182 Vgl. oben S. 36 ff.

183 Etwa im internationalen Familienrecht, vgl. die jeweils in der IPRspr. zusammengetragene Rechtsprechungsübersicht.

184 Vgl. etwa BGHZ 120, S. 29 (35) für das allgemeine Persönlichkeitsrecht sowie BGH, NJW-RR 1993, S. 962 (963) zum geschlechtsspezifischen Diskriminierungsverbot.

Geschuldet scheint diese „Zurückhaltung“ ganz augenscheinlich der Tatsache, daß das BVerfG selbst bereits im Spanier-Beschluß ein Merkmal als wesentlich hervorhob, das dem traditionellen kollisionsrechtlichen Begriffsinstrumentarium entsprang, nämlich das Maß der Beziehung des Sachverhalts zur deutschen (Grund-)Rechtsordnung: die Inlandsbeziehung.[185] Damit schien – von der allgemeinen Einbeziehung der Grundrechte und der daraus folgenden Neuausrichtung abgesehen – die Kontinuität zur überkommenen Handhabung der Vorbehaltsklausel, insbesondere ihrer Abhängigkeit von der Inlandsbeziehung, gewahrt. Auch für die Relativität dieser Binnenbeziehung konnte auf die Ausführungen im Spanier-Beschluß zurückgegriffen werden, forderte doch das BVerfG eine Prüfung, ob die Verfassungsnorm bei „mehr oder weniger intensiver Auslandsbeziehung“ eine Differenzierung zuließe oder verlange.[186] Die international-privatrechtliche Rechtsprechung greift deshalb auch im Bereich der Grundrechte auf die für den allgemeinen ordre public entwickelten und anerkannten Anknüpfungsmomente eines Binnenbezuges zurück, insbesondere die Staatsangehörigkeit und den Wohnort bzw. ständigen Aufenthalt.[187] Die vom BVerfG aufgegebene spezifische Prüfung, durch Auslegung der jeweiligen Grundrechtsnorm festzustellen, ob sie (die Norm selbst!) bei Sachverhalten mit Auslandsberührung eine Differenzierung zuläßt oder verlangt, geht damit in den allgemeinen Anwendungsvoraussetzungen der Vorbehaltsklausel auf, um nicht zu sagen unter.[188]

---

185 Vgl. BVerfGE 31, S. 58 (77), dazu bereits oben bei Fn. 165. Den Begriff „Inlandsbeziehung“ gebraucht das Gericht explizit auf S. 75 der Spanier-Entscheidung.

186 Vgl. BVerfGE 31, S. 58 (77). Auf diese Verknüpfung von Grundrechtsdogmatik und dem traditionellen international-privatrechtlichen Instrumentarium im Spanier-Beschluß weist *Blumenwitz*, in: Isensee/Kirchhof (Hrsg.), HStR IX, § 211, Rn. 9 hin.

187 Aus der Rechtsprechung vgl. exemplarisch BGHZ 60, S. 68 (79); 63, S. 219 (226); 120, S. 29 (34); BGH, NJW-RR 1993, S. 962 (963); OLG Düsseldorf, FamRZ 1997, S. 882.

188 Das BVerfG hat diese, in ihrem Ausgangspunkt freilich schiefe Anwendungspraxis nicht beanstandet, vgl. etwa BVerfGE 79, S. 203 (210 f).

(2) Beurteilung des Binnenbezugserfordernisses im international-privatrechtlichen Schrifttum

In der Rechtslehre wird die Frage nach den abstrakten Kriterien der Grundrechtsanwendung bei auslandsbezogenen Sachverhalten heute zumeist nicht aus international-privatrechtlicher, sondern überwiegend aus staatsrechtlicher bzw. grundrechtsdogmatischer Sicht untersucht,[189] ohne daß die dort gewon-

189 Zumindest im Ausgangspunkt noch international-privatrechtlich angelegt etwa die Untersuchung von *Bungert*, Kapitalgesellschaften, der allerdings die unterschiedliche Fragestellung des (modernen) internationalen Privatrechts (Anknüpfung vom Sachverhalt her) und des von ihm propagierten internationalen Verfassungs-, insbesondere Grundrechtskollisionsrechts (vom Anwendungsbereich der Norm her) betont, vgl. vor allem a.a.O., S. 196 und 203 f. Trotz beständiger Systematisierungsversuche zeigt auch der öffentlich-(grund-)rechtliche Diskurs keineswegs ein homogenes Bild und kann hier nur kursorisch dargestellt werden. Überwiegend wird die Grundlage der Grundrechtsgeltung auch bei Sachverhalten mit Auslandsberührung in Art. 1 Abs. 3 GG gesehen, vgl. bereits *Schröder*, in: FS Schlochauer, S. 137 (138); *Stern*, Staatsrecht III/1, S. 1230 f.; aus dem neueren Schrifttum vgl. vor allem *Hofmann*, Grundrechte, S. 13 ff. mit Analyse der Rspr. des BVerfG. Wie bereits im Spanier-Beschluß, BVerfGE 31, S. 58 (72: „Leitnorm"), hat das BVerfG auch in seiner jüngsten Entscheidung zur „räumlichen Geltungsreichweite" der Grundrechte auf Art. 1 Abs. 3 GG als Ausgangspunkt abgestellt, vgl. BVerfGE 100, S. 313 (362). Dagegen vermag *Elbing*, Anwendbarkeit, S. 72 ff., Art. 1 Abs. 3 GG keinen kollisionsrechtlichen Gehalt zu entnehmen; die Vorschrift setzte nämlich ihrerseits bereits die Anwendbarkeit der Verfassung voraus. *Isensee*, in: ders./Kirchhof (Hrsg.), HStR V, § 115, Rn. 57 f. sowie Rn. 82 ff. und vor allem *Heintzen*, Auswärtige Beziehungen, S. 97 ff., entnehmen wiederum dem Art. 1 Abs. 3 GG über den Verpflichtungsadressaten hinaus spiegelbildlich auch die Kriterien für die Grundrechtsberechtigung des einzelnen. Danach setzten die Grundrechte bereits ein räumlich und personal definiertes Statusverhältnis zwischen deutscher Staatsgewalt und Grundrechtspätendenten voraus. Nur wer der staatlichen Gewalt unterworfen sei, genieße auch den Schutz der Grundrechte. Dieser *status passivus*, die Subordination unter die Staatsgewalt ergebe sich aus der Staatsangehörigkeit (Personalhoheit) oder dem Gebietskontakt (Territorialhoheit), vgl. *Isensee*, a.a.O. Rn. 84; *Heintzen*, a.a.O., S. 104 f. Die Grenzen der völkerrechtlichen Zuständigkeit markierten damit zugleich die äußerste Reichweite der Grundrechte, vgl. *Isensee*, a.a.O. Rn. 79; *Heintzen*, a.a.O., S. 111 f. Während *Isensee* ganz generell die Geltungsfrage über das Statusverhältnis entscheiden will, wird der Ansatz bei *Heintzen*, a.a.O., S. 123, kollisionsrechtlich dahingehend ausgebaut, daß die Statusbeziehung nur den ersten, generellen Prüfungsschritt markiert und im einzelnen noch der jeweilige – einzelfallabhängige – grundrechtliche Schutzbereich untersucht werden müsse. *Bungert*, Kapitalgesellschaften, S. 230 ff., wiederum leitet aus Art. 1 Abs. 3 GG das seiner Ansicht nach entscheidende Kriterium der „Subjektion" ab. Im Gegensatz zu den Vorgenannten knüpft *Bungert* dabei nicht an die völkerrechtliche Zuständigkeitslehren, insbesondere das Territorialitätsprinzip an, sondern läßt die tatsächliche Unterworfenheit unter eine beschränkende oder regelnde Maßnahme ausreichen, a.a.O., S. 231. Für die Abhängigkeit der Grundrechtsanwendung von einem

nenen Erkenntnisse bislang vernehmbaren Widerhall in der ordre public-Literatur erfahren hätten.[190] Von wenigen Vertretern abgesehen,[191] greift das international-privatrechtliche Schrifttum auch im grundrechtlich bestimmten ordre public ganz überwiegend auf das traditionelle Element der Binnenbezie-

---

durch Gebiets- oder Personalhoheit bestimmten Bezug zur deutschen Rechtsordnung hat sich unlängst *Badura*, in: FS Leisner, S. 403 (410 f.) ausgesprochen. Das BVerfG brauchte zu dieser von ihm bereits im Verfahren zum G 10-Gesetz als Vertreter der Bundesregierung (dazu *Badura*, a.a.O., S. 403 (411 mit Fn. 239)) vorgetragenen Auffassung nicht explizit Stellung zu nehmen, da nach Ansicht des Gerichts eine hinreichende Verknüpfung vorlag, vgl. BVerfGE 100, S. 313 (363 f.). Allerdings klingt in der Entscheidung, a.a.O., S. 362, durchaus an, daß die strikte Anbindung der räumlichen Geltung der Grundrechte an traditionelle völkerrechtlich-territorialhoheitliche Kriterien den heutigen Entwicklungen nicht in ausreichendem Umfang Rechnung zu tragen vermögen: „Wie weit der Schutz des Art. 10 GG in räumlicher Hinsicht reicht, ist in der Verfassungsrechtsprechung bisher nicht geklärt. Die Frage, ob er – wie die Bundesregierung annimmt – nur bei hinreichendem territorialen Bezug zur Bundesrepublik Deutschland eingreift (...) hat sich in dieser Form noch nicht gestellt, weil die Staatsgewalt regelmäßig nur im Staatsgebiet ausgeübt werden *konnte*. Die Staatsgrenzen *waren* im allgemeinen zugleich die Grenzen der Staatsgewalt. Erst die Entwicklung der Technik hat es möglich gemacht, daß die Staatsgewalt ihre Tätigkeit auch auf das Gebiet anderer Staaten erstrecken kann, ohne dort durch Organwalter anwesend sein zu müssen.“ (Hervorheb. d. Verf.) Im Lichte dieser Urteilspassage dürfte auch die These *Isensees*, in: ders./Kirchhof (Hrsg.), HStR V, § 115, Rn. 84, die Grundrechte gründeten auf einem „vorgrundrechtlichen, sogar verfassungsrechtlichen Staatsfundament“ – der Statusbeziehung – nicht mehr vorbehaltlos zu betrachten sein, vgl. bereits die Kritik von *Kronke*, BerDGVR 38 (1998), S. 33 (43) gegen die statusorientierten Ansätze: Diese seine zwar Ausdruck der historischen Wahrheit der Entstehung der Grundrechte, die Internationalisierung der Rechtsbeziehungen als Massenphänomen sei aber bei Entstehung der Grundrechte nicht mitgedacht gewesen. Das BVerfG findet in der „G 10-Entscheidung“, BVerfGE 100, S. 313 (363) die maßgeblichen Anhaltspunkte bezeichnenderweise nicht in den völkerrechtlichen Zuständigkeitslehren; vielmehr erfolgt die Abstimmung des Verfassungsrechts mit dem Völkerrecht – wie bereits im Spanier-Beschluß – unter rechtsvergleichender Heranziehung des internationalen Menschenrechtsstandards, *in casu* Art. 12 AEMR und Art. 8 EMRK.

190 Vgl. aber etwa *Kronke*, BerDGVR 38 (1998), S. 33 (40 ff.) mit dem Bemühen um Harmonisierung der staatsrechtlichen und international-privatrechtlichen Dogmatik und Diktion.

191 Kritisch zum Inlandsbezug bei grundrechtsrelevanten ordre public-Entscheidungen seit jeher *Stöcker*, RabelsZ 38 (1974), S. 79 (83 ff.) sowie *Raape/Sturm*, IPR I, S. 217 f. und Staudinger-*Sturm/Sturm*, Einl. IPR Rn. 313 f.; vgl. auch *Schemmer*, ordre public, S. 126 ff. Das Erfordernis der Binnenbeziehung überhaupt ablehnend *Schwander*, IPR I, Rn. 486.

hung zurück.[192] Ob eine solche Inlandsbeziehung vorliege, sei – so die exemplarische Formulierung von *Sonnenberger* – „wie auch sonst bei Art. 6 (...) nach den Umständen des Einzelfalles zu entscheiden."[193] Die Fragestellung bleibt damit dem hergebrachten – variablen – *räumlichen* Kriterium verhaftet, wenngleich die Bemühungen zunehmen, den Binnenbezug als spezifisch grundrechtliches Prüfungskriterium herauszuarbeiten.[194]

Weil aber die Handhabung des unbestimmten und einzelfallabhängigen Merkmals einer Binnenbeziehung die Gefahr birgt, daß selbst gravierende (Grund-)Rechtsverstöße durch die Rechtsprechung mangels „hinreichendem" Inlandsbezug nicht durch den ordre public sanktioniert werden,[195] sucht die Lehre seit längerem, einer unreflektierten Rechtssprechungspraxis entgegenzuwirken und die Grenzen einer vom Inlandsbezug bestimmten restriktiven Grundrechtsentfaltung im Rahmen des ordre public zu ermitteln.

(a) Internationale Menschenrechte als Vergleichsmaßstab

Eine deutliche Tendenz im Schrifttum – und hier liegt ein maßgeblicher Schnittpunkt zur Thematik dieser Arbeit – läßt die Inlandsbeziehung im Be-

---

192 Vgl. Ermann-*Hohloch*, Art. 6 EGBGB Rn. 19; *Rauscher*, IPR, S. 127 f.; Staudinger-*Blumenwitz*, Art. 6 EGBGB Rn. 106; MüKo-*Sonnenberger*, Art. 6 EGBGB Rn. 55; *Coester-Waltjen*, BerDGVR 38 (1998), S. 9 (20); *Spickhoff*, JZ 1991, S. 323 (324); *ders.*, ordre public, S. 124 f.; *Kronke*, BerDGVR 38 (1998), S. 33 (45); Palandt-*Heldrich*, Art. 6 EGBGB Rn. 6. Zustimmend auch Pitschas, in: Jayme/Mansel, Nation und Staat, S. 93 (105).

193 So ausdrücklich MüKo-*Sonnenberger*, Art. 6 EGBGB Rn. 55. Zu den relevanten Binnenbezügen vgl. bereits die Ausführungen oben S. 30 f.

194 Vgl. *Coester-Waltjen*, BerDGVR 38 (1998), S. 9 (27 f.), wo die Binnenbeziehung erst im Verlauf einer grundrechtsspezifischen Prüfungsleiter relevant wird, sowie *Kronke*, BerDGVR 38 (1998), S. 33 (48 ff.) mit der kritischen Anmerkung zur Rechtsprechungspraxis (51 f.).

195 Problematisch in dieser Hinsicht etwa der „Chilenische Kupferstreit" vor dem LG Hamburg, RabelsZ 37 (1973), S. 579 (583) – freilich mit internationalenteignungsrechtlichem Hintergrund – dessen Ergebnis bei *Raape/Sturm*, IPR I, S. 217 als „grotesk" angesehen wird; vgl. auch die Kritik von Staudinger-*Blumenwitz*, Art. 6 EGBGB Rn. 121 sowie *Hofmann*, Grundrechte, S. 154 und *ders.*, ZaöRV 49 (1989), S. 41 (53 ff.) zur verfassungskonformen Behandlung internationaler Enteignungsfälle. Zu formale Anforderungen an den Inlandsbezug stellt sicher auch das OLG Hamm, IPRax 1994, S. 49 (52 f.), wo trotz eines 40(!)-jährigen ständigen Aufenthalts und einem eindeutigem Lebensmittelpunkt in der Bundesrepublik zur Ermittlung des Erbstatuts noch auf die iranische Staatsangehörigkeit des Verstorbenen abgestellt wurde. Das Gericht glaubte, die bleibende Bindung des Erblassers zum Heimatstaat maßgeblich darin erkennen zu können, daß er „trotz Verfolgung im Heimatland keinen Asylantrag gestellt hat[te]."

reich des grundrechtsbestimmten ordre public jedenfalls dann in den Hintergrund treten, wenn bei dem zu beurteilenden Rechtsverhältnis nicht alleine die Grundrechte des Grundgesetzes, sondern zugleich international anerkannte Menschenrechte berührt sind.[196] Dürfe – so die von *Siehr* formulierte Problemstellung – überhaupt noch die Frage nach einem Inlandsbezug gestellt werden, wenn Menschenrechte berührt seien?[197] Die Antwort auf die Frage wie weit der Grundrechtsschutz bei Sachverhalten reicht, die nur eine schwache Inlandsbeziehung – im äußersten Fall also lediglich die internationale Zuständigkeit deutscher Gerichte – aufweisen, finden die Vertreter dieser Ansicht in einem rechtsvergleichenden Blick auf die völkerrechtlich verankerten Menschenrechte. Durch diese werde ein völkerrechtlicher Minimumstandard, ein Konsens der Staatengemeinschaft, festgelegt.[198] Würde die Reichweite der Grundrechte durch einen Vergleich mit den Menschenrechten konkretisiert, so bestünde nicht die Gefahr eines deutschen Grundrechtsoktroi.[199]

(b) Problematik des rechtsvergleichenden Ansatzes

Dieser Ansatz indiziert freilich zunächst, daß den Grundrechten des Grundgesetzes entsprechende Menschenrechte gegenüberstehen, setzt also der Rechts-

---

196 Vgl. etwa *Stöcker*, StAZ 1981, S. 16 (17 ff.); *Ch. v. Bar*, IPR I, Rn. 635; Staudinger-*Blumenwitz*, Art. 6 EGBGB Rn. 105; *Kokott*, BerDGVR 38 (1998), S. 72 (92); *Looschelders*, RabelsZ 2001, S. 463 (482 (ff.); *Siehr*, Diskussionsbeitrag, BerDGVR 33 (1994), S. 301 (302); *Coester-Waltjen*, BerDGVR 38 (1998), S. 9 (27 f.); *Kronke*, BerDGVR 38 (1998), S. 33 (52 f.); *Hofmann*, Diskussionsbeitrag, BerDGVR 38 (1998) S. 124 (124 f.). Deutlich tritt die Evolution dieses Gedankens in der Neuauflage des *kegel*'schen Lehrbuchs zutage. Die plastisch formulierte These *Kegels*, IPR, S. 380, es könne uns nicht rühren, „wenn hinten weit in der Türkei die Völker aufeinander schlagen", ist in der Neuauflage nicht mehr zu finden. Statt dessen heißt es nun an entsprechender Stelle bei *Kegel/Schurig*, IPR, S. 463: „Wird gegen Menschenrechte verstoßen, so genügt *jede* Berührung mit unserem Rechtsleben, auch die Tatsache, daß ein deutsches Gericht oder eine deutsche Behörde sich damit zu befassen hat." (Hervorhebung im Original). Unter dem Einfluß des deutschen Diskurses rückt auch in Frankreich die Frage nach der Bedeutung völkerrechtlich garantierter Menschenrechte – insbesondere der EMRK – für die Anwendungskriterien des *ordre public international* seit einiger Zeit in das Blickfeld der wissenschaftlichen Auseinandersetzung, vgl. etwa *Mayer*, 80 Rev. crit. dr. internat. privé (1991), S. 651 ff; *Hammje*, 86 Rev. crit. dr. internat. privé (1997), S. 1 ff; sowie jüngst *Fohrer*, L'incidence de la Convention européenne des droits de l'homme sur l'ordre public international français (1999). Unter Anlehnung an das französische Schrifttum auch *Bucher*, RdC 239 (1993-II), S. 9 (52 ff.).

197 Vgl. *Siehr*, Diskussionsbeitrag, BerDGVR 33 (1994), S. 301 (302).

198 Vgl. Staudinger-*Blumenwitz*, Art. 6 EGBGB Rn. 105; *Ch. v. Bar*, IPR I, S. Rn. 635.

199 Vgl. *Kokott*, BerDGVR 38 (1998), S. 72 (92); Staudinger-*Blumenwitz*, Art. 6 EGBGB Rn. 105.

vergleichung zugänglichen Normbestand voraus. *Kronke* hat deshalb zutreffend gefordert, es müsse zunächst einmal für jedes einzelne Grundrecht ermittelt werden, inwieweit es von der EMRK, den UN-Pakten und anderen Menschenrechtskodizes abgedeckt sei, bevor man der Binnenbeziehung die Aufmerksamkeit entziehen könne.[200]

Unausgesprochen zeigt *Kronke* mit der Nennung entsprechender Menschenrechtsdokumente zugleich ein weiteres Problemfeld auf: Der völkerrechtliche Menschenrechtsbestand ist weder räumlich noch inhaltlich homogen.[201] Menschenrechtliche Abkommen existieren auf regionaler wie universeller Ebene. Daneben stehen Menschenrechtsdokumente wie die AEMR, deren Rechtsnatur durchaus unterschiedlich beurteilt wird.[202] In materieller Hinsicht bestehen Überschneidungen aber auch Unterschiede in Terminologie, Wirkungsweise und Umfang der Menschenrechtsverbürgungen und daraus resultierender Staatenpflichten. Auch kann die Auslegung eines Abkommens durch kompetente Überwachungsorgane weit gediehen, oder durch deren Fehlen oder vergleichsweise schwache Funktion kaum entwickelt sein. Neben den menschenrechtlichen Vertragswerken können Kernsätze des Menschenrechtsschutzes gewohnheitsrechtlich verfestigt oder gar zu völkerrechtlichem *ius cogens* erstarkt sein; mangels positivem Normbestand ist allerdings nicht auf den ersten Blick verifizierbar, in welchem Umfang dies bereits geschehen ist. Der rechtsvergleichende Verweis auf „die Menschenrechte" zur Gewinnung staatsübergreifender Wertmaßstäbe taugt daher nur insoweit, als auch eine inhaltliche Auseinandersetzung über den tatsächlichen Menschenrechtsbestand stattfindet.

Hinzu kommt: Die These, das Kriterium der Inlandsbeziehung könne in den Hintergrund treten, wenn zugleich Menschenrechte berührt sind, setzt wiederum voraus, daß die betroffenen Menschenrechte nicht ihrerseits bestimmte Bezugspunkte – etwa eine räumliche Beziehung zu einem bestimmten Staat – erfordern. *Kreuzer* hat diese Problemstellung schon vor geraumer Zeit dahingehend konkretisiert, daß bei Konflikten mit völkerrechtlichen Verbürgungen deren Auslegung über ihren Anwendungsbereich und damit auch über eventu-

---

200 Vgl. *Kronke*, BerDGVR 38 (1998), S. 33 (53); vgl. aber die rechtsvergleichende Studie von *Seidel*, Handbuch der Grund- und Menschenrechte (1996). Knapp aber instruktiv zum Verhältnis zwischen nationalem Grundrechtsschutz und völkerrechtlichem Menschenrechtsbestand auch die Übersicht bei *Kirchhof*, EuGRZ 1994, S. 16 ff.

201 *Looschelders*, RabelsZ 65 (2001), S. 463 (484) sieht deshalb die Bedeutung der internationalen Menschenrechtsschutzes für den ordre public im Ergebnis auf den völkerrechlichen Mindeststandard begrenzt.

202 Vgl. dazu die Ausführungen im II. Kapitel, S. 205 ff.

elle Binnenbeziehungen entscheiden müsse.[203] So sei bei einem Konflikt mit der EMRK zu überprüfen, ob deren Normen nur auf Sachverhalte Anwendung finden, die einen räumlichen Bezug zum Forumstaat oder doch zu einem Vertragsstaat erforderten, oder ob sie absolute Geltung verlangten.[204] Für universelle Menschenrechte, so *Coester-Waltjen*, sei ein Binnenbezug letztlich entbehrlich.[205] Offen bleibt hingegen die sich aufdrängende Frage, ob es für die Bejahung eines universellen Menschenrechts auf einen universalen Geltungsanspruch oder die tatsächliche Akzeptanz der Menschenrechtsnorm ankommt.

(c) Stellungnahme und Würdigung

Die mit dem rechtsvergleichenden Ansatz entstehenden Fragen sind im international-privatrechtlichen Schrifttum bislang lediglich ansatzweise erörtert worden. Sie bilden zugleich Kernelemente des völkerrechtlichen bzw. menschenrechtlichen Diskurses. Bereits der kurze Problemaufriß macht deutlich, daß es bei der Fruchtbarmachung des völkerrechtlichen Menschenrechtsbestandes für die grundrechtsbestimmte ordre public-Anwendung nicht mit einem oberflächlichen Blick in Textsammlungen getan sein kann. Vielmehr gilt es, den Besonderheiten der Völkerrechtsordnung insgesamt, als auch dem konkreten Normbereich, dem die Menschenrechte als Objekte des Rechtsvergleichs entnommen werden, Rechnung zu tragen. Das nachfolgende II. Kapitel dieser Arbeit versteht sich in diesem Sinne als ausschnitthafte Bestandsaufnahme des völkerrechtlichen Menschenrechtsschutzes, insbesondere im Hinblick auf die Kriterien der Interpretation und den Umfang der menschenrechtlichen Verpflichtungen.

Läßt auch der vordringende Ansatz des international-privatrechtlichen Schrifttums, die Reichweite der Grundrechte bei auslandsbezogenen Sachverhalten mit Hilfe des menschenrechtlichen Instrumentariums zu konkretisieren und dadurch die unberechenbare, weil relative Größe des Inlandsbezuges auszuschalten, genügend Fragen offen, an seiner grundsätzlichen Richtigkeit bestehen gleichwohl wenig Zweifel.

---

203 Vgl. die Besprechung von *Kreuzer*, RabelsZ 43 (1979), S. 571 (577) unter Aufgreifen der von *Benvenuti* für das italienische Recht entwickelten Ansätze. Den Gedankengang hat *Kreuzer* in die Kommentierung zur Vorbehaltsklausel aufgenommen, allerdings ohne ihn weiter zu spezifizieren, vgl. MüKo[1]-*Kreuzer*, Art. 30 EGBGB Rn. 77.

204 Vgl. *Kreuzer*, RabelsZ 43 (1979), S. 571 (577 f.).

205 Vgl. *Coester-Waltjen*, BerDGVR 38 (1998), S. 9 (28), deutlicher in der Stellungnahme im Verlauf der anschließenden Diskussion, a.a.O., S. 131 (132).

Seine Nachhaltigkeit gewinnt er aus der wechselseitigen Annäherung international-privatrechtlicher und völkerrechtlicher Denk- und Sichtweisen.[206] Ihr Schnittpunkt liegt – gleichsam in der Mitte der Disziplinen – im deutschen Verfassungsrecht und findet dort auch seinen Rückhalt. Der vom BVerfG im Spanier-Beschluß beschrittene Weg einer Einbettung des Geltungsanspruchs der Grundrechte bei Auslandssachverhalten zwischen der „Leitnorm" des Art. 1 Abs. 3 GG und der Respektierung fremder Rechtsordnungen auf der Basis einer völkerrechtsfreundlichen Grundhaltung des Grundgesetzes ist keine singuläre und auf das Internationale Privatrecht beschränkte Erscheinung geblieben.[207] In seiner umfangreichen Analyse zeigt *Hofmann*, daß das BVerfG bei der Beurteilung von Sachverhalten mit Auslandsbezug trotz eines einzelfallbezogenen Ansatzes zwar regelmäßig von einer – im Gegensatz zu rein innerstaatlich verhafteten Fällen – abgeschwächten Wirkung der Grundrechte ausgeht.[208] Wie *Hofmann* im einzelnen nachweist, hat das BVerfG aber zugleich diejenigen Positionen abgesteckt, hinter denen das Verfassungsrecht nicht zurückbleiben darf. Dabei hat es insbesondere auf den „völkerrechtlichen Mindeststandard" zurückgegriffen und diesen auf eine Stufe mit dem „unverzichtbaren Bestand der deutschen öffentlichen Ordnung" gestellt.[209] Im Ergebnis, so *Hofmann*, bestimme das Bundesverfassungsgericht die Grenzen der eingeschränkten Wirkung der Grundrechte durch einen „doppelspurigen" An-

---

206 Dies macht ein Blick auf die Protagonisten (vgl. die in Fn. 196 Genannten) deutlich. Kennzeichnend ist auch die Tatsache, daß die Thematik in verschiedenen Facetten auf mehreren Tagungen der DGVR als traditionelles Forum des Austausches zwischen international-privatrechtlicher und völkerrechtlicher Lehre eine Behandlung gefunden hat, vgl. die Beiträge in BerDGVR 7 (1967); 33 (1994); 38 (1998).

207 Daß das BVerfG im Rahmen der Grundrechtsauslegung ganz generell auch den Menschenrechten, insbesondere der EMRK und ihrer Interpretation durch die Konventionsorgane, Beachtung schenkt, bedarf an dieser Stelle keiner weiteren Vertiefung, vgl. nur BVerfGE 19, S. 342 (347); 74, S. 358 (347); 82, S. 106 (114); 96, S. 152 (170).

208 *Hofmann*, Grundrechte, S. 31 ff. und 55 ff. Neben der international-privatrechtlichen Rechtsanwendung ermittelt *Hofmann* drei weitere Sachverhaltskomplexe, bei denen sich das BVerfG mit der grenzüberschreitenden Wirkung der Grundrechte befaßt hat: die Übertragung deutscher Hoheitsrechte auf zwischenstaatliche bzw. supranationale Einrichtungen, die Zustimmung zu völkerrechtlichen Verträgen und die Zulässigkeit von Auslieferungsersuchen, vgl. a.a.O., S. 55 und *passim*.

209 Vgl. etwa BVerfGE 59, S. 280 (282 f. sowie 286) und 63, S. 332 (338) zusammenfassend *Hofmann*, Grundrechte, S. 41 ff. Gerade die erstere Entscheidung des BVerfG erscheint insoweit interessant, als das BVerfG den Rekurs auf die völkerrechtlichen Maßstäbe durch einen Vergleich mit der Verfassungsrechtsprechung der europäischen Nachbarstaaten untermauert, die in vergleichbaren Fällen u.a. auf die EMRK Bezug genommen hatten. Dieser Gesichtspunkt findet bei *Hofmann* allerdings keine Berücksichtigung. Zur Verfassungskonkretisierung durch internationale Menschenrechtsverbürgungen vgl. eingehend *Sommermann*, AöR 114 (1989), S. 391 ff.

satz, der auf die unabdingbaren Grundprinzipien der deutschen Grundrechtsordnung sowie auf den von allen deutschen Hoheitsträgern zu beachtenden völkerrechtlichen Mindeststandard im Bereich der Menschenrechte rekurriere, ohne daß das BVerfG eine inhaltliche Divergenz dieser Maßstäbe erkennen lasse.[210] Gerade im Bereich der Grundrechtsgeltung bei Auslandssachverhalten bestehe daher die Möglichkeit, aber auch die Notwendigkeit, den sich verdichtenden Menschenrechtsschutz auf internationaler Ebene in den Entscheidungsvorgang einfließen zu lassen.[211] Ähnliche Ansatzpunkte finden sich, wenngleich unschärfer formuliert, bereits bei *Stern*.[212] Zur Vermeidung eines deutschen Grundrechtsoktroi – so die insbesondere mit Blick auf das IPR und die Vorbehaltsklausel gewonnene Erkenntnis – spräche vieles dafür, die Anwendung der Grundrechte bei auslandsbezogenen Sachverhalten nicht allein aus den einzelnen Grundrechtsinhalten zu bestimmen, sondern auch „allgemeine transnationale Rechtsgrundsätze" mit zu berücksichtigen.[213] Diese Aufgabe könne nicht ohne Hilfe der Rechtsvergleichung geschehen.[214]

Daß der im international-privatrechtlichen Diskurs vordringende rechtsvergleichende Ansatz im Einklang mit der vom BVerfG angewandten Methode der Grundrechtsinterpretation steht, zeigt gerade die jüngste Rechtsprechung zur Reichweite der Grundrechte bei Sachverhalten mit Auslandsbezug. In der Entscheidung zur nachrichtendienstlichen Abhörtätigkeit bei im Ausland geführten Telefonaten knüpft das Gericht explizit an den Spanier-Beschluß an und bestimmt den Geltungsanspruch des Art. 10 GG in Abstimmung mit den Parallelbestimmungen des internationalen Menschenrechtschutzes.[215] Die Relativität der Grundrechte, das macht auch diese Entscheidung deutlich, findet damit ihre (Unter-)Grenze in den menschenrechtlichen Bindungen der Bundesrepublik. Nimmt man die Vorgaben des BVerfG ernst, so kann kein Zweifel

---

210 Vgl. *Hofmann*, Grundrechte, S. 70.

211 Vgl. ebd., S. 72 f.

212 Die Anlehnung an *Stern* hebt *Hofmann* besonders hervor, vgl. *Hofmann*, Grundrechte, S. 69.

213 Vgl. *Stern*, Staatsrecht III/1, S. 1242 f. *Stern* sucht hier freilich nach den Grundlagen der verminderten Grundrechtsgeltung. Daß die transnationalen Rechtsgrundsätze zugleich die Schranke des eingeschränkten Schutzes bilden, wird gleichwohl deutlich, weil die Toleranz gegenüber den Wertgehalten einer fremden Rechtsordnung ihre Grenze im menschenrechtlichen Mindeststandard findet, vgl. ebd., S. 1243.

214 Vgl. *Stern*, Staatsrecht III/1, S. 1244.

215 Vgl. BVerfGE 100, S. 313 (363): Das Verfassungsrecht müsse „mit dem Völkerrecht abgestimmt" werden. Die Entscheidung betraf den Schutz des Fernmeldegeheimnisses bei nachrichtendienstlicher Telefonüberwachung von Auslandsgesprächen nach dem Gesetz zu Art. 10 GG. Das BVerfG stellte hier auf den völkerrechtlich in Art. 8 EMRK und Art. 12 AEMR anerkannten Schutz der Privatsphäre ab.

daran bestehen, daß gerade zur Ermittlung dessen, was im Rahmen der international-privatrechtlichen Vorbehaltsklausel als *grundrechts*widrige Anwendung fremden Rechts zu gelten hat, die *menschenrechtlichen* Verpflichtungen der Bundesrepublik als unerläßlicher Maßstab zu berücksichtigen sind.

3. Internationale Menschenrechte als eigenständiger ordre public-Maßstab

Der im vorherigen Abschnitt aufgezeigte Ansatz bringt freilich die völkerrechtlichen Menschenrechte an recht „versteckter" Stelle zur Geltung. Sie geraten erst im Zusammenhang mit der grundrechtsbezogenen ordre public-Prüfung und dort wiederum als Grenze der Relativität des ordre public, insbesondere hinsichtlich des Erfordernisses eines Binnenbezuges, ins Blickfeld. Die Bedeutung der Menschenrechte – ihre Konkretisierung und Differenzierung vorausgesetzt – für die zur Ermittlung sachgerechter und gerade für das Internationale Privatrecht relevanter Aussagen, läßt sich in diesem Kontext schwerlich bestreiten. Als eigenständiger ordre public-Inhalt treten sie dabei allerdings nicht in Erscheinung.

Es stellt sich deshalb die Frage, ob den völkerrechtlichen Menschenrechten nicht (auch) eine originäre Konkretisierungsfunktion für die Vorbehaltsklausel zukommen kann; anders ausgedrückt, ob bei einem Widerspruch des Anwendungsergebnisses gegen menschenrechtliche Gebote, deren Bestand und Reichweite es freilich erst noch festzustellen gilt, die Anwendung fremden Rechts ebenso ausgeschlossen sein kann, wie bei Abweichungen autonom innerstaatlicher Rechtssätze.

a) Vorzüge einer unmittelbaren Einbeziehung der Menschenrechte

Ein solch unmittelbarer, ja primärer Rückgriff auf Menschenrechte als ordre public-Maßstab hätte ganz augenscheinlich den Vorzug, daß damit von vornherein der Eindruck eines (deutschen) Grundrechtsoktroi vermieden würde.[216] Trägt nämlich schon ein auf der völkerrechtlichen Ebene verbürgtes Menschenrecht den ordre public-Einsatz, so greift nicht einmal *prima facie* der Vorwurf einer Durchsetzung der innerstaatlichen Rechtsordnung. Seine tiefere Rechtfertigung findet der Ansatz in der Annäherung an ein elementares Ideal

216 In diesem Sinne *Kokott*, BerDGVR 38 (1998), S. 71 (105): „kein Kulturimperialismus".

des IPR – den internationalen Entscheidungseinklang. *Savigny* hat dieses formale Ziel in dem bekannten Satz zusammengefaßt, „die Rechtsverhältnisse [sollten], in Fällen einer Collision der Gesetze, dieselbe Beurtheilung zu erwarten haben, ohne Unterschied, ob in diesem oder jenem Staate das Urtheil gesprochen werde“.[217] Der Verwirklichung dieses Ideals versucht das moderne IPR in erster Linie durch Herausbildung sachgerechter Anknüpfungsregeln Rechnung zu tragen.[218] Im System dieses abstrakten Verweisungssystems ist der ordre public ein – freilich notwendiger[219] – „Störenfried“[220]. Bedient man sich nun beim Einsatz der Vorbehaltsklausel solcher Maßstäbe, die nicht allein Ausdruck einer spezifischen innerstaatlichen Wertordnung sind, sondern darüber hinaus in einer Vielzahl von Staaten Anerkennung gefunden haben, dann bleibt selbst die ordre public-Anwendung noch so weit als möglich dem Ideal des Entscheidungseinklanges verpflichtet.[221] Je weiter dabei der Kreis der Staaten gezogen werden kann, die sich zur Achtung derselben Menschenrechtsnorm verpflichtet haben, desto mehr stünde zu erwarten, daß ein konkreter Fall *idealiter* vor jedem in der Welt zuständigen Gericht gleich entschieden wird – und zwar trotz und gerade wegen des ordre public-Einsatzes.[222]

b) Offenheit der Vorbehaltsklausel für internationale Menschenrechte

Einer solchen „Internationalisierung“ der Vorbehaltsklausel scheint zunächst ihre nationale Ausrichtung entgegenzustehen. Es wurde bereits gezeigt, daß Vorbehaltsklauseln ganz generell der Sicherung der materiellen Grundwertungen einer räumlich abgegrenzten Rechtsordnung zu dienen bestimmt sind.[223]

---

217 *Savigny*, System VIII, S. 27; vgl. auch *Zweigert*, RabelsZ 14 (1942), S. 287; *Neumayer*, in: FS Dölle, Bd. 2, S. 179 (208).

218 Zum Grundsatz des sachnächsten Rechts bei *Savigny* vgl. bereits oben S. 11 ff.

219 Vgl. statt aller *Ch. v. Bar* IPR I, Rn. 631; *ders.*, BerDGVR 33 (1994), S. 191 (196 f.).

220 *Kropholler*, IPR, S. 242.

221 Mit ähnlichen Erwägungen auch *Fischer*, in: FS Remmers, S. 447 (454) und *von Hoffmann*, BerDGVR 38 (1998), S. 218 im Diskussionsbeitrag zum Referat von *Kokott*.

222 In diesem Sinne dürften wohl auch die Ansätze von *Schwander*, in: liber amicorum Siehr, S. 673 (683 f.) zu verstehen sein, vom nationalen Recht losgelöste Werturteile herauszubilden. *Schwander* will vor allem die UN-Menschenrechtspakte und -konventionen als Grundlage eines „transnationalen“ ordre public (a.a.O., S. 684) heranziehen.

223 Vgl. *Kühne*, IPR-Entwurf, S. 59 f., zur generellen Funktion der Vorbehaltsklausel im deutschen IPR.

Dementsprechend fungiert auch Art. 6 EGBGB zum Schutz der *deutschen* öffentlichen Ordnung.[224] An dieser Gesetz gewordenen Maxime läßt sich schwerlich rütteln. Noch deutlicher trat diese Zielrichtung im Wortlaut des Art. 30 EGBGB a.F. zutage, der einen Verstoß gegen „die guten Sitten oder gegen den Zweck eines deutschen Gesetzes" verlangte. Schutzgut des ordre public, wie er in Art. 6 EGBGB für das IPR zum Ausdruck kommt, ist daher allein die inländische öffentliche Ordnung.[225]

Damit ist aber die Berücksichtigung von Normen, deren Ursprung im Völkerrecht liegt, im Rahmen der Vorbehaltsklausel keineswegs ausgeschlossen. Schon unter der Geltung des Art. 30 EGBGB a.F. hatte der BGH den Begriff der „guten Sitten" für die auf der Ebene des Völkerrechts getroffenen Wertentscheidungen geöffnet. In der sog. „Nigeria-Kulturgutentscheidung" versagte er einem Versicherungsvertrag für Kunstgegenstände, die entgegen einem nigerianischen Verbot exportiert wurden, den bürgerlich-rechtlichen Schutz innerhalb der deutschen Rechtsordnung. Der BGH griff dabei maßgeblich auf das UNESCO-Kulturschutzabkommen zurück und setzte der Wirksamkeit des zivilrechtlichen Vertrages „im Interesse der Wahrung der Anständigkeit im internationalen Verkehr mit Kunstgegenständen" den Verstoß gegen die guten Sitten entgegen.[226]

---

224 So ausdrücklich Regierungsbegründung zum IPR-Reformgesetz, BT-Drucks. 10/504, S. 43. Aus der Literatur vgl. statt aller *v. Hoffmann*, IPR, § 6 Rn. 136; aus der Rspr. vgl. etwa BGHZ 120, S. 29 (34).

225 Vgl. auch Art. 16 des EG-Übereinkommens über das auf vertragliche Schuldverhältnisse anzuwendende Recht vom 19. Juni 1980, BGBl. 1986 II S. 810, „öffentliche Ordnung des Staates des angerufenen Gerichts", dessen Umsetzung durch Art. 6 EGBGB ausdrücklich bezweckt war, vgl. Regierungsbegründung zum IPR-Reformgesetz, BT-Drucks. 10/504, S. 43. Zur originär nationalen Ausrichtung der Vorbehaltsklausel vgl. aus der Literatur etwa *Kropholler*, IPR, S. 243; *Weitz*, Inlandsbeziehung, S. 17; *Meise*, Relativität, S. 97 ff.; *Spickhoff*, ordre public, S. 88.

226 Vgl. BGHZ 59, S. 82 (86). Der Entscheidung lag § 138 BGB zugrunde; sie wird jedoch weithin auch als Leitentscheidung gerade auch für die völkerrechtsbezogene Interpretation der international-privatrechtlichen Vorbehaltsklausel verstanden, vgl. etwa *Simma/Kahn/Zöckler/Geiger*, in: Conforti/Francioni (Hrsg.), Enforcing International Human Rights, S. 71 (100). Bereits auf den ersten Blick bemerkenswert erscheint an der Entscheidung, daß der BGH als Wertungskriterium für die Sittenwidrigkeit nach deutschem Zivilrecht ein völkerrechtliches Abkommen heranzog, dem die Bundesrepublik z.Zt. der Entscheidung nicht beigetreten war (und auch bis heute nicht ist). Auf die fehlende Ratifikation wies der BGH auch ausdrücklich hin, a.a.O., S. 86. Die weiteren Ausführungen des BGH lassen jedoch erkennen, daß das Gericht den Kulturgüterschutz als Bestandteil des Völkergewohnheitsrechts und das UNESCO-Abkommen vom 14.11.1970 (deutsche Übersetzung in der Anlage zu BT-Drucks. 6/3511) lediglich als dessen Kodifizierung versteht. So fordert der BGH,

Zudem entspricht die Heranziehung von internationalen Menschenrechten dem ausdrücklichen Willen des IPR-Gesetzgebers, der mit der Neuformulierung der Vorbehaltsklausel keine Beschränkung auf die Grundrechte des Grundgesetzes anstrebte. Aus den Materialien ergibt sich, daß der Reformgesetzgeber die Einbeziehung völkerrechtlicher Menschenrechtsverbürgungen offen gegenüberstand, wenngleich dies im Gesetz keinen expliziten Niederschlag gefunden hat. Der Verweis auf die „Grundrechte", der auf den ersten Blick lediglich den Leitsatz des BVerfG in gesetzliche Form zu gießen scheint, ist vielmehr untechnisch zu verstehen. Denn, so die Begründung zum Reformgesetz, „Grundrechte oder vergleichbare Menschenrechte [können sich] nicht nur aus dem Grundgesetz und den Verfassungen der Länder, sondern auch aus den menschenrechtlichen Übereinkommen ergeben; diese gehören insoweit ebenfalls zum ordre public."[227] Auch in der Gesetzesbegründung werden allerding weder

a.a.O., S. 85 f., die Umgehung eines Ausfuhrverbotes müsse, „da sie dem nach heutiger Auffassung allgemein zu achtenden Interesse aller Völker an der Erhaltung von Kulturwerken an Ort und Stelle zuwiderlaufen, als verwerflich erachtet werden. (...) Die Beratungen der Unesco und die Aufnahme des Übereinkommens durch die Generalkonferenz ergeben aber deutlich, daß die für die internationale kulturelle Zusammenarbeit zuständige Organisation die Ausfuhr von Kulturgut entgegen den Verboten eines Staates seit langem als ein gemeinschädliches und die Verständigung zwischen den Völkern hinderndes Verhalten auffaßt. Sie hält die Zeit für gekommen, diese Überzeugung in ein verbindliches internationales Abkommen zu kleiden. (...) In der Völkergemeinschaft bestehen hiernach bestimmte grundsätzliche Überzeugungen über das Recht eines jeden Landes auf Schutz seines kulturellen Erbes und über die Verwerflichkeit von ‚Praktiken' (...), die es beeinträchtigen und die bekämpft werden müssen." Die Einbeziehung des Abkommens als kodifiziertes Gewohnheitsrecht in die innerstaatliche Rechts- und Werteordnung konnte deshalb über den Inkorporationsmechanismus des Art. 25 GG auch unabhängig vom formellen Beitritt der Bundesrepublik erfolgen; vgl. dazu im einzelnen noch im III. Kapitel, S. 248 ff. Die Parallele zum Gewohnheitsrecht zieht auch *Bleckmann* in seiner Entscheidungsbesprechung, ZaöRV 34 (1974), S. 112 (125 f.). Die „Kulturgutentscheidung" des BGH steht deshalb dogmatisch durchaus im Einklang mit der im III. Kapitel noch näher auszuführenden These, als ordre public-Maßstab könnten nur diejenigen Völkerrechtsnormen herangezogen werden, die auch innerstaatliche Geltung erlangt haben.

227 Vgl. Regierungsbegründung zum IPR-Reformgesetz, BT-Drucks. 10/504, S. 44. Ob der Gesetzgeber mit der Zuordnung „vergleichbarer Menschenrechte" systematisch den richtigen Weg gewählt hat, mag bezweifelt werden; an seiner Intention ändert dies jedoch nichts. Kritisch und wohl auch richtig zur Systematik etwa MüKo-*Sonnenberger*, Art. 6 EGBGB Rn. 50. Ermann-*Hohloch*, Art. 6 EGBGB Rn. 21, sieht sich zu der Feststellung veranlaßt, der Verweis in Art. 6 S. 2 EGBGB könne nur Rechte aus internationalen Menschenrechtskonventionen erfassen, denen innerstaatlich Verfassungsrang zukomme; andernfalls sei als Kontrollmaßstab S. 1 heranzuziehen. Zum Rang menschenrechtlicher Normen in der deutschen Rechtsordnung vgl. die Ausführungen im III. Kapitel, S. 255 ff.

Umfang noch Art und Weise konkretisiert, in der die Menschenrechte ordre public-Relevanz entfalten können.

c) Menschenrechte in der international-privatrechtlichen ordre public-Praxis

Der Hinweis des IPR-Reformgesetzgebers auf die internationalen Menschenrechte hat sich in der deutschen international-privatrechtlichen Rechtsprechung bislang nicht erkennbar ausgewirkt. Liegt ein grundrechtsrelevanter Sachverhalt vor, so greifen die Gerichte nahezu ausschließlich auf die Grundrechte des Grundgesetzes zurück. Nur ganz gelegentlich findet eine Norm des internationalen Menschenrechtsschutzes überhaupt Berücksichtigung, ohne daß allerdings eine Auseinandersetzung über den Gehalt und die Reichweite der Verbürgung oder ein materieller Vergleich mit den grundrechtlichen Bestimmungen stattfände.[228] Andererseits gibt es Fälle, in denen die international-privatrechtliche Rechtsprechung sich geradezu aufdrängende Aspekte der Völkerrechtswidrigkeit unter Verweis auf die überkommenen kollisionsrechtlichen Prinzipien ausgeblendet hat.[229] Soweit ersichtlich, ist die interna-

---

228 Vgl. etwa KG, IPRspr. 1995, Nr. 65, S. 122 (123), das neben der Eheschließungsfreiheit des Grundgesetzes den Art. 12 der EMRK zumindest erwähnt; ebenso BGHZ 59, S. 180 (190), wo Art. 16 AEMR dem BGH als entscheidungserhebliche Interpretationshilfe diente, vgl. hierzu noch im IV. Kapitel bei Fn. 1359. Zur Heranziehung von Art. 20 Abs. 3 KRK im internationalen Adoptionsrecht vgl. OLG Karlsruhe, IPRspr 1996, Nr. 114, dazu noch ausführlich im III. Kapitel, S. 288 ff. Das BVerfG selbst hatte im Spanierbeschluß für die internationale Durchsetzung der Eheschließungsfreiheit unterstützend auf Art. 16 AEMR und Art. 12 EMRK zurückgegriffen. Auf der Grundlage der damaligen Entscheidungspraxis der Straßburger Konventionsorgane hätte bei genauerer Würdigung wohl kein entsprechendes Ergebnis abgeleitet werden können; vgl. noch unten im VI. Kapitel, S. 381 f. Eine Fehlinterpretation liegt jedenfalls der Entscheidung BGHZ 41, S. 136 (141) zugrunde, in der der BGH den Verweis des Art. 12 EMRK auf die innerstaatlichen Gesetze glaubte dahingehend verstehen zu dürfen, bereits durch die bloße Existenz kollisionsrechtlicher Vorschriften sei den Anforderungen der EMRK genüge getan. Richtig ist freilich, daß gerade die konventionskonforme Anwendung der innerstaatlichen Gesetze der Ergebniskontrolle durch den EGMR unterworfen ist, vgl. dazu noch im IV. Kapitel, S. 329 f.

229 Dies gilt insbesondere für das Internationalen Enteignungsrecht, vgl. etwa den bereits genannten „Chilenischen-Kupferstreit" vor dem LG Hamburg, RabelsZ 37 (1973), S. 579 (vgl. oben Fn. 195), in dem das LG einen ordre pubic-Verstoß mangels ausreichender Binnenbeziehung ablehnte. Die Anwendung der herkömmlichen Kriterien der Vorbehaltsklausel im Zusammenhang mit dem internationalen Enteignungsrecht kritisiert bereits *Mann*, NJW 1961, S. 705 (707 f.); vgl. auch die oben in Fn. 195 wiedergegebenen kritischen Stimmen aus dem Schrifttum. Zu den Entscheidungen der Gerichte im sog. „Liechtensteinischen Bilderstreit" vgl. noch in Fn. 232.

tional-privatrechtliche ordre public-Klausel bislang von keinem deutschen Gericht *allein* auf eine Norm aus dem Kernbereich des völkerrechtlichen Menschenrechtsbestandes[230] gestützt worden. Auf einen schlichten Mangel an Rechtsquellen kann diese Tatsache schwerlich zurückzuführen sein: Die Zahl der internationalen Menschenrechtsdokumente wächst beständig. Die kaum vorhandene Rechtsprechungspraxis scheint vielmehr die These zu bestätigen, in der deutschen Rechtskultur bestehe vergleichsweise wenig Bereitschaft, Einflüsse von außen aufzunehmen; die Neubegründung der deutschen Rechtstradition durch die Verfassung des Grundgesetzes habe zu einer „relative[n] Abschließung gegenüber internationalen Einflüssen", insbesondere der Menschenrechtsentwicklung, geführt.[231] In der Tat mag das in sich geschlossene und kohärente Grundrechtssystem des Grundgesetzes, dessen Schutzniveau kaum irgendwo sonst auf der Welt erreicht wird, dazu verleiten, den Blick auf die eigene Rechtsordnung zu beschränken, wenn elementare Rechte der Person im Entscheidungsprozeß berührt werden. Mit dieser Rechtsordnung ist der – in international-privatrechtlichen Angelegenheiten typischerweise nicht als Mitglied eines Gremiums – berufene Richter, Standesbeamte oder sonstige Rechtsanwender eingehend vertraut. Sie erschließt sich ihm durch reichhaltige Literatur und gewachsene Rechtsprechung. An die eigene Rechtsordnung, insbesondere an die Grundrechte, ist er durch Art. 1 Abs. 3 GG unmittelbar gebunden; mit der Berufung der deutschen Grundrechte im Rahmen der Vorbehaltsklausel kommt er dieser Bindung im größtmöglichen Umfang nach und trägt augenscheinlich der Bedeutung der Grundrechte als durch Art. 6 S. 2 EGBGB hervorgehobener Bestandteil des deutschen ordre public Rechnung.

230 Zu den tragenden Säulen des universellen und regionalen Menschenrechtsschutzes vgl. die Darstellung im II. Kapitel.

231 So die Einschätzung von *Frohwein*, DÖV 1998, S. 806 (806; 808 f).

d) Tendenzen im Schrifttum

Die „Zurückhaltung" der international-privatrechtlichen Rechtsprechung[232] läßt sich jedenfalls nicht mit der Behauptung rechtfertigen, für die Heranzie-

---

232 Aus der jüngsten Zeit fallen die Entscheidungen der deutschen Gerichte im sog. „Liechtensteinischen Bilderstreit" ins Auge. *Fürst Hans Adam II.* von und zu Liechtenstein klagte auf Herausgabe eines *van Laer*-Gemäldes, das nachweislich aus der fürstlich-liechtensteinischen Sammlung auf Schloß Valtice in Südmähren stammte und nach dem Zweiten Weltkrieg unter Berufung auf *Beneš*-Dekret Nr. 12 wie auch das sonstige Vermögen der Fürstenfamilie mit der Begründung konfisziert wurde, es handle sich um volksdeutsches Vermögen. Der damalige Chef des Hauses Liechtenstein, *Fürst Franz Josef II.*, hatte sich allerdings zwischen 1929 und 1939 nie in eine entsprechende Volkszählungsliste eingetragen. Das streitgegenständliche Bild war 1991 als Leihgabe nach Köln gelangt, wo es der Kläger sequestrieren ließ. Die Instanzgerichte lehnten eine Sachentscheidung mit Rücksicht auf die Klagesperre in bezug auf Kriegsfolgenmaßnahmen gegen deutsches Auslandsvermögen gem. dem auch nach der vollen Souveränität Deutschlands fortgeltenden Teil VI Art. 3 Abs. 1 und 3 des Überleitungsvertrages, BGBl. 1955 II S. 405 ab; kritisch zur Fortgeltung auf der Grundlage des Notenwechsel vom 27./28. September 1990, BGBl. 1990 II S. 1387, *Blumenwitz*, in: FS Lerche, S. 385 (390 ff.). Wie schon die Vorinstanz (LG Köln, IPRax 1996, S. 419 ff), so entnahm auch das OLG Köln den Vorschriften des Überleitungsvertrages kollisionsrechtlich die Aussage, das Vorliegen der tatbestandlichen Voraussetzungen (Kriegsfolgenmaßnahme gegen deutsches Auslandsvermögen) sei „unter maßgeblicher Berücksichtigung des der konkreten Beschlagnahmehandlung zugrundeliegenden Rechtes des enteignenden Staates zu beurteilen", vgl. OLG Köln, VIZ 1998, S. 213 (215). Das OLG maß dem (zwischen Deutschland und den Alliierten geschlossenen) Überleitungsvertrag „drittbegünstigende Wirkung" zugunsten der Tschechoslowakei zu (a.a.O., S. 216). Die Beurteilung, ob das beschlagnahmte Vermögen im einzelnen Fall deutsches oder ausländisches Vermögen (i.S.d. Teils VI Art. 3 Abs. 1 Überleitungsvertrag) darstelle, sei daher ausschließlich von dem Staat zu entscheiden, der die Vermögenswerte beschlagnahmt habe (a.a.O., S. 216). Eine Entscheidung in der Sache, „die sich unweigerlich mit den völkerrechtlichen und verfassungsrechtlichen Implikationen befassen müßte", sei den deutschen Gerichten damit verwehrt. Ebensowenig sei Raum für einen Rückgriff auf die allgemeinen Regeln des Völkerrechts i.S.d. Art. 25 GG bzw. eine Heranziehung des deutschen ordre public gemäß Art. 6 EGBGB (a.a.O., S. 216). Die Revision des Klägers wurde vom BGH nicht zur Entscheidung angenommen, vgl. Beschluß vom 25. September 1997, Az. II ZR 213/96. Die aus Sicht des Völkervertragsrechts kaum haltbaren und trotz offensichtlicher Völkerrechtswidrigkeit der Konfiskation am Territorialitätsprinzip festhaltenden Entscheidungen der Instanzgerichte unter Ausblendung des Grund- und Menschenrechtsschutzes sind zu recht auf einhellige Kritik der Literatur gestoßen, vgl. *Blumenwitz*, in: Mélanges Fritz Sturm, Bd. II, S. 1386 (1389 ff.); *Faßbender*, NJW 1999, S. 1445 (1446 ff.); *Seidl-Hohenveldern*, IPRax 1996, S. 410 ff.; *Weber*, AVR 36 (1998), S. 188 (195 ff.) – letztere insbesondere zum Niedergang der *act of state*-Doktrin bei völkerrechtswidrigen Enteignungen. Das BVerfG sah sich gleichwohl nicht veranlaßt, die zivilgerichtliche Rechtsprechung – die „zweckorientierte

hung völkerrechtlicher Normen als Maßstab der ordre public-Anwendung sei der Boden durch das Schrifttum noch nicht bereitet worden. Die Einbeziehung der völkerrechtlichen Werteordnung in den international-privatrechtlichen Entscheidungsvorgang entspricht einer seit längerem vernehmbaren Tendenz in der international-privatrechtlichen Lehre, die keineswegs auf das deutsche IPR beschränkt ist. Stand anfangs noch das Bemühen im Vordergrund, den Kernbestand völkerrechtlicher Regeln – den ordre public *des Völkerrechts* – unmittelbar als Maßstab für die Anwendung fremden Rechts anzulegen,[233] so

---

Auslegung" des Überleitungsvertrages – unter dem Gesichtspunkt des Grundrechtsschutzes zu korrigieren, vgl. Beschluß vom 28. Januar 1998, IPRax 1998, S. 482 f. In der ablehnenden Reaktion des Schrifttums wird hingegen deutlich, daß gerade dieser Fall nicht nur den grundrechtlichen, sondern vor allem den durch völkerrechtliche Vorgaben bestimmten ordre public-Einsatz erfordert hätte, vgl. vor allem die Besprechung von *Doehring*, IPRax 1998, S. 465 (466 f.) sowie *Blumenwitz*, in: Mélanges Fritz Sturm, Bd. II, S. 1386 (1398) und *Weber*, AVR 36 (1998), S. 188 (195 ff.); siehe auch *Faßbender*, NJW 1999, S. 1445 (1446 f.). Angesichts der einhelligen Kritik des Schrifttums scheint sich die Bemerkung *Siehrs* auf der 38. Tagung der DGVR, BerDGVR 1998, S. 120 (121), es habe ihn als Kollisionsrechtler immer gewundert, „[m]it welcher Geduld die Völkerrechtler es hingenommen haben, wie die Zivilgerichte in Zivilprozessen mit völkerrechtswidrigem ausländischen Recht umspringen", nicht länger zu bewahrheiten. Die von *Siehr* eingeforderten „Mahnrufe" von Völkerrechtsseite sind im Liechtensteinfall jedenfalls lautstark, wenngleich vergeblich, erhoben worden. Fürst Hans Adam II. hatte wegen der Behandlung seiner Klage durch die deutschen Gerichte Beschwerde vor dem EGMR erhoben und die Verletzung von Art. 6 Abs. 1, Art. 1 und Art. 14 EMRK i.V.m. Art. 1 des 1. ZP erhoben. Die vom EGMR in allen Punkten zugelassene Beschwerde wurde mit Urteil vom 12. Juli 2001, EuGRZ 2001, S. 466 ff. als unbegründet abgewiesen. Zur international-enteignungsrechtlichen Problematik nahm der Gerichtshof allerdings gar nicht Stellung, nachdem er bereits tatbestandlich ein Eingreifen von Art. 1 des 1. ZP verneinte. Nach Ansicht des EGMR stand dem Beschwerdeführer zur Zeit der Gerichtsverfahren in Deutschland weder eine geschützte Eigentümerposition noch eine „legitimate expectation" auf Wiedererlangung des Eigentums zu, vgl. EGMR, *Prince Hans-Adam II of Liechtenstein*, Urteil 12. Juli 2001, EuGRZ 2001, S. 466 (473), Tz. 85. Die Prüfung der Rechtmäßigkeit der damaligen Konfiskation lehnte der Gerichtshof mit dem *ratione temporis*-Einwand ab. Zu Recht kritisch zur tragenden Argumentationslinie des Gerichtshof aber *Faßbender*, EuGRZ 2001, 459 (465) sowie *Blumenwitz*, AVR 40 (2002), S. 211 (219 ff.). Auf zwischenstaatlicher Ebene hatten die aus dem Bilderstreit folgenden Implikationen bereits am 1. Juli 2001 zur Erhebung einer Klage Liechtensteins gegen die Bundesrepublik vor dem IGH geführt, vgl. NJW-Wochenspiegel, Heft 26/2001, S. XLIII f.

233 Vgl. etwa *Rolin*, in: Hommage Basdevant, S. 441 ff., der dem nationalen ordre public einen internationalen ordre public („l'ordre public au sens du droit des gens") zur Seite stellt. Deutlich tritt dieser Ansatz bei *Jaenicke*, BerDGVR 7 (1967), S. 77 (83 ff.), zutage, der sich an mehreren Stellen auf *Rolin* bezieht; zum Ansatz von *Jaenicke*, vgl. noch im III. Kapitel, S. 221 ff. Für einen Vorrang des menschenrechtli-

liche Menschenrechtsbestand reichen soll. So wird einerseits betont, infolge von Art. 25 GG zählten die völkergewohnheitsrechtlich verfestigten Menschenrechte ohne weiteres zu den ordre public-relevanten Rechtssätzen.[240] Eine inhaltliche Auseinandersetzung oder Konkretisierung dieses Normbestandes findet jedoch im international-privatrechtlichen Schrifttum nur ansatzweise statt.[241] Zudem stellt sich die Frage, ob angesichts der Funktion von Art. 25 GG überhaupt noch ein Rückgriff auf die einfachrechtliche Vorbehaltsklausel zulässig oder zumindest möglich erscheint.[242] Auch hinsichtlich der zu berücksichtigenden völkervertraglichen Menschenrechtsgewährleistungen gehen die Aussagen der ordre public-Literatur nur selten über generelle Stellungnahmen hinaus.[243] Die neuere international-privatrechtliche Lehre bezieht neben der EMRK auch die zentralen Instrumente des völkervertraglichen Menschenrechtsschutzes auf UN-Ebene mit ein, allerdings ohne inhaltliche Auseinandersetzung mit dem jeweiligen Normbestand und spezifischen Charakter der Konventionen.[244] Zurückhaltender verfährt hingegen die völkerrechtliche Lehre, die in erster Linie die unmittelbar den einzelnen schützenden und berechtigen-

---

240 Vgl. etwa die knappe Stellungnahme bei *Kropholler*, IPR, S. 243; Staudinger-*Blumenwitz*, Art. 6 EGBGB Rn. 57 f. hat vor allem das internationale Enteignungsrecht im Blick. Zum Verhältnis von Art. 25 GG zur Vorbehaltsklausel vgl. *Schütz*, ordre public, S. 42 ff. sowie *Hofmann*, ZaöRV 49 (1989), S. 41 (55 ff.).

241 Vgl. Staudinger-*Blumenwitz*, Art. 6 EGBGB Rn. 62 zum völkerrechtlichen *ius cogens*; terminologisch undeutlich *Kropholler*, IPR, S. 243 f.

242 Vgl. Staudinger-*Blumenwitz*, Art. 6 EGBGB Rn. 62 a.E.; *Hofmann*, ZaöRV 49 (1989), S. 41 (55 ff.). Für den internationalen Eigentumsschutz insoweit ablehnend etwa *Mann*, NJW 1961, S. 705 (707); vgl. dazu noch näher im III. Kapitel, S. 248 ff.

243 Vgl. exemplarisch die vagen Aussagen bei *Kropholler*, IPR^3, S. 228, wonach auch „internationale Standards ohne Völkerrechtsrang“ im Rahmen der Vorbehaltsklausel Berücksichtigung finden, unter anderem „internationale Menschenrechte“; wenig später, a.a.O., S. 231, heißt es dann (mit Blick auf die menschenrechtlichen Übereinkommen) pauschal, „die dort verankerten Rechte gehören ebenfalls zum ordre public.“ Auch die Neuauflage, S. 243 f. enthält sich einer detaillierten Stellungnahme. Kaum deutlicher erscheinen auch die Aussagen bei *v. Hoffmann*, IPR, § 6 Rn. 142 (S. 244 f.), der einzelstaatliche ordre public orientiere sich „teilweise an internationale[n] Standards.“ So seien die Rechte der EMRK „für den Inhalt des nationalen ordre public ebenso prägend wie die Grundrechte“. Überhaupt seien „die Menschenrechte (...) gemeinsamer Bestandteil des kollisionsrechtlichen ordre public aller Vertragsstaaten.“

244 Vgl. Soergel-*Kegel*, vor Art. 3 EGBGB Rn. 29; ebenso MüKo-*Sonnenberger*, Art. 6 Rn. 71 mit Fn. 233, der zudem auf die Rassendiskriminierungskonvention verweist; auch *Schwander*, in: liber amicorum Siehr, S. 673 (683) will neben den beiden UN-Pakten insbesondere die Frauendiskriminierungskonvention heranziehen. Unscharf hingegen *Kropholler*, IPR, S. 244. Zu den UN-Übereinkommen vgl. im einzelnen die Ausführungen im II. Kapitel.

den Freiheitsrechte als Anknüpfungspunkte für einen Einsatz der Vorbehaltsklausel sieht.[245]

Kaum Beachtung gefunden hat bislang auch die Frage, in welcher Weise sich Vorbehalte zu menschenrechtlichen Verträgen auf die Heranziehung der betroffenen Verbürgungen im Rahmen der Vorbehaltsklausel auswirken.[246] Gerade im Hinblick auf das Schutzgut von Art. 6 EGBGB – die deutsche öffentliche Ordnung – bedarf es aber der Klärung, welchen völkerrechtlichen Bindung der Bundesrepublik unterliegt und welche Konsequenzen sich aus einem von der Bundesrepublik, aber auch aus den von anderen Staaten erklärten Vorbehalten für die innerstaatliche Rechtsanwendung ergeben.

Überdies werden dem integrativen Ansatz, der die völkerrechtlichen Menschenrechte innerhalb der Vorbehaltsklausel zur Geltung bringt, Bedenken insoweit entgegengebracht, als die Wirkungskraft der jeweiligen Menschenrechte nicht von den hergebrachten Voraussetzungen für den Einsatz des ordre public abhängig sein dürfe. So hat etwa *Engel* die Berücksichtigung der EMRK „innerhalb" von Art. 6 EGBGB wegen des einschränkenden Kriteriums der Binnenbeziehung ausgeschlossen und sich für die Heranziehung der Konvention als unmittelbaren Maßstab bei der Anwendung fremden Rechts ausgesprochen.[247] Diesen Bedenken sucht die neuere international-privatrechtliche Literatur dadurch entgegenzutreten, daß sie bei der Verletzung von Menschenrechtsnormen an den Inlandsbezug des Sachverhalts nicht dieselben Voraussetzungen stellt, wie bei einer auf autonom innerstaatliche Wertvorstellungen gestützten ordre public-Anwendung; ausnahmsweise könne in diesen Fällen bereits die internationale Zuständigkeit eines deutschen Gerichtes den Einsatz der Vorbehaltsklausel rechtfertigen.[248] Beide Ansichten setzten freilich implizit

---

245 Vgl. *Kokott*, S. 71 (104); in diesem Sinne auch der Diskussionsbeitrag von *Doehring*, BerDGVR 38 (1998), S. 126 (126). Bisweilen wird allerdings schon grundsätzlich die Existenz eines verifizierbaren Menschenrechtsbestandes bestritten und völkerrechtliche Menschenrechte „eher dem Sollraum als dem Bereich der Ist-Wirklichkeit" zugeordnet, vgl. *Balekjian*, BerDGVR 38 (1998), S. 122 (123) in seinem Diskussionsbeitrag zu den von *Kokott* vorgetragenen Thesen.

246 Vgl. aber *Kokott*, BerDGVR 38 (1998), S. 71 (101 f.); dazu im einzelnen im III. Kapitel, S. 221 ff. und 278 ff.

247 Vgl. *Engel*, RabelsZ 53 (1989), S. 3 (49); ähnlich *Stöcker*, StAZ 1981, S. 16 (21). Bedenken im Hinblick auf das Kriterium der Inlandsbeziehung bei Menschenrechtsverstößen äußern auch *Raape/Sturm*, IPR I, S. 201 f.

248 So etwa MüKo-*Sonnenberger*, Einl. IPR Rn. 315 (für die EMRK), allgemein zur Verletzung von Völkerrechtsnormen bei MüKo-*Sonnenberger*, Art. 6 EGBGB Rn. 84; vgl. auch Staudinger-*Blumenwitz*, Art. 6 EGBGB Rn. 119.

voraus, daß die jeweils betroffenen völkerrechtlichen Normen nicht ihrerseits eine irgendwie geartete Binnenbeziehung verlangen.

Aus den – an dieser Stelle lediglich skizzierten – Problemfeldern, auf die im weiteren Verlauf der Arbeit noch einzugehen sein wird, läßt sich ersehen, daß auch bei Heranziehung völkerrechtlicher Menschenrechtsverbürgungen als eigenständiger ordre public-Maßstab ganz ähnliche Fragen einer Klärung bedürfen, die bereits im Rahmen der grundrechtsbezogenen ordre public-Prüfung genannt wurden. Die erstrebten Vorteile für den Entscheidungseinklang können nur eintreten, wenn sich ein völkerrechtlicher Menschenrechtsbestand ermitteln läßt, der seinem Inhalt, Wesen und Geltungsanspruch nach die Abwehr fremden Rechts zuläßt oder gar erfordert. Für die Umsetzung des Ansatzes in der gerichtlichen Praxis ist zudem von besonderer Bedeutung, inwieweit der Wortlaut menschenrechtlicher Verträge durch die Auslegungspraxis internationaler Gremien bereits eine für den innerstaatlichen Richter ausreichende Konkretisierung erfahren hat. Schließlich müsssen auch im innerstaatlichen Recht die Weichen für eine Einbeziehung der Menschenrechte als Maßstab für die Ausschaltung fremden Rechts gestellt sein. Die Integration völkerrechtlicher Wertvorstellungen in das innerstaatliche Recht vollzieht sich durch Mechanismen des Verfassungsrechts. Die Inkorporationsregeln des Grundgesetzes bilden gleichsam die Brücke zwischen der Völkerrechtsebene und dem innerstaatlichen Recht. Damit hängt es auch und gerade von den Voraussetzungen und Folgen dieser Inkorporationsnormen ab, inwieweit sich Menschenrechtsverbürgungen zugleich als „wesentliche Grundsätze des deutschen Rechts" im Rahmen der Vorbehaltsklausel zu entfalten vermögen.

VI. Zusammenfassung des I. Kapitels

Wie in anderen Rechtsordnungen, so ist auch im deutschen IPR die kollisionsrechtliche Öffnung der innerstaatlichen Rechtsanwendung für fremdes Recht einer ordre public-Kontrolle des Anwendungsergebnisses unterworfen. Der Schutz der wesentlichen Grundsätze der *lex fori* wird für einzelne international-rechtliche Bereiche durch verselbständigte Spezialklauseln, im übrigen durch die allgemeine Vorbehaltsklausel des Art. 6 EGBGB gewährleistet. Der Einsatz der Vorbehaltsklausel steht dabei am Ende einer *lege artis* durchgeführten kollisionsrechtlichen Rechtsfindung; allein das Ergebnis der Anwendung des fremden Rechtssatzes im Einzelfall ist am ordre public zu messen ist. Über das im Falle eines ordre pubic-Verstoßes anzuwendende Ersatzrecht trifft Art. 6 EGBGB selbst keine Aussage. Der Vorbehaltsklausel kommt deshalb nur negative Funktion zu. Das Eingreifen der Vorbehaltsklausel unterliegt nach ganz herrschender Ansicht relativen, interdependenten Kriterien, deren Intensität, Bedeutung und Zusammenspiel in jedem Einzelfall gesondert bestimmt werden müssen. Der Grad der Abweichung ist ebenso bedeutsam, wie die temporale Nähe, die der zu entscheidende Fall zum Zeitpunkt seiner Entscheidung aufweist. Vor allem wird ganz überwiegend ein bestimmter Binnenbezug des Sachverhaltes zur innerstaatlichen Rechtsordnung gefordert, der sich in verschieden Merkmalen äußern kann, insbesondere in den sonst als kollisionsrechtliche Anknüpfungspunkte verwandten Kriterien.

Seit der IPR-Reform im Jahre 1986 hebt Art. 6 S. 2 EGBGB die Grundrechte als besonderen Bestandteil der innerstaatlichen Rechtsordnung hervor. Das IPR verwirklicht damit – trotz einfachrechtlicher Rechtsgrundlage – verfassungskonform die vom BVerfG seit der Spanier-Entscheidung[249] angemahnte Geltung der Grundrechte auch in auslandsbezogenen Sachverhalten. Die Geltungskraft der Grundrechte kann allerdings im Vergleich zu rein internrechtlichen Sachverhalten abgeschwächt sein. Wegen der Offenheit der staatlichen Ordnung Deutschlands für fremde Rechtsordnungen, so der bereits in der Spanier-Entscheidung zugrundegelegte Gedanke, kann der Verfassung kein absoluter Geltungsanspruch der Grundrechte entnommen werden; vielmehr muß die materielle Reichweite eines Grundrechts im Einzelfall aus dem Grundrecht selbst heraus bestimmt werden.

Dieser vom BVerfG vorgegebenen grundrechtskollisionsrechtliche Aufgabenstellung wird in der international-privatgerichtlichen ordre public-Praxis nur selten nachgegangen. Geschuldet scheint dies der Tatsache, daß das BVerfG selbst ein Kriterium für die Durchsetzungskraft der Grundrechte genannt hat, das dem überkommenen Gedankengut der ordre public-Dogmatik entsprang: die Inlandsbeziehung des Sachverhalts. Die Rechtsprechung knüpft ganz überwiegend die grundrechtsbezogene ordre public-Anwendung wie auch sonst in erster Linie an das Vorliegen einer ausreichenden Binnenbeziehung, ohne daß eine spezifisch grundrechtliche Dimension dieser Prüfung erkennbar wäre.

Im Schrifttum wird dagegen seit längerem der Versuch unternommen, abstrakte Modelle eines Grundrechtskollisionsrechts zu entwickeln. Ein allgemein akzeptierter Ansatz hat sich bislang jedoch nicht durchzusetzen vermocht. Soweit es den ordre pubic-Diskurs betrifft, besteht mittlerweile Einigkeit, daß die Relativierung der Grundrechtsgeltung dort ihre Grenze finden muß, wo ein vom Völkerrecht gesetzter Maßstab unterschritten zu werden

249 BVerfGE 31, S. 58 ff.

droht. Insbesondere wird dem sonst so herausragende Merkmal der Binnenbeziehung nur geringe Bedeutung zugemessen, wenn das kollisionsrechtliche Anwendungsergebnis (auch) mit internationalen Menschenrechtsverbürgungen in Konflikt steht. Diesbezügliche Ansätze werden sowohl von internationalprivatrechtlicher als auch von völkerrechtlicher Seite vorgetragen. Sie finden ihre Bestätigung gerade in der jüngsten Rechtsprechung des BVerfG, in der das Gericht gefordert hat, die Reichweite der Grundrechte bei auslandsbezogenen Sachverhalten müsse mit dem (menschenrechtlichen) Völkerrecht „abgestimmt" werden.[250] Bereits im Rahmen der grundrechtsbezogenen ordre public-Prüfung kann deshalb die Lösung grundrechtskollisionsrechtlicher Probleme schwerlich ohne vergleichende Berücksichtigung des internationalen Menschenrechtsbestandes gelingen.

Aufbauend auf diese Erkenntnis drängt sich die Frage auf, ob die Funktion der Menschenrechte im Rahmen der Vorbehaltsklausel auf eine mittelbaren Heranziehung als Maßstab für das kollisionsrechtlich zu gewährende Minimum an Grundrechtsschutz beschränkt bleiben muß und ob ihnen nicht ein von der grundrechtsbezogenen Prüfung losgelöster, unmittelbarer Maßstab entnommen werden kann. Die Natur der Vorbehaltsklausel als Instrument zum Schutz der *lex fori* schließt die Berücksichtigung von im Ursprung völkerrechtlichen Normen jedenfalls nicht von vornherein aus. Der IPR-Reformgesetzgeber strebte mit der Neuformulierung der Vorbehaltsklausel die Berücksichtigung der internationalen Menschenrechte sogar ausdrücklich an. Der Gedanke einer unmittelbaren Heranziehung völkerrechtlicher Menschenrechte als ordre public-Maßstab findet in zweifacher Hinsicht eine Rechtfertigung. Zum einen vermeidet der Rechtsanwender damit von vornherein den Anschein eines deutschen Grundrechtsoktroi. Zum anderen bleibt selbst die Anwendung der Vorbehaltsklausel als traditionell verweisungsdurchbrechendes Element noch der Wahrung eines kollisionsrechtlichen Ideals verpflichtet: des internationalen Entscheidungseinklangs. Die Berücksichtigung von internationalen Menschenrechten, zu deren Achtung auch andere Staaten in gleicher Weise verpflichtet sind, läßt vermuten – in diesem Sinne wäre *Savigny* zu ergänzen –, daß ein Sachverhalt (auch) unter ordre public-Gesichtspunkten dieselbe Beurteilung zu erwarten hat, unabhängig davon, ob in diesem oder jenem Staat das Urteil gesprochen wird.

In der gerichtlichen Praxis ist die gesetzgeberische Intention einer Öffnung der Vorbehaltsklausel für die Menschenrechte bislang ohne erkennbaren Niederschlag geblieben. Dagegen steht die Lehre diesem Ansatz seit längerem offen gegenüber. Allerdings ermangeln die Stellungnahmen zumeist einer eingehen-

250 BVerfGE 100, S. 313 (363).

deren Auseinandersetzung über den Umfang und die Natur der einzubeziehenden Menschenrechte; bisweilen gehen die Aussagen über Allgemeinplätze nicht hinaus. Ohne eine Spezifizierung und Konkretisierung des relevanten völkerrechtlichen Normbestandes erscheint es indes kaum möglich, einer menschenrechtsbezogenen ordre public-Anwendung das Wort zu reden. Insbesondere bedarf es der Erörterung, ob und inwieweit auch die menschenrechtlichen Verbürgungen relativierenden Kriterien zugänglich ist, denen im Rahmen der innerstaatlichen Rechtsanwendung Rechnung getragen werden kann oder muß. Neben der Untersuchung der völkerrechtlichen Ebene müssen aber auch die Implikationen des innerstaatlichen Verfassungsrechts berücksichtigt werden. Die Auflösung der Dichotomie zwischen außerstaatlichem Ursprung eines ordre public-begründenden Rechtssatzes und der nach innen zielenden Schutzrichtung der Vorbehaltsklausel geschieht durch das integrierende Instrumentarium des Verfassungsrechts. Erst die innerstaatliche Rezeption des Völkerrechts mit Hilfe der Mechanismen des Grundgesetzes weist den Menschenrechten ihren Platz innerhalb des vom ordre public erfaßten Normbestandes der innerstaatlichen Rechtsordnung zu.

Die Beurteilung der Möglichkeiten, aber auch der Grenzen einer Berücksichtigung internationaler Menschenrechte als unmittelbaren Maßstab der ordre public-Anwendung hängt also von der Beantwortung völkerrechtlicher wie verfassungsrechtlicher Vorfragen ab, die im kollisionsrechtlichen Schrifttum bislang nur ansatzweise einbezogen wurden. Ihnen soll in den folgenden beiden Kapitel nachgegangen werden. Das Schlußkapitel setzt die bis dahin abstrakt gewonnenen Ergebnisse über die allgemeine Vorbehaltsklausel hinaus für die ordre public-Praxis des internationalen Eheschließungsrechts um.

II. Kapitel

Ausformung und Überwachung des völkerrechtlichen Menschenrechtsschutzes auf regional-europäischer und universeller Ebene

Wie im vorangegangenen Kapitel gezeigt, besteht im Schrifttum weitestgehend Einigkeit, daß im Rahmen der Vorbehaltsklausel auch völkerrechtliche Vorgaben – insbesondere die Menschenrechte – Berücksichtigung finden können, ggf. sogar müssen. In der ordre public-Rechtsprechung hingegen hat die – vom Gesetzgeber durchaus erwünschte – Öffnung der Vorbehaltsklausel für den völkerrechtlichen Menschenrechtsschutz bislang allerdings nur ganz vereinzelt einen Widerhall gefunden. Für einen oberflächlichen Rekurs ist die internationale Menschenrechtsordnung ganz augenscheinlich zu vielschichtig und differenziert:[251] Völkerrechtliche Menschenrechtsverbürgungen finden sich auf regionaler wie auf universeller Ebene; Menschenrechte können völkervertraglich abgesichert, aber auch jenseits von Vertragstexten verbindlich werden; ihr Inhalt reicht von absoluten Verboten bis hin zu bloßen Bemühenspflichten der Staaten. Für eine menschenrechtsbezogene Handhabung der kollisionsrechtlichen Vorbehaltsklausel bedarf es deshalb zunächst einmal der Untersuchung und Konkretisierung des potentiell einschlägigen Normbestandes, aus welchem der ordre public-Maßstab gewonnen werden soll.

Das folgende Kapitel widmet sich der Darstellung der tragenden Säulen des gegenwärtigen – insbesondere völkervertraglichen – „human rights law“ auf regionaler und universeller Ebene. Dabei geht es nicht in erster Linie um Inhalt und Auslegung konkreter Einzelrechte im Sinne einer Schutzbereichs- und Schrankenprüfung. Für die Anwendung menschenrechtlicher Verbürgungen im Rahmen des ordre public ist vielmehr von Bedeutung, inwieweit die verschieden(artig)en menschenrechtlichen Normen mit ihrer jeweiligen Disposition,

251 Kaum dienlich sind deshalb die bisweilen über pauschale Beteuerungen nicht hinausgehenden Stellungnahmen des Schrifttums zur Beachtlichkeit internationaler Menschenrechtsstandards bei der Anwendung fremden Rechts, vgl. hierzu im I. Kapitel, S. 58 ff. Gerade von völkerrechtlicher Seite wird beständig vor „Menschenrechtsschwärmerei“ gewarnt, vgl. nur *E. Klein*, Menschenrechte, S. 10; wider einen „juristischen Journalismus“ und eine „Menschenrechtsberufungsinflation“ wendet sich *Doehring*, in: FS Bernhardt, S. 355 (355).

ihrem Inhalt und Geltungsanspruch dem innerstaatlichen Rechtsanwender einen Maßstab für die Auffüllung der Vorbehaltsklausel vermitteln können. Insbesondere wird zu untersuchen sein, ob „den“ Menschenrechten ein absoluter Durchsetzungsanspruch innewohnt, oder ob sich auch auf der völkerrechtlichen Ebene Kriterien einer relativierten Menschenrechtsgeltung ermitteln lassen.

Soweit es den vertragsrechtlich verankerten Menschenrechtsschutz betrifft, zieht die Untersuchung in erster Linie die Auslegungspraxis der für die Überwachung der Verträge auf zwischenstaatlicher Ebene zuständigen Organe heran. Je nach Ausgestaltung und Intensität der Überwachungstätigkeit bietet diese Organpraxis ein mehr oder weniger entwickeltes Interpretationsgerüst, auf das der innerstaatliche Rechtsanwender zurückgreifen kann.[252] Die Kenntnis des der internationalen Überwachungstätigkeit zugrundeliegenden Rechtsverständnisses erscheint um so wichtiger, als die Auffüllung des nationalen ordre public durch völkerrechtliche Maßstäbe gerade einer breiten internationalen Akzeptanz der letztlich getroffenen ordre public-Entscheidung dienen soll.[253] Der dynamische Prozeß, dem der internationale Menschenrechtsschutz seit Ende des Zweiten Weltkriegs unterliegt, zeigt sich ohnehin selten deutlicher als in der Praxis der jeweiligen Kontrollorgane.[254] In den Hintergrund tritt

---

252 Die Notwendigkeit der Befassung des innerstaatlichen Rechtsanwenders mit der Auslegungspraxis auf internationaler Ebene hat unlängst *Oellers-Frahm*, in: Koeppel (Hrsg.), Kindschaftsrecht, S. 151 (151), treffend dargelegt: „Um die völkerrechtlichen Verpflichtungen der Bundesrepublik zu erfüllen, ist der erste Ansatz immer der Versuch der völkerrechtskonformen Auslegung, der harmonisierenden Auslegung (...). Voraussetzung für die erfolgreiche und korrekte völkerrechtskonforme Auslegung ist allerdings ein hoher Informationsstand des Rechtsanwenders: er muß nicht nur den Text der Konvention kennen, (...) sondern auch deren Auslegung durch die bestehenden Konventionsorgane, sei es ein Gericht (...), sei es ein Ausschuß (...). Denn diese Organe konkretisieren das Konventionsrecht und sind bei der völkerrechtskonformen Auslegung zu berücksichtigen, unabhängig davon, ob ihre Entscheidungen verbindlich sind oder nicht.“

253 Zu diesem Motiv einer menschenrechtsbezogenen Anwendung der Vorbehaltsklausel vgl. im I. Kapitel, S. 52 ff.

254 Vgl. *Kälin*, BerDGVR 33 (1994), S. 9 (30). Der Entwicklungsstand des völkerrechtlichen Menschenrechtsschutzes läßt sich ohne Blick auf die internationale Kontrolle und Überwachung der Verträge schwerlich nachvollziehen. Der menschenrechtliche Diskurs widmet sich deshalb den Überwachungsmechanismen von Menschenrechtsverträgen mit zunehmender Intensität. Allgemein wird die Phase des menschenrechtlichen *standard-setting*, also der Herausbildung materieller Verbürgungen, als weitgehend abgeschlossen betrachtet, vgl. etwa *Riedel* bzw. *Baum*, in: Baum/Riedel/Schaefer (Hrsg.), Menschenrechtsschutz, S. 25 (54) bzw. S. 13 (21). Das Augenmerk richtet sich statt dessen verstärkt auf die Verfahren zur Durchsetzung

dabei die Frage, ob und inwieweit die Äußerungen der Vertragsorgane verbindliche Wirkung entfalten; die Berücksichtigung der Rechtserkenntnisse eines international zuständigen Gremiums verhindert jedenfalls von vornherein eine durch nationales Rechts- und Begriffsverständnis präjudizierte Annäherung an die völkerrechtliche Menschenrechtsordnung. Eine internationalisierte Handhabung der Vorbehaltsklausel – sei es rechtsvergleichend im Rahmen des Grundrechtskollisionsrechts oder im Wege eines originär menschenrechtlich bestimmten Maßstabs – trüge die Bezeichnung zu Unrecht, würde in die Menschenrechte zunächst dasjenige Verständnis hineingelegt, das später als völkerrechtsbezogene ordre public-Wertung wieder herausgelesen werden soll.

Am Ende dieses – völkerrechtlichen – Kapitels wird der Frage nachgegangen, inwieweit sich außerhalb vertraglicher Vereinbarungen ein menschenrechtlicher Normbestand gebildet und verfestigt hat.

I. Die Entwicklung des völkerrechtlichen Menschenrechtsschutzes

Die Beziehungen des einzelnen zur Staatsgewalt seines Aufenthaltsstaates gehörten nach dem bis zum Ende des zweiten Weltkriegs vorherrschenden Völkerrechtsverständnis zum *domaine réservé*, zu den inneren Angelegenheiten der Staaten. Die Herausbildung eines völkerrechtlichen Schutzsystems in seiner heutigen Ausgestaltung ist weitestgehend ein Phänomen des Nachkriegsvölkerrechts. Freilich hatte der Gedanke des Menschenrechtsschutzes seit dem Ausgang des 18. Jahrhunderts im Zuge der Unabhängigkeit der Vereinigten Staaten[255] und der Französischen Revolution[256] seinen Niederschlag in

---

dieses Standards durch die Vertragsorgane auf internationaler Ebene, vgl. etwa *Karl*, BerDGVR 33, S. 83 ff.; *Scheinin*, in: Hanski/Suksi (Hrsg.), Introduction, S. 355 ff.; *Tomuschat* bzw. *Partsch*, in: Wolfrum (Hrsg.), United Nations, Bd. 1, S. 619 ff., 628 ff. bzw. 612 ff.; *Dimitrijević*, in: Bloed (Hrsg.), Monitoring Human Rights, S. 1 ff.; *E. Klein*, in: DGVN (Hrsg.), Blaue Reihe Nr. 68 (1997), S. 22 ff. Siehe auch die Beiträge von *Partsch* (S. 339 ff.), *Opsahl* (S. 369 ff.) und *Jacobson* (S. 473 ff.), in: Alston (Hrsg.), Human Rights. Seit längerem wird auch die Steigerung der Effizienz der Kontrollmechanismen menschenrechtlicher Verträge angemahnt, vgl. etwa aus dem von *E. Klein* herausgegebenen Tagungsband „The Monitoring System of Human Rights Treaties" (1998) den Beitrag des Herausgebers (S. 22 ff.) sowie von *Simma* (S. 31 ff.), *Wolfrum* (S. 49 ff.) *und Schöpp-Schilling* (S. 71) mit einer Bestandsaufnahme der bisherigen Überwachungspraxis.

255 Vgl. die *Virginia Bill of Rights* (1776), die Unabhängigkeitserklärung (1776) und die ersten zehn Zusätze (*amendments*) zur amerikanischen Bundesverfassung von 1787,

den nationalen Rechtsordnungen gefunden. Diesen Schutz auch auf zwischenstaatlicher Ebene zu gewährleisten, entsprach hingegen nicht dem vom Souveränitätsprinzip bestimmten Völkerrecht. Lehre und Praxis der Vorkriegszeit folgten dem Axiom, daß es der Entscheidung des souveränen Nationalstaates überlassen sei, wie er mit seinen Bürgern umgehe,[257] und das Völkerrecht keinen Einfluß auf die Bürger-Staat Beziehung haben könne.[258] Vorläufer des völkerrechtlichen Menschenrechtsschutzes lassen sich zwar von den Minderheitenschutzverträgen[259] und der Verfestigung eines fremdenrechtlichen Mindeststandards in der Zwischenkriegszeit, über die Abkommen aus der Völkerbundszeit hinsichtlich Sklaverei und Zwangsarbeit,[260] die Verträge von Saint Germain und Versailles,[261] das Abkommen zur Bekämpfung des Mädchenhandels[262] bis zur Erklärung des Wiener Kongresses gegen die Sklaverei aus dem Jahre 1815[263] zurückverfolgen; im Bereich des humanitären Völkerrechts konnte mit der Haager Landkriegsordnung vom 18. Oktober 1910[264] erstmals der Schutz der Bevölkerung und der Kriegführenden in Kriegszeiten umfassend kodifiziert und damit den „Gesetzen der Menschlichkeit“[265] Rechnung getragen werden.[266] Das traditionelle Völkerrecht blieb jedoch auch und gerade in diesen Ansätzen der Grundprämisse treu, in erster Linie ein Rechtssystem

---

die als sog. *Bill of Rights* im Jahre 1791 in Kraft traten; siehe im einzelnen *Brugger*, Grundrechte, S. 22 ff., mit Textabdruck und Übersetzung, ebd., S. 471 ff.

256 „Déclaration des droits de l'homme et du citoyen“ vom 26. August 1789, Text bei Hartung/Commichau, Entwicklung, S. 54 ff.

257 Vgl. *Tomuschat* (Hrsg.), DGVN-Texte 42, S. 4 f.

258 Vgl. *Frowein*, Collected Courses of the Academy of European Law, 1990 Vol. I-2, S. 267 (274).

259 Zum Zusammenhang zwischen Menschenrechts- und Minderheitenschutz in den Arbeiten des *Institut de Droit international* zwischen 1921 und 1929 vgl. *Partsch*, in: FS Mosler, S. 649 (650 ff.).

260 Textabdruck in *Tomuschat* (Hrsg.), DGVN-Texte 42, S. 218 bzw. 231.

261 Zum menschenrechtlichen Gehalt der Friedensverträge nach dem ersten Weltkrieg vgl. im einzelnen *Kimminich*, Friedensregelung, S. 18 ff. mit Quellenangaben und -nachweisen.

262 Abkommen vom 18. Mai 1904 über Verwaltungsmaßregeln zur Gewährung wirksamen Schutzes gegen den Mädchenhandel, RGBl. 1905, S. 659; vgl. hierzu *Dorsch*, Konvention, S. 23 f. mit Nachweisen des älteren Schrifttums.

263 „Déclaration des puissances sur l'abolition de la traite des nègres“ vom 8. Februar 1815, abgedruckt bei Fleischmann, Völkerrechtsquellen, S. 17 f.

264 RGBl. 1910, S. 107.

265 So die Präambel der Haager Landkriegsordnung.

266 Zur Entwicklung des humanitären Völkerrechts vgl. *Kimminich*, Humanitäres Völkerrecht, S. 13 ff.

zur Regelung der zwischenstaatlichen Beziehungen zu verkörpern und dem einzelnen lediglich zufolge Vermittlung durch den Heimatstaat Rechte und Pflichten zuzuweisen.[267] Ein Abwehrrecht stand im Falle von Verletzungshandlungen nur dem Staat selbst zu, dessen Rechte als in der Person seiner Staatsangehörigen beeinträchtigt galten; das Individuum war bloßes Objekt des Völkerrechts[268] – mediatisiert durch seinen Heimatstaat. Soweit ein Staat auf Fremde völkerrechtswidrig zugriff, ermächtigte das Völkerrecht den Heimatstaat der Betroffenen zu diplomatischem Schutz.[269] Bis 1945 hatte das Völkerrecht keine Verfahren entwickelt, um Individuen unmittelbaren völkerrechtlichen Schutz gegenüber einem Staat, geschweige denn dem eigenen, zu gewähren.[270] Erst die Erfahrungen aus der menschenverachtenden Gewaltherrschaft des Dritten Reiches zeigten die Zerbrechlichkeit des nationalen Menschenrechtsschutzes und legten offen zutage, „daß blindes Vertrauen auf die Vernunft jedweden staatlichen Machtapparates einen gefährlichen Irrtum darstellt."[271] Sie führten zu einer entscheidenden Neuorientierung des menschenrechtlichen Völkerrechts. Bereits 1941 schwor *Roosevelt* in seiner Rede zu den *Four Freedoms* die Anti-Hitler-Koalition auf eine *moral order*, „a world founded upon four essential human freedoms" ein, zu denen er „freedom of speech and expression", „freedom of every person to worship God in his own way", „freedom to want" und „freedom from fear"[272] rechnete und die durch Aufnahme in die Atlantik-Charta zum Programm der Alliierten wurden.[273] Die Neuausrichtung des Menschenrechtsschutzes nach dem Zweiten Weltkrieg beruhte auf der Überzeugung, daß nicht den souveränen Nationalstaaten, sondern der Staatengemeinschaft eine „Verantwortung für das Lebensschicksal aller Menschen"[274] obliegt, daß dieser Staatengemeinschaft durch Schaffung von Regeln und Mechanismen Verantwortung übertragen werden muß, um auf Menschenrechtsverletzungen einzelner Staaten zu reagieren.[275] Damit war die Menschenrechtsfrage herausgelöst aus dem traditionellen Verständnis einer autonomen Bürger-Staat-Beziehung. Das moderne Menschenrechtsverständnis gründet sich darauf, daß den Individuen als solchen und nicht als Angehörige

---

267 Vgl. *Riedel,* in: Bundeszentrale für Politische Bildung (Hrsg.), Menschenrechte, S. 11.

268 Vgl. *Doehring*, Völkerrecht, Rn. 967.

269 *E. Klein*, Menschenrechte, S. 13.

270 Vgl. *Riedel*, in: Bundeszentrale für Politische Bildung (Hrsg.), Menschenrechte, S. 11.

271 Tomuschat (Hrsg.), DGVN-Texte 42, S. 5.

272 Vgl. *Roosevelt*, „Four Freedoms" Speech (1941), Abdruck in Newman/Weisbrodt (Hrsg.), International Human Rights, S. 361 f.

273 Vgl. Ziff. 6 der Atlantikcharta vom 14. August 1941, Abdruck in AVR 1948/49, S. 89.

274 *Tomuschat* (Hrsg.), DGVN-Texte 42, S. 5.

275 Vgl. *Haedrich*, JA 1999, S. 251 (252).

eines bestimmten Staates der Schutz des Völkerrechts zuteil wird. Dem einzelnen sollen die Gewährleistungen sowohl gegenüber fremden Staaten, als auch gegenüber seinem Heimatstaat zustehen.[276] Damit ist nicht mehr der Staat, sondern der einzelne Subjekt – Rechtsinhaber – menschenrechtlicher Schutznormen.[277] Die ersten Nachkriegsansätze menschenrechtlicher Reglungen in der UN-Charta bleiben freilich hinter dieser Vision noch zurück und beschränkten sich auf die Fixierung von Zielen zur Förderung und Festigung der Menschenrechte in Art. 1 Abs. 3 und die Verpflichtung zu internationaler Zusammenarbeit auf dem Gebiet der Menschenrechte in Art. 55 und Art. 56.[278] Als menschenrechtlicher Vertrag kann die UN-Charta folglich nicht bezeichnet werden. Der entscheidende Schritt – nach *Frowein* „the reappearance of individual human rights in public international law“[279] – war damit aber eingeleitet. Der Mensch, einst Ausgangspunkt bzw. Zentrum völkerrechtlicher Lehren des 16. Jahrhunderts, wurde – nach dem Zeitalter der zügellosen Machtentfaltung souveräner Nationalstaaten – wieder zum Gegenstand der internationalen Beziehungen.[280] Die Achtung der Menschenrechte ist seither dem *domaine réservé* entzogen und zur Aufgabe der Staatengemeinschaft geworden.

Mit der Aufnahme der Tätigkeit der Vereinten Nationen setzte eine weitreichende Kodifizierungswelle auf UN-Ebene ein, die bis in die heutige Zeit andauert. Den Auftakt hierzu bildete die Allgemeine Erklärung der Menschenrechte (AEMR), in der die Neuorientierung des völkerrechtlichen Menschenrechtsschutzes erstmals explizit zum Ausdruck kommt.[281] In ihrem Gefolge entstanden auf UN-Ebene zahlreiche Konventionen zur Etablierung und Sicherung einzelner Aspekte des Menschenrechtsschutzes.[282] Auf der regional-europäischen Ebene bildet seit nahezu 50 Jahren die EMRK mit ihren Zusatzprotokollen das wichtigste menschenrechtliche Vertragswerk. Parallel zu den Kodifizierungsbemühungen auf universeller und regionaler Ebene ver-

276 Vgl. *Buergenthal*, Human Rights, S. 19.

277 Vgl. *Doehring*, Völkerrecht, Rn. 967; *E. Klein*, Menschenrechte, S. 26.

278 Vgl. *Haedrich*, JA 1999, S. 251 (252). Zur Entstehung dieser Charta-Bestimmungen vgl. etwa *Jhabvala*, 44 NILR (1997), S. 1 ff. sowie *Robertson/Merrills*, Human Rights in the World, S. 25 f.

279 *Frowein*, Collected Courses of the Academy of European Law, 1990, Vol. I-2, S. 267 (275).

280 Vgl. *E. Klein*, Menschenrechte, S. 26 m.w.N.

281 *Kälin*, in: Alefsen (Hrsg.), Menschenrechte, S. 5 (16) bezeichnet deshalb die AEMR als „kopernikanische Wende im Völkerrecht“.

282 Einen Überblick gewähren beispw. die Zusammenstellungen von *B. Rudolf*, VN 1994, S. 118 ff. und – nach Sachgebieten geordnet – bei *Simma/Fastenrath* (Hrsg.), Menschenrechte, S. XI ff.

läuft die Herausbildung von menschenrechtlichen Grundpositionen zu verbindlichen Rechtssätzen jenseits einer völkervertraglichen Bindung der Staaten. Es liegt in der Natur des außervertraglichen Völkerrechts, daß ein fester Bestand an Rechtspositionen nicht zuletzt für den innerstaatlichen Rechtsanwender ungleich schwerer verifizierbar ist als im Bereich vertraglich fixierter Verbürgungen. In der nachfolgenden Untersuchung bilden deshalb die menschenrechtlichen Verträge den Schwerpunkt. Die das Kapitel abschließende Untersuchung zum außervertraglichen Menschenrechtsschutz bleibt angesichts eines nur schwer verifizierbaren Meinungsspektrums auf die Darstellung anerkannter Lösungsansätze beschränkt.

II. Menschenrechtsschutz auf regionaler Ebene durch die EMRK und ihre Zusatzprotokolle

Auf regional-europäischer Ebene bildet die Europäische Konvention zum Schutz der Menschenrechte und Grundfreiheiten (EMRK)[283] mit ihren Zusatzprotokollen ohne Zweifel das wichtigste menschenrechtliche Vertragswerk. Ihre vergleichsweise kurze Ausarbeitungszeit verdankt sie nicht zuletzt den Schwierigkeiten, die sich auf UN-Ebene hinsichtlich der Ausarbeitung einer *International Bill of Rights* abzeichneten.[284] Die EMRK trat am 3. September

283 Internationale Quelle ETS No. 005; amtliche deutsche Übersetzung der ursprünglichen Fassung BGBl. 1952 II S. 685, 953. Die durch das 11. Zusatzprotokoll, BGBl. 1995 II S. 579, seit 1. November 1998 geltende Fassung, hatte Abstimmungsbemühungen der deutschsprachigen Übersetzungen zwischen den Vertragsstaaten Deutschland, Österreich, Liechtenstein und der Schweiz nach sich gezogen. Die so überarbeitete deutschsprachige Fassung der EMRK und der Zusatzprotokolle, ist bereits seit der 28. EL auf informeller Basis im Sartorius II berücksichtigt. Die endgültige Bekanntmachung der Neufassung im BGBl. wird nach Auskunft des Bundesjustizministeriums wegen weiteren Abstimmungsbedarfs im Zusammenhang mit der Verfahrensordnung des Gerichtshofs im Laufe der ersten Jahreshälfte 2002 erfolgen.

284 Vgl. *Buergenthal*, Human Rights, S. 105 f. Zur Entstehungsgeschichte von IPbpR und IPwskR vgl. noch unten S. 112 f. Die Entstehung der EMRK ist eng mit der Ausarbeitung der AEMR verbunden, allerdings gab es bereits vor Annahme der AEMR europäische Bestrebungen zur Ausarbeitung eines Menschenrechtsübereinkommens, vgl. *Frowein/Peukert*, EMRK, Einführung Rn. 1. Ausführlich zur Entstehungsgeschichte der EMRK *Robertson/Merrills*, Human Rights in Europe, S. 5 ff. Zur Einbindung der EMRK in den größeren Rahmen der Bemühungen des Europarates vgl. *Merrills*, in: Hanski/Suksi (Hrsg.), Introduction, S. 221 (221 ff.).

1953 in Kraft. Anfang April 2002 hatten bis auf zwei Staaten[285] alle 43 Mitglieder des Europarates die Konvention ratifiziert. Aufgrund ihrer fast 50-jährigen Geschichte, der intensiven wissenschaftlichen Auseinandersetzung, der inhaltlichen und dogmatischen Durchdringung durch die Konventionsorgane und ihrer nahezu den gesamten Europäischen Raum umfassenden Geltung kommt ihr auch in der Praxis der innerstaatlichen Rechtsanwendung eine herausgehobene Stellung unter den menschenrechtlichen Verträgen zu.[286]

1. Aufbau und Inhalt der EMRK

Die EMRK gliedert sich nach der jüngsten Umgestaltung durch das 11. Zusatzprotokoll[287] nunmehr in drei Abschnitte. Die materiell-rechtlichen Vorschriften finden sich neben Art. 1, der die grundlegende Verpflichtung der Staaten einschließlich des räumlich-personalen Geltungsbereichs gleichsam „vor die Klammer“ zieht, im Abschnitt I. Dabei etablieren die Art. 2 bis 12 EMRK einen Großteil der elementaren Freiheitsrechte, die seit dem Ende des 18. Jahrhunderts auch den Verfassungstraditionen demokratischer Staaten entsprechen. Sie sind durchweg als „echte“ Menschenrechte formuliert, gelten also für jedermann kraft seiner menschlichen Existenz und zum Schutz seiner Würde und Persönlichkeit.[288] Im einzelnen enthält die Konvention das Recht auf Leben (Art. 2 EMRK), das Verbot der Folter (Art. 3 EMRK) bzw. der Sklaverei und Zwangsarbeit (Art. 4 EMRK) sowie die elementaren Justizgrundrechte wie das Recht auf persönliche Freiheit und Sicherheit (Art. 5 EMRK), des *fair trial* (Art. 6 EMRK) und den Grundsatz *ne bis in idem* (Art. 7 EMRK). Das Recht auf die Achtung der Privatsphäre schützt Art. 8 EMRK für den Bereich des Privat- und Familienlebens, der Wohnung und des Briefver-

---

285 Armenien und Aserbaidschan hatten die EMRK am 25. Januar 2001 unterzeichnet; das Ratifikationsverfahren ist bislang noch nicht abgeschlossen. Der aktuelle Ratifikationsstand kann auf der Internet-Homepage des Europarates, URL (Stand: April 2002): << http://conventions.coe.int >>, abgerufen werden.

286 Zu den theoretischen Grundlagen, der Rezeption und der praktischen Umsetzung der Rechtsprechung der Konventionsorgane durch die deutschen Gerichte vgl. eingehend *Uerpmann*, Die Europäische Menschenrechtskonvention und die deutsche Rechtsprechung (1991); *Polakiewicz*, Verpflichtungen, insbes. S. 219 ff. Siehe auch *Matthei*, Der Einfluß der Rechtsprechung des Europäischen Gerichtshofs für Menschenrechte auf die ZPO (2000). Nichtsdestotrotz wird eine „unverständliche Introvertiertheit“ der deutschen Gerichte beklagt, vgl. *Tomuschat*, DÖV 1998, S. 806 (806).

287 In Kraft seit 1. November 1998, vgl. oben Fn. 283.

288 Zu diesem grundsätzlichen Verständnis vgl. *Stern*, in: Isensee/Kirchhof (Hrsg.), HStR V, § 108 Rn. 51.

kehrs. Die Gedanken-, Gewissens- und Religions-(ausübungs-)freiheit werden in Art. 9 EMRK, die Meinungsäußerungsfreiheit in Art. 10 EMRK, die Versammlungsfreiheit in Art. 11 EMRK verankert. Das Recht auf Heirat und Gründung einer Familie gewährt Art. 12 EMRK unter Verweis auf die nationalen Vorschriften.[289] Das in Art. 14 EMRK angeordnete Diskriminierungsverbot ist insofern akzessorisch ausgestaltet, als es zwar nicht die *Verletzung* eines Konventionsrechts, wohl aber eine Ungleichbehandlung hinsichtlich des *Genusses* der Rechte voraussetzt.[290]

Die Normstruktur der einzelnen Rechte ist vergleichsweise klar. Soweit die Rechte nicht schrankenlos gewährt werden, enthalten die einzelnen Vorschriften spezifische Ausnahme- oder Schrankenregelungen bzw. Eingriffsbefugnisse (vgl. etwa Art. 2 Abs. 2, Art. 4 Abs. 3 und jeweils die Abs. 2 der Art. 8-11 EMRK; die Beschränkung der Art. 10, 11 und 14 EMRK im Hinblick auf die politische Betätigung von Ausländern bleibt den Vertragsstaaten gem. Art. 16 EMRK unbenommen), die wiederum nach Art. 18 EMRK einem Mißbrauchsverbot unterliegen. Notstandsfest sind gem. Art. 15 Abs. 2 EMRK die Art. 3, Art. 4 Abs. 1, Art. 7 und – außer bei rechtmäßigen Kriegshandlungen – Art. 2 EMRK. Eine besondere Verfahrensgarantie im Falle einer Verletzung der vorgenannten Konventionsrechte gewährleistet schließlich Art. 13 EMRK.[291]

In materiell-rechtlicher Hinsicht hat die EMRK umfassende Erweiterungen durch vier Zusatzprotokolle erfahren, in denen teils bislang nicht enthaltene Rechte geschaffen, teils die bestehenden Rechte ergänzt wurden.[292] Hervorzu-

---

289 Zur Eheschließungsfreiheit vgl. noch ausführlich im IV. Kapitel.

290 Nach der Rspr. des EGMR ist Art. 14 EMRK als integraler Bestandteil eines jeden Konventionsrechts zu sehen, so daß die Staaten – gleich ob sie die sich aus der EMRK ergebenden Pflichten durch Unterlassen von Eingriffen oder positives Tun erfüllen – unterschiedslosen Behandlung verpflichtet sind, vgl. im einzelnen *Frowein/Peukert*, EMKR, Art. 14 Rn. 2 m.w.N. Zur Einführung eines selbständigen Diskriminierungsverbots *de lege ferenda* durch das 12. Zusatzprotokoll vgl. sogleich in Fn. 292.

291 Dabei genügt die vertretbare Behauptung, in einem Recht aus der EMRK verletzt zu sein, vgl. *Frowein/Peukert*, EMRK, Art. 13 Rn. 2 mit den Nachweisen aus der Rechtsprechung des EGMR.

292 Bislang sind elf Zusatzprotokolle in Kraft getreten. Das am 4. November 2000 unterzeichnete 12. Zusatzprotokoll (amtliche Fundstelle: ETS No. 177), dessen Art. 1 ein allgemeines, nicht akzessorisches Verbot der Diskriminierung (insbesondere auf Grund des Geschlechts, der Rasse, der Hautfarbe, der Sprache, der Religion, der politischen oder sonstigen Anschauung, des nationalen oder sozialen Ursprungs, der Geburt oder des sonstigen Status', des Eigentums oder der Zugehörigkeit zu einer Minderheit) statuiert, wird mit Hinterlegung der zehnten Ratifikationsurkunde in Kraft treten. Von den bislang 27 Signatarstaaten hatte bis Mitte April 2002 allerdings allein

heben ist insbesondere die Verankerung des Eigentumsschutzes in Art. 1 des (ersten) Zusatzprotokolls.[293] Anders als auf UN-Ebene existiert damit im Geltungsbereich der EMRK eine völkervertraglich begründete Eigentumsgarantie. Aus den weiteren Protokollen materiell-rechtlichen Inhalts ist für den Bereich der innerstaatlichen Privatrechtsordnung insbesondere Art. 5 des 7. Zusatzprotokolls bedeutsam, der die Gleichberechtigung der Ehegatten während der Ehe und nach deren Auflösung gewährleistet.[294]

2. Die Überwachung der EMRK auf internationaler Ebene

In ihrem II. Abschnitt (Art. 19 – 51 EMRK) widmet sich die Konvention der Überwachung der EMRK, die nunmehr allein in die Hand des Gerichtshofs (EGMR) gelegt ist.[295] Dem Gerichtshof obliegt zum einen die Entscheidung von Staatenbeschwerden nach Art. 33 und Art. 35 ff. EMRK sowie – seit Inkrafttreten des 11. Zusatzprotokolls obligatorisch – von Individualbeschwer-

---

Georgien das Zusatzprotokoll ratifiziert. Rechtstechnisch sind die materiellen Regelungen aller Zusatzprotokolle als Zusatzartikel zur Konvention zu betrachten, vgl. Art. 5 (erstes) Zusatzprotokoll, Art. 6 Abs. 1 Protokoll Nr. 4, Art. 6 Protokoll Nr. 6 und Art. 7 Abs. 1 Protokoll Nr. 7.

293 Amtliche Übersetzung BGBl. 1956 II S. 1880; internationale Quelle: ETS No. 009. Neben dem Eigentumsschutz widmet sich das (erste) Zusatzprotokoll in Art. 2 dem Recht auf Bildung, Art. 3 sichert die Grundsätze des Wahlrechts

294 Allerdings hat die Bundesrepublik Protokoll Nr. 7 (Text: BGBl. 1995 II S. 579) bislang nicht ratifiziert. Die weiteren, bislang in Kraft befindlichen Zusatzprotokolle materiell-rechtlichen Inhalts sind für den hier betrachteten Bereich von untergeordneter Bedeutung. Protokoll Nr. 4 (amtliche Übersetzung: BGBl. 1968 II S. 422) gewährleistet die Freizügigkeit (Art. 2), verbietet die Freiheitsentziehung wegen Nichterfüllens vertraglicher Verpflichtungen (Art. 1) sowie die Ausweisung eigener Staatsangehöriger und die kollektive Ausweisung Fremder (Art. 3 bzw. 4). Protokoll Nr. 6 (amtliche Übersetzung: BGBl. 1988 II S. 662, ETS No. 155) betrifft die Abschaffung der Todesstrafe. Protokoll Nr. 7 enthält neben der Ehegattengleichheit eine verfahrensrechtliche Schutzbestimmung bei Ausweisung von Ausländern (Art. 1) sowie eine Konkretisierung und Erweiterung der Justizrechte im Strafverfahren (Art. 2-4). Sämtliche Protokolle haben durch das 11. Zusatzprotokoll insofern Änderungen im Hinblick auf Verweisungen erfahren, als durch das 11. Zusatzprotokoll die Abschnitte II-V der EMRK a.F. umgestaltet wurden.

295 Einzig die Durchführungsüberwachung bezüglich der Urteile obliegt gem. Art. 46 Abs. 2 EMRK nach wie vor (vgl. Art. 54 EMRK a.F.) dem Ministerausschuß des Europarates. Zu den durch das 11. Zusatzprotokoll bewirkten Änderungen vgl. etwa *Schlette*, JZ 1999, S. 219 ff.; *Schermers*, 4 EPL (1998), S. 335 ff; *Hobe*, JA 1998, S. 909 ff.; *Meyer-Ladewig*, NJW 1998, S. 512 ff.

den gem. Art. 34 ff. EMRK.[296] Die Stellung des EGMR als autonomes Konventionsorgan mit originären Rechtsprechungsbefugnissen hatte von Anfang an grundlegende Bedeutung für die Interpretation und Weiterentwicklung der in der EMRK niedergelegten Menschenrechte. Die folgt vor allem aus der – allerdings nur *inter partes* greifenden – Bindungswirkung seiner Urteile gem. Art. 46 Abs. 1 EMRK[297] und der Möglichkeit, der verletzten Partei eine Entschädigung zuzusprechen (Art. 41 EMRK).[298]

3. Kriterien der Auslegung und Rechtsanwendung in der Praxis der Konventionsorgane

Die herausragende Bedeutung der Konvention für den Menschenrechtsschutz auf europäischer Ebene spiegelt vor allem das von den Konventionsorganen stetig fortentwickelte Instrumentarium zur Interpretation und Konkretisierung der einzelnen Rechte und zum Verständnis der EMRK als solcher wider.

a) Anwendung der Regeln der WVRK

Seit geraumer Zeit greift der Gerichtshof explizit auf die in den Art. 31 ff. der Wiener Vertragsrechtskonvention (WVRK) niedergelegten Grundsätze zur

---

296 Darüber hinaus ist den Staaten die Möglichkeit eingeräumt, den Gerichtshof mit der Erstattung von Rechtsgutachten zu befassen (Art. 47 ff. EMRK).

297 Nahezu identisch mit Art. 53 a.F. EMRK. Die daraus resultierenden Verpflichtungen der beteiligten Staaten können unterschiedlicher Art sein. Dazu gehören die Beendigung einer festgestellten Konventionsverletzung, die Wiedergutmachung im Sinne einer *restitutio in integrum*, soweit dies nach der innerstaatlichen Rechtsordnung möglich ist (vgl. Art. 50 EMRK), Vorkehrungen für den Wiederholungsfall zu treffen, aber auch die Aufhebung oder Änderungen konventionswidriger Gesetze. Grundlegend zu den einzelnen Rechtsfolgen der Bindungswirkung (noch zu Art. 53 a.F. EMRK) vgl. *Polakiewicz*, Verpflichtungen, S. 63 ff., vgl. auch *Kilian*, Bindungswirkung, S. 199 ff. und *Uerpmann*, Rechtsprechung, S. 211 ff. Eine Pflicht zur Wiederaufnahme abgeschlossener Prozesse kann nach überwiegender Meinung hingegen nicht aus Art. 46 Abs. 1 EMRK abgeleitet werden, vgl. *Frowein/Peukert*, EMRK, Art. 53 Rn. 5 sowie *Polakiewicz*, a.a.O., S. 117 ff. und 357 sowie jüngst BVerwG, NJW 1999, S. 1449 (1650) mit Anmerkung von *Bausback*, NJW 1999, S. 2483 ff., der das deutsche Wiederaufnahmerecht *de lege lata* zumindest rechtspolitisch für unzureichend hält (S. 2484). Zur Wiedergutmachung vgl. *van Dijk/van Hoof*, Convention, S. 239 ff.

298 Inhaltlich nunmehr klarer gefaßt als noch Art. 53 a.F. EMRK.

Auslegung völkerrechtlicher Verträge[299] zurück.[300] Im Fall *Golder* hat er die gleichrangige Bedeutung aller in Art. 31 WVRK niedergelegten Auslegungsmaximen für seine Rechtsprechungstätigkeit hervorgehoben:

---

299 Wiener Übereinkommen über das Recht der Verträge vom 23. Mai 1969, amtliche Übersetzung BGBl. 1985 II S. 926. Die maßgeblichen Vorschriften lauten:
„Artikel 31 - Allgemeine Auslegungsregel
1. Ein Vertrag ist nach Treu und Glauben in Übereinstimmung mit der gewöhnlichen, seinen Bestimmungen in ihrem Zusammenhang zukommenden Bedeutung und im Lichte seines Zieles und Zweckes auszulegen.
2. Für die Auslegung eines Vertrags bedeutet der Zusammenhang außer dem Vertragswortlaut samt Präambel und Anlagen
a) jede sich auf den Vertrag beziehende Übereinkunft, die zwischen allen Vertragsparteien anläßlich des Vertragsabschlusses getroffen wurde;
b) jede Urkunde, die von einer oder mehreren Vertragsparteien anläßlich des Vertragsabschlusses abgefaßt und von den anderen Vertragsparteien als eine sich auf den Vertrag beziehende Urkunde angenommen wurde.
3. Außer dem Zusammenhang sind in gleicher Weise zu berücksichtigen
a) jede spätere Übereinkunft zwischen den Vertragsparteien über die Auslegung des Vertrags oder die Anwendung seiner Bestimmungen;
b) jede spätere Übung bei der Anwendung des Vertrags, aus der die Übereinstimmung der Vertragsparteien über seine Auslegung hervorgeht;
c) jeder in den Beziehungen zwischen den Vertragsparteien anwendbarer einschlägiger Völkerrechtssatz.
4. Eine besondere Bedeutung ist einem Ausdruck beizulegen, wenn feststeht, daß die Vertragsparteien dies beabsichtigt haben.
Artikel 32 - Ergänzende Auslegungsmittel
Ergänzende Auslegungsmittel, insbesondere die vorbereitenden Arbeiten und die Umstände des Vertragsabschlusses, können herangezogen werden, um die sich unter Anwendung des Artikels 31 ergebende Bedeutung zu bestätigen oder die Bedeutung zu bestimmen, wenn die Auslegung nach Artikel 31
a) die Bedeutung mehrdeutig oder dunkel läßt oder
b) zu einem offensichtlich sinnwidrigen oder unvernünftigen Ergebnis führt.
Artikel 33 - Auslegung von Verträgen mit zwei oder mehr authentischen Sprachen
1. Ist ein Vertrag in zwei oder mehr Sprachen als authentisch festgelegt worden, so ist der Text in jeder Sprache in gleicher Weise maßgebend, sofern nicht der Vertrag vorsieht oder die Vertragsparteien vereinbaren, daß bei Abweichungen ein bestimmter Text vorgehen soll.
2. Eine Vertragsfassung in einer anderen Sprache als einer der Sprachen, deren Text als authentisch festgelegt wurde, gilt nur dann als authentischer Wortlaut, wenn der Vertrag dies vorsieht oder die Vertragsparteien dies vereinbaren.
3. Es wird vermutet, daß die Ausdrücke des Vertrags in jedem authentischen Text dieselbe Bedeutung haben.
4. Außer in Fällen, in denen ein bestimmter Text nach Absatz 1 vorgeht, wird, wenn ein Vergleich der authentischen Texte einen Bedeutungsunterschied aufdeckt, der durch die Anwendung der Artikel 31 und 32 nicht ausgeräumt werden kann, dieje-

„In the way in which it is presented in the ‚general rule' in Art. 31 of the Vienna Convention, the process of interpretation of treaty is unity, a single combined operation; this rule, closely integrated, places on the same footing the various elements enumerated in the four paragraphs of the Article."[301]

aa) Gewöhnliche Bedeutung des Vertragswortlauts (*ordinary meaning rule*)

Bei der *ordinary meaning rule* des Art. 31 Abs. 1 WVRK als grundlegendes Auslegungsmittel läßt es der Gerichtshof bewenden, wenn die Terminologie seiner Auffassung nach keinen Spielraum für weitere Interpretationsansätze bietet. Zu der Argumentation der Beschwerdeführer im Fall *Johnston*, aus dem Eheschließungsrecht des Art. 12 EMRK folge ein Recht auf Scheidung bestehender Ehen, stellte er lapidar fest:

„[T]he ordinary meaning of the words ‚right to marry' is clear, in the sense that they cover the formation of marital relationships but not their dissolution."[302]

Ähnlich deutlich urteilte der Gerichtshof im Fall *Lithgow*, bei dem die Auslegung der Verweisung auf „allgemeine Prinzipien des Völkerrechts" in Art. 1 des 1. Zusatzprotokolls streitig war. Der Gerichtshof betonte wiederum die Bedeutung des Wortlautes und führte aus:

„[T]o interpret the phrase in question as extending the general principles of international law beyond their normal sphere

---

nige Bedeutung zugrunde gelegt, die unter Berücksichtigung von Ziel und Zweck des Vertrags die Wortlaute am besten miteinander in Einklang bringt."

300 EGMR, *Golder*, Urteil vom 21. Februar 1975, Ser. A No. 18, S. 1, Tz. 29, unter Verweis auf die Auffassung der Kommission. Beide Organe werteten die Vorschriften der zu diesem Zeitpunkt noch nicht in Kraft getretenen WVRK im wesentlichen als kodifiziertes Völkergewohnheitsrecht, a.a.O., Tz. 29: „[I]n essence generally accepted principles of international law (...)." Bereits in der *Lawless*-Entscheidung hatte der Gerichtshof die materiellen Kriterien der grammatikalischen und teleologischen Auslegung angewandt und auf die Heranziehung der *travaux préparatoires* als allgemein anerkanntes Mittel der Interpretation hingewiesen; vgl. EGMR, *Lawless*, Urteil vom 1. Juli1961, Ser. A No. 3, S. 50, Tz. 11 bzw. S. 52 f., Tz. 14.

301 EGMR, *Golder*, Urteil vom 21. Februar 1975, Ser. A No. 18, S. 14, Tz. 30.

302 EGMR, *Johnston and others*, Urteil vom 12. Dezember 1986, Ser. A No. 112, S. 24, Tz. 52; zur Auslegung von Art. 12 EMRK vgl. noch im einzelnen im IV. Kapitel, S. 329 ff.

of applicability is less consistent with the ordinary meaning of the terms used, notwithstanding their context.“[303]

Soweit der Konventionswortlaut eindeutig ist, begnügt sich der Gerichtshof regelmäßig mit einer kurzen Feststellung in den Urteilsgründen.[304] Weist der Wortlaut allerdings semantische Probleme auf, so scheuen die Richter andererseits nicht vor einer Analyse der authentischen Vertragstexte zurück.[305]

bb) Systematische Auslegung der EMRK und ihrer Zusatzprotokolle

Neben der Wortlautinterpretation stützt sich die Rechtsprechung in zahlreichen Fällen auch auf die systematische Auslegung der Konvention und ihrer Zusatzprotokolle. Der Gerichtshof hat diesen Ansatz schon frühzeitig in der Formel zum Ausdruck gebracht, die Konvention und ihre Protokolle müßten als Ganzes verstanden werden.[306] Diesen Grundsatz hat der Gerichtshof in verschiedener Hinsicht konkretisiert. Zum einen machte er deutlich, daß mit der Existenz einer der Sache nach einschlägigen Vorschrift nicht zugleich der Ausschluß der Anwendung weiterer Artikel verbunden sein muß. In mehreren Fällen griff der EGMR beispielsweise auf die Normen der Konvention selbst zurück, nachdem spezielle Bestimmungen der Zusatzprotokolle mangels Beitritt der entsprechenden Staaten *ratione personae* nicht einschlägig waren. So wurde die Argumentation der britischen Regierung im Fall *Abdulaziz*, Einwanderungsfragen seien ausschließlich durch das 4. Zusatzprotokoll erfaßt, mit der Begründung zurückgewiesen, die Zuwanderung müsse auch unter dem Gesichtspunkt des Schutzes der Familie nach Art. 8 EMRK beurteilt werden.[307] Ebenso sah sich der Gerichtshof in einem Fall, der die Vaterschaftsanfechtung nach dänischem Recht betraf, nicht gehindert, auf Art. 8 EMRK zurückzugrei-

---

303 EGMR, *Lithgow and others*, Urteil vom 8. Juli 1986, Ser. A No. 102, S. 48, Tz. 114.

304 Vgl. *Merrills*, Development, S. 70.

305 So etwa EGMR, *Luedicke, Belkacem and Koç*, Urteil vom 28. November 1978, Ser. A No. 29, S. 16 f., Tz. 40, wo der Gerichtshof erst nach Studium der französischen bzw. englischen Standardwörterbücher zur gewöhnlichen Bedeutung der Begriffe „gratuitement“ bzw. „free“ in Art. 6 Abs. 3 lit. e) EMRK gelangte.

306 Die Wendung „the Convention and its Protocols must be read as a whole“ zieht sich bereits seit der Entscheidung im sog. Belgischen Sprachenstreit, EGMR, *Case “relating to certain aspects of the laws on the use of languages in education in Belgium*“, Urteil vom 23. Juli 1968, Ser. A No. 6, S. 30, Tz. 1, wie ein roter Faden durch die Rechtsprechung des Gerichtshofs.

307 EGMR, *Abdulaziz, Cabales and Balkandali*, Urteil vom 28. Mai 1985, Ser. A No. 94, S. 31 f., Tz. 59 f.

fen, nachdem die Anwendung von Art. 5 des 7. Zusatzprotokolls *ratione personae* ausgeschlossen war.[308] Der systematische Zusammenhang zwischen Vorschriften der EMRK und ihren Protokollen kann aber auch in entgegengesetzter Richtung zum Tragen kommen. Nachdem die Abschaffung der Todesstrafe (erst) durch Art. 1 des 6. Zusatzprotokolls in den Bestand der EMRK aufgenommen wurde, folgerte der Gerichtshof im *Soering*-Verfahren, daß ihr Verbot nicht schon bei der Ausarbeitung unter dem Aspekt der unmenschlichen Behandlung gem. Art. 3 EMRK einbezogen worden sein könnte.[309] Auch einer willkürlichen Berufung auf Konventionsrechte ist der Gerichtshof mit systematischen Erwägungen entgegengetreten. Nachdem er im Fall *Johnston* ein Recht auf Scheidung aus Art. 12 EMRK nicht zu entnehmen vermochte,[310] wies der Gerichtshof die daneben auf Art. 8 EMRK gestützte Argumentation der Beschwerdeführer unter Hinweis auf den *lex specialis*-Grundsatz zurück:

> „[T]he Court does not consider that a right to divorce, which it has found to be excluded from Article 12 (...) can, with consistency, be derived from Article 8, a provision of more general purpose and scope."[311]

Auch im Fall *Leander* stellte der EGMR auf die Interdependenz und systematische Verknüpfung der Konventionsrechte ab. Hier rügte der Beschwerdeführer, er sei in seinem Recht aus Art. 8 EMRK verletzt, weil ihm vertrauliche Polizeiunterlagen, auf deren Grundlage ihm die Arbeit in der Nähe zu einer Marinebasis untersagt worden war, nicht zugänglich gemacht wurden. Nach-

---

308 EGMR, *Rasmussen*, Urteil vom 28. November 1984, Ser. A No. 87, S. 13, Tz. 33. Diese Praxis war auch innerhalb des Richtergremiums nicht unumstritten. Richter *Gersing* wies in einem Sondervotum darauf hin, angesichts der Schaffung eines besonderen Zusatzprotokolls, könne wohl kaum davon ausgegangen werden, die Mitgliedstaaten hätten Vaterschaftsanerkennung bereits unter Art. 8 EMRK fassen wollen, a.a.O., S. 17 f. In einem weiteren Fall, EGMR, *Guzzardi*, Urteil vom 6. November 1980, Ser. A No. 39, S. 33, Tz. 92, in dem die Mehrheit der Richter wegen der fehlenden Ratifizierung des 4. Zusatzprotokolls durch Italien ebenfalls auf Art. 5 EMRK zurückgriff, gaben sieben Richter ein Sondervotum ab.

309 EGMR, *Soering*, Urteil vom 7. Juli 1989, Ser. A No. 161, S. 40 f., Tz. 103. Der Gerichtshof wertete deshalb nicht die drohende Todesstrafe unter dem Gesichtspunkt von Art. 3 EMRK, sondern das regelmäßig bei Todeszellenkandidaten aufgrund der Ungewißheit über den Zeitpunkt der Hinrichtung auftretende sog. *death row phenomenon*, vgl. ebd., Tz. 105.

310 Vgl. oben bei Fn. 302.

311 EGMR, *Johnston and others*, Urteil vom 12. Dezember 1986, Ser. A No. 112, S. 26, Tz. 57, mit dem Hinweis, die EMRK müsse „as a whole" gelesen werden; vgl. schon oben Fn. 306.

dem der Gerichtshof zu erkennen gegeben hatte, daß ein Verstoß gegen Art. 8 EMRK nicht vorläge, berief sich der Beschwerdeführer auf Art. 13 EMRK und machte geltend, die Vorenthaltung der Unterlagen hätte zu einer Verkürzung seines effektiven Rechtsschutzes vor den schwedischen Gerichten geführt. Auch hier hob der Gerichtshof auf die Notwendigkeit ab, die Konvention müsse als Ganzes ausgelegt werden:

> „The Convention must be read as a whole and therefore, as the Commission recalled in its report, any interpretation of Article 13 must be in harmony with the logic of the Convention."[312]

Nachdem der Gerichtshof die Zurückhaltung der Unterlagen schon mit Art. 8 EMRK für vereinbar erklärt hatte, wies er folglich die Beschwerde auch im Hinblick auf Art. 13 EMRK zurück.

cc) Teleologische Auslegung

Auch die in Art. 32 Abs. 1 und Art. 33 Abs. 4 WVRK angesprochene teleologische Auslegung völkerrechtlicher Verträge ist in der Konventionspraxis der Organe fest verankert. Schon im Jahre 1968 hat der Gerichtshof die Auslegung der EMRK im Lichte ihrer Ziele und ihres Zwecks als ein maßgebliches Kriterium der Interpretation herausgestellt, sobald die grammatikalische Auslegung an ihre Grenzen stößt. Ausgehend vom *telos* der Konvention erkannte der Gerichtshof in der EMRK bereits frühzeitig einen *traité-lois*, dessen Zielsetzung nicht in einer möglichst restriktiven Interpretation der von den Staaten übernommenen Verpflichtungen liegen könne:

> „Thus confronted with two versions of a treaty which are equally authentic but not exactly the same, the Court must, following established international law precedents, interpret them in a way that will reconcile them as far as possible. Given that it is a law-making-treaty, it is also necessary to seek the interpretation that is most appropriate in order to realise the aim and achieve the object of the treaty, not that which would restrict to the greatest possible degree the obligations undertaken by the Parties."[313]

---

312 EGMR, *Leander*, Urteil vom 26. März 1987, Ser. A No. 116, S. 30, Tz. 78.

313 EGMR, *Wemhoff*, Urteil vom 27. Juni 1968, Ser. A No. 7, S. 23, Tz. 8.

Diesem stark teleologischen Ansatz, zumal er vom Gerichtshof bereits vor Abschluß bzw. weit vor Inkrafttreten der WVRK, die ihrerseits nicht zwischen *traités lois* und *traité contracts* unterscheidet, aufgegriffen worden war, wurden anfangs auch innerhalb des Richtergremiums Bedenken entgegengebracht. Sie entsprangen einer noch auf die Rechtsprechung des StIGH zurückgehenden Auslegungsregel, bei Unklarheiten des Wortlauts im Zweifel diejenige Auslegung zu wählen, die für die Staaten mit der geringsten Einschränkung ihrer staatlichen Handlungsfreiheit verbunden seien.[314]

Der Gerichtshof ist dieser restriktiven Auffassung wiederholt unter Verweis auf die besondere Natur der Konvention entgegengetreten. Im Verfahren *Irland ./. Vereinigtes Königreich* betonte er ausdrücklich die objektiv-rechtliche Dimension der EMRK:

> „Unlike international treaties of the classic kind, the Convention comprises more than mere reciprocal engagements between contracting States. It creates, over and above a network of mutual, bilateral undertakings, objective obligations which, in the words of the Preamble, benefit from a 'collective enforcement'."[315]

Diese besondere Natur der Konvention erfordert nach Ansicht des Gerichtshofes eine teleologische Auslegung, die auf eine effektive Verwirklichung der Verbürgungen gerichtet sei. Zusammenfassend stellt der Gerichtshof im *Soering*-Urteil fest:

---

314 Die sog. *in dubio pro mitius*-Regel wurde vom StIGH im *Mossul*-Fall, StIGH, Ser. B No. 12, S. 25 ff. entwickelt: „[I]f the wording of a treaty provision is not clear, in choosing between several admissible interpretations, the one which involves the minimum of obligations for the Parties should be adopted". Im Sondervotum von *Sir Fitzmaurice* im Fall *Golder* aus dem Jahre 1975, EGMR, Urteil vom 21. Februar 1975, Ser. A No. 18, S. 32 ff., tritt dieser zurückhaltende Ansatz deutlich zu Tage, wenn er eine „cautious and conservative interpretation" (a.a.O., S. 53, Tz. 39 des Sondervotums) verlangt. Durch eine teleologische Auslegung dürften keine Pflichten begründet werden, welche die Staaten „had not really meant to assume, or would not have understood themselves to be assuming." Zur Auseinandersetzung um die Gewichtung von teleologischer und grammatikalischer Auslegung der Konvention vgl. *Matscher*, in: Sudre (Hrsg.), L'interprétation, S. 15 (20 f.), sowie *Merrills*, Development, S. 76 ff.

315 EGMR, *Irland ./. Vereinigtes Königreich*, Urteil vom 18. Januar 1978, Ser. A No. 25, S. 90, Tz. 239.

„In interpreting the Convention regard must be had to its special character as a treaty for the collective enforcement of human rights and fundamental freedoms (...). Thus, the object and purpose of the Convention as an instrument for the protection of individual human beings require that its provisions be interpreted and applied so as to make its safeguards practical and effective (...).“[316]

Neben der interpretatorischen Ausrichtung einzelner Paktrechte am Effektivitätsgebot, hat der Gerichtshof auf den *effet utile* der Konvention vor allem auch zur Bestimmung der Reichweite der Staatenverpflichtungen abgestellt.[317]

b) Spezifische Methoden der Auslegung und Rechtsanwendung durch die Konventionsorgane

Die Betonung des *effet utile* der Konvention ist nicht die einzige spezifische Methode, die der Gerichtshof bei der Auslegung der Konvention zugrundelegt.

aa) Evolutive (dynamische) Auslegung der Konvention

Zu den vom Gerichtshof herausgearbeiteten Wesensprinzipien der EMRK zählt zunächst, daß sie nicht auf Festschreibung eines bei ihrer Unterzeichnung existierenden *status quo* der Rechte angelegt ist. Der EGMR versteht die Konvention vielmehr als ein „living instrument, which (...) must be interpreted in the light of present-day conditions“.[318] Im *Tyrer*-Urteil hob der Gerichtshof hervor, daß er sich einem seit dem Abschluß der EMRK vollzogenen Wandel von Wertvorstellungen innerhalb der Mitgliedstaaten keinesfalls verschließen könne:

„In the case now before it, the Court cannot but be influenced by the developments and commonly accepted standards in the

---

316 EGMR, *Soering*, Urteil vom 7. Juli 1989, Ser. A No. 161, S. 34, Tz. 87. Zuvor schon EGMR, *Airey*, Urteil vom 9. Oktober 1979, Ser. A No. 32, S. 12, Tz. 24: „The Convention is intended to guarantee not rights that are theoretical or illusory but rights that are practical and effective“; ebenso EGMR, *Artico*, Urteil vom 13. Mai 1980, Ser. A No. 37, S. 16, Tz. 33.

317 Vgl. Art. 31 Abs. 1 WVRK, vgl. oben Fn. 299.

318 Ständige Rspr. seit EGMR, *Tyrer*, Urteil vom 25. April 1978, Ser. A No. 26, S. 15, Tz. 31. Im konkreten Fall ging es um die Frage, ob die auf der Isle of Man praktizierte Prügelstrafe – engl.: „birching“ – an Jugendlichen eine „erniedrigende Bestrafung“ i.S.v. Art. 3 EMRK darstellte.

> penal policy of the member States of the Council of Europe in this field.“[319]

Damit war der Grundstein für eine evolutive[320] Auslegung der Konvention gelegt. Im konkreten Fall vermochte der Gerichtshof durchaus einen tiefgreifenden Wandel der Anschauungen in den Vertragsstaaten – auch im betroffenen Staat selbst – hinsichtlich der Anwendung von Gewalt zur Erziehung von Jugendlichen festzustellen und stellte folglich einen Konventionsverstoß fest.

In vergleichbarer Weise verfuhr der Gerichtshof etwa bei der Interpretation von Art. 5 Abs. 1 lit. e), der die Freiheitsentziehung bei „geisteskranken“[321] Personen betrifft.

Daß der Gerichtshof auch Entwicklungen berücksichtigt, die er selbst noch nicht als einheitlich und abgeschlossen ansieht, zeigt der bereits erwähnte Fall *Marckx*. Dort führte bereits die Erkenntnis, der Grundsatz *mater semper certa est* habe in den meisten Vertragsstaaten Anerkennung gefunden, zu einer evolutiven Interpretation des Art. 8 EMRK, obwohl die Rechtsfortbildung auch nach Ansicht des Gerichtshofs noch nicht als abgeschlossen bezeichnet werden konnte:

> „[T]he Court cannot but be struck by the fact that the domestic law of the great majority of the member States of the Council of Europe has evolved and is continuing to evolve (...) towards the full juridical recognition of the maxim ‘*mater semper certa est*’.“[322]

---

319 EGMR, *Tyrer*, Urteil vom 25. April 1978, Ser. A No. 26, S. 15 f., Tz. 31.

320 Synonym wird auch der Begriff „dynamische“ Auslegung gebraucht, vgl. etwa *Reindel*, Auslegung, S. 108. Kritisch zum Terminus „dynamisch“ aber *Matscher*, in: Macdonald/ders./Petzold, Protection, S. 61 (71 f.).

321 So die ursprüngliche amtliche Übersetzung (authentische engl. bzw. frz. Fassung: *unsound mind* bzw. *aliéné*). Im Urteil zum Fall *Winterwerp* betonte der Gerichtshof, bei der Auslegung müßten sowohl die medizinische Entwicklung in Diagnose und Behandlung als auch sich verändernde gesellschaftliche Haltung gegenüber Geisteskranken berücksichtigt werden, vgl. EGMR, *Winterwerp*, Urteil vom 24. Oktober 1979, Ser. A No. 33, S. 16, Tz. 37. Art. 5 Abs. 1 lit. e) EMRK ist eine der Vorschriften, die im Zuge der sprachlichen Neuabstimmung zwischen den deutschsprachigen Ländern (vgl. oben Fn. 283) eine Änderung erfahren sollen; der Begriff „geisteskrank“ wird durch den zeitgemäßen Terminus „psychisch Kranke“ ersetzt, vgl. den Abdruck der überarbeiteten Fassung in der Textsammlung Sartorius II.

322 EGMR, *Marckx*, Urteil vom 13. Juni 1979, Ser. A No. 31, S. 19, Tz. 41.

Allerdings berücksichtige der Gerichtshof die noch im Fluß befindliche und sich erst allmählich verdichtende Rechtsentwicklung einer Gleichbehandlung ehelicher und nichtehelicher Kinder insoweit, als er von einer Verpflichtung der belgischen Gerichte absah, bereits abgeschlossene Fälle erneut zu verhandeln.[323]

In anderen Fällen vermochte der Gerichtshof eine gemeinsame Rechtspraxis oder -anschauung hingegen nicht festzustellen, obwohl Anzeichen dafür durchaus sichtbar waren. So ließ nach Ansicht des EGMR im *Soering*-Urteil allein die Tatsache, daß in den Mitgliedstaaten keine Todesurteile mehr verhängt wurden, nicht den Schluß zu, die Todesstrafe selbst als unmenschlich i.S.v. Art. 3 EMRK zu qualifizieren.[324] In den Fällen *Ress* bzw. *Cossey* bestand nach Meinung der Richter kein einheitlicher Rechtsstandard zum Namensrecht nach einer Geschlechtsumwandlung. Gleichwohl betonte der Gerichtshof ausdrücklich seine Bereitschaft, die diesbezügliche Rechtsprechung ggf. künftigen sozialen und gesellschaftlichen Entwicklungen anzupassen.[325] Zu einer Änderung seiner Rechtsauffassung hat sich der Gerichtshof bislang nicht veranlaßt gesehen; immerhin sprachen sich im jüngsten hierzu ergangenen Fall *Sheffield and Horsham* nicht weniger als neun Richter in Sondervoten für eine Neubewertung der Situation von Transsexuellen im Lichte der Konvention aus.[326]

---

323 Ebd. S. 25, Tz. 58.

324 EGMR, *Soering*, Urteil vom 7. Juli 1989, Ser. A No. 161, S. 40, Tz. 103 f. Der Gerichtshof stellte statt dessen auf das *death row phenomenon* ab, vgl. bereits oben in Fn. 309.

325 Vgl. etwa den Hinweis in EGMR, *Rees*, Urteil vom 17. Oktober 1986, Ser. A. No. 106, S. 49, Tz. 47: „The need for appropriate legal measures should therefore be kept under review having regard particularly to scientific and societal developments."; ähnlich in EGMR, *Cossey*, Urteil vom 27. September 1990, Ser. A No. 184, S. 17, Tz. 42.

326 Die Richter *Bernhardt, Thór Vilhjálmsson, Spielmann, Palm, Wildhaber, Mkarczyk* und *Voicu* sahen jedenfalls im Hinblick auf Art. 8 EMRK angesichts weitreichender Erkenntnisfortschritte in der medizinischen und psychologischen Forschung den nationalen Spielraum der Vertragsstaaten eingeengt. Vgl. das gemeinsame Sondervotum, EGMR, *Sheffield and Horsham,* Urteil vom 30. Juli 1998, Reports 1998-V, S. 26 (28 f.). Ähnlich auch das Sondervotum von Richter *Casadevall,* der vor allem kritisiert, daß in der englischen Rechtsordnung keinerlei Bewegung zu erkennen sei, a.a.O., S. 31 f. Richter *van Dijk* schließlich erstreckt die für Art. 8 EMRK gebotene Neubewertung ganz zwanglos auf die Beurteilung der Eheschließungsfreiheit; in seinem Sondervotum, ebd., S. 38 (38) heißt es: „Since, in my opinion, Article 8 requires legal recognition of gender reassignment following a surgical operation, this implies that the applicants have to be considered as persons of the new sex for legal purposes, including for the application of Article 12. Therefore, (...) the applicants should be treated as women under Article 12, and should be allowed to marry men. Only in that

Wie die angeführte Rechsprechung zeigt, hat die evolutive Auslegung in der Rechtsprechung des Gerichtshofs vor allem bei der Interpretation von Begriffen eine Rolle gespielt, die auf einem gewissen moralischen oder gesellschaftlichen Verständnis beruhen und daher einem Wandel unterliegen. Die Auslegungsmethode ist zu einem Wesensmerkmal der Rechtsprechungstätigkeit des Gerichtshofs geworden. Daß dieser sich dabei stets auf dem schmalen Grat zwischen der „Fortentwicklung der Menschenrechte und Grundfreiheiten", wie sie die Präambel statuiert,[327] und der Wahrung der Grenzen einer noch zulässigen Auslegung bewegt und deshalb vorsichtige Schritte erfordert, wird weithin betont.[328]

bb) Ausbildung eines konventionsautonomen Begriffsverständnisses

Die Auslegung der Konvention anhand der *ordinary meaning rule* stößt vor allem dann auf Schwierigkeiten, wenn es um die Interpretation von juristischen Begriffen geht, die der Rechtsordnung der Vertragsstaaten entlehnt und dort mit einem spezifischen Rechtsverständnis behaftet sind. Ein Beispiel hierfür bietet etwa Art. 6 Abs. 1 EMRK („zivilrechtliche Ansprüche und Verpflichtungen", „strafrechtliche Anklage", „Gericht").[329] In diesen Fällen wäre die einheitliche Vertragsauslegung gefährdet, könnten die jeweils betroffenen Staaten ihre Rechtsauffassung und ihr innerstaatliches Begriffsverständnis gleichsam in die Vorschriften der Konvention hineinlesen. Der Gerichtshof ist dieser Gefahr mit einer autonomen Interpretation der entsprechenden Vorschriften entgegengetreten. Deutlich wird dieser Ansatz etwa im Fall *König*, in dem der Begriff des „zivilrechtlichen" Anspruchs in Art. 6 Abs. 1 S. 1 EMRK streitig war. Der Gerichtshof stellte heraus, daß

---

way is their choice of a new sexual identity socially respected and legally recognised." An diese Beurteilung *van Dijks* zu Art. 12 schließt sich Richter *Wildhaber* ausdrücklich an, vgl. ebd., S. 40. Zur Bedeutung der Transsexuellen-Fälle des EGMR für das deutsche internationale Eheschließungsrecht vgl. ausführlich unten im IV. Kapitel, S. 359 ff.

327 Zur Auswirkung dieser Förderungsverpflichtung für die evolutive Auslegungsmethode vgl. *Ganshof van der Meersch*, in: FS Wiarda, S. 201 (201 f.).

328 Vgl. etwa *Merrills*, Development, S. 80 f.; zur Wahrung der Balance zwischen „judicial activism" und „judicial restraint" vgl. ebd., S. 230 ff. Zu den Grenzen und Gefahren der dynamischen Interpretation vgl. *Bernhardt*, in: FS Zemanek, S. 11 ff.; siehe auch *Matscher*, in: Macdonald/ders./Petzold, Protection, S. 61 (69 f.).

329 Authentische engl. Textfassung: „civil rights and obligations", „criminal charge", „tribunal"; frz.: „droits et obligations de caractère civil", „accusation en matière pénale", „tribunal".

„the concept of 'civil rights and obligations' cannot be interpreted solely by reference to the domestic law of the respondent State. (...) [A]ny other solution might lead to results incompatible with the object and purpose of the Convention (...). Whilst the Court thus concludes that the concept of 'civil rights and obligations' is autonomous, it nevertheless does not consider that, in this context, the legislation of the State concerned is without importance. Whether or not a right is to be regarded as civil within the meaning of this expression in the Convention must be determined by reference to the substantive content and effects of the right – and not its legal classification – under the domestic law of the State concerned. In the exercise of its supervisory functions, the Court must also take account of the object and purpose of the Convention and of the national legal systems of the other Contracting States (...).“[330]

In die gleiche Richtung deutete zuvor schon die Entscheidung im *Ringeisen*-Fall, in dem es nach Ansicht des Gerichtshofs bereits genügte, daß eine nach dem österreichischen Grundverkehrsgesetz vorgenommene öffentlich-rechtliche Entscheidung Auswirkung auf die zivilrechtliche Lage hatte:

„Although it [die Landesgrundverkehrskommission, Anm. d. Verf.] was applying rules of administrative law, the Regional Commission's decision was to be decisive for the relations in civil law (...). This is enough to make it necessary for the Court to decide whether or not the proceedings in this case complied with the requirements of Article 6, paragraph (1) of the Convention.“[331]

Auch die Auslegung des Begriffs der „strafrechtlichen Anklage“ erfolgte im Wege der autonomen Interpretation. So hob der Gerichtshof im Fall *Engel* hervor, das tatbestandliche Eingreifen der Paktrechte könnte nicht von einer rechtlichen Kategorisierung einer Maßnahme im innerstaatlichen Recht abhängig gemacht werden; andernfalls sei der *telos* der Konvention gefährdet:

330 EGMR, *König*, Urteil vom 28. Juni 1978, Ser. A No. 27, S. 29 f., Tz. 88 f. Der Fall betraf die – nach deutschem Recht – öffentlich-rechtliche Streitigkeit über die Entziehung der ärztlichen Approbation und der Erlaubnis zum Betrieb einer Klinik.

331 EGMR, *Ringeisen*, Urteil vom 16. Juli 1971, Ser. A No. 13, S. 39, Tz. 94.

„If the Contracting States were able at their discretion to classify an offence as disciplinary instead of criminal, (...) the operation of the fundamental clauses of Article 6 and 7 would be subordinated to their sovereign will. A latitude extending thus far might lead to results incompatible with the purpose an object of the Convention.“[332]

Wie weit die Ablösung der Begriffe vom nationalen Verständnis gehen kann, zeigt der Fall *Öztürk*, in dem der Gerichtshof selbst Ordnungswidrigkeiten als strafrechtliche Maßnahmen i.S.v. Art. 6 Abs. 1 EMRK ansah.[333]

Die Entwicklung konventionsautonomer Begriffe geschieht freilich nicht im „luftleeren“ Raum. Der Gerichtshof verschließt sich nicht von vornherein den in dem betroffenen Vertragsstaat bestehenden Rechtstraditionen. Gleichzeitig betont er jedoch, die so gewonnenen Erkenntnisse seien nur eine erste Richtschnur und müßten auch einem Vergleich mit anderen Rechtsordnungen standhalten:

„The indications so afforded have only a formal and relative value and must be examined in the light of the common denominator of the respective legislation of the various Contracting States.“[334]

Damit behält sich der Gerichthof, auch wenn der Blick rechtsvergleichend auf die Rechtsordnungen der Mitgliedstaaten[335] oder auf internationale Menschenrechtsabkommen gerichtet wird,[336] stets diejenige – autonome – Auslegung vor, die eine einheitliche Durchsetzung der Konventionsrechte in allen Mit-

332 EGMR, *Engel and others*, Urteil vom 8. Juni 1976, Ser. A No. 22, S. 34, Tz. 81. Im Verfahren war streitig, ob Disziplinarmaßnahmen gegen Wehrpflichtige den Schutzbereich von Art. 6 EMRK tangieren; nach dem innerstaatlichen – niederländischen – Rechtsverständnis war dies nicht der Fall.

333 EGMR, *Öztürk*, Urteil vom 21. Februar 1984, Ser. A No. 73, S. 17 ff., Tz. 47 ff.

334 EGMR, *Engel and others*, Urteil vom 8. Juni 1976, Ser. A No. 22, S. 35, Tz. 82.

335 Aus dem Gremium der Richter hat insbesondere *Matscher* die bisweilen unzureichende – weil zu oberflächliche – Hermeneutik des Gerichtshofs gerügt, vgl. etwa *Matscher*, in: FS Mosler, S. 545 (551); *ders.*, in: Macdonald/ders./Petzold, Protection, S. 61 (73), unter Verweis auf die eigenen Sondervoten in den Fällen *König* und *Öztürk* (dazu oben Fn. 330 und 333).

336 So wurde etwa in EGMR, *Soering*, Urteil vom 7. Juli 1989, Ser. A No. 161, S. 34, Tz. 88 der IPbpR, die AmMRK und die UN-Folterkonvention einbezogen.

gliedstaaten gewährleistet.[337] Im Einzelfall kann sich diese Auslegung allerdings durchaus auch zum Nachteil eines Beschwerdeführers auswirken.[338]

cc) Die Einräumung von Beurteilungsspielräumen (*margin of appreciation*)

Aus der bisher angeführten Rechtsprechung wird offenbar, wie tief die vom Gerichtshof praktizierte evolutive Auslegung und die Herausbildung eines konventionsautonomen Begriffsverständnisses bisweilen in die innerstaatliche Rechtsordnung der Mitgliedstaaten – ihres *domaine réservé* – hineinwirkt. Eine Konventionspraxis, die einseitig zu Lasten der Souveränität und nationalen Identität der Vertragsstaaten geht, läuft hingegen Gefahr, die Akzeptanz der Staaten und damit der Schöpfer der konventionsrechtlichen Verpflichtungen zu verlieren. In der Auslegungspraxis der Konventionsorgane hat sich deshalb ein Institut herausgebildet, mit dessen Hilfe der kulturellen, rechtlichen, wirtschaftlichen und gesellschaftlichen Vielfalt innerhalb der europäischen Staaten Rechnung getragen wird – die *margin of appreciation*-Doktrin.[339]

Den Grundgedanken, auf dem die Einräumung eines Beurteilungsspielraumes basiert, hat der Gerichtshof[340] im Fall *Handyside*[341] explizit formuliert. In diesem Fall hatten die englischen Behörden die englische Übersetzung eines aus Dänemark stammenden Handbuchs für Jugendliche – *The Little Red School-*

337 Vgl. *Frowein*, Collected Courses of the Academy of European Law, 1990 Vol. I-2 S. 273 (305).

338 So etwa in EGMR, *James and others*, Urteil vom 21. Februar 1984, Ser. A No. 98, S. 30 ff., Tz. 40 ff., in dem der Gerichtshof unter den Begriff des „öffentlichen Interesses" (engl.: „public interest"; frz.: „utilité public") in Art. 1 Abs. 1 des 1. Zusatzprotokolls auch einen Eigentumsentzug zugunsten Privater faßte, wenn dieser der Förderung der sozialen Gerechtigkeit dient, a.a.O., S. 31 f., Tz. 45.

339 Begriffsgleich spricht die französische Rechtslehre von der *doctrine de la marge d'appréciation*, vgl. etwa *Lambert*, in: Sudre (Hrsg.), L'interprétation, S. 62 ff. Im deutschen Schrifttum wird der Begriff zumeist mit „Beurteilungsspielraum" übersetzt, vgl. etwa *Frohwein/Peukert*, EMRK, vor Art. 8 Rn. 16.

340 Die Grundlagen für die Doktrin hatte die Kommission schon im Fall *Griechenland ./. Vereinigtes Königreich*, Yearbook II (1958-1959), S. 174 (176), gelegt, wo den Staaten hinsichtlich der Anwendung der Notstandsklausel (Art. 15 EMRK) „a certain measure of discretion in assessing the extent strictly required by the exigencies of the situation" zugestanden wurde. Zur Entwicklung der Kommissionsrechtsprechung und zur Übernahme der Doktrin durch den Gerichtshof vgl. ausführlich *Yourow*, Margin, S. 15 ff.; *Rupp-Swienty*, Doktrin, S. 28 ff.

341 EGMR, *Handyside*, Urteil vom 7. Dezember 1976, Ser. A No. 24.

book –, in dem auch ein sexualkundliches Kapitel enthalten war, eingezogen und den Herausgeber wegen Verstoßes gegen die *Obscene Publications Acts* belangt. Der Beschwerdeführer rügte eine Verletzung von Art. 10 Abs. 1 EMRK, die auch vom Gerichtshof ohne weiteres bejaht wurde. Die entscheidende Frage war, ob der Eingriff gem. Art. 10 Abs. 2 EMRK in einer demokratischen Gesellschaft zum Schutz der Moral notwendig[342] war. Hinsichtlich des Begriffs der Moral stellte der Gerichthof fest, daß sich ein einheitliches Verständnis in den Vertragsstaaten nicht gebildet habe und deshalb grundsätzlich die Behörden der Mitgliedstaaten eher in der Lage seien, die Maßstäbe festzusetzen, als ein Richter des Gerichtshofs:

> „[I]t is not possible to find in domestic law of the various Contracting States a uniform European conception of morals. The view taken by their respective laws of the requirements of morals varies from time to time and from place to place, especially in our era which is characterised by a rapid and far-reaching evolution of opinions on the subject. By reason of their direct and continuous contact with the viral forces of their countries, State authorities are in principle in a better position than the international judge to give an opinion on the exact content of these requirements as well as the 'necessity' of a 'restriction' or 'penalty' intended to meet them."[343]

Zur Erhellung des Begriffs „notwendig" zieht der Gerichtshof einen Vergleich mit anderen in der Konvention verwendeten Adjektiven und kommt zu dem Ergebnis:

> „[T]he adjective 'necessary', within the meaning of Art. 10 § 2, is not synonymous with 'indispensable' (...), neither has it the flexibility of such expressions as 'admissible', 'ordinary' (...), 'useful' (...), 'reasonable' (...) or 'desirable' (...). Nevertheless, it is for the national authorities to make the initial as-

342 Die ursprüngliche amtliche deutsche Übersetzung verwendet in Art. 10 Abs. 2 EMRK den stärkeren Begriff „unentbehrlich", in Art. 11 Abs. 2 EMRK hingegen „notwendig". Die authentischen Fassungen sprechen in beiden Artikeln identisch von „necessary" bzw. „nécessaires". Die in *Handyside* ausgeführten semantischen Überlegungen des Gerichtshofs legen die Schwächen der amtlichen Übersetzung offen. Gem. der sprachlich abgestimmten Neufassung der deutschsprachigen Übersetzungen, vgl. hierzu Fn. 283, heißt es denn künftig auch zutreffend „notwendig", vgl. den Abdruck im Sartorius II.

343 EGMR, *Handyside*, Urteil vom 7. Dezember 1976, Ser. A No. 24, S. 22, Tz. 48.

sessment of the reality of the pressing social need implied by the notion of 'necessity' in this context. Consequently, Article 10 § 2 leaves to the Contracting States a margin of appreciation. This margin is given both to the domestic legislator ('prescribed by law') and to the bodies, judicial amongst others, that are called upon to interpret and apply the laws in force (...).“[344]

Zugleich machte der Gerichtshof deutlich, daß die Zubilligung eines Beurteilungsspielraumes kein Freibrief für die Staaten sei und die Letztentscheidung, ob die innerstaatlichen Maßnahmen mit der Konvention vereinbar sind, den Konventionsorganen oblägen:

„Nevertheless, Article 10 § 2 does not give the Contracting States an unlimited power of appreciation. The Court which, with the Commission, is responsible for ensuring the observance of those States' engagements (Article 19), is empowered to give the final ruling on whether a 'restriction' or 'penalty' is reconcilable with freedom of expression as protected by Article 10. The domestic margin of appreciation thus goes hand in hand with a European supervision. Such supervision concerns both the aim of the measure challenged and its 'necessity'; it covers not only the basic legislation but also the decision applying it, even one given by an independent court.“[345]

Obwohl das betreffende Buch in anderen europäischen Ländern ohne Einschränkungen vertrieben wurde, sah der Gerichtshof hier wegen der divergierenden Moralvorstellungen die Grenzen des Beurteilungsspielraumes und der Verhältnismäßigkeit nicht überschritten und verneinte folglich einen Konventionsverstoß.

Nur wenige Jahre später – im Fall *Sunday Times*[346] – stand erneut die Schrankenregelung von Art. 10 Abs. 2 EMRK zur Diskussion. Dieses Mal ging es jedoch um die Einschränkung der Meinungsfreiheit „zur Wahrung der Autorität der Rechtsprechung“. Die englischen Gerichte hatten in der Berichterstattung über den Rechtsstreit zwischen dem Hersteller von *Contagan* und den von den Nebenwirkungen betroffenen Konsumenten ein *contempt of court* gesehen und die Veröffentlichung des Artikels untersagt. Der Gerichtshof, dem ange-

344 Ebd., S. 22, Tz. 48.

345 Ebd., S. 23, Tz. 49.

346 EGMR, *Sunday Times*, Urteil vom 26. April 1979, Ser. A No. 30.

sichts seiner zurückhaltenden Rechtsprechung in *Handyside* deutliche Kritik entgegengebracht wurde,[347] nutzte den vorliegenden Fall zur Konkretisierung des Beurteilungsspielraums.[348]

Hinsichtlich seiner Kompetenz und den Umfang seiner Prüfung nahm der Gerichtshof zunächst Bezug auf *Handyside*, stellte aber zugleich klar, daß aus dieser Entscheidung nicht gefolgert werden könne,

> „that the Court's supervision is limited to ascertaining whether a respondent state exercised its discretion reasonably, carefully and in good faith. Even a Contracting State so acting remains subject to the Court's control as regards the compatibility of its conduct with the engagements it has undertaken under the Convention."[349]

Dann wandte sich der Gerichtshof der Schrankenbestimmung selbst zu. Anders als den Begriff der „Moral" führte er den Begriff „Autorität der Rechtsprechung" einer objektivierten Beurteilung zu und vermochte diesbezüglich ein wesentlich einheitlicheres Begriffsverständnis innerhalb der europäischen Staatengemeinschaft festzustellen:

> „The domestic law and practice of the Contracting States reveal a fairly substantial measure of common ground in this area. This is reflected in a number of provisions of the Convention, including Article 6, which have no equivalent as far as 'morals' are concerned. Accordingly, here a more extensive European supervision corresponds to a less discretionary power of appreciation."[350]

Die Abwägung zwischen dem Schutz der Pressefreiheit, die der Gerichtshof als einen zentralen Baustein der demokratischen Gesellschaft wertete,[351] und den Schranken zum Schutz der Autorität der Rechtsprechung fiel im vorliegenden Fall zugunsten der ersteren aus; der Gerichtshof stellte einen Verstoß gegen Art. 10 Abs. 1 EMRK fest.

---

347 Vgl. *Merrills*, Development, S. 162 f.

348 Die Entscheidung wurde allerdings mit denkbar knapper Mehrheit gefaßt; neun Richter vertraten eine abweichende Meinung.

349 EGMR, *Sunday Times*, Urteil vom 26. April 1979, Ser. A No. 30, S. 36, Tz. 59.

350 Ebd.

351 Ebd., S. 40 f., Tz. 65.

Schon diese beiden frühen Fälle machen deutlich, wie unterschiedlich die Gewichtungen ausfallen können, selbst wenn dasselbe Rechtsgut betroffen ist. Ausgehend von diesen beiden *leading cases*, hat der Gerichtshof die *margin of appreciation*-Doktrin in vielfältiger Weise zur Anwendung gebracht und zu einem wesentlichen Instrument seiner Auslegungstätigkeit weiterentwickelt. Standen anfangs noch die Zulässigkeit von Notstandsmaßnahmen nach Art. 15 EMRK[352] und die Schranken der Freiheitsrechte[353] im Vordergrund, so erfaßt die Doktrin heute nahezu alle Bereiche der Konventionsauslegung.[354] Beurteilungsspielräume können bereits bei der Frage nach dem Schutzbereich einer Norm eine Rolle spielen,[355] aber auch wenn es um den Inhalt und die Reichweite staatlicher Schutzpflichten geht.[356] Der Gerichtshof hat sie darüber hinaus im Rahmen des Diskriminierungsverbotes nach Art. 14 EMRK[357] und bei

---

352 Zur diesbezüglichen Rechtsprechung der Kommission vgl. oben Fn. 340. Im Fall *Lawless*, EGMR, Urteil vom 1. Juli 1961, Ser. A No. 3, S. 56 f., Tz. 28 ff., der ebenfalls Art. 15 EMRK betraf, hat der Gerichtshof die von der Kommission ausdrücklich angesprochene Frage des Beurteilungsspielraums nicht explizit aufgegriffen, in materieller Hinsicht gleichwohl bejaht, vgl. *Yourow*, Margin, S. 16 f.; *Brems*, ZaöRV 56 (1996), S. 240 (243).

353 Der Gerichtshof hat sich in zahlreichen weiteren Fällen mit den Schranken der Konventionsrechte insbesondere Art. 10 Abs. 2 und Art. 8 Abs. 2 EMRK befaßt, vgl. etwa EGMR, *Engel and others*, Urteil vom 8. Juni 1976, Ser. A No. 22, S. 41 f., Tz. 99 ff.; EGMR, *Dudgeon*, Urteil vom 22. Oktober 1981, Ser. A No. 45, S. 21 ff., Tz. 53 ff. Vgl. aber etwa EGMR, *Müller and others*, Urteil vom 24. Mai 1988, Ser. A No. 133, S. 22 f., Tz. 36 zu den Grenzen der Meinungsfreiheit bei extremen Formen der künstlerischen Darstellung. Einen Überblick bietet *Yourow*, Margin, S. 84 ff.

354 Vgl. die kasuistische Studie von *Yourow*, Margin, S. 56-184 sowie die jüngst von *Rupp-Swienty* vorgelegte Untersuchung, die die Bedeutung der Doktrin systematisch für die jeweiligen Einzelrechte der Konvention und der Zusatzprotokolle untersucht, vgl. *Rupp-Swienty*, Doktrin, S. 38 ff.

355 Vgl. *Merrills*, Development, S. 166 ff. Beispielsweise hat der Gerichtshof etwa bei der Frage, ob eine Freiheitsentziehung i.S.v. Art. 5 Abs. 1 EMRK vorliegt, wegen der Erfordernisse der militärischen Disziplin für Soldaten andere Maßstäbe gelten lassen als für Zivilpersonen, vgl. wiederum EGMR, *Engel and others*, Urteil vom 8. Juni 1976, Ser. A No. 22, S. 25, Tz. 59.

356 So gesteht der Gerichtshof den Vertragsstaaten etwa für Maßnahmen, die den Schutz des Privat- und Familienlebens gem. Art. 8 Abs. 1 EMRK betreffen, einen Beurteilungsspielraum zu, vgl. die Urteile EGMR, *Johnston and others*, Urteil vom 12. Dezember 1986, Ser. A No. 112, S. 25, Tz. 55; EGMR, *X and Y ./. Niederlande*, Urteil vom 26. März 1985, Ser. A No. 91, S. 12, Tz. 24 und EGMR, *Abdulaziz, Cabales and Balkandali*, Urteil vom 28. Mai 1985, Ser. A No. 94, S. 33 f., Tz. 67. Zu Schutzpflichten des Staates vgl. unten S. 101 ff.

357 Art. 14 EMRK ist nach der Rechtsprechung des Gerichtshofs nur verletzt, wenn der Differenzierung keine vernünftige und objektive Rechtfertigung zugrundeliegt und/oder zwischen den eingesetzten Mitteln und dem angestrebten Ziel kein ange-

Eingriffen in das Eigentum gem. Art. 1 Abs. 1 des 1. Zusatzprotokolls[358] herangezogen.

Eine Annäherung an den konkreten Gehalt der Doktrin erscheint auch deshalb problematisch, als sich bislang aus der Rechtsprechung des Gerichtshofs keine abstrakten und allgemeingültigen Kriterien – kein gemeinsamer Nenner[359] – zur Konkretisierung des jeweiligen Beurteilungsspielraumes ableiten lassen.[360] Der Gerichtshof entscheidet diese Frage vielmehr stets unter Würdigung aller Umstände des Einzelfalls.[361] Gesetze oder Maßnahmen mögen im Fall eines Staates konventionswidrig sein, während vergleichbare Gesetze in anderen Staaten angesichts unterschiedlicher sozialer, wirtschaftlicher, kultureller oder politischer Verhältnisse noch im Einklang mit den Verbürgungen der EMRK stehen.[362]

---

messenes Verhältnis besteht, st. Rspr. seit dem sog. „belgischen Sprachenstreit", EGMR, *Case „relating to certain aspects of the laws on the use of languages in education in Belgium"*, Urteil vom 23. Juli 1968, Ser. A No. 6, S. 34, Tz. 10 und *passim.* Hinsichtlich der einzelnen Sachumstände, aus denen sich eine solche Rechtfertigung der Ungleichbehandlung ergeben kann, hat der Gerichtshof auf den einzelfallabhängigen Beurteilungsspielraum der Vertragsstaaten verwiesen, vgl. EGMR, *Rasmussen*, Urteil vom 28. November 1984, Ser. A No. 87, S. 15, Tz. 40; ähnlich EGMR, *Abdulaziz, Cabales and Balkandali*, Urteil vom 28. Mai 1985, Ser. A No. 94, S. 37 f., Tz. 78 sowie EGMR, *Inze*, Urteil vom 28. Oktober 1987, Ser. A No. 126, S. 18, Tz. 41. Näher zum Diskriminierungsverbot im Zusammenhang mit der Eheschließung noch im IV. Kapitel, S. 372 ff. Zur Einführung eines selbständigen Diskriminierungsverbots *de lege ferenda* durch das 12. Zusatzprotokoll vgl. oben in Fn. 292.

358 So in EGMR, *Sporrong and Lönnroth*, Urteil vom 23. September 1982, Ser. A No. 52, S. 26, Tz. 69; zum Begriff des öffentlichen Interesses bei Eigentumsentzug gem. Art. 1 Abs. 1 S. 2 und dem „fair balance test", in der Abwägung gegenüber dem Eigentumsschutz vgl. EGMR, *James and others*, Urteil vom 21. Februar 1986, Ser. A No. 98, S. 32, Tz. 46.

359 Vgl. *Macdonald*, in: ders./Matscher/Petzold, Protection, S. 83 (122).

360 So die einhellige Meinung im Schrifttum, vgl. nur *Brems*, ZaöRV 56 (1996), S. 240 (241); *Merrills*, Development, S. 151 f.; *Lambert*, in: Sudre (Hrsg.), L'interprétation, S. 62 (64); *Macdonald*, in: ders./Matscher/Petzold, Protection, S. 83 (122 f.); *van Dijk/van Hoof*, Convention, S. 84 ff.; *Rupp-Swienty*, Doktrin, S. 38.

361 Dies entspricht auch der generellen Arbeitsweise des Gerichtshofs, der angesichts der Vielfalt von Fallkonstellationen, die sich aus den unterschiedlichen Rechtsordnungen der Vertragsstaaten ergeben können, seine Rechtsprechung auf einer *case-by-case*-Basis entwickelt, bei der rechtsdogmatische Überlegungen in den Hintergrund treten; vgl. hierzu *Matscher*, in: FS Bernhardt, S. 503 (510 f.).

362 Vgl. *Macdonald*, in: ders./Matscher/Petzold, Protection, S. 83 (123).

Die Schwierigkeiten, aus der vielschichtigen Rechtsprechung ein dogmatisches Fundament zu entwickeln, hat *Macdonald* einmal treffend mit den Worten zusammengefaßt:

> „Clarifying the idea of the margin of appreciation would clear the way to the development of a theoretical vision of the Court's function. Until then, the best that can be hoped for is the enumeration of the many different factors that are relevant to the question of the proper level of deference, and an indication, perhaps through examples, of the sorts of contexts in which each of those factors has most weight."[363]

Abseits eines Schematisierungsversuches lassen sich daher aus der Rechtsprechung allenfalls Faktoren ermitteln, die für die Anwendung und die Reichweite der Doktrin eine gewisse Relevanz entfalten.[364] So kann sich etwa die Bedeutung des Schutzgutes als relevanter Gesichtspunkt erweisen. Wo es etwa um die elementaren Verbürgungen zum Schutz von Leib und Leben geht, verbleibt kaum Raum für einen Beurteilungsspielraum.[365] Auch innerhalb eines Artikels kann die Wertigkeit der darin gewährleisteten Schutzgüter differieren und folglich den Grad der Einschränkungsmöglichkeiten beeinflussen.[366] Maßgeblich für die Reichweite des *margin of appreciation* ist schließlich das mit dem Eingriff verfolgte Schrankenziel selbst.[367] Für den Umfang eines Beurteilungs-

363 Ebd., S. 85.

364 Eingehend zu den bestimmenden Faktoren insbesondere *Rupp-Swienty*, Doktrin, S. 136 ff.; *Brehms*, ZaöRV 65 (1996), S. 240 (256 ff.); vgl. auch *van Dijk/van Hoof*, Convention, S. 87 ff.

365 Vgl. *Lambert*, in: Sudre (Hrsg.), L'interprétation, S. 61 (71 ff.); *Yourow*, Margin, S. 188 f.; *Brems*, ZaöRV, S. 240 (264).

366 Im Rahmen von Art. 10 Abs. 1 EMRK hat der Gerichtshof beispielsweise die Bedeutung der Pressefreiheit für den demokratischen Meinungsbildungsprozeß an mehreren Stellen hervorgehoben und folglich der Einschränkung durch die Vertragsstaaten enge Grenzen auferlegt, vgl. EGMR, *Sunday Times*, Ser. A No. 30, S. 40, Tz. 65; EGMR, *Lingens*, Urteil vom 8. Juli 1985, Ser. A No. 103, S. 26, Tz. 41; EGMR, *Jersild*, Urteil vom 23. September 1994, Ser. A No. 298, S. 23, Tz. 31. Vgl. auch *van Dijk/van Hoof*, Convention, S. 88 f.; *Yourow*, Margin, S. 189 ff. Ebenfalls einen nur engen Spielraum hat der Gerichtshof bei Eingriffen in den Kernbereich der Privatsphäre zugelassen, vgl. etwa EGMR, *Dudgeon*, Urteil vom 22. Oktober 1981, Ser. A No. 45, S. 23 f., Tz. 60 zur sexuellen Orientierung sowie EGMR, *Gillow*, Urteil vom 24. November 1986, Ser. A No. 109, S. 22 f., Tz. 55 ff. zum Schutz der Wohnung.

367 Die Beurteilungsspielräume können je nach Schrankenziel variieren etwa hinsichtlich einer Beschränkung zum Schutz der Moral einerseits, zum Schutz der Autorität der Rechtsprechung andererseits, vgl. die soeben angeführten Fälle *Handyside* bzw. *Sun-*

spielraumes bzw. die Argumentationslast der betroffenen Staaten kann nicht zuletzt von Bedeutung sein, ob sich innerhalb der europäischen Staatengemeinschaft bereits eine Rechtsüberzeugung gebildet oder verfestigt hat.[368] Alle diese Faktoren haben jedoch kein zwingendes oder dogmatisierendes Gewicht.[369] Trotz der inzwischen kaum überschaubaren Zahl von Urteilen, in denen der *margin of appreciation* eine Rolle gespielt hat, betont der Gerichtshof stets die Variabilität und Flexibilität seiner Rechtsprechungstätigkeit in dieser Hinsicht, die er bereits im Fall *Rasmussen* hervorgehoben hat:

> „The Court has pointed out in several judgements that the Contracting States enjoy a certain 'margin of appreciation' in assessing whether and to what extent differences in otherwise similar situations justify a different treatment in law (...). The scope of the margin of appreciation will vary according to the circumstances, the subject-matter and its background (...).“[370]

Im Spannungsfeld zwischen nationaler Souveränität und völkerrechtlicher Verpflichtung entscheiden daher stets die Umstände des Einzelfalls, inwieweit den kulturellen, sozialen, wirtschaftlichen oder religiösen Unterschieden in den Vertragsstaaten Rechnung getragen werden kann.

4. Die sich aus der EMRK ergebenden Staatenverpflichtungen

Die für die Vertragsstaaten grundlegende Verpflichtung normiert Art. 1 EMRK:

> „Die Hohen Vertragschließenden Teile sichern allen ihrer Jurisdiktion unterstehenden Personen die in Abschnitt I dieser Konvention niedergelegten Rechte und Freiheiten zu.“

---

day Times. Zur Wertigkeit der Schrankenziele als relevanter Faktor vgl. allgemein *Rupp-Swienty*, Doktrin, S. 70 ff.; *van Dijk/van Hoof*, Convention, S. 89; *Brehms*, ZaöRV, S. 240 (257 ff.).

368 Vgl. etwa die Ausführungen zum Fall *Handyside*, oben S. 92 f. Zur Bedeutung gemeinsamer Rechtsanschauungen siehe insbesondere *Macdonald*, in: ders./Matscher/Petzold, Protection, S. 83 (120; 123 f.); *Matscher*, in: Sudre (Hrsg.), L'interprétation, S. 15 (35 f.); *Rupp-Swienty*, Doktrin, S. 153 ff.; *van Dijk/van Hoof*, Convention, S. 87 f.

369 So auch das Ergebnis von *Rupp-Swienty*, Doktrin, S. 197 ff.

370 EGMR, *Rasmussen*, Urteil vom 28. November 1984, Ser. A No. 87, S. 15, Tz. 40.

a) Die Grundpflicht der Staaten zur innerstaatlichen Achtung und Gewährleistung der Konventionsrechte

Der Einleitungsartikel macht zunächst deutlich, daß es bei den Konventionsgewährleistungen um völkerrechtlich begründete Rechtsverbürgungen handelt. Zum anderen beinhaltet Art. 1 EMRK die unmittelbare und unbedingte Zusicherung dieser materiellen Gewährleistungen der EMRK durch alle Organe, für deren Verhalten der Vertragsstaat verantwortlich ist.[371] Der Gerichtshof hat die herausragende Stellung dieser Verpflichtung in Art. 1 EMRK für das Verständnis der Konvention im Fall *Irland ./. Vereinigtes Königreich* wie folgt zum Ausdruck gebracht:

> „Unlike international treaties of the classic kind, the Convention comprises more than mere reciprocal engagements between contracting States. It creates, over and above a network of mutual, bilateral undertakings, objective obligations which, in the words of the Preamble, benefit from a 'collective enforcement'. (...) By substituting the words 'shall secure' for the words 'undertake to secure' in the text of Article 1, the drafters of the Convention also intended to make it clear that the rights and freedoms set out in Section I would be directly secured to anyone within the jurisdiction of the Contracting States (...). That intention finds a particularly faithful reflection in those instances where the Convention has been incorporated into domestic law (...). The Convention does not merely oblige the higher authorities of the Contracting States to respect for their own part the rights and freedoms it embodies; as is shown by Article 14 and the English text of Article 1 ('shall secure'), the Convention also has the consequence that, in order to secure the enjoyment of those rights and freedoms, those authorities must prevent or remedy any breach at subordinate levels."[372]

Mit der Verpflichtung aus Art. 1 EMRK geht allerdings nach dieser Rechtsprechung keine Pflicht einher, die Konvention innerstaatlich unmittelbar anwend-

---

371 Vgl. *Frowein/Peukert*, EMRK, Art. 1 Rn. 2 und 9; deutlicher *Frowein*, Collected Courses of the Academy of European Law, 1990, Vol. I-2, S. 273 (293). Auf die Anwendung der allgemeinen EMRK-Vorschriften im Hinblick auf die materiellrechtlichen Erweiterungen durch die Protokolle wurde oben bereits hingewiesen, vgl. auch *van Dijk/van Hoof*, Convention, S. 3.

372 EGMR, *Irland ./. Vereinigtes Königreich*, Urteil vom 18. Januar 1978, Ser. A No. 25, S. 90 f., Tz. 239.

bar zu machen, wenn auch der Gerichtshof keinen Zweifel daran läßt, daß die Vorschriften der unmittelbaren Anwendung fähig sind und die Inkorporation in innerstaatliches Recht der Intention der Konventionsverfasser am ehesten entspricht. Diese im Fall *Irland ./. Vereinigtes Königreich* angedeuteten Aussagen hat der Gerichtshof im Fall *Silver* klargestellt:

> „[N]either Article 13 nor the Convention in general lays down for the Contracting States any given manner for ensuring within their internal law the effective implementation of any of the provisions of the Convention – for example, by incorporating the Convention into domestic law (...).“[373]

Entscheidend im Hinblick auf die Staatenverpflichtung aus Art. 1 EMRK ist folglich allein, daß die Gewährleistung der Konventionsrechte innerstaatlich gesichert ist.[374] Unbeschadet des konkreten Umsetzungsmechanismus sind die Vertragsstaaten deshalb gehalten, die Einhaltung der Konventionsverpflichtungen durch die innerstaatlichen Hoheitsträger sicherzustellen, soll ein Rechtsverstoß vermieden werden.[375]

b) Abwehrrechte und Schutzpflichten

Augenscheinlich beinhaltet die Konvention zunächst die Freiheitsrechte in ihrer herkömmlichen, negativen Funktion als Abwehrrechte. Die EMRK nor-

---

373 EGMR, *Silver and others*, Urteil vom 25. März 1983, Ser. A No. 61, S. 42, Tz. 113, lit. d). Im Grundsatz bereits in EGMR, *Swedish Engine Drivers' Union*, Urteil vom 6. Februar 1976, Ser. A No. 20, S. 18, Tz. 50. Vgl. auch EGMR, *Observer and Guardian*, Urteil vom 26. November 1991, Ser. A No. 216, S. 36, Tz. 76 bzw. EGMR, *Sunday Times (No. 2)*, Urteil vom 26. November 1991, Ser. A No. 217, S. 32, Tz. 61.

374 EGMR, *Lithgow and others*, Urteil vom 8. Juli 1986, Ser. A No. 102, S. 74, Tz. 205: „Although there is thus no obligation to incorporate the Convention into domestic law, by virtue of Article 1 of the Convention the substance of the rights and freedoms set forth must be secured under the domestic legal order, in some form or another, to everyone within the jurisdiction of the Contracting States (...).“ Die Problematik hat sich im Hinblick auf das Vereinigte Königreich insofern entschärft, als dort mit dem *Human Rights Act* vom 9. November 1998, Text in ILM 38 (1999), S. 466, nunmehr die gesetzlichen Voraussetzungen für die innerstaatliche Anwendung der EMRK geschaffen wurden, vgl. hierzu *Greer*, ELR 24 (1999), S. 3 ff.

375 Vgl. *Frowein/Peukert*, EMRK, Art. 1 Rn. 9. Daß die Verpflichtung sich nicht nur auf oberste Staatsorgane sondern auf alle Funktionsträger erstreckt, verdeutlicht die Schlußsequenz der soeben angeführten Urteilspassage im Fall *Irland ./. Vereinigtes Königreich*.

miert allerdings auch institutionelle bzw. Verfahrensgarantien, die bereits ihrer Natur nach ein Tätigwerden des Staates voraussetzen. So bedingt etwa die Wahrnehmung von Justizgrundrechten notwendig die Existenz eines Gerichtssystems; der gesetzliche Schutz des Lebens gem. Art. 2 EMRK erfordert legislative Maßnahmen.[376] Der Gerichtshof hat darüber hinaus auch aus anderen Vorschriften der Konvention positive Handlungspflichten der Staaten hergeleitet, wenn dies für eine effektive Inanspruchnahme der Rechte erforderlich war. Dies wird etwa im Fall *Airey* deutlich. Die Beschwerdeführerin rügte eine Verletzung von Art. 6 Abs. 1 EMRK, nachdem sie sich aufgrund ihrer finanziellen Verhältnisse nicht in der Lage gesehen hatte, einen Rechtsanwalt mit der Stellung eines Antrags auf Trennung von ihrem gewalttätigen Mann zu beauftragen. Ein Prozeßkostenhilfesystem für Zivilrechtsstreitigkeiten war dem irischen Recht unbekannt. Der EGMR widersprach der Argumentation der Regierung, der Zugang zu den Gerichten hätte Mrs. *Airey* offengestanden; mangels Anwaltszwang hätte sie ihren Fall schließlich selbst vor die Gerichte bringen können. Er kam zu dem Ergebnis, die Beschwerdeführerin hätte die Tücken des Prozeßrechts vor dem High Court nur schwerlich meistern können. Der faktische Ausschluß einer Klagemöglichkeit sei mit der von Art. 6 Abs. 1 EMRK geforderten effektiven Rechtsweggarantie nicht vereinbar:

> „[T]he Convention is intended to guarantee not rights that are theoretical or illusory but rights that are practical and effective (...). This is particularly so of the right of access to the courts in view of the prominent place held in a democratic society by the right to a fair trial (...)."[377]

Zur Erfüllung seiner Verpflichtungen könne der Staat daher veranlaßt sein, den Zugang zu den Gerichten durch positive Maßnahmen zu ermöglichen. Die Wahl der Mittel überläßt der Gerichtshof dabei dem Vertragsstaat, solange die effektive Ausübung des Rechts gewährleistet sei:

> „[I]t is not the Court's function to indicate, let alone dictate, which measures should be taken; all that the Court requires is that an individual should enjoy his effective right to access to courts in conditions not at variance with Article 6 § 1 (...)."[378]

---

376 Vgl. *Frowein*, Collected Courses of the Academy of European Law, 1990, Vol. I-2, S. 267 (296); *Merrills*, Development, S. 102. Zur Entwicklung staatlicher Schutzpflichten aus der EMRK und deren Erfüllung im innerstaatlichen Bereich vgl. allgemein *Bleckmann*, in: FS Bernhardt, S. 309 ff.

377 EGMR, *Airey*, Urteil vom 9. Oktober 1979, Ser. A No. 32, S. 12 f., Tz. 24.

378 Ebd., S. 15, Tz. 26.

Neben den Prozeß- und Verfahrensgrundrechten[379] hat der Gerichtshof den Konventionsstaaten insbesondere im Rahmen von Art. 8 EMRK Schutzpflichten auferlegt. Zwar steht beim Schutz des Privat- und Familienlebens die negative Funktion im Vordergrund. Nach Ansicht des Gerichtshofs erschöpft sich der Gehalt von Art. 8 EMRK jedoch keineswegs hierauf, wie im *Marckx*-Urteil deutlich hervorgehoben wird:

> „[T]he object of the Article is 'essentially' that of protecting the individual against arbitrary interference by the public authorities (...). Nevertheless, it does not merely compel the State to abstain from such interference: in addition to this primarily negative undertaking, there may be positive obligations inherent in an effective 'respect' for family life."[380]

Im konkreten Fall entwickelte der Gerichtshof aus Art. 8 Abs. 1 EMRK eine Schutzpflicht dahingehend, die Integration nichtehelicher Kinder in die Familie von Geburt an sicherzustellen:

> „[W]hen the State determines in its legal system the regime applicable to certain family ties such as those between an unmarried mother and her child, it must act in a manner calculated to allow those concerned to lead a normal family life. As envisaged by Article 8, respect for family life implies in particular, in the Court's view, the existence in domestic law of legal safeguard that render possible as from the moment of birth the child's integration in his family. In this connection, the State has a choice of various means, but a law that fails to satisfy this requirement violates paragraph 1 of Article 8."[381]

Das belgische Recht, das die Anerkennung des Kindes durch die Mutter zur Voraussetzung der familienrechtlichen Beziehung machte, wurde diesem Schutzauftrag nach Meinung des Gerichtshofs nicht gerecht.

---

379 Vgl. etwa EGMR, *Artico*, Urteil vom 13. Mai 1980, Ser. A No. 37, S. 16 f., Tz. 33 f., wo der Gerichtshof aus dem Effizienzgebot für Art. 6 Abs. 3 lit. c) EMRK die Verpflichtung der Mitgliedstaten abgeleitet hat, einen Pflichtverteidiger nicht nur zu benennen, sondern ihn bei Untätigkeit zu ersetzen bzw. zur Wahrnehmung der Verteidigung zu veranlassen. Zu den positiven Pflichten im Strafverfahren bzw. -vollzug vgl. EGMR, *Bezicheri*, Urteil vom 25. Oktober 1989, Ser. A No. 164, S. 12, Tz. 25 sowie EGMR, *Bouamar*, Urteil vom 29. Februar 1988, Ser. A No. 129, S. 21 f., Tz. 52 f.

380 EGMR, *Marckx*, Urteil vom 13. Juni 1979, Ser. A No. 31, S. 15, Tz. 31.

381 Ebd.

Die Pflicht des Staates, Maßnahmen zum Schutz des Privat- und Familienlebens zu treffen, hat der EGMR im Fall *Vermeire* unter dem Gesichtspunkt des Diskriminierungsverbotes in Art. 14 EMRK dahingehend bekräftigt, daß der Staat durch Ausgestaltung seiner innerstaatlichen Gesetzgebung sicherstellen müsse, daß nichteheliche Kinder nicht gänzlich von Erbschaftsansprüchen ausgeschlossen sind.[382]

Auch zum Schutz des Privat- und Familienlebens können institutionelle Absicherungen erforderlich sein, wie sich aus dem bereits erw ähnten *Airey*-Fall ergibt. Die Richter sahen nicht allein Art. 6 EMRK verletzt, sondern stützten den Verstoß zusätzlich auf Art. 8 Abs. 1 EMRK, da es der Beschwerdeführerin faktisch verwehrt worden sei, den Schutz ihres Privat- und Familienlebens durch die nach irischem Recht mögliche Trennung von Tisch und Bett zu erreichen:

> „Effective respect for private family life obliges Ireland to make this means of protection effectively accessible (...). However, it was not effectively accessible to the applicant: not having been put in a position in which she could apply to the High Court (...), she was unable to seek recognition in law to her de facto separation from her husband. She has therefore been the victim of a violation of Article 8."[383]

Selbst eine (ungewollte) Lücke in der nationalen Rechtsordnung kann einen Verstoß gegen Art. 8 Abs. 1 EMRK zur Folge haben. Im Fall eines sexuell mißbrauchten, geistig behinderten Mädchens verhinderte eine solche Gesetzeslücke im niederländischen Strafrecht eine Strafverfolgung. Der Gerichtshof knüpfte an seine im *Marckx*-Urteil entwickelte Rechtsprechung an und stellte eine Verletzung der von Art. 8 Abs. 1 EMRK gebotenen Schutzpflichten fest.[384] Allerdings erweiterte er die Schutzpflicht insoweit, als diese Pflicht sich auch auf den Schutz vor dem Verhalten von Privatpersonen[385] erstreckt:

---

382 EGMR, *Vermeire*, Urteil vom 29. November 1991, Ser. A No. 214-C, S. 74 (83), Tz. 26 ff. unter Verweis auf die *Marckx*-Rechtsprechung.

383 EGMR, *Airey*, Urteil vom 9. Oktober 1979, Ser. A No. 32, S. 17, Tz. 33.

384 EGMR, *X and Y ./. Niederlande*, Urteil vom 26. März 1985, Ser. A No. 91, S. 13, Tz. 27 ff., mit dem Hinweis, daß zivilrechtliche Ansprüche nicht ausreichten „where fundamental values and essential aspects of private life are at stake."

385 Zur Schutzpflicht des Staates bei Verletzung von Menschenrechten durch Private vgl. allgemein *Wiesbrock*, Schutz, S. 84 ff. (zur EMRK bei S. 102 ff.). Die Diskussion wird im internationalen Schrifttum unter Bezugnahme auf den deutschen grundrechtlichen Diskurs zur Drittwirkung geführt. Ausführlich hierzu *Clapham*, in: Macdo-

> „[I]n addition to this primarily negative understanding, there may be positive obligations inherent in an effective respect for private or family life (...). These obligations may involve the adoption of measures designed to secure respect for private life even in the sphere of the relations of individuals between themselves."[386]

Seine Schutzpflichten hat der Staat aber auch verletzt, wenn er durch seine Gesetzgebung die Beeinträchtigung eines Konventionsrechts erst ermöglicht. Dies hat der Gerichtshof im Fall *Young, James and Webster* hervorgehoben. Den englischen Arbeitern wurde durch ihren (privaten) Arbeitgeber gekündigt, nachdem sie sich weigerten, in diejenige Gewerkschaft einzutreten, mit der der Arbeitgeber eine sog. *closed shop*-Vereinbarung getroffen hatte. Das englische Recht sah für diesen Fall eine Kündigungsmöglichkeit vor. Der EGMR hob zwar hervor, daß das betreffende Gesetz vermutlich einen ganz konkreten, anderen Sachverhalt im Auge hatte, betonte aber zugleich, daß der Vertragsstaat sich an seiner geltenden Rechtsordnung festhalten lassen müsse und die darauf beruhenden Beeinträchtigungen zu verantworten habe:

> „Under Article 1 of the Convention, each Contracting State 'shall secure to everyone within (its) jurisdiction the rights and freedoms defined in ...(the) Convention'; hence, if a violation of one of those rights and freedoms is the result of non-observance of the obligation in the enactment of domestic legislation, the responsibility of the State for that violation is engaged. Although the proximate cause of the events giving rise to this case was the 1975 agreement between British Rail and the railway unions, it was the domestic law in force at the relevant time that made lawful the treatment of which the applicants complain. The responsibility of the respondent State for any resultant breach is thus engaged on this basis."[387]

Nach Ansicht des Gerichtshofs hatte das Vereinigte Königreich hier seine Schutzpflichten im Hinblick auf Art. 11 EMRK verletzt.

---

nald/Matscher/Petzold, Protection, S. 163 (164 ff.); vgl. auch *Frowein*, Collected Courses of the Academy of European Law, 1990, Vol. I-2, S. 267 (298).

386 EGMR, *X and Y ./. Niederlande*, Urteil vom 26. März 1985, Ser. A No. 91, S. 11 ff., Tz. 23.

387 EGMR, *Young, James and Webster*, Urteil vom 13. August 1981, Ser. A No. 44, S. 20, Tz. 49.

Die angeführte Rechtsprechung macht deutlich, wie sehr der Gerichtshof Staaten in die Pflicht nimmt. Geleitet vom *effet utile* der EMRK begnügt er sich nicht mit einer bloßen Abwehrfunktion der Konventionsrechte, sondern legt den Staaten weitreichende Pflichten auf, im innerstaatlichen Bereich die effektive Wahrnehmung durch entsprechende Gesetzgebung und institutionelle Absicherung zu ermöglichen. Die Wahrung der Rechte kann es auch erforderlich machen, daß der Staat sich schützend vor seine Bürger stellt, wenn die Beeinträchtigung ihrer Rechte durch Dritte erfolgt, und seine Rechtsordnung derart ausgestaltet, daß eine solche Beeinträchtigung vermieden wird.

5. Räumlich-personeller Anwendungsbereich der EMRK

Im Hinblick auf ihren räumlich-personellen Anwendungsbereich der Konventionsrechte enthält die EMRK klare Aussagen. Gem. Art. 1 EMRK ist die Sicherung der Rechte und Freiheiten von den Vertragsstaaten gegenüber „allen ihrer Jurisdiktion unterstehenden Personen“[388] zu gewährleisten. In personeller Hinsicht beschränkt sich die Anwendung der EMRK daher nicht auf natürliche Personen, sondern erfaßt gleichermaßen Personenmehrheiten und juristische Personen, soweit nach der Auslegung der einzelnen materiellen Vorschriften eine solche Anwendung intendiert ist.[389] Fremd ist Art. 1 EMRK auch eine Anknüpfung an die Staatsangehörigkeit oder ein sonstiges Band, durch welches eine Person mit dem Vertragsstaat verbunden sein müßte.[390] Übt ein Vertragsstaat Hoheitsgewalt aus, so ist es nach der Rechtsprechung der Konventionsorgane nicht von Bedeutung, ob die betroffene Person überhaupt einem der Vertragsstaaten angehört. Dies hat die Kommission bereits vor geraumer Zeit hervorgehoben:

> „Whereas, therefore, in becoming a Party to the Convention, a State undertakes, vis-à-vis the other High Contracting Parties, to secure the rights and freedoms defined in Section I to every person within its jurisdiction, regardless of their nationality or status; whereas, in short, it undertakes to secure these rights and freedoms not only to its own nationals an those of other High

388 Authentischer engl. Text: „everyone within their jurisdiction“; frz.: „à toute personne relevant de leur juridiction“.

389 Vgl. *Frowein/Peukert*, EMRK, Art. 1 Rn. 3.

390 Die Staatsangehörigkeit spielt lediglich bei den Schranken der politischen Freiheiten (Art. 10, 11 und 14 EMRK) eine Rolle. Art. 16 EMRK gewährt den Mitgliedstaaten hier Einschränkungsmöglichkeiten für Ausländer.

> Contracting Parties but also to nationals of States not parties to the Convention and stateless persons (...).“[391]

Ebensowenig wie auf die Staatsangehörigkeit oder den Status einer Person kommt es nach der Rechtsprechungspraxis für die Anwendung der Konvention darauf an, ob die von der Hoheitsgewalt betroffene Person ihren Wohnsitz innerhalb eines Vertragsstaates hat.[392] Auch ist nicht entscheidend, wo letztlich die Folgen staatlichen Handelns eintreten.[393] Im *Soering*-Urteil hat der Gerichtshof die Verantwortung der Staaten für ihr eigenes Handeln angemahnt, auch wenn sich die Folgen dieses Handelns außerhalb der Hoheitsgewalt der Vertragsstaaten verwirklichen.[394] Daß die Anwendung der Konvention letztlich alleine von der *jurisdiction* – von der Ausübung hoheitlicher Gewalt – eines Mitgliedstaates abhängt, hat der Gerichtshof in der (ersten) *Loizidou*-Entscheidung nochmals eindringlich hervorgehoben:

> „In this respect the Court recalls that, although Art. 1 sets limits on the reach of the Convention, the concept of ‚jurisdiction' under this provision is not restricted to the national territory of the High Contracting Parties (…). [R]esponsibility of Contracting Parties can be involved because of acts of their authorities, whether performed within or outside national

391 *Österreich ./. Italien*, Entscheidung vom 11. Januar 1961, Yearbook IV (1961), S. 116 (138/140).

392 Vgl. wiederum die Rechtsprechung der Kommission im Fall *X ./. Deutschland*, Yearbook VIII (1965), S. 158 (168): „[T]he nationals of a Contracting State are within its 'jurisdiction' even when domiciled or resident abroad.“ Das im ursprünglichen Entwurf von Art. 1 vorgesehene Wohnsitzerfordernis wurde vom Expertenausschuß ausdrücklich gestrichen, vgl. den Bericht des Ausschusses, abgedruckt in: *Council of Europe* (Hrsg.), Collected Edition of the ‚Travaux Préparatoires‘ of the European Conveniton on Human Rights, Vol. IV, S. 20: „It was felt that there were good grounds for extending the benefits of the Convention to all persons in the territories of the signatory States, even those who could not be considered as residing there in the legal sense of the word.“

393 Vgl. EGMR, *Drozd and Janousek*, Urteil vom 26. Juni 1992, Ser. A No. 240, S. 29, Tz. 91: „The term 'jurisdiction' is not limited to the national territory of the High Contracting Parties; their responsibility can be involved because of acts of their authorities producing effects outside their own territory (…).“ Zum räumlichen Anwendungsbereich der Konvention siehe auch die Rechtsprechung der Kommission in den Fällen *X ./. Deutschland*, Yearbook VIII (1965), S. 158; *Hess*, DR 2, S. 72 ff.; *Zypern ./. Türkei*, DR 2, S. 125 ff.; *W. ./. Vereinigtes Königreich*, DR 32, S. 190 ff.

394 EGMR, *Soering*, Urteil vom 7. Juli 1989, Ser. A No. 161, S. 33 f., Tz. 86; vgl. hierzu noch im III. Kapitel, S. 301 ff.

> boundaries, which produce effects outside their own territory (...)."[395]

Eine Relativierung der Staatenpflichten außerhalb der von der Konvention selbst vorgesehenen Möglichkeiten[396] läßt der Gerichtshof mit Blick auf den besonderen Charakter der EMRK gerade nicht zu. Im *Soering*-Urteil hieß es diesbezüglich:

> „In interpreting the Convention regard must be had to its special character as a treaty for the collective enforcement of human rights and fundamental freedoms (...). Thus, the object and purpose of the Convention as an instrument for the protection of individual human beings require that its provisions be interpreted and applied so as to make safeguards practical and effective (...)."[397]

Die Sicherstellung des effektiven Schutzes durch die Konventionsrechte auch bei extra-konventionellen Bezugspunkten des Sachverhalts konnte der Gerichtshof im *Soering*-Fall um so mehr anmahnen, als er die in Art. 3 der EMRK verbürgte Rechtsposition auch auf außereuropäischer Ebene als allgemein anerkannten Menschenrechtsstandard verwirklicht sah.[398]

Im Lichte der Konventionspraxis erweist sich damit Art. 1 EMRK als zentrale Norm zur Bestimmung gerade auch des räumlich-personellen Anwendungsbereiches der Konvention. Die Staaten sind zur Beachtung der Paktrechte verpflichtet, sobald sie dem einzelnen hoheitlich gegenübertreten, unabhängig davon, welche räumliche Beziehung der Betroffene zum betreffenden Staat aufweist und wo der Erfolg des staatlichen Handelns eintritt. Im Ergebnis be-

---

395 EGMR, *Loizidou,* Urteil vom 23. März 1995 (*preliminary objections*), Ser. A No. 310, S. 23 f., Tz. 62.

396 Gerade für den im Fall *Soering* einschlägigen Art. 3 EMRK stellte der Gerichtshof eine schrankenlose und notstandsfeste Verpflichtung der Mitgliedstaaten fest, vgl. EGMR, *Soering*, Urteil vom 7. Juli 1989, Ser. A No. 161, S. 34 f., Tz. 88. Kritisch zur Rechtsprechung des EGMR im Hinblick auf ggf. kollidierende vertragliche Pflichten der Konventionsstaaten zu Drittstaaten aber jüngst *Doehring*, in: FS Rauschning, S. 419 ff.

397 EGMR, *Soering*, Urteil vom 7. Juli 1989, Ser. A No. 161, S. 34, Tz. 87.

398 EGMR, *Soering*, Urteil vom 7. Juli 1989, Ser. A No. 161, S. 34 f., Tz. 88; der EGMR zog unter anderem die UN-Folterkonvention, aber auch die AmMRK vergleichend heran, nachdem die Auslieferung an die USA in Rede stand.

wirkt daher Art. 1 EMRK eine universelle Schutzfunktion der Konventionsrechte, solange und soweit ein Vertragsstaat seine Hoheitsgewalt ausübt.

6. Umfang der völkerrechtlichen Verpflichtung der Bundesrepublik Deutschland in materieller Hinsicht

Für die Bundesrepublik ist die EMRK am 3. September 1953 – abgesehen von einem Vorbehalt zu Art. 7 Abs. 2 EMRK[399] – uneingeschränkt in Kraft getreten.[400] Mit Ausnahme des Protokolls Nr. 7 hat die Bundesrepublik auch die in Kraft getretenen Zusatzprotokolle ratifiziert und ihnen innerstaatlich Gesetzeskraft verliehen.[401]

399 Der Vorbehalt soll sicherstellen, daß Art. 7 Abs. 2 EMRK nur in den Grenzen von Art. 103 Abs. 2 GG angewendet wird, vgl. Bekanntmachung vom 15. Dezember 1953, BGBl. 1954 II S. 14. Ursprünglich zur Rechtfertigung der Nürnberger Kriegsverbrecherprozesse eingefügt, vgl. *Frowein/Peukert*, Art. 7 Rn. 8, ist Art. 7 Abs. 2 im Zusammenhang mit der Bestrafung von DDR-Verbrechen erneut Diskussionsgegenstand gewesen, vgl. hierzu *Polakiewicz*, EuGRZ 1992, S. 177 (189). Der BGH hat sich im Hinblick auf die Völkerrechtswidrigkeit der Todesschüsse mit dem zu Art. 7 Abs. 2 EMRK erklärten Vorbehalt nur kurz auseinandergesetzt; er hob den grundsätzlichen Vorrang des verfassungsrechtlichen Rückwirkungsverbotes in Art. 103 Abs. 2 GG hervor, das auch im Zusammenhang mit Art. 15 Abs. 2 IPbpR – ohne daß es hierzu eines Vorbehaltes bedürfe – für die innerstaatliche Rechtsanwendung maßgeblich bleibe, vgl. BGH, NJW 1993, S. 141 (147). Zu dem von der Bundesrepublik eingelegten Vorbehalt brauchte der EGMR in seiner Entscheidung vom 22. März 2001 zu den Beschwerden 34044/96, 35532/97 und 44801/98 der ehemaligen Politbüromitglieder *Streletz*, *Kesseler* und *Krenz* nicht Stellung zu nehmen, nachdem er bereits die Strafurteile der deutschen Gerichte als mit Art. 7 Abs. 1 EMRK vereinbar angesehen hatte, vgl. Tz. 102 ff. des Urteils.

400 Vgl. Bekanntmachung vom 15. Dezember 1953, BGBl. 1954 II S. 14.

401 Im Hinblick auf die Zusatzprotokolle materiell-rechtlichen Inhalts, dazu bereits oben Fn. 294: (1.) ZP in Kraft seit 13. Februar 1957 gem. Bekanntmachung vom 13. April 1957, BGBl. 1957 II S. 226; 4. ZP in Kraft seit 1. Juni 1968 gem. Bekanntmachung vom 18. November 1968, BGBl. 1968 II S. 1109; 6. ZP in Kraft seit 1. August 1989 gem. Bekanntmachung vom 27.9.1989, BGBl. 1989 II S. 814. Das 7. ZP ist von der Bundesrepublik bislang nicht ratifiziert, vgl. oben Fn. 294. Sämtliche Protokolle haben in verweisungstechnischer Hinsicht Änderungen durch das 11. ZP erhalten, vgl. oben Fn. 294. Die sprachliche Überarbeitung in Abstimmung mit Österreich, Liechtenstein und der Schweiz ist bislang nicht amtlich bekannt gemacht, vgl. oben Fn. 283. Das 12. Zusatzprotokoll ist bislang auf völkerrechtlicher Ebene noch nicht in Kraft getreten, vgl. bereits oben in Fn. 292

7. Zusammenfassung und Ergebnis

Mit der EMRK existiert auf regional-europäischer Ebene seit nahezu 50 Jahren ein herausragendes Menschenrechtsdokument zur Gewährleistung der klassischen Freiheits- und Bürgerrechte, wie sie auch den in Verfassungen der meisten europäischen Staaten niedergelegt sind. In materiell-völkerrechtlicher Hinsicht ist vor allem der Schutz des Eigentums hervorzuheben, der – im Gegensatz zu den universellen Menschenrechtsverträgen – auf der Ebene der EMRK explizit durch Art. 1 des (ersten) Zusatzprotokolls gewährleistet wird.

Wie die deutschen Grundrechte, so werden auch die in der EMRK niedergelegten Rechte nicht mehr allein in ihrer Funktion als Schutznormen zur Abwehr staatlicher Eingriffe interpretiert. Die Rechtsprechung der Konventionsorgane hebt seit geraumer Zeit auch den positiven Aspekt staatlicher Schutzpflichten hervor. Danach obliegt es den Mitgliedstaaten, durch Ausgestaltung und Handhabung ihrer innerstaatlichen Rechts-, vor allem auch Zivilrechtsordnung, die effektive Gewährleistung der Konventionsrechte sicherzustellen.

Ihre besondere Stellung im Bereich des völkerrechtlichen Menschenrechtsschutzes erfährt die EMRK in formeller Hinsicht vor allem durch die Schaffung eines gerichtsförmigen Überwachungssystems, das einem unabhängigen Rechtsprechungsorgan die Kompetenz zur abschließenden und rechtsverbindlichen Interpretation der Konventionsrechte zuweist und sogar Elemente der Rechtsdurchsetzung enthält. Die über Jahrzehnte gewachsene und bis heute ständig zunehmende Rechsprechungstätigkeit von Kommission und Gerichtshof hat den in der EMRK niedergelegten Menschenrechten und den korrespondierenden Staatenverpflichtungen einen Konkretisierungsgrad verliehen, der auf völkerrechtlicher Ebene seinesgleichen sucht. Aus der Vielzahl der von den Konventionsorganen entschiedenen Einzelfälle lassen sich bestimmte Wesensmerkmale und Interpretationsgrundsätze abstrahieren, die für das Verständnis der EMRK und der resultierenden Pflichten der Staaten zentrale Bedeutung gewinnen. Ausgehend von den traditionellen Methoden der Vertragsauslegung haben es Kommission und Gerichtshof unternommen, der Konvention den Charakter eines „law making treaty“ und eines „living instrument“ zur effektiven Gewährleistung des Menschenrechtsschutzes zu verleihen. Die Durchsetzung des *effet utile* der Konvention verwirklicht der Gerichtshof einerseits mittels paktautonomer Begriffsinterpretation und sichert so die Emanzipation der Menschenrechtsinhalte der EMRK vom einzelstaatlich geprägten Verständnis. Daneben ermöglicht die vom Gerichtshof praktizierte evolutive Auslegung eine Berücksichtigung des Wandels der Rechtsauffassungen, der moralischen Fundamente sowie der gesellschaftlichen und politischen Grundwerte in den Mitgliedstaaten.

Mit dem Grundsatz der effektiven Auslegung ist allerdings kein gegenüber allen Vertragsstaaten uniformer oder unreflektierter Durchsetzungsanspruch der Konventionsrechte verbunden. Den kulturellen, rechtlichen, sozialen und wirtschaftlichen Unterschieden innerhalb der Mitgliedstaaten tragen die Konventionsorgane durch Einräumung von Beurteilungsspielräumen bei der Umsetzung ihrer menschenrechtlichen Verpflichtungen Rechnung. Ursprünglich im Zusammenhang mit den Notstandsklauseln und Schrankenbestimmungen der Konvention entwickelt, erfaßt die *margin of appreciation*-Doktrin in der Sache mittlerweile nahezu alle Ebenen der Konventionsauslegung. Wenngleich sich aus der Rechtsprechung kein dogmatisch gefestigtes Gerüst entnehmen läßt, so bleibt dennoch festzuhalten, daß die sich aus der EMRK ergebenden Verpflichtungen von Staat zu Staat unterschiedlich ausgeprägt sein können. Eine Grenze findet das mitgliedstaatliche Ermessen einerseits dort, wo elementare Werte unterschritten zu werden drohen. Andererseits scheint die Berufung auf einen Beurteilungsspielraum dann ausgeschlossen, wenn die innerstaatliche Rechtsordnung des betreffenden Staates hinter der gemeinsamen Rechtsüberzeugung der übrigen Staaten zurückbleibt.

III. Völkervertraglicher Menschenrechtsschutz auf UN-Ebene

Aus den völkervertraglichen Menschenrechtsinitiativen der Vereinten Nationen ragen sechs „*core human rights treaties*“[402] heraus, die den Kernbestand des universellen völkervertraglichen Menschenrechtsschutzes bilden: Die beiden UN-Pakte über bürgerliche und politische bzw. wirtschaftliche, soziale und kulturelle Rechte, das Übereinkommen zur Beseitigung der Rassendiskriminierung, das Übereinkommen zur Beseitigung der Frauendiskriminierung, die Kinderrechtekonvention[403] sowie die Anti-Folter-Konvention.[404] Mit Ausnahme der letztgenannten enthalten die universellen Verträge einzelne Verbürgungen, die thematische Parallelen zu den deutschen Grundrechten aufweisen und ihrem Inhalt nach auch für die Ausgestaltung der innerstaatlichen Privat-

402 Vgl. *Haedrich*, JA 1999, S. 251 (254) unter Verweis auf *Alston*.

403 Vgl. im einzelnen die nachfolgenden Abschnitte.

404 Übereinkommen gegen Folter und andere grausame, unmenschliche oder erniedrigende Behandlung oder Strafe vom 10. Dezember 1984, BGBl. 1996 II S. 246.

rechtsordnung und deren Handhabung durch die Rechtsanwendungsorgane Bedeutung erlangen können.

1. Die Internationalen Pakte

Einen zentralen Baustein des Menschenrechtssytems auf UN-Ebene bilden die beiden Internationalen Pakte über bürgerliche und politische Rechte (IPbpR) bzw. wirtschaftliche, soziale und kulturelle Rechte (IPwskR).[405]

a) Entstehungsgeschichte der UN-Pakte

Zum Zeitpunkt ihrer Auflage zur Unterzeichnung im Jahre 1966 wiesen beide Vertragswerke eine nahezu 20-jährige Entstehungsgeschichte auf. Das ursprünglich von der Menschenrechtskommission angestrebte Ziel, eine umfassende und einheitliche *International Bill of Rights* in Gestalt einer Deklaration (*declaration*), eines völkerrechtlichen Abkommens (*covenant*) und eines Abkommens zur Durchführung (*measures of implementation*) zu schaffen, blieb zunächst auf die Ausarbeitung der Allgemeinen Erklärung der Menschenrechte (AEMR) beschränkt.[406] Nach deren Verabschiedung konzentrierte sich die Menschenrechtskommission auf die Ausarbeitung der noch fehlenden Bestandteile der *International Bill of Rights*.[407] In Zeiten des Kalten Krieges und eklatanter ideologischer Unterschiede zwischen den Staaten standen jedoch die Bemühungen der Generalversammlung um eine einheitliche Menschenrechtskonvention, die den in der AEMR genannten Rechten bindende Kraft verleihen und neben den klassischen Freiheitsrechten auch wirtschaftliche, soziale und kulturelle Rechte enthalten sollte,[408] unter keinem günstigen Stern. Während die westlich orientierten Staaten politische und Bürgerrechte, die sogenannten Menschenrechte der ersten Generation bzw. Dimension,[409] als unmittelbare

---

405 Englischer und französischer Text sowie amtliche deutsche Übersetzung in BGBl. 1973 II S. 1533 (IPbpR) und S. 1569 (IPwskR). Gem. Art. 53 Abs. 1 IPbpR bzw. Art. 31 Abs. 1 IPwskR sind allein die Textfassungen in chinesischer, englischer, französischer, russischer und spanischer Sprache verbindlich.

406 Vgl. *Haedrich*, JA 1999, S. 251 (252).

407 Vgl. *Nowak*, IPbpR, Einführung Rn. 7.

408 Vgl. GV-Res. 421 (V).

409 Die herkömmliche Kategorisierung der Menschenrechte in Generationen (erste Generation: politische und bürgerliche Freiheiten als liberale Abwehrrechte, zweite Generation: wirtschaftliche, soziale und kulturelle Rechte, dritte Generation: kollektive Rechte wie etwa das Recht auf Entwicklung, Teilhabe am gemeinsamen Erbe der Menschheit, Selbstbestimmungsrecht der Völker), vgl. etwa *K. Ipsen*, in: ders., Völ-

Gewährleistungen und verfahrensrechtlich abzusichernde Rechte anzuerkennen bereit waren, betonten vor allem die sozialistischen und kommunistischen Staaten die Unteilbarkeit und Interdependenz aller Menschenrechte und wandten sich gleichzeitig gegen ein justizförmiges Überwachungsverfahren.[410] Seit Anfang der 50-er Jahre arbeitete die Menschenrechtskommission an getrennten Entwürfen zur Kodifizierung der Freiheitsrechte (einschließlich politischer Rechte) einerseits und Wirtschafts-, Sozial- und kulturellen Rechten andererseits.[411] Obwohl die Menschenrechtskommission bereits 1954 die Entwürfe beider Pakte vorlegte,[412] bedurfte es noch 12 Jahre umfangreicher Beratungen im 3. Ausschuß bis zur endgültigen Annahme der Entwürfe durch einstimmigen Beschluß der Generalversammlung am 16. Dezember 1966.[413] Bis zum Inkrafttreten der Pakte nach Hinterlegung der 35. Ratifikations- bzw. Beitrittserklärung sollte eine weitere Dekade vergehen.[414] Anfang Februar 2002 hatten 148 Staaten den IPbpR ratifiziert; der IPwskR zählte zu diesem Zeitpunkt 145 Vertragsstaaten.[415]

b) Der Internationale Pakt über bürgerliche und politische Rechte

aa) Aufbau und Inhalt des IPbpR

Der IPbpR[416] gliedert sich in sechs Teile. Während im I. Teil das Selbstbestimmungsrecht der Völker deklariert wird (Art. 1 IPbpR)[417], finden sich im

---

kerrecht, § 48 Rn. 38, wird im Schrifttum seit längerem kritisch beurteilt. Die Einteilung impliziere, so der Haupteinwand, eine frühere Rechtsgeneration werde durch nachfolgende eingeschränkt oder ersetzt, vgl. etwa *Partsch*, in: Bernhardt/Jolowicz (Hrsg.), Enforcement, S. 25 (25). Mit *Riedel*, EuGRZ 1989, S. 9 (11) wird daher im deutschsprachigen Schrifttum zunehmend von „Dimensionen" der Menschenrechte gesprochen.

410 Vgl. *Nowak*, in: Hanski/Suksi (Hrsg.), Introduction, S. 82 f.

411 Das Ziel einer einheitlichen Konvention wurde mit der Mehrheit der westlichen Staaten in der Generalversammlung aufgegeben, vgl. GV-Res. 543 (VI) und 545 (VI) vom 5. Februar 1952.

412 Vgl. Rep. 10th Session, UN-Doc. E/2573, S. 62 ff.

413 GV-Res. 2200/A (XXI).

414 Der IPbpR trat am 23. März 1976, der IPwskR am 3. Januar 1976 in Kraft.

415 Der aktuelle Ratifikationsstand kann als PDF-Dokument über die *UN Treaty-Bodies Database* auf der Internet-Homepage des UN-Hochkommissariats für Menschenrechte, URL (Stand: April 2002): << http://www.unhchr.ch/pdf/report.pdf >>, abgefragt werden.

416 Engl.: „Covenant on Civil and Political Rights" (CCPR).

II. Teil (Art. 2-5 IPbpR) die allgemeinen Vertragsbestimmungen betreffend die Verpflichtungen der Staaten zur Achtung und effektiven Gewährleistung der Paktrechte (Art. 2 IPbpR), die Möglichkeiten der Einschränkung der Rechte im Falle des öffentlichen Notstandes (Art. 4 IPbpR) und das private Mißbrauchsverbot (Art. 5 IPbpR). Selbständige subjektive Rechte enthält der II. Teil nicht. Das allgemeine Diskriminierungsverbot aus Gründen der Rasse, der Hautfarbe, des Geschlechts, der Sprache, der Religion, der politischen oder sonstigen Anschauung, der nationalen oder sozialen Herkunft, des Vermögens, der Geburt oder des sonstigen Status in Art. 2 Abs. 1 IPbpR hat ebenso akzessorischen Charakter, wie die Pflicht zur Gewährleistung der Gleichberechtigung der Geschlechter in Art. 3 IPbpR, bedarf also einer Verknüpfung mit den im Teil III festgelegten Individualrechten.[418]

Die im Teil III des Paktes gewährleisteten Rechte enthalten im wesentlichen die klassischen personenbezogenen Freiheits- und Bürgerrechte, wie sei seit dem ausgehenden 18. Jahrhundert Eingang in nationale Verfassungen gefunden haben. Hingegen fehlen von vornherein die nach deutschem Grundrechtsverständnis ebenfalls als – wenngleich stärker sozialbezogenen – Freiheitsrechte im Hinblick auf Eigentum und Erbrecht, Berufsfreiheit und wirtschaftliche Betätigung.[419] Durch ein grobes Raster betrachtet, lassen sich die im IPbpR verbürgten Individualrechte in vier Gruppen kategorisieren. Die erste Gruppe dient der Gewährleistung von Grundlagen des menschlichen Lebens und des persönlichen Lebensbereichs. Hierzu rechnen das Recht auf Leben (Art. 6 IPbpR), das Folterverbot (Art. 7 IPbpR), das Verbot von Sklaverei bzw. Leibeigenschaft (Art. 8 Abs. 1 bzw. 2 IPbpR) und Zwangsarbeit (Art. 8 Abs. 3 IPbpR) sowie das Recht auf persönliche Freiheit (Art. 9 IPbpR), das durch die Verfahrensgewährleistungen in den Art. 9-11 IPbpR und in Art. 14 IPbpR näher ausgestaltet wird. Art. 17 IPbpR gewährleistet den Schutz des Privatlebens, der Familie, der Wohnung, des Schriftverkehrs und der Ehre. Art. 23 IPbpR beinhaltet den Schutz von Ehe und Familie, Art. 24 IPbpR sichert – neben einem speziellen Diskriminierungsverbot – besonders die Rechtsstellung des Kindes. Die Gewissens- und Religions- bzw. Weltanschau-

---

417 Nach Art. 46 muß die Auslegung der Paktrechte das Recht der Völker auf Genuß und Nutzung ihrer Ressourcen und Mittel (vgl. Art. 1 Abs. 2) berücksichtigen.

418 Vgl. *Nowak*, IPbpR, Art. 2 Rn. 15 ff. und Art. 3 Rn. 5 ff. jeweils m.w.N. Anschaulich *General Comment* 28/68 vom 29. März 2000, UN-Doc. CCPR/C/21/Add. 10, der die Implikationen des Diskriminierungsverbotes für die einzelnen Paktrechte systematisch erhellt.

419 Dies ist Folge des oben beschriebenen politisch geprägten Entstehungsprozesses des Paktes. Die westlichen Demokratien verzichteten letztlich auf die Aufnahme auch dieser Rechte in den Katalog der bürgerlichen Freiheiten, um die Verabschiedung des Paktes insgesamt nicht zu gefährden, vgl. *Kriele*, Freiheit, S. 12.

ungsfreiheit verbürgt Art. 18 IPbpR. Art. 26 IPbpR schließlich enthält ein von den übrigen Bestimmungen unabhängiges Recht auf Gleichheit vor dem Gesetz und das Verbot der Diskriminierung durch Gesetz. Eine zweite Gruppe von Rechten gewährleistet die gesellschaftliche Entfaltung des einzelnen, insbesondere durch den Schutz der Meinungsfreiheit in Art. 19 IPbpR, der Versammlungs- und Vereinigungsfreiheit (Art. 21 und 22 IPbpR) und der Freizügigkeit (Art. 12 und 13 IPbpR). Die Mitwirkung an Politik und Staatsverwaltung werden durch eine weitere Gruppe von Rechten abgesichert, der das aktive und passive Wahlrecht (Art. 35 lit. a) und b) IPbpR) sowie der gleiche Zugang zum öffentlichen Dienst (Art. 25 lit. c) IPbpR) zuzuordnen sind. Schließlich enthält der Pakt mit dem in Art. 27 IPbpR normierten Minderheitenschutz neben Art. 1 IPbpR eine Gewährleistung von Gruppenrechten als vierte Kategorie. Die Ausgestaltung der einzelnen Paktrechte knüpft konzeptionell und systematisch an die Ausgestaltung moderner Verfassungen an und enthält neben der Beschreibung des tatbestandlichen Schutzbereiches die jeweiligen Schrankenregelungen. Einen „Fremdkörper"[420] innerhalb des III. Teils bildet Art. 20 IPbpR, der den Staaten eine unmittelbare Verpflichtung zum Verbot von Kriegspropaganda und Verhetzung auferlegt, hingegen keine subjektiv-rechtlichen Gewährleistungen begründet.[421] In materiell-rechtlicher Hinsicht wird der Pakt ergänzt durch das zweite Zusatzprotokoll zum Verbot bzw. zur Abschaffung der Todesstrafe vom 15. Dezember 1989.[422]

bb) Der Überwachungsmechanismus des IPbpR

Teil IV des Paktes widmet sich der Überwachung des Paktes auf völkerrechtlicher Ebene. Als autonomes Konventionsorgan ist hierzu der Ausschuß für Menschenrechte[423] berufen (Art. 28-39 IPbpR).[424] Nach dem IPbpR sind zwei grundlegende Überwachungsverfahren vorgesehen; das erste Zusatzprotokoll fügte dem Kontrollsystem die Möglichkeit der Behandlung von Individualbeschwerden hinzu.

---

420 *Nowak*, IPbpR, Art. 20 Rn. 2.

421 Art. 20 IPbpR ließe sich daher eher der dritten Dimension von Menschenrechten zuordnen, vgl. *K. Ipsen*, in: ders., Völkerrecht, § 48 Rn. 38.

422 BGBl 1992 II S. 391; in Kraft seit dem 11. Juli 1991.

423 Im deutschen Sprachgebrauch zumeist kurz: Menschenrechtsausschuß; engl.: *Human Rights Committee* (HRC).

424 Grundlegend hierzu *McGoldrick*, Committee; eingehend zur Funktion des Menschenrechtsausschusses auch *Opsahl*, in: Alston (Hrsg.), Human Rights, S. 369 ff. sowie *von der Wense*, UN-Menschenrechtsausschuß, S. 27 ff.

(1) Prüfung von Staatenberichten und die Erstellung von General Comments durch den Menschenrechtsausschuß

Gemäß Art. 40 IPbpR obliegt dem Ausschuß zum einen die Prüfung der von den Mitgliedstaaten regelmäßig[425] über den Generalsekretär der Vereinten Nationen (vgl. Art. 40 Abs. 2 S. 1 IPbpR) einzureichenden Staatenberichte.[426] Die Ergebnisse dieser Prüfung werden in jüngerer Zeit als abschließende Bemerkungen (*Concluding Observations*) eigenständig und nach Staaten getrennt veröffentlicht.[427] Zudem werden sie vom Ausschuß im Rahmen seines Jahresberichts (vgl. Art. 45 IPbpR)[428] veröffentlicht.[429] Im Gegensatz dazu richten sich die vom Ausschuß nach Art. 40 Abs. 4 IPbpR gefaßten allgemeinen Be-

---

425 Gem. Art. 40 Abs. 1 lit. a) IPbpR sind die *initial reports* innerhalb eines Jahres nach Inkrafttreten und weitere Berichte gem. Art. 40 Abs. 1 lit. b) IPbpR „auf Anforderung des Ausschusses“ einzureichen. Nach einem Beschluß des Menschenrechtsausschusses, der sog. *decision on periodicity* vom 22. Juli 1981, UN-Doc. A/36/49 Tz. 104 (i.d.F. vom 28. Juli 1982, UN-Doc. CCPR/C/19/Rev.) beträgt der Turnus zur Vorlage der Folgeberichte (*periodic reports*) fünf Jahre.

426 Zum Ablauf des Berichtsverfahrens vgl. etwa *E. Klein*, in: ders. (Hrsg.), Monitoring System, S. 17 ff. sowie *von der Wense*, UN-Menschenrechtsausschuß, S. 28 ff.

427 Die *Concluding Observations* werden separat als UN-Doc. CCPR/C/79/Add.[...] veröffentlicht. Sie sind in vollem Wortlaut seit einiger Zeit auch im Internet über die *UN Treaty-Bodies Database* abrufbar, URL (Stand: April 2002): << http://www.unhchr.ch/tbs/doc.nsf >>. Die Praxis, zu jedem Staatenbericht abschließende Stellungnahmen durch den Ausschuß als Ganzes abzugeben, hat sich erst nach Wegfall der Ost-West-Gegensätze etablieren können, vgl. die Novellierung der Verfahrensordnung, UN-Doc. CCPR/C/3/Rev. 4 (1997). Das heutige Verfahren ist in Art. 70 Abs. 3 VerfO verankert: „On the basis of its examination of the reports and information supplied by a State, the Committee in accordance with Art. 40, paragraph 4, of the Covenant, make such comments as it may consider appropriate.” Zu den Auseinandersetzungen um Reaktionsmöglichkeiten des Ausschusses auf die Staatenberichte vor Einführung dieses Verfahrens vgl. ausführlich *Nowak*, IPbpR, Art. 40 Rn. 40 ff. sowie *von der Wense*, UN-Menschenrechtsausschuß, S. 132 ff.

428 Der Bericht wird als UN-Doc. A/[Sitzungsjahr]/40 an ECOSOC übermittelt.

429 Bezogen auf die Bundesrepublik stammt die jüngste Stellungnahme des Ausschusses vom 8. November 1996, UN-Doc CCPR/C/79/Add. 73. Sie gibt vor allem im Hinblick auf die geäußerten *principal subjects of concern and suggestions and recommendations* Aufschluß über Art und Umfang der Prüfungstätigkeit des Ausschusses. Der Ausschuß hat sich darin unter anderem kritisch mit Fragen der deutschen Asylrechtspraxis, des Minderheitenschutzes sowie den Zugangsvoraussetzungen zum öffentlichen Dienst im Hinblick auf Sektenzugehörigkeit befaßt.

merkungen (*General Comments*) nicht an einzelne, sondern an sämtliche Vertragsstaaten.[430]

Der primäre Zweck der *General Comments* liegt darin, die Vertragsstaaten auf Problemfelder aufmerksam zu machen, denen sie bei Erstattung ihrer Berichte besonderes Augenmerk schenken sollten.[431] Sie sind das Ergebnis der praktischen Arbeit des Ausschusses und befassen sich vor allem mit der Konkretisierung der Staatenverpflichtungen und mit der über den Einzelfall hinausgehenden Auslegung einzelner Paktrechte.[432] Den Stellungnahmen des Ausschusses

---

430 Vgl. *McGoldrick*, Committee, S. 94; *Nowak*, IPbpR, Art. 40 Rn. 50; *Opsahl*, in: Alston (Hrsg.), Human Rights, S. 369 (412). Das Verfahren zur Erstellung eines *General Comment* zeichnet *E. Klein*, in: FS Rauschning, S. 301 (303 f.) nach.

431 Vgl. *E. Klein*, in: FS Rauschning, S. 301 (306).

432 Bis Ende 2001 hatte der Menschenrechtsausschuß insgesamt 29 *General Comments* abgefaßt. *General Comment* 1/13 und 2/13 betreffen die Berichtspflicht der Staaten; *General Comment* 24/52 (Vorbehalte zu menschenrechtlichen Verträgen), vom 2. November 1994, UN-Doc. CCPR/C/21/Rev. 1/Add. 6 (1994) und *General Comment* 26/61 (Kündigung durch den Vertragsstaat), vom 8. Dezember 1997, enthalten in UN-Doc. A/53/40 Annex III, sind über den IPbpR hinaus wegen ihrer allgemeinen völkerrechtlichen Aussagen bedeutsam. Zum Verständnis des Ausschusses zu einzelnen Paktrechten vgl. *General Comments* 3/13 zu Art. 2 (Durchsetzung des Paktes im innerstaatlichen Recht), verabschiedet am 28. Juli 1981, UN-Doc. CCPR/C/21/Rev. 1 (1989); *General Comment* 4/13 zu Art. 3 (Gleichberechtigung der Geschlechter), verabschiedet am 28. Juli 1981, UN-Doc. CCPR/C/21/Rev. 1 (1989), nunmehr ergänzt durch Nr. 28 vom 29. März 2000, UN-Doc. CCPR/C/21/Add. 10 (2000); *General Comment* 6/16 zu Art. 6 (Recht auf Leben), verabschiedet am 28. Juli 1981, UN-Doc. CCPR/C/21/Rev. 1 (1989); *General Comment* 8/19 zu Art. 9 (persönliche Freiheit und Strafverfahren), verabschiedet am 27. Juli 1982, UN-Doc. CCPR/C/21/Rev. 1 (1989); *General Comment* 10/19 zu Art. 19 (Meinungsfreiheit), verabschiedet am 27. Juli 1982, UN-Doc. CCPR/C/21/Rev. 1 (1989); *General Comment* 13/21 zu Art. 14 (Verfahrens- und Prozeßgarantien), verabschiedet am 12. April 1984, UN-Doc. CCPR/C/21/Rev. 1 (1989); *General Comment* 15/27 (Schutz von Fremden), verabschiedet am 22. Juli 1986, UN-Doc. CCPR/C/21/Rev. 1 (1989); *General Comment* 16/31 zu Art. 17 (Privatsphäre), verabschiedet am 23. März 1988, UN-Doc. CCPR/C/21/Rev. 1 (1989); *General Comment* 17/35 zu Art. 24 (Rechte des Kindes), verabschiedet am 5. April 1989, UN-Doc. CCPR/C/21/Rev. 1 (1989); *General Comment* 18/37 (Diskriminierungsverbote), verabschiedet am 9. November 1989, UN-Doc. CCPR/C/21/Rev. 1/Add. 1 (1989); *General Comment* 19/39 zu Art. 23 (Schutz der Familie, Eheschließungsfreiheit und Gleichheit der Ehegatten), verabschiedet am 24. Juni 1990, UN-Doc. CCPR/C/21/Rev. 1/Add. 2 (1990); *General Comment* 20/44 (Novellierung von *General Comment* 7/16) zu Art. 7 (Folterverbot), verabschiedet am 3. März 1992, UN-Doc. CCPR/C/21/Rev. 1/Add. 3 (1992); General Comment 21/44 (Novellierung von *General Comment* 9/16) zu Art. 10 (Rechte bei Freiheitsentzug), verabschiedet am 20. Juli 1992, UN-Doc. CCPR/C/21/Rev. 1/Add. 3 (1992); *General Comment* Nr. 22/48 zu Art. 18 (Religions- und Gewissensfreiheit), verabschiedet am

als „Akteur im Kreis der Menschenrechtsinterpreten“[433] kommt deshalb besonderes Gewicht für die Rechtspraxis zu. Den Vertragsstaaten vermitteln die *General Comments* den *status quo* der Rechtsentwicklung unter dem IPbpR[434] und ermöglichen so die Erfüllung ihrer menschenrechtlichen Verpflichtungen.[435] Freilich besteht Einigkeit, daß den *General Comments* keine Rechtsverbindlichkeit zukommt und die Interpretationsansätze nicht im Sinne einer exklusiven Auslegung verstanden werden können.[436] Weil sich aber in den Stellungnahmen die Ergebnisse der praktischen Arbeit des Ausschusses abstrahiert und zusammenfassend niedergelegt finden, haben sie bislang maßgeblich zur Entwicklung und Auslegung des Paktes beigetragen.[437] Nicht nur die Literatur greift auf die *General Comments* als qualifizierte und wertvolle Interpretationshilfe zurück; auch der Ausschuß nimmt im Rahmen des Individualbeschwerdeverfahrens auf seine Stellungnahmen Bezug.[438] Von den Vertragsstaaten können sie nicht *a priori* als unbeachtlich abgetan werden; dem

---

20. Juli 1993, UN-Doc. CCPR/C/21/Rev. 1/Add. 4 (1993); *General Comment* 27/67 zu Art. 12 (Freizügigkeit), verabschiedet am 2. November 1999, UN-Doc. CCPR/C/21/Rev. 1/Add. 9 (1999), *General Comment* 28/68 zu Art. 3 (Geschlechtergleichheit), verabschiedet am 29. März 2000, UN-Doc. CCPR/C/21/Rev. 1/Add. 10 (2000) und *General Comment* 29 zu Art. 4 (Notstandsklausel), verabschiedet am 31. August 2001, UN-Doc. CCPR/C/21/Rev. 1/Add. 11 (2001). Zu den für die Sicherung der Eheschließungsfreiheit bedeutsamen Stellungnahmen des Ausschusses in *General Comments* vgl. im einzelnen unten im III. Kapitel. Sämtliche *General Comments* sind über die *UN Treaty-Bodies Database* auf der Internet-Homepage des UN-Hochkommissariats für Menschenrechte, URL (Stand: April 2002): << http://www.unhchr.ch/tbs/doc.nsf >>, abrufbar. Bis einschließlich *General Comment* 21/44 finden sie sich auch bei *Nowak*, CCPR, Appendix B.2b. abgedruckt. Zur Auslegungsmethode und -praxis des Ausschusses vgl. noch unten S. 131 ff.

433 E. *Klein*, in: FS Rauschning, S. 301 (308).

434 Vgl. *E. Klein*, in: FS Rauschning, S. 301 (308).

435 Vgl. *McGoldrick*, Committee, S. 94.

436 Vgl. etwa *Nowak*, IPbpR, Art. 40 Rn. 55; *Dimitrijevič*, Committee, S. 10; *Empell*, Kompetenzen, S. 141;

437 Vgl. *Tomuschat*, in: Wolfrum (Hrsg.), Handbuch VN, Ziff. 57, S. 559 (565, Rn. 19); *von der Wense*, UN-Menschenrechtsausschuß, S. 47 f.; *Dimitrijevič*, Comittee, S. 10; *E. Klein*, in: FS Rauschning, S. 301 (306 f.).

438 Vgl. etwa den Verweis auf *General Comment* 15/27 im Beschwerdeverfahren 155/1983, *Hammel ./. Madagaskar*, UN-Doc. A/42/40, S. 130 (1987) und auf *General Comment* 6/16 in den Beschwerdeverfahren 282/1988, *Smith ./. Jamaica*, UN-Doc. A/48/40 Vol. II, S. 28 (36) (1993) und 470/1991, *Kindler ./. Kanada*, UN-Doc. A/48/40 Vol. II, S. 138 (150) (1993).

vertraglich gebundenen Mitgliedstaat obliegt es vielmehr nach Treu und Glauben, die Rechtsauffassungen des Ausschusses zu berücksichtigen.[439]

(2) Staatenbeschwerdeverfahren

Daneben sieht Art. 41 IPbpR die Befassung des Ausschusses im Rahmen eines Staatenbeschwerdeverfahrens vor. Allerdings ist das Verfahren nach Art. 41 Abs. 1 IPbpR fakultativ ausgestaltet. Die Verletzung einer Vertragspflicht kann jeweils nur von und gegenüber einem Staat geltend gemacht werden, der eine entsprechende Unterwerfungserklärung hinsichtlich der Zuständigkeit des Ausschusses abgegeben hat. In der Geschichte des IPbpR ist es bislang nicht zu einem solchen Verfahren gekommen.[440]

(3) Individualbeschwerde nach dem (ersten) Fakultativprotokoll

Die Zuständigkeit des Ausschusses wird schließlich durch das Fakultativprotokoll (FP) zum IPbpR[441] wesentlich erweitert. Das FP trat am 23. März 1976 in Kraft und ermöglicht Einzelpersonen,[442] sich nach Ausschöpfung des innerstaatlichen Rechtsweges[443] im Wege der Individualbeschwerde unmittelbar an den Ausschuß zu wenden, um eine Verletzung der individuellen[444] Paktrechte geltend zu machen, sofern gem. Art. 1 des FP der betreffende Staat sowohl

---

439 Vgl. *Tomuschat*, in: Isensee/Kirchhof (Hrsg.), HStR VII, § 172, Rn. 25; *E. Klein*, in: FS Rauschning, S. 301 (307 f.); *Kokott*, in: FS Kriele, S. 1307 (1342).

440 Einen Überblick über die Verfahrensabschnitte des Staatenbeschwerdeverfahrens findet sich etwa bei *Opsahl*, in: Alston (Hrsg.), Human Rights, S. 369 (419 f.).

441 FP vom 19. Dezember 1966, BGBl. 1992 II S. 1247; internationale Quelle: UNTS Bd. 999, S. 302. Zur Tätigkeit des Ausschusses im Individualbeschwerdeverfahren vgl. eingehend *Ghandhi*, Human Rights Committee (1998), *passim*; vgl. auch *von der Wense*, UN-Menschenrechtsausschuß, S. 52 ff.

442 Nach Entscheidung des Ausschusses in der Beschwerde 104/1981, *Taylor ./. Kanada*, deutsche Zusammenfassung in EuGRZ 1983, 409 f., hingegen nicht von Personenvereinigungen als solchen.

443 Vgl. Art. 5 Abs. 2 lit. b) des ersten Fakultativprotokolls.

444 Nicht als solches anzusehen ist das Selbstbestimmungsrecht der Völker, vgl. Beschwerde 197/1985, *Kitok ./. Schweden*, deutsche Zusammenfassung bei *Nowak*, EuGRZ 1989, S. 430 (434). Nach der Rspr. des Ausschusses widerspricht die Natur des Individualbeschwerdeverfahrens der Zulassung einer Völker- bzw. Volksgruppenbeschwerde im Hinblick auf Art. 1 IPbpR, vgl. Beschwerde 167/1984, *Ominayk & Lubicon Lake Band ./. Kanada*, 11 HRLJ 1990, S. 305 (311), und Beschwerde 413/1990, *A.B. and others ./. Italien*, Zusammenfassung in EuGRZ 1991, S. 158 ff., Tz. 32.1 mit kritischer Anmerkung von *Ermacora*, a.a.O., S. 159 f. Im letzteren Fall verweist der Ausschuß bereits auf eine ständige Rechtsprechung.

dem Pakt als auch dem Fakultativprotokoll beigetreten ist.[445] Mit der Schaffung der Beschwerdemöglichkeit nach dem FP tritt das Individuum hinsichtlich der personalen Geltung des IPbpR aus dem Schatten des Staates heraus und wird zum unmittelbaren Träger völkerrechtlicher Rechte. Der Ausschuß ist deshalb der Behauptung entgegengetreten, der Pakt richte sich ausschließlich an die Staaten als Völkerrechtssubjekte; soweit ein Staat die Zuständigkeit des Ausschusses nach dem Fakultativprotokoll anerkannt habe, entbehre diese Auffassung einer rechtlichen Grundlage.[446] Die im Rahmen einer Individualbeschwerde getroffenen Feststellungen des Ausschusses bewirken allerdings nach der Konzeption des Fakultativprotokolls für den betroffenen Staat keine völkerrechtliche Bindung.[447] Auch formal gesehen handelt es sich – trotz des justizähnlichen Verfahrens[448] – bei den Feststellungen nicht um Urteile, sondern gem. Art. 5 Abs. 4 FP um „Auffassungen".[449] Nichtsdestotrotz genießt diese „Rechtsprechung" (im informellen Sinne) des Ausschusses große moralische Autorität.[450] Man wird daher annehmen können, daß die Staaten zumindest verpflichtet sind, die Auffassungen des Ausschusses *bona fide* zu erwägen[451] und – falls sie diesen nicht zu folgen bereit sind – zumindest in einen Dialog mit dem Ausschuß einzutreten.[452] Für das konkrete Verständnis der

445 Ende Juni 2001 hatten 97 der 147 Vertragsstaaten des IPbpR die Zuständigkeit des Ausschusses für Individualbeschwerden nach dem FP anerkannt.

446 Beschwerde 63/1979, *Raúl Scendic Antonaccio ./. Uruguay*, deutsche Übersetzung von *Tomuschat* in: EuGRZ 1982, S. 11 f.; Tz. 18; hierzu auch *Henkin*, in: Bernhardt/Jolowicz (Hrsg.), Enforcement, S. 1 (11).

447 Vgl. nur *McGoldrick*, Committee, S. 151.

448 Vgl. *Opsahl*, in: Alston (Hrsg.), Human Rights, S. 369 (421 f. und 426 f.). Insbesondere überprüft der Ausschuß grundsätzlich nicht die tatsächlichen Feststellungen innerstaatlicher Gerichte, solange nicht offensichtlich die Grenze der Willkür bzw. der Rechtsverweigerung überschritten ist, vgl. jüngst die Entscheidung des Ausschusses in der Beschwerde 844/1998, *Petkov ./. Bulgarien*, UN-Doc. CCPR/C/65/844/1998 vom 30. April 1999.

449 Engl.: „views", frz.: „constations". Dennoch ist die Bezeichnung der Entscheidungen des Ausschusses als *jurisdiction* bzw. *jurisprudence* gebräuchlich, so daß der Begriff „Rechtsprechung" nicht gänzlich verfehlt erscheint, vgl. die bei *McGoldrick*, Committee, S. 54 wiedergegebenen Stellungnahmen einzelner Ausschußmitglieder zum Selbstverständnis ihrer Tätigkeit. Das gerichtsähnliche Procedere und die justizielle Arbeitsweise des Ausschusses hebt auch *Steiner*, in: Alston/Crawford (Hrsg.), The Future, S. 15 (29 f.) hervor. Zur juristischen Methodik des Ausschusses bei der Auslegung des Paktes vgl. bereits *Tomuschat*, EuGRZ 1979, S. 501 (502).

450 Vgl. *Nowak*, IPbpR, Art. 5 FP Rn. 34.

451 Vgl. *Tomuschat*, in: FS Bernhardt, S. 611 (624); *Kokott*, FS Kriele, S. 1307 (1342).

452 Vgl. *E. Klein*, EuGRZ 1999, S. 109 (113) unter Hinweis auf das vom Ausschuß entwickelte *follow-up*-Verfahren.

Paktbestimmungen und die Methodik der Interpretation hat jedenfalls die Überwachungstätigkeit des Ausschusses unzweifelhaft enorme Bedeutung erlangt.[453] Bereits kurz nach Inkrafttreten des FP äußerte deshalb *Tomuschat* die Hoffnung, daß es angesichts der Unparteilichkeit, Objektivität und Integrität des Ausschusses und seiner Mitglieder jedenfalls für die Mitgliedstaaten, die ihre völkerrechtlichen Verpflichtungen ernst nehmen, schwer sein dürfte, sich diesem moralischen Druck zu entziehen[454] – eine Hoffnung, die nach mehr als zwanzig Jahren Überwachungstätigkeit durch den Ausschuß weitgehend Realität geworden ist.[455] Der Ausschuß selbst läßt denn auch wenig Zweifel daran, daß die Staaten aufgrund ihres Beitritts zu Pakt und Fakultativprotokoll gehalten sind, trotz fehlender rechtlicher Verbindlichkeit der *views* den darin geäußerten Rechtsansichten Folge zu leisten.[456]

cc) Die Natur der Rechtsverbürgungen und der korrespondierenden Staatenverpflichtungen

(1) Die Grundpflichten der Staaten aus Art. 2 Abs. 1 IPbpR

Die den Staaten allgemein und grundlegend obliegende Pflicht normiert Art. 2 Abs. 1 IPbpR:

> „Jeder Vertragsstaat verpflichtet sich, die in diesem Pakt anerkannten Rechte zu achten und sie allen in seinem Gebiet befindlichen und seiner Herrschaftsgewalt unterstehenden Personen ohne Unterschied wie insbesondere der Rasse, der Hautfarbe, des Geschlechts, der Sprache, der Religion, der politischen oder sonstigen Anschauung, der nationalen oder so-

---

453 Statt vieler vgl. *Nowak*, IPbpR, Einführung Rn. 21. Zu den Interpretationsansätzen des Ausschusses vgl. sogleich S. 131 ff.

454 Vgl. *Tomuschat*, 1 HRLJ (1980), S. 249 (255).

455 Vgl. *Buergenthal*, in: Henkin (Hrsg.), Bill of Rights, S. 72 (77); *Nowak*, CCPR, Art. 5 First OP, Rn. 34.

456 Vgl. *Steiner*, in: Alston/Crawford (Hrsg.), The Future, S. 15 (30). Der Ausschuß fügt den Beschwerdeentscheidungen, mit denen den Vertragsstaaten bestimmte Verhaltenspflichten aufgegeben werden, inzwischen regelmäßig einen Passus hinzu, der darauf hinweist, daß mit Beitritt zum IPbpR und Ratifizierung des FP ein Staat die Zuständigkeit des Ausschusses zur Feststellung einer Paktverletzung anerkannt habe und zur Gewährleistung eines effektiven und durchsetzbaren Sanktionsmechanismus verpflichtet ist; vgl. wiederum *Steiner*, a.a.O., S. 15 (30 mit Fn. 21).

> zialen Herkunft, des Vermögens, der Geburt oder des sonstigen Status zu gewährleisten.“[457]

Den Staaten obliegt damit einmal die Pflicht, die Rechte des Paktes innerhalb der eigenen Rechtsordnung zu achten (*respect*), zum anderen trifft sie die Verpflichtung, die im Pakt enthaltenen Rechte ohne Diskriminierung zu gewährleisten (*ensure*).[458] Die Literatur sieht dabei die Staatenverpflichtung nicht auf die Beachtung der negatorischen bürgerlichen und politischen Rechte beschränkt. Vielmehr obliegt den Staaten auch die Ergreifung positiver Maßnahmen, wenn dies zur Wirksamkeitsverschaffung der Paktrechte erforderlich erscheint.[459] Auf diesen doppelten Verpflichtungscharakter hat der Ausschuß bereits im Jahre 1981 hingewiesen:

> „The Committee considers it necessary to draw the attention of State parties to the fact that the obligation under the Covenant is not confined to the respect of these rights to all individuals under their jurisdiction. This aspect calls for specific activities by the States parties to enable individuals to enjoy their rights. This is obvious in a number of articles (...), but in principle this undertaking relates to all rights set forth in the Covenant.“[460]

Die Reichweite der Verpflichtung ist also im Einzelfall aus den spezifischen Gewährleistungen zu ermitteln. So steht bei den Justizrechten eindeutig der negative Charakter im Vordergrund, während beispielsweise der Schutz der Familie ggf. legislative oder administrative Maßnahmen erforderlich machen kann.[461] Jedenfalls sichert die Grundpflicht aus Art. 2 Abs. 1 IPbpR die andau-

---

457 Authentische engl. Fassung: „Each State Party to the present Covenant undertakes to respect and to ensure to all individuals within its territory and subject to its jurisdiction the rights recognized in the present Covenant, without distinction of any kind, such as race, colour, sex, language, religion, political or other opinion, national or social origin, property, birth or other status.“

458 Vgl. *Henkin*, in: Bernhardt/Jolowicz (Hrsg.), Enforcement, S. 1 (15), *E. Klein*, in: ders. (Hrsg.), The Duty to Protect, S. 295 (298 ff.).

459 Vgl. *Buergenthal*, in: Henkin (Hrsg.), Bill of Rights, S. 72 (77 f.); *Nowak*, IPbpR, Art. 2 Rn. 18 f. Die *duty to ensure* umfaßt dabei auch die Komponente der Schutzpflicht (*duty to protect*), vgl. *E. Klein*, in: ders. (Hrsg.), The Duty to Protect, S. 295 (298 ff.) mit Beispielen aus der Ausschußpraxis. Ausführlich zur Entwicklung staatlicher Schutzpflichten in völkerrechtlichen Menschenrechtsverträgen *Wiesbrock*, Schutz, S. 85 ff.

460 *General Comment* Nr. 3/13, UN-Doc. CCPR/C/21/Rev. 1 (1989), Tz. 1.

461 Vgl. eingehend *Viljanen*, in: Drzewicki/Krause/Rosas (Hrsg.), Social Rights, S. 43 (52 ff.).

ernde und durch konkrete Umstände nicht gerechtfertigte Vorenthaltung entsprechender Leistungen.[462] Dabei sind die im Teil III genannten materiellen Rechte und Freiheiten nahezu vollständig[463] als subjektiv-rechtliche Gewährleistungen konzipiert und von ihrer völkerrechtlichen Disposition so ausgestaltet, daß sie vom innerstaatlichen Rechtsanwender unmittelbar beachtet und gewährleistet werden können.[464] Dies ergibt sich aus der in Art. 2 Abs. 3 lit. a) IPbpR angeordneten Verpflichtung, ein wirksames innerstaatliches Beschwerdeverfahren einzurichten.[465] Daraus folgt allerdings nicht bereits, daß die Vertragsstaaten den Pakt durch Inkorporation in die innerstaatliche Rechtsordnung zu integrieren hätten.[466] Im Hinblick auf die Umsetzung der völkerrechtlichen Verpflichtung und die Geltungsverschaffung im innerstaatlichen Recht überläßt Art. 2 Abs. 2 IPbpR den Staaten grundsätzlich die Wahl der Mittel, verpflichtet aber den Vertragsstaat

---

462 Vgl. *Nowak*, IPbpR, Art. 2 Rn. 19.

463 Eine Ausnahme bildet insoweit Art. 23 Abs. 4 IPbpR, der im Gegensatz zu den sonstigen Vorschriften des Paktes keine unmittelbare und sofortige Gewährleistung der Geschlechtergleichheit verlangt, sondern die Vertragsstaaten zu geeigneten Maßnahmen und damit auf eine allmähliche Abschaffung bestehender Ungleichheiten verpflichtet, vgl. *Nowak*, IPbpR, Art. 23 Rn. 37. Nichtsdestotrotz hat der Ausschuß im *General Comment* Nr. 19/39, UN-Doc. CCPR/C/21/Rev. 1/Add. 2 (1990), Tz. 6 klare Zielvorgaben entwickelt, auf die die *appropriate steps* auszurichten sind: „With regard to equality as to marriage, the Committee wishes to note in particular that no sex-based discrimination should occur in respect of the acquisition or loss of nationality by reason of marriage. Likewise, the right of each spouse to retain the use of his or her original family name or to participate on an equal basis in the choice of a new family name should be safeguarded. During marriage, the spouses should have equal rights and responsibilities in the family. This equality extends to all matters arising from their relationship, such as choice of residence, running of the household, education of the children and administration of assets. Such equality continues to be applicable to arrangements regarding legal separation or dissolution of the marriage. Thus, any discriminatory treatment in regard to the grounds and procedures for separation or divorce, child custody, maintenance or alimony, visiting rights or the loss or recovery of parental authority must be prohibited, bearing in mind the paramount interest of the children in this connection. States parties should, in particular, include information in their reports concerning the provision made for the necessary protection of any children at the dissolution of a marriage or on the separation of the spouses." Zu Inhalt und Reichweite der Eheschließungsfreiheit gem. Art. 23 IPbpR vgl. noch unten im IV. Kapitel, S. 332 ff.

464 Vgl. *Nowak*, IPbpR, Art. 2 Rn. 53. Ihrer Disposition nach sind diese Rechte auf unmittelbare Anwendung im innerstaatlichen Recht angelegt, vgl. sogleich im Exkurs S. 125 ff.

465 Vgl. *Dinstein*, in: FS Bernhardt, S. 331 (336 f.).

466 Allgem. Meinung, vgl. *Schachter*, in: Henkin (Hrsg.), Bill of Rights, S. 311 (312 f.), auch zu den allgemeinen Anforderungen des Völkerrechts.

„in accordance with its constitutional processes (...), to adopt such legislative or other measures as may be necessary to give effect to the rights recognized in the present Covenant.“

Andererseits vermag die Freiheit der Mitgliedstaaten hinsichtlich der Art und Weise der Umsetzung des Paktes nicht die sofortige und unmittelbare Beachtenspflicht im Sinne einer lediglich progressiven Verwirklichung zu relativieren.[467] Der Pakt begründet vielmehr vom Zeitpunkt der völkerrechtlichen Verbindlichkeit an eine unmittelbare und unbedingte Verpflichtung *der Staaten* zur Achtung und Gewährleistung der im Teil III verbürgten Rechte.[468] Ob dem einzelnen vor den nationalen Gerichten und Behörden eine unmittelbare Berufung auf die im Pakt gewährleisteten Rechte möglich ist, entscheidet sich nach dem jeweiligen Mechanismus des Vertragsstaates, durch welchen er seiner völkerrechtlichen Verpflichtung im innerstaatlichen Recht nachkommt.[469] Daß dies am effektivsten dadurch geschieht, daß auch im innerstaatlichen Recht die Berufung des einzelnen auf die als subjektiv-rechtlich ausgestalteten Paktrechte ermöglicht wird,[470] steht außer Frage, weshalb nach *Nowak* eine Tendenz erkennbar ist, die unmittelbare innerstaatliche Anwendbarkeit „als wünschenswert“ zu bezeichnen.[471]

---

467 Vgl. *E. Klein,* a.a.O. Fn. 458, S. 4.

468 Vgl. *Kriele*, Freiheit, S. 17; *Nowak*, IPbpR, Art. 2 Rn. 55 und Art. 40 Rn. 22. Der IPbpR richtet sich – auch wenn einige Rechte (z.B. Art. 6, 7 8, 9 und 19) durchaus auch von Privaten verletzt werden können – allein an die Staaten als Verpflichtungsobjekt, vgl. *Wiesbrock*, Schutz, S. 31 ff. Die volle Gewährleistung der Paktrechte kann allerdings von den Staaten auch verlangen, sich schützend vor den einzelnen zu stellen, wenn eine Gefährdung von dritter Seite droht oder eingetreten ist, vgl. *E. Klein*, in: ders. (Hrsg.), The Duty to Protect, S. 295 (296 f.). Eingehend zur staatlichen Schutzpflicht vor Eingriffen Privater *Wiesbrock*, Schutz, S. 102 ff.

469 Vgl. *Henkin*, in: Bernhardt/Jolowicz (Hrsg.), Enforcement, S. 1 (11).

470 Vgl. *Tomuschat*, VN 1/1979, S. 1 (4).

471 Vgl. *Nowak*, IPbpR, Art. 2 Rn. 50 a.E. Zur Diskussion um die unmittelbare Anwendung von Völkerrechtsnormen in der Rechtsordnung der Bundesrepublik vgl. im III. Kapitel, S. 234 ff. Zum Verständnis sei an dieser Stelle angemerkt, daß der Begriff der unmittelbaren Anwendbarkeit eine völkerrechtliche Komponente besitzt, die in der Beschwerdemöglichkeit des einzelnen nach dem Fakultativprotokoll zum Ausdruck kommt, vgl. oben S. 119. Die Frage der innerstaatlichen unmittelbaren Anwendung ist damit aber nicht gelöst. Sie entscheidet sich nicht nur nach der völkerrechtlichen Disposition der Norm, sondern auch nach dem Mechanismus, durch welchen der völkerrechtlich gebundene Staat seinen Verpflichtungen im innerstaatlichen Recht nachkommt.

(2) Exkurs: Begriff und Ausprägungen der unmittelbaren Anwendbarkeit völkerrechtlicher Vertragsbestimmungen

Der Begriff der unmittelbaren Anwendbarkeit ist als einer der schillerndsten Rechtsbegriffe der völker- bzw. staatsrechtlichen Dogmatik bezeichnet worden.[472] Für den weiteren Fortgang der Arbeit bedarf es daher einer begrifflichen und inhaltlichen Klarstellung.

(a) Unmittelbare Anwendbarkeit kraft Völkerrechts und kraft innerstaatlicher Umsetzung

Zunächst einmal gilt es, eine völkerrechtlich vereinbarte von der durch das innerstaatliche Recht für seine Belange angeordnete unmittelbare Anwendung völkerrechtlicher Bestimmungen abzugrenzen – eine Unterscheidung, die, wie *Doehring* feststellt, „nicht immer ganz klar gesehen" wird.[473]

Bestimmt bereits der völkerrechtliche Vertrag, daß seine Bestimmungen nach Inkrafttreten des Vertrages – also mit Eintritt der Verbindlichkeit auf der Ebene des Völkerrechts – ohne besonderen innerstaatlichen Anwendungsbefehl unmittelbare Rechtswirkung in den Vertragsstaaten entfalten, so wird bisweilen von einer im Völkerrecht begründeten unmittelbaren Anwendung gesprochen.[474] Dies gilt etwa für das sekundäre europäische Gemeinschaftsrecht, soweit es – als solches – ohne nationalen Übernahmeakt in der innerstaatlichen Rechtsordnung der Mitgliedstaaten zu beachten ist.[475] Zu Recht hat allerdings *E. Klein* darauf hingewiesen, daß es sich hierbei in erster Linie um eine Frage der unmittelbaren Geltung handelt.[476] Aus diesem Anspruch der Völkerrechtsnorm, unmittelbar innerstaatlich zu gelten, d.h. beachtliches Recht (*ius esto*) zu sein, folge deren unmittelbare Anwendbarkeit, soweit auch die allgemeinen Kriterien der Anwendungsfähigkeit eingehalten sind.[477] In diesem Fall enthält der Geltungsbefehl auch den Anwendungsbefehl; der Anwendungsbefehl impliziert zugleich den Geltungsbefehl.[478] Eine solche, allein im Völkerrecht begründete und aus dem unmittelbaren Geltungsanspruch folgende unmittelba-

472 Vgl. *Buchs*, Anwendbarkeit, S. 27.

473 *Doehring*, Völkerrecht, Rn. 707 mit Fn. 15.

474 Vgl. *Doehring*, Völkerrecht, Rn. 703.

475 In vollem Umfang gilt dies für Verordnungen und Entscheidungen, für Richtlinien hat der EuGH bekanntlich Kriterien der unmittelbaren Anwendbarkeit entwickelt, vgl. dazu statt aller *Oppermann*, Europarecht, Rn. 629 ff.

476 *E. Klein*, Gemeinschaftsrecht, S. 8 ff.

477 Ebd., S. 8. Auch *Doehring*, Völkerrecht, folgt letztlich dieser Abstufung, wenn es in Rn. 703 heißt, Sekundärrecht verlange in den Mitgliedstaaten unmittelbare *Geltung*.

478 *E. Klein*, Gemeinschaftsrecht, S. 11.

re Anwendbarkeit ist jedoch die Ausnahme, da sie nicht von der Völkerrechtsordnung gefordert wird, sondern eine entsprechende Willensrichtung der Vertragsparteien voraussetzt.[479]

Davon zu unterscheiden ist durch das innerstaatliche Recht vermittelte unmittelbare Anwendbarkeit völkerrechtlicher Bestimmungen. In diesem Fall schafft (erst) das nationale Recht die Voraussetzungen dafür, daß ein Rechtssatz des Völkerrechts innerstaatlich gilt und sodann von den innerstaatlichen Rechtsanwendern im Entscheidungsprozeß herangezogen werden kann.[480] Wo die Verträge keine unmittelbare Anwendung aufgrund unmittelbarer Geltung ihrer Bestimmungen vorsehen, bedarf es also einer irgendwie gearteten Einführung derselben in das innerstaatliche Recht, sei es durch Transformation – also durch Umgießen der Norm in nationales Recht – oder durch Adoption der Völkerrechtsnorm als solcher – durch Erteilung eines Vollzugsbefehls an die innerstaatlichen Organe.[481] Nach dem oben gesagten ist dies für völkerrechtliche Verträge die Regel und trifft auch für den IPbpR zu.

(b) Die Qualität der Völkerrechtsnorm als Kriterium der unmittelbaren Anwendbarkeit

Mit der Erkenntnis, daß die unmittelbare Anwendbarkeit eines Völkerrechtssatzes auf unterschiedliche Weise vermittelt werden kann, ist freilich noch nichts über die eigentlichen Voraussetzungen gesagt, denen Normen des Völkerrechts unterliegen müssen, um die völkerrechtlich vorgesehene oder durch innerstaatliche Umsetzung eröffnete Anwendung zu ermöglichen. Erst an dieser Stelle setzt für gewöhnlich die Diskussion zum Begriff der unmittelbaren Anwendbarkeit ein. Hier geht es folglich nicht um die Frage, ob die vom Völkerrecht geschaffene Norm unmittelbare Anwendung beansprucht, sondern ob sie ihrer Beschaffenheit nach einer solchen Anwendung im innerstaatlichen Recht *fähig* ist. Als unmittelbar anwendbar werden solche Normen bezeichnet,

---

479 Vgl. *Doehring*, Völkerrecht, Rn. 703. Anders freilich, wenn man von einem strengen Monismus im Sinne *Kelsens* ausginge, der aber auch von der Wiener Schule heute nicht mehr aufrecht erhalten wird, vgl. *Verdross/Simma*, Völkerrecht, § 74.

480 Vor allem in der deutschen Rechtslehre wird diskutiert, ob die Geltung einer Völkerrechtsnorm deren unmittelbare Anwendbarkeit voraussetzt, oder ob umgekehrt die Geltung die Grundlage jeglicher innerstaatlichen Anwendbarkeit bildet, dazu noch unten im III. Kapitel, S. 234 ff. An dieser Stelle geht es jedoch nicht um das Verhältnis von Geltung und unmittelbarer Anwendbarkeit, sondern allein um die Voraussetzungen, denen die unmittelbare Anwendbarkeit unterliegt.

481 Vgl. *Verdross/Simma*, Völkerrecht, § 863; *Doehring*, Völkerrecht, Rn. 708; *Streinz*, in: Sachs (Hrsg.), GG, Art. 59 Rn. 61 f. Zur Auseinandersetzung zwischen Transformations- und Vollzugslehre in Deutschland vgl. ausführlich im III. Kapitel, S. 239 ff.

die für die innerstaatliche Rechtsanwendung im Einzelfall hinreichend bestimmt gefaßt sind und die keine weiteren innerstaatlichen Ausführungsakte verlangen.[482] Anders formuliert liegt eine unmittelbar anwendungsfähige Bestimmung vor, wenn sie geeignet ist, dem nationalen Rechtsanwender als Obersatz bei der Lösung eines Einzelfalles zur Verfügung zu stehen, ohne daß es hierfür – vom generellen Inkorporationsakt abgesehen – eines besonderen Anwendungsbefehles bedürfte.[483] Die so ermittelten Normen werden ganz überwiegend mit dem international gebräuchlichen Terminus *self-executing* belegt, ohne daß damit ein Bedeutungsunterschied zur unmittelbaren Anwendbarkeit verbunden ist.[484] Die Frage nach der unmittelbaren Anwendungsfähigkeit betrifft die Qualität des völkerrechtlichen Rechtssatzes.[485] Nach herrschender Ansicht erfordert der *self-executing*-Charakter völkervertraglicher Regelungen die Erfüllung objektiver und subjektiver Kriterien.[486] Zum einen muß die Norm – objektiv – nach Inhalt und Zweck, nach Tatbestand und Rechtsfolge so genau umschrieben sein, daß ihr ein vollzugsfähiger Inhalt zu entnehmen ist.[487] Zum anderen bedarf es eines entsprechenden Parteiwillens, wonach die Völkerrechtsnorm der innerstaatlichen Rechtsanwendung zugänglich sein soll.[488] Zur Ermittlung eines entsprechenden Parteiwillens kann es notwendig sein, auf objektive Kriterien, etwa Sinn und Zweck oder Systematik des Vertrages aber auch auf den Adressatenkreis der Norm zurückzugreifen.[489] Verlangt etwa die Vertragsnorm den Erlaß von Gesetzen oder sonst rechtsgestaltender Akte, so ist im Zweifel die unmittelbare Anwendbarkeit nicht gewollt; umgekehrt spricht für die Ausgestaltung als unmittelbar anwendbarer Rechtssatz, wenn eine Norm sich an die innerstaatlichen Rechtsanwendungs-

---

482 Vgl. *W. Rudolf*, Völkerrecht, S. 173; *Uerpmann*, Rechtsprechung, S. 3; *Verdross/Simma*, Völkerrecht, § 864.

483 Vgl. *Buchs*, Anwendbarkeit, S. 41; *Zuleeg*, JA 1983, S. 1 (6).

484 Vgl. etwa *Doehring*, Völkerrecht, Rn. 703 und 707; *Geiger*, Grundgesetz, S. 160 f.; *Klein*, in: Koeppel, Kindschaftsrecht, S. 31 (39); *Uerpmann*, Rechtsprechung, S. 35; *Streinz*, in: Sachs (Hrsg.), GG, Art. 59 Rn. 68; *Buchs*, Anwendbarkeit, S. 26 unter Hinweis auf weitere Literatur und die Rechtsprechung. Im Hinblick auf das gemeinschaftsrechtliche Sekundärrecht differenzierend, *E. Klein*, Gemeinschaftsrecht, S. 11. *Doehring*, Völkerrecht, Rn. 703 verwendet hingegen den Begriff *self-executing* offensichtlich auch für das Phänomen unmittelbar geltender Verträge.

485 Vgl. *Buchs*, Anwendbarkeit, S. 41.

486 Vgl. etwa *E. Klein*, in: Koeppel, Kindschaftsrecht, S. 31 (39); *Uerpmann*, Rechtsprechung, S. 44 f.; *Buchs*, Anwendbarkeit, S. 46 ff. alle m.w.N.

487 Vgl. *Uerpmann*, Rechtsprechung, S. 44.

488 Eingehend *Buchs*, Anwendbarkeit, S. 46 ff. mit zahlreichen Nachweisen; vgl. auch *Verdross/Simma*, Völkerrecht, § 866; *Uerpmann*, Rechtsprechung, S. 44.

489 Zu weiteren Anhaltspunkten vgl. *Buchs*, Anwendbarkeit, S. 44 f.

organe oder die Rechtsunterworfenen richtet.[490] Aus letzterem ergibt sich zugleich, daß die Frage, ob eine Völkerrechtsnorm subjektive Rechte (oder Pflichten) enthält, nur einen Teilaspekt der unmittelbaren Anwendbarkeit darstellt. Nach heute vorherrschender Ansicht besteht nur insofern ein Zusammenhang, als Normen, die subjektive Rechte gewähren, zugleich unmittelbar anwendungsfähig sind, nicht jedoch im umgekehrten Sinn, daß allein subjektiv-rechtliche Gewährleistungen der unmittelbaren Anwendung fähig wären.[491] Können sich einzelne vor innerstaatlichen Gerichten auf diese Normen im Sinne einer Anspruchsgrundlage berufen, so handelt es sich folglich nicht um eine Bedingung, sondern um „die stärkste Form der innerstaatlichen Anwendbarkeit".[492]

(c) Weitere Formen der Anwendung bzw. Anwendbarkeit von Völkerrechtsnormen

Erfüllt die Völkerrechtsnorm die Kriterien der unmittelbaren Anwendbarkeit nicht, so ist deshalb ihre Bedeutung für das innerstaatliche Recht nicht *a priori* ausgeschlossen. Zu Recht hat *Uerpmann* darauf hingewiesen, daß die Diskussion im deutschen Schrifttum zumeist die mittelbaren Einflüsse völkerrechtlicher Normen unberücksichtigt lasse.[493] Für die EMRK[494] hat *Uerpmann* verschiedene Formen der mittelbaren Anwendung in der deutschen Rechtspraxis nachgewiesen, die sich dadurch auszeichnen, daß die völkerrechtlichen Bestimmungen Einfluß auf die Fallösung gewinnen, ohne daß die Rechtsfolge unmittelbar aus diesen entnommen wird.[495] Auf diese Formen der mittelbaren

490 Vgl. *Uerpmann*, Rechtsprechung, S. 44.

491 Vgl. *Geiger*, Grundgesetz, S. 161; *Zuleeg*, ZaöRV 35 (1975), S. 341 (358); *E. Klein*, in: Koeppel, Kindschaftsrecht, S. 31 (39); *Streinz*, in: Sachs (Hrsg.), GG, Art. 59 Rn. 69; *Jarass/Pieroth*, GG, Art. 23 Rn. 3; *Rojahn*, in: v. Münch/Kunig (Hrsg.), GG, Bd. 2, Art. 59 Rn. 34 f.; *Buchs*, Anwendbarkeit, S. 40; insoweit auch *M. Schweitzer*, Staatsrecht III, Rn. 436 ff. Die Frage ist vor allem im Zusammenhang mit der überkommenen Ansicht diskutiert worden, nur Völkerrechtsnormen subjektiv-rechtlichen Inhalts seien für den Bereich der deutschen Rechtsordnung transformabel, dazu im III. Kapitel, S. 234 ff.

492 *Zuleeg*, ZaöRV 35 (1975), S. 341 (358).

493 Vgl. *Uerpmann*, Rechtsprechung, S. 35.

494 Gleichwohl enthalten die Ausführungen verallgemeinerungsfähige Aussagen.

495 Vgl. *Uerpmann*, Rechtsprechung S. 48. Zu diesen Formen zählen nach *Uerpmann* die Bekräftigungsfunktion, bei der der Rechtsanwender die Völkerrechtsnorm nur zur Bestätigung eines allein aus nationalem Recht abgeleiteten Ergebnis heranzieht (a.a.O., S. 49 f.). Dort, wo Völkerrechtsnormen zur Inhaltsbestimmung eines innerstaatlichen Rechtsbegriffs herangezogen werden, spricht er von Konkretisierungsfunktion (a.a.O., S. 50 ff.). Davon wird die Kontrollfunktion unterschieden, bei der Rechtsbegriffe zunächst nach innerstaatlichen Maßstäben ausgelegt und erst das Ergebnis dieser Auslegung auf Übereinstimmung mit der völkerrechtlichen Bestimmung geprüft wird

Anwendung wird für den Bereich der Vorbehaltsklausel noch zurückzukommen sein.[496] An dieser Stelle gilt es lediglich festzuhalten, daß nicht alleine völkerrechtliche Normen, die nach ihrer Disposition der unmittelbaren Anwendbarkeit zugänglich sind, sondern auch solche, deren *self-executing*-Charakter umstritten oder von vornherein abzulehnen ist, für die innerstaatliche Rechtsanwendung nicht völlig ohne Bedeutung sein müssen. Erst im weiteren Verlauf der Arbeit wird zu klären sein, ob im Rahmen der Vorbehaltsklausel nur die innerstaatlich unmittelbar anwendbaren Rechtssätze herangezogen werden können, oder auch solche, denen diese Disposition fehlt.

– Ende des Exkurses –

(3) Der räumlich-personale Schutzbereich der Paktrechte

Gem. Art. 2 Abs. 1 IPbpR haben die Vertragsstaaten die Pflicht, die Paktrechte ohne Unterschied im Hinblick auf die nationale Herkunft „allen in seinem Gebiete befindlichen und seiner Jurisdiktion unterstehenden Personen“[497] zu gewährleisten. Als Bestandteil des allgemeinen Diskriminierungsverbotes trägt die Formulierung zunächst dem Grundgedanken des Paktes Rechnung, wonach nahezu sämtliche im Pakt verbürgten Rechte ausdrücklich als Menschenrechte konzipiert sind. Als reines Bürgerrecht ist allein Art. 25 IPbpR ausgestaltet, wohingegen Art. 13 IPbpR nur für Fremde gilt. Zugleich spiegelt die Gesamtkonzeption des Paktes, wie auch das Diskriminierungsverbot im speziellen, die oben bereits dargelegte Ausrichtung des heutigen Menschenrechtsschutzes auf völkerrechtlicher Ebene wider: Im Gegensatz zum überkommenen Fremdenrecht spielt die Staatsangehörigkeit des Individuums grundsätzlich keine Rolle mehr für die Gewährleistung des Menschenrechtsschutzes. Insbesondere stehen die Rechte auch Staatenlosen bzw. Mehrstaatern ohne Unterschied zu.[498] Dieses elementare Prinzip hat der Ausschuß im *General Comment* 15/27 deutlich hervorgehoben:

(a.a.O., S. 53). Als weitere Formen der mittelbaren Anwendung vertraglicher Bestimmungen werden schließlich die konventionskonforme bzw. -freundliche Auslegung genannt (a.a.O., S. 54 ff.).

496 Zur Art und Weise der Anwendung ordre public-relevanter Rechtssätze im Rahmen der Vorbehaltsklausel vgl. unten S. 227 ff.

497 Der engl. („to all individuals within its territory and subject to its jurisdiction“) bzw. frz. Wortlaut („à tous les individus se trouvant sur leur territoire et relevant de leur compétence“) macht deutlich, daß jedenfalls juristische Personen nicht vom Schutzbereich der Rechte umfaßt sind. Dies belegt auch die Entstehungsgeschichte der Vorschrift, vgl. *Nowak*, IPbpR, Art. 2 Rn. 22.

498 Zu diesem Grundprinzip vgl. statt vieler *Doehring*, Völkerrecht, Rn. 983.

> „Reports from States parties have often failed to take into account that each State party must ensure the rights in the Covenant to 'all individuals within its territory and subject to its jurisdiction' (art. 2, para. 1). In general, the rights set forth in the Covenant apply to everyone, irrespective of reciprocity, and irrespective of his or her nationality or statelessness. Thus, the general rule is that each one of the rights of the Covenant must be guaranteed without discrimination between citizens and aliens."[499]

Nach dem Wortlaut des Art. 2 Abs. 1 IPbpR erstreckt sich die Gewährleistungspflicht der Vertragsstaaten nur auf die „auf seinem Gebiet befindlichen"[500] Individuen. Wie *Nowak* anhand der Entstehungsgeschichte der Formulierung im einzelnen nachweist, liegt die Ratio der Vorschrift allerdings nicht in einer räumlich-personalen Beschränkung der Pflichten der Staaten auf deren Hoheitsgebiet.[501] Im Schrifttum besteht Einigkeit, daß die Vertragsstaa-

---

499 *General Comment* Nr. 15/27, UN-Doc. CCPR/C/21/Rev. 1 (1989), Tz. 1 und 2. Zur Gleichbehandlung von Fremden heißt es im einzelnen, a.a.O., Tz. 7: „Aliens thus have an inherent right to life, protected by law, and may not be arbitrarily deprived of life. They must not be subjected to torture or to cruel, inhuman or degrading treatment or punishment; nor may they be held in slavery or servitude. Aliens have the full right to liberty and security of the person. If lawfully deprived of their liberty, they shall be treated with humanity and with respect for the inherent dignity of their person. Aliens may not be imprisoned for failure to fulfill a contractual obligation. They have the right to liberty of movement and free choice of residence; they shall be free to leave the country. Aliens shall be equal before the courts and tribunals, and shall be entitled to a fair and public hearing by a competent, independent and impartial tribunal established by law in the determination of any criminal charge or of rights and obligations in a suit at law. Aliens shall not be subjected to retrospective penal legislation, and are entitled to recognition before the law. They may not be subjected to arbitrary or unlawful interference with their privacy, family, home or correspondence. They have the right to freedom of thought, conscience and religion, and the right to hold opinions and to express them. Aliens receive the benefit of the right of peaceful assembly and of freedom of association. They may marry when at marriageable age. Their children are entitled to those measures of protection required by their status as minors. In those cases where aliens constitute a minority within the meaning of article 27, they shall not be denied the right, in community with other members of their group, to enjoy their own culture, to profess and practise their own religion and to use their own language. Aliens are entitled to equal protection by the law. There shall be no discrimination between aliens and citizens in the application of these rights. These rights of aliens may be qualified only by such limitations as may be lawfully imposed under the Covenant (...)."

500 Authentische engl. Fassung: „within its territory"; frz.: „trouvant sur leur territoire".

501 Vgl. *Nowak*, IPbpR, Art. 2 Rn. 26 f.

ten der uneingeschränkten Verantwortlichkeit nach dem IPbpR auch insoweit unterliegen, als ihre Hoheitsakte Individuen (auch) außerhalb des eigenen Staatsgebietes betreffen.[502] Daß die Paktrechte ihre Wirkung unbeschadet der räumlichen Beziehung zu einem Vertragsstaat entfalten, ergibt sich schließlich aus Art. 1 des (ersten) Zusatzprotokolls, der allein voraussetzt, daß der Beschwerdeführer der Hoheitsgewalt eines Vertragsstaates untersteht.[503] Handelt daher ein Vertragsstaat durch seine Organe und übt er – etwa durch gerichtliche Entscheidung – Hoheitsgewalt (*jurisdiction*) aus, so kann es für die Anwendung des Paktes nicht mehr darauf ankommen, ob die von dem Akt betroffene Person sich im Vertragsstaat befindet oder ob die Rechtswirkungen dieses Handelns erst außerhalb des räumlichen Geltungsbereiches des Paktes eintreten.[504]

(4) Methodik und Kriterien des Ausschusses bei der Interpretation der Paktrechte

Steht nach dem im vorhergehenden Abschnitt gewonnenen Erkenntnissen fest, daß der Geltungsanspruch der Paktrechte *in abstracto* nicht von einer räumlich-personalen Beziehung des betroffenen Individuums zu einem Vertragsstaat abhängig ist, so bleibt die Frage, ob die Anwendung der Paktrechte im Einzelfall relativierenden Kriterien unterliegt. Auf die unbestrittene Bedeutung der Arbeit des Menschenrechtsausschusses für das Verständnis und die Interpretation des Paktes wurde bereits hingewiesen. Seit mehr als zwei Jahrzehnten ist der Ausschuß mit der Behandlung konkreter Menschenrechtsbeschwerden im Rahmen des Fakultativprotokolls befaßt. Seine Auslegungskompetenz hat er von Anfang an hervorgehoben. Das Selbstverständnis des Ausschusses im Rahmen der Paktinterpretation spiegelt sich in der folgenden Passage aus der sog. *Alberta Union*-Entscheidung wider:

---

502 Vgl. *Nowak*, IPbpR, Art. 2 Rn. 28 f. unter Hinweis auf die Rechtsprechung des Ausschusses. Ebenso *Buergenthal*, in: Henkin (Hrsg.), Bill of Rights, S. 72 (75); zur diesbezüglichen Auslegungspraxis des Ausschusses vgl. auch *Reindel*, Auslegung, S. 82 f.

503 Darauf weist vor allem *Buergenthal*, in: Henkin (Hrsg.), Bill of Rights, S. 72 (74 f.) hin. Der Menschenrechtsausschuß hat dementsprechend in seinen *final views* zu der Individualbeschwerde 52/1979, *Lopez Burgos ./. Uruguay*, HRLJ 1980, S. 150 ff., zum Verständnis von Art. 1 des Zusatzprotokolls festgestellt (Tz. 12 der Entscheidung): „The reference in art. 1 of the Optional Protocol to ‚individuals subject to its jurisdiction' (...) is not to the place where the violation occurred, but rather to the relationship between the individual and the State in relation to the violation of any of the rights set forth in the Covenant, wherever they occurred."

504 Vgl. *Buergenthal*, in: Henkin (Hrsg.), Bill of Rights, S. 72 (74).

> „Jeder völkerrechtliche Vertrag, einschließlich des Internationalen Paktes über bürgerliche und politische Rechte, hat jedoch seine eigene Systematik (life) und muß, falls dies so vorgesehen ist, in fairer und gerechter Weise durch das Gremium ausgelegt werden, das mit der Überwachung der Bestimmungen betraut ist."[505]

Ähnlich wie im Bereich der EMRK haben sich auch für den IPbpR aus der Fülle der vom Ausschuß beurteilten Einzelfälle bestimmte Auslegungskriterien und –methoden herausgebildet, ohne deren Kenntnis eine Annäherung an den materiellen Gehalt der Paktrechte kaum möglich erscheint. Ihren Ausgangspunkt nimmt die Interpretation des Paktes durch den Menschenrechtsausschuß wiederum in den allgemeinen Regeln der WVRK, insbesondere unter Berücksichtigung seines Zieles und Zweckes.[506] Vergleichbar der Straßburger Konventionspraxis zur EMRK zählen im Rahmen der einzelfallbezogenen Auslegungspraxis des IPbpR darüber hinaus die Entwicklung paktautonomer Begriffsinhalte einerseits und die Einräumung von Beurteilungsspielräumen der Vertragsstaaten andererseits zum Instrumentarium des Menschenrechtsausschusses.

(a) Paktautonomes Begriffsverständnis

Bei der Auslegung einzelner im Pakt enthaltener Rechtsbegriffe greift der Ausschuß häufig nicht auf das im betroffenen Staat vorherrschende Verständnis zurück, sondern ermittelt den Begriffsinhalt durch autonome Interpretation. Diesen Ansatz hat der Ausschuß in zwei kurz aufeinanderfolgenden Individualbeschwerden etabliert. Der Fall *Van Duzen ./. Kanada* betraf den Begriff der Strafe[507] in Art. 15 Abs. 1 IPbpR. Die entscheidende Frage war, ob auch Bewährungsregeln und deren Vollzug – nach kanadischem Recht ein administrativer Vorgang – unter den Terminus zu fassen seien. Der Ausschuß rekur-

---

505 Beschwerde 118/1982, *J.B. ./. Kanada*, deutsche Übersetzung von *Tomuschat* in EuGRZ 1987, S. 47 (50).

506 Vgl. insoweit *McGoldrick*, Committee, S. 159, sowie *Reindel*, Auslegung, S. 69 ff. Die Heranziehung der Art. 31 ff. WVRK hat der Ausschuß wiederum im Fall *J.B. ./. Kanada*, Beschwerde 118/1982, deutsche Übersetzung von *Tomuschat* in EuGRZ 1987, S. 47 (50), Tz. 6.3 zum Ausdruck gebracht: „Bei der Auslegung des Schutzbereichs (...) hat der Ausschuß die gewöhnliche Bedeutung, jeden Bestandteil des Artikels in seinem Zusammenhang und im Lichte seines Ziels und Zweckes, berücksichtigt." Zu den völkerrechtlichen Regeln der Vertragsauslegung gem. Art. 31 ff. WVRK vgl. bereits im Zusammenhang mit der EMRK bei Fn. 299.

507 Engl.: „penalty", frz.: „peine".

rierte hingegen nicht auf die innerstaatliche Differenzierung, sondern entwikkelte für den Bereich des IPbpR ein eigenständiges Begriffsverständnis:

> „The Committee further notes that its interpretation and application of the ICCPR has to be based on the principle that the terms and concepts of the Covenant are independent of any particular national system of law and of all dictionary definitions. Although the terms of the Covenant are derived from long traditions within many nations, the Committee must now regard them as having an autonomous meaning. The parties have made extensive submissions, in particular as regards the meaning of the word 'Penalty' and as regards Canadian law and practice. The Committee appreciates their relevance for the light they shed on the nature of the issue in dispute. On the other hand, the meaning of the word 'Penalty' in Canadian law is not, as such, decisive. Whether the word 'Penalty' in Article 15 (1) should be interpreted narrowly or widely, and whether it applies to different kinds of penalties 'Criminal' and 'Administrative', under the Covenant, must depend on other factors. Apart from the text of Art. 15 (1) regard must be had, inter alia, to its object and purpose."[508]

Über den Wortlaut einer Bestimmung hinaus sind es also gerade die ebenfalls in Art. 31 WVRK angesprochenen Auslegungskriterien „Ziel und Zweck", die den Ausschuß zur Entwicklung eines autonomen Begriffsverständnisses veranlassen.

Diese Emanzipation der im Pakt verwendeten Formulierungen vom nationalen Begriffsverständnis lag zuvor schon der Entscheidung im Fall *Lovelance ./. Kanada*[509] zugrunde, in dem sich der Ausschuß mit dem Begriff der „Minderheiten"[510] in Art. 27 IPbpR zu befassen hatte. *Sandra Lovelance*, nach Geburt eine *Malliseet*-Indianerin, hatte nach dem kanadischen *Indian Act* ihren privilegierten Minderheitenstatus durch Heirat mit einem Nichtindianer verloren. Nach diesem Gesetz lebte der Status auch nach Scheidung der Ehe nicht wieder auf, so daß ihr die Rückkehr zum Reservat ihres Stammes rechtlich ver-

508 Beschwerde 50/1979, *Van Duzen ./.* Kanada, UN-Doc. CCPR/C/OP/1, S. 118 (121), Tz. 10.2. der Entscheidung; deutsche Zusammenfassung bei *Nowak*, EuGRZ 1983, S. 11 (14).

509 Beschwerde 24/1979, *Lovelance ./. Kanada*, UN-Doc. A/36/40, S. 166; deutsche Übersetzung von *Tomuschat* in EuGRZ 1981, S. 522 ff.

510 Engl.: „minorities"; frz.: „minorités".

wehrt war. Der Ausschuß machte auch hier das Eingreifen der Paktbestimmung nicht von innerstaatlichen Kriterien abhängig, sondern entwickelte ein eigenes Verständnis von der Dauer der Zugehörigkeit zu den von Art. 27 IPbpR geschützten Bevölkerungsgruppen:

> "Persons who are born and brought up on a reserve, who have kept ties with their community and wish to maintain these ties must normally be considered as belonging to that minority within the meaning of the Covenant."[511]

Für den Ausschuß entscheiden also nicht die etwaige Anerkennung der Zugehörigkeit durch die nationale Rechtsordnung, sondern in erster Linie die tatsächliche Verbundenheit des einzelnen zu einer Ethnie. Allein die nach kanadischem Gesetz maßgebliche formale Durchtrennung dieses Bandes durch Heirat vermochte die Zugehörigkeit zur Minderheit nicht auch für den Bereich des Art. 27 IPbpR zu beseitigen.[512]

(b) Die Einräumung von Beurteilungsspielräumen (margin of discretion)

Ungleich stärker als die EMRK-Organe ist der Menschenrechtsausschuß mit dem Problem der unterschiedlichen Rechtstraditionen in den Vertragsstaaten und des Fehlens eines homogenen, weltumspannenden (Menschen-)Rechtsverständnisses konfrontiert. Die universelle Akzeptanz seiner Überwachungstätigkeit trotz differierender kultureller, sozialer, politischer und rechtlicher Gegebenheiten in den Vertragsstaaten versucht der Ausschuß sicherzustellen, indem er den Mitgliedstaaten für einzelne Rechtsbegriffe einen Beurteilungsspielraum zugesteht. In der Ausschußpraxis wird dieser Spielraum zumeist als *margin of discretion* bezeichnet; in der Sache entspricht die Vorgehensweise jedoch der *margin of appreciation*-Doktrin der Straßburger Konventionsorgane.[513]

Vor allem bei der Ausfüllung der einzelnen Schrankenregelungen des Paktes berücksichtigt der Ausschuß die unterschiedliche Entwicklung in den ver-

---

511 Beschwerde 24/1979, *Lovelance ./. Kanada*, UN-Doc. A/36/40, S. 166, Tz. 14 der Entscheidung.

512 Vgl. *Tomuschat*, in: FS Mosler, S. 949 (965 f.).

513 Vgl. dazu ausführlich oben S. 92 ff. Entsprechend der Terminologie des Ausschusses wird im Rahmen des IPbpR zumeist von *discretion* gesprochen oder die Begriffe wechselweise gebraucht, vgl. *McGoldrick*, Committee, S. 160; *von der Wense*, UN-Menschenrechtsausschuß, S. 104; *Reindel*, Auslegung, S. 79 f.

schiedenen Staaten.[514] Deutlich wird dies etwa für den Begriff der öffentlichen Moral. In der Beschwerde *Hertzberg ./. Finnland* hatte der Ausschuß über die Zensur von Rundfunk und Fernsehberichten über Homosexualität durch die staatliche Rundfunkaufsicht zu befinden; in der abschließenden Beurteilung heißt es dazu:

> „It has to be noted, first, that public morals differ widely. There is no universally applicable common standard. Consequently, in this respect, a certain margin of discretion must be accorded to the responsible national authorities."[515]

Nach Ansicht des Ausschusses hatten die finnischen Behörden diesen Spielraum allerdings paktkonform wahrgenommen.

In der nur kurz zuvor ergangenen Entscheidung zur Beschwerde *Maroufidou ./. Schweden* hatte der Ausschuß bereits zum Beurteilungsspielraum der Mitgliedstaaten bei der Auslegung innerstaatlichen Rechts Stellung genommen. Er hob hervor, daß es nicht seine Aufgabe sei, nationale Vorschriften auszulegen. Dies sei Sache der innerstaatlichen Gerichte und Behörden. Zwar falle es ihm gegebenenfalls zu, die Anwendung innerstaatlichen Rechts auf seine Vereinbarkeit mit dem Pakt zu prüfen; auch hier gelte es aber einen Beurteilungsspielraum der nationalen Organe bei der Auslegung ihres eigenen Rechts zu beachten:

> „The Committee takes the view that the interpretation of domestic law is essentially a matter for the courts and authorities of the State party concerned. It is not within the powers or functions of the Committee to evaluate whether the competent authorities of the State party in question have interpreted and applied the domestic law correctly in the case before it under the Optional Protocol, unless it is established that they have not

---

514 Als Schranken der Paktrechte kennt der IPbpR die öffentliche Sicherheit (Art. 18 Abs. 3, 21 und 22 Abs. 2), den ordre public (Art. 12 Abs. 3, 14 Abs. 1, 18 Abs. 3, 19 Abs. 3, 21 und 22 Abs. 2), die nationale Sicherheit (Art. 12 Abs. 3, 14 Abs. 1, 19 Abs. 3, 21 und 22 Abs. 2) und die öffentliche Sittlichkeit (Art. 12 Abs. 3, 14 Abs. 1, 18 Abs. 3, 19 Abs. 3, 21 und 22 Abs. 2). Zur Reichweite der Einschränkungsmöglichkeiten vgl. vor allem *Kiss*, in: Henkin (Hrsg.), Bill of Rights, S. 290 ff.

515 Beschwerde 61/1979, *Hertzberg et al. ./. Finnland*, UN-Doc. CCPR/C/OP/1, S. 124 (126), Tz. 10.3.; deutsche Übersetzung von *Tomuschat* in EuGRZ 1982, S. 342 ff.

> interpreted it in good faith or that it is evident that there has been an abuse of power.“[516]

Die hier angesprochene Beschränkung der Kontrolle auf eine gegen den *bona fide*-Grundsatz verstoßende Rechtsanwendung führte auch im bereits genannten Fall *Hertzberg ./. Finnland* zur Unbegründetheit der Beschwerde.[517]

Neben den Schrankenbestimmungen des Paktes hat der Ausschuß einen Beurteilungsspielraum auch für die Auslegung anderer Rechtsbegriffe anerkannt. In *General Comment* 19/39 überläßt er es den Vertragsstaaten, den Begriff „Familie“ extensiv – im Sinne des jeweiligen kulturellen Verständnisses – zu interpretieren und anzuwenden:

> „The Committee notes that the concept of the family may differ in some respects from State to State, and even from region to region within a State, and that it is therefore not possible to give the concept a standard definition.“ [518]

Trotz dieses grundsätzlichen Spielraumes der Mitgliedstaaten hat sich der Ausschuß in einem späteren Beschwerdeverfahren nicht davon abhalten lassen, den Familienbegriff – paktautonom – zu konkretisieren, und die Beziehung zwischen leiblichen Eltern und Kind unabhängig vom ehe- und familienrechtlichen Status nach innerstaatlichem Recht dem Schutz durch den IPbpR unterstellt:

> „[T]he term ‘family’ must be understood broadly; it reaffirms that the concept refers not solely to the family home during marriage or cohabitation, but also to the relations in general between parents and child.“[519]

---

516 Beschwerde 58/1979, *Maroufidou ./. Schweden*, UN-Doc. CCPR/C/OP/1, S. 80 (83), Tz. 10.1; deutsche Übersetzung von *Tomuschat* in EuGRZ 1981, S. 394 ff.

517 Beschwerde 61/1979, *Hertzberg et al. ./. Finnland*, UN-Doc. CCPR/C/OP/1, S. 124 (125), Tz. 9.2: „The authors have advanced no valid argument which could indicate that the construction placed upon this provision by the Finnish tribunals was not made bona fide. Accordingly the Committee’s task is confined to clarifying whether the restrictions applied against the alleged victims, irrespective of the penal provisions under Finnish penal law, disclose a breach of any of the rights under the Covenant.“

518 *General Comment* 19/39, UN-Doc. CCPR/C/21/Rev. 1/Add. 2, Tz. 2.

519 Beschwerde 417/1990, *Santacana ./. Spanien*, UN-Doc. A/49/40/, Vol. II, S. 101 (111).

Ohnehin verbindet der Ausschuß mit der Anerkennung und Berücksichtigung nationaler und regionaler Unterschiede im Rahmen der *margin of discretion*-Doktrin keinen uneingeschränkten Beurteilungsspielraum. Insbesondere wenn es um die Gewährleistung der Paktrechte schlechthin geht, hat der Ausschuß die Grenzen des staatlichen Spielraums aufgezeigt. So hat er im Rahmen der Beschwerde *De Montejo ./. Kolumbien* ausdrücklich klargestellt:

> „The Committee considers that the expression 'according to the law' in article 14 (5) of the Covenant is not intended to leave the very existence of the right of review to the discretion of the State parties, since the rights are those recognized by the Covenant, and not merely by domestic law. Rather, what is to be determined 'according to law' is the modalities by which the review by a higher tribunal is to be carried out."[520]

Darüber hinaus verbietet sich nach Ansicht des Ausschusses eine differenzierende Betrachtung, wenn es um die Auslegung zentraler Verbürgungen geht, die das Mensch-Sein an sich und die Menschenwürde gewährleisten. Hier bemüht sich der Ausschuß von vornherein um eine universelle einheitliche Geltung der wesentlichen Bestimmungen. Im *General Comment* 9/16 hat er es folglich abgelehnt, die Gewährleistungen zugunsten Inhaftierter von den Ressourcen des Mitgliedstaates abhängig zu machen:

> „The humane treatment and respect for the dignity of all persons deprived of their liberty is a basic standard of universal application which cannot depend entirely on material resources."[521]

Im *General Comment* 21/44 greift der Ausschuß diese Formulierung auf und kommt – trotz erkannter Unterschiede in den innerstaatlichen Rechtsordnungen, aber gestützt auf Art. 6 Abs. 5 IPbpR – für den Begriff „jugendliche Beschuldigte" bzw. „jugendliche Straffällige" in Art. 10 Abs. 2 lit. b) bzw. Abs. 3 S. 2 IPbpR zu einer generellen Altersgrenze von 18 Jahren:

> „Treating all persons deprived of their liberty with humanity and with respect for their dignity is a fundamental and universally applicable rule. (...) Art. 10 does not indicate any limits of juvenile age. While it is to be determined by each State party in

---

520 Beschwerde 64/1979, *De Montejo ./. Kolumbien*, UN-Doc. A/37/40, S. 168, Tz. 16 der Entscheidung.

521 *General Comment* 9/16, UN-Doc. CCPR/C/21/Rev. 1, Tz. 3.

> the light of relevant social, cultural and other conditions, the Committee is of the opinion that art 6, paragraph 5, suggests that all persons under the age of 18 should be treated as juveniles, at least in matters relating to criminal justice." [522]

Darüber hinaus darf nach Ansicht des Ausschusses die Bereitschaft zur Berücksichtigung kultureller Unterschiede nicht dahin (miß-)verstanden werden, daß hierdurch immanente Schranken der Paktrechte geschaffen werden könnten. Nicht gewillt zu akzeptieren ist der Ausschuß insbesondere religiös motivierte Einschränkungen der Paktrechte zum Schutz der öffentlichen Moral, wenn sie nur Ausdruck eines singulären Verständnisses sind und im Widerspruch zu den materiellen Gewährleistungen des Paktes stehen. So führt der Ausschuß im *General Comment* 22/48 aus:

> „The Committee observes that the concept of morals derives from many social, philosophical and religious traditions; consequently, limitations on the freedom to manifest a religion or belief for the purpose of protecting morals must be based on principles not deriving exclusively from a single tradition (...). The fact that a religion is recognized as a State religion or that it is established as official or traditional or that its followers comprise the majority of the population shall not result in any impairment of the enjoyments of any of the rights under the Covenant (...)."[523]

Daß religiöse oder kulturelle Traditionen nicht zu einer Einschränkung der Paktrechte schlechthin führen dürften, hat der Ausschuß insbesondere für das geschlechtsspezifischen Diskriminierungsverbot beständig hervorgehoben.[524]

Schließlich hat sich der Ausschuß auch zu gewissen Korrekturen seiner bisherigen Auslegungspraxis veranlaßt gesehen, um einer Aushöhlung des Paktes durch extensive Handhabung des Beurteilungsspielraumes durch die Staaten entgegenzuwirken. So wies er in der Beschwerde *Toonen ./. Australien* darauf hin, daß auch Fragen der Moral – trotz grundsätzlicher Abhängigkeit von in-

522 *General Comment* 21/44, UN-Doc. CCPR/C/21/Rev. 1/Add. 3, Tz. 4 und Tz. 13.

523 *General Comment* 22/48, UN-Doc. CCPR/C/21/Rev. 1/Add. 4, Tz. 8 f.

524 Vgl. exemplarisch die *Concluding Observations* zum Staatenbericht Gabuns, UN-Doc. CCPR/C/79/Add. 71, Tz. 3. Ausführlich hierzu *von der Wense*, UN-Menschenrechtsausschuß, S. 114 f. mit zahlreichen Nachweisen aus der Berichtspraxis.

nerstaatlichen Wertvorstellungen – nicht völlig der Überwachung des Ausschusses entzogen sein könnten:

> „The Committee cannot accept that (...) moral issues are exclusively matter of domestic concern, as this would open the door to withdrawing from the Committee's scrutiny a potentially large number of statutes interfering with privacy."[525]

Insgesamt ist die Auslegungspraxis des Ausschusses geprägt durch das Spannungsverhältnis zwischen universellem Geltungsanspruch der Paktrechte und der Akzeptanz der Auslegungsergebnisse auf Seiten der Vertragsstaaten. Ausgangspunkt ist die Erkenntnis, daß zwischen den Paktstaaten zuweilen erhebliche Unterschiede im Hinblick auf das Begriffs- und Inhaltsverständnis der Gewährleistungen bestehen. Die Einräumung von Beurteilungsspielräumen ermöglicht hier den Mitgliedstaaten, die Bestimmungen des Paktes entsprechend ihrer Rechts- und Kulturtraditionen zu rezipieren; gleichzeitig wird die universelle Akzeptanz der Überwachungspraxis des Ausschusses gesichert.[526] Zugleich ist das Bestreben erkennbar, die *margin of discretion*-Doktrin nicht zur Grundlage einer unkontrollierten Aushöhlung der Paktrechte werden zu lassen. Zum einen bemüht sich der Ausschuß dort um einen einheitlichen Mindeststandard, der unabhängig von nationalen oder regionalen Gegebenheiten zu gewährleisten ist und nicht unterschritten werden darf. Andererseits setzt der Ausschuß dem Spielraum der Staaten dann Grenzen, wenn die Gewährleistung der Paktrechte schlechthin unter Berufung auf ein spezifisches kulturelles oder religiöses Verständnis gefährdet erscheint. Die Entscheidung darüber, ob ein Vertragsstaat seinen menschenrechtlichen Pflichten nachgekommen ist, läßt sich der Ausschuß jedenfalls nicht unter Verweis auf einen *margin of discretion* aus der Hand nehmen.

(5) Der Umfang der völkerrechtlichen Bindung der Bundesrepublik Deutschland

Für die Bundesrepublik Deutschland ist der IPbpR seit dem 23. März 1976 in Kraft.[527] Bei Hinterlegung der Ratifikationsurkunde hat die Bundesrepublik allerdings folgende Vorbehalte angebracht:

---

525 Beschwerde 488/1992, *Toonen ./. Australien*, UN-Doc. A/49/40, Vol. II, S. 226 (234).

526 Vgl. *von der Wense*, UN-Menschenrechtsausschuß, S. 108.

527 Vgl. Bekanntmachung vom 14. Juni 1976, BGBl. 1976 II S. 1068. Art. 41 IPbpR ist hingegen erst am 28. März 1979 in Kraft getreten (gem. Art. 41 Abs. 2 IPbpR), vgl. Bekanntmachung vom 20. November 1979, BGBl. 1979 II S. 1218. Zur Anerkennung der Zuständigkeit des Ausschusses durch die Bundesrepublik vgl. sogleich Fn. 532 f.

„Art. 19, 21 und 22 in Verbindung mit Art. 2 Abs. 1 des Paktes werden in dem Art. 16 der Konvention zum Schutze der Menschenrechte und Grundfreiheiten vom 4. November 1950 entsprechenden Rahmen angewandt."[528]

Soweit also Meinungs-, Versammlungs- und Koalitionsfreiheit betroffen sind, steht es der Bundesrepublik frei, ohne Verstoß gegen das Diskriminierungsverbot des IPbpR Einschränkungen im Hinblick auf die politische Betätigung von Ausländern vorzunehmen. Die weiteren Erklärungen betreffen im weitesten Sinne die Strafgerichtsbarkeit und sind im Rahmen dieser Arbeit nicht von Bedeutung.[529]

Das Zweite Fakultativprotokoll ist für die Bundesrepublik am 18. November 1992 in Kraft getreten.[530]

Die Zuständigkeit des Ausschusses nach Art. 41 IPbpR hat die Bundesrepublik zuletzt mit Erklärung vom 22. Januar 1997[531] für weitere fünf Jahre anerkannt. Nach längerem Zuwarten,[532] ist die Bundesrepublik auch dem Fakultativprotokoll beigetreten. Es wurde am 25. November 1993 in Kraft gesetzt.[533]

---

528 Bekanntmachung vom 14. Juni 1976, BGBl. 1976 II S. 1068, Ziff. 1.

529 Der weitere Text der Vorbehaltserklärung lautet:
„2. Art. 14 Abs. 3 Buchstabe d des Paktes wird derart angewandt, daß die persönliche Anwesenheit eines nicht auf freiem Fuß befindlichen Angeklagten zur Revisionshauptverhandlung in das Ermessen des Gerichts gestellt wird.
3. Art. 14 Abs. 5 des Paktes wird derart angewandt, daß
a) ein weiteres Rechtsmittel nicht in allen Fällen allein deshalb eröffnet werden muß, weil der Beschuldigte in der Rechtsmittelinstanz erstmals verurteilt worden ist, und
b) bei Straftaten von geringer Schwere die Überprüfung eines nicht auf Freiheitsstrafe lautenden Urteils durch ein Gericht höherer Instanz nicht in allen Fällen ermöglicht werden muß.
4. Art. 15 Abs. 1 des Paktes wird derart angewandt, daß im Falle einer Milderung der zur Zeit in Kraft befindlichen Strafvorschriften in bestimmten Ausnahmefällen das bisher geltende Recht auf Taten, die vor der Gesetzesänderung begangen wurden, anwendbar bleiben kann."

530 Vgl. Bekanntmachung vom 20. April 1993, BGBl. 1993 II S. 880.

531 Vgl. BGBl. 1997 II S. 1355.

532 Die zögerliche Haltung ist darauf zurückzuführen, daß zunächst die Verfahrenskonkurrenz zur Individualbeschwerde der EMRK geklärt werden sollte, vgl. die Stellungnahme des damaligen Bundesjustizministers *H.-J. Vogel*, VN 1/79, S. 17 (19).

533 Vgl. Bekanntmachung vom 30. Dezember 1993, BGBl. 1994 II S. 311. Die Bundesrepublik hat dabei hinsichtlich der Behandlung von Individualbeschwerden einen verfahrensrechtlichen Vorbehalt eingelegt. Danach wird die Zuständigkeit des Ausschusses nicht für solche Beschwerden anerkannt, die a) bereits in einer anderen

dd) Zusammenfassung und Ergebnis

Mit dem IPbpR steht auf universeller Ebene ein die wesentlichen Freiheitsrechte verbürgender Vertrag zur Verfügung, an den die Bundesrepublik in weitreichender Hinsicht völkerrechtlich gebunden ist. Die materiellen Gewährleistungen sind grundsätzlich auf unmittelbare Anwendbarkeit in der staatlichen Rechtsordnung angelegt. In räumlich-personaler Hinsicht beansprucht der IPbpR universelle Reichweite insofern, als jede Ausübung von Staatsgewalt mit den Verpflichtungen dieses Staates aus dem Pakt im Einklang stehen muß, unabhängig davon, wo der Erfolg dieses Handelns eintritt und in welcher Beziehung der einzelne zu dem Vertragsstaat steht. Notwendig aber auch ausreichend ist das tatsächliche Unterworfensein unter die Hoheitsgewalt eines Mitgliedstaats. Als zentrales Organ überwacht der Menschenrechsausschuß durch Prüfung von Staatenberichten die Einhaltung der vertraglichen Verpflichtungen. Im Rahmen des Fakultativprotokolls nimmt er mit der Behandlung von Beschwerden quasi-justizielle Tätigkeiten wahr. Bei der einzelfallbezogenen Auslegung anerkennt der Ausschuß durchaus die Tatsache, daß innerhalb der Mitgliedstaaten differierende kulturelle und soziale Gegebenheiten vorherrschen. Ähnlich wie die Konventionsorgane im Bereich der EMRK räumt auch der Menschenrechtsausschuß den Staaten gewisse Beurteilungsspielräume bei der Umsetzung der Paktverpflichtungen ein und sichert so die Akzeptanz seiner Auslegungstätigkeit. Ihre Grenze finden diese Differenzierungen allerdings dort, wo der Spielraum mißbräuchlich ausgenutzt bzw. zu einer Einschränkung der Paktrechte schlechthin gebraucht zu werden droht. Enge Grenzen sind den Staaten auch dort gezogen, wo es um die Geschlechterdiskriminierung und die Einhaltung elementarer Verbürgungen zum Schutz der Menschenwürde geht. Die Ergebnisse der praktischen Überwachungstätigkeit aus den Staatenberichtsverfahren und der Befassung mit Individualbeschwerden fließen in die *General Comments* ein, mit denen der Ausschuß über den konkreten Einzelfall hinaus den *status quo* des Menschenrechtsschutzes durch den IPbpR zum Ausdruck bringt. Trotz ihrer rechtlichen Unverbindlichkeit, sind die Vertragsstaaten jedenfalls nach Treu und Glauben verpflichtet, die in den *General Comments* zusammengefaßten Interpretationslinien ebenso wie die in den Individualbeschwerden geäußerten Ansichten des Ausschusses zu berücksichtigen.

---

internationalen Untersuchung oder einem Streiterledigungsverfahren geprüft wurden, b) mit denen eine Rechtsverletzung gerügt wird, die ihren Grund in Ereignissen vor Inkrafttreten des FP für die Bundesrepublik haben und c) mit denen eine Verletzung von Art. 26 gerügt wird, wenn und soweit sich die gerügte Verletzung auf andere als die im IPbpR garantierten Rechte bezieht. An der umfassenden völkerrechtlichen Bindung der Bundesrepublik in materieller Hinsicht ändert der Vorbehalt freilich nichts.

c) Der Internationale Pakt über wirtschaftliche, soziale und kulturelle Rechte

aa) Aufbau und Inhalt des IPwskR

Im Aufbau folgt der IPwskR[534] im wesentlichen dem Bruderpakt. Im Teil I findet sich – wortgleich mit Art. 1 IPbpR – das Selbstbestimmungsrecht der Völker verankert. Strukturell dem IPbpR entsprechend, beinhaltet auch der Teil II des IPwskR die allgemeinen Vorschriften und normiert die den Staaten obliegende Grundverpflichtung (Art. 2 Abs. 1 IPwskR), ein akzessorisches Diskriminierungsverbot (Art. 2 Abs. 2 IPwskR), das für Entwicklungsländer im Hinblick auf Ausländer relativiert wird (Art. 2 Abs. 3 IPwskR), das Gebot der Geschlechtergleichbehandlung (Art. 3 IPwskR) sowie ein privates Mißbrauchsverbot (Art. 5 IPwskR). An Stelle einer Notstandsklausel tritt im IPwskR eine allgemeine Schrankenbestimmung (Art. 4 IPwskR).

Die materiellen Rechtspositionen finden sich auch im IPwskR im III. Teil des Vertrages.[535] Sie betreffen die Kernbereiche der wirtschaftlichen, sozialen und kulturellen Entfaltungsmöglichkeiten des einzelnen im Gemeinwesen. Sämtliche Gewährleistungen sind als Jedermann-Rechte formuliert. Inhaltlich umfaßt der III. Teil zunächst die Arbeitswelt im weiteren Sinne (Art. 6 Abs. 1 IPwskR: Recht auf Arbeit und berufliche Betätigung durch frei gewählte Arbeit; Art. 7 IPwskR: gerechte und günstige Arbeitsbedingungen; Art. 8 IPwskR: Koalitionsfreiheit und Streikrecht), die Existenzgrundlagen (Art. 9 IPwskR: soziale Sicherung; Art. 11 IPwskR: angemessene Lebensbedingungen; Art. 12 IPwskR: körperliche und geistige Gesundheit), den Schutz der Familie, insbesondere der Mütter und Kinder sowie die Eheschließungsfreiheit (Art. 10 IPwskR), die Bildung und Erziehung (Art. 13 IPwskR: das Recht auf Bildung, insbesondere obligatorischer Grundschulunterricht (konkretisiert durch Art. 14 IPwskR), Zugang zu weiterführenden Schulen, Privatschulfreiheit und Schulwahlfreiheit der Erziehungsberechtigten) sowie Teilhaberechte in kultureller und wirtschaftlicher Hinsicht (Art. 15 IPwskR) einschließlich der Freiheit von Wissenschaft und Forschung (Art. 15 Abs. 3 IPwskR).

---

534 Engl.: „Covenant on Economic, Social and Cultural Rights" (CESCR).

535 Einen Überblick über die gegenwärtige Auslegungspraxis des Ausschusses zu den materiell-rechtlichen Bestimmungen des IPwskR gewährt *Engels*, Menschenrechtsschutz, S. 83 ff.

Der Pakt ist für die Bundesrepublik am 3. Januar 1976 vorbehaltlos in Kraft getreten.[536]

bb) Überwachung des Paktes auf internationaler Ebene

Teil IV des IPwskR etabliert ein Staatenberichtsverfahren, weist aber im Gegensatz zum IPbpR die Durchführung nicht einem autonomen Konventionsorgan zu, sondern dem Wirtschafts- und Sozialrat (ECOSOC). Art. 24 und 25 IPwskR enthalten die dem Teil V des IPbpR entsprechenden Regelungen. Nach dem Wortlaut des Art. 16 IPwskR sollte die internationale Kontrolle des Paktes beim Wirtschafts- und Sozialrat (ECOSOC) liegen und durch Berichte der Staaten „über die von ihnen getroffenen Maßnahmen und (...) Fortschritte" gewährleistet werden. Obwohl es im Lauf der Entstehung des Paktes durchaus Ansätze gab, die Überwachung ebenso wie beim IPbpR in die Hände eines unabhängigen Expertengremiums zu legen,[537] einigte man sich angesichts fehlender Übereinstimmung über die Bedingungen paktkonformer Wirtschafts- und Sozialpolitik schließlich auf die Vornahme der Berichtsprüfung durch ECOSOC als politisch agierendes Staatengremium.[538] Die von ECOSOC gebildete Arbeitsgruppe[539] stand angesichts ihrer ineffektiven Arbeitsweise von Anfang an in der Kritik.[540] Es bedurfte einiger Zeit bis ECOSOC der Kritik nachgab[541] und schließlich im Jahre 1985 die Überwachung des IPwskR wie im Bruderpakt an ein unabhängiges Expertengremium, den Ausschuß für wirtschaftliche, soziale und kulturelle Rechte delegierte,[542] der seine Arbeit 1987

536 Vgl. Bekanntmachung vom 9. März 1976, BGBl. 1976 II S. 428. Allerdings hat die Bundesregierung mit einer Denkschrift, BGBl. 1973 II S. 1569 zum Ausdruck gebracht, daß aus dem IPwskR ihrer Ansicht nach keine einklagbaren Rechte oder Ansprüche erwachsen könnten. Zur Bedeutung von Erklärungen der Bundesrepublik unterhalb der Schwelle eines völkerrechtlichen Vorbehalts vgl. die Ausführungen zur KRK unten S. 191 ff. sowie im III. Kapitel, S. 231 ff.

537 Vgl. im einzelnen *Alston*, in: ders. (Hrsg.), Human Rights, S. 473 (479 f.); *ders.*, 9 HRQ (1987), S. 332 (336) und *Craven*, in: Drzewicki/Krause/Rosas (Hrsg.), Social Rights, S. 91 (94 f.); *ders.*, Covenant, S. 35 ff.

538 Vgl. *Simma*, in: FS Bernhardt, S. 579 (581 f.).

539 Sog. *Sessional Working Group* auf der Grundlage von ECOSOC Res. 1988 (LX) (1976) und der Entscheidung 1978/10 vom 3. Mai 1978.

540 Vgl. *Alston*, in: ders. (Hrsg.), Human Rights, S. 480 mit Fn. 46; *Craven*, in: Drzewicki/Krause/Rosas (Hrsg.), Social Rights, S. 91 (96)

541 Vgl. *Simma*, in: FS Bernhardt, S. 579 (582) erscheint dies als ein „Anfall von schlechtem Gewissen und tätiger Reue"; *Alston*, in: ders. (Hrsg.), Human Rights, S. 473 (473) spricht gar von einer Verzweiflungstat des ECOSOC.

542 Engl.: „Committee on Economic, Social and Cultural Rights" (CESCR), eingesetzt durch ECOSOC-Resolution 1985/17 vom 28. Mai 1985; vgl. hierzu *Alston*, 9 HRQ

aufnahm. Was offiziell lediglich eine Umbenennung der *Sessional Working Group* des ECOSOC darstellte, erwies sich als Neubeginn der Überwachungstätigkeit im Rahmen des IPwskR.[543] Von Beginn an betrachtete der Ausschuß es als seine Aufgabe, den im Vergleich zum Zivilpakt ungleich vager ausgestalteten Rechten und korrespondierenden Staatenverpflichtungen des IPwskR normativen Gehalt zu verschaffen.[544]

(1) Berichtssystem

In erster Linie geschieht dies durch das Staatenberichtsverfahren, dessen Zielsetzung und Funktion der Ausschuß vor allem durch seinen ersten *General Comment*[545] umrissen hat.[546] Der Berichtszeitraum beträgt wie im IPbpR fünf

---

(1987), S. 332 ff. Die Resolution ist abgedruckt bei *Engels*, Menschenrechtsschutz, Anhang II, S. 413 f.

543 Vgl. *Alston/Simma*, 82 AJIL (1982), S. 603 (603 f.) sprechen von einem „turning point".

544 Vgl. *Alston*, in: ders. (Hrsg.), Human Rights, S. 473 (491). Zur Funktion und Arbeitsweise des Ausschusses vgl. auch *Craven*, Covenant, S. 30 ff.; *Klee*, Verwirklichung, S. 238 ff.

545 Zur Erstellung von *General Comments* durch den Ausschuß sogleich S. 147 f. Auch die *General Comments* des CESCR sind sämtlich auf der *UN Treaty-Bodies Database* über die Internet-Homepage des UN-Hochkommissariats für Menschenrechte, URL (Stand: April 2002): << http://www.unhchr.ch/tbs/doc.nsf >>, abrufbar.

546 Vgl. *General Comment* 1/3 vom 24. Februar 1989, enthalten in UN-Doc E/1989/22 (Tz. im Original):
„1. The reporting obligations which are contained in part IV of the Covenant are designed principally to assist each State party in fulfilling its obligations under the Covenant and, in addition, to provide a basis on which the Council, assisted by the Committee, can discharge its responsibilities for monitoring States parties' compliance with their obligations and for facilitating the realization of economic, social and cultural rights in accordance with the provisions of the Covenant. The Committee considers that it would be incorrect to assume that reporting is essentially only a procedural matter designed solely to satisfy each State party's formal obligation to report to the appropriate international monitoring body. On the contrary, in accordance with the letter and spirit of the Covenant, the processes of preparation and submission of reports by States can, and indeed should, serve to achieve a variety of objectives.
2. A first objective, which is of particular relevance to the initial report required to be submitted within two years of the Covenant's entry into force for the State party concerned, is to ensure that a comprehensive review is undertaken with respect to national legislation, administrative rules and procedures, and practices in an effort to ensure the fullest possible conformity with the Covenant. (...).
3. A second objective is to ensure that the State party monitors the actual situation with respect to each of the rights on a regular basis and is thus aware of the extent to which the various rights are, or are not, being enjoyed by all individuals within its territory or under its jurisdiction. (...) [T]he essential first step towards promoting the

Jahre.[547] Die Ergebnisse der einzelnen Berichtsverfahren faßt der Ausschuß als Überwachungsorgan seit der zweiten Sitzung ebenfalls in abschließenden Bemerkungen (*Concluding Observations*) zusammen.[548] Im Rahmen der fünften Sitzung wurde in den abschließenden Bemerkungen zur Dominikanischen Republik erstmals eine Vertragsverletzung explizit festgestellt.[549] Die Wirksamkeit des Berichtsverfahrens als Kontrollinstrument hängt freilich von der Bereitschaft der Staaten ab, ihren Berichtspflichten tatsächlich nachzukommen. Die diesbezügliche Zurückhaltung – um nicht zu sagen Ignoranz[550] – der Ver-

---

realization of economic, social and cultural rights is diagnosis and knowledge of the existing situation. (...).
5. A fourth objective of the reporting process it to facilitate public scrutiny of government policies with respect to economic, social and cultural rights and to encourage the involvement of the various economic, social and cultural sectors of society in the formulation, implementation and review of the relevant policies. (...).
6. A fifth objective is to provide a basis on which the State party itself, as well as the Committee, can effectively evaluate the extent to which progress has been made towards the realization of the obligations contained in the Covenant. (...).
8. A sixth objective is to enable the State party itself to develop a better understanding of the problems and shortcomings encountered in efforts to realize progressively the full range of economic, social and cultural rights. For this reason, it is essential that States parties report in detail on the 'factors and difficulties' inhibiting such realization. This process of identification and recognition of the relevant difficulties then provides the framework within which more appropriate policies can be devised.
9. A seventh objective is to enable the Committee, and the States parties as a whole, to facilitate the exchange of information among States and to develop a better understanding of the common problems faced by States and a fuller appreciation of the type of measures which might be taken to promote effective realization of each of the rights contained in the Covenant (...)."

547 Der zunächst geltende Dreijahresrhythmus wurde entsprechend dem Vorschlag des Ausschusses auf der zweiten Sitzungsperiode, vgl. UN-Doc. E/1988/14, Tz. 60, durch ECOSOC-Resolution 1988/4, UN-Doc. E/C.12/1989/4 auf fünf Jahre verlängert.

548 Vgl. *Klee*, Verwirklichung, S. 263 f.; anfangs hatten die *Concluding Observations* lediglich die Bewertungen einzelner Ausschußmitglieder beinhaltet, vgl. *Simma*, in: FS Bernhardt, S. 579 (589).

549 Vgl. UN-Doc. E/C.12/1990/8, Tz. 249 wegen Nichtgewährung angemessener Unterbringung (Art. 11 Abs. 1 IPwskR); aus demselben Grund wurde wenig später auch für Panama ein Verstoß gegen seine Vertragspflichten konstatiert, vgl. UN-Doc. E/C.12/1991/4, Tz. 135. Ein Verstoß der Bundesrepublik wurde unlängst vom Ausschuß auf der 19. Sitzungsperiode festgestellt, vgl. *Concluding Observations* zum (3.) Staatenbericht Deutschlands, UN-Doc. E/C.12/1998/26, Tz. 318: „The Committee notes that with few exceptions civil servants in Germany do not enjoy the right to strike, *which constitutes a violation* of article 8, paragraph 2, of the Covenant." (Hervorheb. d. Verf.).

550 So *Alston*, in: ders. (Hrsg.), Human Rights, S. 473 (493).

tragsparteien ist beträchtlich. Ende 1999 waren nicht weniger als 169 Staatenberichte aus dem laufenden und vorhergehenden Berichtszeitraum überfällig.[551] Der Ausschuß hat sich deshalb veranlaßt gesehen, bei Verletzung der Berichtspflicht eigenständig die Lage der Paktrechte in dem betreffenden Vertragsstaat zu ermitteln und auch ohne formale Mitwirkung des Staates die Ergebnisse dieser Untersuchung in *Concluding Observations* zu veröffentlichen.[552] Ebenso wie im Bereich des IPbpR ist auch das Berichtsverfahren nach dem IPwskR angesichts der fehlenden rechtlichen Bindungswirkung der Bemerkungen kein wirkliches Durchsetzungsmittel. Immerhin hat das im System des UN-Menschenrechtsschutzes ungewöhnliche, weil mitwirkungsunabhängige Ermittlungsverfahren zu einer Verstärkung des Drucks auf die Mitgliedstaaten geführt.[553] Darüber hinaus hat sich der Ausschuß bei Fällen, die „Anlaß zur Sorge" gaben (*cases of grave concern*) veranlaßt gesehen, Staaten zur Abgabe von *ad hoc*-Berichten aufzufordern.[554] Der Ausschuß reagierte damit auf ihm bekanntgewordene, konkrete Anhaltspunkte für Menschenrechtsverletzungen, deren weitere Aufklärung er für notwendig erachtete.[555]

---

551 Der unbefriedigende Zustand wird allgemein als eines der größten Hemmnisse einer effektiven Ausschußarbeit angesehen, vgl. etwa *Leckie*, in: Alston/Crawford (Hrsg.), The Future, S. 129 (130 f.). Zu den säumigen Staaten zählen keineswegs nur Entwicklungs- oder Schwellenländer. So waren etwa Japan, Australien, Österreich, die Tschechische Republik, Dänemark, Finnland, Griechenland, Irland, das Vereinigte Königreich, Norwegen, Spanien, Schweden und die Schweiz bereits mit einem, Frankreich gar mit zwei Berichten im Rückstand. Die Bundesrepublik hingegen ist ihrer Berichtspflicht bislang nachgekommen, vgl. zuletzt die Beratungen des Ausschusses über den (3.) periodischen Bericht auf der 19. Sitzungsperiode von November bis Dezember 1998, UN-Doc. E/1994/104, Add. 14.

552 Gem. Beschluß auf der sechsten Sitzungsperiode, UN-Doc. E/1992/23, Tz. 98 führt der Ausschuß dieses Notverfahren bei Staaten durch, die mit ihrem Erstbericht zehn, mit dem Zweitbericht weitere fünf Jahre in Verzug sind. So geschehen im Fall Kenias, das sich jeder Mitwirkung verschloß, vgl. *Simma*, in: FS Bernhardt, S. 579 (587).

553 Vgl. *Alston*, in: ders. (Hrsg.), Human Rights, S. 473 (501 f.).

554 Vgl. *Craven*, in: Drzewicki/Krause/Rosas (Hrsg.), Social Rights, S. 91 (92 f.)

555 Im Falle der Dominikanischen Republik waren ihm die Informationen von NGO's – der Ausschuß selbst sprach von „several sources" – zugetragen worden, nachdem der Staat seinen Berichtspflichten nicht nachgekommen war, vgl. UN-Doc. E/1992/23, Tz. 330. Die Bitte um Abgabe eines *ad hoc*-Berichts gegenüber den Philippinen wurde hingegen ausgesprochen, obwohl der Staat ohnehin zur Abgabe eines Staatenberichts im regulären Turnus verpflichtet war. Der Ausschuß erachtete dies wegen des „concern that violations are occurring and that future measures might amount to further violations" für notwendig, vgl. UN-Doc. E/1994/23, Tz. 374. *Craven*, Covenant, S. 62 f. wertet die Anforderung eines *ad hoc*-Berichts gegenüber den Philippinen als einen Präzedenzfall für die Unabhängigkeit dieses Verfahren vom üblichen Berichtsverfahren.

(2) Abfassung von General Comments durch den IPwskR-Ausschuß

Auch mit dem zweiten Instrument der Paktinterpretation näherte sich der Ausschuß den Arbeitsmethoden des Schwestergremiums an. Obwohl der IPwskR diesbezüglich keine Regelungen enthält, verabschiedet der IPwskR-Ausschuß seit der dritten Sitzungsperiode „allgemeine Bemerkungen" (*General Comments).*[556] Während sich die Bemerkungen zunächst mit dem Berichtsverfahren[557] und dem Umfang der Staatenverpflichtung[558] befaßten, legt der Ausschuß inzwischen sein Augenmerk auch auf die kommentierende Erläuterung einzelner Paktbestimmungen.[559] Für die *General Comments* des IPwskR-Ausschusses gilt freilich dasselbe wie für diejenigen des Menschenrechtsausschusses. Die darin geäußerten Rechtsansichten entfalten keine rechtlich verbindliche Wirkung. Sie stellen vielmehr die Essenz der praktischen Tätigkeit des zuständigen Überwachungsorgans dar und sind Ausdruck seines Selbstverständnisses. Ebenso wie im Bereich des IPbpR dürften die Vertragsstaaten die Stellungnahmen des Ausschusses jedenfalls *bona fide* zu berücksichtigen haben.[560] Ergänzt wird die Rechts(fort)bildung durch sog. „Days of General Discussion", in denen der Ausschuß im Wege von Expertenanhörungen und Diskussionsforen versucht, abseits des Berichtsverfahrens den normativen Gehalt der Paktrechte zu erhellen.[561]

556 Vgl. bereits oben bei Fn. 545.

557 *General Comment* 1/3, enthalten in UN-Doc E/1989/22, vgl. bereits oben Fn. 546.

558 *General Comment* 3/5 vom 14. Dezember 1990, UN-Doc. E/C.12/1990/8, Annex III, Tz. 83, inzwischen ergänzt durch *General Comment* 9/19 vom 3. Dezember 1998, UN-Doc. E/C.12/1998/24, dazu sogleich S. 149 ff.

559 Aus den bis Ende 2001 verabschiedeten 14 *General Comments* sind in materiellrechtlicher Hinsicht hervorzuheben *General Comment* 4/6 vom 13. Dezember 1991, enthalten in UN-Doc. E/1992/23 und *General Comment* 7/16 vom 20. Mai 1997, enthalten in UN-Doc. E/1998/22/Annex IV (beide zu Art. 11 Abs. 1 IPwskR: Recht auf angemessene Wohnung); *General Comment* 12/20 vom 12. Mai 1999, UN-Doc. E/C.12/1999/5 (zu Art. 11 IPwskR, Recht auf Nahrung); *General Comment* 13/21, UN-Doc. E/C.12/1999/10 (zu Art. 13 IPwskR: Recht auf Bildung) sowie *General Comment* 14/22 vom 4. Juli 2000, UN-Doc. C/C.12/2000/4 (zu Art. 12 IPwskR: Gesundheitsfürsorge).

560 Vgl. bereits oben bei Fn. 451.

561 Vgl. hierzu, *Alston*, in: ders. (Hrsg.), Human Rights, S. 473 (493 f.). Auf der 19. Sitzungsperiode von November bis Dezember 1998 war der *Day of General Discussion* etwa dem Recht auf Bildung nach Art. 13 und 14 IPwskR gewidmet, vgl. den Bericht des Ausschusses, UN-Doc. E/C.12/1998/16.

(3) Behandlung von Individualbeschwerde als Überwachungsinstrument *de lege ferenda*

Mittlerweile schickt sich der Ausschuß an, den Kontrollumfang noch weiter dem des Schwesterorgans aus dem IPbpR anzugleichen. Im Rahmen der 15. Sitzungsperiode hat das Gremium den endgültigen Entwurf eines Fakultativprotokolls angenommen und der UN-Menschenrechtskommission zur Beratung vorgelegt.[562] Kern des Fakultativprotokolls ist ein demjenigen des IPbpR vergleichbares Verfahren auf internationaler Ebene, das Einzelpersonen und Gruppen ein Beschwerderecht hinsichtlich der Verletzung von Paktrechten einräumt.[563]

---

562 Der Text des Entwurfes einschließlich der Anmerkungen und Erläuterungen des Ausschusses ist als Annex abgedruckt in UN-Doc. E/CN.4/1997/1055. Die Menschenrechtskommission unterstützt dieses Vorhaben und hat mit Resolutionen 1998/33 vom 17. April 1998 und 1999/25 vom 26. April 1999 die UN-Hochkommissarin für Menschenrechte aufgefordert, Stellungnahmen der Vertragsstaaten einzuholen. Die Bundesrepublik hat ihre zunächst kritische Einschätzung, UN-Doc E/C.12/1998/84, S. 4 inzwischen revidiert, vgl. UN-Doc. D/C.12/1998/26, Tz. 310.

563 Zu Berechtigung und Zweck eines Individualbeschwerdeverfahrens vgl. eingehend *Klee*, Verwirklichung, S. 268 ff. Eine auf Vergleich mit anderen Individualbeschwerdeverfahren auf UN-Ebene gestützte Prognose zur Auswirkung des Fakultativprotokolls auf das Überwachungssystem des IPwskR unternimmt *Engels*, Menschenrechtsschutz, S. 321 ff. und *passim*. Die zentralen Bestimmungen des Entwurfs lauten:
Art. 1: „A State Party to the Covenant that becomes a Party to the present Protocol recognizes the competence of the Committee to receive and examine communications from any individuals or groups subject to its jurisdiction in accordance with the provisions of this Protocol."
Art. 2 Abs. 1: „Any individual or group claiming to be a victim of a violation by the State party concerned of any of the economic, social or cultural rights recognized in the Covenant, or any individual or group acting on behalf of such claimant(s), may submit a written communication to the Committee for examination."
Art. 2 Abs. 2: „States Parties to this Protocol undertake not to hinder in any way the effective exercise of the right to submit a communication and to take all steps necessary to prevent any persecution or sanctioning of any person or group submitting or seeking to submit a communication under this Protocol."
Art. 8 Abs. 1: „Where the Committee is of the view that a State Party has violated its obligations under the Covenant, the Committee may recommend that the State Party take specific measures to remedy the violation and to prevent its recurrence."
Art. 8 Abs. 2: „The State Party concerned shall, within six months of receiving notice of the decision of the Committee under paragraph 1, or such longer period as may be specified by the Committee, provide the Committee with details of the measures which it has taken in accordance with paragraph 1."
Das Zusatzprotokoll soll gem. seinem Art. 13 Abs. 1 drei Monate nach Eingang der fünften Ratifikationsurkunde in Kraft treten.

cc) Die Natur der Paktrechte und die daraus resultierenden Staatenverpflichtungen

(1) Lediglich progressive Verwirklichungspflicht?

Die Bemühungen um eine Evolution der Kontrollmechanismen des IPwskR und ihrer Annäherung an diejenigen der Schwesterkonvention vermögen allerdings nicht den grundlegenden Unterschied zwischen den beiden Pakten zu überspielen. Die Dichotomie zwischen Menschenrechten der ersten und zweiten Dimension zeigt sich nirgends deutlicher als in denjenigen Artikeln der Pakte, die die grundlegende Verpflichtung der Staaten normieren. Während Art. 2 Abs. 1 und 2 IPbpR – wie gezeigt – die unmittelbare und mit Inkrafttreten des Paktes vollumfängliche Verpflichtung des Vertragsstaates begründet, verlangt Art. 2 Abs. 1 IPwskR von einem Vertragsstaat lediglich, „unter Ausschöpfung aller seiner Möglichkeiten Maßnahmen zu treffen, um nach und nach mit allen geeigneten Mitteln, vor allem durch gesetzgeberische Maßnahmen, die volle Verwirklichung der in diesem Pakt anerkannten Rechte zu erreichen." Auch innerhalb der materiellen Gewährleistungen tritt dieser Unterschied zutage. Stellen die Verbürgungen des IPbpR ganz überwiegend das Individuum als unmittelbaren Rechtsträger in den Mittelpunkt, so bilden im IPwskR die Vertragsstaaten das Subjekt auch der materiellen Gewährleistungen. So heißt es etwa in Art. 6 Abs. 1, Art. 7, Art. 9-13 und Art. 15 IPwskR, die „Vertragsstaaten erkennen an"[564] und in Art. 3 bzw. 8 IPwskR „verpflichten sich (...) zu gewährleisten".[565] Diese Bedingtheit der Staatenverpflichtung, die Abhängigkeit von der Leistungsfähigkeit eines Staates, verbunden mit dem Programmsatzcharakter einzelner materieller Gewährleistungen, führten dazu, daß der IPwskR über weite Strecken kaum mehr als ein Schattendasein innerhalb des UN-Menschenrechtsschutzes geführt hat.[566] Vor allem von den westlichen Staaten wurde kaum ein Zweifel daran gelassen, daß der Pakt – angesichts des Leistungscharakters der Paktrechte, die sie überdies nur durch eine *programmatic obligation*,[567] eine Gewährleistung Schritt für Schritt, zu verwirklichen hatten – keine unmittelbare und unbedingte Staatenverpflichtung beinhalte und ihm deshalb eine Bedeutung für das innerstaatliche Recht kaum zugemessen werden könne.[568]

---

564 Authentische Fassungen: engl.: „recognize"; frz.: „reconnaissent".

565 Authentische Fassungen: engl.: „undertake to ensure"; frz.: „s'engagent à assurer".

566 Vgl. *Craven*, in: Hanski/Suksi (Hrsg.), Introduction, S. 99 (115).

567 Vgl. *Buergenthal*, Human Rights, S. 54; *Steiner/Alston*, Human Rights, S. 275.

568 So ausdrücklich die Denkschrift der Bundesregierung zum IPwskR, BGBl. 1973 II S. 1569. Die Debatte faßt *Van Hoof*, in: Alston/Tomaševski (Hrsg.), S. 97 ff. kritisch zusammen. Vgl. auch *Viljanen*, in: Drzewicki/Krause/Rosas (Hrsg.), Social Rights, S. 43 (44 ff.) sowie *Scherf*, Umsetzung, S. 4 f.

(2) Die Bemühungen des Ausschusses um eine Konkretisierung der Staatenverpflichtungen

In der Tat scheinen die in Art. 2 Abs. 1 IPwskR normierten relativen – progressiven und ressourcenabhängigen – Staatenpflichten und deren wenig konkretisierte Ausformulierung in einzelnen Paktrechten generell einem einheitlichen und für den innerstaatlichen Rechtsanwender greifbaren Verpflichtungsgrad entgegenzustehen. Im wissenschaftlichen Diskurs zum IPwskR hat sich jedoch seit längerem ein differenzierter Ansatz durchgesetzt, der die Vielschichtigkeit der im Sozialpakt enthaltenen Staatenpflichten hervorhebt. Die Literatur unterteilt die aus den Paktrechten resultierenden Verpflichtungen in Achtungspflichten (*obligation to respect*), die regelmäßig nur ein Unterlassen des Staates verlangen, in Schutzpflichten (*obligation to protect*), die neben dem Unterlassen im Einzelfall auch ein Eingreifen des Staates zum Schutz vor Rechtsverletzungen gebieten, und in Leistungspflichten (*obligation to fulfil*), die den Staat generell zum Tätigwerden aufrufen.[569] Auch der IPwskR-Ausschuß – darauf konzentriert sich die Darstellung im folgenden – hat sich seit Aufnahme seiner Tätigkeit darum bemüht, den Sozialpakt aus dem Schatten des Bruderpaktes herauszuführen und den im IPwskR niedergelegten Staatenpflichten schärfere Konturen zu verleihen.

(a) Die Verpflichtung „Maßnahmen zu treffen"

Bereits in seinem ersten *General Comment* hob der Ausschuß die Bedeutung der Formulierung in Art. 2 Abs. 1 IPwskR, „to take steps (...) by all appropriate means", also das Tätigwerden der Staaten überhaupt, als grundlegende vertragliche Verpflichtung der Staaten hervor.[570] Auch in der Literatur wird diese Formulierung als eine unmittelbar und ohne weiteres aus Art. 2 Abs. 1 IPwskR erwachsende Staatenverpflichtung angesehen, so daß jedenfalls schlichtes Untätigbleiben als Verstoß gegen den Pakt anzusehen sei.[571] Allerdings ließ

---

569 Die Kategorisierung geht wohl zurück auf *Eide*, 10 HRLJ (1989), S. 35 (37); inhaltlich ähnlich zuvor bereits *Shue*, Basic Rights, S. 52 f. Zu dieser für das Paktverständnis grundlegenden Trias vgl. auch *Craven*, Convention, S. 109 ff.; *Simma*, in: FS Lerche, S. 83 (92), *Riedel*, in: Bundeszentrale für Politische Bildung (Hrsg.), Menschenrechte, S. 11 (18), *Klee*, Verwirklichung, S. 101 ff. und *Henkin*, in: Bernhardt/Jolowicz (Hrsg.), Enforcement, S. 1 (15). Bisweilen wird die Leistungsverpflichtung auch noch in eine Förderverpflichtung (*obligation to promote*) und Gewährleistungspflicht (*obligation to ensure*) zerlegt, vgl. etwa die Ansätze von *van Hoof*, S. 97 (106) und *Tomaševski*, S. 135 (152), beide in: Alston/Tomaševski (Hrsg.), Right to Food.

570 *General Comment* 1/3, enthalten in UN-Doc. E/1989/22, Tz. 4.

571 Vgl. *Alston/Quinn*, 9 HRQ (1987), S. 156 (165); *Craven*, Covenant, S. 115; differenzierend *Klee*, Verwirklichung, S. 180 f.

der Ausschuß offen, in welchem Zeitrahmen (erste) Schritte vorzunehmen seien. *General Comment* 3/5, der die Handlungspflicht der Staaten auch unter semantischen Aspekten erörtert, setzt diesbezüglich ebenfalls keinen festen Zeitrahmen an, sondern konzentriert sich auf die Zielrichtung des staatlichen Tätigwerdens.[572]

Ausdrücklich hervorgehoben hat der Ausschuß im *General Comment* 3/5 hingegen, daß die zur Verwirklichung der Paktrechte „geeigneten Maßnahmen" nicht auf die in Art. 2 Abs. 1 IPwskR explizit genannten gesetzgeberischen Aktivitäten beschränkt sind:

> „The means which should be used in order to satisfy the obligation to take steps are stated in article 2 (1) to be 'all appropriate means, including particularly the adoption of legislative measures'. The Committee recognizes that in many instances legislation is highly desirable and in some cases may even be indispensable (...). It wishes to emphasize, however, that the adoption of legislative measures, as specifically foreseen by the Covenant, is by no means exhaustive of the obligations of States parties. Rather, the phrase 'by all appropriate means' must be given its full and natural meaning. (...) [T]he ultimate determination as to whether all appropriate measures have been taken remains one for the Committee to make."[573]

Der Ausschuß nimmt folglich die Kompetenz für sich in Anspruch, die von den Staaten ergriffenen Maßnahmen auf ihre Geeignetheit hin zu überprüfen.

---

572 Vgl. *General Comment* 3/5, enthalten in UN-Doc. E/1991/23, Tz. 2: „The (...) undertaking in article 2 (1) 'to take steps', (...) in itself, is not qualified or limited by other considerations. The full meaning of the phrase can also be gauged by noting some of the different language versions. In English the undertaking is 'to take steps', in French it is 'to act' ('s'engage à agir') and in Spanish it is 'to adopt measures' ('a adoptar medidas'). Thus while the full realization of the relevant rights may be achieved progressively, steps towards that goal must be taken within a reasonably short time after the Covenant's entry into force for the States concerned. Such steps should be deliberate, concrete and targeted as clearly as possible towards meeting the obligations recognized in the Covenant."

573 *General Comment* 3/5, enthalten in UN-Doc. E/1991/23, Tz. 3 f.

(b) *Die innerstaatliche justizielle Absicherung der Paktrechte als generell geeignete Maßnahme*

Als nicht legislative Maßnahmen zur Umsetzung der Staatenpflichten nennt der Ausschuß vor allem die justizielle Absicherung einzelner Gewährleistungen. Bereits im *General Comment* 3/5 heißt es dazu:

> „Among the measures which might be considered appropriate, in addition to legislation, is the provision of judicial remedies with respect to rights which may, in accordance with the national legal system, be considered justiciable. The Committee notes, for example, that the enjoyment of the rights recognized, without discrimination, will often be appropriately promoted, in part, through the provision of judicial or other effective remedies. Indeed, those States parties which are also parties to the International Covenant on Civil and Political Rights are already obligated (...) to ensure that any person whose rights or freedoms (including the right to equality and non-discrimination) recognized in that Covenant are violated, 'shall have an effective remedy' (art. 2 (3) (a)).“[574]

Gerade in den allgemeinen und speziellen Diskriminierungsverboten des IPwskR findet der Ausschuß denn auch unabhängig von einer gleichzeitigen vertraglichen Bindung an den IPbpR die Anhaltspunkte für eine unmittelbare und ressourcenunabhängige Gewährleistungspflicht der Staaten.[575] Zugleich wendet sich der Ausschuß gegen eine pauschale Einstufung der im IPwskR enthaltenen materiellen Verbürgungen als innerstaatlich nicht justiziable Rechtspositionen und fährt fort:

> „[T]here are a number of other provisions in the International Covenant on Economic, Social and Cultural Rights, including articles 3, 7 (a) (i), 8, 10 (3), 13 (2) (a), (3) and (4) and 15 (3) which would seem to be capable of immediate application by judicial and other organs in many national legal systems. Any

574 Ebd., Tz. 5.

575 Ebd. Der Ausschuß nennt an dieser Stelle insbesondere die geschlechtsspezifischen Diskriminierungsverbote in Art. 3, Art. 7 a) i), 10 Abs. 3 IPwskR. Auch in der Literatur wird die Abschaffung jedenfalls der *de iure*-Diskriminierung mit Blick auf die systematische Stellung von Art. 2 Abs. 2 IPwskR als unmittelbare und unbedingte Staatenverpflichtung verstanden, vgl. *Craven*, Covenant, S. 181 f.; *Klerk*, 9 HRQ (1987), S. 250 (267 ff.); eingehend hierzu auch *Klee*, Verwirklichung, S. 166 ff.

suggestion that the provisions indicated are inherently non-self-executing would seem to be difficult to sustain.“[576]

Was im *General Comment* 3/5 noch vergleichsweise vorsichtig anklingt, baut der Ausschuß im *General Comment* 9/19 zu einem allgemeinen Grundsatz aus. Dort wird ganz allgemein die innerstaatliche justizielle Absicherung zu den unbedingten Grundpflichten der Staaten jenseits der progressiven Verwirklichung der Paktrechte erhoben. Unter Bezugnahme auf die früheren Äußerungen heißt es darin:

> „In its General Comment No. 3 (1990) the Committee addressed issues relating to the nature and scope of States parties' obligations. The present general comment seeks to elaborate further certain elements of the earlier statement. The central obligation in relation to the Covenant is for States parties to give effect to the rights recognized therein. By requiring Governments to do so 'by all appropriate means', the Covenant adopts a broad and flexible approach which enables the particularities of the legal and administrative systems of each State, as well as other relevant considerations, to be taken into account.
> But this flexibility coexists with the obligation upon each State party to use all the means at its disposal to give effect to the rights recognized in the Covenant. In this respect, the fundamental requirements of international human rights law must be borne in mind. Thus the Covenant norms must be recognized in appropriate ways within the domestic legal order, appropriate means of redress, or remedies, must be available to any aggrieved individual or group, and appropriate means of ensuring governmental accountability must be put in place.
> Questions relating to the domestic application of the Covenant must be considered in the light of two principles of international law. The first, as reflected in article 27 of the Vienna Convention on the Law of Treaties of 1969, is that '(a) party may not invoke the provisions of its internal law as justification for its failure to perform a treaty' (...). The second principle is reflected in article 8 of the Universal Declaration of Human Rights, according to which 'Everyone has the right to an effective remedy by the competent national tribunals for acts violating the fundamental rights granted him by the constitution or by

576 *General Comment* 3/5, enthalten in UN-Doc. E/1991/23, Tz. 5.

law.' The Covenant contains no direct counterpart to article 2.3 (b) of the International Covenant on Civil and Political Rights which obligates States parties to, inter alia, 'develop the possibilities of judicial remedy'. Nevertheless, a State party seeking to justify its failure to provide any domestic legal remedies for violations of economic, social and cultural rights would need to show either that such remedies are not 'appropriate means' within the terms of article 2.1 of the Covenant or that, in view of the other means used, they are unnecessary. It will be difficult to show this and the Committee considers that, in many cases, the other 'means' used could be rendered ineffective if they are not reinforced or complemented by judicial remedies."[577]

Der Freiheit der Vertragsstaaten, selbst die geeigneten Maßnahmen zu bestimmen, setzt der Ausschuß die auf effektive Gewährleistung ausgerichtete Schutzrichtung der Menschenrechte entgegen. Auch ohne ausdrückliches Erfordernis einer innerstaatlichen Rechtsbehelfsmöglichkeit unterlägen die Mitgliedstaaten, in denen eine justizielle Absicherung der Paktrechte nicht erfolgt sei, jedenfalls einer Beweislast dahingehend, daß solche Verfahren nicht geeignet oder unnötig seien.

Zwar stehe es – entsprechend dem allgemeinen völkerrechtlichen Prinzip[578] – den Vertragsstaaten frei, auf welche Art und Weise die Wirksamkeitsverschaffung im innerstaatlichen Recht bewerkstelligt wird. Der Ausschuß behält sich aber vor, zu beurteilen, ob der Staat seinen Verpflichtungen aus dem Pakt auch tatsächlich nachgekommen ist:

> „In general, legally binding international human rights standards should operate directly and immediately within the domestic legal system of each State party, thereby enabling individuals to seek enforcement of their rights before national courts and tribunals (...).
> The Covenant does not stipulate the specific means by which it is to be implemented in the national legal order. And there is no provision obligating its comprehensive incorporation or requiring it to be accorded any specific type of status in national

577 *General Comment* 9/19, UN-Doc. E/C.12/1998/24, lit. A. („The duty to give effect to the Covenant in the domestic legal order"), Tz. 1-3.

578 Dazu schon oben im Zusammenhang mit dem IPbpR bei Fn. 466 ff.

> law. Although the precise method by which Covenant rights are given effect in national law is a matter for each State party to decide, the means used should be appropriate in the sense of producing results which are consistent with the full discharge of its obligations by the State party. The means chosen are also subject to review as part of the Committee's examination of the State party's compliance with its obligations under the Covenant (...).“[579]

Allerdings gibt der Ausschuß den Mitgliedstaaten die Leitlinie vor, die die Staaten bei der Umsetzung ihrer vertraglichen Pflichten zu beachten haben:

> „[W]hatever the preferred methodology, several principles follow from the duty to give effect to the Covenant and must therefore be respected. First, the means of implementation chosen must be adequate to ensure fulfillment of the obligations under the Covenant (...). Second, account should be taken of the means which have proved to be most effective in the country concerned in ensuring the protection of other human rights. Where the means used to give effect to the Covenant on Economic, Social and Cultural Rights differ significantly from those used in relation to other human rights treaties, there should be a compelling justification for this, taking account of the fact that the formulations used in the Covenant are, to a considerable extent, comparable to those used in treaties dealing with civil and political rights.“[580]

Der Gewährleistung der Paktrechte im innerstaatlichen Bereich – so die Auffassung des Ausschusses – könne jedenfalls nicht entgegengehalten werden, der IPwskR enthalte ausschließlich unbestimmte Förderungsverpflichtungen, die sich einer unmittelbaren Anwendung durch die Gerichte entzögen. Unter Erweiterung der in *General Comment* 3/5 niedergelegten Aussagen fährt der Ausschuß fort:

> „The Committee has already made clear that it considers many of the provisions in the Covenant to be capable of immediate implementation. Thus, in General Comment No. 3 it cited, by

579 *General Comment* 9/19, UN-Doc. E/C.12/1998/24, lit. A.: („The duty to give effect to the Covenant in the domestic legal order“), Tz. 4-5.

580 Ebd., lit. B. („The status of the Covenant in the domestic legal order“), Tz. 7.

way of example, articles 3, 7 (a) (i), 8, 10.3, 13.2 (a), 13.3, 13.4 and 15.3. It is important in this regard to distinguish between justiciability (which refers to those matters which are appropriately resolved by the courts) and norms which are self-executing (capable of being applied by courts without further elaboration). While the general approach of each legal system needs to be taken into account, there is no Covenant right which could not, in the great majority of systems, be considered to possess at least some significant justiciable dimensions (...). The adoption of a rigid classification of economic, social and cultural rights which puts them, by definition, beyond the reach of the courts would thus be arbitrary and incompatible with the principle that the two sets of human rights are indivisible and interdependent. It would also drastically curtail the capacity of the courts to protect the rights of the most vulnerable and disadvantaged groups in society."[581]

Der Ausschuß geht demzufolge davon aus, daß sämtlichen materiellen Paktvorschriften justiziable Inhalte abgewonnen werden könnten. In der Tat stehen jedenfalls die vom Ausschuß genannten Normen Art. 2 Abs. 2 und Art. 3 IPwskR (allgemeines und geschlechtsspezifisches Diskriminierungsverbot), Art. 8 IPwskR (Koalitionsfreiheit), Art. 13 Abs. 2 lit. a) IPwskR (obligatorischer Grundschulunterricht), Art. 13 Abs. 3 und 4 IPwskR (Schulwahl- und Privatschulfreiheit) sowie Art. 15 Abs. 3 IPwskR (Kunst- und Wissenschaftsfreiheit) in Klarheit und Unbedingtheit den Rechten des IPbpR nur wenig

---

581 Ebd., lit. C.: („The role of legal remedies"), Tz. 10. Die Ausführungen unterstreichen, daß mit der Formulierung *self-executing* nicht gemeint ist, daß die genannten Normen dem Individuum unmittelbar – kraft Völkerrechts – eine Rechtsposition einräumen, vgl. die Anmerkungen oben S. 126 ff. Der Begriff *self-executing* wird in diesem Zusammenhang als ein Aspekt der unmittelbaren Anwendbarkeit gebraucht. Nach Ansicht des Ausschusses sind die genannten Rechte jedenfalls insoweit *self-executing*, als sie ihrer Disposition nach hinreichend bestimmt und deshalb der unmittelbaren Anwendung durch die Gerichte fähig sind. Ob sie in dieser Disposition ihre *self-executing* Wirkung im innerstaatlichen Recht unmittelbar als Völkerrechtsnorm entfalten, hängt von den Rezeptionsvorschriften des innerstaatlichen Rechts, insbesondere Verfassungsrechts ab, wie sich aus *General Comment* 9/19, a.a.O., Tz. 11 ergibt: „The Covenant does not negate the possibility that the rights it contains may be considered self-executing *in systems where that option is provided for* (...). It is especially important to avoid any a priori assumption that the norms should be considered to be non-self-executing. In fact, many of them are stated in terms which are at least as clear and specific as those in other human rights treaties, the provisions of which are regularly deemed by courts to be self-executing." (Hervorheb.d. Verf.).

nach.[582] Sie bedürfen wegen ihrer freiheitsrechtlichen Dimension regelmäßig keiner weiteren Umsetzungsakte zur Entfaltung ihrer Schutzwirkung und können staatlicherseits unabhängig von den vorhandenen Ressourcen als *obligations to respect* beachtet werden.[583]

(c) Die Verpflichtung zur Gewährleistung eines Mindeststandards

Schließlich versucht der Ausschuß der relativierenden Tendenz des IPwskR dadurch entgegenzuwirken, indem er von den Staaten zumindest die Gewährleistung eines Mindeststandards zur Sicherung des Existenzminimums fordert. Im *General Comment* 3/5 hat er dazu angeführt:

> „The principal obligation of result reflected in article 2 (1) is to take steps 'with a view to achieving progressively the full realization of the rights recognized' in the Covenant. The term 'progressive realization' is often used to describe the intent of this phrase (...). Nevertheless, the fact that realization over time, or in other words progressively, is foreseen under the Covenant should not be misinterpreted as depriving the obligation of all meaningful content. (...) [T]he phrase must be read in the light of the overall objective, indeed the *raison d'être*, of the Covenant which is to establish clear obligations for States parties in respect of the full realization of the rights in question. It thus imposes an obligation to move as expeditiously and effectively as possible towards that goal. Moreover, any deliberately retrogressive measures in that regard would require the most careful consideration and would need to be fully justified by reference to the totality of the rights provided for in the Covenant and in the context of the full use of the maximum available resources. (...) [T]he Committee (...) is of the view that a minimum core obligation to ensure the satisfaction of, at the very

---

582 Vor diesem Hintergrund und insbesondere, weil der Ausschuß in jedem Recht des Paktes eine Individualrechtskomponente zu entdecken vermag, erklärt sich wohl die Ausarbeitung des Fakultativprotokolls zur Einrichtung eines Individualbeschwerdeverfahrens.

583 So auch *Klee*, Verwirklichung, S. 172; a.A. zur Privatschulfreiheit *Palm-Risse*, Schutz, S. 59. Der Ausschuß hat von den im *General Comment* 9/19 erhellten Prinzipien zur Reichweite der Staatenverpflichtung bereits am Tag nach dessen Annahme gegenüber der Bundesrepublik Deutschland Gebrauch gemacht. In den *Concluding Obervations* zum Staatenbericht Deutschlands, UN-Doc. E/C.12./1998/26, Tz. 300 ff. (318), stellt der Ausschuß im Hinblick auf den generellen Ausschluß des Streikrechts für Beamte eine Verletzung des Paktes fest, vgl. bereits oben, Fn. 549 a.E.

> least, minimum essential levels of each of the rights is incumbent upon every State party (...). If the Covenant were to be read in such a way as not to establish such a minimum core obligation, it would be largely deprived of its *raison d'être.*"[584]

Der Ausschuß geht folglich davon aus, daß *jedem* der Paktrechte ein für die Staaten verbindlich zu achtender Kernbereich innewohnt. Allerdings hat der Ausschuß selbst diesen elementaren Bereich der Paktrechte bislang nur vage ausgelotet. Im *General Comment* selbst zählt er an dieser Stelle lediglich die gem. Art. 11 IPwskR zur Befriedigung des Existenzminimums unerläßlichen Bereiche der staatlichen Daseinsvorsorge auf.[585] Auch in den zu bestimmten Einzelrechten ergangenen *General Comments* ist eine Konkretisierung des Mindeststandards ausdrücklich nur im Hinblick auf die staatliche Kernverpflichtung zur Verhinderung von Hunger nach Art. 11 Abs. 2 IPwskR erfolgt.[586]

Hinzu kommt, daß der Ausschuß auch die Gewährung eines Mindeststandards nicht gänzlich losgelöst von den verfügbaren Ressourcen zu betrachten scheint. Die Nichtgewährung der existenzsichernden Versorgung begründe zwar *prima facie* eine Verletzung der Paktpflichten; andererseits – so fährt der Ausschuß im *General Comment* 3/5 fort – müsse doch berücksichtigt werden,

> „that any assessment as to whether a State has discharged its minimum core obligation must also take account of resource constraints applying within the country concerned. Article 2 (1) obligates each State party to take the necessary steps 'to the maximum of its available resources'. In order for a State party to be able to attribute its failure to meet at least its minimum core obligations to a lack of available resources it must demonstrate that every effort has been made to use all resources that

---

584 *General Comment* 3/5, enthalten in UN-Doc. E/1991/23, Tz. 10.

585 Ebd. Der Ausschuß rechnet hierzu die Grundversorgung mit Nahrungsmitteln, Gesundheitswesen, Wohnraum und Schulbildung. Das Recht auf angemessene Unterbringung bildete denn auch den Gegenstand der erstmaligen Feststellung einer Paktverletzung durch den Ausschuß in den *Concluding Observations* zur Dominikanischen Republik, UN-Doc. E/C.12/1990/8, Tz. 249 und zu Panama, UN-Doc. E/C.12/1991/4, Tz. 135.

586 Vgl. *General Comment* 12/20, UN-Doc. E/C.12/1999/5, Tz. 6. Auch in der Literatur besteht keine Einigkeit über die Elemente des staatlicherseits zu gewährleistenden Mindeststandards, vgl. eingehend *Klee*, Verwirklichung, S. 182 ff. mit Darstellung des Meinungsstandes.

are at its disposition in an effort to satisfy, as a matter of priority, those minimum obligations.“[587]

Damit erweist sich die Forderung nach Einhaltung eines menschenrechtlichen Mindeststandards letztlich als Instrument der Beweislastumkehr. Soweit ein Staat seinen Kernverpflichtungen nicht nachkommt, ist er zumindest gehalten, den Nachweis zu erbringen, er habe sein Möglichstes zur Erfüllung seiner *minimum core obligations* getan.[588]

dd) Zusammenfassung und Würdigung

Das Bemühen des Ausschusses um eine Konkretisierung der Staatenpflichten ist ganz augenscheinlich von dem Versuch geprägt, die ehedem politisch bedingte Aufspaltung der *Bill of Rights* in zwei selbständige Verträge zu überwinden. In der Tat verliert die unterschiedliche Ausformulierung der Staatenverpflichtungen und die Trennung der Rechtsdimensionen in beiden Pakten unter dem Gesichtspunkt an Überzeugungskraft, daß der Ausgangspunkt beider Menschenrechtsdimensionen letztlich im gleichen Schutzgut – der Menschwürde – wurzelt.[589] Eine ausschließlich an den konkreten Rechtsinhalten der beiden Pakte orientierte Differenzierung des Menschenrechtsschutzes läßt sich deshalb nur schwer durchhalten. Beide Verträge enthalten Verbürgungen, die ohne Schwierigkeit dem jeweiligen Bruderpakt zugeordnet werden könnten.[590] Zudem entspricht es der heute herrschenden Anschauung, daß auch die Freiheitsrechte des IPbpR häufig nur durch eine Kombination staatlicher Unterlassungs- und Leistungsverpflichtungen wirksam gewährleistet werden kön-

587 *General Comment* 3/5, enthalten in UN-Doc. E/1991/23, Tz. 9 f.

588 In diesem Sinne auch *Klee*, Verwirklichung, S. 192.

589 Vgl. *Simma*, in: FS Lerche, S. 83 (92).

590 Neben den bereits oben genannten freiheitlichen Gewährleistungen, die den Staaten eine unmittelbare *obligation to respect* auferlegen, enthält auch Art. 6 Abs. 1 IPwskR im Hinblick auf den Passus „frei gewählte oder angenommene Arbeit“ insoweit eine abwehrrechtliche Dimension, als er die freie Berufswahl gewährleistet und (wie Art. 8 Abs. 3 lit. a) IPbpR) vor Zwangsarbeit schützt, vgl. *Scherf*, Umsetzung, S. 80 f. m.w.N; daneben gewährleistet Art. 15 Abs. 3 IPwskR den Schutz der Wissenschaftsfreiheit und damit ein nach traditionellem Verständnis klassisches Abwehrrecht. Die Koalitionsfreiheit ist ebenso in beiden Pakten enthalten (Art. 22 IPbpR bzw. Art. 8 IPwskR) wie der Schutz der Familie (Art. 23 IPbpR bzw. Art. 10 IPwskR); auf diese Überschneidungen weist etwa *Craven*, in: Hanski/Suksi (Hrsg.), Introduction, S. 91 (100) hin. Im Gegensatz dazu findet sich in Art. 23 Abs. 4 IPbpR wiederum eine progressive Implementierungspflicht.

nen.[591] Betrachtet man die sich aus den Pakten ergebenden Staatenverpflichtungen im einzelnen, so wird deutlich, daß aus beiden Menschenrechtskategorien – je nach Art des verbürgten Rechts – grundsätzlich vergleichbare Pflichten erwachsen können: Die Pflichten können darauf beschränkt sein, staatliche Eingriffe zu unterlassen (*obligation to respect*). Sie können aber auch darauf gerichtet sein, ein Recht vor Eingriffen Dritter zu schützen (*obligation to protect*) oder ein Recht durch aktive Gewährleistungen erst zur Geltung zu bringen (*obligation to provide*). Eine Manifestierung der verschiedenen Menschenrechtsdimensionen widerspricht nicht zuletzt dem Axiom der UN-Menschenrechtspolitik von einer Gleichrangigkeit und Interrelation von wirtschaftlichen, sozialen und kulturellen Menschenrechten und den bürgerlichen und politischen Rechten – wie es in der AEMR und in den Präambeln der beiden Pakte zum Ausdruck kommt[592] und zuletzt auf der Menschenrechtskonferenz 1993 in Wien nachhaltig proklamiert wurde.[593] Die überkommene Ansicht, die dem Sozialpakt insgesamt nur Förderungsverpflichtungen im Sinne einer *progressive realization* der Paktrechte abzugewinnen suchte, verkennt die unterschiedlichen Verpflichtungsarten, die im Sozialpakt nebeneinander existieren.[594] Jedenfalls dürfte sich eine pauschale Abwertung des IPwskR angesichts der Interpretationsansätze des Ausschusses verbieten.[595] Dessen

---

591 Vgl. etwa *Kälin*, BerDGVR 33 (1994), S. 9 (28). Der Menschenrechtsausschuß hat beispielsweise den Art. 26 und 3 IPbpR eine Verpflichtung zur Ergreifung positiver Maßnahmen des Diskriminierungsschutzes entnommen, vgl. *General Comment* 18/37, UN-Doc. CCPR/C/21/Rev. 1/Add. 1 (1989), Tz. 9. f. bzw. *General Comment* 4/13, UN-Doc. CCPR/C/21/Rev. 1 (1989), Tz. 2. *Craven*, Covenant, S. 15, weist darauf hin, daß die mit dem Grundsatz des *fair trial* verbundenen Gewährleistungen des IPbpR zunächst die Einrichtung eines effektiven Justizsystems voraussetzten, letztlich also auch eine *obligation to fulfil* beinhalteten. Auf die Parallele des menschenrechtlichen Diskurses zu der Schutzpflichtdebatte in der deutschen Grundrechtsdogmatik wird vielerorts hingewiesen, vgl. etwa *Viljanen*, in: Drzewicki/Krause/Rosas (Hrsg.), Social Rights, S. 43 (52 ff.); *E. Klein*, in: ders. (Hrsg.), The Duty to Protect, S. 295 (305 f. mit Fn. 36 und 37).

592 Vgl. *Henkin*, in: Bernhardt/Jolowicz (Hrsg.), Enforcement, S. 1 (14 f.).

593 Vgl. *Vienna Declaration and Program of Action*, UN-Doc. A/CONF.157/23, Ziff. I.5: „All human rights are universal, indivisible and interdependent and interrelated." Eine deutsche Übersetzung ist abgedruckt in DGVN (Hrsg.), Menschenrechte, S. 13 ff.

594 Vgl. *Riedel*, in: Bundeszentrale für Politische Bildung (Hrsg.), Menschenrechte, S. 11 (18).

595 So aber die Denkschrift der Bundesregierung zum IPwskR, BGBl. 1973 II S. 1569, die den Paktrechten jegliche innerstaatliche Justiziabilität abspricht. Ganz im Sinne herkömmlicher Ansichten hat etwa auch der VGH Stuttgart, FamRZ 1993, S. 828 (830) darauf verwiesen, der Sozialpakt enthalte gem. seinem Art. 2 generell nur Programmsätze, die einer innerstaatlichen richterlichen Anwendung nicht zugänglich seien; kritisch zu dieser pauschalen Betrachtung des VGH etwa *Sim-*

Überwachungsfunktion setzt zunächst dort ein, wo die Paktrechte ihrer Natur nach nicht von den Ressourcen eines Mitgliedstaates abhängig sind und allein durch Unterlassen staatlicher Eingriffe gewährleistet werden können. Zum anderen behält sich der Ausschuß die Beurteilung vor, ob ein Staat die ihm zumutbaren Schritte zur Verwirklichung der Rechte unterlassen hat oder gar Rückschritte unternimmt. Der Ausschuß hat sich zudem bemüht, für einzelne Paktrechten gewisse Mindeststandards herauszuarbeiten. Die Staaten trifft in diesem Bereich zumindest eine Darlegungslast im Hinblick auf die Angemessenheit der vollzogenen Schritte bzw. dahingehend, daß auch unter Einsatz aller verfügbaren Mittel der vom Pakt geforderte *minimum core content* nicht eingehalten werden konnte. Freilich haben die *General Comments* bzw. *Concluding Observations* des Ausschusses ebensowenig Bindungswirkung wie die nach dem IPbpR getroffenen Feststellungen. Auch fehlt dem Ausschuß (noch) ein Beschwerdeverfahren zur Konkretisierung seiner abstrakten und häufig nur vagen Aussagen im konkreten Einzelfall. Andererseits stehen moralische Autorität und Integrität des Ausschusses derjenigen des Schwesterorgans ebenfalls nicht nach. Im Zeichen sich verdichtender Überwachungstätigkeit und -kompetenz auf UN-Ebene dürfte jedenfalls auch aus innerstaatlicher Sicht – gerade mit Blick auf ein Individualbeschwerdeverfahren *de lege ferenda* – mehr als bisher eine differenziertere Annäherung an den IPbpR geboten sein.[596]

d) Zusammenfassung: Menschenrechtsschutz durch die UN-Pakte

Mit dem IPbpR und IPwskR existieren zwei von der großen Mehrheit der Staaten anerkannte universelle Vertragswerke, aus denen sich für die Mitgliedstaaten konkrete Beachtungs-, Schutz- und Gewährleistungspflichten ergeben,

---

ma/Kahn/Zöckler/Geiger, in: Conforti/Francioni (Hrsg.), Enforcing Human Rights, S. 71 (86). Im Vergleich zum internationalen Schrifttum hat gerade die deutsche Völkerrechtsliteratur die Evolution des IPwskR bislang nur ansatzweise zum Überdenken traditioneller Positionen genutzt. In erster Linie waren die beiden bisherigen deutschen Mitglieder des Ausschusses bemüht, die Entwicklung auf internationaler Ebene in den deutschen wissenschaftlichen Diskurs einzuführen, vgl. die Beiträge von *Simma*, 81 AJIL (1987), S. 747 ff. und 82 AJIL (1988), S. 603 ff. (zusammen mit *Alston*); *ders.*, VN 37 (1989), S. 191 ff.; *ders.*, in: FS Steindorff, S. 1477 ff. (zusammen mit *Bennigsen*); *ders.*, in: Matscher (Hrsg.), Durchsetzung, S. 75 ff.; *ders.*, in: FS Lerche, S. 94 ff., *ders.*, in: FS Bernhardt, S. 579 ff.; sowie *Riedel*, in: Bundeszentrale für Politische Bildung (Hrsg.), Menschenrechte, S. 11 (17 ff.). Vgl. nun auch die von *Simma* betreute Dissertation von *Engels*, Menschenrechtsschutz und die unter der Ägide von *Riedel* entstandene Arbeit von *Klee*, Verwirklichung.

596 Vgl. auch *Klee*, Verwirklichung, S. 277 f.

um die im Pakt verbürgten Rechte in ihrer innerstaatlichen Rechtsordnung effektiv zur Geltung zu bringen. Auf welche Art und Weise die Einhaltung der völkerrechtlichen Verpflichtungen erreicht wird, überlassen die Pakte den Vertragsstaaten. Ob der Schwerpunkt der vertraglichen Pflichten auf der Beachtung eines Rechts (*respect*), dem Schutzaspekt *(protect)* oder auf Leistung (*fulfil, provide)* liegt, entscheidet sich nicht *prima facie* nach der Zugehörigkeit einzelner Rechtspositionen zu einem der Pakte, sondern bedarf einer differenzierten Betrachtung.

Die Bestimmungen des IPbpR begründen nahezu vollständig eine unmittelbare und unbedingte Verpflichtung der Staaten und sind angesichts ihrer klaren Formulierung auf die Anwendung durch die innerstaatlichen Organe angelegt. Inhaltlich enthält der Pakt einen weiten Teil der klassischen Freiheits- und Bürgerrechte, wie sie sich in den innerstaatlichen Verfassungen seit dem ausgehenden 18. Jahrhundert entwickelt haben. Von wenigen Bürger- bzw. Fremdenrechten abgesehen, formuliert der Pakt echte Menschenrechte, die den Individuen kraft ihres menschlichen Daseins zu gewähren sind. Die reichhaltige Überwachungspraxis des Ausschusses hat zur kontinuierlichen und ebenso autonomen wie autoritativen Konkretisierung der Paktbestimmungen geführt und den verbürgten Rechten und den korrespondierenden Staatenverpflichtungen klare Konturen verliehen. Die Gewährung von Beurteilungsspielräumen bei der Umsetzung der Paktpflichten trägt dem universellen Anwendungsanspruch des IPbpR im Angesicht einer Vielfalt von Rechtskulturen und Sozialordnungen Rechnung. Allerdings ist dieser Beurteilungsspielraum nicht schrankenlos. Der Ausschuß wacht über die mißbräuchliche Ausnutzung ebenso wie auf die strikte Einhaltung der Paktrechte in den zentralen Bereichen des Menschenrechtsschutzes.

Der IPwskR kann im Lichte der heutigen Ausschußpraxis – auch in materiellmenschenrechtlicher Hinsicht – nicht als völlig wesensverschiedenes *aliud*, sondern als Ergänzung zum IPbpR angesehen werden. Wenngleich der Sozialpakt die Erfüllung der Staatenverpflichtung grundsätzlich nur schrittweise verlangt, so lassen sich doch im Sozialpakt gewisse Mindestanforderungen an die Staaten und dementsprechende Mindestverbürgungen ausmachen, die denen des IPbpR entsprechen. Jedenfalls widerspricht die Beurteilung sämtlicher Sozialpaktrechte als bloße Förderungsverpflichtungen zur freien Umsetzungsverpflichtung der Vertragsstaaten dem Wesenszweck des Paktes, wie er der Auslegungspraxis auf UN-Ebene zugrundegelegt wird. Nicht alle Verbürgungen des IPwskR sind ausschließlich auf vorhergehende legislatorische Tätigkeit angewiesen. Häufig ist nach der völkerrechtlichen Disposition der Vorschriften auch der innerstaatliche Rechtsanwender aufgerufen und in der Lage, zur Erfüllung der den Staaten obliegenden Verpflichtung, *all appropriate means* einzusetzen, beizutragen.

In räumlicher Hinsicht bewirken die Pakte eine umfassende Bindung der Vertragsstaaten bei Ausübung ihrer Hoheitsgewalt, unabhängig davon, wo der einzelne von diesen Wirkungen betroffen wird. Die Bundesrepublik ist den Pakten – von engen Ausnahmen abgesehen – vorbehaltlos beigetreten und hat die Kontrollmechanismen auf UN-Ebene akzeptiert.

2. Das Internationale Übereinkommen zur Beseitigung jeder Form von Rassendiskriminierung

Die dritte völkervertragliche Säule des universellen Menschenrechtsschutzes bildet das Internationale Übereinkommen zur Beseitigung jeder Form von Rassendiskriminierung vom 7. März 1966.[597] Das Verbot der Rassendiskriminierung war von Beginn an zentrales Element des Menschenrechtsschutzes auf UN-Ebene. Bereits Art. 1 Abs. 3 UN-Charta und Art. 2 der AEMR sowie die beiden Menschenrechtspakte (Art. 2 Abs. 1 und 26 IPbpR bzw. Art. 2 Abs. 2 IPwskR) enthalten ein Diskriminierungsverbot aus rassischen Gründen. Die gesonderte Verankerung und vorzeitige Verabschiedung in einer eigenen Konvention war dennoch als notwendig erachtet worden, weil sich das Inkrafttreten der Menschenrechtspakte verzögerte.[598] Das Übereinkommen ist entsprechend seines Art. 19 am 4. Januar 1969 in Kraft getreten.[599] Anfang Februar 2002 hatten 161 Staaten das Übereinkommen ratifiziert.[600]

---

597 Engl.: „Convention on the Elimination of All Forms of Racial Discrimination" (CERD); amtliche deutsche Übersetzung BGBl. 1969 II S. 961.

598 Vgl. *Wolfrum*, in: Baum/Riedel/Schaefer (Hrsg.), Menschenrechtsschutz, S. 129 (129). Insofern erklärt sich die besondere Erwähnung der einzelnen Paktrechte in Art. 5 lit. d) und e) des Übereinkommens. Ausführlich zur Entstehungsgeschichte *Schwelb*, 15 Int&CompLQ (1966), S. 996 ff. sowie *Banton*, International Action, S. 23 ff.

599 Mit Ausnahme von Art. 14 CERD, der erst nach Eingang der zehnten Unterwerfungserklärung (vgl. Art. 14 Abs. 9 CERD) am 3. Dezember 1982 in Kraft getreten ist.

600 Der aktuelle Ratifikationsstand kann als PDF-Dokument über die *UN Treaty-Bodies Database* auf der Internet-Homepage des UN-Hochkommissariats für Menschenrechte, URL (Stand: April 2002): << http://www.unhchr.ch/pdf/report.pdf >>, abgefragt werden.

a) Aufbau und Inhalt des Übereinkommens

Das Übereinkommen gliedert sich in drei Teile.[601] Teil I normiert die materiellen Staatenverpflichtungen. Deutlicher als die beiden Pakte, insbesondere der IPbpR, stellt das Abkommen nicht Rechte des einzelnen, sondern die Verpflichtung der Staaten in den Vordergrund.[602] Die Grundlagen der Anwendung des Übereinkommens enthält Art. 1 CERD. Im Gegensatz zu den bereits angesprochenen Diskriminierungsverboten enthält das Übereinkommen in Art. 1 Abs. 1 CERD eine Legaldefinition:

> „In diesem Übereinkommen bezeichnet der Ausdruck ‚Rassendiskriminierung' jede auf der Rasse, der Hautfarbe, der Abstammung, dem nationalen Ursprung oder dem Volkstum beruhende Unterscheidung, Ausschließung, Beschränkung oder Bevorzugung, die zum Ziel oder zur Folge hat, daß dadurch ein gleichberechtigtes Anerkennen, Genießen oder Ausüben von Menschenrechten und Grundfreiheiten im politischen, wirtschaftlichen, sozialen, kulturellen oder jedem sonstigen Bereich des öffentlichen Lebens vereitelt oder beeinträchtigt wird."[603]

Dem Übereinkommen liegt damit erkennbar ein weit gefaßtes Begriffsverständnis zugrunde. Es verbietet sowohl die Besser- als auch die Schlechterbehandlung einer Person gegenüber einer anderen, die die in Art. 1 Abs. 2 CERD angesprochenen Merkmale nicht aufweist, läßt aber in den Grenzen des Art. 1 Abs. 4 CERD Fördermaßnahmen zugunsten schutzbedürftiger Bevölkerungsgruppen zu.[604] Art. 1 CERD formuliert zugleich die Ausnahmen des Diskrimi-

601 Einen Überblick gewähren etwa *Flinterman/Henderson,* in: Hanski/Suksi (Hrsg.), Introduction, S. 119 ff.

602 Vgl. *Partsch*, in: Alston (Hrsg.), Human Rights, S. 339 (341). In den einzelnen materiell-rechtlichen Artikeln finden sich demnach typischerweise Formulierungen, wonach die Vertragsstaaten „gewährleisten", „ sich verpflichten" oder „verurteilen". Zum Umfang der Staatenverpflichtung vgl. vor allem *Meron*, 79 AJIL (1985), S. 283 ff.

603 Engl.: „In this Convention, the term 'racial discrimination' shall mean any distinction, exclusion, restriction or preference based on race, colour, descent, or national or ethnic origin which has the purpose or effect of nullifying or impairing the recognition, enjoyment or exercise, on an equal footing, of human rights and fundamental freedoms in the political, economic, social, cultural or any other field of public life."

604 Diese „favourable discrimination" steht im Zusammenhang mit Art. 2 Abs. 2 CERD. Sie soll nicht dazu dienen, die Unterschiede zu verstärken, sondern eine Integration dieser Gruppen in die Gesellschaft zu ermöglichen, vgl. *Lerner*, Racial Discrimination, S. 32 f. sowie S. 39 ff.

nierungsverbotes. Gem. seinem Abs. 2 findet das Übereinkommen „keine Anwendung auf Unterscheidungen, Beschränkungen oder Bevorzugungen, die ein Vertragsstaat zwischen eigenen und fremden Staatsangehörigen vornimmt.“ Die Staatsangehörigkeit als erlaubtes Unterscheidungsmerkmal befreit die Vertragsstaaten aber nicht davon, über die Behandlung von Ausländern Rechenschaft abzulegen und die ihnen nach anderen Menschenrechtsverträgen obliegenden Verpflichtungen einzuhalten. Insbesondere rechtfertigt die Ausnahmevorschrift nicht die Ungleichbehandlung von Personen einer bestimmten Nationalität.[605] Nach Art. 1 Abs. 3 CERD läßt das Übereinkommen die Vorschriften des Staatsangehörigkeits- bzw. Einbürgerungsrechts ebenfalls unberührt, freilich wiederum unter der Voraussetzung, daß nicht Angehörige eines bestimmten Staates diskriminiert werden.

Art. 2-7 CERD bestimmen im einzelnen den Umfang der materiellen Staatenverpflichtungen, die sich grob in vier Gruppen einteilen lassen:[606]

Zum ersten, unverzüglich und mit allen Mitteln eine Politik zu verfolgen, die Rassendiskriminierung in jeder Form beseitigt (Art. 2 Abs. 1 CERD). Der Vertragsstaat hat hierfür zunächst zu gewährleisten, daß alles staatliche Handeln den Verpflichtungen aus dem Übereinkommen entspricht (vgl. insbesondere Art. 2 Abs. 1 lit. a), c), Art. 3, Art. 4 lit. c) und Art. 5 lit. a) CERD). In gleicher Weise ist er aber auch verpflichtet, jegliche rassistische Betätigung durch Private und im Privatbereich zu unterbinden, zu bestrafen (vgl. insbe-

---

605 Dies hat der Ausschuß in *General Recommendation* 11/42 vom 19. März 1993, enthalten in UN-Doc. CERD/C/365 (1999), klargestellt (Tz. im Original):
„1. Article 1, paragraph 1, of the International Convention on the Elimination of All Forms of Racial Discrimination defines racial discrimination. Article 1, paragraph 2, excepts from this definition actions by a State party which differentiate between citizens and non-citizens. Article 1, paragraph 3, qualifies article 1, paragraph 2, by declaring that, among non-citizens, States parties may not discriminate against any particular nationality.
2. The Committee has noted that article 1, paragraph 2, has on occasion been interpreted as absolving States parties from any obligation to report on matters relating to legislation on foreigners. The Committee therefore affirms that States parties are under an obligation to report fully upon legislation on foreigners and its implementation.
3. The Committee further affirms that article 1, paragraph 2, must not be interpreted to detract in any way from the rights and freedoms recognized and enunciated in other instruments, especially the Universal Declaration of Human Rights, the International Covenant on Economic, Social and Cultural Rights and the International Covenant on Civil and Political Rights.”

606 Vgl. auch *Wolfrum*, in: Baum/Riedel/Schaefer (Hrsg.), Menschenrechtsschutz, S. 129 (132), der als fünfte Grundpflicht die Zusammenarbeit mit dem Ausschuß benennt, dazu sogleich.

sondere Art. 2 Abs. 1 lit. b) und d), Art. 3, Art. 4 lit. a) und b) CERD) oder sich schützend vor die von Diskriminierung betroffenen Personen zu stellen (vgl. etwa Art. 5 lit. b) CERD). Dazu kann der Erlaß entsprechender Gesetze erforderlich sein (vgl. Art. 2 Abs. 1 lit. c) oder Art. 4 lit. a) und b) CERD).[607]

Weiterhin die Einräumung eines effektiven (Rechts-)Schutzsystems für den einzelnen im Fall einer rassischen Diskriminierung einschließlich der Möglichkeit, Entschädigung für diskriminierende Handlungen zu verlangen (vgl. Art. 6 CERD).[608]

Drittens, allgemein die Verständigung zwischen Völkern und Rassen- oder Volksgruppen zu fördern (vgl. Art. 2 Abs. 1 lit. e) und Art. 7 CERD).[609]

Schließlich in gewissen Grenzen die Förderung bestimmter Rassengruppen vor allem auf wirtschaftlichem, sozialem und kulturellem Gebiet (vgl. Art. 1 Abs. 4 und Art. 2 Abs. 2 CERD).

b) Die Überwachung des Übereinkommens auf internationaler Ebene

Der II. Teil des Übereinkommens (Art. 8-16 CERD) ist der internationalen Überwachung des Übereinkommens gewidmet und etabliert mit dem „Ausschuß für die Beseitigung der Rassendiskriminierung“[610] ein eigenes Konventionsorgan. Das Übereinkommen kennt drei Verfahren, die in der Hand des gem. Art. 8 CERD gebildeten Ausschusses liegen. Die Verfahrensarten entsprechen ihrer Art nach denjenigen der beiden Menschenrechtspakte, so daß an

607 Nach *Wolfrum*, in: E. Klein, Monitoring System, S. 49 (49) normiert Art. 2 CERD eine „fundamental obligation“, die durch die einzelnen Vorschriften der Konvention konkretisiert wird.

608 Dazu im einzelnen *Lerner*, Racial Discrimination, S. 60 ff.

609 Ebd., S. 63 ff.

610 *Committee on the Elimination of Racial Discrimination.* Zur Zusammensetzung, Tätigkeit und Verfahren des Ausschusses vgl. insbesondere *Lerner*, Racial Discrimination, S. 74 ff; *Banton*, in: Alston/Crawford (Hrsg.), The Future, S. 55 (60 ff.); sowie *Partsch*, in: Alston (Hrsg.), Human Rights, S. 339 (340 ff.). Das Selbstverständnis des Ausschusses spiegelt das dort, S. 342, angeführte Zitat wider, das *Committee* stelle sich dar als ein „autonomous body established under the Convention that is nevertheless organically linked to the UN system.“ Ein Überblick findet sich auch bei *Wolfrum*, in: E. Klein, Monitoring System, S. 49 (51); sowie, *UN Centre for Human Rights* (Hrsg.), The First Twenty Years, S. 7 ff.

dieser Stelle ein knapper Überblick genügend erscheint.[611] Art. 9 CERD normiert ein Staatenberichtssystem, enthält aber keine Vorgaben hinsichtlich der Art und Weise des Prüfungsverfahrens. Sie wurden vom Ausschuß nach Art. 10 Abs. 1 CERD in der Geschäftsordnung entwickelt.[612] Das Berichtsverfahren wird wiederum durch *Concluding Observations* abgeschlossen, in denen der Ausschuß gem. Art. 9 Abs. 2 CERD Vorschläge und allgemeine Empfehlungen an die Staaten richtet.[613] Die anfängliche Praxis des Ausschusses war entsprechend der Zielsetzung des Übereinkommens vor allem vom Dekolonialisierungsprozeß und vom Kampf gegen die Apartheid geprägt.[614] In jüngerer Zeit widmet sich der Ausschuß verstärkt den Aspekten des Rassismus, die von Privaten ausgehen, wie Fremdenfeindlichkeit und Gewalt gegen ethnische Minderheiten.[615] Ebenso wie die Organe der Menschenrechtspakte hat der Ausschuß über die Staatenberichte hinaus allgemeine Gesichtspunkte zur

---

611 Die Arbeit des Ausschusses hatte durchaus Modellcharakter für die Organe anderer Übereinkommen, insbesondere für den Menschenrechtsausschuß des IPbpR, vgl. *Buergenthal*, 12 TexasILJ (1977), S. 187 ff.

612 Die grundlegenden *Rules of Procedure* hat der Ausschuß während der ersten und zweiten Sitzungsperiode erarbeitet. Nach mehreren Ergänzungen und Änderungen wurden die Verfahrensregeln im Anschluß an die 17. Sitzungsperiode in einem einheitlichen Dokument zusammengefaßt und als UN-Doc. CERD/C/35 veröffentlicht. Mit dem Staatenberichtsverfahren befassen sich *rules* 63-68. Ausführlich zum Ablauf des Verfahrens sowie zu den einzelnen Regeln *Partsch*, in: Alston (Hrsg.), Human Rights, S. 340 (348 ff.) sowie *Wolfrum*, in: E. Klein, Monitoring System, S. 49 (52 ff.).

613 In Bezug auf die Bundesrepublik Deutschland hat sich der Ausschuß ausführlich im Jahre 1997 in einer abschließenden Stellungnahme geäußert, vgl. UN-Doc. CERD/C/304/Add. 24, Tz. 1 ff. Besorgt zeigte sich der Ausschuß vor allem wegen der hohen Anzahl an fremdenfeindlichen Bekundungen und Übergriffen, a.a.O., Tz. 13: „Concern is expressed over manifestations of xenophobia and racial discrimination, including acts of anti-Semitism and hostility against certain ethnic groups, and racial violence that still occur on a substantial scale in Germany." Anlaß zu Kritik gab auch die Situation von Bevölkerungsgruppen, denen, obwohl zahlenmäßig den anerkannten Minderheiten deutlich überlegen, kein Minderheitenstatus eingeräumt wird, a.a.O, Tz. 14 „Concern is expressed at the fact that while the State party has accorded the status of ethnic minority and provided special protection to four small ethnic groups traditionally resident in Germany, it has left numerically much larger ethnic groups without any specific protection, in particular, members of those ethnic groups who have long-term residence status or who have become German citizens." Vor allem die Bedenken hinsichtlich Fremdenfeindlichkeit und Antisemitismus wurden vom Ausschuß auch in der jüngsten abschließenden Stellungnahme vom 27. April 2001, UN-Doc. CERD/C/304/Add. 117, Tz. 10 ff., aufrecht erhalten.

614 Vgl. *Lerner*, Racial Discrimination, S. 125 f.

615 Vgl. *Banton*, in: Alston/Crawford (Hrsg.), The Future, S. 55 (75 ff.); *Flinterman/Henderson*, in: Hanski/Suksi (Hrsg.), Introduction, S. 119 (122 f.).

Auslegung und Anwendung des Übereinkommens in *General Recommendations*[616] geäußert. Allerdings reichen nur einzelne dieser Stellungnahmen in Klarheit und juristischer Erkenntnis an die der Paktausschüsse heran.[617]

Art. 11-13 CERD sehen ein Staatenbeschwerdeverfahren vor. Anders als im IPbpR ist die Unterwerfung unter dieses Verfahren nicht von einer gesonderten Erklärung der Staaten abhängig. Dennoch ist es bislang nicht zu einem solchen Verfahren gekommen. Einige Staaten haben es statt dessen vorgezogen, in ihren nach Art. 9 CERD eingereichten Berichten auf ein vermeintliches Fehlverhalten anderer Staaten hinzuweisen.[618]

Schließlich obliegt dem Ausschuß die Durchführung des nach Art. 14 CERD vorgesehenen Individualbeschwerdeverfahrens. Voraussetzung hierfür ist jedoch, daß der betreffende Staat eine Unterwerfungserklärung nach Art. 14 Abs. 1 des Übereinkommens abgegeben hat. Anfang Februar 2002 hatten erst 37 Staaten von dieser Möglichkeit Gebrauch gemacht.[619] Bis Juni 2001 waren insgesamt lediglich 17 Individualbeschwerden erhoben worden, so daß diesbezüglich erst Ansätze einer Rechtsprechungstätigkeit erkennbar werden.[620]

---

616 Die *General Recommendations* entsprechen in ihrer Funktion den o.g. *General Comments* des Menschenrechts- bzw. IPwskR-Ausschusses, vgl. *E. Klein*, in: FS Rauschning, S. 301 (mit Fn. 1).

617 Die praktischen Schwierigkeiten einer Verabschiedung von *General Recommendations* im Ausschuß aus „Insider"-Sicht beschreibt instruktiv *Banton*, in: Alston/Crawford (Hrsg.), The Future, S. 55 (64 f.). Die 23 bis Ende 1999 verabschiedeten *General Recommendations* sind vom Ausschuß vor einiger Zeit in einem einheitlichen Dokument (UN-Doc. CERD/C/365 vom 11. Februar 1999) zusammengefaßt worden. Daraus sind hervorzuheben die Stellungnahmen des Ausschusses in *General Recommendation* 8/38 vom 23. August 1990, a.a.O., (zu Art. 1 Abs. 1 und 4 CERD; danach bestimmt sich die Zugehörigkeit zu einer rassischen oder ethnischen Gruppe „upon the self-identification by the individual concerned"); *General Recommendation* 11/42 vom 19. März 1993, a.a.O., Tz. 1 (zu Art. 1 Abs. 3 CERD: „State parties may not discriminate against any particular nationality") und *General Recommendation* 14/42 vom 19. März 1993, Tz. 2 (zu Art. 1 Abs. 1 CERD: „[A] differentiation of treatment will not constitute discrimination, if the criteria for such differentiation, judged against the objectives and purposes of the Convention, are legitimate or fall within the scope of article 1 paragraph 4, of the Convention."

618 Vgl. *Partsch*, in: Alston (Hrsg.), Human Rights, S. 340 (3461 f.) mit Beispielen aus der Ausschußpraxis.

619 In erster Linie zählen dazu europäische Staaten einschließlich die Bundesrepublik.

620 Vgl. *Banton*, in: Alston/Crawford (Hrsg.), The Future, S. 55 (74). Die bis Anfang 2000 eingereichten Beschwerden und die Behandlung durch den Ausschuß wurden in einem einheitlichen UN-Doc. CERD/C/390 vom 5. Juni 2000 zusammengestellt.

c) Der Umfang der völkerrechtlichen Bindung der Bundesrepublik Deutschland

Für die Bundesrepublik Deutschland ist das Übereinkommen am 15. Juni 1969 vorbehaltlos in Kraft getreten.[621]

d) Zusammenfassung und Ergebnis

Das von universeller Akzeptanz gekennzeichnete Übereinkommen ergänzt und konkretisiert das in den Menschenrechtspakten enthaltene Verbot der Diskriminierung aus rassischen Gründen und muß im Zusammenhang mit den anderen Instrumenten des Menschenrechtsschutzes auf UN-Ebene gesehen werden. Angesichts der zumeist kategorischen Verbots- und Gebotsanordnungen der einzelnen Artikel entsteht – zusammen mit der Grundpflicht, eine Politik zur Beseitigung der Rassendiskriminierung mit allen geeigneten Mitteln und unverzüglich zu verfolgen – ein dichtes Schutzgeflecht, das die Vertragsstaaten in allen Bereichen des öffentlichen vor allem aber auch des privaten Lebens zur Beseitigung und Ahndung rassendiskriminierender Verhaltensweisen oder Zustände verpflichtet. Die Verpflichtungen beschränken sich weder auf eine legislatorische Tätigkeit noch auf die Kontrolle hoheitlichen Handelns, sondern verlangen von den Vertragsstaaten umfassende Schutz- und Fördermaßnahmen. Insofern sind alle innerstaatlichen Hoheitsträger zur Beseitigung jeglicher Rassendiskriminierung aufgerufen. Das Übereinkommen befaßt sich allerdings stets nur mit dem Aspekt der Rassendiskriminierung. Soweit es sich auf Menschenrechte bezieht – vor allem im Katalog des Art. 5 CERD – , schafft es keine Verpflichtung zur Gewährleistung dieser Rechte, sondern sichert in den durch entsprechende völkerrechtliche Regeln gebundenen Staaten deren nichtdiskriminierende Gewährleistung.[622]

---

621 Vgl. Bekanntmachung vom 16. Oktober 1969, BGBl. 1969 II S. 961.

622 Dies hat der Ausschuß in Tz. 1 der *General Recommendation* 20/48 vom 15. März 1996, enthalten in UN-Doc. CERD/C/365, klargestellt: „Article 5 of the Convention, apart from requiring a guarantee that the exercise of human rights shall be free from racial discrimination, does not itself create civil, political, economic, social or cultural rights, but assumes the existence and recognition of these rights.“ Vgl. hierzu auch *Wolfrum*, in: Baum/Riedel/Schaefer (Hrsg.), Menschenrechtsschutz, S. 129 (134).

3. Das Übereinkommen zur Beseitigung jeder Form von Diskriminierung der Frau

Einem spezifischen Bereich des Menschenrechtsschutzes widmet sich auch das Übereinkommen zur Beseitigung jeder Form von Diskriminierung der Frau (CEDAW) vom 18. Dezember 1979.[623] Ebenso wie die Ächtung der Rassendiskriminierung bildet auch die Gleichberechtigung der Geschlechter seit jeher einen herausragenden Aspekt der UN-Menschenrechtspolitik.[624] Ausgehend von den Bestimmungen der UN-Charta (erster Absatz der Präambel sowie Art. 1 Abs. 3, Art. 8 und Art. 55 lit. c)) und der AEMR (Art. 1 und Art. 2 Abs. 1)[625] formulierte die bereits 1947 geschaffene Frauenrechtskommission zwischen 1949 und 1962 zwei Spezialkonventionen, das Übereinkommen über die politischen Rechte der Frau[626] und das Übereinkommen über die Staatsangehörigkeit der Frau im Zusammenhang mit der Eheschließung bzw. als verheiratete Frau.[627] Auch die beiden UN-Pakte enthalten an mehreren Stellen das Verbot geschlechtsspezifischer Diskriminierung.[628] Den Grundstein für die Kodifizierung des CEDAW legte die Generalversammlung im Jahre 1967 mit der Erklärung über die Beseitigung der Diskriminierung der Frau.[629] Bis zur endgültigen Verabschiedung des für die Durchsetzung der Gleichberechtigung zentralen Dokuments verging allerdings mehr als ein Jahrzehnt. Das Übereinkommen trat am 3. September 1981 in Kraft. Anfang Februar 2002 hatten 168 Staaten die Konvention ratifiziert.[630]

---

623 Engl.: „Convention on the Elimination of all Forms of Discrimination against Women" (CEDAW), Internationale Quelle: 19 ILM 33 (1980); amtliche deutsche Übersetzung in BGBl. 1985 II S. 648.

624 Zur Entwicklung spezifischer Schutzbestimmungen vor 1945 vgl. *Mlinar*, Frauenrechte, S. 99 ff.

625 Vgl. hierzu *Morsink*, 13 HRQ (1991), S. 229 ff.

626 Übereinkommen vom 31. März 1953, internationale Quelle UNTS Bd. 193, S. 315; amtl. deutsche Übersetzung in BGBl. 1969 II S. 1929 und 1970 II S. 46; für die Bundesrepublik in Kraft getreten am 2. Februar 1971, vgl. BGBl. 1972 II S. 17.

627 Übereinkommen vom 20 Februar 1957, internationale Quelle UNTS Bd. 309, S. 65; amtl. deutsche Übersetzung in BGBl. 1972 II S. 1249. Für die Bundesrepublik ist das Übereinkommen am 8. Mai 1974 in Kraft getreten, vgl. BGBl. 1974 II S. 1304.

628 Vgl. jeweils die Ausführungen oben zum IPbpR und IPwskR.

629 Vgl. GA-Res. 2263 (XXII) (*Declaration of the Elimination of Discrimination against Women).* Zur Entstehungsgeschichte des Übereinkommens vgl. *Jacobson*, in: Alston (Hrsg.), Human Rights, S. 444 (445 f.) sowie *Schöpp-Schilling*, in: E. Klein (Hrsg.), 20 Jahre CEDAW, S. 13 (13 ff.).

630 Der aktuelle Ratifikationsstand kann als PDF-Dokument über die *UN Treaty-Bodies Database* auf der Internet-Homepage des UN-Hochkommissariats für Menschenrechte, URL (Stand: April 2002): << http://www.unhchr.ch/pdf/report.pdf >>, abge-

a) Aufbau und Inhalt des Übereinkommens

Das Übereinkommen gliedert sich in sechs Teile. Teil I ähnelt in Inhalt und Aufbau den einleitenden Artikeln des Rassendiskriminierungsübereinkommens und bezeichnet die Grundpflichten der Staaten. Auch hier steht nicht die Fixierung von Individualrechten, sondern die Festlegung der Staatenpflichten im Vordergrund. Art. 1 CEDAW enthält die Legaldefinition einer Frauendiskriminierung im Sinne der Konvention:

> „In diesem Übereinkommen bezeichnet der Ausdruck ‚Diskriminierung der Frau' jede mit dem Geschlecht begründete Unterscheidung, Ausschließung oder Beschränkung, die zur Folge oder zum Ziel hat, daß die auf der Gleichberechtigung von Mann und Frau gegründete Anerkennung, Inanspruchnahme oder Ausübung der Menschenrechte und Grundfreiheiten durch die Frau – ungeachtet ihres Familienstandes – im politischen, wirtschaftlichen, sozialen oder kulturellen, staatsbürgerlichen oder jedem sonstigen Bereich beeinträchtigt oder vereitelt wird."[631]

Einschränkend bestimmt Art. 4 CEDAW, daß Frauenfördermaßnahmen der Staaten zur Beschleunigung der *de facto*-Gleichberechtigung nicht als Diskriminierung (von Männern) gelten, solange sie nicht auf Dauer festgeschrieben sind. Die Definition in Art. 1 CEDAW erhellt das Grundprinzip des Übereinkommens: Im Vordergrund steht nicht die Diskriminierung nach dem Geschlecht insgesamt, sondern die Gleichstellung der Frau in allen Bereichen des öffentlichen wie privaten Lebens.[632] Dementsprechend verpflichtet Art. 2 CEDAW als „Rahmenartikel"[633] die Staaten, „mit allen geeigneten Mitteln

---

fragt werden. Die große Zahl der Beitritte wird allerdings durch die zahlreichen Vorbehalte, insbesondere seitens islamischer Länder, relativiert, vgl. *Schöpp-Schilling*, in: Baum/Riedel/Schaefer, S. 155 (159 f.); *dies.*, in: E. Klein, 20 Jahre CEDAW, S. 13 (19 f.). Eine Analyse einzelner Vorbehalte findet sich bei *Cook*, 30 Virginia JIL (1990), S. 643 (679 ff.) sowie *Mlinar*, Frauenrechte, S. 126 ff.

631 Engl.: „For the purposes of the present Convention, the term 'discrimination against women' shall mean any distinction, exclusion or restriction made on the basis of sex which has the effect or purpose of impairing or nullifying the recognition, enjoyment or exercise by women, irrespective of their marital status, on a basis of equality of men and women, of human rights and fundamental freedoms in the political, economic, social, cultural, civil or any other field."

632 Vgl. *Mlinar*, Frauenrechte, S. 121 f.; *Schöpp-Schilling*, in: E. Klein, 20 Jahre CEDAW, S. 13 (15 f.).

633 Vgl. *Mlinar*, Frauenrechte, S. 122.

unverzüglich eine Politik zur Beseitigung der Diskriminierung der Frau zu verfolgen", insbesondere durch Aufnahme des Gleichberechtigungsgrundsatzes in die nationale (Verfassungs-)Rechtsordnung (lit. a)), durch gesetzliche und sonstige Maßnahmen die Diskriminierung zu verbieten oder (lit. b)), durch Gewährleistung effektiven Rechtschutzes (lit. c)), Kontrolle hoheitlichen Handelns (lit. d)), Beseitigung diskriminierender Praktiken seitens Privater (lit. e) und f)) sowie auf Gesetz beruhende Diskriminierungen zu beseitigen (lit. f) und g)). Art. 3 CEDAW hebt die besondere Verpflichtung der Staaten zur Sicherung und Entfaltung der Frau auf politischem, sozialem, wirtschaftlichem und kulturellem Gebiet hervor, Art. 5 CEDAW zielt auf eine Verankerung des Diskriminierungsverbotes im gesellschaftlichen Bewußtsein. Die Abschaffung des Frauenhandels und der Ausbeutung von Frauen durch Prostitution hat Art. 6 CEDAW zum Ziel. Ergänzt werden die Vorschriften des ersten Teils durch Art. 24 CEDAW, der die Staaten zur Ergreifung aller innerstaatlichen Maßnahmen verpflichtet, um den im Übereinkommen anerkannten Rechten zur vollen Verwirklichung zu verhelfen.[634] Es besteht Einigkeit darüber, daß die vom Übereinkommen angestrebte Beseitigung insbesondere der *de facto*-Diskriminierung in allen Bereichen nicht sofort verlangt wird;[635] dennoch sind die Staaten gem. Art. 2 CEDAW verpflichtet, eine entsprechende Politik „unverzüglich" zu verfolgen, so daß jedenfalls ein völliges Untätigbleiben des Vertragsstaates nicht im Einklang mit den vertraglichen Pflichten steht.[636] Die einleitenden Artikel mit ihren Förderungspflichten und programmatischen Bestimmungen geben dem CEDAW ein dem IPwskR vergleichbares Gepräge. Die Herausarbeitung des Verpflichtungscharakters einzelner Vorschriften hat – wie noch dargestellt werden wird – erst in jüngerer Zeit seinen Anfang genommen.

Die Teile II-IV des CEDAW widmen sich jeweils spezifischen Lebensbereichen und geben dem Übereinkommen damit eine vergleichsweise übersichtliche Struktur. Art. 7 und 8 CEDAW sichern die gleiche Ausübung politischer Rechte. Besondere Erwähnung verdient Art. 9 CEDAW. Danach sind die Vertragsstaaten verpflichtet, Frauen im Hinblick auf die Staatsangehörigkeit dieselben Rechte wie den Männern zu gewähren, insbesondere die Unabhängig-

---

634 Vgl. *Schöpp-Schilling*, in: E. Klein (Hrsg.), 20 Jahre CEDAW, S. 13 (16).

635 Vgl. *Flinterman/Henderson*, in: Hanski/Suksi (Hrsg.), Introduction, S. 119 (124). Im Gegensatz zur deutschen Übersetzung bringt der englische Text diesen Charakter der Staatenverpflichtung deutlich zum Ausdruck, wenn es in Art. 2 heißt: „State parties condemn discrimination against women in all its forms, agree to pursue by all appropriate means and without delay a policy of elimination discrimination against women, and, to this end *undertake*" (Hervorheb. d. Verf.).

636 Vgl. *Schöpp-Schilling*, in: Baum/Riedel/Schaefer (Hrsg.), Menschenrechtsschutz, S. 155 (158).

keit der Staatsangehörigkeit der Frau von der des Ehemannes (Art. 9 Abs. 1 S. 2 CEDAW) und die Gleichberechtigung bezüglich der Staatsangehörigkeit der Kinder (Art. 9 Abs. 2 CEDAW). Der Teil III des Übereinkommens befaßt sich in den Art. 10-14 CEDAW mit der wirtschaftlichen und sozialen Stellung der Frau und verlangt vor allem die Beseitigung der Diskriminierung im Bildungs- und Berufsleben (Art. 10 und 11 CEDAW) und im Gesundheitswesen (Art. 12 CEDAW). Im Teil IV normiert Art. 15 CEDAW den Grundsatz der Gleichheit vor dem Gesetz einschließlich der Gleichstellung im vertragsrechtlichen Bereich. Ebenfalls mit Relevanz für das Privatrecht verlangt schließlich Art. 16 CEDAW die umfassende Gleichstellung der Frau in Ehe und Familie.[637]

Hinzuweisen ist schließlich auf die in Art. 23 CEDAW enthaltene Günstigkeitsklausel, wonach der Gleichberechtigung dienende nationale Rechtsvorschriften und völkerrechtliche Verpflichtungen aus anderen Verträgen von dem Übereinkommen unberührt bleiben.

b) Die Überwachung des Übereinkommens auf internationaler Ebene

Teil V des Übereinkommens (Art. 17-22 CEDAW) befaßt sich mit der Überwachung der Staatenpflichten, die dem „Ausschuß für die Beseitigung der Diskriminierung der Frau“[638] übertragen ist. Seine Mitglieder entstammen – im Gegensatz zu den Sachverständigen der anderen Menschenrechtsabkommen, die meist Juristen und darüber hinaus häufig völkerrechtlich spezialisiert sind – sehr unterschiedlichen beruflichen Bereichen.[639] Als Kontrollinstrument standen dem nach Art. 17 CEDAW gebildeten Ausschuß bis in jüngste Zeit[640] lediglich das Staatenberichts- (Art. 18 und 21 CEDAW) und das Staatenbeschwerdeverfahren (Art. 29 CEDAW) zur Verfügung.[641] Im Gegensatz zu den

637 Zu einzelnen Aspekten der Geschlechtergleichheit im Zusammenhang mit der Eheschließung vgl. noch im IV. Kapitel, S. 372 ff.

638 Engl.: „Committee on the Elimination of Discrimination against Women“. Zur Arbeitsweise des Ausschusses vgl. *Schöpp-Schilling*, in: E. Klein (Hrsg.), Monitoring System, S. 71 (75 ff.).

639 Vgl. *Schöpp-Schilling*, in: E. Klein (Hrsg.), 20 Jahre CEDAW, S. 13 (23); zur Zusammensetzung und Auswahl der Ausschußmitglieder vgl. auch *Bustelo*, in: Alston/Crawford (Hrsg.), The Future, S. 79 (80).

640 Zum Inkrafttreten des Fakultativprotokolls vgl. Fn. 652.

641 Die formalen Richtlinien für das Berichtsverfahren hat der Ausschuß im August 1983 in UN-Doc. CEDAW/C/7/Rev. 3 festgelegt. Das Staatenbeschwerdeverfahren ist im

oben behandelten Menschenrechtsverträgen ist der Ausschuß dabei in erster Linie auf die von den Vertragsstaaten im Rahmen eines konsentierten Verfahrens selbst mitgeteilten Informationen angewiesen.[642] Die große Zahl der Vorbehalte verhindert zudem eine umfassende und einheitliche Prüfung.[643] Als weiteres Hemmnis hat sich die in Art. 20 Abs. 1 CEDAW festgelegte Tagungszeit von ursprünglich zwei, inzwischen drei[644] Wochen pro Jahr erwiesen, die eine erschöpfende Beratung der einzelnen Staatenberichte kaum zuließ[645] und bis heute zu erheblichen Rückständen im Berichtsverfahren geführt hat, so daß das Kontrollsystem bislang nicht die anderen Vertragsorganen ver-

---

Rahmen des CEDAW bislang nicht genutzt worden, vgl. *Schöpp-Schilling*, in: E. Klein (Hrsg.), 20 Jahre CEDAW, S. 13 (22).

642 Insbesondere genießen NGO's keinen formalen Mitwirkungsstatus, vgl. *Jacobson*, in: Alston (Hrsg.), Human Rights, S. 444 (466 f.). Nationale und internationale Frauen- und Menschenrechtsverbände haben sich jedoch insoweit als wichtiger Informationsträger erwiesen, als eine große Zahl von Vertragsstaaten ihrer Berichtspflicht nicht oder nur verspätet nachkommt. Die Erstellung sog. „Schattenberichte" durch NGO's wird deshalb vom Ausschuß durchaus begrüßt, vgl. *Bustelo*, in: Alston/Crawford (Hrsg.), The Future, S. 79 (104 ff.); *Schöpp-Schilling*, in: E. Klein (Hrsg.), 20 Jahre CEDAW, S. 13 (24 f.).

643 Vgl. oben die in Fn. 630 Genannten sowie *Schöpp-Schilling*, in: E. Klein (Hrsg.), Monitoring System, S. 71 (83); kritisch zum bislang wenig effektiven Überwachungsverfahren vgl. auch *Flinterman/Henderson*, in: Hanski/Suksi (Hrsg.), Introduction, S. 119 (124). Zwar verbietet Art. 28 Abs. 2 CEDAW – in Wiederholung von Art. 19 lit. c) WVRK – die Anbringung von Vorbehalten, die mit Ziel und Zweck des Übereinkommens nicht vereinbar sind. Gleichwohl haben zahlreiche Vertragsstaaten umfangreiche Vorbehalte – zumeist unter Hinweis auf Religion und religiöses Recht oder traditionelle Gebräuche – erklärt; von allen UN-Menschenrechtsabkommen ist das CEDAW mit den meisten Vorbehalten versehen; vgl. zum Ganzen noch *Schöpp-Schilling*, in: E. Klein (Hrsg.), 20 Jahre CEDAW, S. 13 (19).

644 Seit 1997 tagt der Ausschuß auf der Grundlage von Resolution 51/68 vom 12. Dezember 1996, UN-Doc. A/RES/51/68 zweimal jährlich für drei Wochen, nachdem die Tagungszeit informell bereits vorher auf drei Wochen pro Jahr erweitert wurde, vgl. *Schöpp-Schilling*, in: Baum/Riedel/Schaefer (Hrsg.), Menschenrechtsschutz, S. 155 (160 mit Fn. 11); *dies.*, in: E. Klein, Monitoring System, S. 71 (81 f.). Die von den Mitgliedstaaten im Dezember 1995 als Zusatz von Art. 20 CEDAW beschlossene Erweiterung des Tagungszeitraums auf jährlich sechs Wochen ist noch nicht von der erforderlichen Zweidrittelmehrheit der Vertragsstaaten ratifiziert, vgl. hierzu *Bustelo*, in: Alston/Crawford (Hrsg.), The Future, S. 79 (88 f.); *Schöpp-Schilling*, in: E. Klein, 20 Jahre CEDAW, S. 13 (23).

645 Vgl. *Jacobson*, in: Alston (Hrsg.), Human Rights, S. 444 (453); vgl. *Bustelo*, in: Alston/Crawford (Hrsg.), The Future, S. 79 (82). Der Ausschuß selbst sieht die kurze Sitzungsphase als „serious obstacle to the effective performance (...) of its functions" an, vgl. die Einleitung zu *General Recommendation* 22/14 vom 3. Februar 1995, enthalten in UN-Doc. A/50/38.

gleichbare Effizienz aufweist.[646] Auch die in Art. 21 Abs. 1 CEDAW vorgesehene Möglichkeit, „Allgemeine Empfehlungen" (*General Recommendations*) abzugeben, hat der Ausschuß erst in jüngster Zeit als echtes Interpretationsmittel genutzt.[647] Hervorzuheben ist dabei *General Recommendation* 21/13, der die Diskriminierung im Zivilrecht sowie im ehelichen und familiären Bereich zum Gegenstand hat (Art. 9, 15 und 16 CEDAW) und erstmals ausführliche Erläuterungen im Sinne einer Kommentierung enthält.[648] Mit den darin

---

646 Aufschluß über diese Rückstände gibt der Bericht des Ausschußsekretariats vom 6. Mai 1999, UN-Doc. CEDAW/C/1999/II/4, Annex II. So wurde der kombinierte zweite und dritte Bericht der Bundesrepublik Deutschland, UN-Doc. CEDAW/C/DEU/2-3, eingereicht am 8. Oktober 1996, erst auf der 21. Sitzungsperiode vom 17. Januar - 4. Februar 2000 erörtert. Die erheblichen Rückstände konnte selbst die große „Zurückhaltung" der Vertragsstaaten bei der Einreichung der Berichte nicht verhindern. Im August 1999 waren 226 an sich fällige Berichte, davon 53 Erstberichte, noch nicht eingereicht. Davon standen 74 Staatenberichte gar länger als fünf Jahre aus; vgl. die Zusammenstellung bei *Bustelo*, in: Alston/Crawford (Hrsg.), The Future, S. 79 (84 f.). Auf zusätzliche Schwierigkeiten im organisatorischen und personellen Bereich weisen etwa *Bustelo*, a.a.O., S. 79 (81 ff.); *Robertson/Merrills*, Human Rights in the World, S. 104; *Schöpp-Schilling*, in: E. Klein (Hrsg.), Monitoring System, S. 71 (83 f.) hin.

647 Zu den anfänglichen Schwächen und den Bemühungen des Ausschusses um die Formulierung qualifizierterer *General Recommendations* vgl. *Bustelo*, in: Alston/Crawford (Hrsg.), The Future, S. 79 (96 ff.). Bis Anfang der 90er Jahre beschränkten sich die wenigen dem materiellen Gehalt einzelner Vorschriften gewidmeten Stellungnahmen regelmäßig auf wenige Sätze, vgl. etwa *General Recommendation* 8/7 vom 4. März 1988 zu Art. 8 (politische Rechte), enthalten in UN-Doc. A/43/38.

648 *General Recommendation* 21/13 vom 4. Februar 1992, enthalten in UN-Doc. A/47/38. An dieser Stelle sei lediglich auf einige für die Privatrechtsordnung bedeutsamen Ausführungen hingewiesen. Zu Art. 15 CEDAW (Gleichheit vor dem Gesetz) nimmt der Ausschuß wie folgt Stellung (Tz. im Original):
„7. When a woman cannot enter into a contract at all, or have access to financial credit, or can do so only with her husband's or a male relative's concurrence or guarantee, she is denied legal autonomy. Any such restriction prevents her from holding property as the sole owner and precludes her from the legal management of her own business or from entering into any other form of contract. Such restrictions seriously limit the woman's ability to provide for herself and her dependants."
Zur Gleichberechtigung im ehe- und familienrechtlichen Bereich (Art. 16 CEDAW) heißt es weiter, a.a.O.: „13. The form and concept of the family can vary from State to State, and even between regions within a State. Whatever form it takes, and whatever the legal system, religion, custom or tradition within the country, the treatment of women in the family both at law and in private must accord with the principles of equality and justice for all people, as article 2 of the Convention requires (...).
14. States parties' reports also disclose that polygamy is practiced in a number of countries. Polygamous marriage contravenes a woman's right to equality with men,

getroffenen Erläuterungen hat der Ausschuß zumindest einen Ausgangspunkt für eine einheitliche Interpretation der Bestimmungen geschaffen, der sich einer kulturellen Relativierung des geschlechtsspezifischen Diskriminierungsverbotes weitgehend entzieht und den Vertragsstaaten Mindestanforderungen für die Umsetzung der Gleichbehandlungsgebote der Konvention aufzeigt. In ähnlicher Weise verfahren nunmehr auch *General Recommendation* 23/17[649] zu Art. 8 CEDAW (Diskriminierung im politischen und öffentlichen Leben) und *General Recommendation* 24/20[650] zu Art. 12 CEDAW (Diskriminierung im Gesundheitswesen). Freilich handelt es sich auch hier um rechtlich unverbindliche Empfehlungen. Hinzu kommt, daß die Äußerungen des CEDAW-Ausschusses in ihrer juristischen Aussagekraft und Verwertbarkeit nur in einigen Fällen an die *General Comments* etwa der Pakt-Ausschüsse heranreichen.[651] Ebenso wie im Rahmen der vorangegangenen Übereinkommen, dürften jedoch die Vertragsstaaten zumindest *bona fide* zur Berücksichtigung der Äußerungen des für die Überwachung zuständigen Vertragsorgans verpflichtet sein.

Unlängst ist nunmehr auch für das CEDAW ein Fakultativprotokoll in Kraft getreten, das dem Ausschuß die Untersuchung von Individualbeschwerden und

---

and can have such serious emotional and financial consequences for her and her dependants that such marriages ought to be discouraged and prohibited. The Committee notes with concern that some States parties, whose constitutions guarantee equal rights, permit polygamous marriage in accordance with personal or customary law. This violates the constitutional rights of women, and breaches the provisions of article 5 (a) of the Convention.“

Ausführlich befaßt sich der Ausschuß auch mit der Eheschließungsfreiheit (Artikel 16 Abs. 1 lit. a) und b) CEDAW), a.a.O.: „16. A woman's right to choose a spouse and enter freely into marriage is central to her life and to her dignity and equality as a human being. An examination of States parties' reports discloses that there are countries which, on the basis of custom, religious beliefs or the ethnic origins of particular groups of people, permit forced marriages or remarriages. Other countries allow a woman's marriage to be arranged for payment or preferment and in others women's poverty forces them to marry foreign nationals for financial security. Subject to reasonable restrictions based for example on a woman's youth or consanguinity with her partner, a woman's right to choose when, if, and whom she will marry must be protected and enforced at law.“ Zu einzelnen Aspekten des Diskriminierungsverbotes im Bereich der Eheschließung vgl. im IV. Kapitel, S. 372 ff.

649 *General Recommendation* 23/17 vom 13. Januar 1997, enthalten in UN-Doc. A/52/38.

650 *General Recommendation* 24/20 vom 2. Februar 1999, enthalten in UN-Doc. A/54/38 Rev. 1, Chapter 1.

651 Dies auch die Kritik von *Bustelo*, in: Alston/Crawford (Hrsg.), The Future, S. 79 (97 f.).

damit die Konkretisierung seiner abstrakten Rechtsansichten für den Einzelfall ermöglichen wird.[652]

c) Der Umfang der völkerrechtlichen Verpflichtung der Bundesrepublik Deutschland

Das Übereinkommen ist für die Bundesrepublik am 9. August 1985 in Kraft getreten.[653] Der bei Ratifikation in materieller Hinsicht zu Art. 7 lit. b) CEDAW angebrachte Vorbehalt[654] wurde im Hinblick auf die inzwischen geänderte Verfassungslage mit Wirkung zum 11. Dezember 2001 zurückgenommen.

---

652 In Kraft seit 22. Dezember 2000, vgl. Pressemitteilung der VN, PI/1317, WOM/1242 vom Vortag. Die Generalversammlung hatte mit Beschluß vom 6. Oktober 1999, UN-Doc. A/RES/54/4, den Entwurf für ein Zusatzprotokoll gebilligt. Die zentralen Bestimmungen lauten:
„Article 1: A State Party to the present Protocol ('State Party') recognizes the competence of the Committee on the Elimination of Discrimination against Women ('the Committee') to receive and consider communications submitted in accordance with article 2.
Article 2: Communications may be submitted by or on behalf of individuals or groups of individuals, under the jurisdiction of a State Party, claiming to be victims of a violation of any of the rights set forth in the Convention by that State Party. Where a communication is submitted on behalf of individuals or groups of individuals, this shall be with their consent unless the author can justify acting on their behalf without such consent.
Article 17: No reservations to the present Protocol shall be permitted."
Eine Übersetzung des Zusatzprotokolls findet sich in dem von *E. Klein* herausgegebenen Tagungsband, 20 Jahre Übereinkommen zur Beseitigung jeder Form von Diskriminierung der Frau (CEDAW), S. 102 ff. Das Zusatzprotokoll trat gem. Art. 16 Abs. 1 drei Monate nach Eingang der zehnten Ratifikations- bzw. Beitrittserklärung beim UN-Generalsekretär in Kraft. Anfang Februar 2002 hatten 30 der bis dahin 75 Signatarstaaten des Fakultativprotokolls dieses auch ratifiziert, darunter die meisten europäischen Staaten. Für die Bundesrepublik Deutschland ist das Zusatzprotokoll nach der Ratifikation am 10. Januar 2002 am 15. April diesen Jahres in Kraft getreten. Zum Inhalt des Zusatzprotokolls vgl. im einzelnen *Weiß*, MRM 1999, S. 79 ff. Zu den politischen Hintergründen vgl. *Wörgetter*, in: E. Klein (Hrsg.), 20 Jahre CEDAW, S. 53 ff. Eine vergleichende Analyse des CEDAW-Fakultativprotokolls mit dem des IPbpR stellt *Tomuschat*, in: FS Rauschning, S. 313 (315 ff.) an.

653 Vgl. Bekanntmachung vom 13. November 1985, BGBl. 1985 II S. 1234.

654 Ebd. unter lit. b) der Bekanntmachung; der Vorbehalt lautete: „Art. 7 Buchstabe b wird nicht angewandt, soweit Art. 12 a Abs. 4 Satz 2 des Grundgesetzes der Bundesrepublik Deutschland entgegensteht. Gemäß dieser Verfassungsbestimmung dürfen Frauen auf keinen Fall Dienst mit der Waffe leisten."

Die übrigen Erklärungen bei Hinterlegung betreffen nicht die Geltung der materiellen Vorschriften des Übereinkommens.[655]

d) Zusammenfassung und Ergebnis

Das Übereinkommen spezifiziert und konkretisiert das bereits in den beiden UN-Pakten enthaltene Diskriminierungsverbot aus geschlechtsspezifischen Gründen zu einem Gleichstellungsgebot. Das CEDAW entwickelt vorhandene Instrumentarien des Frauenrechtsschutzes auf internationaler Ebene fort und erlegt den Staaten eine weitreichende Pflicht zur Beseitigung jeglicher Diskriminierung der Frau in allen Bereichen des öffentlichen und privaten Lebens auf. Von dieser Pflicht wird insbesondere auch der Privatsektor, nämlich die Situation von Frauen auf dem privaten Arbeitsmarkt und im familiären und häuslichen Bereich, erfaßt. Auch im Rahmen des CEDAW beschränkt sich die Pflicht der Vertragsstaaten nicht auf legislatorische Maßnahmen, sondern verlangt von allen staatlichen Hoheitsträgern vertragskonformes Verhalten. Dabei formuliert das Übereinkommen die möglichen Ausprägungen geschlechtsspezifischer Ungleichbehandlung ebenso, wie die im einzelnen zu ergreifenden Maßnahmen. Der Rechtsanwender wird dadurch in die Lage versetzt, dem Übereinkommen konkrete Handlungsmaßstäbe zu entnehmen. Im Vergleich zu den Kontrollorganen anderer Verträge hat der CEDAW-Ausschuß erst in jüngerer Zeit begonnen, Maßstäbe für die einheitliche Auslegung des Übereinkommens zu entwickeln. Gerade für den Bereich der Gleichbehandlung im familien- und erbrechtlichen Bereich hat der Ausschuß jedoch eindeutig Stellung bezogen und sich einer relativierenden Interpretation der Gleichbehandlungspflichten entgegengestellt. Es bleibt abzuwarten, ob dem Ausschuß im Rahmen der Behandlung von Individualbeschwerden nach dem Fakultativprotokoll eine weitere Konkretisierung der materiellen Inhalte des Übereinkommens gelingen wird.

---

655 Die Erklärung betrifft in lit. a) die Interpretation des Abs. 11 der Präambel (Selbstbestimmungsrecht der Völker) sowie in lit. c) den Einspruch der Bundesrepublik gegen die Vorbehalte Ägyptens.

4. Das Übereinkommen über die Rechte des Kindes

Den jüngsten der „*core treaties*“ des UN-Menschenrechtsschutzes bildet das Übereinkommen über die Rechte des Kindes (KRK) vom 20. November 1989.[656] Der Schutz von Kindern ist seit langem Gegenstand völkerrechtlicher Abkommen.[657] Bereits vor dem Ersten Weltkrieg bestanden Abkommen, die den Mädchenhandel unterbinden sollten,[658] aus der Zwischenkriegszeit ragt die Genfer Erklärung des Völkerbundes[659] hervor, auf deren Grundlage die UN-Generalversammlung im Jahre 1959 die Erklärung über die Rechte des Kindes verabschiedete.[660] Auch die beiden UN-Pakte befassen sich mit spezifischen Bereichen des Kinderschutzes.[661] Die auf polnischen Anstoß in den Jahren 1978 und 1979[662] zurückgehende Ausarbeitung der KRK sucht nunmehr individuelle, politische, wirtschaftliche, soziale und kulturelle Rechte von Kindern in einem einzigen Dokument zu bündeln und fortzuentwickeln. Bis zur Verabschiedung der KRK durch die Generalversammlung bedurfte es allerdings noch zehn Jahre intensiver Debatte und Vorbereitung. Die KRK trat am 2. September 1990 in Kraft. Ihr sind mehr Staaten beigetreten als jedem anderen menschenrechtlichen Vertrag. Anfang Februar 2002 hatten 191 Staaten das Abkommen ratifiziert.[663] Die KRK wird inzwischen durch zwei Fakultativ-

---

656 Engl.: „Convention on the Rights of the Child“ (CRC); amtliche deutsche Übersetzung in BGBl. 1992 II S. 122.

657 Zur Entwicklung des völkerrechtlichen Kinderschutzes vgl. *Lopatka*, in: FS Gros Espiell, Vol. I, S. 667 (668 ff.); *van Bueren*, Child, S. 6 ff.; *Dorsch*, Konvention, S. 23 ff.

658 Abkommen über Verwaltungsmaßregeln zur Gewährleistung wirksamen Schutzes gegen Mädchenhandel, RGBl. 1905, S. 659 und Übereinkommen zur Bekämpfung des Mädchenhandels, RGBl. 1913, S. 31. Freilich stand bei den Abkommen nicht der Schutz der Mädchen als solcher im Vordergrund, sondern die innere Ordnung der Staaten, vgl. *Dorsch*, Konvention, S. 24.

659 Resolution vom 26. September 1924, abgedruckt in LoN-OJ 1924, Special Supplement 21, S. 42 f.

660 Resolution 1386 (XIV), angenommen am 20. November 1959, abgedruckt in GAOR 14th session (1959), Suppl. 16, S. 19.

661 Vgl. insbesondere Art. 24, 23 Abs. 4 S. 2, Art. 6 Abs. 5 IPbpR sowie Art. 10 Abs. 3 S. 2, Art. 12 Abs. 2 lit. a) IPwskR. Zu den weiteren Bemühungen des Kinderschutzes auf UN-Ebene vgl. *Dorsch*, Konvention, S. 36 ff.

662 Zu den Vorarbeiten vgl. *Verschraegen*, Kinderrechtekonvention, S. 15 ff., zu den polnischen Initiativen *Dorsch*, Konvention, S. 53 ff., *Lopatka*, in: FS Gros Espiell, Vol. I, S. 667 (670 ff.).

663 Von den Mitgliedstaaten der UNO fehlen damit allein Somalia (keine Unterzeichnung) und die USA (Unterzeichnung am 16. Februar 1995, bislang nicht in Kraft gesetzt).

protokolle ergänzt, die sich mit dem Einsatz von Kindern in bewaffneten Konflikten bzw. mit dem Schutz von Kindern vor sexueller Ausbeutung befassen.[664]

a) Aufbau und Inhalt der KRK

In ihrem dreigliedrigen Aufbau folgt die KRK der Struktur der bereits behandelten Verträge auf UN-Ebene. Teil I (Art. 1 ff.) enthält die materiell-rechtlich bedeutsamen Bestimmungen; Teil II (Art. 42 ff.) regelt die internationale Überwachung der Konvention; im Teil III (Art. 46 ff.) finden sich die Schlußbestimmungen. Ein systematischer Überblick über die materiellen Rechtsinhalte des ersten Teils wird jedoch durch den bisweilen unübersichtlichen Aufbau, die unterschiedliche Regelungsdichte und Struktur der verschieden „Rechte", sowie dadurch erschwert, daß die KRK die unterschiedlichen Facetten, ja Dimensionen des Menschenrechtsschutzes ungeordnet nebeneinander stellt.[665]

aa) Allgemeine Konvenitonsbestimmungen

Zumindest eine grobe Differenzierung gelingt, wenn die das Verständnis der Konvention insgesamt betreffenden Vorschriften – insbesondere diejenigen hinsichtlich des Inhalts und der Reichweite der Staatenverpflichtungen – als allgemeiner Teil „vor die Klammer gezogen werden". Zu diesen zählt zunächst Art. 1 KRK mit seiner Definition des Kindesbegriffes:

> „Im Sinne des Übereinkommens ist ein Kind jeder Mensch, der das achtzehnte Lebensjahr noch nicht vollendet hat, soweit die Volljährigkeit nach dem auf das Kind anzuwendenden Recht nicht früher eintritt."

Im Vergleich zu den Legaldefinitionen in CERD und CEDAW läßt die Begriffsbestimmung allerdings Fragen offen. Die Formulierung „soweit die Volljährigkeit nach dem auf das Kind anzuwendende Recht nicht früher ein-

---

664 „Optional Protocol on the Involvement of Children in Armed Conflict" bzw. „Optional Protocol on the Sale of Children, Child Prostitution and Child Pornography", beide in UN-Doc A/RES/54/263 vom 25. Mai 2000.

665 Auf die Schwierigkeiten einer systematischen Darstellung weisen kommentierende Untersuchungen regelmäßig hin, vgl. etwa *Lansdown*, in: Alston/Crawford (Hrsg.), The Future, S. 113 (117 f.); siehe auch die Zusammenstellung der im Schrifttum vorgenommenen Kategorisierungsversuche bei *Verschraegen*, Kinderrechtekonvention, S. 11 mit Fn. 57.

tritt“ ermöglicht es letztlich den Vertragsstaaten, durch entsprechende Ausgestaltung der innerstaatlichen Volljährigkeitsregeln die Anwendungsvoraussetzungen *ratione materiae* eines völkerrechtlichen Vertrages zu bestimmen.[666] Auch hinsichtlich des Beginns des Kind-Seins enthält sich Art. 1 KRK einer Stellungnahme; lediglich im Absatz 9 der Präambel findet sich der Hinweis, daß das Kind auch vor der Geburt eines angemessenen Schutzes bedarf.[667]

Art. 2 Abs. 1 KRK lehnt sich an Art. 2 Abs. 1 IPbpR an[668] und formuliert neben der grundlegenden Staatenverpflichtung zur Achtung der Konventionsrechte ein akzessorisches Diskriminierungsverbot hinsichtlich der im Pakt festgelegten Rechte.[669] Anders als im IPbpR knüpft das Verbot in räumlich-personaler Hinsicht allerdings von vornherein allein an die Jurisdiktion des Staates an.[670]

Eine für das Verständnis der KRK zentrale Regelung enthält Art. 3 Abs. 1 KRK:

---

666 Das Fehlen einer absoluten Untergrenze kann deshalb allenfalls über die Auslegungsregel des Art. 31 Abs. 1 WVRK (Treu und Glauben, vgl. oben Fn. 299) kompensiert werden; zu den Diskussionen um eine starre Untergrenze vgl. *Dorsch*, Konvention, S. 99.

667 Ausführlich zum Schutz des ungeborenen Lebens durch die KRK *Alston*, 12 HRQ (1990), S. 156 ff.

668 Als zusätzliches diskriminierendes Merkmal werden nun explizit die ethnische Herkunft und eine Behinderung genannt. Die Nichtehelichkeit eines Kindes ist dagegen nicht als unzulässiges Unterscheidungsmerkmal angeführt; insofern sind die bereits zu Art. 2 Abs. 1 IPbpR geführten Auseinandersetzungen (hierzu *Nowak*, IPbpR, Art. 2 Rn. 46 m.w.N.) auch durch die KRK nicht gelöst. Der Ausschuß hat allerdings die Situation nichtehelicher Kinder durchaus unter dem Aspekt des Diskriminierungsverbotes gewürdigt, vgl. gerade die *Concluding Observations* zum (ersten) deutschen Staatenbericht, UN-Doc. CRC/C/15/Add. 13 unter lit. E): „The Committee is encouraged by the State party's proposed reform of national legislation in the light of article 2 of the Convention, inter alia to ensure that children born out of wedlock are not discriminated against. The Committee, therefore, recommends that the efforts to harmonize legislation with the provisions and principles of the Convention be further pursued and that the State party continue to give priority to reflect in its legislation and policies the general principles of the Convention, particularly those laid down in articles 2 (non-discrimination) and 3 (best interests of the child).“

669 Vgl. ausführlich *Dorsch*, Konvention, S. 116 ff., zu Art. 2 Abs. 1 KRK ebd., S. 119 ff.

670 Zur Interpretation des Aufenthaltserfordernisses in Art. 2 Abs. 1 IPbpR vgl. aber oben S. 129 ff.

> „Bei allen Maßnahmen, die Kinder betreffen, gleichviel ob sie von öffentlichen oder privaten Einrichtungen der sozialen Fürsorge, Gerichten, Verwaltungsbehörden oder Gesetzgebungsorganen getroffen werden, ist das Wohl des Kindes ein Gesichtspunkt, der vorrangig zu berücksichtigen ist."

Obwohl dem Wortlaut nach als Handlungsmaxime formuliert, kann die Pflicht zur Berücksichtigung des Kindeswohls[671] – auch aufgrund der systematischen Stellung von Art. 3 KRK – durchaus als „leitende Interpretationsmaxime der Konvention"[672] gelten, zumal es in mehreren Artikeln aufgegriffen wird.[673] Die KRK enthält sich einer Definition des Begriffs, weshalb bisweilen die Gefahr gesehen wurde, die Vertragsstaaten könnten unter Berufung auf ihr Verständnis des Kindeswohls die Reichweite der Konventionsrechte relativieren.[674] Einer solchen Relativierung dürfte aber die Funktion als Interpretationsmaxime, wonach alle übrigen materiell-rechtlichen Bestimmungen der KRK im Lichte des Kindeswohls auszulegen sind, entgegenstehen.[675] Die Maxime befreit allerdings nicht davon, die Reichweite der Staatenverpflichtung und den daraus folgenden Handlungsspielraum primär nach den einzelnen materiell-rechtlichen Vorschriften zu ermitteln.[676]

Art. 5 KRK schließlich formuliert ein weiteres, bereits in Art. 3 Abs. 2 KRK angesprochenes Grundprinzip der KRK: Die Leitung und Führung des Kindes obliegt vorrangig den Eltern[677] bzw. den sonst verantwortlichen Personen. Aus dem Zusammenspiel von Art. 5 mit Art. 18 Abs. 1 KRK lassen sich allerdings zwei unterschiedliche Schutzsphären ermitteln: Zum einen wird die Eltern-Kind-Beziehung *vor* einer staatlichen Einflußnahme geschützt; andererseits rechtfertigt sich die Vorrangstellung der Eltern nur bei einer der kindlichen Entwicklung angemessenen Führung und Leitung (Art. 5 KRK) und findet im

---

671 Die authentischen Formulierungen lauten: engl.: „best interest of the child"; frz.: „l'intérêt supérieur de l'enfant".

672 Vgl. *Verschraegen*, Kinderrechtekonvention, S. 13.

673 Vgl. Art. 9 Abs. 1, 2 und 3, Art. 18 Abs. 1, Art. 21, Art. 37 lit. c) sowie Art. 40 Abs. 4 KRK.

674 Vgl. etwa *H. Schweitzer*, in: Lillich, S. 137.

675 Vgl. *Verschraegen*, Kinderrechtekonvention, S. 13.

676 Vgl. *Dorsch*, Konvention, S. 108.

677 Die KRK enthält keine Definition des Elternbegriffs, obwohl er in einer Fülle von Vorschriften gebraucht wird. *Dorsch*, Konvention, S. 115 f. schlägt deshalb vor, den Terminus mit Blick auf die jeweilige Vorschrift und unter Berücksichtigung der innerstaatlichen Verhältnisse auszulegen.

Kindeswohl eine Schranke (Art. 18 Abs. 1 S. 3 KRK), so daß das Kind gegebenenfalls *durch* den Staat vor seinen Eltern geschützt wird.[678]

bb) Die Natur der Konventionsrechte und die daraus resultierenden Staatenverpflichtungen

(1) Die uneinheitliche Struktur der Konventionsrechte

Als Generalnorm zur Bestimmung der den Staaten obliegenden Verpflichtungen erlangt zunächst Art. 4 KRK Bedeutung:

> „Die Vertragsstaaten treffen alle geeigneten Gesetzgebungs-, Verwaltungs- und sonstigen Maßnahmen zur Verwirklichung der in diesem Übereinkommen anerkannten Rechte. Hinsichtlich der wirtschaftlichen, sozialen und kulturellen Rechte treffen die Vertragsstaaten derartige Maßnahmen unter Ausschöpfung ihrer verfügbaren Mittel und erforderlichenfalls im Rahmen der internationalen Zusammenarbeit."

Auf den ersten Blick orientiert sich die Vorschrift an den grundlegenden Formulierungen im IPbpR bzw. IPwskR. Zunächst erfährt mit dieser kategorischen Differenzierung die bereits im Zusammenhang mit den beiden Pakten erörterte Dichotomie des universellen Menschenrechtsschutzes unweigerlich eine Bestätigung. Bei näherer Betrachtung zeigt sich weiterhin, daß der Konkretisierungsgrad der Staatenverpflichtungen nicht nur hinter derjenigen des IPbpR,[679] sondern selbst hinter der des IPwskR zurückbleibt. Im Gegensatz zu Art. 2 Abs. 2 IPbpR verpflichtet Art. 4 S. 1 KRK die Staaten nicht zur Ergreifung aller „erforderlichen",[680] sondern aller „geeigneten"[681] Maßnahmen. Darüber hinaus enthält die KRK keine Verpflichtung zur Schaffung einer innerstaatlichen Beschwerdeinstanz und weicht damit in einem zentralen Punkt von den Vorschriften des IPbpR ab. Auch im Hinblick auf die wirtschaftlichen, sozialen und kulturellen Rechte weist die in Art. 4 KRK verwandte Formulierung Unterschiede zur Terminologie des IPwskR auf. Während Art. 2 Abs. 1

---

678 Zu dieser Zweipoligkeit bereits *Wolfrum*, in: FS Partsch, S. 67 (85); ausführlich zu den Grenzen des Erziehungsrechts *Dorsch*, Konvention, S. 112 ff.; vgl. auch *Lopatka*, in: FS Gros Espiell, Vol. I, S. 667 (675).

679 Vgl. *Dorsch*, Konvention, S. 123.

680 Authentische Fassungen: engl.: „measures as may be necessary to give effect"; frz.: „arrangements (…) propre à donner effet".

681 Authentische Fassungen: engl.: „all appropriate (...) measures for the implementation"; frz.: „les mesures (...) nécessaires pour mettre en œuvre".

des Sozialpaktes von den Staaten die Ausschöpfung *aller* ihrer Möglichkeiten und den Einsatz *aller* geeigneten Maßnahmen verlangt, eine Formulierung, die der IPwskR-Ausschuß – wie gezeigt – zur Entwicklung von unmittelbaren Staatenpflichten und zur Spezifizierung von Mindestanforderungen genutzt hat, fehlt Art. 4 S. 2 KRK ein solcher Ansatzpunkt.[682] Eine weitere Schwäche der Formulierung in Art. 4 KRK liegt darin, daß die systematische Trennung in wirtschaftliche, soziale und kulturelle Rechte einerseits und sonstige Rechte andererseits keine Entsprechung in der Strukturierung der materiell-rechtlichen Art. 6-40 KRK findet. Eine eindeutige Zuordnung zu den jeweiligen Rechtsdimensionen läßt sich deshalb kaum vornehmen.[683] Die KRK enthält zwar zahlreiche Verbürgungen, die inhaltlich denen des IPbpR vergleichbar bzw. der besonderen Situation des Kindes angepaßt sind. Im Gegensatz zum Zivilpakt werden sie jedoch in der KRK ganz überwiegend nicht als unmittelbare Individualrechte formuliert („jeder Mensch hat ein Recht/einen Anspruch auf", „niemand darf" usw.), sondern als eine an den Staat gerichtete Verpflichtung, die Rechte „anzuerkennen", „zu achten". Im Einzelfall können die Normen der KRK aber durchaus einen konkreten und unmittelbaren Charakter aufweisen. Dazu zählen beispielsweise das Recht auf Leben (Art. 6 Abs. 1 KRK), das Recht auf einen Namen, der Erwerb einer Staatsangehörigkeit und die Eintragung in ein Register (Art. 7 Abs. 1 KRK), die Informations- und Meinungsfreiheit (Art. 13 KRK), die Religions- und Gewissensfreiheit (Art. 14 KRK), Vereinigungs- und Versammlungsfreiheit (Art. 15 KRK), der Schutz der Privat- und Familiensphäre und der Ehrschutz (Art. 16 KRK), der Minderheitenschutz (Art. 30 KRK), das Verbot der Folter und der unmenschlichen Behandlung oder Strafe (Art. 37 lit. a) KRK), die persönliche Freiheit und Justizverfahrensrechte (Art. 37 lit. b)-d) und Art. 40 Abs. 1 und 2 KRK). Darüber hinaus enthält die Konvention kindspezifische Verbürgungen, deren Sicherung und Achtung den Vertragsstaaten ebenso unmittelbar obliegt. Hierzu rechnen das Recht auf Kenntnis der und Betreuung durch die Eltern (Art. 7 Abs. 1 KRK), das Recht auf Wahrung der Identität (Art. 8 KRK), das Verbot der zwangsweisen Trennung von den Eltern, soweit diese nicht zum Wohl des Kindes notwendig ist (Art. 9 Abs. 1 KRK), sowie im Rahmen des Kindeswohls das Recht auf persönlichen Kontakt zu den Eltern, ggf. über die Grenzen hinweg (Art. 9 Abs. 3, Art. 10 Abs. 2 KRK). Ein allgemeines Anhörungsrecht in allen das Kind betreffenden Angelegenheiten gewährt schließlich Art. 12 KRK.

---

682 Im Gegensatz zum IPwskR-Ausschuß hat der KRK-Ausschuß bislang keinen Versuch unternommen, die grundlegenden Staatenverpflichtungen im Wege von *General Recommendations* zu konkretisieren.

683 Vgl. *Lansdown*, in: Alston/Crawford (Hrsg.), The Future, S. 113 (116).

Andererseits beinhaltet die KRK zahlreiche Vorschriften, die dem herkömmlichen Konzept wirtschaftlicher, sozialer und kultureller Rechte entspringen und primär auf die Förderung des Kindes durch staatliche Betätigung angelegt sind.[684] Soweit einzelne Rechte als solche der zweiten Dimension erkennbar sind, enthalten sie häufig spezielle Vorgaben hinsichtlich ihres Verwirklichungsanspruchs.[685] Hinsichtlich dieser zweiten Gruppe formuliert die KRK regelmäßig Zielvorgaben, deren Einhaltung nur einen geringen Grad an Überprüfbarkeit aufweist, da den Staaten hinsichtlich der Verwirklichung ein weiter Entscheidungsspielraum zugestanden wird.[686] Zu dieser Gruppe zählen vor allem die bereits im Sozialpakt verankerten Verbürgungen wie das Recht auf „das erreichbare Höchstmaß an Gesundheit" (Art. 24 KRK), auf soziale Sicherheit (Art. 26 KRK), „angemessenen" Lebensstandard (Art. 27 KRK), auf Bildung (Art. 28 KRK) und entsprechende Bildungsziele (Art. 29 KRK) sowie auf Freizeit und freie Teilnahme am kulturellen und künstlerischen Leben (Art. 31 KRK). Hinzu treten weitere Förderungspflichten, die speziell die Situation des Kindes im Auge haben, etwa die Förderung des Informationszugangs (Art. 17 KRK) und die Unterstützung der Erziehenden durch Förderung von Betreuungseinrichtungen (Art. 18 Abs. 2 KRK). Nicht selten wird den Vertragsstaaten bei der Umsetzung ihrer Pflichten auch in anderen Bereichen ein breiter Gestaltungsspielraum zugestanden. So hebt etwa Art. 23 Abs. 1 KRK die besondere Bedürftigkeit des behinderten Kindes hervor, die von den Staaten diesbezüglich verlangte Unterstützung wird aber von der Verfügbarkeit finanzieller Mittel abhängig gemacht (Abs. 2), die Förderung soll, „soweit irgend möglich", unentgeltlich geleistet werden (Abs. 3).[687] Ebenso unterstreicht Art. 20 Abs. 1 KRK die Schutzbedürftigkeit des von der Familie getrennten Kindes, überläßt jedoch den Vertragsstaaten „nach Maßgabe ihres innerstaatlichen Rechts" die Alternativen der Betreuung. Immerhin konkretisiert Art. 20 Abs. 3 KRK alternative Formen der Betreuung und räumt insbesondere der Adoption keinen Vorrang gegenüber dem islamisch-rechtlichen

684 Die Kategorisierung der KRK wird in der Literatur nicht einheitlich vorgenommen; häufig wird ein Ansatz gewählt, der sich an dem Regelungszweck der KRK orientiert, nämlich „provision, protection, participation", vgl. etwa *Verhellen*, Convention, S. 72 ff.; bisweilen wird eine vierte hinzugefügt, vgl. *van Bueren*, Child, S. 15 („prevention"). Weitere Modelle finden sich bei *Verschraegen*, Kinderrechtekonvention, S. 11 mit Fn. 57. Die vorliegende Arbeit orientiert sich so weit als möglich an der von Art. 4 KRK vorgezeichneten Differenzierung.

685 Vgl. etwa Art. 26 Abs. 2, Art. 27 Abs. 3 und Art. 23 Abs. 3 KRK.

686 Vgl. *Dorsch*, Konvention, S. 169.

687 Zum Bemühen, nach Möglichkeit kostenneutrale Staatenverpflichtungen festzuschreiben, vgl. *Dorsch*, Konvention, S. 212.

Institut der *kafala*[688] ein, so daß die in Art. 20 Abs. 3 S. 2 KRK formulierten Grundsätze der Kontinuität der Erziehung oder die Subsidiarität der Heimunterbringung auch für Staaten gelten, die das Rechtsinstitut der Adoption nicht kennen.[689] Als besondere Ausprägung des Kindeswohlgedankens ergänzt Art. 21 KRK den vorhergehenden Artikel für Staaten, die die Adoptionen zulassen, durch konkrete Verfahrensvorgaben.[690] In anderen Bereichen der kindlichen Existenz verzichtet die KRK wiederum weitgehend auf die Etablierung konkreter Schutzpflichten. Der flexiblen Formulierung des Art. 19 KRK lassen sich ebensowenig wie der des Art. 34 KRK konkrete Maßnahmen entnehmen, durch welche die Staaten Gewalt und Mißhandlung gegenüber Kindern bzw. deren sexuelle Ausbeutung entgegenzutreten hätten. Über eine vage Verpflichtung zum Schutz vor Drogen geht auch Art. 33 KRK nicht hinaus. Ebenso setzt Art. 32 KRK keinen autonomen und unmittelbaren Standard für den Schutz des Kindes vor wirtschaftlicher Ausbeutung, sondern überläßt es den Vertragsstaaten, Mindestaltersregelungen und „angemessene" Arbeitszeit- und Schutzbestimmungen festzulegen (Art. 32 Abs. 2 lit. a) und b) KRK).

(2) Unmittelbare Anwendungsfähigkeit von KRK-Bestimmungen?

Angesichts dieses Konglomerats an materiellen Rechtsinhalten und korrespondierenden Staatenverpflichtungen verwundert es kaum, daß im Zusammenhang mit der KRK vor allem die Frage erörtert wird, ob die materiell-rechtlichen Regelungen der KRK bloße Staatenverpflichtungen zur Ergreifung innerstaatlicher Ausführungs- und Förderungsmaßnahmen beinhalten, oder ob nicht zumindest einige Vorschriften – von ihrer völkerrechtlichen Disposition her – der unmittelbaren Anwendung fähig sind.

Im Gegensatz zum IPwskR-Ausschuß hat das Überwachungsorgan der KRK bislang keine generellen und abstrakten Erwägungen zu Reichweite und Umfang der sich aus der KRK ergebenden Staatenpflichten und zur Frage nach der völkerrechtlichen Disposition der verschiedenen Konventionsvorschriften

---

688 Dazu und zur Bedeutung von Art. 20 KRK für das internationale Adoptionsrecht noch im III. Kapitel, S. 288 ff.

689 Vgl. *Dorsch*, Konvention, S. 202.

690 Der Verhinderung unstatthafter Vermögensvorteile i.S.v. Art. 21 lit. d) KRK dient u.a. das Haager Adoptionsübereinkommen vom 29. Mai 1993, das in seiner Präambel explizit auf die KRK Bezug nimmt. Auch die Präambel des Haager Kinderschutzabkommens vom 19. Oktober 1996 verweist auf die KRK. Ansonsten wurde bei der Ausarbeitung des Haager Abkommens letztlich darauf verzichtet, die formalen und technischen Vorschriften des Abkommens mit den „sachrechtlichen Desiderata" der KRK zu belasten, so *Siehr*, RabelsZ 62 (1998), S. 464 (472).

angestellt.[691] Die gerichtliche Praxis in den Vertragsstaaten zeichnet ein ebenso uneinheitliches Bild wie die Behandlung der Frage in der Literatur. Selbst innerhalb Europas gehen die Auffassungen weit auseinander. In Belgien haben einige Gerichte etwa die Art. 3, 9 und 12 KRK unmittelbar für ihre Entscheidung herangezogen,[692] was in der Literatur teils auf grundlegende Kritik gestoßen ist.[693] Die offizielle schweizerische Doktrin geht davon aus, daß ein genereller Ausschluß der Anwendungsfähigkeit zumindest einzelner Vorschriften nicht dem Willen der Vertragsparteien entspräche.[694] Jedenfalls soweit die in der KRK enthaltenen Gewährleistungen mit denen der EMRK vergleichbar wären, seien diese auch unmittelbar anwendbar.[695] In Frankreich hat der *Cour de Cassation* mehrfach entschieden, die Vorschriften der KRK begründeten lediglich völkerrechtliche Pflichten der Staaten, und seien einer Anwendung durch innerstaatliche Gerichte nicht zugänglich.[696] Diese Rechtsprechung ist in der französischen Literatur nicht ohne Kritik geblieben.[697] In Österreich wiederum hat der Nationalrat von der in Art. 50 Abs. 2 B-VG[698] vorgesehenen Möglichkeit eines sog. „Erfüllungsvorbehaltes" Gebrauch gemacht und damit nach Ansicht von *Verschraegen* jedenfalls für das innerstaat-

---

691 Zur Überwachung der KRK durch den Ausschuß sogleich S. 188 ff.

692 Vgl. die bei *Verschraegen*, Kinderrechte, S. 49 ff. wiedergegebene Rechtsprechungsübersicht.

693 Allgemein kritisch zur unmittelbaren Anwendungsfähigkeit der KRK-Bestimmungen etwa *Verhoeven*, in: liber amicorum Krings, S. 895 ff.

694 Vgl. schweizerische Botschaft zur KRK, BBl. 1994, Bd. V, S. 21.

695 Schweizerische Botschaft zur KRK, BBl. 1994, Bd. V, S. 39. Dieser Ansatz hat in der Literatur Zustimmung gefunden, vgl. etwa *Schwenzer*, AJP 1994, S. 817 (824).

696 Vgl. etwa Entscheidungen vom 10. März 1993, RTDC 1993, 342 und Urteil vom 15. Juli 1993, RTDC 1993, 803.

697 Vgl. die Anmerkung von *Lagarde* zum erstgenannten Urteil, Rev. crit. dr. internat. privé 1993, S. 449 (454 ff.). *Lagarde* hält eine Einzelfallprüfung für notwendig, in der zu klären sei, ob die entsprechende Norm ohne weitere innerstaatliche Maßnahmen zur ihrer Umsetzung angewendet werden könne; lediglich soweit es um wirtschaftliche, soziale und kulturelle Rechten gehe oder wo die KRK selbst die Umsetzung der Vorschriften an innerstaatliche Maßnahmen knüpfe, könne die unmittelbare Anwendung *a priori* ausgeschlossen werden.

698 Artikel 50 Abs. 1 und 2 B-VG lauten: „(1) Politische Staatsverträge, andere nur, sofern sie gesetzändernden oder gesetzesergänzenden Inhalt haben und nicht unter Art. 16 Abs. 1 fallen, dürfen nur mit Genehmigung des Nationalrates abgeschlossen werden. Soweit solche Staatsverträge Angelegenheiten des selbständigen Wirkungsbereiches der Länder regeln, bedürfen sie überdies der Zustimmung des Bundesrates. (2) Anläßlich der Genehmigung eines unter Absatz 1 fallenden Staatsvertrages kann der Nationalrat beschließen, daß dieser Staatsvertrag durch Erlassung von Gesetzen zu erfüllen ist."

liche Recht Klarheit geschaffen.[699] Andererseits hat sich der OGH nicht gescheut, zur Stützung des Anspruchs eines Kindes auf persönlichen Umgang mit einem Elternteil auf Art. 9 Abs. 3 KRK zurückzugreifen.[700] Auch in Deutschland hat die Frage nach der unmittelbaren Anwendbarkeit angesichts der Erklärung der Bundesrepublik bei Hinterlegung der Ratifikationsurkunde erhebliche Diskussionen ausgelöst und zu divergierender Gerichtspraxis geführt.[701]

b) Die Überwachung der KRK auf internationaler Ebene

Als Kontrollmechanismus auf internationaler Ebene etabliert die Konvention einzig das Staatenberichtsverfahren gem. Art. 44 KRK. Der nach Art. 43 KRK gebildete Ausschuß[702] prüft dabei „die Fortschritte, welche die Vertragsstaaten bei der Erfüllung der in diesem Übereinkommen eingegangenen Verpflichtungen gemacht haben" (vgl. Art. 43 Abs. 1, Art. 44 Abs. 1 KRK). Ein Staaten- oder gar Individualbeschwerdeverfahren sieht die KRK hingegen nicht vor. Angesichts der vielfältigen Meinungsverschiedenheiten über die Ausgestaltung der einzelnen Rechte und der staatlichen Umsetzungsverpflichtungen, einigte man sich im Laufe der Beratungen in verfahrensrechtlicher Hinsicht auf den kleinsten gemeinsamen Nenner.[703] Die Vermischung verschiedener Rechtstypen im materiellen Teil der KRK spiegelt sich auch in der Ausgestal-

699 Vgl. *Verschraegen*, Kinderrechte, S. 72, die freilich ganz allgemein die völkerrechtliche Disposition der KRK für eine unmittelbare Anwendbarkeit bestreitet.

700 Vgl. OGH, FamRZ 1998, S. 577 (578).

701 Zu Inhalt und Bedeutung der Erklärung sogleich S. 191 ff. sowie im III. Kapitel, S. 245. Die Rechtsprechung hat die Berücksichtigung der Konventionsrechte bisweilen schon mit der Begründung abgelehnt, die KRK enthalte generell keine unmittelbar anwendungsfähigen Normen, vgl. etwa OLG Hamburg vom 18. Dezember 1995, Az.: Bs V 189/95 und VG Hamburg vom 31. Mai 1995, Az.: 22 A 5251/93; das BVerwG hat hingegen die Möglichkeit der unmittelbaren Anwendung nicht schlechthin ausschließen wollen, vgl. BVerwGE 101, S. 236 (246 f.). Einzelne Instanzgerichte haben sich wiederum nicht gescheut, die von der Bundesrepublik abgegebene Erklärung kurzerhand als unbeachtlich zu behandeln und die Vorschriften der KRK zur Entscheidungsbegründung herangezogen, vgl. etwa AG Kamen, FamRZ 1995, S. 1077 (1080 f.); VG Arnsberg, InfAuslR 1996, S. 285 (286); VG Frankfurt, NVwZ 1994, S. 1137 (1138). Dagegen sahen sich andere Gerichte durch die Erklärung der Bundesregierung *a priori* an der Ableitung von Rechten aus der KRK gehindert, vgl. wiederum VG Frankfurt NVwZ-Beilage 4/1996, S. 29 f. sowie OVG Schleswig, NordÖR 2000, S. 124 f.

702 *Committee on the Rights of the Child* (CRC); zur Arbeitsweise des Ausschusses vgl. *Landsdown*, in: Alston/Crawford (Hrsg.), The Future, S. 113 f.

703 So *Dorsch*, Konvention, S. 285 mit einer Nachzeichnung der Beratungen.

tung des Verfahrens nach Art. 45 KRK wider.[704] Dabei ist das Verfahren gem. Art. 45 Hs. 1 KRK im Vergleich zu anderen Verträgen noch stärker auf ein Nebeneinander von Durchführungsüberwachung und Unterstützung angelegt.[705] Dem Ausschuß ist mehr oder weniger eine Gratwanderung zwischen der Ermittlung von Menschenrechtsverstößen einerseits und der Verantwortung für die Förderung der internationalen Zusammenarbeit andererseits auferlegt.[706] In der Tat ist auch das Selbstverständnis des Ausschusses mehr auf die Zusammenarbeit und den Dialog mit den Staaten, als auf die Aufdeckung konkreter Menschenrechtsverletzungen gerichtet.[707] Aus der Berichtspraxis des Ausschusses ist es deshalb kaum möglich, ein generelles Interpretationsmuster abzuleiten, zumal sich die abschließenden Stellungnahmen des Ausschusses im Vergleich zu den verwandten Kontrollorganen noch zurückhaltenderer Formulierungen bedienen.[708] Immerhin hat der Ausschuß bestimmte Kernelemente

---

704 Vgl. ebd., S. 292.

705 Vgl. *Landsdown*, in Alston/Crawford (Hrsg.), The Future, S. 113 (114 f.).

706 *Dorsch*, Konvention, S. 294.

707 Vgl. *Verschraegen*, Kinderrechte, S. 69 sowie die bei *Dorsch*, Konvention, S. 293 in Fn. 141 und 142 wiedergegebenen Stellungnahmen einzelner Ausschußmitglieder.

708 Als Beispiel seien Auszüge aus den *Concluding Observations* zum (ersten) Staatenbericht der Bundesrepublik (CRC/C/11/Add. 5) angeführt, die der Ausschuß im Rahmen seiner 10. Sitzungsperiode am 17. November 1995 mit UN-Doc. CRC/C/15/Add. 43 verabschiedet hat. Die *principal subjects of concern* bringt der Ausschuß in lit. D. wie folgt zum Ausdruck (Hervorheb. jeweils vom Verf.): „The Committee regrets the extent of the declarations made by the State party to the Convention. It is the view of the Committee that several of the declarations *made raise concern* as to their implications and compatibility with the full enjoyment of the rights recognized by the Convention. It is a matter of concern to the Committee that insufficient attention *appears to have been given* to the matter of the establishment of an effective coordination and monitoring mechanism at the Federal, Land and local levels for the implementation of the Convention (...). In this regard, it is of concern to the Committee that the incorporation of the general principles of the Convention as laid down, inter alia, in its articles 2 and 3 *appears to have been neglected.* The Committee remains concerned about the extent to which account is taken of the special needs and rights of children in asylum-seeking and refugee situations. Procedures governing asylum-seeking children, particularly those relating to family reunification, expulsion of children to safe third countries and the 'airport regulation' give cause for concern. In this respect the Committee notes that the guarantees provided for in the Convention, in particular in its articles 2, 3, 12, 22 and 37 (d) *do not appear to be complied* with, while insufficient attention *seems to have been ensured* to the implementation of articles 9 and 10 of the Convention. The Committee also notes with concern that the provision of medical treatment and services to asylum-seeking children *does not appear to be interpreted in the light of* the principles and provisions of the Convention, in its articles 2 and 3 (...)." Eine Zusammenfassung dieser *Concluding Observations* findet sich bei *Ebert*, in: Koeppel, Kindschaftsrecht, S. 103 (113 ff.). Der zweite periodische Bericht der

seiner Überwachungstätigkeit spezifiziert und hierzu die zentrale Bedeutung der Vorschriften der Art. 2 und 3 KRK (Diskriminierungsverbot bzw. Kindeswohl), Art. 6 KRK (Recht auf Leben und Entwicklung) sowie Art. 12 KRK (Anhörungsrecht) betont.[709]

Einer effektiven Überwachungstätigkeit steht allerdings die mit bislang 10 Mitgliedern im Vergleich zur Zahl der Vertragsstaaten schwache personelle Besetzung des Ausschusses entgegen.[710] Von bis dahin eingegangenen 176 Staatenberichten hatte der Ausschuß nach Abschluß der 21. Sitzung Mitte 1999 erst 108 Berichte behandelt.[711] Das volle Ausmaß des Verzugs wird dadurch offenbar, daß zum gleichen Zeitpunkt über 140 fällige Staatenberichte noch gar nicht eingereicht waren.[712] Angesichts dieser Hindernisse nimmt es nicht Wunder, daß die Effizienz der Überwachungstätigkeit des Ausschusses zumeist kritisch beurteilt wird.[713] Es bleibt abzuwarten, ob der Ausschuß durch die Verabschiedung von *General Comments* die sich aus der Struktur der KRK

Bundesrepublik war turnusgemäß am 4. April 1999 einzureichen. Die Erstellung des Berichts wurde allerdings nach dem Wechsel der Bundesregierung im Herbst 1998 bis zu einer Entscheidung über den Fortbestand der bei Ratifikation abgegebenen Erklärung der Bundesrepublik aufgeschoben; erst am 16. Mai 2001 wurde der Bericht von der Bundesregierung verabschiedet, vgl. im einzelnen unten Fn. 718.

709 Vgl. die sog. *General Guidelines* betreffend Form und Inhalt der Staatenberichte, UN-Doc. CRC/C/58; zum thematischen Aufbau der von den Staaten einzureichenden Berichte vgl. *Landsdown*, in: Alston/Crawford (Hrsg.), The Future, S. 113 (115 ff.).

710 Vgl. Art. 43 Abs. 2 KRK. Die auf der Staatenkonferenz vom 12. Dezember 1995 beschlossene Erhöhung der Mitgliederzahl auf 18 bedarf der Annahme durch eine 2/3-Mehrheit der damals 180 Vertragsstaaten und ist bislang nicht in Kraft getreten. Bis Ende 1998 hatten erst 47 Staaten eine entsprechende Erklärung abgegeben, 15 weitere hatten eine entsprechendes Einverständnis notifiziert, vgl. UN-Doc. CRC/SP/25.

711 Vgl. Bericht der 21. Sitzung, UN-Doc. CRC/C/87, Annex V. Der Ausschuß hat von Anfang an auf die große Arbeitsbelastung hingewiesen, vgl. den Ausschußbericht UN-Doc. A/49/41 bei Tz. 332 ff. Auf der 21. Sitzungsperiode im Mai/Juni 1999 hat der Ausschuß deshalb beschlossen, von Januar 2000 an zumindest acht Staatenberichte pro Sitzung abzuhandeln, vgl. Bericht der 21. Sitzung, UN-Doc. CRC/C/87, Tz. 255. Zum Arbeitspensum des Ausschusses vgl. auch *Lansdown*, in Alston/Crawford (Hrsg.), The Future, S. 113 (125 ff.).

712 Vgl. Bericht der 21. Sitzung, UN-Doc. CRC/C/87, Annex III.

713 Die Schwäche des Durchsetzungsmechanismus der KRK im Vergleich zu anderen Menschenrechtsverträgen wird allseits hervorgehoben, vgl. etwa *Balton*, 12 HRQ (1990), S. 120 (125 ff.); *Dorsch*, Konvention, S. 287 ff.; *Verschraegen*, Kinderrechte, S. 68 f.

und der Ausgestaltung der einzelnen Rechte verbundenen Defizite zu verringern im Stande ist.[714]

c) Die völkerrechtliche Verpflichtung der Bundesrepublik

Die KRK ist für die Bundesrepublik Deutschland am 5. April 1992 in Kraft getreten.[715] Bei Hinterlegung der Ratifikationsurkunde hat die Bundesrepublik allerdings eine „Erklärung" abgegeben, deren Inhalt in mehrerlei Hinsicht Anlaß zu kritischen Stellungnahmen geboten hat.[716]

Ziff. II der Erklärung betraf die Fortgeltung der Bestimmungen zur gesetzlichen Vertretung Minderjähriger, des Sorge- und Umgangsrechts bei ehelichen Kindern und der familien- und erbrechtlichen Regelungen nichtehelicher Kinder. Mit der Neuordnung diesbezüglicher Bereiche des Familienrechts[717] dürfte die Erklärung ihre ursprüngliche Relevanz weitgehend verloren haben.[718]

---

714 Im Bericht des Ausschusses zur 21. Sitzung wurde ausdrücklich auf die Dringlichkeit einer Verabschiedung von *General Comments* hingewiesen, vgl. UN-Doc. CRC/C/87 Tz. 255: „It also decided to give high priority to the drafting of General Comments based on the principles and provisions of the Convention and mandated the Rapporteur, Mr. Doek, to define a methodology in that regard and to report to the Committee thereon at its next session." Vor kurzem hat der KRK-Ausschuß den ersten *General Comment* verabschiedet, *General Comment* 1 vom 8. Februar 2001, UN-Doc. CRC/GC/2001/1. Darin nimmt der Ausschuß zu den Bildungszielen (Art. 29 Abs. 1 KRK) Stellung.

715 Vgl. Bekanntmachung vom 10. Juli 1992, BGBl. 1992 II S. 990.

716 Die Erklärung ist im Anschluß an die Bekanntmachung vom 10. Juli 1992, BGBl. 1992 II S. 990 abgedruckt.

717 Kindschaftsrechtsreformgesetz (KindRG) vom 16. Dezember 1997, BGBl. 1997 I S. 2942.

718 Zu den Defiziten des deutschen Kindschaftsrechts im Hinblick auf die Anforderungen der KRK und den gesetzgeberischen Reformbemühungen vgl. *Ebert*, in: Koeppel, Kindschaftsrecht, S. 103 ff. Den Streitstand beschreibt ausführlich *Verschraegen*, Kinderrechte, S. 55 ff. Die Bundesregierung nahm in der Begründung zum KindRG-Entwurf ausdrücklich Bezug auf die KRK, vgl. BT-Drucks. 13/4899, S. 29, wenngleich die Kritik erhoben wurde, die Neuordnung sei eher an den Interessen der Eltern und weniger der Kinder orientiert, vgl. *Verschraegen*, Kinderrechte, S. 62 f. Zu den Eckpunkten der Reform, insbesondere der Abschaffung des Statusunterschiedes zwischen ehelichen und nichtehelichen Kindern und der damit zusammenhängenden Regelungen, vgl. etwa *Diederichsen*, NJW 1998, S. 1976 mit zahlreichen Nachweisen. Nach dem Wechsel der Bundesregierung im Jahre 1998 war erwogen worden, die Erklärungen zur KRK auf den Prüfstand zu stellen. Eine Rücknahme der zur KRK abgegebenen Erklärungen steht allerdings nicht mehr zur Debatte. In dem von der Bundesregierung am 16. Mai 2001 verabschiedeten (zweiten) Staatenbericht zur KRK

Vor allem die in Ziff. I der Erklärung enthaltene Formulierung betreffend die unmittelbare Anwendbarkeit der KRK-Normen gab Anlaß zu heftigen Auseinandersetzungen in der Literatur und führte zu einer uneinheitlichen Rechtsprechung:

> „Die Bundesrepublik erklärt zugleich, daß das Übereinkommen keine unmittelbare Anwendung findet. Es begründet Staatenverpflichtungen, die die Bundesrepublik Deutschland nach näherer Bestimmung ihres mit dem Übereinkommen übereinstimmenden innerstaatlichen Rechts erfüllt.“ [719]

Über den Charakter und die rechtliche Bedeutung dieser Erklärung besteht in der Literatur keine Einigkeit. Während der wohl überwiegende Teil des Schrifttums darin einen Vorbehalt i.S.v. Art. 2 lit. d) der Wiener Vertragsrechtskonvention (WVRK) erblickt,[720] fassen andere die Äußerungen als bloße Interpretationserklärung auf.[721] Der Unterschied zwischen beiden Instituten

---

heißt es hierzu, S. 21, Tz. 83 f. des Berichts: „Bei der Prüfung [der Rücknahmemöglichkeit der deutschen Erklärung, Anm. d. Verf.] hat sich gezeigt, daß es aus heutiger Sicht nicht notwendig gewesen wäre, die deutsche Erklärung abzugeben. Es handelt sich im wesentlichen um Erläuterungen, die Fehl- bzw. Überinterpretationen (...) vermeiden sollten. Diese Auslegung der Konvention würde in gleichem Maße gelten, wenn die Erklärung nicht abgegeben worden wären. Trotzdem kann die Rücknahme der Erklärung zum gegenwärtigen Zeitpunkt nicht in Betracht kommen, da sich die Bundesländer (...) bisher nicht mehrheitlich für die Rücknahme ausgesprochen haben.“

719 Vgl. den Abdruck im Anschluß an die Bekanntmachung vom 10. Juli 1992, BGBl. 1992 II S. 990. Die gleichzeitig abgedruckte englische Fassung lautet im Kern: „(...) declares that the Convention does not apply directly.“

720 Vgl. *Meng*, in: Koeppel, Kindschaftsrecht, S. 5 (26); *Häde/Jachmann*, FamRZ 1996, S. 632 (634); *Klingenstein*, Kulturelle Identität, S. 56 f.; *Zimmermann*, IPRax 1996, S. 167 (172) und *Stöcker*, FamRZ 1992, S. 245 (248). Siehe auch *Wolf*, ZRP 1991, S. 374 ff. und *Ullmann*, FamRZ 1991, S. 898 ff., deren Beiträge sich allerdings noch auf den später in einigen Punkten modifizierten Erklärungsentwurf (Anlage 1 zur Denkschrift zur KRK, BT-Drucks. 12/42) beziehen. Nicht ganz eindeutig sprechen *Verschraegen*, Kinderrechte, S. 55 und *Baer*, NJW 1993, S. 2209 (2210) von „Interpretationsvorbehalt“, meinen damit aber wohl einen solchen im Sinne der WVRK.

721 So etwa *Dorsch*, Konvention, S. 310; *Tomuschat*, in: FS Zacher, S. 1143 (1153 f.) mißt der Erklärung aus völkerrechtsdogmatischen Gründen keine Vorbehaltsqualität zu. Die Erklärung gebe lediglich eine Selbstverständlichkeit wieder, daß nämlich ein völkerrechtlicher Vertrag nur Staatenverpflichtungen begründe. Am materiellen Gehalt der Staatenverpflichtung ändere die Erklärung jedoch nichts. Der KRK-Ausschuß hat es in seiner Stellungnahme zum Staatenbericht Deutschlands, UN-Doc. CRC/C/15/Add. 43 geflissentlich vermieden, die Rechtsnatur der Erklärung zu the-

liegt darin, daß die Interpretationserklärung nicht den Ausschluß oder die Änderung einer Vertragsbestimmung bezweckt, sondern lediglich der Klarstellung dient.[722] Der Streit wäre für die an dieser Stelle allein interessierende Frage der *völkerrechtlichen* Bindung[723] der Bundesrepublik nur von Bedeutung, wenn die Erklärung – ihre Qualität als Vorbehalt unterstellt – völkerrechtlich problematisch oder gar unwirksam anzusehen wäre. Dazu ist zunächst festzustellen, daß Art. 51 KRK Vorbehalte zuläßt, solange sie nicht dem Ziel und Zweck der Konvention widersprechen. Entgegen der von *Wolf*[724] und *Ullmann*[725] vertretenen Ansicht ist letzteres aber nicht der Fall. Bereits oben wurden die Formulierungsdefizite, der zumeist ausgeprägte Kompromißgehalt der Vorschriften sowie das Fehlen einer Individualbeschwerdemöglichkeit dargelegt, so daß zweifelhaft erscheint, ob die KRK überhaupt Vorschriften enthält, die auf eine unmittelbare Anwendung gerichtet sind.[726] Selbst wenn man einzelne Bestimmungen – insbesondere die an den IPbpR angelehnten – für unmittelbar anwendungsfähig hält,[727] so normiert doch die KRK an keiner Stelle eine entsprechende Durchsetzungsverpflichtung der Staaten. Im Gegenteil: Aus den obigen Ausführungen wurde deutlich, daß die Umsetzungsverpflichtungen der Staaten hinter denen des IPbpR zurückbleiben. Wenn aber selbst der IPbpR – in Ausprägung eines allgemeinen völkerrechtlichen Prinzips[728] – keine unmittelbare Anwendbarkeit in der innerstaatlichen Rechtsordnung fordert, solange nur die effektive Gewährleistung der Paktrechte sicher-

---

matisieren und spricht deshalb nicht von einem Vorbehalt (*reservation*), sondern gebraucht stets die neutrale Formulierung *declaration.*

722 Vgl. *Heintschel von Heinegg*, in: K. Ipsen, Völkerrecht, § 14 Rn. 4.

723 Zu der davon zu trennenden Frage der Auswirkung der Erklärung für die innerstaatliche Rechtsanwendung, dazu im III. Kapitel, S. 245 ff. mit Hinweisen auf die Rechtsprechung deutscher Gerichte. Im Ansatz noch zutreffend daher *Wolf*, ZRP 1991, S. 375 (376).

724 Vgl. *Wolf*, ZRP 1991, S. 374 ff.

725 Vgl. *Ullmann*, FamRZ 1991, S. 898 ff.

726 Zur divergierenden Beurteilung in Deutschland und in den europäischen Nachbarstaaten vgl. die oben S. 186 ff. angeführten Beispiele aus der Rechtsprechung.

727 *Wolf*, ZRP 1991, S. 374 (376) führt Art. 2, 6, 7, 8, 9, 13 und 17 KRK an. Die weitaus größte Zahl der materiell-rechtlichen Vorschriften fällt damit auch nach seiner Ansicht aus dem Kreis der unmittelbar anwendbaren Vorschriften heraus. Insofern ist die von ihm als zweites „argumentatives Standbein" auf S. 378 angeführte Überlegung, die Erklärung der Bundesrepublik sei als „Globalausschluß" mit dem sich aus Art. 2 Abs. 1 lit. d) WVRK ergebenden Grundsätzen nicht vereinbar, kaum haltbar.

728 Dazu bereits oben im Zusammenhang mit den Staatenpflichten nach dem IPbpR, S. 121 ff.

gestellt ist, so muß dies erst recht für die KRK gelten.[729] Andernfalls müßten, worauf zutreffend hingewiesen wird,[730] eine ganze Reihe von Staaten, denen die unmittelbare Anwendung völkerrechtlicher Vertragsbestimmungen von Verfassungs wegen fremd ist, *eo ipso* gegen die Ziele und Zwecke der KRK verstoßen. An der *völkerrechtlichen* Zulässigkeit des Ausschlusses der unmittelbaren Anwendung für den innerstaatlichen Bereich ist daher – selbst bei Interpretation der Erklärung als Vorbehalt – nicht ernstlich zu zweifeln.[731] Auch auf internationaler Ebene hatte die Erklärung keinen konkreten Widerspruch gefunden.[732] Freilich ändert die Erklärung der Bundesrepublik zur innerstaatlichen Rechtsanwendung nichts am materiellen Gehalt ihrer – auf der Ebene des Völkerrechts – eingegangenen Verpflichtungen zur Wahrung der in der KRK verbürgten Rechte.[733] Davon scheint auch die Bundesregierung in dem jüngst verabschiedeten Staatenbericht zur KRK auszugehen.[734] Inwieweit die Erklärung für die innerstaatliche Rechtsanwendung Bedeutung erlangt,[735] wird noch zu erörtern sein.[736]

---

729 In diesem Sinne auch *Tomuschat*, in: FS Zacher, S. 1143 (1153); ähnlich *Zimmermann*, IPRax 1996, S. 167 (173).

730 So insbesondere *Meng*, in: Koeppel, Kindschaftsrecht, S. 5 (26) und *Tomuschat*, in: FS Zacher, S. 1143 (1145 ff.); ähnlich *Herdegen*, FamRZ 1993, S. 374 (380).

731 Im Ergebnis ebenso *Dorsch*, Konvention, S. 310; *Verschraegen*, Kinderrechte, S. 57; *Meng*, in: Koeppel, Kindschaftsrecht, S. 5 (27); *Stöcker*, FamRZ 1992, S. 245 (248).

732 Ein Einspruch anderer Vertragsstaaten nach Art. 20 Abs. 5 WVRK ist nicht erfolgt, so daß – unterstellt die Erklärung beinhaltet einen Vorbehalt – dieser gegenüber allen Staaten wirksam geworden wäre, vgl. hierzu *Meng*, in: Koeppel, Kindschaftsrecht, S. 5 (27). Die bereits oben zitierte abschließende Stellungnahme des Ausschusses zum deutschen Staatenbericht, UN-Doc. CRC/C/15/Add. 43, lit. D, spricht die Erklärung zwar an, vermeidet aber eine eindeutige Terminologie: „The Committee regrets the extent of the *declarations* made by the State party to the Convention. It is the view of the Committee that several of the *declarations* made raise concern as to their implications and compatibility with the full enjoyment of the rights recognized by the Convention“ (Hervorheb. d. Verf.). Bei der Prüfung des Staatenberichts wurde die Erklärung nur kurz angesprochen. Das Ausschußmitglied *Santos Pais* merkte zu dem mit der Erklärung bezweckten Ausschluß der unmittelbaren Anwendbarkeit im innerstaatlichen Bereich lediglich an, jedem Staat stehe die Wahrnehmung einer solchen Möglichkeit frei, vgl. UN-Doc. CRC/C/SC 234, Tz. 5.

733 Insoweit völlig zutreffend deshalb die Feststellung von *Tomuschat*, in: FS Zacher, S. 1143 (1153), die Erklärung der Bundesrepublik nehme „kein Jota von dem sachlichen Umfang der Kinderrechte-Konvention und ihrer Tragweite weg.“ *Tomuschat* mißt der Erklärung schon deshalb keine Vorbehaltsqualität zu.

734 Vgl. bereits die oben Fn. 718 zitierte Passage aus dem Bericht vom 16. Mai 2001.

735 Die weiteren in der Erklärung enthaltenen Punkte sind im Rahmen dieser Arbeit nicht von Bedeutung. Ziff. III enthält einen ausdrücklich als solchen bezeichneten Vorbehalt zu Art. 40 Abs. 2 lit. b) ii. und v. KRK, wonach bei Straftaten von geringer

d) Zusammenfassung und Ergebnis

Die KRK bildet das wohl schillerndste Instrument des universellen Menschenrechtsschutzes. Angesichts des in vielerlei Hinsicht heterogenen Inhalts entzieht sich die KRK einer vereinheitlichenden Beurteilung und läßt sich nur schwer in die Reihe der bereits erörterten Menschenrechtsabkommen einordnen.[737] Der Fülle der materiell-rechtlichen Inhalte stehen vielerorts vage Ausformulierungen gegenüber, die hinter dem Verpflichtungsgrad anderer Übereinkommen deutlich zurückbleiben. Nur in wenigen Teilen enthält die Konvention materiell-rechtliche Bestimmungen, aus denen unbedingt zu erfüllende Staatenverpflichtungen abgeleitet werden können.[738] In weiten Bereichen stehen den von der KRK formulierten Zielvorgaben wenig verbindliche und inhaltlich unbestimmte Staatenverpflichtungen gegenüber. Man ist geneigt, mit *Tomuschat* von einem „bunten Salat“[739] zu sprechen, der sich aus individuellen Rechtspositionen, Gewährleistungs-, Förderungs-, Bemühens- oder Mitwirkungspflichten der Staaten zusammensetzt. Die Konzeption der KRK als ein auf möglichst universelle Geltung zielender „all-embracing treaty“[740] erforderte in weiten Teilen Kompromißlösungen, die für alle Vertragsstaaten akzeptabel waren.[741] Die zur Beschreibung der einzelnen Staatenver-

---

Schwere der Rechtsbeistand bzw. das Rechtsmittelverfahren nicht zwingend gewährleistet sein muß. Ziff. IV betrifft die aufenthaltsrechtlichen Beschränkungen für Ausländer. Auch im Hinblick auf diesen Abschnitt ist die Rechtsnatur der Erklärung umstritten. *Dorsch*, Konvention, S. 308 mißt ihr wiederum nur klarstellende Bedeutung zu, während das OVG Hamburg in seiner Entscheidung vom 18. Dezember 1995, Az.: Bs V 189/95, in Ziff. IV der Erklärung einen zulässigen Vorbehalt gegen ausländerrechtliche Implikationen der KRK gesehen hat. Daher seien, so das OVG, „[u]nabhängig davon, ob es die UNO-Kinderkonvention in ihrem Ansatz insoweit überhaupt ermöglichen sollte, individuelle Rechtspositionen zu begründen“, jedenfalls keine ausländerrechtlichen Individualrechte aus Art. 10 KRK herzuleiten. Ziff. V der Erklärung schließlich bezieht sich auf die Altersgrenze für die Teilnahme von Kindern an Kriegshandlungen nach Art. 38 Abs. 2 KRK. Zu diesen Erklärungen der Bundesrepublik vgl. im einzelnen *Dorsch*, Konvention, S. 307 f.

736 Hierzu im III. Kapitel, S. 245 ff.

737 In diesem Sinne auch *van Bueren*, Child, S. 16; ebenso das Fazit von *Dorsch*, Konvention, S. 302.

738 Soweit einzelne Vorschriften in Anlehnung an die beiden Pakte formuliert sind, bleibt ihr verbindlicher Gehalt zudem häufig hinter dem des IPbpR bzw. IPwskR zurück, weshalb beispielsweise *Wolfrum*, in: FS Partsch, S. 67 (86) auf die Gefahr der Verwässerung des Menschenrechtsstandards hinweist.

739 Zitat aus der FAZ vom 20. November 1999, Nr. 271, Seite 11.

740 So *van Bueren*, Child, S. 16.

741 Vgl. die Analyse der Beratungen zu den einzelnen Vorschriften bei *Dorsch*, Konvention, zusammengefaßt auf S. 303.

pflichtungen gewählten Formulierungen[742] machen deutlich, wie dünn die Basis für einen weltweit verbindlichen Maßstab zum Schutz des Kindes ist.[743] Ob die KRK überhaupt Vorschriften enthält, die ihrer Disposition nach eine unmittelbare Anwendung ermöglichen, wird unterschiedlich beurteilt. Am ehesten erscheinen diesbezüglich diejenigen Vorschriften geeignet, die ihrem Inhalt nach dem IPbpR vergleichbar und daran angelehnt sind. Die von der Bundesrepublik abgegebene Erklärung zur innerstaatlichen Anwendbarkeit ist völkerrechtlich unschädlich, ändert aber am materiellen Gehalt der KRK-Rechte bzw. der übernommenen Staatenverpflichtung nichts. Insgesamt ist eine einheitliche Staatenpraxis zur Verwirklichung der in der KRK gesetzten Ziele bislang nicht erkennbar, zumal eine große Zahl der Vertragsstaaten höchst unterschiedliche Vorbehalte angebracht hat.[744] Diese werfen auch einen Schatten auf die *prima facie* beeindruckende universelle Akzeptanz der KRK, kommen doch in den Vorbehalten zumeist die kulturellen Differenzen der Vertragsstaaten gerade im familien- und kindschaftsrechtlichen Bereich zum Ausdruck. Daneben fehlt es, angesichts eines vergleichsweise dürftig ausgestalteten Überwachungsverfahrens, jedenfalls bislang an abstrakten Interpretationsmaßstäben, die einen ähnlich autoritativen Charakter aufweisen wie beispielsweise die des Menschenrechts- oder IPwskR-Ausschusses. Angesichts dieser Defizite erscheint es derzeit euphemistisch, von der KRK als einer *Magna Charta* der Kinderrechte zu sprechen;[745] eher erscheint die Frage angebracht, worauf sich die Vertragsstaaten im Rahmen der KRK letztlich geeinigt haben.[746] Zu den Verdiensten der KRK rechnet jedenfalls, das Bewußtsein auf internationaler Ebene für die besondere Situation von Kindern in Familie, Gesellschaft und Staat geschärft zu haben. Davon zeugt auch die Abschlußerklärung der Wiener Menschenrechtskonferenz, die eindringlich den der KRK

742 Etwa der Begriff der „geeigneten Maßnahmen“ vgl. u.a. Art. 2 Abs. 2, Art. 3 Abs. 2, Art. 4, Art. 19 Abs. 1, Art. 24 Abs. 2 und 3, Art. 26 Abs. 1, Art. 27 Abs. 3 und 4, Art. 28 Abs. 2, Abs. 32 Abs. 2, Art. 33-35 KRK, und der Terminus „bemühen“ etwa in Art. 18 Abs. 1 und Art. 24 Abs. 2 KRK.

743 Vgl. *Verschraegen*, Kinderrechte, S. 31. An diesem Punkt setzt auch die Kritik von *Tomuschat*, VN 1991, S. 6 (7) an, der gerade im Bereich des Familienrechts kaum Rechtssätze mit universeller Geltung zu erkennen vermag.

744 Ein großer Teil der Vorbehalte ist wiedergegeben in UN-Doc. CRC/C/2/Rev. 7. Die Problematik der zahlreichen Vorbehalte wurde vom KRK-Ausschuß von Beginn an thematisiert, vgl. die Stellungnahme in UN-Doc. A/49/41, Tz. 525 ff. Zu den Reaktionen in verschiedenen Vertragsstaaten vgl. *Verschraegen*, Kinderrechte, S. 36 ff.

745 So aber *Lopatka*, in: FS Gros Espiell, Vol. I, S. 667 (668 ff.).

746 Vgl. *Verschraegen*, Kinderrechte, S. 30.

zugrundeliegenden *first call for children* bestätigt hat.[747] Letztlich hängt die Verwirklichung der in der KRK angesprochenen Rechte und Ziele wie bei anderen menschenrechtlichen Verträgen von der Mitwirkung der Staaten ab. Den Willen hierzu vorausgesetzt, bietet die Konvention – wie auch der IPwskR – zumindest einige objektiv für alle Staaten verbindliche menschenrechtliche Kriterien und Mindestgewährleistungen sowie eine Vielzahl von Zielvorgaben, die je nach Entwicklungsstand des Vertragsstaates ein höheres Schutzniveau erfordern bzw. zulassen.[748]

5. Völkervertraglicher Menschenrechtsschutz auf UN-Ebene – Zusammenfassung und Ergebnis

Auf UN-Ebene findet sich ein über mehr als drei Jahrzehnte stetig angewachsener völkervertraglicher Menschenrechtsbestand, zu dessen Beachtung sich die Bundesrepublik – von wenigen Vorbehalten abgesehen – nahezu vollständig verpflichtet hat. Allerdings enthalten die Konventionen und Pakte keinen homogenen, aufeinander abgestimmten oder aufeinander aufbauenden Menschenrechtsschutz. In materieller Hinsicht reichen die einzelnen Menschenrechtsverbürgungen von unmittelbar und unbedingt anwendbaren Individualrechten über relative Staatenverpflichtungen zur Gewährleistung des dem Staat zumutbaren menschenrechtlichen Optimums bis hin zu bloßen Förderungspflichten. Entscheidende Bedeutung für die Konkretisierung und Spezifizierung der jeweiligen Verpflichtungen kommt zweifellos den jeweiligen Ausschüssen als Überwachungsorganen zu. Die dabei zutage tretenden Unterschiede *in puncto* Effektivität und Produktivität der Überwachungstätigkeit sind nur zum Teil eine Folge der unterschiedlichen Ausgestaltung des Kontrollmechanismus in den jeweiligen Verträgen; nicht selten liegen auch immanente Hemmnisse zugrunde. Während etwa der Menschenrechtsausschuß durch die Formulierung von abstrakten *General Comments* und eine über mehr als zwei Jahrzehnte gewachsene „Rechtsprechung" in Individualbeschwerdeverfahren maßgeblich zur Konkretisierung und Verdichtung des Menschenrechtsschutzes unter dem IPbpR beitragen konnte, steht etwa der CEDAW-Ausschuß erst am Beginn einer solchen Entwicklung. Freilich kann keines der Überwachungsorgane eine formal-rechtliche Verbindlichkeit seiner Äußerungen für sich in Anspruch nehmen. Andererseits wird man die Staaten aufgrund

747 Vgl. Wiener Erklärung und Aktionsprogramm, UN-Doc. A/CONF 157/23 vom 12. Juli 1993, Ziff. 21 der Erklärung bzw. Ziff. 45 des Aktionsprogramms; deutsche Übersetzung in DGVN (Hrsg.), Menschenrechte, S. 13 ff.

748 So im Ergebnis auch *Verschraegen*, Kinderrechte, S. 32 f.

ihrer vertraglichen Bindung gehalten sehen, die Rechtserkenntnisse des für die Überwachung zuständigen Vertragsorgans zumindest *bona fide* zu berücksichtigen.

Die unterschiedlichen Ergebnisse der Überwachungstätigkeit liegen freilich auch in der Natur der jeweils verbürgten Menschenrechte und der daraus resultierenden Staatenpflichten begründet. Menschenrechte im herkömmlichen, subjektiv-rechtlichen Sinn enthält vor allem der IPbpR. Die darin verbürgten Rechte sind nahezu durchgehend als unmittelbar anwendungsfähige Normen ausgestaltet; ihr Durchsetzungsanspruch wird durch die Pflicht der Staaten zur Gewährleistung eines effektiven Rechtsschutzsystems abgesichert. Trotz dieses unmittelbaren und unbedingten Charakters der im Zivilpakt verankerten Rechte, hat der Menschenrechtsausschuß im Rahmen seiner Auslegungstätigkeit in gewissen Grenzen relativierende Kriterien anerkannt. Ähnlich wie durch die Konventionsorgane der EMRK wird den Mitgliedstaaten des IPbpR bei der Umsetzung ihrer vertraglichen Pflichten ein gewisser Beurteilungsspielraum zugestanden. Vor allem im Bereich der Schrankenregelungen des Paktes trägt dieser *margin of discretion* der Tatsache Rechnung, daß das moralische, gesellschaftliche, rechtliche oder kulturelle Selbstverständnis der nahezu 150 Vertragsstaaten voneinander abweicht und sichert so die Akzeptanz der Auslegung des IPbpR durch den Ausschuß. Ebenso wie auf europäischer Ebene wacht aber der Ausschuß über die paktkonforme Wahrnehmung dieses Beurteilungsspielraumes. Eine Grenze findet der *margin of discretion* insbesondere dort, wo der Kernbereich der Paktrechte oder aber die Diskriminierungsverbote des Paktes berührt sind.

Im Gegensatz zum IPbpR sind die sich aus dem Bruderpakt ergebenden Staatenpflichten schon nach ihrer grundlegenden Ausgestaltung in Art. 2 Abs. 1 IPwskR relativ ausgestaltet. Infolge der kategorischen Abspaltung sozialer, wirtschaftlicher und kultureller Rechte in einen eigenständigen Vertrag sowie der auf progressive Verwirklichung der Paktrechte zielenden und von der Leistungsfähigkeit abhängigen Verpflichtung der Staaten, stand der IPwskR über weite Strecken im Schatten des Zivilpaktes. Nichtsdestotrotz hat es der IPwskR-Ausschuß in jüngerer Zeit unternommen, einzelne unmittelbare und ressourcenunabhängige Pflichten herauszuarbeiten. Dazu zählt etwa die Notwendigkeit, überhaupt Schritte zur Verwirklichung der Paktrechte zu unternehmen, aber auch die Sicherung der existentiellen menschlichen Bedürfnisse. Die Fortentwicklung und Konkretisierung dieses Ansatz wird nicht zuletzt vom Inkrafttreten des Fakultativprotokolls zum IPwskR abhängen, das dem Ausschuß *de lege ferenda* die Behandlung von Individualbeschwerden ermöglicht.

Der spezifischen Ausgestaltung der bereits in den UN-Pakten normierten Diskriminierungsverbote dienen die Übereinkommen zur Beseitigung der Rassendiskriminierung und der Frauendiskriminierung. Auch im Rahmen dieser Verträge steht nicht eine subjektiv-rechtliche Dimension der Bestimmungen im Vordergrund. Vielmehr sind die Vertragsstaaten gehalten, mit allen Mitteln jegliche Form der Diskriminierung – *de iure* oder *de facto* – zu beseitigen. Beide Abkommen zielen insbesondere auch auf die Abschaffung diskriminierender Vorschriften innerhalb der Privatrechtsordnung.

In der Kinderrechtekonvention schließlich finden sich Elemente des bereits durch die anderen UN-Verträge gewährleisteten Menschenrechtsschutzes in ihrer kindspezifischen Bedeutung wieder. Als zentrale Vorschrift der Konvention erweist sich Art. 3 Abs. 1 KRK, der die vorrangige Berücksichtigung des Kindeswohls bei allen das Kind betreffenden Maßnahmen verlangt. Im Hinblick auf die Staatenverpflichtungen bleibt die KRK in ihren Formulierungen hinter den beiden Pakten zurück. Zudem verhindern Aufnahme menschenrechtlicher Normen verschiedener Dimensionen und ihre wenig strukturierte Nebeneinanderstellung eine übergreifende Beurteilung der korrespondierenden Staatenpflichten. Die beeindruckende Zahl von Vertragsstaaten darf deshalb nicht zu dem Schluß verleiten, die KRK beinhalte einen universellen Konsens im Bereich des Kinderschutzes. Selbst innerhalb Europas gehen die Meinungen über die aus der KRK resultierenden Rechte bzw. Staatenpflichten weit auseinander. Dies gilt gerade auch für die Bundesrepublik. Trotz der – als völkerrechtlich zulässiger Vorbehalt anzusehenden – Erklärung, wonach der KRK innerstaatlich keine unmittelbare Rechtswirkung zukommen soll, haben einzelne innerstaatliche Gerichte Normen der Konvention zur Entscheidungsbegründung herangezogen.

Trotz aller Unterschiede hinsichtlich der Natur der darin verbürgten Rechte bzw. der resultierenden Staatenverpflichtungen weisen die untersuchten Menschenrechtsverträge auch parallele Momente auf. Gemeinsam ist den Konventionen zunächst ihr universaler Geltungsanspruch. Der einzelne wird nicht als Angehöriger eines Vertragsstaates oder aufgrund einer besonderen Beziehung zu einem Vertragsstaat geschützt, sondern bereits aufgrund seines Mensch-Seins. Von wenigen – expliziten Ausnahmen abgesehen[749] – binden die menschenrechtlichen Verpflichtungen den Staat unabhängig von räumlich-personalen Kriterien und verlangen immer dann Beachtung, sobald der Staat Herrschaftsgewalt *(jurisdiction)* ausübt. Eine an die Staatsangehörigkeit – die nationale Herkunft – anknüpfende unterschiedliche Gewährleistung der Men-

749 Vgl. etwa die ausdrücklich als Bürgerrechte ausgestalteten Rechte in Art. 25 IPbpR einerseits, sowie die Ausländerschutzbestimmung des Art. 13 IPbpR andererseits.

schenrechte wäre auch mit den Diskriminierungsverboten regelmäßig unvereinbar. Überhaupt spiegeln die Verbote der Diskriminierung aus geschlechtsspezifischen, rassischen, ethnischen, religiösen oder sozialen Gründen einen zentralen und vielfach abgesicherten Aspekt des UN-Menschenrechtsschutzes wider. Sie bilden nicht zuletzt Schranken einer relativierten Geltungskraft der Menschenrechte, sei sie in einem den Staaten zugestandenen *margin of discretion* begründet oder in der relativen Natur der vertraglichen Pflichten selbst angelegt.

Auch zeigt sich bei näherer Betrachtung, daß die – vor allem in den beiden Menschenrechtspakten angelegte – Dichotomie der Menschenrechte erster und zweiter Dimension nicht mehr in dieser Eindeutigkeit durchgehalten werden kann. Zum einen ist mittlerweile im menschenrechtlichen Diskurs anerkannt, daß auch die Freiheitsrechte sich nicht in einer negativen Funktion erschöpfen, sondern im Einzelfall eine Schutzpflicht des Staates begründen und damit die Ergreifung positiver Maßnahmen verlangen können. Zum anderen zeigt etwa die Auslegungspraxis des IPwskR-Ausschusses, daß auch im Bereich des Sozialpaktes unmittelbare und unbedingte Staatenverpflichtungen nicht von vornherein ausgeschlossen sind. Angesichts dieser Überschneidungen dürfte es jedenfalls nicht angehen, die Reichweite und den Grad der Staatenverpflichtungen ausschließlich und abstrakt nach der Zugehörigkeit einer Vorschrift zu einem bestimmten Vertragswerk zu beurteilen. Vielmehr bedarf es verstärkt einer konkreten Betrachtung, die neben dem Wortlaut und der Interpretation der Norm durch das jeweilige Konventionsorgan und die Staatenpraxis auch den Zusammenhang mit dem im jeweiligen Vertrag zugrundeliegenden Verwirklichungsanspruch im Auge hat.

Gemein ist den Verträgen auch, daß sie grundsätzlich den Staaten die Art und Weise der Umsetzung ihrer wie auch immer gearteten vertraglichen Pflichten überlassen. Dies gilt auch für diejenigen Menschenrechte bzw. Vertragswerke, die ihrer völkerrechtlichen Disposition nach gerade auf eine unmittelbare Anwendung in den Vertragsstaaten gerichtet sind. Die Letztentscheidung darüber, ob dieser völkerrechtlichen Disposition auch im innerstaatlichen Recht entsprochen wird, liegt aber bei den Staaten im Einklang mit deren – vor allem verfassungsrechtlichen – Rezeptions- und Inkorporationsregeln. Völkerrechtlich ist allein entscheidend, daß die Vertragsstaaten den jeweils geforderten Grad an Wirksamkeitsverschaffung einhalten. Andererseits entziehen sich menschenrechtliche Gewährleistungen – ihrer völkerrechtlichen Disposition nach – nicht bereits deshalb jeglicher Anwendbarkeit durch den innerstaatlichen Rechtsanwender, weil sie sich allein an die Staaten richten und/oder ein Tätigwerden des Staates zum Schutz oder zur effektiven Gewährleistung vertraglicher Menschenrechte verlangen. Nur in wenigen Fällen beschränken die

Verträge diese Pflichten auf legislative Maßnahmen oder setzen diese zwingend voraus. Nicht selten sind stattdessen alle staatlichen Organe aufgerufen, ihren Beitrag zur effektiven Verwirklichung der Menschenrechte nicht nur durch *respect* sondern auch i.S.v. *protect* und *provide* zu leisten. Ob sie dazu in der Lage sind, hängt neben der Ausgestaltung der völkerrechtlichen Norm insbesondere von den Anwendungsbefehlen der nationalen Rechtsordnungen ab.

Die Bereitschaft der innerstaatlichen Organe und Rechtsanwender zur Gewährleistung völkerrechtlicher Menschenrechte stellt ohnehin eine *conditio sine qua non* des Menschenrechtsschutzes dar. Angesichts der vielfach nur schwachen internationalen Kontrollverfahren, die zwar moralischen Druck, jedoch keine völkerrechtlichen Pflichten erzeugen, und denen insbesondere kein Durchsetzungsmechanismus zur Seite steht, hängt die tatsächliche Verwirklichung und Fortentwicklung der Menschenrechte von ihrer Akzeptanz und Anwendung in den Staaten ab.

IV. UNIVERSELLER MENSCHENRECHTSSCHUTZ AUF AUSSERVERTRAGLICHER EBENE

Im I. Kapitel wurde bereits darauf hingewiesen, daß von Seiten des international-privatrechlichen Schrifttums im Hinblick auf Art. 25 GG[750] insbesondere gewohnheitsrechtlich verfestigten Menschenrechten eine Bedeutung für den innerstaatlichen ordre public zugemessen wird.[751] Auch das BVerfG hat in mehreren Entscheidungen einen über Art. 25 GG zu beachtenden völkerrechtlichen Mindeststandard als Maßstab der Grundrechtskonkretisierung bei auslandsbezogenen Sachverhalten herangezogen.[752] Literatur und verfassungsgerichtliche Rechtsprechung gehen damit ganz allgemein von einem existierenden Menschenrechtsbestand jenseits des völkervertraglichen Normbereiches aus. Allerdings finden sich in Judikatur und ordre public-Lehre kaum

---

750 Zur Bedeutung der Inkorporationsmechanismen des deutschen Verfassungsrechts für die menschenrechtsbezogene ordre public-Anwendung noch eingehend im III. Kapitel, S. 254 ff.

751 Vgl. etwa *Kropholler*, IPR, S. 243; Staudinger-*Blumenwitz*, Art. 6 EGBGB Rn. 57 f. hat vor allem das internationale Enteignungsrecht im Blick. Zum Verhältnis von Art. 25 GG und international-privatrechtlicher Vorbehaltsklausel vgl. im III. Kapitel, S. 248 ff.

752 Vgl. etwa BVerfGE 59, S. 281 (282 f., 286 f.); 63, S. 322 (337 f.) und jüngst 100, S. 313 (363).

Aussagen zur Konkretisierung und Spezifizierung dieser außervertraglichen Menschenrechte.

Die Verifizierung eines Bestandes an gewohnheitsrechtlich verankerten Menschenrechten[753] gestaltet sich freilich nicht unproblematisch. Dies liegt zum einen daran, daß auf vertraglicher Ebene ein umfassendes, sich bisweilen überschneidendes, spezielles Normgeflecht existiert, das den Rückgriff auf gewohnheitsrechtliche Regeln häufig gar nicht erforderlich werden läßt. Zwar steht Völkergewohnheitsrecht – als zweite Hauptquelle des Völkerrechts[754] – normhierarchisch auf gleicher Stufe wie das Völkervertragsrecht und kann parallel neben Vertragsrecht existieren; die allgemeinen Regeln der Rechtslogik und -anwendung führen aber regelmäßig zu einem faktischen Vorrang der vertraglichen Regeln.[755] Zum anderen setzt die Entstehung von Völkergewohnheitsrecht nach herkömmlicher Auffassung neben der einheitlichen Staatenpraxis (*consuetudo*) eine Rechtsüberzeugung (*opinio iuris sive necessitatis*) der Staaten voraus,[756] also ein nicht ohne weiteres verifizierbares subjektives Element.[757]

---

753 Eine andere Funktion hat dagegen der fremdenrechtliche Mindeststandard, den die Staaten kraft Gewohnheitsrechts (nur) den auf ihrem Hoheitsgebiet befindlichen Angehörigen anderer Staaten zu gewähren haben, vgl. hierzu eingehend *Doehring*, Fremdenrecht, S. 36 ff. und *passim*. Zu den anerkannten Gewährleistungen des Fremdenrechts zählen insbesondere das Recht auf Rechtsfähigkeit bzw. -subjektivität, auf Leben, körperliche Unversehrtheit und Sicherheit der Person, die Gleichheit vor dem Gesetz, der Schutz elementarer Justizgrundrechte sowie der Schutz vor entschädigungsloser Enteignung und Verstaatlichung, vgl. im einzelnen *K. Ipsen*, in: ders., Völkerrecht, § 50 Rn. 5 f.; *Doehring*, Völkerrecht, Rn. 861; *Hailbronner*, in: Graf Vitzthum (Hrsg.), Völkerrecht, 3. Abschn., Rn. 293 ff., jeweils m.w.N.

754 Vgl. Art. 38 Abs. 1 lit. b) IGH-Statut.

755 Insbesondere durch den *lex posterior-* und *lex specialis*-Grundsatz rücken zunächst die vertraglichen Pflichten in den Vordergrund, solange nicht durch Vertrag von einer zwingenden Norm des Gewohnheitsrechts abgewichen werden soll, vgl. *Heintschel v. Heinegg*, in: K. Ipsen, Völkerrecht, § 20 Rn. 2 f.; *Geiger*, Grundgesetz, S. 89; *Graf Vitzthum*, in: ders. (Hrsg.), Völkerrecht, 1. Abschn., Rn. 154.

756 Vgl. Art. 38 Abs. 1 lit. b) IGH-Statut.

757 Nach ganz h.M. beinhaltet Art. 38 Abs. 1 lit. b) IGH-Statut eine zutreffende Beschreibung der Entstehungsvoraussetzungen des Gewohnheitsrechts, vgl. statt vieler *Geiger*, Grundgesetz, S. 75. Die Anforderungen, die im einzelnen an die Staatenpraxis oder Rechtsüberzeugung zu stellen sind, können an dieser Stelle nicht weiter vertieft werden, vgl. hierzu etwa *Bernhardt*, EPIL, Vol. I (1992), S. 898 ff.; *Doehring*, Völkerrecht, Rn. 285 ff. Der IGH hat u.a. in seiner Entscheidung zum Festlandsockel, ICJ-Rep. 1969, S. 44, Tz. 77, die Existenz von Völkergewohnheitsrecht unter folgenden Erwägungen geprüft: „Not only must the acts concerned amount to a settled state practice, but they must also be such, or carried out in such a way, as to be the evi-

1. Menschenrechte als Bestandteil zwingender Normen des Völkerrechts

Die Diskussion über einen kraft Gewohnheitsrecht zu beachtenden Menschenrechtsbestand wird zudem begleitet – wenn nicht überlagert – von der Frage nach zwingenden Normen (*ius cogens*) des Menschenrechtsschutzes bzw. solchen mit *erga omnes*-Charakter. Eine *erga omnes*-Wirkung[758] zentraler menschenrechtlicher Belange, also die Verpflichtung der Staaten zur Achtung entsprechender Rechtssätze nicht nur im Gegenseitigkeitsverhältnis, sondern auch gegenüber der Staatengemeinschaft als solcher, hatte der IGH *obiter* im *Barcelona Traction*-Fall hervorgehoben.[759] Der *erga omnes*-Charakter einer Menschenrechtsverpflichtung betrifft freilich die Frage, wem gegenüber die Staaten die Einhaltung dieser Verpflichtung schulden und hat mit Rechtsgrund der Völkerrechtsnorm nichts zu tun.[760] Die Verpflichtung gegenüber der Staatengemeinschaft ist eine Folge, nicht der Grund der Zugehörigkeit einer Norm zum Reservoir fundamentaler Rechtssätze.[761] Auch eine Annäherung an den gewohnheitsrechtlichen Menschenrechtsbestand über das Institut des *ius cogens*, dessen primärer Zweck im Völkervertragsrecht liegt und dort die vertragliche Abdingbarkeit zwingender Normen verhindert (vgl. Art. 53 WVRK) führt nur zu einer abstrakten Umschreibung.[762] Zwar steht außer Zweifel, daß

---

dence of a belief that this practice is rendered obligatory by the existence of a rule of law requiring it."

758 Allgemein zu *erga omnes*-Normen im Völkerrecht vor allem *Frowein*, EPIL Vol III, S. 757; *ders.*, in: FS Mosler, S. 241 ff.; speziell zu Menschenrechten etwa *Bryde*, BerDGVR 33 (1994), S. 165 ff.

759 *Barcelona Traction Light and Power Company*, ICJ Rep. 1970, S. 3 (32), Tz. 34, führt der IGH hierzu aus: „Such obligations derive, for example in contemporary international law, (...) also from the principles and rules concerning the basic rights of the human person, including protection from slavery and racial discrimination."

760 Darauf wird vielerorts hingewiesen, vgl. nur *Bryde*, BerDGVR 33 (1994), S. 165 (169); *Kokott*, BerDGVR 38 (1998), S. 71 (88); *Frowein*, in: FS Mosler, S. 241 (242 f.) und *Delbrück*, liber amicorum Jaenicke, S. 17 ff. (18 und 26). Zur Abgrenzung der Institute siehe auch *Suy*, in: FS Mosler, S. 935 (936 ff.). Freilich besteht eine Beziehung zwischen beiden Instituten, die zumeist mit dem Begriff der Interrelation beschrieben wird, vgl. statt vieler *Kokott*, in: FS Kriele, S. 1307 (1349).

761 Vgl. *Meron*, Law-Making, S. 183.

762 Grundlegend zum *ius cogens* und zu seiner Abgrenzung von anderen hierarchischen Normstrukturen des Völkerrechts *Kadelbach*, Zwingendes Völkerrecht, S. 26 ff. Zur Entwicklung von *ius cogens* auf der Ebene des Völkerrechtes bereits *Mosler*, SchweizJIR, Vol. 25 (1968), S. 9 (26). Art. 53 WVRK lautet: „Ein Vertrag ist nichtig, wenn er im Zeitpunkt seines Abschlusses im Widerspruch zu einer zwingenden Norm des allgemeinen Völkerrechts steht. Im Sinne dieses Übereinkommens ist eine zwingende Norm des allgemeinen Völkerrechts eine Norm, die von der internationalen

jedenfalls die zwingenden Sätze des Menschenrechtsschutzes den Rückschluß auf die Existenz von Gewohnheitsrecht zulassen.[763] Bereits ein kursorischer Blick ins Schrifttum verdeutlicht jedoch, daß bereits über den Umfang zwingend zu gewährleistender Menschenrechte keine völlige Einigkeit herrscht.[764] In seiner umfassenden Studie kommt etwa *Kadelbach* zu dem Ergebnis, als zwingende Normen zum Schutz des einzelnen könnten allenfalls das Recht auf Leben, der Schutz vor Folter, die Freiheit vor Sklaverei und Menschenhandel und das Verbot der Diskriminierung aus Gründen der Rasse, der Hautfarbe, der Abstammung sowie der nationalen und ethnischen Zugehörigkeit angesehen werden.[765] *Bryde* will neben Sklaverei, Völkermord und Rassendiskriminierung immerhin die systematische Verletzung von Leib oder Leben vom *ius cogens* erfaßt wissen. *Doehring* wiederum nennt daneben auch das Recht auf ein gerechtes Verfahren als Grundlage etwa einer Todesstrafe und den Schutz vor erniedrigender Behandlung,[766] aber auch das Verbot der Diskriminierung wegen Religion, Geschlecht oder politischer Anschauung als zwingender Bestandteil der Menschenrechtsordnung.[767] Das Verbot willkürlicher oder überlanger Haft findet dagegen bei *Kälin* Erwähnung.[768] Andere Vertreter der Lehre orientieren sich wiederum am ILC-Entwurf zur Staatenverantwortlichkeit[769]

Staatengemeinschaft in ihrer Gesamtheit angenommen und anerkannt wird als eine Norm, von der nicht abgewichen werden darf und die nur durch eine spätere Norm des allgemeinen Völkerrechts derselben Rechtsnatur geändert werden könnte."

763 Vgl. *Kokott*, BerDGVR 38 (1998), S. 71 (85 f. und 88); *Frowein*, EPIL Vol. III, S. 65 (67).

764 Vgl. *Doehring*, in: FS Bernhardt, S. 355 (357); Frowein, EPIL, Vol. III, S. 65 (67).

765 Vgl. *Kadelbach*, Zwingendes Völkerrecht, S. 286 ff. unter intensiver Auseinandersetzung mit der Literatur.

766 Vgl. *Doehring*, in: FS Bernhardt, S. 355 (357).

767 Vgl. *Doehring*, Völkerrecht, Rn. 986 f.; ähnlich der Katalog bei *Steinberger*, in: Isensee/Kirchhof (Hrsg.), HStR VII, § 173, Rn. 13 mit Fn. 44 unter Verweis auf die Rspr. des BVerfG zu Art. 25 GG.

768 Vgl. *Kälin*, BerDGVR 33 (1994), S. 9 (12). Allerdings wird dort von der *erga omnes*-Wirkung auf den *ius cogens*-Charakter geschlossen, wenngleich betont wird, daß die Institute nicht deckungsgleich seien.

769 Vgl. Artikel 19 Abs. 3 des in erster Lesung am 12. Juli 1996 angenommenen Entwurfs, abgedruckt in ILM 1998, S. 442 ff.: „Subject to paragraph 2, and on the basis of the rules of international law in force, an international crime may result, inter alia, from: (...) a serious breach on a widespread scale of an international obligation of essential importance for safeguarding the human being, such as those prohibiting slavery, genocide and apartheid." Bei derartigen Verbrechen handelt es sich nach Ansicht der ILC um eine Verletzung von *ius cogens*, vgl. YBILC 1980 II/1, S. 120 f.

als Erkenntnisquelle zwingender Rechtssätze.[770] Der ILC-Entwurf nennt als Beispiel eines internationalen Verbrechens einen (auch in quantitativer Hinsicht) schwerwiegenden Verstoß gegen zentrale Vorschriften zum Schutz der menschlichen Existenz wie etwa das Sklaverei-, Völkermord- und Apartheidverbot.[771]

2. Die AEMR als Grundlage eines außervertraglichen Menschenrechtsbestandes?

Besteht damit zumindest in den Randbereichen eines zwingend zu gewährleistenden Menschenrechtsschutzes keine völlige Einigkeit, so bereitet der Nachweis menschenrechtlicher Normen des „einfachen" Gewohnheitsrechts noch größere Schwierigkeiten.[772] In der Literatur wird deshalb seit längerem

---

770 Vgl. etwa *Kokott*, BerDGVR 38 (1998), S. 71 (86); *Meron*, Law-Making, S. 197 ff., der allerdings zu bedenken gibt, inwieweit das dem ILC-Entwurf zugrundeliegende Konzept der „peremptory norms of general international law" (vgl. etwa Art. 33, 43) mit dem Konzept des *ius cogens* identisch ist. Die ILC verwendet den Begriff gem. Art. 29 Abs. 2 des Entwurfs jedoch eindeutig im Sinne von Art. 53 S. 2 WVRK.

771 Eben diese Verbote waren vom IGH im *Barcelona Traction*-Fall als *erga omnes*-Verpflichtungen genannt worden, vgl. oben Fn. 759. *Frowein*, in: FS Mosler, S. 241 (243), weist darauf hin, daß der IGH mit der Beschränkung der *erga omnes*-Pflichten auf die „basic rights of the human persons" und der entsprechenden Aufzählung wohl kaum an die Freiheits- und Bürgerrechte als zentralen Menschenrechtsbestandteil gedacht haben könne. Der ILC dienen die vom IGH entwickelten *erga omnes*-Pflichten als Abgrenzung des völkerrechtlichen Verbrechens vom einfachen Völkerrechtsdelikt, vgl. *K. Ipsen*, in: ders., Völkerrecht, § 40 Rn. 20.

772 Die Schwierigkeiten der herkömmlichen Doktrin zur Ermittlung völkergewohnheitsrechtlicher Normen suchen auch diejenigen zu vermeiden, die den außervertraglichen Menschenrechtsschutz in allgemeinen Rechtsgrundsätzen (*general principles*) gem. Art. 38 Abs. 1 lit. c) IGH-Statut verankern wollen, dazu sogleich unten S. 206. Andere Wege beschreitet *D'Amato*, International Law, S. 179 ff., indem er allgemein das verallgemeinerungsfähige Völkervertragsrecht zur Entstehung von Gewohnheitsrecht heranziehen will. Mancherorts entsteht auch der Eindruck, über die *ius cogens*-Normen hinaus sei kein Raum für menschenrechtliches Gewohnheitsrecht; von Identität scheint etwa *Kälin*, BerDGVR 33 (1994), S. 9 (39 f.) auszugehen; letztlich ebenso wohl auch *Doehring*, in: FS Bernhardt, S. 355 (357), wenn dem *ius cogens* „die in den Menschenrechtskonventionen" vereinbarten Rechte gegenübergestellt werden. *E. Klein*, in: Koeppel, Kindschaftsrecht, S. 31 (35) sowie *ders.*, Menschenrechte, S. 15, zählt – ohne den Begriff *ius cogens* zu verwenden – zum Gewohnheitsrecht einen Kernbestand an Menschenrechten, der neben Genozid- und Folterverbot auch die Rechtsschutzverweigerung und das Verbot rassischer ggf. auch religiöser Diskriminierung umfassen soll. In EuGRZ 1999, S. 109 (110) zählt *E. Klein* auch die Aner-

der Versuch unternommen, den außervertraglichen Menschenrechtsbestand unter Verweis auf die in der AEMR enthaltenen Rechte zu konkretisieren. Auch das BVerfG hat im Rahmen grundrechtskollisionsrechtlicher Erörterungen nicht selten eine Bestimmung der AEMR als Anhaltspunkt für einen gerade bei auslandsbezogenen Sachverhalten zu gewährleistenden völkerrechtlichen Mindeststandard herangezogen,[773] allerdings ohne sich mit der Rechtsnatur der AEMR und ihrer Bedeutung als Quelle des Völkerrechts auseinanderzusetzen. Als Resolution der UN-Generalversammlung entfaltete die AEMR zur Zeit ihrer Verabschiedung im Jahre 1948 sicherlich keine für die UN-Mitgliedstaaten verbindliche Wirkung.[774] Gleichwohl werden in der Literatur seit geraumer Zeit verschiedene Ansätze vorgetragen, die der AEMR als solcher in der gegenwärtigen Völkerrechtsordnung einen verbindlichen Rechtscharakter zumessen wollen.[775]

a) Die AEMR als Ausdruck allgemeiner Rechtsgrundsätze

Ein Teil des Schrifttums sucht die mit dem Nachweis einer völkergewohnheitsrechtlichen Erstarkung bestimmter Menschenrechte einhergehenden Schwierigkeiten dadurch zu umgehen, indem Menschenrechte als „allgemeine Rechtsgrundsätze" i.S.v. Art. 38 Abs. 1 lit. c) IGH-Statut[776] und damit als vom Gewohnheitsrecht verschiedene Rechtsquelle eingestuft wurden.[777] Zur Begründung wird angeführt, „allgemeine Rechtsgrundsätze" zeichneten sich in erster Linie durch einen Staatenkonsens und weniger durch entsprechende Staatenpraxis aus, so daß die Verdichtung eines Menschenrechts zu einem formalen Rechtssatz des Völkerrechts einfacher festgestellt werden könne als

---

kennung des Menschen als Rechtsperson zum „menschenrechtlichen Mindeststandard".

773 Bereits in der Spanier-Entscheidung stellte das Gericht auf Art. 16 AEMR ab, vgl. BVerfGE 31, S. 58 (68); vgl. auch jüngst in der G-10 Entscheidung, BVerfGE 100, S. 313 (363), in der auf Art. 12 AEMR verwiesen wurde.

774 Allgemeine Meinung, vgl. nur *Robertson/Merrills*, Human Rights in the World, S. 28 f.; *Palm-Risse*, Schutz, S. 27 f. m.w.N.

775 Ein Überblick über das vielfältige Meinungsspektrum findet sich bei *Ghandhi*, 41 GYIL (1998), S. 206 (234 ff.).

776 Art. 38 Abs. 1 lit. c) IGH-Statut lautet vollständig: „die von den Kulturvölkern anerkannten allgemeinen Rechtsgrundsätze".

777 So vor allem *Alston/Simma*, 12 Austral. YBIL (1992), S. 82 (102 ff.). Der Ansatz wird beispw. aufgegriffen von *Stern*, Staatsrecht III/1, S. 257 und *Salcedo*, EPIL, Vol. II, S. 922 (925). Eine rechtliche Bindungswirkung der AEMR nimmt auch *Gros Espiell*, in: Ramcharan (Hrsg.), Thirty Years, S. 41 (45 f.) an: „The provisions of the Universal Declaration are admitted today as obligatory, (...) in the sense that they are considered as general principles of international law (...)."

im Bereich des Gewohnheitsrechts.[778] Insofern könnten insbesondere die in der AEMR enthaltenen Rechte als Ausdruck eines allgemeinen Konsenses der Staaten über die Grundlagen des völkerrechtlichen Menschenrechtsschutzes und als Ausformulierung allgemeiner Rechtsgrundsätze gesehen werden. Diesem vor allem von *Simma* und *Alston* entwickelten Ansatz wird jedoch zu Recht entgegengehalten, er kehre das den allgemeinen Rechtsgrundsätzen zugrundeliegende Rezeptionsverhältnis um; Art. 38 Abs. 1 lit. c) IGH-Statut gehe vielmehr von einer Übertragung weithin anerkannter innerstaatlicher Rechtsgrundsätze auf die internationale Ebene aus.[779] Im übrigen darf – hier überschneidet sich der Ansatz mit der sogleich erörterten Frage nach einer gewohnheitsrechtlichen Verfestigung der AEMR[780] – bezweifelt werden, ob sämtliche in der AEMR niedergelegten Rechte tatsächlich als Ausdruck eines allgemeinen Wertekonsenses der Staatengemeinschaft über allgemeine Rechtsgrundsätze des Menschenrechtsschutzes verstanden werden können.[781]

b) Gewohnheitsrechtliche Erstarkung der AEMR *in toto*?

Nicht selten finden sich in der Literatur auch Stimmen, die der AEMR aufgrund ihrer ohne Gegenstimme[782] erfolgten Annahme in der Generalversammlung, ihres Widerhalls in zahlreichen Menschenrechtsverträgen[783] und ihrer

---

778 *Alston/Simma*, 12 Austral. YBIL (1992), S. 82 (104). *Simma* bezeichnet das Wesen allgemeiner Rechtsgrundsätze in einem späteren Beitrag als „*opinio iuris* without concordant practice“, vgl. Collected Courses of the Academy of European Law, 1993 Vol. IV-2, S. 153 (225).

779 Vgl. etwa die Kritik von *Graf Vitzthum*, in: ders. (Hrsg.), Völkerrecht, 1. Abschn., Rn. 146; ablehnend auch *von der Wense*, UN-Menschenrechtsausschuß, S. 25. Zum Verständnis von Art. 38 Abs. 1 lit. c) IGH-Statut und zum staatlichen Ursprung der *general principles* vgl. etwa Mosler, in: Bernhardt (Hrsg.), EPIL, Vol. II, S. 511 (516 f.).

780 Vgl. auch *Lillich*, 25 GeorgiaJInt&CompL (1995/1996), S. 1 (15 f.), der den Ansatz von *Alston* und *Simma* in dogmatischer Hinsicht letztlich als Ausfluß der gewohnheitsrechtlichen Begründung von Menschenrechten einordnet.

781 Zurückhaltend auch *Doehring*, Völkerrecht, Rn. 991.

782 Bei der Abstimmung in der Generalversammlung enthielten sich allerdings acht Staaten der Stimme.

783 Die Ausstrahlungswirkung der AEMR auf die universellen und regionalen menschenrechtlichen Kodifikationen – allen voran die EMRK, aber auch die Banjul-Charta und die AmMRK – wird vielerorts hervorgehoben, vgl. etwa *Buergenthal*, in: MRZ (Hrsg.), Menschenrechte für alle, S. 19 (28 f.); *Roberston/Merrills*, Human Rights in the World, S. 29 f.; *Bausback*, BayVBl. 1999, S. 705 (706 f.). *D'Amato*, International Law, S. 179 ff. hingegen sieht ganz allgemein in der Kodifizierung von Menschenrechten eine generierende Funktion für das Gewohnheitsrecht.

Bedeutung in der UN-Praxis schlechthin gewohnheitsrechtliche Geltung zumessen wollen.[784] Diese Auffassung vermag jedoch aus mehreren Gründen nicht zu überzeugen. Sicher wird man einige Bestimmungen der AEMR, die sowohl auf universeller als auch regionaler Ebene zu den unverzichtbaren Elementen des Menschenrechtschutzes zählen, mittlerweile als gewohnheitsrechtlich verfestigt ansehen dürfen.[785] Gegen eine umfassende Erstarkung der AEMR zu einer formalen und verbindlichen Rechtsquelle des Völkerrechts spricht aber bereits die Tatsache, daß die AEMR in Art. 22 ff. auch soziale und wirtschaftliche Rechte normiert, bezüglich deren Umfang und Bindungswirkung sich ja bislang gerade keine allgemeine Staatenüberzeugung gebildet hat.[786] An einer durch parallele Kodifikationen nachgewiesenen Staatenpraxis

---

784 Vgl. etwa *MacDougal/Lasswell/Chen*, Human Rights, S. 274, wo die Verbürgungen der AEMR als „established customary law, having the attributes of jus cogens", bezeichnet werden; im Ergebnis ebenso *Robertson/Merrills*, Human Rights in the World, S. 29. Auch *Humphrey*, in: Ramcharan (Hrsg.), Thirty Years, S. 21 (28 ff. und 37) geht letztlich von einer gewohnheitsrechtlichen Verfestigung aus. Für eine volle rechtliche Bindungswirkung auch *Gros Espiell*, in: Ramcharan (Hrsg.), Thirty Years, S. 41 (45 f.), ohne explizit auf eine gewohnheitsrechtliche Begründung abzustellen: „The provisions of the Universal Declaration are admitted today as obligatory, both in the sense that they are considered as general principles of international law, and as an interpretation of the Charter (...). The Universal Declaration of Human Rights has been transformed from a moral standard to a document under which definitive rights and duties are imposed on States." Eine Entwicklung der AEMR von einer „mere common aspiration" zum „heart of a global bill of rights" zeichnen *MacDougal/Lasswell/Chen*, Human Rights, S. 274 nach.

785 Vgl. etwa *Kimminich/Hobe*, Völkerrecht, S. 343 mit Fn. 234. *Meron*, Human Rights, S. 94 ff. nennt hier die Verbote der Sklaverei, der Folter, der rechtsgrundlosen Freiheitsentziehung, der systematischen Rassendiskriminierung, des Völkermordes sowie der Tötung überhaupt. *Kokott*, in: FS Kriele, S. 1307 (1343 f.) zählt letztlich wohl alle Freiheitsrechte zum gewohnheitsrechtlich gesicherten Bestand.

786 Differenzierend deshalb auch *Kokott*, in: FS Kriele, S. 1307 (1345 f.). *Schachter*, 178 RdC (1982 - V), S. 21 (335 f.), zählt lediglich das Recht auf Arbeit, Lohngleichheit und -gerechtigkeit (Art. 23 Abs. 1-3 AEMR) und das Recht auf Freizeit (Art. 24 AEMR) zum gewohnheitsrechtlichen Bestand. Auch die ILA hat auf einer Konferenz im Jahre 1994 betont, daß die Befürworter der These, die AEMR spiegle *in toto* Gewohnheit wider, in der Minderheit seien. Insbesondere sei der Nachweis einer Staatenpflicht zur Gewährleistung der Geschlechtergleichheit im Fall von Scheidung oder der Schutz vor Arbeitslosigkeit kaum zu erbringen, vgl. im einzelnen ILA Buenos Aires Conference, 1994, Committee for Enforcement of Human Rights Law, S. 525 (544), wiedergegeben bei und zitiert nach *Ghandhi*, 41 GYIL (1998), S. 206 (249 f.). Grundsätzlich gegen die Annahme von Gewohnheitsrecht bei sozialen, wirtschaftlichen und kulturellen Rechten etwa *Kokott*, in: FS Kriele, S. 1307 (1346 ff.). Allerdings wird dies u.a. mit der im Vergleich zu den Freiheitsrechen besonderen Struktur dieser Rechte, deren Abhängigkeit von der Verfügbarkeit finanzieller Mittel begründet (a.a.O., S. 1347). Daß aber auch die Freiheitsrechte den Einsatz finanzieller Mittel

fehlt es beispielsweise auch für die Bereiche des Eigentumsschutzes (Art. 17 AEMR) oder des Asylrechts (Art. 14 AEMR), die zumindest auf universeller Ebene keine Bestätigung durch nachfolgende Menschenrechtsverträge gefunden haben.[787] Nicht zuletzt spricht die fortwährende Kodifizierung des Menschenrechtsschutzes auf UN-Ebene selbst gegen die gewohnheitsrechtliche Geltung der AEMR. Zur Zeit des Inkrafttretens der beiden UN-Pakte lag die Verabschiedung der AEMR bereits knapp drei Jahrzehnte zurück; die Notwendigkeit einer völkervertraglichen Absicherung der bereits in der AEMR enthaltenen Rechte durch die beiden Pakte wurde gleichwohl zu keinem Zeitpunkt in Frage gestellt. Zudem kann wohl kaum angenommen werden, daß die in den UN-Pakten niedergelegten Rechte hinter einem bereits gewohnheitsrechtlich verfestigten Menschenrechtsbestand der AEMR zurückbleiben wollten; gerade ein Blick auf die in den Pakten enthaltenen Schrankenregelungen macht aber deutlich, daß insbesondere die Freiheitsrechte regelmäßig enger ausgestaltet sind, als noch in der AEMR.[788]

c) Die AEMR als autoritative Interpretation der UN-Charta?

Schließlich wird im Schrifttum erwogen, der AEMR dadurch rechtsverbindlichen Gehalt zuzuweisen, indem sie als autoritative Interpretation der menschenrechtlichen Bestimmungen der UN-Charta eingestuft und ihr folglich dieselbe Rechtsverbindlichkeit wie den Normen der Charta zugemessen wird.[789] Abgesehen davon, daß dieser Ansatz letztlich auf vertragsrechtlicher Basis gründet, stehen ihm – neben formalen und kompetenzrechtlichen Bedenken[790] – ähnliche Argumente entgegen wie der Einstufung der gesamten AEMR als Gewohnheitsrecht. Die Aufnahme und Ausgestaltung einzelner Rechte in der AEMR, für die selbst 50 Jahre nach Verabschiedung der Resolution keine einheitliche Staatenpraxis oder gemeinsame Rechtsüberzeugung festgestellt werden kann, rechtfertigen wohl kaum die Annahme, die Staatenvertreter in der Generalversammlung hätten bereits im Jahre 1948 den von der

---

erfordern können – etwa um eine effektives Rechts- bzw. Rechtsmittelsystem oder menschenwürdiges Strafvollzugssystem zu gewährleisten – wurde oben dargelegt.

787 Vgl. *Meron*, Human Rights, S. 94.

788 So auch *Palm-Risse*, Schutz, S. 31.

789 So vor allem *Sohn*, 32 AmUnivLRev (1982), S. 1 (16 f.); *ders. 12* TexasILJ (1979), S. 129 (133) und *Buergenthal*, Human Rights, S. 36 ff. Vgl. auch *MacDougal/Lasswell/Chen*, Human Rights, S. 274; siehe auch die bereits in Fn. 784 wiedergegebenen Ausführungen von *Gros Espiell*, in: Ramcharan (Hrsg.), Thirty Years, S. 41 (45 f.).

790 Vgl. hierzu etwa *Palm-Risse*, Schutz, S. 32 f.

UN-Charta nicht konkretisierten Menschenrechtsbegriff autoritativ festlegen wollen.[791]

d) Die AEMR als Erkenntnisquelle für menschenrechtliches Gewohnheitsrecht

Trotz ihrer Bedeutung für die Entwicklung des Menschenrechtsschutzes auf universeller und regionaler Ebene wird man der AEMR als solcher und in ihrer Gesamtheit aus den genannten Gründen letztlich wohl keinen rechtsverbindlichen Charakter zuschreiben können, zumal sich auch aus der Rechtsprechung des IGH kein verläßlicher Anhaltspunkt für einen aus der AEMR abzuleitenden verbindlichen Menschenrechtsbestand ergibt. Zwar hat der Gerichtshof beispielsweise im Teheraner Geisel-Fall auf die AEMR Bezug genommen, den Grund und Umfang der Staatenbindung aber letztlich nicht in der AEMR selbst angesiedelt:

> „Wrongfully to deprive human beings of their freedom and to subject them to physical constraint in conditions of hardship is in itself manifestly incompatible with (...) the fundamental principles enunciated in the Universal Declaration of Human Rights.“[792]

In Übereinstimmung mit der traditionellen Lehre ist deshalb die AEMR nicht als formelle Rechts- sondern nur als Erkenntnisquelle für einen gewohnheitsrechtlichen Menschenrechtsbestand anzusehen.[793] Weil aber die aus der AEMR gewonnene Erkenntnis noch einer Verifizierung anhand der allgemeinen Krite-

---

791 In diesem Sinne etwa *Riedel*, Menschenrechtsstandards, S. 37 f.; *Tomuschat* (Hrsg.), DGVN-Texte 42, S. 8; *von der Wense*, Menschenrechtsausschuß, S. 24.

792 ICJ, *Case Concerning the United States Diplomatic and Consular Staff in Teheran*, ICJ-Rep. 1980, S. 3 (42). Immerhin hatte die US-amerikanische Regierung in ihrem Memorial, ICJ Pleadings, 1980, S. 182 f., argumentiert, „[t]he existence of fundamental rights for all human beings (...) and the existence of a corresponding duty on the part of every State to respect and to observe them, are now reflected, inter alia, in (...) the Universal Declaration of Human Rights.“

793 Daß Resolutionen der Generalversammlung, die nicht die Binnenorganisation betreffen, trotz ihrer Unverbindlichkeit als Rechtserkenntnisquelle fungieren können, ist weithin anerkannt, vgl. nur *Heintschel von Heinegg*, in: K. Ipsen, Völkerrecht, § 16 Rn. 23 und § 18 Rn. 21, jeweils mit zahlreichen Nachweisen; siehe auch *Kokott*, in: FS Kriele, S. 1307 (1344) sowie *Doehring*, Völkerrecht, Rn. 308 ff.

rien *opinio iuris* und der *consuetudo* bedarf, werden die Grenzen auch hier nicht einheitlich gezogen werden.[794]

In einer eingehenden Untersuchung hat etwa *Schachter* selbst bei den Gleichheits- und Freiheitsrechten mangels einheitlicher Staatenpraxis die Meinungsfreiheit ebensowenig als gewohnheitsrechtlich gesichert angesehen, wie die Geschlechtergleichheit oder die Versammlungs- und Vereinigungsfreiheit.[795] Als Gewohnheitsrecht vermochte er nur diejenigen Rechte einzustufen, die als Verstoß gegen die Menschenwürde weltweit geächtet seien: Sklaverei, Folter, Genozid, Massenmord, willkürliche und überlange Haftstrafen sowie systematische Rassendiskriminierung.[796] Auch eine „consistent pattern of gross violations" von Rechten, die isoliert betrachtet nicht zum Gewohnheitsrecht zählten, müsse zur völkerrechtlichen Verantwortlichkeit der Verletzerstaaten führen.[797] *Schachter* nahm mit dieser Formulierung ausdrücklich Bezug auf das – damals nur im Entwurf ausgearbeitete – *Restatement of the Law*, in dem neben der Verletzung der von *Schachter* genannten Einzelrechte auch das Verschwindenlassen von Personen und eben eine „consistent pattern of gross violations of internationally recognized human rights" als Verstoß gegen Gewohnheitsrecht angesehen werden.[798] Andere wiederum wollen auch die Gleichheit vor dem Gesetz und den Anspruch auf gleichen Schutz durch das Gesetz (Art. 7 AEMR) zum gewohnheitsrechtlich gesicherten Bestandteil der Menschenrechte gezählt wissen.[799] *Meron* wiederum geht noch über den in der AEMR festgeschriebenen Bestand hinaus, wenn er neben den in Art. 10 und 11 AEMR niedergelegten Verfahrensgarantien auch die Grundsätze *ne bis in idem* und

---

794 Die Unschärfe ist nicht zuletzt Folge unterschiedlicher Auffassungen, was den Nachweis von Völkergewohnheitsrecht durch einvernehmliche Staatenpraxis angeht, worauf vor allem *Alston/Simma*, 12 Austral. YBIL (1992), S. 82 (91 ff.) hinweisen.

795 Vgl. *Schachter*, 178 RdC (1982-V), 21 (335 f. und 337). Andererseits anerkennt *Schachter* durchaus, daß gerade im menschenrechtlichen Bereich der Nachweis von Gewohnheitsrecht nicht allein an der (menschenrechtswidrigen) Staatenpraxis zu scheitern braucht, vgl. a.a.O., S. 334 f.

796 Vgl. ebd., S. 336. Als „leading candidate" für eine Erweiterung dieser Liste nennt *Schachter* beispw. das Recht auf Nahrung; die Schwierigkeit liege jedoch darin, exakt zu bestimmen, welche Pflichten den Staaten im Falle einer „deprivation of food" im einzelnen auferlegt seien, a.a.O., S. 337.

797 Vgl. ebd., S. 337. Der Begriff der „consistent pattern of gross violations" entstammt – soweit ersichtlich – der ECOSOC Res. 1503 (XLVII) aus dem Jahr 1970.

798 Vgl. *American Law Institute*, Restatement of the Law (Third), Vol. 2, § 702 lit. a)-g), S. 161. Identisch, allerdings ohne ausdrückliche Bezugnahme, die Aufzählung bei *Henkin*, EPIL, Vol. II, S. 886 (889).

799 Vgl. etwa *Lillich*, in: Meron (Hrsg.), Human Rights in International Law, S. 115 (133).

nemo tenetur sowie das Recht auf ein Rechtsmittel als Rechtssätze des allgemeinen Völkerrechts auffaßt und beispielsweise das Selbstbestimmungsrecht der Völker als gewohnheitsrechtlich verfestigt ansieht.[800]

Auch die deutsche Völkerrechtslehre zieht die in der AEMR enthaltenen Rechte üblicherweise nur als Ausgangspunkt eines gewohnheitsrechtlichen Menschenrechtsbestandes heran. Daß dabei die AEMR nicht *in toto*, wohl aber in ihrem Kernbereich bestehendes Gewohnheitsrecht widerspiegelt, entspricht allgemeiner Ansicht.[801] Die konkrete Festlegung dieses Kernbereiches ist allerdings, soweit nicht ohnehin Identität angenommen wird, von derselben Zurückhaltung geprägt wie der Diskurs zum menschenrechtlichen *ius cogens*. Als Bestandteile des menschenrechtlichen Gewohnheitsrechts werden vielfach das Folter-, Sklaverei- und Genozidverbot, der Schutz des Lebens und der körperlichen Unversehrtheit vor willkürlicher Beeinträchtigung genannt, aber auch das Verbot eines gänzlichen *déni de justice*, das Recht auf Anerkennung als Rechtspersönlichkeit, die elementaren Justizgrundrechte, das Diskriminierungsverbot aus Gründen der Rasse und wohl auch der Religion.[802]

---

800 Vgl. *Meron*, Human Rights, S. 96 f.

801 Vgl. etwa *Kimminich/Hobe*, Völkerrecht, S. 343; *Epping*, in: K. Ipsen, Völkerrecht, § 7 Rn. 8; *Kokott*, in: FS Kriele, S. 1307 (1343 ff.); *dies.*, BerDGVR 38 (1998), S. 71 (103); *Haedrich*, JA 1999, S. 251 (253); *K. Ipsen*, in: ders., Völkerrecht, § 50 Rn. 1 und 11; *Delbrück*, BerDGVR 38 (1998), S. 130 (131); *Riedel*, in: Bundeszentrale für Politische Bildung (Hrsg.), Menschenrechte, S. 11 (15); vgl. auch *Buergenthal*, in: MRZ (Hrsg.), Menschenrechte für alle, S. 19 (27); eingeschränkt wohl auch *Hailbronner*, in: Graf Vitzthum (Hrsg.), Völkerrecht, 3. Abschn., Rn. 246. Bisweilen wird die AEMR hingegen noch als „wünschenswertes Programm, als Zukunftshoffnung oder -notwendigkeit" qualifiziert, vgl. den Diskussionsbeitrag *Balekijan*, BerDGVR 38 (1998), S. 123. *E. Klein*, EuGRZ 1999, S. 109 (109) merkt an, daß die AEMR ein abzuarbeitendes menschenrechtliches Legislativprogramm enthalte, da es ihr nicht um die Schaffung, sondern um die Gewährleistung von Menschenrechten gehe. Nach *Seidl-Hohenveldern/Stein*, Völkerrecht, Rn. 1585 steckt die AEMR den Rahmen ab, innerhalb dessen die UN-Organe Menschenrechtsfragen thematisieren dürfen, ohne sich dem Vorwurf auszusetzen, sich in die inneren Angelegenheiten des betreffenden Staates einzumischen.

802 Für diesen gewohnheitsrechtlichen Mindeststandard vgl. etwa – in unterschiedlichen Facetten – *E. Klein*, Menschenrechte, S. 15; *Haedrich*, JA 1999, S. 253; *Buergenthal*, in: MRZ (Hrsg.), Menschenrechte für alle, S. 19 (27); *Kimminich/Hobe*, Völkerrecht, S. 343 mit Fn. 234; *Doehring*, Völkerrecht, Rn. 986. Letzterer zählt auch die Diskriminierung wegen des Geschlechts bzw. der politischen Auffassung zu diesem Kernbestand; nach seinem Verständnis handelt es sich dabei zugleich um zwingende Rechtssätze. Diese Ansicht dürfte im Hinblick auf den schmalen Konsens in diesem Bereich nicht allseits Zustimmung finden. Über den von *Doehring* genannten Bestand geht aber beispielsweise *Kokott*, in: FS Kriele, S. 1307 (1345 f.) noch deutlich hinaus, freilich unter Anerkennung einer vom *ius cogens* verschiedenen Kategorie gewohn-

3. Würdigung und Ergebnis

Insgesamt läßt sich für den außervertraglich zu beachtenden Menschenrechtsstandard auf universeller Ebene kein scharfes Bild zeichnen. Zum gewohnheitsrechtlich gesicherten und letztlich wohl auch zwingenden Bestandteil der Menschenrechtsordnung zählt sicherlich der Schutz der menschlichen Existenz schlechthin, etwa durch die Verbote der Sklaverei, Folter, willkürlichen Bestrafung und Tötung, aber auch vor systematischer Rassendiskriminierung. Über die Grenzen dieses Kernbestandes besteht aber in der Literatur keine Einigkeit. Die unterschiedlichen Ansätze zur Konkretisierung außervertraglicher Menschenrechtsstandards haben jedenfalls in ihrer Allgemeinheit keine umfassende Gefolgschaft gefunden und entsprechen nur zum Teil der Rechtspraxis der Staaten. Insbesondere kann auch die AEMR, die gerade vom BVerfG zumeist ohne weitere Erörterung bemüht wird, nicht schlechthin als Ausdruck eines universellen Gewohnheitsrechtes oder sonstige formelle Rechtsquelle des Völkerrechts angesehen werden. Vielmehr wird man die darin enthaltenen Verbürgungen nur als Anhaltspunkt einer anhand der Staatenpraxis noch zu verifizierenden gewohnheitsrechtlichen Verfestigung bestimmter Menschenrechte verstehen dürfen.

Soweit es die Ebene des Völkerrechts betrifft, ist freilich festzuhalten, daß die Unklarheit über den letztlich außervertraglich begründeten Menschenrechtsbestand durch die weitreichende Bindung der Bundesrepublik durch die zentralen UN-Menschenrechtskonventionen kompensiert wird. Mit Ausnahme des *ius cogens* stehen die Rechtsquellen des Völkerrechts ihrem Verpflichtungsgrad nach auf identischer Stufe.[803] Konflikte wären deshalb allenfalls dort denkbar,

---

heitsrechtlicher Menschenrechte (vgl. a.a.O., S. 1348). Sie rechnet nahezu sämtliche in der AEMR genannten Bürger- und Freiheitsrechte zum gewohnheitsrechtlichen Bestand, insbesondere auch das Verbot der Geschlechterdiskriminierung („even though the abolishment of sex discrimination, particularly, in the field of family law, is a long process and still causes problems in most states“, a.a.O., S. 1345), die Justiz- und Verfahrensrechte, das Recht auf Achtung der Privatsphäre, die Freizügigkeit, den Anspruch auf eine Staatsangehörigkeit, die Eheschließungsfreiheit, die Meinungsäußerungsfreiheit und die Vereinigungs- bzw. Versammlungsfreiheit und insbesondere auch die Eigentumsgarantie. Der IGH verfährt mit konkreten Stellungnahmen zum völkergewohnheitsrechtlichen Menschenrechtsbestand zurückhaltend. Immerhin hat er die südafrikanische Apartheid-Politik im Namibia-Gutachten, ICJ-Rep. 1971, S. 2 (57), als „denial of fundamental human rights“ und als Verletzung der Diskriminierungsverbote der UN-Charta gewertet.

803 Allgemeine Ansicht, vgl. nur *Heintschel v. Heinegg*, in: K. Ipsen, Völkerrecht, § 20 Rn. 2 f.; *Geiger*, Grundgesetz, S. 89; *Graf Vitzthum*, in: ders. (Hrsg.), Völkerrecht, 1. Abschn., Rn. 154.

wo die Bundesrepublik unter Mißachtung zwingender menschenrechtlicher Vorschriften völkervertragliche Verpflichtungen einginge. Die praktische Wahrscheinlichkeit eines solchen Verhaltens dürfte allerdings schon aus verfassungsrechtlicher Sicht auszuschließen sein. Bedeutung könnte die Unterscheidung zwischen vertragsrechtlicher und gewohnheitsrechtlicher Bindung der Bundesrepublik allerdings für den innerstaatlichen Raum entfalten, nachdem für die Einbeziehung der verschiedenen Rechtsquellen unterschiedliche verfassungsrechtliche Instrumente vorgesehen sind. Darauf und insbesondere auf die Bedeutung der Inkorporationsnormen des Grundgesetztes für die ordre public-Relevanz des völkerrechtlichen Menschenrechtsschutzes wird noch im einzelnen zurückzukommen sein.[804]

V. Zusammenfassung des II. Kapitels

Die Herausbildung und Kodifizierung menschenrechtlicher Normen zählt ohne Zweifel zu den prägenden Entwicklungen des Nachkriegsvölkerrechts. Im Bereich des Vertragsrechts existiert auf regionaler Ebene mit der EMRK ein herausragendes Menschenrechtsdokument, dessen von vornherein individualschützender Charakter durch die effektive Überwachungsarbeit der Konventionsorgane eine stete Konkretisierung erfahren hat. Mit dem *effet utile* der Konvention geht aber kein uniformer Durchsetzungsanspruch einher. Wo sich ein einheitlicher europäischer Standard (noch) nicht entwickelt hat, trägt die Rechtsprechung den kulturellen und sozialen Unterschieden der Mitgliedstaaten insoweit Rechnung, als ihnen ein gewisser Beurteilungsspielraum für die Ausgestaltung ihrer innerstaatlichen Rechtsordnung zugestanden wird. Die Ausübung dieses *margin of appreciation* ist freilich der Kontrolle des Gerichtshofs unterworfen und findet seine Grenze dort, wo der von der Konvention begründete Mindeststandard unterschritten zu werden droht. Auf universeller Ebene geht der dargestellte Normbestand über die klassischen Freiheits- und Bürgerrechte weit hinaus und widmet sich vor allem auch der Stellung des einzelnen im wirtschaftlichen, sozialen und kulturellen Gefüge eines Staates und in spezifischen Bereichen der Lebenswirklichkeit. Dabei vermitteln die Menschenrechtsverträge auf universeller Ebene kein inhaltlich homogenes und strukturell abgestimmtes Bild. Abhängig von der vertraglichen Ausgestaltung reichen die Staatenpflichten von unmittelbar zu gewährleistenden Individualrechten über relative Verpflichtungen bis hin zu bloßen Förderbemühungen. Die Verschiedenartigkeit der einzelnen Verträge spiegelt sich nicht zuletzt in

804 Dazu im III. Kapitel, S. 254 ff.

der jeweiligen Überwachungspraxis wider. Die inzwischen von allen Ausschüssen praktizierte Veröffentlichung von *General Comments* bzw. *Recommendations* gibt Aufschluß über den jeweiligen Stand des Rechtsverständnisses und der Rechtsentwicklung auf staatenübergreifender Ebene, wenngleich die Unterschiede hinsichtlich Aussagekraft und Substanz der Stellungnahmen offensichtlich sind. Wo bereits die Vertragsnormen selbst nur relative Verpflichtungen enthalten, gestaltet sich freilich auch die Herausbildung einheitlicher Standards naturgemäß schwierig. Für den Bereich der Freiheitsrechte hat vor allem der Menschenrechtsausschuß das ihm zur Verfügung stehende Instrumentarium zur Konkretisierung und Fortbildung der Menschenrechte genutzt. Im Rahmen der quasi-richterlichen Tätigkeit des Ausschusses bei der Behandlung von Individualbeschwerden wurden für den IPbpR allgemeine Kriterien der Norminterpretation und Rechtsfortbildung herausgearbeitet. Ähnlich wie die Straßburger Konventionsorgane gesteht auch der Menschenrechtsausschuß den Mitgliedstaaten einen gewissen *margin of discretion* bei der paktkonformen Ausgestaltung ihrer innerstaatlichen Rechtsordnung zu. Außerhalb vertraglicher Vereinbarungen gehören nur ganz zentrale Belange des Menschenrechtsschutzes zum gesicherten Bestandteil der Völkerrechtsordnung. Die Grenzen des gewohnheitsrechtlich verfestigten Menschenrechtsbestandes werden jedoch nicht einheitlich gezogen. Die in der AEMR enthaltenen Verbürgungen können zwar nicht als originär verpflichtende Rechtssätze, wohl aber in weiten Teilen als Erkenntnisquelle eines sich immer noch entwikkelnden Konsentierungsprozesses dienen.

III. KAPITEL

INTERNATIONALE MENSCHENRECHTE ALS BESTANDTEIL DES KOLLISIONSRECHTLICHEN ORDRE PUBLIC – PRÄMISSEN UND FOLGERUNGEN

Im vorangegangenen Kapitel wurde gezeigt, daß der Menschenrechtsschutz auf völkerrechtlicher Ebene sich nicht auf einen homogenen und systematisch abgestimmten Normbestand zurückführen läßt, sondern den menschenrechtlich gebundenen Staaten je nach Norm bzw. Normkomplex Pflichten unterschiedlicher Art und Reichweite auferlegt. Angesichts der Vielschichtigkeit selbst der zentralen Elemente eines *international human rights law* kann es für die vom Gesetzgeber intendierte und im Schrifttum zunehmend geforderte Öffnung der Vorbehaltsklausel für den internationalen Menschenrechtsschutz nicht bei einem pauschalen Verweis auf völkerrechtliche Verpflichtungen der Bundesrepublik verbleiben. Das folgende Kapitel widmet sich deshalb zunächst der Frage, inwieweit und auf welchem Wege die kraft Völkerrechts bestehenden Pflichten der Bundesrepublik zur Grundlage einer ordre public-Entscheidung des innerstaatlichen Rechtsanwenders werden können. Ist dieser Brückenschlag zwischen der völkerrechtlichen Bindung einerseits und „den wesentlichen Grundsätzen des deutschen Rechts" als Schutzgut des kollisionsrechtlichen ordre public andererseits vollzogen, so bleibt zu klären, welche Folgerungen aus einer Einbeziehung des internationalen Menschenrechtsschutzes für die Anwendung der Vorbehaltsklausel abzuleiten sind.

I. DIE VERANTWORTLICHKEIT DER BUNDESREPUBLIK FÜR EIN MENSCHENRECHTSKONFORMES HANDELN IHRER RECHTSPFLEGEORGANE ALS AUSGANGSPUNKT

In materieller Hinsicht, das wurde im vorhergehenden Kapitel deutlich, unterliegt die Bundesrepublik weitreichenden menschenrechtlichen Bindungen auf universeller wie regionaler Ebene. Nach allgemeinem völkerrechtlichen Haftungsrecht ist ein Staat dafür verantwortlich, daß das ihm zurechenbare Handeln seiner Organe – insbesondere das der Gerichte – im Einklang mit seinen völkerrechtlichen Verpflichtungen steht.[805] Ergeht folglich eine Entscheidung eines deutschen Gerichts, die den menschenrechtlichen Verpflichtungen der Bundesrepublik nicht entspricht, so begründet dies die Verantwortlichkeit der Bundesrepublik auf der Ebene des Völkerrechts. Ob die menschenrechtswidrige Entscheidung ausschließlich auf innerstaatliches Recht gestützt wird, oder auf der Anwendung ausländischen Rechts beruht, ist für die Frage der völkerrechtlichen Verantwortlichkeit strukturell ohne Belang.[806] Ebenso spielt es grundsätzlich keine Rolle, ob der Staat, dessen Recht zur Anwendung kommt, denselben menschenrechtlichen Verpflichtungen (etwa der EMRK oder eines UN-Übereinkommens) unterliegt wie die Bundesrepublik.[807] Diesen Umstand

---

805 Statt aller vgl. *K. Ipsen*, in: ders., Völkerrecht, § 40 Rn. 3 ff.; *Verdros/Simma*, Völkerrecht, §§ 1270 ff.; zu diesem Grundsatz bei der Anwendung fremden Rechts vgl. *Hofmann*, ZaöRV 49 (1989), S. 41 (48). Das BVerfG hat beispielsweise in der Eurocontrol-Entscheidung, BVerfGE 58, S. 1 (34) seine Überwachungsfunktion gerade im Hinblick auf die völkerrechtswidrige Rechtsanwendung und die daraus resultierende Gefahr der völkerrechtlichen Verantwortlichkeit der Bundesrepublik unterstrichen.

806 So zutreffend MüKo-*Sonnenberger*, Einl. IPR Rn. 315, der die Anwendungsvoraussetzungen der Vorbehaltsklausel deshalb an der völkerrechtlichen Verantwortlichkeit der Bundesrepublik ausrichten will. In der Überwachungspraxis der menschenrechtlichen Verträge finden sich nur ganz vereinzelt Stellungnahmen zur kollisionsrechtlichen Rechtsanwendung. Gleichwohl entspricht es allgemeiner Ansicht, daß in den Fällen, in denen die Menschenrechtsverträge auf innerstaatliches Recht verweisen (etwa in Art. 12 EMRK) auch die Vorschriften des nationalen Kollisionsrechts von der Verweisung erfaßt sind, vgl. etwa *Matscher*, in: FS Neumayer, S. 459 (472). Zu den formalen Anforderungen an das Kollisionsrecht vgl. *Engel*, RabelsZ 53 (1989), S. 2 (27 ff.); *Beital*, Ausstrahlungswirkung, S. 131 ff. Die Straßburger Konventionsorgane haben weder die Existenz kollisionsrechtlicher Systeme, noch die damit verbundene unterschiedliche Behandlung von heterogen verknüpften Sachverhalten an sich unter dem Gesichtspunkt des Diskriminierungsverbotes beanstandet, vgl. etwa EGMR, *Johnston and others*, Urteil vom 12. Dezember 1986, Ser. A No. 112, S. 26 f., Tz. 60. Ganz allgemein betrachten es die Konventionsorgane nicht als ihre Aufgabe, die innerstaatliche Rechtsanwendung im Sinne eines Berufungs- oder Revisionsverfahrens, sondern auf das konventionskonforme Ergebnis dieser Rechtsanwendung hin zu überprüfen, vgl. bereits EKMR, *X ./. Belgien*, Beschwerde 458/59, Entscheidung vom 29. März 1960, Yearbook III, S. 222 (236). Ebenso geht es nicht darum, innerstaatliche Rechtsnormen *in abstraco* auf ihre Vereinbarkeit mit der Konvention zu untersuchen; den Gegenstand der Prüfung bildet stets deren Anwendung im konkreten Einzelfall, vgl. EGMR, *F ./. Schweiz*, Urteil vom 18. Dezember 1987, Ser. A No. 128, S. 16, Tz. 31; *Dudgeon*, Urteil vom 22. Oktober 1981, Ser. A No. 45, S. 18, Tz. 41 und *Bönisch*, Urteil vom 6. Mai 1985, Ser. A No. 92, S. 14, Tz. 27.

807 Ganz einhellige Meinung, vgl. *Ehricke*, EuGRZ 1993, S. 113 (117); MüKo-*Sonnenberger*, Einl. IPR Rn. 309; *Benicke/Zimmermann*, IPRax 1995, S. 141 (148 mit Fn. 87). Ähnlich für das französische Recht *Mayer*, 80 Rev. crit. dr. intern. privé (1991), S. 651 (656).

hat *v. Bar* überaus treffend für den international-privatrechtlichen Entscheidungsvorgang klargestellt: „In der Hand deutscher Rechtspflegeorgane wird auch die Anwendung (z.B.) von brasilianischem, argentinischem oder gabunesischem Recht zur Ausübung *deutscher* hoheitlicher Gewalt, und das genügt, um sie an der EMRK zu messen."[808] Nichts anderes gilt freilich für die universellen Menschenrechtsverbürgungen, zu deren Beachtung die Bundesrepublik sich verpflichtet hat.[809]

Insofern erscheint die bisweilen anzutreffende Formulierung, ein Staat mache sich durch Anwendung einer menschenrechtswidrigen fremden Norm der Teilnahme oder Mittäterschaft an einer Völkerrechtsverletzung schuldig,[810] zumindest schief ausgedrückt. Denn nicht die Existenz menschenrechtswidrigen ausländischen Rechts als solche führt zur Verantwortlichkeit des Forumstaates, sondern die Tatsache, daß solches Recht mit menschenrechtswidrigem Ergebnis innerhalb seiner Rechtsordnung zur Anwendung gelangt.[811] Ergeht daher eine mit den menschenrechtlichen Verpflichtungen der Bundesrepublik nicht übereinstimmende Entscheidung deutscher Rechtspflegeorgane auf der Grundlage fremden Rechts, so begründet dies nicht nur die Gefahr eines mittelbaren,[812] sondern eines unmittelbaren Völkerrechtsverstoßes.

808 *Ch. v. Bar*, BerDGVR 33 (1994), S. 191 (208); im Ergebnis ebenso deutlich *Engel*, RabelsZ 53 (1989), S. 3 (34).

809 So zutreffend *Zimmermann*, IPRax 1996, S. 168 (171).

810 Vgl. etwa *Kokott*, BerDGVR 38 (1998), S. 71 (91); *Fahrenhorst*, Familienrecht, S. 230; *Ch. v. Bar*, BerDGVR 33 (1994), S. 191 (196) sowie *Engel*, RabelsZ 53 (1989), S. 3 (39). Die Anlehnung an die strafrechtlichen Beteiligungsformen erscheint allenfalls im Bereich des Internationalen Enteignungsrechts passend, vgl. etwa *Hofmann*, ZaöRV 49 (1989), S. 41 (51). Wie noch im einzelnen zu zeigen sein wird, sind deshalb auch die Bedenken von *Engel* (a.a.O., S. 40 f.), das Konzept der Teilnahme versage bei der Anwendung des Rechts von Drittstaaten, unbegründet.

811 Vgl. auch *Schütz*, ordre public, S. 22. Daß es im Rahmen der ordre public-Prüfung nicht um eine abstrakte Kontrolle des fremden Rechts, sondern um die Kontrolle der innerstaatlichen *Anwendung* des fremden Rechtssatzes geht, wurde bereits im I. Kapitel, S. 24 f. hervorgehoben; vgl. hierzu auch *Ch. v. Bar*, BerDGVR 33 (1994), S. 208 sowie *Benicke/Zimmermann*, IPRax 1995, S. 141 (148). Differenzierend zwischen der Anerkennung völkerrechtswidriger Akte fremder Staaten und der Anwendung völkerrechtswidrigen fremden Rechts wohl auch *Hofmann*, ZaöRV 49 (1989), S. 41 (51 ff.).

812 So aber *Ehricke*, EuGRZ 1993, S. 113 (117).

II. Der ordre public als Instrument zur Harmonisierung von innerstaatlicher Rechtsanwendung und menschenrechtlicher Verpflichtung

Funktional erscheint der international-privatrechtliche ordre public-Vorbehalt als ein geeignetes Instrument, mit dem der innerstaatliche Rechtsanwender einen drohenden Konflikt zwischen kollisionsrechtlichem Verweisungsbefehl und menschenrechtlicher Verpflichtung der Bundesrepublik aufzulösen imstande ist. Tatbestandlich setzen freilich die Vorbehaltsklauseln des Kollisionsrechts einen Verstoß gegen die wesentlichen Grundlagen der *deutschen* Rechtsordnung voraus. Folglich bedarf es einer Untersuchung, ob und in welchem Umfang der im II. Kapitel aufgezeigte Menschenrechtsbestand zum innerstaatlichen ordre public gerechnet werden und damit Relevanz für die Vorbehaltsklausel entfalten kann. Im folgenden Abschnitt wird deshalb in systematischer und dogmatischer Hinsicht der Frage nachgegangen, inwieweit die Vorbehaltsklausel des innerstaatlichen IPR generell geeignet ist, den völkerrechtlichen Verpflichtungen der Bundesrepublik im Rahmen der kollisionsrechtlichen Rechtsanwendung Rechnung zu tragen. Wie im einzelnen noch herauszuarbeiten sein wird, kommt dabei den Mechanismen des Grundgesetzes zur Integration des Völkerrechts auch für die menschenrechtsbezogene ordre public-Anwendung systemordnende Wirkung zu.

1. Erwartungen an völkerrechtliche Normen und Voraussetzungen ihrer Berücksichtigung als ordre public-Maßstab

Angesichts der weitreichenden und zugleich vielschichtigen menschenrechtlichen Verpflichtungen der Bundesrepublik wird der innerstaatliche Rechtsanwender nicht selten der Frage gegenüberstehen, ob und inwieweit er eine aus dem Völkerrecht rührende Norm im Entscheidungsprozeß berücksichtigen darf bzw. muß. Dies gilt vor allem dann, wenn dem Rechtsanwender konkrete gesetzliche Vorgaben fehlen und er deshalb – wie bei Ausfüllung von Generalklauseln – rechtsschöpferisch tätig wird. Es bedarf daher zunächst einer Betrachtung, welche Voraussetzungen generell an Rechtsätze zu stellen sind, um als konkretisierender Maßstab der Vorbehaltsklausel Berücksichtigung finden zu können.

a) Die Anerkennung des völkerrechtlichen Rechtssatzes innerhalb der deutschen Rechtsordnung – zum innerstaatlichen und völkerrechtlichen ordre public

Es wurde bereits an anderer Stelle deutlich gemacht, daß der kollisionsrechtliche ordre public dem Schutz der innerstaatlichen Rechtsordnung zu dienen bestimmt ist. Dem als Maßstab für den international-privatrechtlichen ordre public herangezogenen Rechtssatz muß deshalb zumindest eine Anerkennung in der deutschen Rechtsordnung zuteil geworden sein.[813]

Hingegen hat *Jaenicke* vor längerem dazu angesetzt, Kernbereiche der Völkerrechtsordnung als unmittelbare Schranke der kollisionsrechtlichen Rechtsanwendung zu etablieren. Ausgehend von der Erkenntnis, daß auf der Ebene des Völkerrechts Normen aufzufinden seien, die als „völkerrechtlicher" ordre public von den internationalen Gerichten zu beachten wären,[814] suchte *Jaenicke*, diesen ordre public des Völkerrechts für den des nationalen Kollisionsrechts fruchtbar zu machen, da ein allein auf die Interessen der nationalen Rechtsordnung bezogener ordre public Völkerrechtsverletzungen nicht hinreichend Rechnung tragen könne.[815] Der Einfluß des völkerrechtlichen ordre public auf das Kollisionsrecht, so *Jaenicke*, könne dabei grundsätzlich über die Inkorporation der Normen in innerstaatliches Recht geschehen.[816] Ein solcher formaler Transformationsakt oder eine äquivalente Inkorporierung in die innerstaatliche Rechtsordnung sei jedoch entbehrlich, „wenn es sich um allgemeine Rechtsgrundsätze und Normen handelt[e], die der Befriedigung grundlegender Gemeinschaftsinteressen der Völkerrechtsordnung dienen oder gar zum völkerrechtlichen *jus cogens* gehör[t]en."[817]

---

813 Vgl. dazu im I. Kapitel u.a. auf S. 53. Daß sich aus der Nigeria-Kulturgut-Entscheidung des BGH nur scheinbar etwas anderes ergibt, wurde bereits festgestellt, vgl. im I. Kapitel bei Fn. 226.

814 Vgl. *Jaenicke*, BerDGVR 7 (1967), S. 77 (84).

815 Ebd., S. 80.

816 Ebd., S. 85.

817 Ebd., S. 83. Zu derartigen Rechtsgrundsätzen rechnete *Jaenicke* zum einen Grundnormen der Völkerrechtsordnung, insbesondere die souveräne Gleichheit der Staaten (a.a.O., S. 91) sowie Sachnormen mit *ius cogens*-Qualität, etwa die Voraussetzungen für einen wirksamen Vertragsschluß (a.a.O., S. 91 f.), das Gewaltverbot (a.a.O., S. 92) oder die Normen des Völkerstrafrechts (a.a.O., S. 93). Zur Begründung seines Ansatzes stellt *Jaenicke,* a.a.O., S. 84 und ähnlich S. 122, auf die „wichtige Funktion [nationaler Gerichte und Behörden] zur Durchsetzung des Völkerrechts" ab. Schließlich sei die Versagung der Anerkennung völkerrechtswidrigen ausländischen Rechts „eines der wenigen Sanktionsmittel gegen völkerrechtswidrige Handlungen. (...) [D]ie nationalen Gerichte und Behörden [sollten] es als ihre Pflicht betrachten (...), bei der

Jaenickes (betont in die Zukunft weisende)[818] Thesen haben sich in dieser Konsequenz im Schrifttum nicht durchzusetzen vermocht.[819] Bereits bei *Mann,* auf den sich *Jaenicke* mehrmals bezieht,[820] findet sich der Kern der Kritik an einer unmittelbar kraft Völkerrechts wirkenden Schranke für die Anwendung ausländischen Rechts: Das Völkerrecht schreibt nicht selbst vor, wie es im Einzelfall durchgesetzt werden will; es überläßt dies dem nationalen Recht.[821] Die „monistische[n] Züge"[822] dieses Ansatzes, so etwa das Resümee von *Spickhoff,* seien jedenfalls nach deutscher Verfassungslage kaum zu halten.[823]

Die moderne Doktrin grenzt deshalb zutreffend den völkerrechtlichen ordre public in Wirkungsrichtung und Funktion vom kollisionsrechtlichen ordre public ab. Der *völkerrechtliche ordre public* dient dem Schutz der zwischenstaatlichen Ordnung und wendet sich als immanenter Bestandteil des Völkerrechts an die dem Völkerrecht unterliegenden Subjekte.[824] Diesem kommt die

---

Frage der Anwendung ausländischen Rechts (...) die Erfordernisse eines ‚völkerrechtlichen' ordre public zu berücksichtigen.", a.a.O., S. 84.

818 Vgl. die Schlußworte seines Referats BerDGVR 7 (1967), S. 77 (126): „Ich bin jedoch der Meinung, daß die Völkerrechtswissenschaft sich nicht damit begnügen darf, nur rückwärtsschauend die bisherige Völkerrechtspraxis sorgfältig und gewissenhaft zu untersuchen und daraus anerkannte Völkerrechtsregeln zu analysieren. Die Völkerrechtswissenschaft sollte sich auch die Aufgabe setzen, vom gesicherten Normbestand der Völkerrechtsordnung aus in vorsichtigen Schritten die Völkerrechtsordnung weiterzuentwickeln." Entsprechend der Duktus *Jaenickes* in der anschließenden Diskussion, a.a.O., S. 180: „Man muß die Dinge auch de lege ferenda sehen, und ich habe in vielem nur de lege ferenda gesprochen."

819 Vgl. etwa die Kritik bei *v. Hoffmann*, IPR, § 6 Rn. 142 mit Fn. 269; *Spickhoff*, ordre public, S. 90 f.; MüKo-*Sonnenberger*, Art. 6 EGBGB Rn. 71; im größeren Zusammenhang vgl. *Völker*, Dogmatik, insbes. S. 276 und 285 f. Schon grundsätzliche Zweifel an der Privatrechtsrelevanz elementarer Rechtssätze des Völkerrechts äußert *Meessen*, BerDGVR 16 (1975), S. 49 (85); immerhin hat es *Meessen*, in: FS Mann, S. 227 (236) wenig später für möglich gehalten, aus dem völkerrechtlichen Verbot der Rassendiskriminierung ein unmittelbares Verbot für die Anwendung fremden Rechts abzuleiten, zugleich aber die Relevanz dieses Beispiels in der gerichtlichen Praxis bezweifelt. Zu Handhabung rassischer Ehehindernisse vgl. aber unten im IV. Kapitel, S. 370 ff.

820 Vgl. *Jaenicke*, BerDGVR 7 (1967), S. 77 (117) mit Fn. 77 und (118) mit Fn. 80.

821 Vgl. *Mann*, NJW 1961, S. 705 (708).

822 So *Schütz*, ordre public, S. 13.

823 Vgl. *Spickhoff*, ordre public, S. 91.

824 In diesem Sinne etwa Staudinger-*Blumenwitz*, Art. 6 EGBGB Rn. 61. Vgl. auch *Pentzlin*, Der universelle ordre public, S. 33 f., die von dem Oberbegriff „internationaler ordre public" ausgehend zwischen einem völkerrechtlichen (internationalen) und einem innerstaatlichen (internationalen) ordre public unterscheidet, letzteren wie-

Aufgabe zu, im Interesse der Staatengemeinschaft als solcher auf der *zwischenstaatlichen* Ebene die Einhaltung elementarer Rechtssätze – ggf. unter Durchbrechung reziproker Völkerrechtspflichten – zu sichern.[825] Im Gegensatz zum ordre public des innerstaatlichen Rechts fehlt es auf der völkerrechtlichen Ebene an einer anzuwendenden fremden *lex causae*, der unter Berufung auf den ordre public die Anerkennung versagt wird.[826] Hingegen richtet sich der *kollisionsrechtliche* ordre public an die innerstaatlichen Organe, die mit der Anwendung eines fremden Rechtssatzes befaßt sind. Der innerstaatliche ordre public dient der Sicherung der materiellen Grundwertungen einer räumlich abgegrenzten Rechtsordnung.[827] Freilich können völkerrechtlicher und innerstaatlicher ordre public sich in materieller Hinsicht aus derselben Norm speisen. Der innerstaatliche ordre public schützt jedoch völkerrechtliche Grundwerte nicht, weil sie (Kern-)Bestandteil des Völkerrechts sind, sondern nur wenn und soweit sie zugleich Leitsätze des nationalen Rechts geworden sind.[828]

Im II. Kapitel wurde bereits mehrfach auf den allgemeinen Grundsatz hingewiesen, wonach das Völkerrecht auch im Rahmen des Menschenrechtsschutzes im allgemeinen keine Vorgaben hinsichtlich Art und Weise der Erfüllung von Staatenpflichten im innerstaatlichen Recht enthält.[829] Das Völkerrecht gebietet

---

derum in zahlreiche Untergruppen aufspaltend, S. 31 f. und 34 ff. Zur Terminologie vgl. noch unten S. 309 ff.

825 Zu Existenz und Inhalt des völkerrechtlichen ordre public vgl. insbesondere die Referate von *Kälin*, BerDGVR 33 (1994), S. 9 (35) mit Fn. 129 sowie eingehend *Kokott*, BerDGVR 38 (1998), S. 71 (74 ff.); siehe auch *Wiesbrock*, Schutz, S. 59 ff.

826 Vgl. *Kokott*, BerDGVR 38 (1998), S. 71 (74).

827 Zur generellen Schutzrichtung der kollisionsrechtlichen Vorbehaltsklausel vgl. etwa *v. Hoffmann*, IPR, § 6 Rn. 142 (S. 244); *Bucher*, RdC 239 (1993-II), S. 9 (53 f.) sowie *Kühne*, IPR-Entwurf, S. 59.

828 Vgl. *Neumayer*, BerDGVR 7 (1967), S. 182 in der Diskussion zu *Jaenickes* Referat.

829 Vgl. den Exkurs im II. Kapitel, S. 125 ff. Für die ganz h.M. vgl. etwa *Tomuschat*, in: FS Zacher, S. 1143 (1145 f.); *Koenig*, in: v. Mangoldt/Klein/Starck (Hrsg.), GG, Bd. 2, Art. 25 Rn. 3 und 35 sowie *Geiger*, Grundgesetz, S. 158 f., unter Verweis auf die Annährung der monistischen und dualistischen Theorien in dieser Frage. Teilweise a.A. wohl *Bleckmann*, DÖV 1996, S. 137 (139 f.). Für den IPbpR hat der Menschenrechtsausschuß im *General Comment* 3/13 die Freiheit der Staaten zur Umsetzung ihrer völkerrechtlichen Pflichten hervorgehoben, vgl. dazu die Darstellung im II. Kapitel, S. 121 ff. Auch für den Bereich der EMRK gilt nach der Spruchpraxis des Gerichtshofs nichts anderes, vgl. die im II. Kapitel, S. 100 ff. wiedergegebene Rechtsprechung. Für den engen Bereich des menschenrechtlichen *ius cogens* geht allerdings *Doehring*, Völkerrecht, Rn. 703, von einer unmittelbar durch das Völkerrecht begründeten Individualrechtsposition aus, die keiner innerstaatlichen Umsetzung bedürfe, sich auch gegenüber entgegenstehendem innerstaatlichem Recht hinwegsetze und im

Staaten allein, sich in einer bestimmten Weise zu verhalten und begründet dadurch ggf. eine Einstandspflicht des Staates bei Verstößen seiner Organe. Anderes ließe sich nur im Rahmen eines strengen Monismus mit Primat des Völkerrechts begründen. Dieser hat sich hingegen in der Staatenpraxis nicht durchgesetzt und kann nicht als bestehendes positives Recht gelten.[830] In der Lehre – gleich ob sie ihren Ausgangspunkt im gemäßigten Monismus oder in dualistischen Ansätzen nimmt[831] – herrscht dahingehend Einigkeit, daß es einer innerstaatlichen Brücke bzw. Ergänzung bedarf, durch die die zwischen den Staaten geltenden Sätze des Völkerrechts in die nationale Rechtsordnung einfließen können.[832] Die Völkerrechtsordnung erweist sich letztlich ergebnis-

---

Wege des Notwehrrechts gegenüber der staatlichen Gewalt durchgesetzt werden könne. Insofern hebe bereits das Völkerrecht den im Regelfall erforderlichen „Filter der nationalen Souveränität" auf. Hier scheint jedoch die Frage der innerstaatlichen Geltung originär völkerrechtlicher Bestimmungen mit derjenigen nach ihrer Durchsetzungskraft gegenüber innerstaatlichem Recht zu verschmelzen, ohne daß deutlich würde, wie die Völkerrechtsnormen in die innerstaatliche Rechtsordnung gelangt sind. Der Hintergrund des Ansatzes von *Doehring* tritt erst im Zusammenhang mit den Thesen zutage, die dieser zur Rechtfertigung der humanitären Interventionen entwickelt, vgl. a.a.O. Rn. 1015: Die Existenz eines Notwehrrechts des Individuums im Falle einer Verletzung seiner fundamentalen, unmittelbar im Völkerrecht wurzelnden Menschenrechte berechtige dritte Staaten zu Nothilfe (wie die Notwehr ein allgemeiner und in Art. 51 UN-Charta anerkannter Rechtgrundsatz) zugunsten des einzelnen oder einer Gruppe von Individuen.

830 Vgl. hierzu die Darstellungen bei *Dahm/Delbrück/Wolfrum*, Völkerrecht, Bd. I/1, S. 104 ff.; *Geiger*, Grundgesetz, S. 15 ff.; *Koenig*, in: v. Mangoldt/Klein/Starck (Hrsg.), GG, Bd. 2, Art. 25 Rn. 3 und 35 sowie *Doehring*, Völkerrecht, Rn. 700. Differenzierend *Pentzlin*, Der universelle ordre public, S. 55: Unter Berufung auf einen universellen ordre public, der sich nicht nur aus echten Rechtsnormen, sondern auch aus nicht-rechtlichen Ordnungsinteressen speisen soll (a.a.O., S. 21 f.), gelang sie zu dem Ergebnis, daß im Rahmen der Vorbehaltsklausel gerade auch diejenigen völkerrechtlichen Ordnungsinteressen, denen mangels Rechtsqualität ein Eindringen über die Transformatoren des deutschen Rechts versagt bleibt, Beachtung finden müßten (a.a.O., S. 125 ff.); ähnlich *Kunig*, in: FS Doehring, S. 529 (533 ff.) für die unverbindlichen Beschlüsse und Empfehlungen internationaler Organisationen.

831 Zur Entwicklung und heutigen Gestalt der dualistischen Theorien vgl. noch unten S. 239 ff.

832 Vgl. etwa *Dahm/Delbrück/Wolfrum*, Völkerrecht, Bd. I/1, S. 101; *E. Klein*, in: Koeppel (Hrsg.), Kindschaftsrecht, S. 31 (36); *Bungert*, DÖV 1994, S. 797 ff.; *Steinberger*, in: Isensee/Kirchhof (Hrsg.), HStR VII, § 173 Rn. 37; *Geiger*, Grundgesetz, S. 158; *Streinz*, in: Sachs (Hrsg.), GG, Art. 25 Rn. 14; *Verdross/Simma*, Völkerrecht, § 848 ff.; *Koenig*, in: v. Mangoldt/Klein/Starck (Hrsg.), GG, Bd. 2, Art. 25 Rn. 35 spricht in diesem Zusammenhang von staatlicher Mediatisierung des Völkerrechts. Wie im Exkurs im II. Kapitel, S. 125, dargelegt, ordnen völkerrechtliche Verträge nur ausnahmsweise die Geltung von Völkerrecht im innerstaatlichen Recht unmittelbar an.

orientiert: Sie gebietet lediglich die Erfüllung der völkerrechtlich übernommenen Pflicht, stellt aber in das Ermessen der Staaten, *wie* diese ihre innerstaatliche Rechtsordnung in Einklang mit ihren völkerrechtlichen Bindungen bringen.[833] So vielfältig die Rechtsordnungen der Staaten, so unterschiedlich sind auch die Regelungen dieser Staaten für die Einbeziehung völkerrechtlicher Normen in das innerstaatliche Rechtssystem.[834]

Wie allgemein die Anwendung völkerrechtlicher Normen im innerstaatlichen Recht, so setzt auch ein „völkerrechtsbezogener" Einsatz des ordre public voraus, daß der völkerrechtlichen Norm in irgendeiner Weise Geltung im innerstaatlichen Bereich verschafft worden ist und sie damit den Anspruch erhebt, beachtliches Recht (*ius esto*) zu sein.[835] Für die Heranziehung der Menschenrechte im Rahmen der Vorbehaltsklauseln des IPR müssen deshalb diejenigen Mittel des deutschen Verfassungsrechts nutzbar gemacht werden, die ein Eindringen völkerrechtlicher Normen und Wertungen in die innerstaatliche Rechtsordnung ermöglichen.[836] Die Auflösung der Dichotomie von Völkerrecht und staatlichem Recht, von menschenrechtlicher Bindung und innerstaatlichem ordre public, kann – worauf noch im einzelnen zurückzukommen sein wird – über die Inkorporationsvorschriften des deutschen Verfassungsrechts ohne systematische Brüche gelingen.[837]

b) Der Charakter ordre public-konkretisierender Normen

Die Untersuchung im II. Kapitel hat gezeigt, daß auf der Ebene des Völkerrechts keine homogene und in sich geschlossene Verwirklichung des Menschenrechtsschutzes stattgefunden hat. Nur in Teilbereichen – insbesondere in der EMRK und im IPbpR – erfolgte die Ausgestaltung bereits dem Wortlaut

833 Vgl. *Steinberger*, in: Isensee/Kirchhof (Hrsg.), HStR VII, § 173 Rn. 37; *Dahm/Delbrück/Wolfrum*, Völkerrecht, Bd. I/1, S. 101.

834 Zutreffend stellt *Zuleeg*, DÖV 1977, S. 462 (467) fest, die Verschränkungen der Rechtsordnungen seien nicht mit den „groben Rastern" von Monismus oder Dualismus zu erfassen. Ausführlich zu den verschiedenen systematischen Ansätzen *Dahm/Delbrück/Wolfrum*, Völkerrecht, Bd. I/1, S. 104 ff. Die gegenwärtigen Tendenzen hinsichtlich der Aufnahme menschenrechtlicher Verträge in unterschiedlichen Vertragsstaaten beleuchtet *Buergenthal*, 36 Columbia JTransnatL (1997), S. 211 ff.

835 Zu diesem allgemeinen Grundsatz der innerstaatlichen Anwendung von Völkerrechtsnormen vgl. insbesondere *E. Klein*, Gemeinschaftsrecht, S. 8; siehe auch *Verdross/Simma*, Völkerrecht, § 863 sowie den Exkurs im II. Kapitel, S. 125 ff.

836 Diese Forderung ist bereits im Rahmen der Aussprache zum o.g. Referat *Jaenickes* angeklungen, etwa im Diskussionsbeitrag von *v. Münch*, BerDGVR 7 (1967), S. 181.

837 Zur den Integrationsmechanismen des Grundgesetzes siehe unten S. 239 ff.

und der Intention nach als subjektiv-rechtliche Garantien, die ihrem Wesen nach den Grundrechten des Grundgesetzes vergleichbar sind. Daneben finden sich gerade in den UN-Konventionen vor allem staatengerichtete Normen, denen eine individualschützende Dimension von vornherein fehlt oder denen allenfalls im Hinblick auf die Mindestanforderungen an eine menschenwürdige Existenz unmittelbare Gewährleistungspflichten entnommen werden können. Die Möglichkeit einer Berücksichtigung weiter Teile des völkerrechtlichen Menschenrechtsschutzes im Rahmen der Vorbehaltsklausel wäre damit stark eingeschränkt, wenn zur Konkretisierung des ordre public allein Rechtssätze herangezogen werden könnten, die einen den Grundrechten vergleichbaren subjektiv-rechtlichen Charakter aufweisen. Angesichts der herausragenden Bedeutung, die den Grundrechten seit dem Spanier-Beschluß des BVerfG im Rahmen des ordre public zugemessen wird, liegt ein solcher Schluß zumindest nicht fern. Gleichwohl entspricht er weder der Funktion der Vorbehaltsklausel an sich, noch der Funktion, die den Grundrechten selbst im Rahmen der ordre public-Prüfung zukommt.

Schon aus der Rechtsprechung des Reichsgerichts ergibt sich, daß die ordre public-Relevanz einer Norm nicht aus der Begünstigung des Individuums, sondern aus der Bedeutung des Rechtssatzes für das öffentliche Wohl folgt.[838] An diesem Prinzip hat auch die Neuformulierung der Vorbehaltsklausel nichts geändert. Freilich sind die Grundrechte ein integraler und herausragender Bestandteil der wesentlichen Grundsätze des deutschen Rechts. Erst durch die Einbeziehung grundrechtlicher Aspekte vermag der ordre public, insbesondere im Bereich des internationalen Familien- und Erbrechts, seine Wirkung voll zu entfalten. Gleichwohl liegt die Bedeutung der Grundrechte für den international-privatrechtlichen Entscheidungsvorgang nicht in deren subjektiv-rechtlicher Dimension als Abwehrrechte, sondern, wie das BVerfG bereits im Spanier-Beschluß festgestellt hat, in deren Eigenschaft als „eigentlicher Kern der freiheitlich demokratischen Ordnung des staatlichen Lebens im Grundgesetz.“[839] Im ordre public spiegeln sich nicht Freiheits- und Gleichheitsrechte des einzelnen wider, sondern „die mit den Grundrechten aufgerichtete Wertordnung“[840] der Bundesrepublik. Zudem verbleibt neben den grundrechtsrelevanten Bereichen ein weites Feld der ordre public-Anwendung, in dem die Anwendung fremden Rechts von vornherein losgelöst von subjektiv-(grund-)rechtlichen Norminhalten beurteilt wird, etwa im internationalen

838 Vgl. RGZ 106, S. 82 (84).

839 BVerfGE 31, S. 58 (73).

840 Ebd., S. 76

Schuld- und Handelsrecht.[841] Prozessuale Folge dieser objektiv-rechtlichen Schutzfunktion der Vorbehaltsklausel ist deren Ausgestaltung als Einwendung. Der innerstaatliche Rechtsanwender hat die wesentlichen Grundsätze des deutschen Rechts unabhängig davon zu wahren, ob einer der Verfahrensbeteiligten sich auf einen Verstoß beruft. Auf die Qualität der den ordre public-Verstoß begründenden Norm i.S.e. subjektiv-rechtlichen Ausgestaltung kommt es damit nicht an. Vielmehr können alle zum *objektiven* Recht gehörigen Normen ordre public-Relevanz entfalten. Demnach ist auch die Zugehörigkeit völkerrechtlicher Menschenrechtsbestimmungen zum ordre public nicht zwangsläufig von einer subjektiv-rechtlichen Ausgestaltung der Normen abhängig; es genügt, daß sie Bestandteil des objektiven und vom innerstaatlichen Rechtspflegeorgan zu beachtenden Rechts geworden sind.

c) Die Art der Anwendung ordre public-relevanter Normen – Relevanz nicht unmittelbar anwendungsfähiger Völkerrechtsnormen

Immerhin könnte aber für die Berücksichtigung internationaler Menschenrechtsverbürgungen im Rahmen des ordre public zu fordern sein, es müsse es sich dabei um unmittelbar anwendbare Bestimmungen im weiteren Sinne handeln, aus denen sich – wenn auch ohne subjektiv-rechtliche Dimension – zumindest eine unbedingte und unmittelbare Rechtsfolge entnehmen lasse. Ein derartiges Erfordernis entspricht indes ebenfalls nicht der Funktion des ordre public und der Methode seiner Konkretisierung. Bei der Vorbehaltsklausel handelt es sich um eine ausfüllungsbedürftige Generalklausel.[842] Zur inhaltlichen Konkretisierung zieht der Rechtsanwender aus der Fülle des geltenden Rechts – sei es subjektiv- oder objektiv-rechtlicher Natur – diejenigen Vorschriften heran, die sich als wesentliche Grundsätze des deutschen Rechts darstellen. Die Durchsetzung fundamentaler, die innerstaatliche Werteordnung prägender Normen im Rahmen der Vorbehaltsklausel erfolgt dabei jedoch nicht im Wege einer unmittelbaren Anwendung dieser Rechtssätze.[843] Die im Einzelfall herangezogenen Normen entfalten ihre Wirkung lediglich als Nachweis bzw. Erkenntnisquelle für eine grundlegende Wertentscheidung der innerstaatlichen Rechtsordnung. Auch für den Bereich der Grundrechte ist aner-

841 Vgl. etwa die bei Palandt-*Heldrich*, Art. 6 EGBGB Rn. 16 f. zusammengetragene Kasuistik.

842 Vgl. dazu im I. Kapitel, S. 7 f.

843 Vgl. *Spickhoff*, ordre public, S. 122.

kannt, daß sich ihre Berücksichtigung als ein besonderen Fall der mittelbaren Anwendung darstellt.[844]

Nicht anders ist aber die Situation, wenn die innerstaatlich geltenden Normen des Völkerrechts zur inhaltlichen Auffüllung des ordre public herangezogen werden sollen. Es handelt sich auch hier nicht um einen Fall der unmittelbaren Anwendung. Die Rechtsfolge – Nichtanwendung des fremden Rechts – entnimmt der Richter ausschließlich der innerstaatlichen Norm des Art. 6 EGBGB. Allein zur Konkretisierung der wesentlichen Grundsätze bedient er sich der vom Völkerrecht vorgegebenen Maßstäbe. Begründet also der Richter den ordre public-Verstoß mit einer im Ursprung völkerrechtlichen Norm, so handelt es sich um einen Fall der mittelbaren Anwendung, die ihrerseits nicht die unmittelbare Anwendbarkeit der Norm zur Voraussetzung hat.[845] *Uerpmann* hat diese Form der mittelbaren Anwendung in anderem Zusammenhang als „Konkretisierungsfunktion" bezeichnet,[846] eine Formulierung, die auch die Heranziehung von Völkerrechtsnormen im Rahmen der Vorbehaltsklausel zutreffend beschreibt.[847]

Daß die deutschen Gerichte auch den nicht unmittelbar anwendungsfähigen Völkerrechtsnormen entscheidungserhebliche Erkenntnisse abgewinnen können, zeigt exemplarisch ein Urteil des BAG zu den Grenzen des Streikrechts, also eines richterrechtlich geprägten Instituts. Das BAG hatte im Hinblick auf Art. 31 Abs. 1 der Europäischen Sozialcharta die Frage nach der unmittelbaren

---

844 Die Parallele zur mittelbaren Wirkung der Grundrechte durch Ausstrahlung auf das materielle Privatrecht wurde vom BVerfG im Spanier-Beschluß, BVerfGE 31, S. 58 (77), selbst hergestellt und wird auch im Schrifttum häufig betont, vgl. etwa *Sandrock*, in: FS Mann, S. 267 (277 ff.); *Dörner*, in: FS Sandrock, S. 205 (206 f.) sowie *Blumenwitz*, in: Isensee/Kirchhof (Hrsg.), HStR IX, § 211 Rn. 7.

845 So ausdrücklich *Jayme*, IPRax 1999, S. 49 für die KRK.

846 Vgl. *Uerpmann*, Rechtsprechung, S. 50 f.; siehe auch die Ausführungen im I. Kapitel, S. 128 f. mit Fn. 495.

847 Wie im I. Kapitel, S. 46 ff. ausgeführt, nutzen Lehre und Rechtsprechung (soweit völkerrechtlichen Vorgaben überhaupt Beachtung geschenkt wird) dagegen die Menschenrechte bislang regelmäßig im Sinne einer von *Uerpmann*, Rechtsprechung, S. 49 f. und *passim* als „Bekräftigungsfunktion" oder „Kontrollfunktion" bezeichneten Weise: Der Maßstab des ordre public wird zunächst aus den autonomen innerstaatlichen Wertungen – insbesondere den Grundrechten – ermittelt; in einem zweiten Schritt wird untersucht, ob sich für diese Wertung der innerstaatlichen Rechtsordnung Parallelen im Völkerrecht finden lassen. Der dieser Arbeit zugrundeliegende Gedanke, die Konkretisierung des ordre public soweit als möglich anhand der völkerrechtlichen Menschenrechte vorzunehmen (vgl. im I. Kapitel, S. 52 ff. sowie noch ausführlich unten S. 254 ff.), führt zwangsläufig zu einer Relevanzerhöhung völkerrechtlicher Normen in der innerstaatlichen Rechtsanwendung.

Anwendbarkeit der Vorschrift hintangestellt und statt dessen die Rolle des rechts(fort)bildenden Richters in den Vordergrund gerückt.[848] Wenn, so die einleuchtende Argumentation des Gerichts, der Gesetzgeber das Streikrecht der Gewerkschaften nur unter den in Art. 31 Abs. 1 ESC genannten Voraussetzungen einschränken könne, so müsse sich auch der Richter, der die bestehenden gesetzlichen Lücken anhand von Wertentscheidungen des Gesetzgebers auszufüllen habe, an diejenigen Regeln halten, die der Gesetzgeber als für die Bundesrepublik Deutschland verbindlich akzeptiert habe; die von der Bundesrepublik übernommenen völkerrechtlichen Verpflichtungen dürften auch vom lückenfüllenden Richter nicht verletzt werden.[849] *E. Klein* hat diese Entscheidung zu Recht als ein über den Einzelfall wirkendes Beispiel der Bedeutung völkerrechtlicher Verträge für die innerstaatliche Rechtsanwendung bezeichnet.[850] In einer strukturell vergleichbaren Situation wie der lückenfüllende Richter steht nämlich auch ein die Generalnormen des Zivilrechts konkretisierendes Organ der Rechtspflege. Gerade im Bereich der ordre public-Klausel ist der Richter aufgerufen, den vom Gesetzgeber bewußt eingeräumten Spielraum durch einen rechtsschöpfenden Akt auszufüllen. Daß er sich dazu Wertmaßstäben bedient, denen sich die Bundesrepublik völkerrechtlich unterworfen und in die innerstaatliche Rechtsordnung übernommen hat, erweist sich als konsequent, systemrichtig und trägt dem Grundsatz der widerspruchsfreien Rechtsordnung Rechnung. Im Ergebnis spielt deshalb die Natur der Völkerrechtsnorm – unmittelbar anwendbarer Rechtssatz oder an die Staaten gerichteter Handlungsauftrag – für deren Tauglichkeit als ordre public-Maßstab keine alleinentscheidende Rolle. Ordre public-Relevanz gewinnt der Völkerrechtssatz dadurch, daß seine Außerachtlassung die Gefahr einer völkerrechtlichen Verantwortlichkeit der Bundesrepublik nach sich zieht.[851] Die Verantwortlichkeit der Bundesrepublik beschränkt sich aber nicht auf die Wahrung unmittelbar anwendbarer oder gar subjektiv-rechtlicher Verbürgungen, sondern greift ganz allgemein bei einem Tätigwerden oder Unterlassen der innerstaatlichen Organe, das mit den völkerrechtlichen Pflichten der Bundesrepublik nicht in Einklang steht.

Aus diesen Gründen kann die ordre public-Relevanz von Menschenrechten der zweiten Dimension jedenfalls nicht schon mit der Behauptung verneint werden, ihnen seien lediglich Staatenverpflichtungen zu entnehmen, die sich sämtlich einer Anwendung durch innerstaatliche Gerichte von vornherein ent-

848 Vgl. BAGE 46, S. 322 ff.

849 Vgl. ebd., S. 350.

850 Vgl. *Klein*, in: Koeppel (Hrsg.), Kindschaftsrecht, S. 31 (48).

851 Vgl. MüKo-*Sonnenberger*, Einl. IPR Rn. 315; siehe bereits eingangs dieses Kapitels S. 217 ff.

zögen. Soweit der innerstaatliche Rechtsanwender bei der Ausfüllung von Generalklauseln rechtsfortbildende Funktion ausübt, besteht kein Grund, nicht (auch) die an den Gesetzgeber gerichteten Vorgaben des Völkerrechts für die Ausgestaltung der innerstaatlichen Rechtsordnung als Maßstab heranzuziehen. Zudem wurde im II. Kapitel deutlich gemacht, daß auch den wirtschaftlichen, sozialen oder kulturellen Menschenrechten unbedingte und unabhängig von der jeweiligen Leistungsfähigkeit von allen Mitgliedstaaten einzuhaltende Mindestgewährleistungen entnommen werden können. Andererseits ist nicht zu verkennen, daß die Herausbildung solcher unmittelbaren Staatenpflichten noch in der Entwicklung begriffen ist und sich Ansatzpunkte für bestimmte Mindeststandards bislang auf elementare Existenzbedürfnisse beschränken. Jedenfalls *in praxi* dürfte die Bedeutung von Wirtschafts- und Sozialrechten für die Generalklauseln des Privatrechts insofern gering sein, als sie ausschließlich die Verteilung staatlicher Ressourcen zum Gegenstand haben und eines verallgemeinerungsfähigen Menschenrechtsgebotes entbehren.[852] Zudem kann der wirtschaftliche oder sozialstaatliche Aspekt durch freiheits- oder gleichheitsrechtliche Gesichtspunkte überlagert sein, so daß nicht das Sozialrecht, sondern ein Diskriminierungsvorwurf im Vordergrund steht.[853] Letztlich wird den sozialen, wirtschaftlichen und kulturellen Rechten daher nur vereinzelt eine Bedeutung als unmittelbarer Bezugspunkt für den ordre public zukommen. Sie können aber durchaus als ergänzender und in Teilen auch ausdifferenzierter Aspekt des internationalen Menschenrechtsverständnisses und als Ausprägung des Schutzes der Würde des Menschen in unterschiedlichen Wirtschafts- und Sozialordnungen der Staaten herangezogen werden. In dogmatischer Hinsicht stehen ihrer Berücksichtigung als odre public-Maßstab jedenfalls keine grundsätzlichen Bedenken entgegen.

---

852 Im Ergebnis ebenso *Kokott*, BerDGVR 38 (1998), S. 71 (104), allerdings mit der Begründung, derartige Rechte seien „jedenfalls nicht vor Gerichten fremder Staaten justiziabel". Dieser Ansatz verkennt jedoch, daß die ordre public-Anwendung nicht dazu dient, einem anderen Staat die Nichterfüllung seiner völkerrechtlichen Pflichten vorzuhalten, sondern es allein darum geht, ob die für den Forumstaat geltenden Menschenrechte die Nichtanwendung des fremden Rechtssatzes erfordern. Daß die wirtschaftlichen und sozialen Rechte auch außerhalb rechtverbindlicher Normen für den innerstaatlichen Rechtsanwender nicht ohne Bedeutung sein müssen, zeigt *Riedel*, Menschenrechtsstandards, S. 368 und *passim*, allerdings unter der Prämisse, der IPwskR enthalte generell keine unmittelbar verbindlichen Individualrechte, vgl. a.a.O., S. 48 f. Zum diesbezüglichen Verständniswandel vgl. aber im II. Kapitel, S. 149 ff. und gerade *Riedel*, in: Bundeszentrale für Politische Bildung (Hrsg.), Menschenrechte, S. 11 (17 ff.).

853 In diesem Sinne auch *Tomuschat*, in: FS Zacher, S. 1143 (1152 mit Fn. 39), der darauf hinweist, das Potential des Diskriminierungsverbotes im IPwskR sei bislang nicht ausgeschöpft worden.

d) Die Bedeutung des Ranges der den ordre public konkretisierenden Normen

Steht damit fest, daß eine Heranziehung völkerrechtlicher Menschenrechtsnormen im Rahmen der Vorbehaltsklausel nicht deren unmittelbare Anwendungsfähigkeit, geschweige denn einen subjektiv-rechtlichen Charakter erfordert, so bleibt zu fragen, ob die Zugehörigkeit einer Norm zu den „wesentlichen Grundsätzen des deutschen Rechts“ sich nicht zumindest in einer hervorgehobenen normhierarchischen Stellung im innerstaatlichen Rechtssystem äußern muß. Eine solche Forderung könnte vor allem Art. 6 S. 2 EGBGB implizieren, der die Grundrechte als generell ordre public-relevant hervorhebt.

Unbestritten ergibt sich aus der Zugehörigkeit einer Vorschrift zu einem höherrangigen Normbereich ein Indiz für deren Wesentlichkeit innerhalb der Rechtsordnung.[854] Daß aber allein die formale Rangstellung von Normen im innerstaatlichen Recht keine zwingenden Schlüsse auf deren ordre public-Relevanz zuläßt, wird deutlich, wenn in Erinnerung gerufen wird, daß mit der Neuformulierung der Vorbehaltsklausel keine sachliche Änderung des bis dahin geltenden Rechtszustandes angestrebt wurde.[855] Art. 30 EGBGB a.F. stellte ganz allgemein auf einen Verstoß gegen den Zweck eines deutschen Gesetzes oder die guten Sitten ab. Von der Rechtsprechung werden deshalb auch unter Geltung des Art. 6 EGBGB ohne weiteres einfach-gesetzliche Normen zur Begründung eines ordre public-Verstoßes herangezogen. Dies gilt vor allem für das internationale Privatrecht des Allgemeinen Teils und im Internationalen Schuldrecht, wo der Einfluß der Grundrechte sich von vornherein nicht in dem Maße auswirkte, wie beispielsweise im Familienrecht.[856] Bereits das Reichsgericht hat etwa die Verjährungsregeln des BGB zum deutschen ordre public gerechnet und dementsprechend die Unverjährbarkeit von Forderungen durch fruchtlose Zwangsvollstreckung nach schweizerischem Recht als mit dem Zweck des deutschen Gesetzes unvereinbar angesehen.[857] Zum ordre public zählte die Rechtsprechung traditionell auch den allgemeinen Differenzeinwand des § 764 BGB sowie den Termin- und Differenzeinwand des

854 Vgl. statt aller die Darstellung bei RGRK-*Wengler*, Bd. VI/1, § 7, S. 74.

855 Vgl. hierzu im I. Kapitel, S. 34 f.

856 Vgl. die Rechtsprechungsübersichten bei Palandt-*Heldrich*, Art. 6 EGBGB Rn. 15 f.; *Spickhoff*, ordre public, S. 156 ff. sowie Staudinger-*Blumenwitz*, Art. 6 EGBGB Rn. 94 ff.

857 Vgl. die vielzitierte Entscheidung des Reichsgerichts RGZ 106, S. 82 (84); kritisch hierzu aus dogmatischer Sicht unlängst *Lorenz*, IPRax 1999, S. 429 (430 f.).

Börsengesetzes.[858] Ebenso wurden die dem Schutz des Schwächeren dienenden Vorschriften des Privatrechts, die heute freilich weitgehend von den Sonderregelungen der Art. 29 und 29a EGBGB für Verbraucherverträge erfaßt sind, als Ausdruck grundlegender Wertvorstellungen eingestuft.[859] Andererseits folgt nicht bereits aus der Zugehörigkeit einer Norm zum Grundgesetz zugleich deren Beachtlichkeit im Rahmen der Vorbehaltsklausel. So vermochte etwa der BGH keinen ordre public-Verstoß darin zu sehen, daß ein deutscher Beamter – entgegen Art. 34 S. 1 GG – von einem ausländischen Gericht für eine im Ausland gegenüber einem Deutschen begangene Amtspflichtverletzung persönlich haftbar gemacht wurde.[860] Allein der Verstoß gegen eine Norm mit Verfassungsrang, so der BGH, begründe noch keine Verletzung des ordre public, solange kein Grundrecht berührt werde; als ein solches sei Art. 34 S. 1 GG nicht anzusehen.[861]

Aus all dem folgt, daß – abgesehen von den Grundrechten, die das BVerfG gerade für den Bereich der Vorbehaltsklausel als „untrennbare[n] Teil der Verfassung“ und „Kern der freiheitlich-demokratischen Ordnung des staatlichen Lebens“[862] bezeichnet hat – aus der Stellung einer Vorschrift in der innerstaatlichen Normenhierarchie nicht zwingend auf deren Wesentlichkeit im Sinne einer jederzeitigen ordre public-Relevanz geschlossen werden kann.

---

858 Vgl. etwa BGH, NJW 1979, S. 488; OLG Frankfurt, WM 1986, S. 701 (703). Zu den Rechtsprechungsentwicklungen im internationalen Bürgschaftsrecht vgl. *Dörner*, in: FS Sandrock, S. 205 (209 ff.). Im Hinblick auf im Ausland geschlossene Börsentermingeschäfte hat der BGH vor kurzem mit seiner ständigen Rechtsprechung gebrochen und den Termin- und Differenzeinwand der §§ 53 Abs. 1, 58 BörsG jedenfalls nicht mehr zum anerkennungs- bzw. vollstreckungsrechtlichen ordre public gezählt, vgl. BGHZ 138, S. 331 ff. Der BGH begründet die Rechtsprechungsänderung mit der Lockerung der Termingeschäftsbeschränkungen für Privatanleger durch die Börsengesetznovelle von 1989. Zur geänderten Rechtsprechung vgl. die Anmerkung von *Fischer*, IPRax 1999, S. 450 ff. sowie – im größeren Zusammenhang – den Beitrag von *Schwarck*, in: FS Sandrock, S. 881 ff. Die Rechtsprechungsentwicklung bietet zugleich ein Beispiel für die Wandelbarkeit des ordre public im Falle gesetzgeberischer Neubewertungen, vgl. dazu im I. Kapitel, S. 30 mit Fn. 114.

859 Etwa das Abzahlungsgesetz, vgl. RG, JW 1932, S. 591 f., allerdings wohl i.S. einer positiven ordre public-Funktion.

860 Vgl. BGH, JZ 1994, S. 254 ff.

861 Ebd., S. 255.

862 BVerfGE 31, S. 58 (73).

e) Ergebnis

Als Ergebnis dieses Abschnitts läßt sich festhalten, daß im Grunde sämtliche der deutschen Rechtsordnung zugehörigen Normen potentiell zur Konkretisierung des ordre public herangezogen werden können. Soweit also die völkerrechtlichen Menschenrechtsbestimmungen Eingang in die innerstaatliche Rechtsordnung gefunden haben, sind diese grundsätzlich auch im Rahmen der Vorbehaltsklausel berücksichtigungs*fähig*. Art. 6 EGBGB fordert keine subjektiv-rechtliche Disposition der Norm, sondern schützt gerade die objektive Rechtsordnung. Abgesehen von den deutschen Grundrechten entscheidet weiterhin nicht bereits die Stellung der Norm in der innerstaatlichen Normenhierarchie abschließend über die Zugehörigkeit zu den wesentlichen Grundsätzen des deutschen Rechts. Im Rahmen der ausfüllungsbedürftigen Generalklausel obliegt dem Richter die Herausbildung ordre public-relevanter Wertmaßstäbe auch aus dem einfachen innerstaatlichen Recht. Da es sich hierbei um einen Fall der mittelbaren Normanwendung handelt, ist es ihm nicht versagt, auch solche Rechtssätze heranzuziehen, die der unmittelbaren Anwendbarkeit nicht zugänglich sind. Der rechtsschöpferische Akt, der einer Konkretisierung der Vorbehaltsklausel innewohnt, ermöglicht auch die Berücksichtigung von Menschenrechtsnormen, die nicht den Individualrechtsschutz, sondern die völkerrechtskonforme Ausgestaltung der innerstaatlichen Rechtsordnung zum Gegenstand haben.

2. Die Normen des völkerrechtlichen Menschenrechtsschutzes als Bestandteil der innerstaatlichen Rechtsordnung

Es wurde bereits mehrfach auf die generelle Voraussetzung hingewiesen, wonach ein Rechtssatz des Völkerrechts Bestandteil der innerstaatlichen Rechtsordnung geworden sein muß, um als Maßstab der ordre public-Anwendung dienen zu können. Völkerrecht und deutsches Recht bilden in Geltungsanspruch und Entstehungsquelle zwei getrennte Rechtskreise, haben jedoch für ihre Verbindlichkeit in Deutschland mit dem Grundgesetz einen gemeinsamen Geltungs- und Anwendungsgrund.[863] Den originären Ausgangspunkt einer Rechtswirkung völkerrechtlicher Normen für die Handhabung der Vorbehaltsklausel bildet deshalb die Verfassung, die mit Art. 25 und 59 Abs. 2 S. 1 GG zwei generelle[864] „Integrationshebel"[865] für den Eingang völkerrechtlicher

863 Vgl. *Kirchhof*, EuGRZ 1994, S. 16 (18).

864 Dort, wo Hoheitsrechte übertragen worden sind, hält das Grundgesetz spezielle Integrationsmechanismen, wie Art. 23 und 24 GG, bereit, vgl. *Jarass/Pieroth*, GG, Art. 25 Rn. 1.

Rechtssätze in die innerstaatliche Rechtsordnung vorhält. Bevor auf die ordre public-Relevanz des menschenrechtlichen Normbestandes im einzelnen eingegangen wird, bedarf es jedoch einiger allgemeiner Erörterungen zur Integration außerstaatlicher Normen in die deutsche Rechtsordnung, auf denen die Arbeit im weiteren Verlauf begrifflich und inhaltlich aufbaut.

a) Zum Verhältnis der Kategorien Geltung, Anwendbarkeit und Rang völkerrechtlicher Normen im innerstaatlichen Recht

Bei der Frage, ob und wie völkerrechtliche Normen Aufnahme in den innerstaatlichen Bereich finden, lassen sich im wesentlichen drei Problemfelder abschichten: die Frage nach der Geltung einer Norm im innerstaatlichen Recht, nach ihrer Anwendbarkeit und schließlich nach ihrem Rangverhältnis zum sonstigen innerstaatlichen Recht. Während die Rangfrage allgemein als eigenständige Kategorie angesehen wird, ist das Verhältnis von Geltung und Anwendbarkeit seit langem umstritten.

Nach einer im Schrifttum vertretenen Auffassung soll Rechtssätzen des Völkerrechts überhaupt nur insoweit innerstaatliche Geltung verliehen werden können, als sie unmittelbar anwendungsfähig[866] seien, also nicht nur den Staat als solchen verpflichteten, sondern sich unmittelbar an die Staatsorgane oder die Rechtsunterworfenen selbst richteten.[867] Dieser Ansicht wird von der herrschenden Lehre entgegengehalten, sie vermische die Frage, ob ein Völkerrechtssatz Bestandteil der deutschen Rechtsordnung geworden sei, mit der Frage, ob dem einzelnen oder einem deutschen Staatsorgan aus solchen Normen Rechte und Pflichten bzw. Handlungsermächtigungen oder Gestaltungsrechte erwachsen.[868]

---

865 Der Begriff geht zurück auf *H.P. Ipsen*, in: Aktuelle Fragen des Europäischen Gemeinschaftsrechts, S. 1 (26).

866 Zum unterschiedlichen Begriffsverständnis vgl. bereits den Exkurs im II. Kapitel, S. 125 ff.

867 Vgl. vor allem noch *M. Schweitzer*, Staatsrecht III, Rn. 436 ff. und 476; zu den Grundlagen des Diskurses vgl. *Partsch*, BerDGVR 6 (1964), S. 13 (22); *W. Rudolf*, Völkerrecht, S. 173 ff.; *Zuleeg*, JA 1983, S. 1 (6). Die Vermischung der Kategorien von Geltung und unmittelbarer Anwendbarkeit findet sich bereits bei *Walz*, Völkerrecht, S. 376; anders hingegen das Reichsgericht, RGZ 121, S. 7 (9).

868 Vgl. *Steinberger*, in: Isensee/Kirchhof (Hrsg.), HStR VII, § 173 Rn. 45; *Rojahn*, in: v. Münch/Kunig (Hrsg.), GG, Bd. 2, Art. 25 Rn. 17; *Koenig*, in: v. Mangoldt/Klein/Starck (Hrsg.), GG, Bd. 2, Art. 25 Rn. 45 f.; *Streinz*, in: Sachs (Hrsg.), GG, Art. 59 Rn. 67; *Herdegen*, in: Maunz/Dürig (Hrsg.), GG, Art. 25 Rn. 37;

Die Berechtigung dieser Kritik zeigt sich gerade mit Blick auf die Rechtsprechung des BVerfG. Für den Bereich des Art. 25 GG hat das BVerfG im sog. „Botschaftskontenfall" ausdrücklich festgestellt, daß jene Verfassungsnorm sämtliche allgemeine Regeln des Völkerrechts erfasse, unabhängig davon, wie sie im Einzelfall zur Anwendung gebracht werden könnten und ohne Rücksicht darauf, ob sie subjektive Rechte des einzelnen begründeten oder sich ausschließlich an Staaten richteten. Auch letztere müßten „als Bestandteil des Bundesrechts" von allen Organen der Bundesrepublik *beachtet* und „je nach Maßgabe ihres Tatbestandes und Regelungsgehaltes" *angewendet* werden.[869] Als „Bestandteil des objektiven, im Hoheitsbereich der Bundesrepublik *geltenden* Rechts" seien sie mit ihrer jeweiligen völkerrechtlichen Tragweite zu berücksichtigen.[870] *M. Schweitzer* will gerade dieser Entscheidung eine Bestätigung der These abgewinnen, wonach nur die vollzugs*fähigen* (*self-executing*) Normen von der Geltungsverschaffung erfaßt seien.[871] Dazu zählt er zwar zunächst auch die primär staatengerichteten Normen, macht aber zur Voraussetzung, daß sie „in ihrer Anwendung indirekt Auswirkungen auf die Rechtsstellung des einzelnen haben können."[872] In dieser Lesart werden aber die vom BVerfG im Urteil entwickelten Prinzipien gleichsam auf den Kopf gestellt. Die Bedeutung dieser Normen für „das rechtliche Begehren des einzelnen" folgt vielmehr aus der von Art. 25 S. 1 GG angeordneten Zugehörigkeit der (aller!) allgemeinen Regeln des Völkerrechts zum objektiven und von allen staatlichen Organen zu beachtenden Recht.[873] Die Entscheidungserheblichkeit für den Einzelfall erweist sich nicht als Voraussetzung, sondern als *Konsequenz* der innerstaatlicher Geltung dieser Normen. Jede Rechtsanwendung einer im Ursprung völkerrechtlichen Norm im innerstaatlichen Recht erfordert, daß dieser Norm Geltung verschafft worden ist.[874] Die Frage der Anwendbarkeit stellt sich erst, wenn und nur insoweit, als die Norm innerstaatlich Geltung erlangt hat.[875]

E. Klein, in: Koeppel (Hrsg.), Kindschaftsrecht, S. 31 (39); *Buchs*, Anwendbarkeit, S. 28; *Geiger*, Grundgesetz, S. 160 f.

869 Vgl. BVerfGE 46, S. 342 (363), Hervorheb. d. Verf.

870 Ebd., S. 403 f., Hervorheb. d. Verf.

871 Vgl. *M. Schweitzer*, Staatsrecht III, Rn. 476.

872 Ebd.

873 Vgl. BVerfGE 46, S. 342 (362).

874 Vgl. *Rojahn*, in: Geiger, Völkerrechtlicher Vertrag und staatliches Recht, S. 123 (126); siehe auch *Verdross/Simma*, Völkerrecht, § 863.

875 Vgl. *Klein*, in: Koeppel (Hrsg.), Kindschaftsrecht, S. 31 (36); *Rojahn*, in: v. Münch/Kunig (Hrsg.), GG, Bd. 2, Art. 25 Rn. 18; *Streinz*, in: Sachs (Hrsg.), GG, Art. 59 Rn. 67.

Auch im Bereich völkerrechtlicher Verträge ist Transformabilität einer Völkerrechtsnorm nicht von ihrer unmittelbaren Anwendungsfähigkeit abhängig. Vereinzelt wird vorgetragen, der Entscheidung des BVerfG zum deutsch-griechischen Auslieferungsvertrag[876] müsse entnommen werden, *non self-executing*-Normen des Vertragsrechts seien einer Transformation überhaupt nicht zugänglich.[877] In der Tat hatte das BVerfG im konkreten Fall eine subjektiv-rechtliche Schutznorm für den Delinquenten aus dem Vertrag verneint.[878] Daraus darf freilich nicht die Konsequenz abgeleitet werden, der Auslieferungsvertrag sei für die innerstaatliche Rechtsordnung irrelevant. Stellte man die innerstaatliche Geltung einer völkerrechtlichen Norm unter den Vorbehalt ihrer unmittelbaren Anwendbarkeit oder gar eines subjektiv-rechtlichen Charakters, führte das zu kaum auflösbaren Widersprüchen. Es kann kein ernstlicher Zweifel bestehen, daß ein mit dem entsprechenden Zustimmungsgesetz versehener Auslieferungsvertrag die deutschen Behörden zum vertragskonformen Verhalten verpflichtet, ohne daß es auf die Einklagbarkeit oder eine subjektiv-rechtliche Ausgestaltung der Vertragsbestimmungen ankäme.[879]

---

876 BVerfGE 46, S. 214 ff.

877 Vgl. *M. Schweitzer*, Staatsrecht III, Rn. 438 und 440.

878 Die entscheidende Vorschrift des Vertrages (RGBl. 1907, S. 545), der mit Inkrafttreten des Europäischen Übereinkommens über die Auslieferung und Rechtshilfe in Strafsachen, BGBl. 1976 II S. 1778, kraftlos wurde, lautete: „Die Auslieferung soll nicht bewilligt werden, wenn die strafbare Handlung, wegen derer sie beantragt wird, von dem ersuchten Teile als ein politisches Vergehen oder als eine mit einem solchen Vergehen im Zusammenhang stehende Handlung angesehen wird, oder, wenn die beanspruchte Person beweist, daß der Auslieferungsantrag in Wirklichkeit zu dem Zwecke gestellt worden ist, um sie wegen einer strafbaren Handlung dieser Art zu verfolgen." Der Beschwerdeführer rügte vor dem BVerfG eine Verletzung dieses Artikels mit der Begründung, die Bundesrepublik habe seine Auslieferung unter Verschleierung des politischen Hintergrundes seiner Straftaten erwirkt. Das BVerfG führte dazu in BVerfGE 46, S. 214 (220 f.) aus: „Nach ständiger Rechtsprechung (...) begründet ein Auslieferungsvertrag Rechte und Pflichten regelmäßig nur für die Vertragsstaaten; der Ausgelieferte selbst kann aus einem solchen Vertrag lediglich dann Rechte herleiten, wenn dies im Vertrag vereinbart ist (...). Nach diesen Grundsätzen, die ersichtlich keinen verfassungsrechtlichen Bedenken begegnen, stünde dem Beschwerdeführer der von ihm beanspruchte Rechtsschutz allenfalls dann zu, wenn ihm der Auslieferungsvertrag zwischen Deutschland und Griechenland eine die Anwendung des Art. 19 Abs. 4 GG rechtfertigende Rechtsposition eingeräumt hätte. Der Beschwerdeführer beruft sich insoweit zu Unrecht auf Art. 6 Abs. 1 des Vertrages (...). Entgegen der Auffassung des Beschwerdeführers dient diese Vertragsbestimmung nicht dem Schutz desjenigen, über dessen Auslieferung zu entscheiden ist; aus ihr erwachsen vielmehr (...) nur den beteiligten Staaten Rechte und Pflichten (...)."

879 Vgl. *Verdross/Simma*, Völkerrecht, § 865. Etwas anderes läßt sich auch aus der häufig – u.a. von *M. Schweitzer* – herangezogenen Passage in BVerfGE 29, S. 348 (360), nicht entnehmen, in der das BVerfG ausgeführt hat: „Nur solche völkerrechtlichen

Überhaupt würde der Ausschluß bereits der Geltung im innerstaatlichen Recht aufgrund fehlender unmittelbarer Anwendbarkeit zur Aufspaltung oder Irrelevanz zahlreicher Völkerrechtsnormen zum Menschenrechtsschutz führen, deren *self-executing* Charakter sich, wie gezeigt, häufig selbst innerhalb desselben Vertragswerks nicht zweifelsfrei feststellen läßt oder auf völkerrechtlicher Ebene explizit ausgeschlossen wurde. Das BVerfG hat jedenfalls Art. 3 und 7 des IPwskR ohne weiteres als innerstaatlich geltendes und für die Staatsorgane verbindliches Recht angesehen und die darin angeordnete Pflicht zur Gleichstellung von Mann und Frau im Arbeitsleben als einen allgemeinen staatlichen Auftrag interpretiert.[880]

Die Frage der innerstaatlichen *Geltung* ist deshalb unabhängig von der (unmittelbaren) *Anwendbarkeit*, geschweige denn des subjektiv-rechtlichen Charakters einer Völkerrechtsnorm zu beurteilen. Ob die Norm des Völkerrechts unmittelbar angewendet werden oder subjektive Rechte verleihen will, ist eine Frage der Auslegung.[881] Mit der herrschenden Dogmatik ist vielmehr umgekehrt davon auszugehen, daß die Anwendung einer Norm zunächst deren Geltung erfordert.[882] Überzeugend erscheint dieses Ergebnis vor allem deshalb,

---

Vertragsbestimmungen können durch das Zustimmungsgesetz *in innerstaatlich anwendbares* Recht umgesetzt werden, die alle Eigenschaften besitzen, welche ein Gesetz nach innerstaatlichem Recht haben muß, um berechtigen oder verpflichten zu können; die Vertragsbestimmung muß nach Wortlaut, Zweck und Inhalt wie eine innerstaatliche Gesetzesvorschrift rechtliche Wirkungen auszulösen geeignet sein. Nur unter diesen Voraussetzungen entstehen *für den Staatsbürger verbindliche Rechtsnormen.*“ Die Hervorhebungen (des Verf.) machen deutlich, daß es im konkreten Fall nicht um die Geltung sondern um die (unmittelbare) Anwendbarkeit der Vorschriften im innerstaatlichen Rechtsstreit ging. Im Ausgangsverfahren war nämlich der BGH davon ausgegangen, Art. 10 Abs. 1 des deutsch-niederländischen Finanzvertrages (BGBl 1963 II S. 629) erfülle als solcher den Tatbestand der Enteignung, nachdem auch das Zustimmungsgesetz keine Entschädigungsregel beinhalte. Eine (Enteignungs-)Wirkung vermochte das BVerfG dem Vertrag dagegen nicht zu entnehmen, da Art. 10 Abs. 1 des Finanzvertrages nicht darauf angelegt sei, Pflichten einzelner zu begründen oder gar Rechte zu entziehen, vgl. a.a.O., S. 361.

880 Vgl. BVerfGE 88, S. 203 (260).

881 Vgl. *Rojahn*, in: Geiger (Hrsg.), Völkerrechtlicher Vertrag und innerstaatliches Recht, S. 123 (127).

882 Vgl. *Verdross/Simma*, Völkerrecht, § 863; *Streinz*, in: Sachs (Hrsg.), GG, Art. 25 Rn. 39 und Art. 59 Rn. 67; *Stern*, Staatsrecht I, S. 491 f.; *Jarass/Pieroth*, GG, Art. 25 Rn. 3 und Art. 59 Rn. 15; *Koenig*, in: v. Mangoldt/Klein/Starck (Hrsg.), GG, Bd. 2, Art. 25 Rn. 45; *E. Klein*, in: Koeppel (Hrsg.), Kindschaftsrecht, S. 31 (36 ff.); *ders.*, Gemeinschaftsrecht, S. 8; *Herdegen*, in: Maunz/Dürig (Hrsg.), GG, Art. 25 Rn. 37; *Steinberger*, in: Isensee/Kirchhof (Hrsg.), HStR VII, § 173 Rn. 44 ff.; *Rojahn*, in: v. Münch/Kunig (Hrsg.), GG, Bd. 2, Art. 25 Rn. 18 f. und Art. 59 Rn. 34; *ders.* in: Geiger (Hrsg.), Völkerrechtlicher Vertrag und innerstaatliches Recht, S. 123 (126);

weil auch im (autonomen) innerstaatlichen Recht Normen existieren, deren Geltung unbestreitbar ist, auch wenn sie allein Gesetzgebungsaufträge enthalten und keinen unmittelbar anwendbaren Gehalt im Sinne einer Rechtsfolgenentscheidung beinhalten.[883] Daß sich aus einer Norm des geltenden Rechts keine unmittelbaren Rechtsfolgen für den Einzelfall ergeben, ist also keine Besonderheit des Völkerrechts.[884] Zudem wurde bereits darauf hingewiesen, daß einer in die deutsche Rechtsordnung einbezogenen Völkerrechtsnorm durchaus andere Wirkungsformen als die der unmittelbaren Anwendung zuteil werden können.[885] Gerade zur inhaltlichen Bestimmung des Begriffs der öffentlichen Ordnung erfolgt die Heranziehung von Rechtssätzen nur mittelbar, als wertende Ausfüllung einer Generalklausel. Zur Konkretisierung des ordre public können deshalb aus verfassungsdogmatischer Sicht alle innerstaatlich geltenden Völkerrechtsnormen herangezogen werden, selbst wenn ihnen als selbständiger Rechtssatz keine unmittelbare Rechtsfolge entnommen werden kann.[886] Diese mittelbare Funktion völkerrechtlicher Normen als entscheidungserheblicher Bestandteil der *objektiven* Rechtsordnung hat das BVerfG in anderem Zusammenhang ausdrücklich anerkannt.[887] Die Inkorporationsmechanismen des Grundgesetzes bewirken daher die innerstaatliche Geltung und

---

Buchs, Anwendbarkeit, S. 29 f.; *Geiger*, Grundgesetz, S. 174 f.; *Bungert*, DÖV 1994, S. 797.

883 So auch *Streinz*, in: Sachs (Hrsg.), GG, Art. 59 Rn. 67; *Rojahn*, in: v. Münch/Kunig (Hrsg.), GG, Bd. 2, Art. 25 Rn. 19. *E. Klein*, Gemeinschaftsrecht, S. 8, weist zudem auf die Fälle des Art. 80 a GG hin, wonach es zur Anwendung geltender Gesetze noch einer besonderen Feststellung bzw. Zustimmung bedarf; vgl. auch *Buchs*, Anwendbarkeit, S. 30.

884 So auch *Steinberger*, in: Isensee/Kirchhof (Hrsg.), HStR VII, § 173 Rn. 45 ff.

885 Vgl. u.a. oben in Fn. 495. Dieser Gesichtspunkt findet sich auch bei *Bleckmann*, Grundgesetz, S. 64 f. Das BVerfG hat in seiner Rechtsprechung etwa dem Grundsatz der souveränen Gleichheit der Staaten (BVerfGE 46, S. 342 (402 f.)), dem Selbstbestimmungsrecht (BVerfGE 77, S. 137 (161 ff.)), dem Gewaltverbot (BVerfGE 66, S. 39 (64 f.)) oder dem Interventionsverbot (BVerfGE 46, S. 342 (400)) entscheidungserhebliche Gesichtspunkte entnommen, also auf Rechtssätze des Völkerrechts abgestellt, die allein staatengerichtet sind und inhaltlich keineswegs so gefaßt sind, daß sie zur Grundlage eines Rechtsfolgenausspruchs eines nationalen Gerichts gemacht werden könnten.

886 So ausdrücklich *Frowein*, in: Isensee/Kirchhof (Hrsg.), HStR VII, § 180 Rn. 39. In ähnlicher Weise können Völkerrechtsnormen im Rahmen der innerstaatlichen Rechtsanwendung etwa bei der Beurteilung von Vorfragen heranzuziehen sein, ohne daß auf dieser Grundlage bereits die Rechtsfolge für den konkreten Einzelfall entnommen werden könnte und müßte, vgl. *Steinberger*, in: Isensee/Kirchhof (Hrsg.), HStR VII, § 173 Rn. 47 mit zahlreichen Beispielen aus der Rspr.

887 Vgl. BVerfGE 46, S. 342 (363).

Verbindlichkeit aller von Art. 59 Abs. 2 S. 1 GG bzw. Art. 25 GG erfaßten Völkerrechtsnormen unabhängig vom Grad und Ausmaß ihrer Anwendbarkeit.

b) Die Integration von Völkerrecht: Transformation oder Vollzugsbefehl?

Für die innerstaatliche Geltungsverschaffung von Völkerrechtssätzen stehen prinzipiell zwei Denkmodelle zur Verfügung: Die Geltung wird entweder durch Umwandlung der Völkerrechtsnorm in nationales Recht bewirkt oder aufgrund eines an die innerstaatlichen Organe gerichteten allgemeinen Geltungs- bzw. Vollzugsbefehls, der die Rechtsnatur der einzelnen Regeln als Völkerrecht unberührt läßt.[888]

Seit längerem wird in der deutschen Lehre darüber gestritten, ob die Einbeziehung des Völkerrechts durch Art. 59 Abs. 2 S. 1 und Art. 25 GG zu einer Transformation des völkerrechtlichen Rechtssatzes in innerstaatliches Recht führt, oder ob den Völkerrechtsnormen als solchen lediglich ein innerstaatlicher Vollzugsbefehl erteilt wird. Die Lehre neigte anfangs der vom dualistischen Ansatz geprägte Transformationstheorie zu.[889] Sie ging davon aus, daß Völkerrechtsregeln einer „Umgießung" in innerstaatliches Recht bedürften mit der Konsequenz, daß im völkerrechtlichen und im innerstaatlichen Bereich parallele Normen mit unterschiedlichem Geltungsgrund existierten. Im Gegensatz dazu löst die heute wohl vorherrschende Vollzugstheorie die anzuwendende Norm nicht von ihrem völkerrechtlichen Geltungsgrund und interpretiert die Instrumente des Grundgesetzes als Vollzugsbefehle für den innerstaatlichen Rechtsraum.[890] Wie *Partsch* vor längerem herausgestellt hat, sind Art. 25 und 59 Abs. 2 GG für beide Theorien „dogmatisch offen".[891] Das BVerfG folgt in seiner jüngeren Rechtsprechung ganz offensichtlich für beide Inkorporati-

---

888 Für eine rechtsvergleichende Studie der Instrumentarien zahlreicher Staaten für die Umsetzung von Menschenrechtsverträgen vgl. *Buergenthal*, 36 Columbia JTransnatL (1997), S. 221 ff.

889 Zu den Grundlagen des Diskurses vgl. vor allem *W. Rudolf*, Völkerrecht, S. 150 ff. und *Partsch*, BerDGVR 6 (1964), S. 13 (18 ff.). Siehe auch *Stern*, Staatsrecht I, S. 482 ff.; *Hesse*, Grundzüge, Rn. 102.

890 Grundlegend *Partsch*, BerDGVR 6 (1964), S. 13 (19 f., 86 ff. und 142 ff.); *Mosler*, Praxis, S. 13 ff.; siehe auch *Steinberger*, in: Isensee/Kirchhof (Hrsg.), HStR VII, § 173 Rn. 42 f.; *Geiger*, Grundgesetz, S. 159 f; *Rojahn*, in: v. Münch/Kunig (Hrsg.), GG, Bd. 2, Art. 25 Rn. 4 f. und Art. 59 Rn. 32 ff. Im Rahmen von Art. 25 GG wird wegen der allgemeinen Geltungsanordnung häufig auch von Adoption gesprochen, vgl. *Geiger*, Grundgesetz, S. 165 f.; *Herdegen*, in: Maunz/Dürig (Hrsg.), GG, Art. 25 Rn. 36; *Koenig*, in: v. Mangoldt/Klein/Starck (Hrsg.), GG, Bd. 2, Art. 25 Rn. 39.

891 Vgl. *Partsch*, BerDGVR 6 (1964), S. 13 (45).

onsnormen der Vollzugstheorie. In Art. 25 GG erblickt das Gericht einen „generellen Rechtsanwendungsbefehl“,[892] der die Regeln des Völkerrechts *„als solche* mit ihrer jeweiligen *völkerrechtlichen* Tragweite“[893] zum Bestandteil des in der Bundesrepublik geltenden Rechts mache. Mit Blick auf Art. 59 Abs. 2 GG spricht das BVerfG nunmehr[894] vom Zustimmungsgesetz als „innerstaatlichen Rechtsanwendungsbefehl“.[895] Mit guten Gründen steht auch das Schrifttum heute ganz überwiegend auf dem Boden der Vollzugstheorie.[896] Die Transformationslehre sieht sich gerade im Hinblick auf völkerrechtliche Verträge zu Einschränkungen veranlaßt, um etwa ein zeitliches Auseinanderfallen von Inkrafttreten des Vertrages und des Vollzugsgesetzes sowie die Änderung oder die Beendigung völkerrechtlicher Verträge systemgerecht zu erfassen.[897] Im Gegensatz dazu gewährleistet die Vollzugslehre von vornherein die Konkordanz von staatlichem Recht und völkerrechtlicher Bindung – gerade auch in Fragen der Anwendung und Auslegung.[898] Die vorliegende Arbeit, die vor allem die Bedeutug der internationalen Auslegungspraxis für die innerstaatliche Rechtspraxis unterstreicht, folgt deshalb der Vollzugstheorie. Von den systematischen Gesichtspunkten abgesehen, hat der Theorienstreit im übrigen kaum praktische Bedeutung, sofern nur anerkannt wird, daß die dem Völkerrecht entsprungenen Normen auch im innerstaatlichen Rechtsraum den völkerrechtlichen Rechtserzeugungs-, Durchsetzungs- und Auslegungsregeln unterworfen bleiben.[899]

---

892 BVerfGE 46, S. 342 (363).

893 Ebd., S. 403 (Hervorheb. d. Verf.).

894 Die ersten Entscheidungen des BVerfG waren noch von der Transformationslehre geprägt, vgl. BVerfGE 1, S. 372 (389) und BVerfGE 1, S. 396 (411); bereits im Konkordatsurteil, BVerfGE 6, S. 309 (332 ff.) wurde aber die Notwendigkeit einer Transformation völkerrechtlicher Verträge nicht mehr ausdrücklich gefordert.

895 BVerfGE 75, S. 223 (244); BVerfG NJW 1986, S. 1425 (1427); BVerfGE 90, S. 286 (364).

896 Vgl. etwa *Steinberger*, in: Isensee/Kirchhof (Hrsg.), HStR VII, § 173 Rn. 42 f.; *Geiger*, Grundgesetz, S. 159 f.; *Jarass/Pieroth*, GG, Art. 25 Rn. 1; *Rojahn*, in: v. Münch/Kunig (Hrsg.), GG, Bd. 2, Art. 25 Rn. 5 und Art. 59 Rn. 33; *Herdegen*, in: Maunz/Dürig (Hrsg.), GG, Art. 25 Rn. 36; *Bernhardt*, in: Isensee/Kirchhof (Hrsg.), HStR VII, § 174 Rn. 28, alle m.w.N.

897 Zu der deshalb „gemäßigten“ Transformationstheorie vgl. *M. Schweitzer*, Staatsrecht III, Rn. 432 ff.

898 Vgl. *Sternberg*, Rang, S. 106; *Steinberger*, in: Isensee/Kirchhof (Hrsg.), HStR VII, § 173 Rn. 43.

899 So zutreffend *Herdegen*, in: Maunz/Dürig (Hrsg.), GG, Art. 25 Rn. 36; ähnlich *Steinberger*, in: Isensee/Kirchhof (Hrsg.), HStR VII, § 173 Rn. 43; *Koenig*, in: v. Mangoldt/Klein/Starck (Hrsg.), GG, Bd. 2, Art. 25 Rn. 43.

c) Die menschenrechtlichen Verträge als Bestandteil der deutschen Rechtsordnung

Für völkerrechtliche Verträge des Bundes bestimmt Art. 59 Abs. 2 S. 1 GG die Mitwirkung bzw. Zustimmung der gesetzgebenden Körperschaften. Soweit das Vertragsgesetz reicht, wird die auf der Ebene des Völkerrechts verbindliche Vertragsnorm innerstaatlich geltendes Recht.

aa) Geltung kraft entsprechender Vertragsgesetze

Die im zweiten Kapitel angesprochenen Menschenrechtsverträge auf universeller und regionaler Ebene sind mit ihrem jeweiligen für die Bundesrepublik verpflichtenden völkerrechtlichen Gehalt durch entsprechende Vertragsgesetze Bestandteil der innerstaatlichen Rechtsordnung geworden.[900] Nach dem soeben Gesagten tritt die Geltungsverschaffung für sämtliche Verträge bzw. Vertragsbestimmungen ein, unabhängig von deren unmittelbarer Anwendbarkeit oder gar subjektiv-rechtlicher Ausgestaltung. Sie zählen jedenfalls zum geltenden objektiven Recht und erheben, wie jeder innerstaatliche Rechtssatz, den Anspruch, mit ihrem jeweiligen Inhalt bei der Rechtsanwendung durch innerstaatliche Organe beachtet zu werden.

bb) Kongruenz von völkerrechtlicher Bindung und innerstaatlicher Geltung – fehlende Ratifikation und Vorbehalte

Eine innerstaatliche Geltung völkervertraglicher Normen scheidet hingegen von vornherein aus, wenn es schon auf der Ebene des Völkerrechts an einer Bindung der Bundesrepublik an vertragliche Bestimmungen fehlt, der in Form eines Vertragsgesetzes innerstaatliche Wirkung verliehen werden könnte.[901] Für die im II. Kapitel angesprochenen Menschenrechtsdokumente ist dieses *in toto* nur für das 5. Zusatzprotokoll zur EMRK der Fall, das die Bundesrepublik bislang nicht ratifiziert hat.[902] Seine Bestimmungen entfalten folglich auch keine Rechtswirkungen im innerstaatlichen Raum.

An einer völkerrechtlichen Bindung fehlt es aber auch dort, wo die Bundesrepublik Vorbehalte zu einem Vertragswerk angebracht hat. Nach der Legaldefi-

---

900 Zum Umfang der völkerrechtlichen Verpflichtung der Bundesrepublik und zum Inkrafttreten der einzelnen Menschenrechtsverträge vgl. jeweils oben im II. Kapitel.

901 In reziproker Weise beseitigt dementsprechend die Kündigung eines Vertrages nach h.M. auch ohne weiteres die innerstaatliche Geltung, vgl. etwa *Tomuschat*, in: FS Zacher, S. 1143 (1157); kritisch aber *Fastenrath*, Kompetenzverteilung, S. 232 ff.

902 Vgl. im II. Kapitel, S. 191.

nition des Art. 2 Abs. 1 lit. d) der WVRK hat ein Vorbehalt den Zweck, die Rechtswirkung einzelner Vertragsbestimmungen in der Anwendung auf den Staat auszuschließen oder zu ändern. Gem. Art. 21 WVRK gilt für den Staat, der den Vorbehalt erklärt, im Verhältnis zu den anderen Vertragsstaaten der Vertrag im Sinne des Vorbehalts, oder die von dem Vorbehalt berührten Vertragsbestimmungen finden – bei Widerspruch anderer Vertragsstaaten gegen den Vorbehalt – im Verhältnis zwischen Vorbehaltsstaat und widersprechendem Staat keine Anwendung.[903] Ein zulässiger[904] Vorbehalt führt also im Ergebnis dazu, daß die betroffene Vertragsbestimmung für den Vorbehaltsstaat nicht bzw. nur mit dem durch den Vorbehalt modifizierten Inhalt völkerrechtlich verbindlich wird.

Wurde auf der zwischenstaatlichen Ebene ein Vorbehalt hinsichtlich einer materiell-rechtlichen Bestimmung erklärt, findet sich aber im jeweiligen Vertragsgesetz keine Bezugnahme auf den Vorbehalt,[905] so kann es theoretisch zu einem Auseinanderfallen von formellem Inhalt des Vertragsgesetzes und völkerrechtlicher Bindung der Bundesrepublik kommen. Die deutsche Staatspraxis zeigt sich im Hinblick auf die (wenigen) zu den menschenrechtlichen Verträgen erklärten Vorbehalte[906] uneinheitlich. Während im Vertragsgesetz zum IPbpR[907] und zur CEDAW[908] die von der Bundesrepublik abgegebenen Erklärungen wortgleich enthalten sind, fehlt eine solche Parallelität für die materiell-rechtlichen Vorbehalte zur EMRK und zur KRK. Gleichwohl werden im Schrifttum keine Zweifel geäußert, daß auch die Vorbehalte zu den letztgenannten Verträgen vom Zustimmungsgesetz gedeckt sind und folglich auch die

---

903 Zu den einzelnen Modalitäten des Art. 21 WVRK vgl. *Geiger*, Grundgesetz, S. 100.

904 Für die von der Bundesrepublik erklärten Vorbehalte hinsichtlich materieller Vorschriften der Verträge wird – soweit ersichtlich – keine Unzulässigkeit angenommen. Zur Diskussion um die Eignung des Vorbehaltsregimes der WVRK für menschenrechtliche Verträge vgl. etwa *Giegerich*, ZaöRV 1995, S. 713 (719 ff.) sowie *Schweisfurth*, in: Geiger (Hrsg.), Völkerrechtlicher Vertrag und staatliches Recht, S. 71 (76 ff.).

905 Die Frage, ob die Erklärung von Vorbehalten eines zustimmenden Vertragsgesetzes bedarf, hatte bis Mitte der 70er Jahre zu lebhaften Debatten geführt. Für ein entsprechendes Zustimmungserfordernis etwa *Jarass*, DÖV 1975, S. 117 (123), ablehnend hingegen *Wiese*, DVBl 1975, S. 73 (77 f.) und *Treviranus*, DÖV 1976, S. 325 (327 ff.). Den Diskurs faßt *Fastenrath*, Kompetenzverteilung, S. 232 ff. zusammen.

906 Vgl. die im II. Kapitel jeweils angeführten Vorbehalte zu einzelnen Bestimmungen der EMRK, des IPbpR, der CEDAW und der KRK. Zur Erklärung der Bundesrepublik hinsichtlich der unmittelbaren Anwendbarkeit der KRK-Bestimmungen vgl. bereits im II. Kapitel, S. 186 ff. und sogleich unten S. 245 ff.

907 Vgl. Art. 1 des Gesetzes, BGBl. 1973 II S. 1533.

908 Vgl. Art. 1 des Gesetzes, BGBl. 1985 II S. 648.

innerstaatliche Geltung der betroffenen Vorschriften ausschließen. Für die Vollzugstheorie folgt dies zwanglos aus der Grundthese, wonach im Vertragsgesetz nur ein innerstaatlicher Anwendungsbefehl für eine in Geltungsgrund und -umfang völkerrechtlich determinierte Norm liegt.[909] Insoweit kann das Vertragsgesetz nur für diejenigen Normen einen Vollzug anordnen, die auf der Ebene des Völkerrechts für die Bundesrepublik verbindlich geworden sind. Aber auch aus Sicht der Transformationslehre dürfte sich kein anderes Ergebnis ableiten lassen, solange der Gesetzgeber die Vorbehalte mitbestimmt oder sie zumindest unwidersprochen gelassen und damit stillschweigend in seinen Willen aufgenommen hat. So ging der Vorbehalt zu Art. 7 Abs. 2 EMRK gerade auf eine Empfehlung des Bundestages zurück.[910] Seit Ende der 70er Jahre hat sich zudem die Verfassungspraxis etabliert, in der die Bundesregierung den gesetzgebenden Körperschaften ihre Absicht, Vorbehalte zu erklären, mitteilt. Die Legislativorgane können dann im Gesetzgebungsverfahren zu den beabsichtigten Vorbehalten Stellung nehmen und ggf. durch Ergänzungen des Zustimmungsgesetzes die Bundesregierung anhalten, die Vorbehalte in der gewünschten Form zu erklären oder zu unterlassen.[911] Gerade für die KRK hat die Beratung des Zustimmungsgesetzes zu Änderungen des Inhalts der späteren Vorbehaltserklärung geführt.[912]

---

909 Vgl. *Wiese*, DVBl. 1976, S. 73 (78); *Treviranus*, DÖV 1976, S. 325 (327 ff.); *Tomuschat*, in: FS Zacher, S. 1143 (1157). Auch an dieser Stelle zeigt sich die Praktikabilität und Folgerichtigkeit der Vollzugslehre.

910 217. Sitzung des Bundestages am 10. Juni 1952, 1. Sten. Ber. 9516 (B). Zu den Beratungen im Zuge der Ratifizierung der KRK vgl. Fn. 912.

911 Die Staatspraxis beruht auf den sog. „Leitsätzen zu mit völkerrechtlichen Verträgen zusammenhängenden Rechtsfragen". Die Leitsätze wurden von einer Kommission der Landesjustizverwaltungen unter Mitwirkung der beteiligten Bundesressorts erarbeitet und vom Rechtsausschuß des Bundesrates in seiner 447. Sitzung am 7./8. Juni 1977 gebilligt, vgl. im einzelnen *Fastenrath*, Kompetenzverteilung, S. 234 f., dort auch der Abdruck der Leitsätze im Anhang II Nr. 7; siehe auch *Weißauer*, in: FS Bengl, S. 149 (163 ff.). Bezeichnenderweise wurde die Diskussion um die Notwendigkeit der Aufnahme von Vorbehaltserklärungen in das Zustimmungsgesetz seither kaum noch geführt. *Fastenrath*, a.a.O., S. 163 stellt fest, daß *in praxi* zwischen Parlament und Regierung keine Differenzen über die Anbringung von Vorbehalten existieren.

912 Der ursprünglich vorgesehene Text ist als Anlage 1 der Denkschrift zur KRK abgedruckt in BT-Drucks. 12/42; auf dieser Fassung beruht noch die Kritik von *Wolf*, ZRP 1991, S. 374 ff. Zum Gesetzgebungsprozeß vgl. den Bericht des Rechtsausschusses des Bundestages, BT-Drucks. 12/1535, S. 5 ff. Den Verlauf der Gesetzesberatung zeichnen *Ullmann*, FamRZ 1991, S. 898 ff. und FamRZ 1992, S. 892 ff. sowie *Stöcker*, FamRZ 1992, S. 245 ff. und S. 895 f. in ihrer Wechselrede nach. Die Länder hatten ihre Zustimmung davon abhängig gemacht, daß die Bundesregierung bei Hinterlegung eine entsprechende Erklärung zur innerstaatlichen Anwendbarkeit abgibt. Zum Inhalt der letztlich abgegebenen Erklärung vgl. oben S. 191. Zur Aussagekraft

Im Ergebnis spiegeln also nach heutiger Verfassungspraxis die jeweiligen Vertragsgesetze die materielle Verpflichtung der Bundesrepublik durch menschenrechtliche Verträge wider. Die durch das Vertragsgesetz bewirkte innerstaatliche Geltung der völkerrechtlichen Verträge reicht nur soweit, als der entsprechende Vertragsinhalt auf der Ebene des Völkerrechts für die Bundesrepublik verbindlich geworden ist. Von der innerstaatlichen Geltung nicht umfaßt sind damit diejenigen Vertragsbestimmungen, hinsichtlich derer die Bundesrepublik einen Vorbehalt angebracht hat. Normen, denen auf diese Weise (auch) die innerstaatliche Geltung versagt wird, können folglich auch nicht Bestandteil der vom ordre public-Vorbehalt geschützten innerstaatlichen Rechtsordnung sein. Deutschen Gerichten ist es aus Rechtsgründen versagt, solche Vertragsbestimmungen – in welcher Form auch immer – innerstaatlich aufzurufen.[913]

Insofern ist der von *Kokott* vertretenen These, ein Forumstaat könne sich zur Abwehr einer fremden Rechtsordnung auch auf solche Menschenrechte berufen, gegen die er selbst einen Vorbehalt eingelegt hat,[914] ausdrücklich zu widersprechen.[915] *Kokott* begründet ihre Ansicht mit der Besonderheit des völkervertraglichen Menschenrechtsschutzes, der sich nicht im Rahmen der sonst üblichen synallagmatischen Struktur des Völkervertragsrechts bewege, sondern auf Effektivität angelegt sei.[916] Nach der hier vertretenen Auffassung, die die Rechtskreise Völkerrecht, Verfassungsrecht und IPR in einen systemlogischen Zusammenhang zu stellen sucht, kann hingegen eine nicht zum Bestand der deutschen Rechtsordnung zählende Norm auch keine ordre public-Relevanz entfalten. Andernfalls setzte sich der innerstaatliche Richter geradezu in Widerspruch zu der von der Auswärtigen Gewalt determinierten und von der gesetzgebenden Gewalt gebilligten Nicht-Geltung völkerrechtlicher Normen im innerstaatlichen Recht. Über die autonome und für die Rechtspflegeorgane bindende Entscheidung der zuständigen Verfassungsorgane vermag weder ein in den Menschenrechtsverträgen angelegtes Effektivitätsprinzip noch die Völ-

---

und Bedeutung der Erklärung für die innerstaatliche Rechtsanwendung sogleich S. 245 ff.

913 So deutlich *Simma/Kahn/Zöckler/Geiger*, in: Conforti/Francioni (Hrsg.), Enforcing Human Rights, S. 71 (79).

914 Vgl. *Kokott*, BerDGVR 38 (1998), S. 71 (101).

915 Kritisch auch *Streinz* in der anschließenden Diskussion, BerDGVR 38 (1998), S. 119 (120).

916 Vgl. *Kokott*, BerDGVR 38 (1998), S. 71 (101) sowie ihre Replik, BerDGVR 38 (1998), S. 137 (138); kritisch dagegen der Diskussionsbeitrag von *Schilling*, BerDGVR 38 (1998), S. 129 f.

kerrechtsfreundlichkeit des Grundgesetzes hinwegzuhelfen.[917] Der innerstaatliche Rechtsanwender bleibt stets der für ihn geltenden innerstaatlichen Rechtsordnung verpflichtet. Auch ein *effet utile* der Menschenrechte versetzt die deutschen Rechtspflegeorgane nicht in die Lage, solche Normen des Völkervertragsrechts innerstaatlich aufzurufen, denen sich die Bundesrepublik auf zwischenstaatlicher Ebene gerade nicht unterworfen hat und denen wegen der Parallelität des Vertragsgesetzes auch keine Geltung im innerstaatlichen Recht zukommt. Es bleibt daher bei dem Grundsatz, daß Normen des Vertragsrechts, zu denen Deutschland einen Vorbehalt erklärt hat, von jeglicher Wirkung für das nationale Recht ausgeschlossen und nicht in die Auslegung deutschen Rechts einzubeziehen sind.[918]

cc) Die Bedeutung der deutschen Erklärung zur KRK für die menschenrechtsbezogene ordre public-Anwendung

Aus den bisherigen Erkenntnissen dieses Kapitels lassen sich – jedenfalls soweit es den ordre public betrifft – auch die Folgerungen für die Bedeutung der von der Bundesrepublik im Rahmen der KRK-Ratifikation abgegebenen Erklärung ziehen, wonach das Übereinkommen „innerstaatlich keine unmittelbare Anwendung" finden soll.[919] Bereits im II. Kapitel wurde festgehalten, daß diese Erklärung nicht geeignet ist, die auf der Ebene des Völkerrechts eingegangene vertragliche Bindung der Bundesrepublik in materieller Hinsicht einzuschränken. Deshalb ist zunächst festzuhalten, daß die KRK mit ihrem für die Bundesrepublik verbindlichen materiell-rechtlichem Inhalt kraft Vertragsgesetzes Bestandteil des innerstaatlich geltenden Rechts geworden ist. Für den materiell-rechtlichen Umfang der innerstaatlichen Geltung erweist sich die Erklärung der Bundesrepublik damit als irrelevant. Davon zu trennen ist die Frage, ob die Bestimmungen der KRK innerstaatlich unmittelbar angewendet werden können. Wie bereits im II. Kapitel hervorgehoben wurde,[920] ist hier die völkerrechtliche von der innerstaatlichen Ebene abzuschichten. Die Art und Weise, ob und wie eine Norm des Völkerrechts innerstaatlich zur Anwendung gelangt, beurteilt sich nach den Regeln des nationalen Rechts und steht zur Disposition der Staaten. Insofern erweist sich die Erklärung der Bundesrepublik in völkerrechtlicher Hinsicht allenfalls als deklaratorisch, jedenfalls als unbedenklich. Hingegen kann das Völkerrecht durch entsprechende Ausge-

917 Zur Bedeutung der Völkerrechtsfreundlichkeit des Grundgesetzes als bestimmendes und relativierendes Kriterium einer menschenrechtsbezogenen ordre public-Anwendung vgl. unten S. 262 ff.

918 So *Oellers-Frahm*, in: Koeppel (Hrsg.), Kindschaftsrecht, S. 151.

919 BGBl. 1992 II S. 990; vgl. bereits im II. Kapitel, S. 191.

920 Vgl. dazu den Exkurs im II. Kapitel, S. 125 ff.

staltung der Norm die Voraussetzungen dafür schaffen, daß ein Rechtssatz der unmittelbaren Anwendung *fähig,* d.h. die Eigenschaft einer *self-executing* Norm besitzt. Die Entscheidung über den Normcharakter steht aber nicht zur Disposition eines einzelnen Vertragsstaates, sondern beurteilt sich anhand der völkerrechtlichen Auslegungsprinzipien. Einem einzelnen Vertragsstaat steht es deshalb nicht zu, im Wege einer einseitigen Erklärung über die Rechtsnatur völkervertraglicher Normen im Hinblick auf ihre unmittelbare Anwendungs*fähigkeit* zu befinden. Abgesehen von einer subjektiven Staatsauffassung, bleibt deshalb die Erklärung der Bundesrepublik auch insoweit völkerrechtlich ohne rechtserhebliche Wirkung.

Steht damit fest, daß der Erklärung der Bundesrepublik auf der Ebene des Völkerrechts keine materiell-rechtliche Relevanz im Sinne eines Vorbehalts und innerstaatlich keine den Umfang der materiell-rechtlichen Geltung der KRK beschränkende Wirkung zukommt, so reduziert sich ihr Gehalt letztlich auf eine Vorgabe der beteiligten Verfassungsorgane an die innerstaatlichen Rechtspflegeorgane, den Vorschriften der KRK keine unmittelbar für den Einzelfall bestimmende Rechtsnormen und -folgen zu entnehmen. Schon aus verfassungsrechtlicher Sicht darf bezweifelt werden, ob durch eine Erklärung der Exekutive die Rechtsanwendungs- und Auslegungskompetenz der innerstaatlichen Gerichte begrenzt werden kann.[921] Jedenfalls für die menschenrechtsbezogene ordre public-Anwendung kommt der Erklärung keine einschränkende Funktion zu: Es wurde bereits gezeigt, daß es sich bei der Heranziehung positiver Rechtssätze zur Auffüllung der Vorbehaltsklausel um einen Fall der mittelbaren Anwendung handelt. Die Rechtsfolge wird nicht auf die den ordre public ausfüllende Norm selbst gestützt, sondern folgt aus Art. 6 EGBGB. Die zur Konkretisierung herangezogenen Rechtssätze entfalten insoweit lediglich Reflexwirkung; sie fungieren als Erkenntnisquelle für eine grundlegende Wertentscheidung der innerstaatlichen Rechtsordnung. Nichts anderes gilt, wenn zur Konkretisierung des ordre public auf völkerrechtliche Normen abgestellt wird. Maßgeblich ist allein deren Geltung im innerstaatlichen Recht, nicht aber deren unmittelbare Anwendbarkeit oder etwa subjektiv-rechtliche Disposition. Voraussetzung ihrer Einbeziehung ist lediglich ihre innerstaatliche Geltung, nicht aber ein *self-executing* Charakter.

In der Literatur wird deshalb zutreffend darauf hingewiesen, die Bedeutung der Konvention im innerstaatlichen Recht liege vor allem in der Interpretation von

921 Darauf weist vor allem *Tomuschat,* in: FS Zacher, S. 1143 (1157 ff.) hin; ähnlich *Ullmann*, FamRZ 1992, S. 829 (892), der deshalb von einem „Vorbehalt gegen nationales Verfassungsrecht" spricht. Wie bereits dargestellt haben sich einige deutsche Gerichte bereits über die mit der Erklärung intendierte Wirkung hinweggesetzt, vgl. die im II. Kapitel, S. 188 in Fn. 701 angeführte Rechtsprechung der Instanzgerichte.

Generalklauseln.[922] Gerade durch die Berücksichtigung der KRK im Bereich des ordre public-Vorbehalts kann sichergestellt werden, daß die Rechtsanwendung der innerstaatlichen Gerichte nicht zu einem Verstoß der – materiellrechtlich nahezu uneingeschränkt übernommenen – Verpflichtungen der Bundesrepublik führt.[923] Unbeschadet der Auseinandersetzungen in der Literatur um die Bedeutung und Anwendung der KRK in der deutschen Rechtsordnung,[924] erscheint es deshalb ohne weiteres zulässig, die Konvention zumindest als Interpretationsmaßstab für die Vorbehaltsklausel heranzuziehen, wie dies etwa in einem vom OLG Karlsruhe entschiedenen Fall getan wurde.[925] Auf die vom OLG angewandte Methodik wird noch im einzelnen zurückzukommen sein.[926] Ganz im Sinne der hier aufgezeigten Ergebnisse hat *Jayme* in einer Besprechung dieses Urteils hervorgehoben, einer solchen „mittelbaren Berücksichtigung der Konvention im Rahmen des ordre public" stehe die deutsche Erklärung zur KRK nicht entgegen.[927]

---

922 So etwa *Lauer*, AGJ-Mitteilungen 3/1996, S. 15.

923 In diesem Sinne etwa *Zimmermann*, IPRax 1996, S. 167 (171). Zu den wenigen materiell-rechtlichen Vorbehalten der Bundesrepublik zur KRK vgl. die Ausführungen im II. Kapitel, Fn. 735.

924 Neben der Literatur zeigt sich auch die instanzgerichtliche Rechtsprechung gespalten. Während beispielsweise das AG Kamen, FamRZ 1995, S. 1077 ff., das VG Frankfurt, NVwZ 1994, S. 1137 f., das VG Leipzig, NVwZ 1995, S. 422 f., das VG Arnsberg, InfAuslR 1996, S. 285 f. und das AG Bremen, FamRZ 1994, S. 397 ff. der Erklärung der Bundesrepublik zumindest im Ergebnis keine Relevanz zugemessen haben, wurde die Anwendbarkeit der KRK etwa vom LG Essen, FamRZ 1994, S. 399 ff. und vom VG Frankfurt, NVwZ-Beilage 4/1996, S. 29 f. verneint. Das BVerwG hat die Frage ausdrücklich offen gelassen, vgl. BVerwGE 101, S. 236 (247). Auch im Hinblick auf den IPwskR bzw. die Frauendiskriminierungskonvention haben die Gerichte die unmittelbare Anwendbarkeit verneint, vgl. etwa zum IPwskR die Entscheidung des VGH Stuttgart, FamRZ 1993, S. 828 (830) sowie zur CEDAW das Urteil des OVG Münster DVBl. 1990, S. 1162 ff. Immerhin hat das BVerfG im zweiten Abtreibungsurteil, BVerfGE 88, S. 203 (206) den Art. 3 und 7 des IPwskR eine staatliche, insbesondere gesetzgeberische Leitmaxime zur Gleichstellung von Mann und Frau bei der Teilnahme am Arbeitsleben entnommen.

925 Vgl. OLG Karlsruhe, FamRZ 1998, S. 56 f.

926 Dazu unten S. 288 ff.

927 Vgl. *Jayme*, IPRax 1999, S. 49, der der Erklärung sogar Vorbehaltscharakter zuzumessen scheint.

d) Völkergewohnheitsrechtliche Menschenrechte als Bestandteil der deutschen Rechtsordnung

Wie im II. Kapitel dargelegt wurde, herrscht über den konkreten Umfang eines von allen Staaten außerhalb vertragsrechtlicher Systeme zu gewährleistenden Menschenrechtsstandards keine Einigkeit. Mit Gewißheit wird man *de lege lata* in erster Linie die Gewährleistungen zum Schutz elementarer Rechtsgüter wie etwa Leib und Leben, das Folter- und Sklavereiverbot, die Anerkennung als Rechtspersönlichkeit, (straf-)prozessuale Mindeststandards, aber auch das Rassendiskriminierungsverbot als gewohnheitsrechtlich abgesichert betrachten können.[928] Trotz des nicht zweifelsfrei feststehenden Normbestandes erscheint es aus zwei Gründen unangebracht, den Bereich des außervertraglichen Menschenrechtsschutzes für die kollisionsrechtliche Rechtsanwendung von vornherein zu vernachlässigen. Zum einen muß die Dynamik, die der Menschenrechtsschutz auf völkerrechtlicher Ebene entfaltet hat, berücksichtigt werden. Wie im einzelnen bereits dargestellt wurde, rechnen zahlreiche Autoren beispielsweise das Verbot der Diskriminierung aus Gründen des Geschlechts oder der Religion, also einen Normbereich, der in grundrechtlicher Hinsicht ein traditionelles Einsatzfeld des ordre public-Einwandes darstellt, bereits zum gewohnheitsrechtlich verfestigten Bestand. Die Herausbildung menschenrechtlichen Gewohnheitsrechts ist daneben aber auch in systematischer Hinsicht bedeutsam, weil das Grundgesetz mit Art. 25 GG für die Einbeziehung und Stellung dieser völkerrechtlichen Rechtssätze innerhalb der deutschen Rechtsordnung einen speziellen Inkorporationsmechanismus bereithält, der im Rahmen der Vorbehaltsklausel zu berücksichtigen ist.

aa) Völkergewohnheitsrechtliche Menschenrechte als allgemeine Regeln des Völkerrechts i.S.v. Art. 25 GG

Im Gegensatz zu Normen des Völkervertragsrechts erklärt Art. 25 GG S. 1 „die allgemeinen Regeln des Völkerrechts" zum Bestandteil des Bundesrechts und ordnet ihre innerstaatliche Geltung an, ohne daß es der Mitwirkung innerstaatlicher Organe bedürfte.[929] Seit längerem spricht das BVerfG deshalb – im Einklang mit der herrschenden Lehre – von Art. 25 GG als „generellem Rechtsanwendungsbefehl", der die allgemeinen Regeln des Völkerrechts als solche mit ihrer jeweiligen völkerrechtlichen Tragweite in die deutsche Rechtsord-

928 Vgl. im einzelnen die Darstellung im II. Kapitel, S. 201 ff.

929 Vgl. *Streinz*, in: Sachs (Hrsg.), GG, Art. 25 Rn. 38; *Koenig*, in: v. Mangoldt/Klein/Starck (Hrsg.), GG, Bd. 2, Art. 25 Rn. 4; *Herdegen*, in: Maunz/Dürig (Hrsg.), GG, Art. 25 Rn. 36. Zur Trennung der Kategorien Geltung und Anwendbarkeit vgl. oben S. 234 ff.

nung einführt.[930] Als Bestandteil des deutschen Rechts sind sie von allen staatlichen Organen zu beachten und unterfallen dem Grundsatz *iura novit curia.*[931] Wie bereits an anderer Stelle ausgeführt wurde, sichert Art. 25 Satz 1 GG sämtlichen allgemeinen Regeln des Völkerrechts umfassende Berücksichtigung bei der Rechtsanwendung innerstaatlicher Organe und beschränkt sich nicht auf die Geltungsverschaffung unmittelbar anwendbarer Rechtssätze.[932]

Der Begriff der „allgemeinen Regeln des Völkerrechts" ist keine völkerrechtliche, sondern eine grundgesetzliche Wortschöpfung.[933] Nach allgemeiner Ansicht ist der Verweis auf die allgemeinen Regeln jedoch nach Maßgabe der Völkerrechtsordnung und -quellen zu konkretisieren.[934] Zu den allgemeinen Regeln zählt eine Völkerrechtsnorm, wenn sie von der überwiegenden Mehrheit der Staaten anerkannt wird.[935] Das Merkmal der Allgemeinheit bezieht sich folglich nicht auf den Inhalt der Norm, sondern auf den Kreis der Völkerrechtssubjekte.[936] Nach unbestrittener Ansicht werden jedenfalls die Regeln des universellen Gewohnheitsrechts i.S.v. Art. 38 Abs. 1 lit. a) IGH-Statut[937] von Art. 25 GG erfaßt;[938] die ganz überwiegende Meinung erstreckt die Inkor-

930 Grundlegend BVerfGE 46, S. 342 (363 und 403); aus der Literatur vgl. etwa *Steinberger*, in: Isensee/Kirchhof (Hrsg.), HStR VII, § 173 Rn. 46 f.; *Streinz*, in: Sachs (Hrsg.), GG, Art. 25 Rn. 38; *Stern*, Staatsrecht I, S. 491; *Meng*, in: Koeppel (Hrsg.), Kindschaftsrecht, S. 5 (12); *Geiger*, Grundgesetz, S. 166; wegen des antizipierten und generellen Anwendungsbefehls wird häufig auch von „Adoption" gesprochen, vgl. bereits oben in Fn. 890.

931 Vgl. *Steinberger*, in: Isensee/Kirchhof (Hrsg.), HStR VII, § 173 Rn. 48; *Streinz*, in: Sachs (Hrsg.), GG, Art. 25 Rn. 38; *Herdegen*, in: Maunz/Dürig (Hrsg.), GG, Art. 25 Rn. 37.

932 Vgl. im einzelnen oben S. 248 ff.

933 Vgl. *Herdegen*, in: Maunz/Dürig (Hrsg.), GG, Art. 25 Rn. 19.

934 Vgl. *Herdegen*, in: Maunz/Dürig (Hrsg.), GG, Art. 25 Rn. 19; *Koenig*, in: v. Mangoldt/Klein/Starck (Hrsg.), GG, Bd. 2, Art. 25 Rn. 16; *Steinberger*, in: Isensee/Kirchhof (Hrsg.), HStR VII, § 173 Rn. 7; *Streinz*, in: Sachs (Hrsg.), GG, Art. 25 Rn. 28; siehe auch BVerfG, NJW 1988, S. 1462 (1462).

935 Vgl. BVerfGE 15, S. 25 (34); insoweit auch einhellige Literaturmeinung, vgl. nur *Geiger*, Grundgesetz, S. 164; *Stern*, Staatsrecht I, S. 489. Zur räumlichen Dimension der Allgemeinheit sogleich.

936 Allgem. Meinung, vgl. *Streinz*, in: Sachs (Hrsg.), GG, Art. 25 Rn. 24; *Pernice*, in: Dreier (Hrsg.), GG, Bd. II, Art. 25 Rn. 17.

937 Zu den Voraussetzungen für die Entstehung von Gewohnheitsrecht vgl. bereits im II. Kapitel, S. 201 ff.

938 So die st. Rspr. des BVerfG, vgl. BVerfGE 15, S. 25 (34); 16, S. 27 (33); 23, S. 288 (317); 31, S. 145 (177); 66, S. 39 (64 f.); 94, S. 315 (328); 95, S. 96 (129); 96, S. 68 (86). Aus der Literatur vgl. *Tomuschat*, in: Isensee/Kirchhof (Hrsg.), HStR VII, § 172 Rn. 12, mit Hinweis auf die Entstehungsgeschichte der Norm. Siehe auch *Pernice*, in:

porationsnorm aber auch auf die allgemeinen Rechtsgrundsätze i.S.v. Art. 38 Abs. 1 lit. c) IGH-Statut.[939] Im Gegensatz zu Rechtsprechung und Lehre zur Zeit der WRV[940] verlangt die heute herrschende Auffassung für die Allgemeinheit einer Regel nicht mehr, daß diese auch von der Bundesrepublik Deutschland anerkannt wird.[941] Art. 25 S. 1 GG verweist hinsichtlich der Entstehung, Änderung und Fortbildung von Völkergewohnheitsrecht auf die Völkerrechtsordnung, in der sich Gewohnheitsrecht auch ohne *consuetudo* und *opinio iuris* der Bundesrepublik entwickeln kann. Wo es jedoch an der völkerrechtlichen Bindung der Bundesrepublik bereits auf völkerrechtlicher Ebene fehlt, vermag auch Art. 25 GG eine innerstaatliche Inkorporation nicht zu vermitteln. Das völkerrechtliche Schrifttum weist in diesem Zusammenhang auf die allgemeinen Kriterien für die Bildung von Gewohnheitsrecht hin, wonach ein Staat als *persistent objector* die gewohnheitsrechtliche Bindung für sich

---

Dreier (Hrsg.), GG, Bd. II, Art. 25 Rn. 18 f.; *Jarass/Pieroth*, GG, Art. 25 Rn. 7; *Stern*, Staatsrecht I, S. 489; *Geiger*, Grundgesetz, S. 163; *Steinberger*, in: Isensee/Kirchhof (Hrsg.), HStR VII, § 173 Rn. 16; *M. Schweitzer*, Staatsrecht III, Rn. 472; *Koenig*, in: v. Mangoldt/Klein/Starck (Hrsg.), GG, Bd. 2, Art. 25 Rn. 20 ff.; *Herdegen*, in: Maunz/Dürig (Hrsg.), GG, Art. 25 Rn. 23 und 35. Die Auffassung von *Silagi*, EuGRZ 1980, S. 632 (646), nach der nur die zwingenden Rechtssätze des Völkerrechts (*ius cogens*) von Art. 25 GG erfaßt seien, ist ohne nachhaltige Gefolgschaft geblieben.

939 So das BVerfG in st. Rspr., vgl. BVerfGE 15, S. 25 (34); 16, S. 27 (33 und 63); 23, S. 288 (317); 94, S. 315 (328); 95, S. 96 (129); 96, S. 68 (86); BVerfG, NJW 1988, S. 1462 (1463). Ebenso die herrschende Literatur, vgl. *Doehring*, Völkerrecht, Rn. 740; *Stern*, Staatsrecht I, S. 489; *Geiger*, S. 163; *Pernice*, in: Dreier (Hrsg.), GG, Bd. II, Art. 25 Rn. 22; *Jarass/Pieroth*, GG, Art. 25 Rn. 8; *Steinberger*, in: Isensee/Kirchhof (Hrsg.), HStR VII, § 173 Rn. 18. Für die Einbeziehung in die deutsche Rechtsordnung ist es daher nicht entscheidend, ob ein universell anerkannter Normbestand als Völkergewohnheitsrecht oder i.S.v. *Simma* und *Alston* (vgl. dazu die Ausführungen im II. Kapitel, S. 206) als allgemeiner Rechtsgrundsatz einordnet wird. Kritisch hinsichtlich der Einbeziehung allgemeiner Rechtsgrundsätze in das Regime von Art. 25 GG hingegen *W. Rudolf*, Völkerrecht, S. 255 ff. mit dem Hinweis, diese Regeln seien ohnehin schon Bestandteil der deutschen Rechtsordnung; ebenso *M. Schweitzer*, Staatsrecht III, Rn. 472.

940 Dort wurde im Hinblick auf die Formulierung in Art. 4 WRV „Die allgemein anerkannten Regeln" für erforderlich gehalten, das Deutsche Reich müsse eine Völkerrechtsregel ausdrücklich oder konkludent anerkannt haben. Bei der Fassung von Art. 25 GG wurde der Passus „anerkannte" ausdrücklich nicht aufgenommen, vgl. die ausführlichen Darstellungen zur Normhistorie bei *Steinberger*, in: Isensee/Kirchhof (Hrsg.), HStR VII, § 173 Rn. 1 ff. und *Koenig*, in: v. Mangoldt/Klein/Starck (Hrsg.), GG, Bd. 2, Art. 25 Rn. 8 ff.

941 So ausdrücklich BVerfGE 16, S. 27 (35) und 23, S. 288 (316 f.); aus der Literatur etwa *Geiger*, Grundgesetz, S. 164; *Pernice*, in: Dreier (Hrsg.), GG, Bd. II, Art. 25 Rn. 17.

ausschließen kann.[942] Für den menschenrechtlichen Bereich sind diese Erwägungen jedenfalls mit Blick auf die Bundesrepublik akademischer Natur. Selbst bei extensiver Beurteilung des gewohnheitsrechtlichen Menschenrechtsbestandes läßt sich keine Verbürgung ermitteln, deren Geltung die Bundesrepublik auf völkerrechtlicher Ebene (von Anfang an!) widersprochen hätte. Soweit also der universelle Menschenrechtskonsens reicht, fließt dieser vollumfänglich und ohne weiteres über Art. 25 S. 1 GG in die deutsche Rechtsordnung ein und beansprucht darin Geltung.

bb) Regionales Gewohnheitsrecht als allgemeine Regeln des Völkerrechts?

Seit längerem wird darüber gestritten, ob auch partikuläres und regionales[943] Völkerrecht als „allgemein" i.S.v. Art. 25 GG angesehen und damit von dieser Vorschrift erfaßt werden kann. Ein beträchtlicher Teil der Literatur steht diesem Ansatz positiv gegenüber. Zum einen deshalb, weil damit der *ratio* des Art. 25 GG – Harmonisierung zwischen völkerrechtlicher Bindung und innerstaatlicher Rechtsordnung – entsprochen werde; zum anderen, weil es sonst für diesen Normbereich an einem Vollzugsmodus fehlte.[944] Insbesondere für die

942 Vgl. etwa *Steinberger*, in: Isensee/Kirchhof (Hrsg.), HStR VII, § 173 Rn. 35; *Geiger*, Grundgesetz, S. 165; *Streinz*, in: Sachs (Hrsg.), GG, Art. 25 Rn. 33; *Koenig*, in: v. Mangoldt/Klein/Starck (Hrsg.), GG, Bd. 2, Art. 25 Rn. 31. Zur Rechtsfigur des *persistent objector* und zu den Grenzen der Widerspruchsmöglichkeit vgl. etwa *Doehring*, Völkerrecht, Rn. 292. Jedenfalls der beständige und originäre Widerspruch gegen eine sich bildende Norm des Völkergewohnheitsrechts verhindert die Bindung des betroffenen Staates, vgl. die Entscheidung des IGH im Britisch-Norwegischen Fischereistreit, ICJ-Rep. 1951, S. 115 (131). Vgl. auch BVerfGE 46, S. 342 (389) unter Verweis auf die erwähnte Rechtsprechung des IGH.

943 Von partikulärem Völkerrecht wird gesprochen, wenn dieses nur zwischen einzelnen Staaten gilt; regionales Völkerrecht liegt wiederum vor, wenn es sich bei diesen Staaten um eine räumlich abgrenzbare Gruppe handelt; bilaterales Gewohnheitsrecht wird hingegen nach allgemeiner Ansicht nicht unter Art. 25 GG gefaßt. Zur Terminologie vgl. *Verdross/Simma*, Völkerrecht, § 567.

944 Vgl. etwa *Pernice*, in: Dreier (Hrsg.), GG, Bd. II, Art. 25 GG; *Steinberger*, in: Isensee/Kirchhof (Hrsg.), HStR VII, § 173 Rn. 29; *Streinz*, in: Sachs (Hrsg.), GG, Art. 25 Rn. 26; *M. Schweitzer*, Staatsrecht III, Rn. 480; *Bleckmann*, DÖV 1979, S. 309 (313); nunmehr stark ausgebaut *ders.*, Völkerrecht, Rn. 950 ff.; *Koenig*, in: v. Mangoldt/Klein/Starck (Hrsg.), GG, Bd. 2, Art. 25 Rn. 28; *Tomuschat*, in: Isensee/Kirchhof (Hrsg.), HStR VII, § 173 Rn. 13; f. *Klein*, JIR 11 (1962), S. 149 (176); *Zuleeg*, in: AK, GG, Bd. 1, Art. 25 Rn. 20, will Art. 25 GG analog anwenden. Nach *W. Rudolf*, Völkerrecht, S. 277 f. soll hingegen regionales Gewohnheitsrecht außerhalb von Art. 25 GG kraft Verfassungsgewohnheitsrechts Bestandteil der Rechtsordnung werden.

Mitgliedstaaten des Europarates wird angenommen, daß sich zwischen diesen ein europäisches Gewohnheitsrecht zum Schutz der Menschenrechte entwikkelt habe, dessen Bestand sich durch den vom EGMR als *european public order* bezeichneten Kernelementen der EMRK verifizieren lasse.[945] Die Gegenmeinung schließt hingegen unter restriktiver Interpretation des Begriffs der allgemeinen Regeln die Anwendung von Art. 25 GG auf regionales Völkerrecht aus.[946] Auch der Rechtsprechung des BVerfG liegt dieses restriktive Verständnis zugrunde: Art. 25 GG fordert danach eine weltweite Verbreitung[947] bzw. universelle Geltung[948] des Völkerrechtssatzes. Der Streit entfaltet aber für die an dieser Stelle allein interessierende Frage nach der *Geltung* menschenrechtlicher Normen im innerstaatlichen Recht praktisch keine Bedeutung, da die EMRK – als potentielle Erkenntnisquelle eines regional-europäischen Gewohnheitsrechts – ohnehin nahezu vollständig kraft Vertragsgesetzes Bestandteil der deutschen Rechtsordnung und somit innerstaatlich beachtliches Recht geworden ist.

cc) Normen des Völkervertragsrechts als allgemeine Regeln des Völkerrechts?

Nicht unter den Begriff der allgemeinen Regeln i.S.d. Art. 25 GG fallen – angesichts des spezielleren Art. 59 Abs. 2 S. 1 GG – nach allgemeiner Ansicht völkerrechtliche Verträge als solche.[949] Anerkannt ist hingegen, daß Rechtssät-

---

945 Vgl. *Pernice*, in: Dreier (Hrsg.), GG, Bd. II, Art. 25 Rn. 21. Zum Begriff des *european public order* vgl. unten Fn. 1130. *De Quadros*, in: FS Bernhardt, S. 555 (562) stuft die Garantien der EMRK weitgehend als europäisches *ius cogens* ein.

946 Vgl. *Kirchhof*, EuGRZ 1994, S. 16 (26); *Herdegen*, in: Maunz/Dürig (Hrsg.), GG, Art. 25 Rn. 32; *Rojahn*, in: v. Münch/Kunig (Hrsg.), GG, Bd. 2, Art. 25 Rn. 9; *Geck*, FS BVerfG II, S. 125 ff.; wohl auch *Jarass/Pieroth*, GG, Art. 25 Rn. 5.

947 BVerfGE 75, S. 1 (26).

948 BVerfGE 96, S. 68 (86): „Allgemeine Regeln des Völkerrechts sind das universell geltende Gewohnheitsrecht sowie die allgemeinen Rechtsgrundsätze".

949 Vgl. nur *Steinberger*, in: Isensee/Kirchhof (Hrsg.), HStR VII, § 173 Rn. 9; *Koenig*, in: v. Mangoldt/Klein/Starck (Hrsg.), GG, Bd. 2, Art. 25 Rn. 29; *Uerpmann*, Rechtsprechung, S. 61; *M. Schweitzer*, Staatsrecht III, Rn. 473; *Geiger*, Grundgesetz, S. 164; *Herdegen*, in: Maunz/Dürig (Hrsg.), GG, Art. 25 Rn. 20. Die früher kontrovers diskutierte Frage, ob Verträge über den allgemeinen und damit von Art. 25 GG erfaßten völkerrechtlichen Rechtsgrundsatz *pacta sund servanda* ihrerseits an dieser Einordnung teilnähmen (hierzu etwa *Doehring*, Fremdenrecht, S. 127 ff.) wird heute einhellig verneint, vgl. BVerfGE 6, S. 309 (363); 31, S. 145 (177 f.); 73, S. 339 (411 f.); *Streinz*, in: Sachs (Hrsg.), GG, Art. 25 Rn. 30; *Herdegen*, in: Maunz/Dürig (Hrsg.), GG, Art. 25 Rn. 9; *Doehring*, Völkerrecht, Rn. 741; *Steinberger*, in: Isensee/Kirchhof (Hrsg.), HStR VII, § 173 Rn. 9.

ze des Völkergewohnheitsrechts ihren Eingang in die deutsche Rechtsordnung auch dann über Art. 25 GG finden bzw. behalten, wenn sie – inhaltsgleich – in völkerrechtlichen Verträgen einen Niederschlag gefunden haben.[950] Gerade im Hinblick auf die Menschenrechte lassen sich Rechtssätze erkennen, die sowohl dem Gewohnheitsrecht als auch dem für die Bundesrepublik verbindlichen Vertragsrecht angehören.[951] Allein für die innerstaatliche Geltung hat die Rechtsquelle aber – das wurde bereits gesagt – keine Bedeutung, wenngleich die Vertragsregeln regelmäßig die schärferen, weil schriftlich fixierten und durch die Überwachungsorgane geformten Konturen bieten dürften.

e) Ergebnis

Der kollisionsrechtliche ordre public knüpft an die innerstaatlich *geltende* Rechtsordnung an. Soll im Rahmen des ordre public eine im Ursprung völkerrechtliche Norm Berücksichtigung finden, so setzt dies begriffsnotwendig die Anerkennung des Rechtssatzes innerhalb der deutschen Rechtsordnung voraus. Für die Heranziehung des internationalen Menschenrechtsschutzes im Rahmen der international-privatrechtlichen Vorbehaltsklausel schafft damit das Verfassungsrecht die notwendigen Voraussetzungen. Die Inkorporationsmechanismen des Grundgesetzes ermöglichen die Einbeziehung menschenrechtlicher Normen in den für die ordre public-Anwendung berücksichtigungsfähigen Rechtsbestand. Im Ergebnis zählen sämtliche menschenrechtliche Verpflichtungen, denen die Bundesrepublik auf völkerrechtlicher Ebene unterworfen ist, zum innerstaatlich *geltenden* Normbestand und erfüllen damit die Mindestvoraussetzung für eine Heranziehung als ordre public-Maßstab. Lediglich dort, wo kraft ausdrücklichen Vorbehalts oder fehlenden Beitritts zu einem menschenrechtlichen Vertragswerk schon eine völkerrechtliche Bindung der Bundesrepublik nicht existiert, gelangen die entsprechenden Rechtssätze des Völkerrechts nicht in die innerstaatliche Rechtsordnung; infolgedessen bleibt diesen

---

950 Vgl. *Stern*, Staatsrecht I, S. 489; *Rojahn*, in: v. Münch/Kunig (Hrsg.), GG, Bd. 2, Art. 25 Rn. 11; *Steinberger*, in: Isensee/Kirchhof (Hrsg.), HStR VII, § 173 Rn. 11 f.; *Streinz*, in: Sachs (Hrsg.), GG, Art. 25 Rn. 31. Dies ist der Fall bei sog. Kodifikationsverträgen, deren Inhalt bestehendes Gewohnheitsrecht widerspiegelt (so weitestgehend geschehen für die WVRK, das WÜD und WÜK); andererseits kann sich aus Verträgen – vermittelt durch Staatenpraxis und Rechtsüberzeugung – Gewohnheitsrecht entwickeln, vgl. allgemein hierzu *Doehring*, Völkerrecht, Rn. 297 und 314 ff. So zählt etwa das Gewaltverbot in Art. 2 Ziff. 4 UN-Charta inzwischen zum gesicherten gewohnheitsrechtlichen Normbestand des gegenwärtigen Völkerrechts, vgl. *Herdegen*, in: Maunz/Dürig (Hrsg.), GG, Art. 25 Rn. 20.

951 Vgl. oben die allgemein anerkannten gewohnheitsrechtlichen Menschenrechte, etwa das Folterverbot, das Verbot der willkürlichen Tötung, der *deni de justice* und die Rassendiskriminierung.

Bestimmungen zugleich eine ordre public-Relevanz in der deutschen Rechtsordnung versagt. Aus normtheoretischer Sicht setzt die Heranziehung völkerrechtlicher Bestimmungen als ordre public-Maßstab keine subjektiv-rechtliche Ausgestaltung der Norm, ja nicht einmal deren unmittelbare Anwendungsfähigkeit voraus.[952] Der ordre public hat sich, sobald einer völkerrechtlichen Norm die innerstaatliche Anerkennung zuteil geworden ist, am Grad der völkerrechtlichen Verpflichtung der Bundesrepublik zu orientieren. Freilich verfügen Menschenrechten, die als *self-executing*-Normen konzipiert sind, regelmäßig über schärfere Konturen und erlangen deshalb eine gesteigerte Bedeutung für den ordre public. Andererseits ist deutlich geworden, daß auch Menschenrechtsbestimmungen der zweiten Dimension gerade im Rahmen der richterlichen Rechtsfortbildung und der Interpretation von Generalklauseln normative Kraft entfalten können und weder aus normtheoretischer noch aus praktischer Sicht von vornherein aus dem Kreis der den ordre public konkretisierenden Normen ausscheiden müssen.

3. Die internationalen Menschenrechte als Bestandteil des kollisionsrechtlichen ordre public

Mit der Geltungsverschaffung der (aller!) auf völkerrechtlicher Ebene bestehenden Verpflichtungen der Bundesrepublik im innerstaatlichen geltenden Recht ist freilich erst die Grundvoraussetzung einer Berücksichtigung dieses Normbestandes im Rahmen des ordre public gelegt. Für den Einsatz der Vorbehaltsklausel genügt jedoch nicht jeder Konflikt des kollisionsrechtlich erzielten Anwendungsergebnisses mit der innerstaatlichen Rechtsordnung – das wurde im I. Kapitel herausgestellt. Erst bei Verletzung von „wesentlichen Grundlagen des deutschen Rechts“ verlangt Art. 6 EGBGB die Nichtanwendung des fremden Rechts. Der folgende Abschnitt geht deshalb der Frage nach,

952 Für das über Art. 25 S. 1 GG in die deutsche Rechtsordnung eingeflossene menschenrechtliche Gewohnheitsrecht sichert jedenfalls Art. 25 S. 2 Hs. 2 GG sogar deren subjektiv-rechtlichen Charakter im innerstaatlichen Recht, so daß nicht nur die Geltung, sondern sogar deren unmittelbare Anwendbarkeit im innerstaatlichen Recht außer Frage steht. Die in der Literatur umstrittene Frage, ob Art. 25 S. 2 Hs. 2 GG generell nur deklaratorischer Charakter zukommt – so die wohl h.L., vgl. statt vieler *Steinberger*, in: Isensee/Kirchhof (Hrsg.), HStR VII, § 173 Rn. 69 ff. m.w.N., und das BVerfG, vgl. BVerfGE 15, S. 25 (33); 18, S. 441 (448); 27, S. 253 (274) – oder konstitutive Wirkung im Sinne eines „Adressatenwechsels“ für die staatengerichteten Völkerrechtsnormen – hierzu grundlegend *Doehring*, Fremdenrecht, S. 153 ff. –, wirkt sich wegen der (zumindest auch) subjektiv-rechtlichen Disposition der gewohnheitsrechtlichen Menschenrechte nicht aus, vgl. *Doehring*, Völkerrecht, Rn. 731 sowie *Herdegen*, in: Maunz/Dürig (Hrsg.), GG, Art. 25 Rn. 48 für die ganz h.M.

inwieweit die ins innerstaatliche Recht eingeflossenen Menschenrechte zu demjenigen Normbestand zählen, der im Rahmen der kollisionsrechtlichen Rechtsanwendung den Einsatz des ordre public rechtfertigt oder verlangt.

a) Die allgemeinen Regeln des Völkerrechts – verfassungsunmittelbarer Vorbehalt oder integraler Bestandteil der kollisionsrechtlichen Vorbehaltsklausel?

Soweit Menschenrechte auf Völkerrechtsebene zu Gewohnheitsrecht erstarkt sind, wird ihnen kraft ausdrücklicher Anordnung in Art. 25 S. 2 Hs. 1 GG ein Vorrang jedenfalls vor den einfachen Gesetzen verliehen.[953] Im Ergebnis besteht denn auch von Seiten der Literatur kein Zweifel, daß die im Gewohnheitsrecht wurzelnden – in weiten Teilen zugleich zwingendes Völkerrecht widerspiegelnden – Menschenrechte aufgrund ihrer besonderen Stellung in der deutschen Rechtsordnung die Anwendung entgegenstehenden fremden Rechts ausschließen.[954] Ihrer Heranziehung im Rahmen der kollisionsrechtlichen Vorbehaltsklausel scheint jedoch zunächst ein systematischer Aspekt entgegenzustehen, ordnet doch Art. 25 S. 2 Hs. 1 GG den Vorrang gegenüber den einfachen Gesetzen und damit auch gegenüber dem Kollisionsrecht an. Im Schrifttum wird die Frage, ob hier ein Rückgriff auf den einfach-gesetzlichen ordre public-Vorbehalt nötig, ja überhaupt zulässig ist, um die Nichtanwendung fremden Rechts zu begründen, nicht einheitlich beurteilt. Während die kollisionsrechtliche Literatur ohne weiteres eine Verortung auch der völkerrechtlichen Vorgaben für die Anwendung fremden Rechts innerhalb der ordre

953 Die früher weithin vertretene Auffassung, der Vorrang vor den Gesetzen erfasse auch das Grundgesetz (vgl. hierzu *v. Mangold/Klein*, GG², Bd. 1, Art. 25 Ziff. V., mit der Darstellung des älteren Schrifttums; auch das BVerfG zeigte sich anfänglich für diesen Ansatz offen, vgl. BVerfGE 1, S. 208 (233); in diesem Sinne noch *Pernice*, in: Dreier (Hrsg.), GG, Bd. 2, Art. 25 Rn. 25) wird heute ganz überwiegend ablehnt, vgl. *Rojahn*, in: v. Münch/Kunig (Hrsg.), GG, Bd. 2, Art. 25 Rn. 37; *Koenig*, in: v. Mangoldt/Klein/Starck (Hrsg.), GG, Bd. 2, Art. 25 Rn. 55; *Schmidt-Bleibtreu/Klein*, GG, Art. 25 Rn. 1 a; *Steinberger*, in: Isensee/Kirchhof (Hrsg.), HStR VII, § 173 Rn. 57 ff.; *Bleckmann*, DÖV 1996, S. 137 (141); *Stern*, Staatsrecht I, S. 493 f.; *Streinz*, in: Sachs (Hrsg.), GG, Art. 25 Rn. 85; *Geiger*, Grundgesetz, S. 168 f.; *Doehring*, Völkerrecht, Rn. 730; *Tomuschat*, in: Isensee/Kirchhof (Hrsg.), HStR VII, § 172 Rn. 15; ebenso die st. Rspr. des BVerfG seit BVerfGE 6, S. 309 (363); vgl. etwa BVerfGE 27, S. 253 (274); 37, S. 271 (279). Die Enquête-Kommission für Fragen der Verfassungsreform ist der Sichtweise der heute herrschenden Meinung gefolgt, vgl. BT-Drucks. 7/5924, S. 231.

954 Vgl. Staudinger-*Blumenwitz*, Art. 6 EGBGB Rn. 57; MüKo-*Sonnenberger*, Art. 6 EGBGB Rn. 70; *Spickhoff*, ordre public, S. 90; *Hofmann*, ZaöRV 49 (1989), S. 41 (48 ff.); *Schütz*, ordre public, S. 44; *Kokott*, BerDGVR 38 (1998), S. 71 (92 f.).

public-Klausel vornimmt,[955] sieht die völkerrechtliche Lehre in Art. 25 GG wohl überwiegend eine unmittelbar wirkende Schranke für die kollisionsrechtliche Rechtsanwendung.[956] Letztere Auffassung steht zumindest in Einklang mit dem verfassungsgerichtlichen Diktum, die innerstaatlichen Organe seien „kraft Art. 25 GG“ daran gehindert, „innerstaatliches Recht in einer Weise auszulegen und anzuwenden, welche die allgemeinen Regeln des Völkerrechts verletzt.“[957]

Die Heranziehung und Durchsetzung des gewohnheitsrechtlichen Menschenrechtsstandards „innerhalb“ der kollisionsrechtlichen Vorbehaltsklausel erscheint jedoch trotz ihrer von Art. 25 S. 2 Hs. 1 GG vermittelten Stellung in der deutschen Rechtsordnung zulässig, solange die besondere verfassungsrechtliche Komponente einer solchen Einbeziehung berücksichtigt wird. Aus völkerrechtlicher Sicht bestehen dagegen keine Bedenken, wenn dabei die menschenrechtlichen Anforderungen im Ergebnis gewahrt werden. Es wurde bereits an anderer Stelle hervorgehoben, daß die moderne Dogmatik nicht einem unmittelbar kraft Völkerrechts wirkenden ordre public anhängt, sondern auch den gewohnheitsrechtlichen oder gar zwingenden Regeln des Völkerrechts erst über die Instrumente des innerstaatlichen Rechts ihre Bedeutung für die kollisionsrechtliche Rechtsanwendung zukommen läßt.[958] Das Völkerrecht schreibt die Art und Weise seiner Beachtung und Umsetzung den Staaten nicht vor. Es ist somit eine Frage des nationalen Rechts, auf welchem Wege die Beachtung der völkerrechtlichen Bindungen in der Rechtsordnung eines Staates gewährleistet wird. Gerade von Seiten des völkerrechtlichen Schrifttums wird deshalb zutreffend darauf hingewiesen, daß die Verpflichtung des deutschen Richters zur Nichtanwendung eines gegen die allgemeinen Regeln des Völkerrechts verstoßenden fremden Rechtssatzes ausschließlich auf inner-

---

955 Vgl. etwa *Ch. v. Bar*, IPR I, Rn. 138 f.; *Kropholler*, IPR, S. 243 f.; *Kegel/Schurig*, IPR, S. 436; *Wiethölter*, BerDGVR 7 (1967), S. 133 (176); *Neuhaus*, Grundbegriffe, S. 73 ff.; RGRK-*Wengler*, Bd. VI/1, § 7, S. 13 ff.

956 Die Problematik wird zumeist im Zusammenhang mit der Anerkennung fremder Hoheitsakte, insbesondere Enteignungen, diskutiert, vgl. bereits *Mann*, NJW 1961, S. 705 ff.; *Schütz*, ordre public, S. 120 ff.; *Hofmann*, ZaöRV 49 (1989), S. 41 (51 ff.); letzterer aber auch mit Bezug zur Anwendung fremden Rechts (a.a.O., S. 53 f.); ähnlich *Herdegen*, in: Maunz/Dürig (Hrsg.), GG, Art. 25 Rn. 41; siehe auch Staudinger-*Blumenwitz*, Art. 6 EGBGB Rn. 57; nicht eindeutig zur systematischen Einordnung des gewohnheitsrechtlichen Menschenrechtsbestandes als Schranke der Anwendung fremder Rechtssätze *Kokott*, BerDGVR 38 (1998), S. 71 (92 ff.).

957 BVerfGE 75, S. 1 (19); die Entscheidung weist allerdings keinen spezifisch kollisionsrechtlichen Bezug auf.

958 Dazu im I. Kapitel, S. 46 ff.

staatlichem Recht, nämlich Art. 25 GG, beruhe.[959] Strukturell besteht aber für die innerstaatlich dem einfachen Recht vorgehenden allgemeinen Regeln des Völkerrechts kein Unterschied zu den deutschen Grundrechten in ihrer Funktion als Schranke der Anwendung fremden Rechts. Auch hier, das folgt bereits aus der Spanier-Rechtsprechung des BVerfG, wirken die Grundrechte nicht *aufgrund* einer einfachrechtlichen Vorbehaltsklausel, sondern kraft ihrer verfassungsrechtlich determinierten Bedeutung für die innerstaatliche Werteordnung. Gleichwohl hat das BVerfG die Möglichkeit einer Berücksichtigung der Grundrechte *im Rahmen* der kollisionsrechtlichen Vorbehaltsklausel für ausreichend erachtet (und letztlich gebilligt), solange den Grundrechten hierdurch eine verfassungsrechtlich determinierte Einbruchstelle in den internationalprivatrechtlichen Entscheidungsprozeß eingeräumt wird.[960] Wenn also dieser Weg für die ranghöchsten Normen des innerstaatlichen Rechts verfassungskonform beschritten werden darf, so kann für die von Art. 25 GG erfaßten Menschenrechte kaum anderes gelten, solange auch hier die Vorbehaltsklausel „schlechthin als Einbruchstelle" für die allgemeinen Regeln des Völkerrechts in das Internationale Privatrecht verstanden wird. Daß die Einbeziehung verfassungsrechtlicher Wertentscheidungen in den kollisionsrechtlichen ordre public nicht ohne Folgen für die Anwendungskriterien der Vorbehaltsklausel bleiben kann, zeigt wiederum die mit der Spanier-Entscheidung ausgelöste Rechtsentwicklung. Auf die Übernahme der vom BVerfG zum Maß und Umfang der Grundrechtsgeltung entwickelten Vorgaben für die Menschenrechte wird deshalb noch an anderer Stelle zurückzukommen sein.[961] Einer Berücksichtigung der gewohnheitsrechtlich verankerten Menschenrechte im Rahmen der Vorbehaltsklauseln des Internationalen Privatrechts stehen deshalb jedenfalls aus verfassungsrechtlicher Sicht insoweit keine normhierarchischen oder systematischen Hemmnisse entgegen, als die von Art. 25 GG angeordnete

959 So explizit *Hofmann*, ZaöRV 49 (1989), S. 41 (54). Wegen dieses spezifisch verfassungsrechtlichen Hintergrundes bewegt sich die hier aufgeworfene Problematik dogmatisch auf einer anderen Ebene als die oben S. 221 ff. dargestellte Diskussion um ein unmittelbares Durchschlagen des *völkerrechtlichen* ordre public i.S. *Jaenickes*.

960 Vgl. BVerfGE 31, S. 58 (86). Den vom BVerfG zunächst wohl bevorzugten Weg eines unmittelbar wirkenden Grundrechtskollisionsrechts hat der Gesetzgeber – verfassungskonform, vgl. BVerfGE 79, S. 203 (210) – nicht beschritten, vgl. dazu bereits im I. Kapitel, S. 40 ff. Im Rahmen der normtheoretischen Diskussion zum Verhältnis zwischen einfachrechtlichem ordre public und verfassungsrechtlichen Wertentscheidungen weist MüKo-*Sonnenberger*, Art. 6 EGBGB Rn. 53 allerdings zutreffend darauf hin, es handle sich bei der Vorbehaltsklausel der Sache nach um die Positivierung einer materiellen Gerechtigkeitskontrolle im IPR, die nur insoweit zur Disposition des einfachen Gesetzgebers stehe, als dieser nicht selbst nach Art. 1 Abs. 3 GG gebunden sei.

961 Vgl. dazu unten S. 292 ff.

Geltung und Durchsetzungskraft dieser Rechtssätze nicht durch einfachgesetzliche Kriterien unterlaufen oder gehemmt werden.

b) Die Normen der Menschenrechtsverträge als wesentliche Grundsätze des deutschen Rechts – gesetzgeberische Intention

Während an der ordre public-Relevanz des – freilich engen – gewohnheitsrechtlichen Menschenrechtsbestandes also im Ergebnis schon aus verfassungsrechtlichen Gründen kein Zweifel besteht, so fehlt es für den völkervertraglichen Menschenrechtsschutz an einer generellen und ohne weiteres erkennbaren Einordnung.

Aus der Entstehungsgeschichte des Art. 6 EGBGB wird deutlich, daß der Gesetzgeber im Zuge der Neufassung der Vorbehaltsklausel diese ausdrücklich für den außerstaatlichen Menschenrechtsschutz öffnen und den völkerrechtlichen Vorgaben ebenso wie den deutschen Grundrechten grundsätzliche ordre public-Relevanz zumessen wollte.[962] So heißt es in der Regierungsbegründung zum IPR-Reformgesetz: „Grundrechte oder vergleichbare Menschenrechte können sich (...) auch aus den menschenrechtlichen Übereinkommen ergeben; diese gehören ebenfalls zum ordre public."[963] Den Begriff der Grundrechte in Art. 6 S. 2 EGBGB versteht der Gesetzgeber folglich im untechnischen Sinne und will damit auch die völkerrechtlichen Menschenrechtsgewährleistungen erfassen. Systematisch sollten diese den deutschen Grundrechten gleichgestellt und als besonders geschützter Bestandteil der innerstaatlichen Ordnung hervorgehoben werden. Im Schrifttum ist zwar bezweifelt worden, ob die Zuordnung in Art. 6 S. 2 EGBGB unter gesetzessystematischen Gesichtspunkten haltbar sei.[964] Die zugrundeliegende Intention des Gesetzgebers, die im neueren Schrifttum weitgehend Zustimmung gefunden hat,[965] wird aber von dieser Frage nicht beeinträchtigt. Zum Bereich der wesentlichen Grundsätze sollten jedenfalls diejenigen Menschenrechte gehören, die eine Entsprechung in den Grundrechten des Grundgesetzes gefunden haben.

---

962 Vgl. bereits im I. Kapitel, S. 56.

963 Regierungsbegründung zum IPR-Reformgesetz, BT-Drucks. 10/504, S. 44. Daß es sich bei den angesprochenen Übereinkommen allein um die in der Bundesrepublik geltenden Verträge handelt, ist offenkundig, vgl. *Spickhoff*, ordre public, S. 212.

964 Vgl. etwa MüKo-*Sonnenberger*, Art. 6 EGBGB Rn. 50, mit dem Hinweis, die Einbeziehung der Menschenrechte müsse systematisch über den allgemeinen ordre public des Art. 6 S. 1 EGBGB erfolgen.

965 Vgl. dazu die Ausführungen im I. Kapitel, S. 58 ff.

Der Umfang des völkerrechtlichen Menschenrechtsschutzes geht aber – das hat die Untersuchung im II. Kapitel gezeigt – über den positiv geregelten Bestand der deutschen Grundrechte deutlich hinaus. Dies gilt weithin für den Bereich der sozialen, wirtschaftlichen und kulturellen Rechte, die immerhin noch ansatzweise als Staatsgrundlagenbestimmungen in der Verfassung wiedergefunden werden können.[966] Aber auch einzelnen Rechten der ersten Dimension steht in der Bundesrepublik lediglich ein einfach-rechtliches Pendant gegenüber, so daß auch in diesem Bereich nicht von vornherein Kongruenz der Normen angenommen werden kann.[967] Letztlich kann wohl allein aus der unscharfen Formulierung in den Gesetzesmaterialien nicht ohne weiteres darauf geschlossen werden, sämtlichen im internationalen Menschenvertragsrecht als *human rights* bezeichneten Gewährleistungen sollte automatisch dieselbe ordre public-Relevanz verliehen werden wie den deutschen Grundrechten.

c) Wesentlichkeit völkervertraglicher Menschenrechte kraft (Vor-)Ranges?

Ein allgemeiner Begründungsansatz für die ordre public-Relevanz der innerstaatlich geltenden Menschenrechtsnormen ließe sich entwickeln, wenn man den völkerrechtlichen Menschenrechten in der innerstaatlichen Rechtsordnung einen (Vor-)Rang gegenüber den einfachen Gesetzen und damit auch vor Art. 6 EGBGB einräumte. Zwar wurde an anderer Stelle bereits deutlich gemacht, daß allein die Stellung eines Rechtssatzes in der innerstaatlichen Normhierarchie nicht als absoluter Bezugspunkt einer ordre public-Zugehörigkeit angesehen werden kann. Immerhin kommt aber der normhierarchischen Einordnung eine gewisse Indizwirkung zu, so daß der innerstaatliche Rang einer im Ursprung völkerrechtlichen Norm nicht von vornherein außer acht gelassen werden kann.

Da das Völkerrecht keine Vorgaben hinsichtlich seiner formalen Stellung im innerstaatlichen Normgefüge enthält, kann die Frage nach dem Rang der Menschenrechtsverträge in der deutschen Rechtsordnung allein unter Rückgriff auf

966 Vgl. *Kirchhof*, EuGRZ 1994, S. 16 (21).

967 Dies trifft etwa für einzelne prozessuale Gewährleistungen der EMRK und des IPbpR zu, aber auch für das Recht des Kindes, unverzüglich nach der Geburt in ein Register eingetragen zu werden (vgl. Art. 24 Abs. 2 IPbpR und Art. 7 Abs. 1 KRK), das in Deutschland auf einfachrechtlicher Basis durch §§ 16 ff. PStG gesichert wird. Einen instruktiven Überblick zu den Entsprechungen, aber auch den „Fehlbeständen“ der deutschen Verfassungsordnung bietet die Synopse von *Kirchhof*, EuGRZ 1994, S. 16 (23).

das nationale Recht gelöst werden.[968] In der Rechtslehre ist vielfach der Versuch unternommen worden, menschenrechtlichen Verträgen – insbesondere der EMRK – aufgrund ihres besonderen Regelungsgehaltes einen herausgehobenen innerstaatlichen Rang zu vermitteln und sie in das Verfassungsrecht oder zumindest in die Verfassungsinterpretation mit einzubeziehen.[969] So hat *Echterhölter* bereits kurz nach Inkrafttreten der EMRK die Ansicht vertreten, die Konvention sei über Art. 1 Abs. 2 GG mit Verfassungsrang transformiert worden.[970] *Bleckmann* hat diesen Gedanken in jüngerer Zeit für den gesamten vertragsrechtlichen Menschenrechtsbestand fruchtbar zu machen versucht.[971] Andere wiederum erblicken in Art. 1 Abs. 2 GG ein verfassungsrechtliches Prinzip und gelangen so zu einem materiellen Vorrang menschenrechtlicher Verträge vor dem innerstaatlichen einfachen Recht.[972] Auch Art. 24 Abs. 1 GG wird als Grundlage eines Vorranges etwa der EMRK herangezogen. So konstatiert *Ress* der Konvention eine Entwicklung von einer *de facto*-Organisation

---

968 Zu diesem allgemeinen Grundsatz vgl. etwa *Simma/Kahn/Zöckler/Geiger*, in: Conforti/Francioni (Hrsg.), Enforcing Human Rights, S. 71 (78). Daß gerade die unmittelbar anwendungsfähigen Menschenrechtsnormen des IPbpR und der EMRK von den Mitgliedstaaten auch die Ergreifung positiver Maßnahmen, insbesondere das Vorhalten eines effektiven Rechtsschutzsystems verlangen können, wurde im II. Kapitel gezeigt. Auch im Bereich staatlicher Schutzpflichten fordert jedoch das Völkerrecht nicht eine bestimmte Art und Weise seiner Berücksichtigung innerhalb der Staaten, sondern ein menschenrechtskonformes Ergebnis der innerstaatlichen Rechtsanwendung.

969 Vgl. etwa *Streinz*, in: Sachs (Hrsg.), GG, Art. 59 Rn. 65.

970 Vgl. *Echterhölter*, JZ 1955, S. 689 ff., der Art. 2 Abs. 1 GG als verbindliche Rechtsnorm interpretiert, die die Aufgabe habe, nicht im Grundgesetz positivierte Grundrechte – ähnlich Art. 25 GG – in die Verfassungsordnung einzuführen, a.a.O., S. 691. Die Ansicht *Echterhölters* ist überwiegend auf Kritik gestoßen, vgl. hierzu sowie zu der seit jeher umstrittenen Frage der normkategorischen Einordnung von Art. 1 Abs. 2 GG die Darstellung bei *v. Hodenberg*, Bekenntnis, S. 25 ff.

971 Vgl. *Bleckmann*, EuGRZ 1994, S. 149 (154 f.) sowie *ders.*, Völkerrecht, Rn. 950 ff., unter Verweis auf Art. 25 GG, durch den auch die „Grundregeln des neuen Kooperationsvölkerrechts" anerkannt würden. *Bleckmann*, EuGRZ 1994, S. 149 (152 f.) will aus Art. 13 EMRK eine Staatenpflicht dahingehend ableiten, der Konvention Vorrang vor den innerstaatlichen Gesetzen, wenn nicht Verfassungsrang einzuräumen. Nur wenig später ist *Bleckmann* über diese Ansätze hinausgegangen und will – gestützt auf den Grundsatz der Völkerrechtsfreundlichkeit des Grundgesetzes – generell allen völkerrechtlichen Verträgen in der Bundesrepublik Verfassungsrang verliehen wissen, vgl. *ders.*, DÖV 1996, S. 137 (142). *Bleckmann* räumt jedoch selbst ein, sein Ansatz entspreche nicht dem positiven Recht, vgl. a.a.O., S. 139.

972 Vgl. *Sternberg*, Rang, S. 214 ff.

hin zu einer echten internationalen Organisation.[973] Dagegen rückt bei *Frowein* nicht die formale verfassungsrechtliche Stellung, sondern eine mittelbare Einbeziehung der EMRK in den Vordergrund, wenn er „völkerrechtliche bindende[...] Freiheitsgewährleistung[en] zum Bestandteil der freien Entfaltung der Persönlichkeit" i.S.v. Art. 2 Abs. 1 GG rechnet, um ihnen widersprechende Rechtsnormen aus dem Begriff der verfassungsrechtlichen Ordnung ausscheiden zu können.[974]

Die ganz h.M. mißt jedoch den Menschenrechtsübereinkommen – ebenso wie dem allgemeinen Völkervertragsrecht – in formaler Hinsicht nur den Rang eines einfachen Gesetzes zu.[975] Für die Transformationslehre folgt dies schon aus der Erkenntnis, daß der Rang der umgegossenen Norm nur demjenigen des transformierenden Vertragsgesetzes entsprechen kann.[976] Aus Sicht der Vollzugslehre begründet sich der einfach-gesetzliche Status mit dem Fehlen – etwa den Art. 23 bzw. 24 Abs. 1 GG entsprechenden – verfassungsrechtlicher Vorschriften, die eine Rangerhöhung rechtfertigen könnten.

Unbeschadet der Berechtigung einzelner Begründungsansätze für eine Rangerhöhung menschenrechtlicher Verträge macht bereits der kursorische Überblick deutlich, daß die Ansätze weder in der rechtlichen Fundierung noch hinsichtlich des Umfangs der erfaßten Menschenrechtsverträge diejenige Homogenität aufweisen, die für einen allein auf den Rang gestützten Begründungsansatz der ordre public-Relevanz menschenrechtlicher Bestimmungen erforderlich wäre – zumal das ganz herrschende Schrifttum und die Rechtsprechung des BVerfG

---

973 Vgl. *G. Ress*, in: FS Zeidler, Bd. 2, S. 1775 (1791 f.). *Kleeberger*, Stellung, S. 140 ff., sieht in der EMRK einen Ausdruck des europäischen Einigungsprozesses zu den Werten der Freiheit und der Demokratie, was dem Telos des Art. 24 Abs. 1 GG entspreche. Dieser erlaube auch einen isolierten Souveränitätsverzicht durch bloße Selbstbindung des Gesetzgebers und führe letztlich zur Rangerhöhung der EMRK.

974 Vgl. *Frowein*, in: FS Zeidler, Bd. 2, S. 1763 (1770); *ders.* in: Isensee/Kirchhof (Hrsg.), HStR VII, § 180 Rn. 27 ff.

975 So die st. Rspr. des BVerfG in dieser Frage, BVerfGE 19, S. 342 (347); 22, S. 254 (265); 25, S. 327 (331); 35, S. 311 (320); 74, S. 358 (370). Ebenso die ganz herrschende Literaturansicht, vgl. *Geiger*, Grundgesetz, S. 177; *Uerpmann*, Rechtsprechung, S. 72; *Stern*, Staatsrecht I, S. 506; *ders.*, Staatsrecht III/1, S. 278; *Seidl-Hohenveldern/Stein*, Völkerrecht, Rn. 593; *Hesse*, Grundzüge, Rn. 104; *Streinz*, in: Sachs (Hrsg.), GG, Art. 59 Rn. 65; *M. Schweitzer*, Staatsrecht III, Rn. 447; *Bernhardt*, in: Isensee/Kirchhof (Hrsg.), HStR VII, § 174 Rn. 29; *Jarass/Pieroth*, GG, Art. 59 Rn. 17; *Pernice*, in: Dreier (Hrsg.), GG, Bd. II, Art. 59 Rn. 48; *Kempen*, in: v. Mangoldt/Klein/Starck (Hrsg.), GG, Bd. 2, Art. 59 Rn. 92; *Degenhart*, in: Isensee/Kirchhof (Hrsg.), HStR III, § 76 Rn. 55.

976 Vgl. *M. Schweitzer*, Staatsrecht III, Rn. 447.

diesen Stimmen bislang nicht gefolgt sind.[977] Darüber hinaus beziehen sich die Ansätze überwiegend auf die Menschenrechte der ersten Dimension, insbesondere die in der EMRK enthaltenen Verbürgungen und lassen sich auf die im II. Kapitel dargestellten weiteren Bestandteile des *international human rights law* nicht unbesehen übertragen. Im übrigen wurde bereits hervorgehoben, daß die Berücksichtigung von Rechtssätzen im Rahmen der Vorbehaltsklausel nicht allein von deren übergesetzlichen Rang abhängt, sondern auch einfachgesetzliche Normen sich durchzusetzen vermögen, wenn ihnen eine grundlegende Wertentscheidung entnommen werden kann.[978] Die Rangdiskussion bietet deshalb keinen generellen Ansatzpunkt für die ordre public-Relevanz völkervertraglicher Menschenrechte.

d) Der Grundsatz der Völkerrechtsfreundlichkeit als Wesentlichkeitsmaßstab

Abstrahiert von ihrer dogmatischen Grundlage, verbirgt sich hinter den vorgenannten Ansätzen das grundlegende Bemühen um eine Harmonisierung von völkerrechtlichen Verpflichtungen und innerstaatlicher Rechtsordnung. Aus völkerrechtlicher Sicht tritt die Erkenntnis hinzu, daß den Menschenrechtsverträgen in der modernen Völkerrechtsordnung eine besondere Funktion zukommt: Aus dem Kreis der herkömmlichen Verträge sind sie insoweit hervorgehoben, als sie nicht auf einem synallagmatischen Konzept beruhen, sondern die Interessen der Staatengemeinschaft als solcher berühren.[979] Die völkerrechtlichen Menschenrechte gehen damit über die traditionelle Konzeption der Relativität völkervertraglicher Pflichten hinaus.[980] Ihre Bedeutung liegt in der Verpflichtung zugunsten von Menschen gegenüber der Völkerrechtsgemeinschaft, die sich diesen Werten verpflichtet fühlt.[981] Ein ausschließlich zwischenstaatlicher Charakter fehlt diesen Verträgen auch deshalb, weil sie von den Adressaten ein bestimmtes innerstaatliches Verhalten – die menschenrechtskonforme Ausgestaltung der innerstaatlichen Rechts- und Gesellschaftsordnung – verlangen; ihre Zielrichtung ist damit von der zwischenstaatlichen auf die innerstaatliche Ebene verlagert.[982] Der Schutz dieser besonderen Kate-

977 Vgl. die Nachweise in Fn. 975.

978 Vgl. oben S. 231 ff.

979 Vgl. *Kokott*, BerDGVR 38 (1998), S. 71 (101).

980 Vgl. *Bryde*, BerDGVR 33 (1994), S. 165 (167).

981 Vgl. ebd., ausdrücklich auch für das Völkervertragsrecht.

982 Vgl. *Bernhardt*, in: FS Doehring, S. 23 (24); *Simma*, Verträge, S. 168 f.; *Bauer*, Vorbehalte, S. 16.

gorie von Völkerrechtsnormen vor innerstaatlicher Derogation bildet den Hintergrund für die Rangdiskussion.[983]

Beiden Elementen – der Harmonisierung der innerstaatlichen Rechtsordnung mit den völkerrechtlichen Verpflichtungen und der besonden Natur der Menschenrechte – hat das Grundgesetz durch elementare Verfassungsentscheidungen Rechnung getragen. Diesen verfassungsrechtlichen Leitlinien können die maßgeblichen Kriterien für eine menschenrechtsbezogene ordre public-Anwendung entnommen werden, ohne daß die formale Rangfrage hierfür ausschlaggebend wäre. Das Bindeglied zwischen einfach-rechtlicher Geltung menschenrechtlicher Vertragsnormen im innerstaatlichen Recht und deren ordre public-Relevanz findet sich in der Völkerrechtsfreundlichkeit der deutschen Rechtsordnung.[984] Das BVerfG hat diesen Grundsatz im Wege einer Interpretationshilfe für das innerstaatliche Recht in zahlreichen Entscheidungen aufgegriffen und fortentwickelt.[985] Unabhängig davon, welcher Rechtscharakter diesem Grundsatz zugemessen wird,[986] besteht doch Einigkeit über die Bedeutung, die dieser für das Zusammenspiel von Völkerrecht und innerstaatlicher Rechtsanwendung erlangt hat. Allgemein wird deshalb dem Grundsatz

983 Vgl. *Sternberg*, Rang, S. 107 ff.

984 Die Völkerrechtsfreundlichkeit des Grundgesetzes wird allgemein aus einer Zusammenschau der völkerrechtsbezogenen Vorschriften des Grundgesetzes (die Anklänge in der Präambel, Art. 1 Abs. 2 GG und Art. 9 Abs. 2 GG sowie insbesondere Art. 23 bis 26 GG) hergeleitet, vgl. nur *Kirchhof*, EuGRZ 1994, S. 16 (32); *Sommermann*, AöR 114 (1989), S. 391 (415); *Steinberger*, in: Isensee/Kirchhof (Hrsg.), HStR VII, § 172 Rn. 11; *Rojahn*, in: v. Münch/Kunig (Hrsg.), GG, Bd. 2, Art. 24 Rn. 1; *Bleckmann*, DÖV 1979, S. 309; *Bernhardt*, in: FS BVerfG, Bd. II, S. 154 (160); *K. Vogel*, Verfassungsentscheidung, S. 51; *Kunig*, in: FS Doehring, S. 529 (536); *Herdegen*, in: Maunz/Dürig (Hrsg.), GG, Art. 25 Rn. 6 f.; *Koenig*, in: v. Mangoldt/Klein/Starck (Hrsg.), GG, Bd. 2, Art. 25 Rn. 12.

985 Vgl. schon BVerfGE 6, S. 309 (362) unter Bezugnahme auf Art. 25 GG; BVerfGE 31, S. 58 (75) mit Bezug auf Präambel, Art. 1 Abs. 2, Art. 24 und Art. 25 GG; vgl. auch BVerfGE 18, S. 112 (121); 59, S. 280 (282); 63, S. 332 (337). In BVerfGE 100, S. 313 (363), stellt das BVerfG nur mehr fest, „das Verfassungsrecht [müsse] mit dem Völkerrecht abgestimmt werden."

986 Teile der Literatur interpretieren den Grundsatz als eigenständiges Verfassungsprinzip, vgl. etwa *Bernhardt*, in: FS BVerfG, Bd. II, S. 154 (160). *Bleckmann*, DÖV 1996, S. 137 (141) entwickelt aus dem Telos der Art. 25 und 59 GG neue Rechtsnormen zur vollen Durchsetzung des Völkerrechts und ordnet diese dem Grundsatz der Völkerrechtsfreundlichkeit zu. Demgegenüber warnt *Stern*, Staatsrecht I, S. 476, davor, die Völkerrechtsfreundlichkeit zum „Verfassungsgrundsatz hoch zu stilisieren". Er bevorzugt statt dessen den Ausdruck „verfassungsrechtliche Leitlinie". Kritisch zur Einstufung auch *Sommermann*, AöR 114 (1989), S. 391 (415). Zum Meinungsstand vgl. *Rojahn*, in: v. Münch/Kunig (Hrsg.), GG, Bd. 2, Art. 24 Rn. 2 ff.

der Völkerrechtsfreundlichkeit das Gebot der völkerrechtskonformen Auslegung zur Harmonisierung der innerstaatlichen Rechtsordnung mit den völkerrechtlichen Verpflichtungen entnommen.[987] Als Leitmaxime der innerstaatlichen Rechtsanwendung dient er dazu, die Befolgung völkerrechtlicher Gebote zu fördern und zu erleichtern.[988] Das BVerfG hat ein solches Harmonisierungsgebot ausdrücklich in seiner Rechtsprechung anerkannt und gefordert, die innerstaatlichen Gesetze müßten im Einklang mit den völkerrechtlichen Verpflichtungen der Bundesrepublik ausgelegt und angewendet werden, selbst wenn sie zeitlich später erlassen worden seien als der entsprechende Vertrag; es sei nicht anzunehmen, daß der Gesetzgeber, sofern er dies nicht klar bekundet habe, von völkerrechtlichen Verpflichtungen der Bundesrepublik abweichen wolle.[989] Für die außerstaatlich begründeten Menschenrechte hat der Grundsatz der Völkerrechtsfreundlichkeit zudem in Art. 1 Abs. 2 GG eine besondere Ausprägung erfahren.[990] Ist daher ein Satz des Völkerrechts Be-

---

987 Vgl. *Sommermann*, AöR 114 (1989), S. 391 (415 f.); *Tomuschat*, in: Isensee/Kirchhof (Hrsg.), HStR VII, § 172 Rn. 35; *Geiger*, Grundgesetz, S. 190; *Stern*, Staatsrecht I, S. 476; *Rojahn*, in: v. Münch/Kunig (Hrsg.), GG, Bd. 2, Art. 24 Rn. 4; *Uerpmann*, Rechtsprechung, S. 117; *Bleckmann*, DÖV 1979, S. 309 (312).

988 Vgl. *Tomuschat*, in: Isensee/Kirchhof (Hrsg.), HStR VII, § 172 Rn. 8.

989 Vgl. BVerfGE 74, S. 358 (370) unter Verweis auf die rechtliche Wirkung, die das Inkrafttreten der EMRK auf das Verhältnis zu den Grundrechten und ihnen verwandten Menschenrechten der Konvention entfalte. Die Literatur geht infolge dieser Rechtsprechung davon aus, daß der *lex posterior*-Grundsatz für Menschenrechtsverträge *in praxi* kaum Relevanz entfaltet, vgl. *Tomuschat*, in: Isensee/Kirchhof (Hrsg.), HStR VII, § 172 Rn. 35; *Kokott*, BerDGVR 38 (1998), S. 71 (106); *Bleckmann*, EuGRZ 1995, 387 ff.

990 Insoweit besteht Einigkeit, vgl. nur *Dreier*, in: ders. (Hrsg.), GG, Bd. I, Art. 1 II Rn. 16; *Sommermann*, AöR 114 (1998), S. 391 (431); *Bernhardt*, in: FS BVerfG, Bd. II, S. 154 (160); *Sternberg*, Rang, S. 223. Hingegen ist die rechtstheoretische Einordnung und normative Relevanz von Art. 1 Abs. 2 GG seit jeher Gegenstand der juristischen Debatte. Der vielschichtige Diskurs kann hier nur ansatzweise wiedergegeben werden; eine ausführliche Darstellung auch des älteren Schrifttums findet sich etwa bei *v. Hodenberg*, Bekenntnis, S. 17 ff. *Sommermann*, AöR 114 (1989), S. 391 (417 ff.) entnimmt Art. 1 Abs. 2 GG das verbindliche Prinzip der menschenrechtskonformen Verfassungsinterpretation, soweit die Menschenrechte zugleich Niederschlag im GG gefunden haben. Die Einordnung des Art. 1 Abs. 2 GG als Verfassungsprinzip findet sich auch bei *Sternberg*, Rang, S. 214 ff. Dieser will Art. 59 Abs. 2 GG durch Art. 1 Abs. 2 GG insoweit modifiziert wissen, als alle menschenrechtlichen Verträge vor innerstaatlicher Derogation geschützt seien (a.a.O., S. 230). Hingegen sieht *Brugger*, Menschenwürde, S. 12 ff. in Art. 1 Abs. 2 GG eine Staatszielbestimmung, die ihre normative Relevanz erst in Verbindung mit Art. 25 bzw. 59 Abs. 2 GG erhalte. Folglich entfalte Art. 1 Abs. 2 GG seine Wirkung „vor allem als Aufforderung und Pflicht, sich ernsthaft auf den universalen Menschenrechtsdiskurs einzulassen“, begründe aber nicht die Pflicht, „jedem in diesem Diskurs vorgebrachten ‚Recht‘ auto-

standteil der deutschen Rechtsordnung geworden, so gebietet der Grundsatz der Völkerrechtsfreundlichkeit, das innerstaatliche Recht in der Weise auszulegen und anzuwenden, daß es nach Möglichkeit nicht zu einem Völkerrechtsverstoß und zur völkerrechtlichen Verantwortlichkeit der Bundesrepublik kommt.[991]

Gerade letzterem Aspekt – der Vermeidung einer völkerrechtlichen Verantwortlichkeit – kommt im Rahmen der ordre public-Prüfung besonderes Gewicht zu. Mag auch der Richter allgemein nicht gehalten sein, (außen-)politische Interessen im Rahmen der Rechtsfindung zu berücksichtigen,[992] so vermittelt das Prinzip der völkerrechtskonformen Rechtsanwendung einen besonderen Wesentlichkeitsmaßstab für die Beachtung der völkerrechtlichen Bindungen im Rahmen der Vorbehaltsklausel mit ihrer Schutzfunktion für die öffentliche Ordnung. Zur Herstellung einer Konkordanz von innerstaatlicher Rechtsanwendung und völkerrechtlichen Verpflichtungen im Lichte der internationalen Überwachungspraxis bieten sich die Generalklauseln der nationalen Rechtsordnung geradezu an. Der Grundsatz der Völkerrechtsfreundlichkeit gebietet für die Konkretisierung der Vorbehaltsklausel ohne weiteres die Berücksichtigung der von der Bundesrepublik übernommenen menschenrechtlichen Verpflichtungen – unabhängig davon, ob die völkerrechtlichen Bestimmungen innerstaatlich einen bestimmten Rang beanspruchen.[993] Als eines der Instrumente zur Harmonisierung der innerstaatlichen Rechtsordnung mit den völkerrechtlichen Verpflichtungen ist deshalb der ordre public stets dahingehend anzuwenden, daß ein Auseinanderfallen von innerstaatlicher Rechtsanwendung und menschenrechtlichen Bindungen – und damit die Gefahr einer völkerrechtlichen Verantwortlichkeit – verhindert wird.[994]

---

matisch zuzustimmen" (a.a.O., S. 47). Daß durch Art. 1 Abs. 2 GG nicht unreflektiert jegliche Menschenrechtsentwicklung rezipiert werden soll, heben auch *Doehring*, in: FS Bernhardt, S. 355 (359), *Dreier*, in: ders. (Hrsg.), GG, Bd. I, Art. 1 II Rn. 16 sowie *Sommermann*, AöR, 114 (1989), S. 391 (419 f.) hervor. Auf die These *Echterhölters*, wonach Art. 1 Abs. 2 GG die Menschenrechte mit Verfassungsrang transformiere, wurde bereits hingewiesen, vgl. oben Fn. 970.

991 Vgl. *Uerpmann*, Rechtsprechung, S. 117; *Tomuschat*, in: Isensee/Kirchhof (Hrsg.), HStR VII, § 172 Rn. 35. Auch das BVerfG legt sein Augenmerk auf die Vermeidung einer völkerrechtswidrigen Rechtsanwendung und der daraus resultierenden völkerrechtlichen Verantwortlichkeit, vgl. etwa BVerfGE 58, S. 1 (34).

992 Vgl. *Uerpmann*, Rechtsprechung, S. 115 unter Verweis auf die richterliche Unabhängigkeit.

993 Im Ergebnis ebenso *Kokott*, BerDGVR 38 (1998), S. 71 (106).

994 In diesem Sinne auch MüKo-*Sonnenberger*, Einl. IPR Rn. 315; vgl. auch die Ausführungen zu Beginn dieses Kapitels.

Dem Richter ist damit aufgegeben, den Umfang und Geltungsanspruch der Menschenrechte im konkreten Fall zu bestimmen. Als Quelle der Rechtserkenntnis und Interpretation kann dem innerstaatlichen Rechtsanwender dabei die Praxis der Kontrollorgane dienen. Zwar bewirkt der Grundsatz der Völkerrechtsfreundlichkeit nicht, daß den unverbindlichen[995] Stellungnahmen und Erklärungen der Vertragsgremien innerstaatlich bindende Kraft verliehen würde.[996] Nichtsdestotrotz kommt der Anwendungspraxis der Organe – das wurde schon an andere Stelle gesagt – hohe moralische Kraft zu, so daß die Vertragsstaaten diese zumindest *bona fide* zu berücksichtigen haben.[997] Es liegt deshalb nahe, daß auch der innerstaatliche Rechtsanwender diese Organpraxis zur Vermeidung von Vertragsverletzungen berücksichtigt, solange nicht ein entgegenstehender Wille des nationalen Gesetzgebers erkennbar ist.[998]

e) Völkerrechtsfreundlichkeit und „offene Staatlichkeit"

Spricht folglich die Völkerrechts- bzw. Menschenrechtsfreundlichkeit des Grundgesetzes ganz allgemein für die Zugehörigkeit der völkerrechtlich verbindlichen und innerstaatlich geltenden Menschenrechtsnormen zum kollisionsrechtlichen ordre public, so gebietet der Grundsatz gleichwohl keine undifferenzierte Durchsetzung dieser Normen. Das Gebot der völkerrechtsfreundlichen Interpretation der innerstaatlichen Rechtsordnung reicht nur soweit, als das Völkerrecht seinerseits Geltung und Beachtung verlangt, begründet aber keinen überobligationsmäßigen Erfüllungsanspruch. Durch die Inkorporationsmechanismen des Grundgesetztes gelangen die Rechtssätze des Völkerrechts mit ihrem jeweiligen völkerrechtlichen Gehalt in die deutsche Rechtsordnung. Diesem Gehalt fügt der Grundsatz der Völkerrechtsfreundlichkeit in materieller Hinsicht nichts hinzu.

Für den Durchsetzungsanspruch der Menschenrechte im Rahmen der Vorbehaltsklausel muß aber vor allem berücksichtigt werden, daß die Völkerrechtsfreundlichkeit des Grundgesetzes nicht eindimensional auf das Hineinwirken völkerrechtlicher Normen in die innerstaatliche Rechtsordnung und

---

995 Siehe dazu bereits die Ausführungen zum jeweiligen Kontrollsystem der menschenrechtlichen Verträge im II. Kapitel.

996 Vgl. *Tomuschat*, in: Isensee/Kirchhof (Hrsg.), HStR VII, § 172 Rn. 25.

997 So *Tomuschat*, in: Isensee/Kirchhof (Hrsg.), HStR VII, § 172 Rn. 25; *Kunig*, in: FS Doehring, S. 529 (550) verweist auf die allgemeine Treuepflicht aus der Mitgliedschaft; *Bernhardt*, in: FS Doehring, S. 23 (25) spricht von „rechtlich relevanter Äußerungskompetenz" dieser Institutionen; vgl. im einzelnen auch die Erörterungen im II. Kapitel, insbesondere zum UN-Menschenrechtsausschuß.

998 Vgl. *Kunig*, in: FS Doehring, S. 529 (534 f.).

-anwendung gerichtet ist. Die Öffnungsklauseln der Verfassung für das Völkerrecht reflektieren zugleich die „Verfassungsentscheidung für eine internationale Zusammenarbeit“[999] und vergegenwärtigen die Einbettung der Bundesrepublik in die internationale Rechts- und Staatengemeinschaft. Völkerrechtsfreundlichkeit und internationale Offenheit sind die beiden grundlegenden Prinzipien, in welche die Verfassung das Zusammenspiel von Völkerrecht und deutscher Rechtsordnung verankert. Daß beide Begriffe häufig synonym gebraucht werden, wird mit Recht zunehmend kritisch beurteilt.[1000] Auch das BVerfG sprach anfangs zumeist von Völkerrechtsfreundlichkeit, wenn es über die verfassungsrechtliche Bindung der Staatsgewalt bei grenzüberschreitenden Sachverhalten zu befinden hatte. So stellte es im Beschluß vom 30. Juni 1964 fest, das Verbot der Todesstrafe nach Art. 102 GG verbiete nicht schlechthin die Auslieferung wegen einer Straftat, die im ersuchenden Staat mit der Todesstrafe bedroht ist.[1001] Zur Begründung stellte das Gericht auf die „Völkerrechtsfreundlichkeit“ des Grundgesetzes ab, aus der sich vor allem die Achtung vor fremden Rechtsordnungen und Rechtsanschauungen ergebe.[1002] Auch dem Spanier-Beschluß[1003] liegt ganz offensichtlich dieses Verständnis zugrunde, wenn das BVerfG nicht die Abwehr des fremden Rechts, sondern gerade dessen Anwendung im Rahmen des Kollisionsrechts als Ausdruck der völkerrechtsfreundlichen Tendenz des Grundgesetzes versieht, wonach andere Staaten als gleichberechtigte Glieder der Völkerrechtsgemeinschaft anerkannt und deren eigenständige Rechtsordnung respektiert würden.[1004] Die Ermittlung des rechten Maßes der Grundrechtswirkung im kollisionsrechtlichen Entscheidungsvorgang müsse daher auch der Gleichstellung der Staaten und der Eigenständigkeit ihrer Rechtsordnungen Rechnung tragen.[1005]

---

999 So die begriffsschöpfende Schrift von *K. Vogel*, Verfassungsentscheidung, insbesondere S. 42 f. Rückblickend auf die Entwicklung dieses Ansatzes seit seiner erstmaligen Formulierung, vgl. *ders.*, JZ 1997, S. 161 ff.

1000 Vgl. *Kunig*, in: FS Doehring, S. 529 (536); *Tomuschat*, in: Isensee/Kirchhof (Hrsg.), HStR VII, § 172 Rn. 8; differenzierend auch *Rojahn*, in: v. Münch/Kunig (Hrsg.), GG, Bd. 2, Art. 24 Rn. 1.

1001 BVerfGE 18, S. 112 ff.

1002 Ebd., S. 121. Zu den eine Auslieferung hindernden Gründen vgl. aber BVerfGE 75, S. 1 ff.

1003 BVerfGE 31, S. 58 ff.

1004 Ebd., S. 75 f.

1005 Ebd., S. 86 f. In erster Linie dient freilich die Berücksichtigung der Einbettung Deutschlands in die internationale Staatengemeinschaft dazu, die Reichweite der originär innerstaatlichen Rechtsordnung in internationalen Sachverhalten zu ermitteln. Dies wird auch in der jüngsten grundrechtskollisionsrechtlichen Entscheidung des BVerfG vom 14. Juli 1999, BVerfGE 100, S. 313 (362 f.), zum räumlichen Schutzbe-

Gerade die Spanier-Entscheidung fördert jedoch die verfassungsrechtliche Fundierung eines kollisionsrechtlichen Prinzips zutage, das auch für die menschenrechtsbezogene ordre public-Anwendung Bedeutung erlangt. Die Verfassungsordnung der Bundesrepublik erlaubt, ja gebietet – in den Grenzen des ordre public – die Berücksichtigung fremder Souveränität, die in der jeweiligen fremden Rechtsordnung ihren Ausdruck gefunden hat. Ein auf die Völkerrechtsfreundlichkeit des Grundgesetzes gestützter menschenrechtlicher ordre public kann deshalb einer fremden *lex causae* nur insoweit entgegengehalten werden, als dies auch unter dem Verfassungsgebot der prinzipiellen Achtung fremder Rechtsordnungen gerechtfertigt ist.

Für den menschenrechtlich konkretisierten ordre public-Vorbehalt folgt aus diesem Wechselspiel zwischen menschenrechtsfreundlicher Interpretation des innerstaatlichen Rechts und internationaler Offenheit der deutschen Rechtsordnung, daß eine vom Völkerrecht gebilligte und anerkannte Vielfalt der Rechtsordnungen nicht durch einen undifferenzierten „Menschenrechtsoktroi" ausgeschaltet werden darf. Vielmehr entspricht es gerade der Völkerrechtsfreundlichkeit im umfassend verstandenen Sinn, diejenigen Differenzierungen, die das Völkerrecht den Staaten zugesteht, auch für die innerstaatliche Anwendung fremden Rechts zu rezipieren. Denn die verfassungsrechtlich gebotene völkerrechtskonforme Handhabung der innerstaatlichen Rechtsordnung geht nicht über den vom Völkerrecht selbst geforderten Durchsetzungsanspruch hinaus. Mit anderen Worten: Das Grundgesetz bildet nur insoweit die Brücke für einen menschenrechtsbezogenen Einsatz des ordre public, als der anzuwendende Rechtssatz bzw. das daraus gewonnene Ergebnis mit den Anforderungen der völkerrechtlichen Menschenrechte tatsächlich nicht zu vereinbaren ist. Soweit der für die Bundesrepublik geltende Menschenrechtsbestand den Staaten Spielräume zur Ausgestaltung der innerstaatlichen Rechtsordnung einräumt, sind diese auch im Rahmen eines menschenrechtlich bestimmten ordre public anzuerkennen. Das Grundgesetz steht dem völkerrechtlichen Durchsetzungsanspruch der Menschenrechte letztlich neutral gegenüber. Weder vermindert es den dort aufgestellten Standard noch fügt es diesem etwas hinzu. Die Leitentscheidungen der Verfassung führen zwar zur generellen ordre public-Relevanz der Menschenrechte; der Maßstab für die menschen-

---

reich von Art. 10 GG deutlich. Das BVerfG hob hier erneut hervor, das Grundgesetz begnüge sich nicht damit, die innere Ordnung des deutschen Staates festzulegen, sondern auch in Grundzügen das Verhältnis zur Staatengemeinschaft zu bestimmen; insofern gehe die Verfassung von der Notwendigkeit einer Abgrenzung und Abstimmung mit anderen Staaten und Rechtsordnungen aus. Zur Einordnung dieser Entscheidung in die Rechtsprechung zum Grundrechtsschutz bei Sachverhalten mit Auslandsbezug vgl. bereits mehrfach im I. Kapitel, insbes. Fn. 189.

rechtsbezogene Handhabung der Vorbehaltsklausel ist aber allein dem Völkerrecht zu entnehmen.

f) Ergebnis

Die generellen Kriterien für eine menschenrechtsbezogene Handhabung der Vorbehaltsklausel lassen sich aus den Leitlinien des Verfassungsrechts entnehmen. Das Grundgesetz geht von einer Konkordanz der innerstaatlichen Rechtsanwendung mit den völkerrechtlichen Pflichten der Bundesrepublik aus. Für den kollisionsrechtlichen Rechtsanwender fordert der Grundsatz der Völkerrechtsfreundlichkeit den Einsatz der Vorbehaltsklausel, wenn das auf der Grundlage des fremden Rechts gefundene Ergebnis im Widerspruch zu den menschenrechtlichen Bindungen der Bundesrepublik steht und deshalb die Gefahr ihrer völkerrechtlichen Verantwortlichkeit begründet wird. Aus der – ebenfalls auf Verfassungsebene getroffenen – Entscheidung für eine internationale Zusammenarbeit folgt aber zugleich, daß der innerstaatliche Rechtsanwender fremden Rechtsordnungen nicht mit einem unreflektierten Oktroi der Menschenrechte entgegentreten darf. Soweit die für die Bundesrepublik bindende Menschenrechtsordnung eine differenzierte Ausgestaltung staatlicher Rechtsordnungen zuläßt oder anerkennt, ist es dem innerstaatlichen Rechtsanwender von Verfassungs wegen verwehrt, der fremden Rechtsordnung (allein) unter Berufung auf die völkerrechtlichen Bindungen der Bundesrepublik die Anerkennung zu versagen. Die innerstaatliche Geltung menschenrechtlicher Normen und deren Beachtungspflicht bilden zwar den allgemeinen Ausgangspunkt für die ordre public-Relevanz dieser Normen. Der Grad der zulässigen Abweichung eines kollisionsrechtlichen Anwendungsergebnisses von den menschenrechtlichen Vorgaben ist jedoch den Menschenrechtsnormen selbst zu entnehmen.

III. Der dem Völkerrecht zu entnehmende Maßstab für die Nichtanwendung fremden Rechts

Die Einbeziehung außerstaatlich gesetzter Wertentscheidungen, so der im I. Kapitel herausgestellte Ausgangspunkt dieser Arbeit, vermag ein dem ordre public unweigerlich anhaftendes Odium zu verringern, weil der Einsatz der Vorbehaltsklausel soweit als möglich dem Grundsatz der Schonung des fremden Rechts und dem internationalen Entscheidungseinklang verpflichtet bleibt. Die damit angestrebte Steigerung der Akzeptanz einer international-privatrechtlichen Entscheidung wird um so mehr erreicht, je größer die Zahl der Staaten ist, in denen der ordre public-Einsatz aus denselben Erwägungen und mit demselben Ergebnis hätte erfolgen können. Damit rückt die Frage in den Mittelpunkt, welchen Menschenrechtsstandard die Rechtsanwendungsorgane der Bundesrepublik aus völkerrechtlicher Sicht bei der Anwendung fremden Rechts zugrunde zu legen haben.

1. Europäischer und universeller Menschenrechtsstandard

Neben einem rein inhaltlichen Aspekt weist die Frage nach den vom Völkerrecht vorgegebenen Maßstäben für die ordre public-Anwendung auch eine räumliche Dimension auf. Die Bundesrepublik ist einerseits Vertragsstaat der zentralen Menschenrechtskonventionen auf UN-Ebene, die allen Staaten zum Beitritt offen stehen und denen auch tatsächlich Staaten aus allen Regionen der Welt angehören. Als Mitgliedstaat der EMRK ist sie aber daneben der über Jahrzehnte hinweg verfestigten und ausgebauten europäischen Menschenrechtsordnung verpflichtet, deren Schutzniveau und Verpflichtungsgrad zumeist über den universellen Menschenrechtsschutz hinausgeht, selbst wenn es sich nominell um dasselbe Rechtsgut handelt. Der innerstaatliche Rechtsanwender wird deshalb den letztlich verbindlichen Menschenrechtsstandard, den er im Rahmen der Vorbehaltsklausel zu beachten hat, regelmäßig den Normen der EMRK entnehmen können bzw. müssen.[1006] Gleiches gilt, wenn eine Rechtsposition, wie etwa der Schutz des Eigentums, allein auf regionaler Ebene vertraglich abgesichert ist. Allerdings wäre es der Intention und Berechtigung eines menschenrechtsbezogenen ordre public wenig dienlich, wenn zur Konkretisierung des ordre public von vornherein nur die europäische Menschenrechtsordnung herangezogen würde. Im Interesse einer möglichst weitreichenden „Internationalisierbarkeit" der ordre public-Entscheidung erscheint die ausschließliche Berücksichtigung der EMRK nur dann angezeigt, wenn auf das Recht eines anderen Konventionsstaates verwiesen wird. Hier besteht keine Gefahr, daß die Entscheidung von anderen Staaten, insbesondere vom *lex causae*-Staat selbst unter Verweis auf den besonderen Menschenrechtsstandard

---

1006 Daß der nach der EMRK zu gewährleistende Standard letztlich stets zu beachten ist, unabhängig davon, ob der *lex causae*-Staat ebenfalls Mitglied der Konvention ist, wurde bereits betont. Im Einzelfall wäre freilich stets zu prüfen, ob nicht die universellen Verträge ausnahmsweise einen über die EMRK hinausgehenden oder zumindest vergleichbaren Verpflichtungsgrad aufweisen; vgl. dazu die Ausführungen zum internationalen Schutz der Eheschließungsfreiheit auf universeller und europäischer Ebene im IV. Kapitel, S. 328 ff.

im Geltungsbereich der EMRK mißbilligt wird.[1007] Kommt hingegen das Recht eines nicht-europäischen bzw. nicht an die EMRK gebundenen Staates zur Anwendung, so entspricht es dem Grundsatz der Schonung des fremden Rechts, zunächst die weltweit verbreiteten bzw. anerkannten Menschenrechtsnormen als ordre public-Maßstab heranzuziehen und erst bei fehlenden Ansatzpunkten im universellen Menschenrechtsbereich den Blick auf die europäische Menschenrechtsordnung zu lenken.[1008] Je kleiner der Kreis der Staaten, der diesen (strengeren) Maßgaben unterliegt, desto geringer ist auch die Erwartung an eine internationale Akzeptanz der Entscheidung. Verglichen mit den autonom innerstaatlich entwickelten Wertvorstellungen, bietet aber selbst eine Konkretisierung des ordre public durch die Normen der EMRK noch Ansatzpunkte für eine Internationalisierbarkeit des Werturteils und ist deshalb einer rein national-grundrechtsbezogenen ordre public-Anwendung vorzuziehen.

2. Art und Umfang der Staatenpflichten als Kriterium der ordre public-Anwendung

Aus innerstaatlicher Sicht, das wurde in den vorhergehenden Abschnitten gezeigt, läßt sich ein menschenrechtsbezogener ordre public nur insoweit begründen, als der kollisionsrechtlich berufene Rechtssatz bzw. dessen Anwendungsergebnis *in concreto* den für die Bundesrepublik geltenden Menschenrechten widerspricht.

Im II. Kapitel wurde dargelegt, daß der völkervertragliche Menschenrechtsschutz je nach Ausgestaltung der einzelnen Normen einen unterschiedlichen Verpflichtungsgrad der Staaten aufweisen bzw. Differenzierungen zwischen den Vertragsstaaten zulassen kann. Dies gilt zum einen, wenn die Staatenverpflichtungen bereits ihrer Natur nach relativ ausgestaltet sind, wie dies in weiten Teilen der wirtschaftlichen und sozialen Rechte geschehen ist. Aber auch im Bereich der Menschenrechte erster Dimension anerkennt die Auslegungspraxis der Vertragsorgane gewisse Differenzierungen zwischen einzelnen Staaten. Gemeint sind hier nicht die Menschenrechtsbeschränkungen

1007 Auch innerhalb des Kreises der EMRK-Staaten können allerdings unterschiedliche Standards gelten, vgl. dazu sogleich.

1008 Zur Methodik der menschenrechtsbezogenen ordre public-Anwendung vgl. unten S. 285 ff. Von der Möglichkeit der Staaten, die sich aus anderen Quellen ergebenden, strengeren Menschenrechtsstandards durchzusetzen, gehen auch die Günstigkeitsklauseln der Menschenrechtsverträge aus, vgl. etwa Art. 5 Abs. 2 IPbpR, Art. 16 Abs. 2 CERD, Art. 23 CEDAW, Art. 41 KRK und Art. 53 EMRK.

durch Notstandsklauseln,[1009] sondern vor allem die Schrankenregelungen der Freiheitsrechte, die den einzelnen Staaten gewisse Spielräume bei der Umsetzung ihrer völkerrechtlichen Verpflichtungen eröffnen.[1010] Die Menschenrechtsordnung anerkennt daher, daß trotz nominell identischer völkerrechtlicher Bindung Unterschiede zwischen den einzelnen Staaten hinsichtlich des konkreten Durchsetzungsanspruches einzelner Verpflichtungen existieren können.

Es fragt sich, ob damit zugleich die Akzeptanz einhergeht, daß ein Staat im Wege einer kollisionsrechtlichen Verweisung Rechtssätze eines anderen Staates zur Anwendung bringt, deren Inhalt von denjenigen Anforderungen abweicht, denen ein Staat bei originärer Ausgestaltung seiner Rechtsordnung Folge zu leisten hätte. Von vornherein verneinen ließe sich die Frage nur, wenn man bereits die Existenz kollisionsrechtlicher Systeme und damit die Möglichkeit, daß ein Gericht eines Staates fremdes Recht zur Anwendung bringt, schlechthin für menschenrechtswidrig erachtete. Diese Frage hat *v. Bar* zu Recht als „reine[...] Rhetorik" bezeichnet, weil das Völkerrecht selbst von der Existenz des Kollisionsrechts ausgehe[1011] und es ohne Akzeptanz von Rechtsverschiedenheit keine Gerechtigkeit gäbe; ein ohne jegliches Kollisionsrecht operierendes Gemeinwesen würde zum „monströsen Unrechtsstaat".[1012]

1009 Auf die grundlegend verschiedene Funktion von Notstandsklauseln und Schrankenregelungen weist *Bernhardt*, in: FS Mosler, S. 75 (86 f.) hin.

1010 Insbesondere im Bereich des IPbpR und der EMRK; vgl. dazu jeweils die Ausführungen im II. Kapitel.

1011 *Ch. v. Bar*, BerDGVR 33 (1994), S. 191 (193), nennt an dieser Stelle Art. 12 EMRK, der auf die innerstaatlichen Regeln für Eheschließung verweist; vgl. auch MüKo-*Sonnenberger*, Einl. IPR Rn. 311. Die Verweisung auf innerstaatliches Recht – und damit auch innerstaatliches Kollisionsrecht – findet sich aber auch in den universellen Verträgen, am ausgeprägtesten in der KRK. Bereits an anderer Stelle wurde hervorgehoben, daß die Kontrollorgane der EMRK ganz selbstverständlich von der Existenz und grundsätzlichen Zulässigkeit international-privatrechtlicher Systeme ausgehen, vgl. auch noch unten S. 277 mit Fn. 1029. Zu Art. 12 EMRK und zur Gewährleistung der Eheschließungsfreiheit auf universeller Ebene vgl. ausführlich im IV. Kapitel.

1012 Vgl. *Ch. v. Bar*, BerDGVR 33 (1994), S. 191 (193). Aus diesen Überlegungen hat vor allem *Jayme*, IJVO 2 (1991/92) S. 8 (10) die These entwickelt, das Internationale Privatrecht würde selbst zum Menschenrecht, indem es Unterschiede der Rechtsordnungen respektiere und ausgleiche und die kulturelle Identität der Person schütze ; ähnlich *ders.,* IPRax 1999, S. 49 (49 f.); vgl. auch *v. Hoffmann*, IPR, § 1 Rn. 57. In der KRK sieht *Jayme* ganz allgemein einen Ausdruck des Schutzes der kulturellen Identität, vgl. *ders*., in: Henrich/Jayme/Strum (Hrsg.), Ehe und Kindschaft, S. 47 ff., sowie IPRax 1996, S. 237 (239); ihm folgend *Klingenstein*, Kulturelle Identität, S. 110 ff. und *passim;* vgl. auch Looschelders, RabelsZ 65 (2001), S. 463 (468 f.) sowie *Ende*, IPRax 1998, S. 244 (245 ff.), die den Schutz der kulturellen Identität verfassungs-

Wenn aber das kollisionsrechtliche System als solches mit den Menschenrechten vereinbar ist oder gar von diesen gefordert wird, dann lautet die entscheidende Frage, welche Schranken die den Anwenderstaat verpflichtenden Menschenrechte im Falle einer Anwendung fremden Rechts aufzuerlegen vermögen.[1013]

a) Unbedingte und unmittelbare Staatenpflichten

Eine Antwort auf diese Frage fällt leicht, wenn und soweit die völkerrechtlichen Menschenrechte einer Einschränkung oder Relativierung von vornherein nicht zugänglich sind. Hier verlangen die Menschenrechte von jedem durch sie gebundenen Staat eine unmittelbar der Völkerrechtsnorm zu entnehmende Verhaltensweise. Als materiell unveränderter Bestandteil des objektiven innerstaatlichen Rechts setzen diese Menschenrechtsnormen in der deutschen Rechtsordnung zugleich einen klaren und unbedingten ordre public-Maßstab, der vom kollisionsrechtlichen Rechtsanwender ohne weiteres beachtet werden kann und muß. Soweit die Menschenrechtsnorm einen Inhalt aufweist, der von allen völkerrechtlich durch die konkrete Norm gebundenen Staaten beachtet werden muß, ist wegen des Grundsatzes der Konkordanz von völkerrechtlicher Verpflichtung und innerstaatlicher Rechtsanwendung auch kein Raum für relativierende Kriterien des innerstaatlichen Rechts im Bereich der Vorbe-

---

dogmatisch als Aspekt der Menschenwürde begreift. *Jaymes* Thesen sind in ihrer generellen Konsequenz nicht unwidersprochen geblieben, vgl. etwa die gerade auf den Tagungen der DGVR geäußerte Kritik von *Ch. v. Bar*, BerDGVR 33 (1994), S. 191 (195 ff.); *Kokott*, BerDGVR 38 (1998), S. 71 (91 und 137 f.) und *Siehr*, Diskussionsbeitrag, BerDGVR 38 (1998), S. 120 (120 f.). Einleuchtend erscheinen vor allem die Erwägungen von *Kokott*, a.a.O., die Angehörigen fremder Kulturkreise könnten sich schließlich auch freiwillig und bewußt einer anderen Rechtsordnung unterworfen haben; in diese Richtung auch die Kritik von *Siehr*, a.a.O., der auf die Schwierigkeit hinweist, wie und durch wen die Zugehörigkeit zu einem bestimmten Kulturkreis determiniert werden solle; ähnlich *Looschelders*, RabelsZ 65 (2001), S. 463 (470).

1013 Eine erste – hier nicht näher zu untersuchende – Schranke kann freilich das Erfordernis der menschenrechtskonformen Anknüpfungsregeln bilden. Strukturell ist die Fragestellung dabei identisch mit derjenigen nach der Grundrechtskonformität des Kollisionsrechts, wie sie das BVerfG in der ersten Kernthese des Spanier-Beschlusses aufgeworfen hat, vgl. im I. Kapitel, S. 37. Zur Vereinbarkeit des deutschen Kollisionsrechts insbesondere mit der EMRK vgl. *Ch. v. Bar*, BerDGVR 33 (1994), S. 191 (202 ff.); *Engel*, RabelsZ 53 (1989), S. 4 (27 ff.); *Beital*, Ausstrahlungswirkung, S. 131 ff. Eine nochmals vorgelagerte Frage ist, ob sich menschenrechtlichen Verträgen (ggf. vorrangige) Kollisionsnormen entnehmen lassen, vgl. etwa *Moser*, ÖJZ 1974, S. 650 ff. Im Rahmen dieser Arbeit geht es hingegen allein um einen Konflikt mit Menschenrechten auf der Ebene der Anwendung fremden Rechts, also *nach* Vollzug einer (menschenrechtskonformen) Verweisungsnorm.

haltsklausel. Letzteres trifft zunächst einmal für das menschenrechtliche *ius cogens* zu, das schon auf zwischenstaatlicher Ebene keiner Derogation zugänglich ist und wegen seiner besonderen Stellung im Normgefüge der Bundesrepublik auch innerstaatlich ohne weiteres als ordre public-Maßstab Beachtung finden muß. Gleiches gilt im Ergebnis für den über Art. 59 Abs. 2 GG eingeflossenen Menschenrechtsbestand, soweit die Vertragsnorm von vornherein keine Einschränkung durch die Staaten zuläßt, oder Ausdruck eines von allen Staaten zu gewährleistenden Mindeststandards ist.[1014] Läßt sich dem für die Bundesrepublik geltenden Völkerrecht ein solcher Grad an Verbindlichkeit entnehmen, so können dem Durchsetzungsanspruch des menschenrechtlichen Rechtssatzes keine weiteren Anforderungen aus dem innerstaatlichen Recht entgegengestellt werden, soll die Gefahr der völkerrechtlichen Verantwortlichkeit der Bundesrepublik ausgeschlossen werden.[1015]

b) Menschenrechtsbezogene ordre public-Anwendung bei relativierten Staatenverpflichtungen oder abweichender Bindung des *lex causae*-Staates

Neben den zwingenden Normen des Gewohnheitsrechts bzw. eines konventionsrechtlich zu gewährenden Mindeststandards, verbleibt aber ein weiter Bereich menschenrechtliche Normen, die bereits ihrer Natur nach relative Staatenverpflichtungen begründen, bzw. solche, für die die zuständigen Überwachungsorgane Differenzierungen innerhalb des Kreises der Mitgliedstaaten anerkannt haben. Für diesen Normkomplex stellt sich die Frage, auf welchen Maßstab der menschenrechtlichen Verpflichtung im Rahmen der Vorbehaltsklausel abzustellen ist – auf den des *lex fori*-Staates oder den des *lex causae*-Staates. Schließlich bedarf der Erörterung, welcher Maßstab anzulegen ist, wenn der Staat, dessen Recht zur Anwendung gelangt, schon generell – sei es mangels Beitritts oder durch Anbringung eines Vorbehalts zu einem menschenrechtlichen Vertragswerk – nicht denselben völkerrechtlichen Bindungen unterliegt wie die Bundesrepublik.

aa) Ansätze im Schrifttum

Die soeben aufgeworfenen Fragestellungen sind im Schrifttum bislang nur vereinzelt und – soweit ersichtlich – lediglich im Zusammenhang mit der

1014 Vgl. hierzu im einzelnen im II. Kapitel.

1015 Zu den Folgen einer menschenrechtsbezogenen ordre public-Anwendung für die herkömmlichen Voraussetzungen der Vorbehaltsklausel vgl. unten S. 292 ff.

EMRK eingehender erörtert worden.[1016] Wie im II. Kapitel herausgearbeitet wurde, gebietet die EMRK nach der Praxis der Konventionsorgane nicht stets einen für alle Staaten einheitlichen Standard, sondern gesteht den Organen der Mitgliedstaaten – vor allem dem Gesetzgeber – einen Beurteilungsspielraum (*margin of appreciation*) zu. Folglich kann sich im Geltungsbereich der Konvention je nach Staat eine unterschiedliche Wirkungskraft der Konventionsrechte ergeben. Die EMRK ist nicht bestrebt, wie *Bernhardt* es ausgedrückt hat, „über die Menschenrechte uniforme Lebensverhältnisse und Regeln in den beteiligten Staaten zu erzwingen (...). Die Staaten, ihre Bürger und die Konventionsorgane stehen gleichermaßen vor der Aufgabe, mehr Gemeinsamkeiten im Bereich der Menschenrechte (...) zu schaffen, ohne die Eigenheiten jeder Nation zu vergessen."[1017]

Aus der Tatsache, daß die Verbürgungen der EMRK in einzelnen Vertragsstaaten unterschiedliche Reichweite entfalten können, ist in der Literatur zutreffend die Konsequenz gezogen worden, dem variablen Standard müsse auch im Rahmen der Vorbehaltsklausel des nationalen Rechts Rechnung getragen werden.[1018] Verweise deshalb das deutsche Recht (konventionskonform[1019]) auf das eines anderen Mitgliedstaates, so sei es allein systemgerecht, bei der Berufung auf einen durch die EMRK aufgefüllten ordre public auch nur den für diesen Staat maßgeblichen Standard zur Anwendung zu bringen.[1020] Ein deutsches Gericht könne schlechterdings konventionsgemäßen Normen eines Vertragsstaates die Anwendung mit dem Argument versagen, sie seien mit den in der EMRK zum Ausdruck kommenden Grundsätzen nicht zu vereinbaren.[1021] Umgekehrt führt nach allgemeiner Ansicht die Feststellung der Konventionswidrigkeit einer Norm eines Mitgliedstaates im Ergebnis dazu, daß ihr im Rahmen einer kollisionsrechtlichen Verweisung auch von den Gerichten anderer Mitgliedstaaten keine Beachtung geschenkt werden kann.[1022] Daß der

---

1016 Vgl. *Fahrenhorst*, Familienrecht, S. 231 ff.; *Engel*, RabelsZ 53 (1989), S. 3 (39 ff.); zumindest im Ansatz noch an den universellen Menschenrechten orientiert *Looschelders*, RabelsZ 65 (2001), S. 463 (483 f.).

1017 *Bernhardt*, in: FS Mosler, S. 75 (88).

1018 Vgl. vor allem *Fahrenhorst*, Familienrecht, S. 231 ff.; *Engel*, RabelsZ 53 (1989), S. 3 (39 ff.); ähnlich wohl *Looschelders*, RabelsZ 65 (2001), S. 463 (484).

1019 Vgl. hierzu bereits die Ausführungen in Fn. 1013.

1020 Vgl. *Engel*, RabelsZ 53 (1989), S. 3 (39 f.); weitestgehend wortgleich *Beital*, Ausstrahlungswirkung, S. 152 ff.

1021 Vgl. *Fahrenhorst*, Familienrecht, S. 231.

1022 Die Ansicht hat sich vor allem im Anschluß an die *Marckx*-Entscheidung (vgl. dazu bereits oben im II. Kapitel, S. 322 f.) des EGMR, Urteil vom 13. Juni 1979, Ser. A No. 31 herausgebildet, vgl. Staudinger-*Blumenwitz*, Art. 6 EGBGB Rn. 67; *Stöcker*, StAZ 1981, S. 16 (20 f.); *Sturm*, FamRZ 1982, S. 1150 (1159); *Fahrenhorst*, Famili-

EGMR selbst kein nationales Recht für nichtig erklären, sondern lediglich – *inter partes* – die Konventionswidrigkeit feststellen kann,[1023] schmälert nicht die sich aus Art. 1 EMRK ergebende Pflicht der anderen Staaten zu konventionskonformem Verhalten, die auch die Nichtanwendung konventionswidrigen Rechts umfaßt.[1024] Denn diese besteht originär und unabhängig von einer Feststellung des Gerichtshofs. Dessen Entscheidung führt lediglich dazu, daß der international-privatrechtliche Richter von einer weiteren Prüfung der Vereinbarkeit der Norm mit der Konvention entbunden ist.[1025] Wenn aber die Anwendung des für konventionswidrig erkannten Rechts durch die Organe des Erststaates zu einer erneuten Vertragsverletzung führt,[1026] dann kann für die (Weiter-) Anwendung dieser Norm durch die Gerichte eines anderen Vertragsstaates kraft kollisionsrechtlicher Verweisung nichts anderes gelten.

---

enrecht, S. 230; *Engel*, RabelsZ 53 (1989), S. 4 (44 ff.). Dagegen hat *Jayme*, NJW 1979, S. 2425 (2429) in den Vordergrund gerückt, eine Entscheidung des EGMR habe nicht die Nichtigkeit der Vorschrift in dem betroffenen Vertragsstaat zur Folge, so daß die formale Rechtslage auch für den kollisionsrechtlichen Rechtsanwender eines anderen Staates nicht berührt werde; gleichwohl anerkennt *Jayme* die Möglichkeit, den ordre public einzusetzen. Ein Abstellen auf die formale (unveränderte) Rechtslage dürfte sich allerdings mit Blick auf die Entscheidung EGMR im Fall *Vermeire,* Urteil vom 29. November 1991, Ser. A No. 214-C, S. 74 ff. verbieten. Der Gerichtshof hatte in einem dem Fall *Marckx* vergleichbaren Sachverhalt erneut eine Verletzung von Art. 14 i.V.m. Art. 8 EMRK festgestellt, nachdem die belgischen Gerichte in der Interimszeit bis zur Gesetzesänderung die im Fall *Marckx* für konventionswidrig erklärten Vorschriften des belgischen Erbrechts weiter angewandt hatten, a.a.O., S. 83, Tz. 26 ff. Der Gerichtshof verwies darauf, daß es den belgischen Gerichten ohne weiteres möglich gewesen wäre, sich nach den im *Marckx*-Urteil getroffenen Feststellungen zu richten. Der dem Staat Belgien eingeräumte zeitliche Spielraum zur konventionskonformen Anpassung der Rechtsordnung, so der Gerichtshof, gehe nicht mit der Erlaubnis einher, die Anwendung der Konvention bis zur Gesetzesänderung zu suspendieren, a.a.O., S. 82 f., Tz. 25 f. Zu den sich aus dem *Vermeire*-Urteil ergebenden Konsequenzen vgl. die Besprechung von *Polakiewicz*, ZaöRV 52 (1992), S. 149 ff.

1023 Zu den Wirkungen der Urteile des EGMR vgl. bereits oben im II. Kapitel, S. 78 f. Siehe auch *Polakiewicz*, in: Koeppel (Hrsg.), Kindschaftsrecht, S. 71 (72 ff.).

1024 So im Ergebnis die in Fn. 1022 Genannten, allerdings mit unterschiedlichen Begründungsansätzen. Während Staudinger-*Blumenwitz*, Art. 6 EGBGB Rn. 67 sowie *Stöcker*, StAZ 1981, S. 16 (20 f.) die eigenständige Bedeutung von Art. 1 EMRK hervorheben, sieht *Fahrenhorst*, Familienrecht, S. 226 den nationalen ordre public und konventionsrechtliche Pflichten als Einheit an; nicht ganz deutlich erscheinen in dieser Hinsicht die Ausführungen von *Sturm*, FamRZ 1982, S. 1150 (1159).

1025 Ähnlich *Engel*, RabelsZ 53 (1989), S. 4 (45).

1026 EGMR, *Vermeire*, Urteil vom 29. November 1991, Ser. A No. 214-C, S. 74 (82 f.), Tz. 26.

Verweist dagegen das deutsche IPR auf das Recht eines Nichtkonventionsstaates, so rechtfertigt sich nach Ansicht der Literatur nur dann der Einsatz eines menschenrechtsbezogenen ordre public, wenn eine vergleichbare Vorschrift in keinem Mitgliedstaat konventionsgemäß erlassen und angewendet werden könnte.[1027]

bb) Übernahme und Ausbau dieser Ansätze für den universellen Menschenrechtsbestand

Die von der Literatur für die EMRK herausgearbeiteten Ansätze einer differenzierenden bzw. an einem Mindeststandard ausgerichteten Heranziehung der Menschenrechte im Rahmen des ordre public sind freilich nicht auf den Bereich der europäischen Menschenrechtsordnung beschränkt. Sie lassen sich gerade auch für den auf UN-Ebene entwickelten völkervertraglichen Menschenrechtsschutz fruchtbar machen. Im II. Kapitel wurde dargelegt, daß auch im Rahmen der universellen Verträge, soweit sie nicht von vornherein relative Verpflichtungen enthalten, den Staaten gewisse Beurteilungsspielräume bei der Geltungsverschaffung und Einschränkung von Freiheitsrechten zugestanden werden. Ähnlich den Straßburger Konventionsorganen hat insbesonder der Menschenrechtsausschuß für den IPbpR einen *margin of discretion* anerkannt, um den verschiedenen Rechtstraditionen der Vertragsstaaten Rechnung tragen zu können.[1028] Eine aus den menschenrechtlichen Bindungen abzuleitende Pflicht der innerstaatlichen Organe zur Abwehr fremden Rechts läßt sich folglich nur insoweit dem betroffenen Menschenrecht selbst entnehmen, als die fremde Rechtsnorm bzw. ihr Anwendungsergebnis sich nicht mehr im Rahmen einer dem *lex causae*-Staat zuzubilligenden Einschränkungs- oder Auslegungsmöglichkeit des jeweiligen Menschenrechtsvertrages hält. Wenn die Völker- bzw. Menschenrechtsordnung im Sinne *v. Bars* die Existenz und Notwendigkeit nationaler Kollisionsrechte voraussetzt bzw. fordert[1029] und soweit sie eine Vielfalt der staatlichen Regelungen akzeptiert, müssen die Menschen-

---

1027 Im Ergebnis übereinstimmend *Fahrenhorst*, Familienrecht, S. 231; *Engel*, RabelsZ 53 (1989), S. 3 (40 f.).

1028 Vgl. im einzelnen die Darstellung im II. Kapitel, S. 134 ff.

1029 Vgl. oben Fn. 1011 f. Der EGMR hat ausdrücklich anerkannt, daß die unterschiedliche Behandlung von international-privatrechtlichen im Gegensatz zu homogen verknüpften Sachverhalten *per se* keine Diskriminierung darstellt, sondern regelmäßig sachlich gerechtfertigt ist, vgl. EGMR, *Johnston and others*, Urteil vom 12. Dezember 1986, Ser. A No. 112, S. 26 f., Tz. 59 ff.; ähnlich die EKMR in der Beschwerde *X ./. Schweiz*, DR 26 (1982), S. 207 (208). Freilich muß das auf der Grundlage der kollisionsrechtlichen Verweisung gefundene Anwendungs*ergebnis* eines Gerichtes eines Vertragsstaates mit der Konvention in Einklang stehen, vgl. bereits oben Fn. 805 a.E.

rechte gerade im kollisionsrechtlichen ordre public in einer Weise „angewendet“ werden, die dieser menschenrechtlich zulässigen Gestaltungsbefugnis der Staaten Rechnung trägt. Eine sich aus den Menschenrechtsverträgen ergebende Pflicht zur möglichst effektiven Gewährleistung der verbürgten Rechte[1030] darf deshalb auch aus völkerrechtlicher Sicht nicht in einen unreflektierten *effet utile* münden, der die menschenrechtlich zulässige Vielfalt der Rechtsordnungen einebnet oder ausschaltet. Daß auch die deutsche Verfassungsordnung den Respekt vor einer – menschenrechtlich zulässigen – Mannigfaltigkeit von Regelungsansätzen im innerstaatlichen Recht anderer Staaten verlangt, wurde bereits dargelegt.[1031]

Aus diesen Gründen erscheinen Ansätze, die unter Berufung auf ein menschenrechtliches Effektivitätsprinzip und die Völkerrechtsfreundlichkeit des Grundgesetztes den Menschenrechten im Rahmen des ordre public stets zur größtmöglichen Durchsetzungskraft verhelfen wollen,[1032] weder aus verfassungs- und kollisionsrechtlicher noch auch aus völkerrechtlicher Sicht zwingend. Die Völkerrechtsfreundlichkeit des Grundgesetzes ist, das wurde bereits gezeigt, nicht nur von der Rezeptionsbereitschaft unserer Rechtsordnung für das Völkerrecht, sondern auch von der Einsicht geprägt, daß die Bundesrepublik in eine Gemeinschaft gleichberechtigter Staaten eingebettet ist, deren souveräne Entscheidungen zur innerstaatlichen Rechtssetzung es zunächst einmal zu respektieren gilt. In dieser Offenheit des Grundgesetzes findet die kollisionsrechtliche Maxime der Schonung des fremden Rechts eine verfassungsrechtliche Legitimation. Deshalb verlangen gerade die Leitentscheidungen des Grundgesetzes für das Zusammenwirken von innerstaatlicher Rechtsanwendung und zwischenstaatlicher Ordnung einer vom Völkerrecht vorgegebenen oder zugelassenen Differenzierung auch im Rahmen der menschenrechtsbezogenen ordre public-Anwendung Rechnung zu tragen.

c) Die ordre public-Anwendung gegenüber Vertragsstaaten und Drittstaaten

Die Berechtigung eines differenzierenden Ansatzes zeigt sich besonders deutlich, wenn sowohl der *lex causae*- als auch der Forumstaat an die im Einzelfall berührte Menschenrechtsnorm gebunden ist. Soweit eine menschenrechtliche Vorschrift – sei es unmittelbar oder nach der von den Überwachungsorganen gewonnenen Rechtsüberzeugung – im Erststaat Einschränkungen oder Diffe-

1030 Vgl. im einzelnen die Ausführungen zu den jeweiligen Verträgen.

1031 Vgl. oben S. 266 ff.

1032 In diesem Sinn etwa *Kokott*, BerDGVR 38 (1998), S. 71 (99, 102 und *passim*).

renzierungen zuläßt, kann einer (noch) menschenrechtskonformen Regelung bzw. einer darauf beruhenden Rechtspraxis[1033] dieses Staates schwerlich von den Gerichten anderer Vertragsstaaten entgegengehalten werden, die entsprechende Vorschrift bzw. ihre Anwendung verstoße gegen eben diese menschenrechtliche Norm und sei deshalb im Forumstaat nicht anzuwenden.[1034]

Eine differenzierte Betrachtung ist aber auch angezeigt bei der Anwendung von Normen eines *lex causae*-Staates, der schon formal nicht den gleichen Menschenrechtsverpflichtungen wie die Bundesrepublik unterliegt. Zwar besteht kein Zweifel, daß in diesem Fall die für die Bundesrepublik bindenden Menschenrechte auch dem Recht von Drittstaaten entgegengehalten werden können, ja müssen.[1035] Die menschenrechtliche Pflicht der Bundesrepublik zur Nichtanwendung der *lex cause* reicht hier aber nur soweit, als ein entsprechender Rechtssatz bzw. dessen Anwendungsergebnis in keinem vertraglich gebundenen Staaten gebilligt werden könnte. Der auf Menschenrechte[1036] gestützte ordre public kann folglich nur insoweit zum Einsatz gelangen, als das anzuwendende Sachrecht bzw. dessen Anwendungsergebnis in keinem an die jeweilige Menschenrechtsnorm gebundenen Staat zulässigerweise hätte ergehen können. Letztlich beschränkt sich damit die menschenrechtliche ordre public-Prüfung bei der Anwendung des Rechts von Drittstaaten auf die Einhaltung eines nach dem jeweiligen Vertrag zu gewährleistenden Mindeststandards.

Umgekehrt ergibt sich für die innerstaatliche Rechtsanwendung, daß einer bereits von den zuständigen Überwachungsorganen als menschenrechtswidrig qualifizierten Rechtsnorm bzw. -praxis eines Vertragsstaates auch im Rahmen einer kollisionsrechtlichen Verweisung die Anwendung versagt bleiben muß. Zwar entfalten die Feststellungen der Überwachungsorgane auf UN-Ebene

---

1033 Daß es im Rahmen der ordre public-Prüfung nicht um die abstrakte Überprüfung eines fremden Rechtssatzes geht, sondern um die Vereinbarkeit des Anwendungs*ergebnisses* mit den wesentlichen Grundsätzen des deutschen Rechts unter Berücksichtigung der tatsächlichen Gerichtspraxis innerhalb der berufenen Rechtsordnung, wurde im I. Kapitel, S. 24 f. dargelegt. Im international-privatrechtlichen Schrifttum ist allgemein anerkannt, daß eine abstrakt anstößige Norm im Einzelfall immer noch zu einem tragbaren Ergebnis führen kann, vgl. nur *Spickhoff*, ordre public, S. 79 f.

1034 Die Bindung des *lex causae*-Staates an eine menschenrechtliche Verpflichtung kann freilich auf einer vorgelagerten Prüfungsebene bedeutsam sein. Ein (menschenrechtliches) ordre public-Problem stellt sich dann nicht, soweit nach dem Recht dieses Staates die Methode der völkerrechtskonformen Auslegung und Anwendung des einfachen Rechts möglich und anerkannt ist.

1035 Vgl. dazu die Ausführungen zu Beginn dieses Kapitels, S. 217 f.

1036 Zur Funktion der Grundrechte aber sogleich S. 283 f.

keine Bindungswirkung für die betroffenen Staaten,[1037] so daß die formale Rechtslage für den kollisionsrechtlichen Rechtsanwender noch weniger berührt wird als etwa im Fall einer explizit vom EGMR festgestellten Konventionswidrigkeit einer berufenen Zivilrechtsnorm. Wenn aber die Bundesrepublik jedenfalls *bona fide* gehalten ist, den Rechtsauffassungen der zuständigen Organe Beachtung zu schenken, so schlägt sich diese Treuepflicht über das verfassungsrechtliche Gebot der Harmonisierung von völkerrechtlicher Bindung und innerstaatlicher Rechtsanwendung auch in der Konkretisierung der Vorbehaltsklausel nieder. Ob ein kollisionsrechtlich anzuwendender Rechtssatz bzw. dessen konkretes Ergebnis sich im Rahmen des menschenrechtlich Zulässigen bewegt, kann ohnehin nur unter Beachtung der „internationalen" Auslegungspraxis der zuständigen Organe gelingen. Die mit der Einbeziehung der Menschenrechte intendierte Förderung des Entscheidungseinklanges wäre hingegen konterkariert, würden die Gerichte in die Menschenrechtsnormen ihr autonom innerstaatliches Grundrechtsverständnis hineininterpretieren, um dieses sodann als vermeintlich menschenrechtsbezogene ordre public-Anwendung wieder herauszulesen.

d) Der ordre public-Maßstab bei menschenrechtlichen Vorbehalten des *lex causae*-Staates

Anerkennt man, daß eine – aus Sicht des für die Bundesrepublik geltenden Menschenrechtsbestandes – noch zu billigende Ausgestaltung der fremden Rechtsordnung auch im rechtsanwendenden Staat respektiert werden kann, so stellt sich die Frage, wie sich die Erklärung von Vorbehalten des *lex causae*-Staates auf die menschenrechtsbezogene Handhabung des ordre public im Forumstaat auswirkt. Ein Vorbehalt hat zur Folge, daß der erklärende Staat völkerrechtlich nicht an die Beachtung der vom Vorbehalt erfaßten Menschenrechte gebunden ist.[1038] Sein innerstaatliches Recht bzw. dessen Anwendung unterliegt insoweit nicht der völkerrechtlichen Überprüfung am Maßstab der vom Vorbehalt erfaßten Menschenrechte. Dies führt freilich nicht dazu, daß die Gerichte anderer Vertragsstaaten bei der Anwendung von Rechtsnormen des Vorbehaltsstaates ihre eigenen menschenrechtlichen Bindungen außer acht lassen dürften.[1039] Die Situation gestaltet sich hier vielmehr wie bei Anwen-

1037 Vgl. hierzu die Ausführungen zum jeweiligen Überwachungsmechanismus der menschenrechtlichen Verträge im II. Kapitel.

1038 Vgl. etwa *Doehring*, Völkerrecht, Rn. 350; *Seidl-Hohenveldern-Stein*, Völkerrecht, Rn. 303.

1039 Im Ergebnis ebenso *Kokott*, BerDGVR 38 (1998), S. 71 (101), allerdings auf anderer konzeptioneller Grundlage.

dung von Rechtssätzen eines Nicht-Vertragsstaates.[1040] Die Grenze für die Rechtsanwendung haben die deutschen Gerichte dort zu ziehen, wo die von der Bundesrepublik jeweils zu beachtenden menschenrechtlichen Mindestverbürgungen unterschritten zu werden drohen.

e) Kultureller Relativismus der Menschenrechte?

Die Berücksichtigung eines in den Menschenrechtsverträgen angelegten bzw. einer von ihnen zugelassenen Differenzierung im Rahmen der menschenrechtsbezogenen ordre public-Anwendung bedeutet nicht gleichzeitig die Anerkennung der These von einer kulturellen Relativität der Menschenrechte.[1041] Der Universalitätsanspruch der Menschenrechte, der allen UN-Übereinkommen zugrunde liegt[1042] und auf der Wiener Menschenrechtskonfe-

---

1040 Anderes gilt freilich, wenn der Vorbehalt unwirksam ist und deshalb keine Wirkung entfaltet. Abgesehen von Evidenzfällen wird dies aber im Einzelfall nur schwer feststellbar sein, vgl. *Doehring*, Völkerrecht, Rn. 351. Gerade im Hinblick auf Menschenrechtsverträge zeichnen sich in jüngerer Zeit besondere Regeln und Kriterien für das Vorbehaltsregime ab. Hinzuweisen ist etwa auf den *General Comment* Nr. 24/52 des Menschenrechtsausschusses vom 2. November 1994, UN-Doc. CCPR/C/21/Rev. 1/ Add. 6, vgl. hierzu *Schweisfurth*, in: Geiger (Hrsg.), Völkerrechtlicher Vertrag und staatliches Recht, S. 71 (73 ff.). Auf europäischer Ebene ist die Entscheidung des EGMR, im Fall *Loizidou*, Urteil vom 23. März 1995 (*preliminary objections*), Ser. A 310, hervorzuheben, in der die territoriale Beschränkung der türkischen Unterwerfungserklärungen nach Art. 25 und 46 EMRK (a.F.) für unwirksam erklärt wurde; zur Bedeutung dieser Entscheidung für die internationale Menschenrechtspraxis vgl. etwa *H.-K. Ress*, ZaöRV 56 (1996), S. 427 (438). Zur Rechtsentwicklung im Hinblick auf menschenrechtliche Verträge vgl. etwa *Bauer*, Vorbehalte, insbes. S. 225 ff.; *Giegerich*, ZaöRV 55 (1995), S. 713 ff.; *Rama-Montaldo*, in: Gros Espiell amicorum liber, Vol. II, S. 1261 (1267 ff.) sowie *Schweisfurth*, in: Geiger (Hrsg.), Völkerrechtlicher Vertrag und staatliches Recht, S. 71 ff.

1041 Die Debatte um die Universalität der Menschenrechte bzw. deren kulturelle Relativität (*cultural relativism*) bildet seit Jahren einen Schwerpunkt der internationalen Menschenrechtsdebatte. Auch die *margin of aprreciation*-Doktrin wird als ein Ausdruck des kulturellen Relativismus angesehen, vgl. *Brehms*, ZaöRV 56 (1996), S. 240 (308). Aus der vielschichtigen und kaum zu übersehenden Literatur vgl. allgemein etwa *Kühnhardt*, Universalität, S. 227 ff.; *Donelly*, 6 HRQ (1984), S. 400 ff.; *ders.*, Universal Human Rights, S. 109 ff.; *Tomuschat*, in: GS Sasse, S. 585 ff.; *ders.*, ZaöRV 45 (1985), S. 545 ff.; *Perry*, 19 HRQ (1997), S. 461 ff., alle m.w.N. In der Literatur wird allerdings darauf hingewiesen, daß die Proklamation einer kulturellen Relativität nicht selten der Kaschierung von Menschenrechtsverletzungen dient, vgl. *E. Klein*, Menschenrechte, S. 23 f. sowie *Buergenthal*, in: Gros Espiell amicorum liber, Vol. I, S. 123 (135).

1042 Zusammenfassend *Lillich*, in: FS Bernhardt, S. 453 (459 ff.).

renz ohne Einschränkung bestätigt wurde,[1043] wird nach dem hier verfolgten Ansatz nicht unterminiert. Aus den obigen Ausführungen dürfte klar geworden sein, daß die Akzeptanz unterschiedlicher Rechts- und Sozialordnungen nicht aus einem von den Staaten oder Staatengruppen selbst zu definierenden Erklärungsmodell folgt, sondern an das in den Verträgen angelegte und von den international zuständigen Auslegungsorganen entwickelte Rechtsverständnis geknüpft ist. Die Mitgliedstaaten bleiben deshalb auch im Rahmen der Beurteilung fremden Rechts stets den durch die zuständigen Organe entwickelten Kriterien verpflichtet. Die sorgfältige Umsetzung des völkerrechtlichen Menschenrechtsschutzes in der Vorbehaltsklausel setzt deshalb einen hohen Kenntnisstand des innerstaatlichen Richters voraus, vor allem aber die Bereitschaft, sich mit der Auslegungspraxis der internationalen Überwachungsorgane zu befassen und diese in der nationalen Rechtspraxis zu rezipieren. Gerade im Hinblick auf die EMRK und den IPbpR existiert dabei schon heute ein substantieller Bestand an Erkenntnisquellen, die für eine menschenrechtsbezogene ordre public-Praxis fruchtbar gemacht werden können. Die Bemühungen um eine Erweiterung der Überwachungskompetenzen und -verfahren lassen für die Zukunft auch in anderen Bereichen eine Zunahme an Interpretationshilfen erwarten, wenngleich dort die Hauptarbeit noch zu leisten sein dürfte.[1044]

1043 Vgl. Ziff. I.1. der Wiener Erklärung, UN-Doc. A/CONF.157/23, deutsche Übersetzung in DGVN (Hrsg.), Menschenrechte, S. 13 ff.: „Der universelle Charakter dieser Rechte und Freiheiten steht außer Frage." In Ziff. I.5. der Erklärung heißt es weiter: „Die Menschenrechte sind allgemeingültig, unteilbar und bedingen einander und bilden einen Sinnzusammenhang. Die internationale Gemeinschaft muß die Menschenrechte weltweit in fairer und gleicher Weise, auf derselben Basis und mit demselben Nachdruck behandeln. Zwar ist die Bedeutung nationaler und religiöser Besonderheiten und unterschiedlicher historischer, kultureller und religiöser Voraussetzungen im Auge zu behalten, aber es ist die Pflicht der Staaten, ohne Rücksicht auf ihr jeweiliges politisches, wirtschaftliches und kulturelles System alle Menschenrechte und Grundfreiheiten zu fördern und zu schützen." Im Gegensatz zur Wiener Konferenz hatte die Bangkok-Erklärung der asiatischen Staaten, deutsche Übersetzung ebenfalls in DGVN (Hrsg.), Menschenrechte, S. 59 ff., noch die „Bedeutung der nationalen und regionalen Besonderheiten sowie der unterschiedlichen historischen, kulturellen und religiösen Hintergründe" (vgl. Ziff. 8 der Erklärung) in den Vordergrund gerückt. Zu den Regionalkonferenzen und deren Auswirkung auf die Weltkonferenz vgl. *Petersohn*, Menschenrechtsverständnis, S. 220 m.w.N. Zur Bedeutung der Wiener Erklärung für die Menschenrechtsinterpretation vgl. *Ayala-Lasso*, in: Gros Espiell amicorum liber, Vol. I, S. 37 (43 ff.).

1044 Auf die teilweise gravierenden Unterschiede hinsichtlich der Effizienz der Überwachungsorgane und -verfahren wurde im II. Kapitel jeweils hingewiesen. Es wird allseits betont, daß sich nach der Herausbildung vertragsautonomer Standards die Aufgabe stellt, diese Maßstäbe durch Austausch und Kooperation zwischen den Überwachungsorganen zu vereinheitlichen und zu harmonisieren, um zu einem einheitlichen und universellen Verständnis zu gelangen, vgl. etwa *Lillich*, in: FS Bern-

IV. Die Reservefunktion der innerstaatlichen Grundrechte

Soweit die völkerrechtlich begründeten Menschenrechte die Nichtanwendung eines fremden Rechtssatzes tragen bzw. verlangen, besteht weder rechtlich noch tatsächlich eine Notwendigkeit, im Rahmen der Vorbehaltsklausel auf die innerstaatlichen Grundrechte zurückzugreifen. Die Heranziehung der Menschenrechte als Maßstab der ordre public-Anwendung bietet zugleich die Gewähr einer über die Grenzen des Staatsgebietes hinausreichenden Akzeptanz der Entscheidung nationaler Gerichte. Der Einsatz der Vorbehaltsklausel bleibt somit – im Rahmen des Möglichen – dem Grundsatz der Schonung des fremden Rechts und dem Ideal des Entscheidungseinklanges verpflichtet. Die verstärkte Berücksichtigung des internationalen Menschenrechtsschutzes kann deshalb zu einem dem Internationalen Privatrecht als *sedes materiae* durchaus entsprechenden Perspektivenwechsel genutzt werden.

Im I. Kapitel wurde dargelegt, daß die internationalen Menschenrechte im international-privatrechtlichen Diskurs bislang vor allem als rechtsvergleichender Maßstab für den räumlichen Geltungsanspruch der Grundrechte herangezogen werden.[1045] Eine an den Fixpunkten internationaler Entscheidungseinklang, Schonung des fremden Rechts und Öffnung der innerstaatlichen Rechtsordnung für das Völkerrecht ausgerichtete Handhabung der Vorbehaltsklausel spricht hingegen für eine unmittelbare, im rechtstechnischen Sinne vorrangige Auffüllung des ordre public durch die Normen des Menschenrechtsschutzes. Mit der Auslandsbezogenheit international-privatrechtlicher Sachverhalte korrespondiert die Heranziehung international geltender Normen zur Konkretisierung des innerstaatlichen ordre public.

Auch eine primär menschenrechtsbezogene Auffüllung des kollisionsrechtlichen ordre public kann und darf freilich nicht dazu führen, daß Art. 1 Abs. 3 GG, insbesondere die Grundrechtsbindung der deutschen Rechtspflegeorgane, außer acht gelassen werden könnte.[1046] Die unmittelbare Berücksichtigung der völkerrechtlichen Menschenrechte im Rahmen der Vorbehaltsklausel vermag die Geltungskraft der deutschen Grundrechte nicht zu beeinträchtigen. Nach

---

hardt, S. 453 (459 ff.); *Ramcharan*, in: ders. (Hrsg.), Thirty Years, S. 93 (103 ff.); *Tistounet*, in: E. Klein, Monitoring System, S. 147 (164 f.); *Weiß*, in: E. Klein, Monitoring System, S. 183 (187).

1045 Vgl. oben S. 46 ff.

1046 Vgl. den Diskussionsbeitrag von *Hofmann*, BerDGVR 38 (1998), S. 124 (124 f.) zum Referat von *Kokott*.

dem hier vertretenen Ansatz kommt den Grundrechten des Grundgesetzes jedoch nur eine Auffangfunktion zu: Erst wenn sich aus den menschenrechtlichen Bindungen der Bundesrepublik kein tauglicher ordre public-Maßstab entnehmen läßt, soll und muß der innerstaatliche Rechtsanwender schließlich auf die autonomen Wertungen der nationalen Rechtsordnung zurückgreifen. Ein solcher Rückgriff wird insbesondere dann erforderlich, wenn der völkerrechtliche Menschenrechtsschutz eine innerstaatliche Grundrechtsposition überhaupt nicht oder nur in deutlich geringerem Maße anerkennt.[1047] Allerdings ist der Richter in dieser Situation wiederum gehalten, jedenfalls soweit er den grundrechtskollisionsrechtlichen Vorgaben des BVerfG gerecht werden will, den Geltungsanspruch der Grundrechte für einen auslandsbezogenen Sachverhalt im einzelnen zu untersuchen und dabei vor allem auch völkerrechtlich anerkannten Menschenrechte vergleichend mit einzubeziehen.[1048] Die völkerrechtsoffene Interpretation der Grundrechte, also die Frage, ob eine deutsche Grundrechtsposition auch internationale Anerkennung erheischt, hat der Rechtsanwender nach der hier vorgeschlagenen Methode aber bereits beantwortet: Grundrechtskollisionsrechtliche Probleme stellen sich schon gar nicht, soweit bereits aus den menschenrechtlichen Verpflichtungen ein entsprechender ordre public-Maßstab entnommen werden kann. Wurde dagegen im Rahmen der (bereits durchgeführten) menschenrechtsbezogenen ordre public-Prüfung festgestellt, daß einer deutschen Grundrechtsposition kein vergleichbares internationales Pendant gegenübersteht, so hat der Richter schon ein maßgebliches Indiz dafür gewonnen, daß die Staatengemeinschaft diesem Rechtsgut nicht dieselbe herausgehobene Bedeutung zumißt wie die innerstaatliche Rechtsordnung. Er wird folglich die Wirkungskraft des Grundrechts für den auslandsrelevanten Sachverhalt besonders sorgfältig zu untersuchen und zu begründen haben. Mit dem hier vorgeschlagenen Ansatz wird also zugleich die dogmatisch noch im Fluß befindliche Diskussion um ein Grundrechtskollisionsrecht auf diejenigen Rechtsinhalte beschränkt, die allein in den deutschen Grundrechten, nicht aber auf internationaler Ebene einen Niederschlag gefunden haben. Die auf den ersten Blick aufwendig erscheinende Konkretisierung des ordre public anhand der menschenrechtlichen Verpflichtungen der Bundesrepublik führt deshalb im Rahmen der grundrechtsbezogenen ordre public-Prüfung – sofern eine solche überhaupt noch vonnöten ist – zu einer erleichterten und den Vorgaben des Bundesverfassungsgerichtes entsprechenden Entscheidungsfindung.

1047 So geht das Grundgesetz in seiner Auslegung durch das BVerfG etwa bei der Gewährleistung der Persönlichkeitsrechte zumeist über die internationalen Garantien hinaus, vgl. im einzelnen *Kirchhof*, EuGRZ 1994, S. 16 (22 f.).

1048 Vgl. etwa BVerfGE 31, S. 58 (77 und 87); BVerfGE 100, S. 313 (363).

V. Methodik einer menschenrechtsbezogenen ordre public-Anwendung

Für eine ordre public-Anwendung, die sich an den menschenrechtlichen Verpflichtungen der Bundesrepublik orientiert, bedarf es, das wird aus den bisherigen Ergebnissen deutlich, eines disziplinübergreifenden Ansatzes, der die berührten Rechtsgebiete – Internationales Privatrecht, Verfassungsrecht und Völkerrecht – in einen korrespondierenden und systemlogischen Zusammenhang stellt: Das *Kollisionsrecht* hält mit der Vorbehaltsklausel ein geeignetes Instrument zur Abwehr menschenrechtswidrigen Rechts bereit. Solange und soweit der innerstaatliche ordre public durch die dem Völkerrecht entstammenden Menschenrechte konkretisiert wird, bleibt auch die Anwendung der Vorbehaltsklausel dem Grundsatz der Schonung des fremden Rechts und dem Ideal des Entscheidungseinklangs verpflichtet. Im *Verfassungsrecht* liegt das Bindeglied zwischen völkerrechtlicher Bindung der Bundesrepublik und der Bedeutung menschenrechtlicher Normen für den kollisionsrechtlichen Entscheidungsvorgang. Die Integrationsmechanismen des Grundgesetzes verschaffen den Rechtssätzen des Völkerrechts innerstaatliche Geltung und ermöglichen so die Konkordanz zwischen völkerrechtlicher Verpflichtung und innerstaatlicher Rechtsanwendung. Für die kollisionsrechtliche Rechtsanwendung folgt aus dem Grundsatz der Völkerrechtsfreundlichkeit, daß fremdes Recht nur insoweit zur Anwendung gelangen kann, als dies mit den menschenrechtlichen Verpflichtungen der Bundesrepublik im Einklang steht. Die Völkerrechtsfreundlichkeit gebietet jedoch keinen Menschenrechtsoktroi, sondern ermöglicht es, eine vom Völkerrecht zugelassene Rechtsgestaltungsfreiheit der Staaten auch im Rahmen einer menschenrechtsbezogenen ordre public-Anwendung zu berücksichtigen. Die inhaltlichen Kriterien für den Einsatz der ordre public-Klausel vermittelt deshalb das *Völkerrecht* durch Art und Ausgestaltung der Menschenrechtsnorm sowie ihre Interpretation durch die international zuständigen Organe. Je unbedingter die staatlichen Beachtenspflichten und je enger der Spielraum für eine Derogation oder Differenzierung, desto unmittelbarer und zwingender wirkt sich die Menschenrechtsnorm auch als Schranke der kollisionsrechtlichen Rechtsanwendung aus. Umgekehrt wächst der Begründungsaufwand für einen menschenrechtsbezogenen ordre public, je größer der Spielraum der Staaten zur Ausgestaltung ihrer Rechtsordnung ist.

Für die menschenrechtsbezogene Handhabung der Vorbehaltsklausel, die den vorstehenden Prämissen Rechnung trägt und sich an einem systemgerechten Zusammenspiel der betroffenen Rechtsmaterien orientiert, lassen sich deshalb methodisch folgende, nach räumlichen und inhaltlichen Kriterien strukturierte Konkretisierungsstufen herausbilden:

1. Abstufung nach räumlicher Geltung der Menschenrechtsnorm

Das kollisionsrechtlich ermittelte Anwendungsergebnis ist zunächst an den Rechtssätzen des *universellen Gewohnheitsrechts* zu messen. Auch wenn die Bemühungen um eine Konkretisierung und Verbreiterung des universell zu achtenden Menschenrechtsbestandes allseits spürbar sind, so können derzeit wohl nur die elementaren Menschenrechtsverbürgungen zum allgemein anerkannten Normbestand des Gewohnheitsrechts gezählt werden.

Kann dem universellen Gewohnheitsrecht keine einschlägige Menschenrechtsnorm entnommen werden, so sind die *völkervertraglichen Verpflichtungen* der Bundesrepublik auf ihre ordre public-Relevanz hin zu untersuchen. Zum potentiell berücksichtigungsfähigen Normbestand zählen dabei sämtliche kraft Vertragsgesetzes in der deutschen Rechtsordnung geltenden Rechtssätze. Dabei entspricht es dem Grundsatz der Schonung des fremden Rechts und dem Bestreben nach einer Internationalisierbarkeit der Entscheidung, zunächst die *universellen Menschenrechtsverträge* als Maßstab der ordre public-Anwendung heranzuziehen. Soweit den für die Bundesrepublik geltenden UN-Konventionen kein einschlägiger Wertmaßstab entnommen werden kann, bedarf es schließlich der Prüfung, ob der durch die EMRK vermittelte europäische Menschenrechtsstandard einer Anwendung des fremden Rechts entgegensteht. Ein Rückgriff auf die EMRK führt zwar zu einer verringerten internationalen Akzeptanz dieser Entscheidung, gewährleistet aber immerhin noch eine regionale Internationalisierbarkeit. Lediglich dann, wenn es sich bei der *lex causae* um das Recht eines Vertragsstaates der EMRK handelt, erscheint es sachgerecht, von vornherein auf den von der europäischen Menschenrechtsordnung geforderten Standard abzustellen.

Stehen dem Anwendungsergebnis weder gewohnheitsrechtliche noch völkervertragliche Menschenrechte entgegen, so kann und muß schließlich seine Vereinbarkeit mit dem autonom innerstaatlichen, insbesondere durch die Grundrechte vermittelten ordre public geprüft werden. Das – in diesem Stadium bereits festgestellte – Fehlen einer vergleichbaren Schutznorm auf völkerrechtlicher Ebene wird dem innerstaatlichen Rechtsanwender dabei eine maßgebliche Entscheidungshilfe für die vom BVerfG aufgegebene Frage sein, inwieweit die deutschen Grundrechte auch in grenzüberschreitenden Sachverhalten Geltung beanspruchen wollen und können.

2. Abstufung nach materiellen Kriterien

Inhaltlich hat sich der Rechtsanwender mit der Frage auseinanderzusetzen, ob die jeweiligen Menschenrechtsnormen unbedingte Achtung verlangen oder ob sie zwischen den Staaten Differenzierungen im Schutzniveau zulassen bzw. anerkennen. Soweit Menschenrechtsnormen nach ihrem Charakter oder Inhalt keinen relativen Kriterien zugänglich sind, wirken diese Rechtssätze auch im Rahmen der Vorbehaltsklausel als unbedingte Schranke der Anwendung fremden Rechts. Dies trifft uneingeschränkt für das gewohnheitsrechtlich verfestigte *ius cogens* zu. Diese Rechtssätze setzen bereits auf völkerrechtlicher Ebene einen für alle Staaten verbindlichen und weltweit einzuhaltenden Mindeststandard. Eine auf der Grundlage des universellen Gewohnheitsrechts ergangene Entscheidung führt *eo ipso* zu einer Internationalisierbarkeit der ordre public-Anwendung.

Im vertragsrechtlichen Bereich vermitteln neben den zentralen Diskriminierungsverboten insbesondere die den Menschenrechten der ersten Dimension gewidmeten Übereinkommen einen unbedingten Mindeststandard. Gerade die umfangreiche Auslegungspraxis der EMRK-Organe, aber auch des Menschenrechtsausschusses, versetzt den innerstaatlichen Rechtsanwender in die Lage, den völkervertraglichen Menschenrechtsschutz für die Vorbehaltsklausel fruchtbar zu machen. In jedem Fall rechtfertigt eine von den zuständigen Überwachungsorganen – gleich ob ihre Entscheidungen bindende Kraft entfalten oder nur unverbindliche Stellungnahmen darstellen – explizit festgestellte Vertragswidrigkeit einer Norm oder einer darauf beruhende Rechtspraxis des *lex causae*-Staates ohne weiteres auch die Nichtanwendung der menschenrechtswidrigen Norm durch die Gerichte des *lex fori*-Staates.

Soweit dagegen Menschenrechtsnormen bzw. die hierzu ergangene Auslegungspraxis den Staaten einen Gestaltungsspielraum zugestehen, ist einer menschenrechtlich zu billigenden Ausgestaltung einer Rechtsordnung auch im Rahmen der menschenrechtsbezogenen ordre public-Anwendung Rechnung zu tragen. Entstammt die *lex causae* der Rechtsordnung eines Staates, der demselben Menschenrechtsübereinkommen wie die Bundesrepublik angehört, und entspricht die Rechtsnorm den für diesen Staat maßgeblichen vertraglichen Pflichten, so kann die Nichtanwendung des Rechtssatzes jedenfalls nicht unter Berufung auf den beide Staaten bindenden Vertrag erfolgen. Der ordre public-Verstoß kann in diesem Falle nur mit einer anderweitigen (strengeren) völkerrechtlichen Bindung der Bundesrepublik oder aber mit den deutschen Grundrechten begründet werden. Ob die vom *lex causae*-Staat getroffene Regelung mit dem Menschenrechtsvertrag vereinbar ist, entscheidet sich nach der Auslegungspraxis der zuständigen Überwachungsorgane. Ist eine solche für den betreffenden Staat nicht ersichtlich oder ermittelbar, so liegt eine der Anwendung von Rechtsnormen eines Drittstaates vergleichbare Situation vor. In diesen Fällen haben die deutschen Rechtspflegeorgane dafür Sorge zu tragen, daß jedenfalls der von dem menschenrechtlichen Vertrag – sei es universell oder regional – gesetzte Mindeststandard nicht unterschritten wird. Die Anwendung eines Rechtssatzes hat deshalb dann zu unterbleiben, wenn die entsprechende Norm in keinem Vertragsstaat zulässigerweise hätte erlassen bzw. mit dem konkreten Ergebnis hätte angewendet werden dürfen. Gleiches gilt für den Fall, daß der *lex causae*-Staat infolge eines Vorbehalts nicht im gleichen Umfang wie die Bundesrepublik an eine menschenrechtliche Vertragsbestimmung gebunden ist.

3. Die Methodik in der gerichtlichen Praxis

Ein Beispiel für die Möglichkeit aber auch die Grenzen einer menschenrechtlich ausgerichteten ordre public-Anwendung vermag etwa Art. 20 KRK und seine Berücksichtigung im internationalen Adoptionsrecht zu bieten. Als menschenrechtliches Gebot normiert Art. 20 Abs. 1 KRK die besondere Beistandspflicht des Staates für die von den Eltern getrennten Kinder. Diese Pflicht erfüllen die Vertragsstaaten gem. Art. 20 Abs. 2 KRK durch Sicherstellung anderer Betreuungsformen nach Maßgabe des innerstaatlichen Rechts. Die Konvention beläßt es jedoch nicht bei einem abstrakten Verweis auf die Gestaltungsfreiheit der Staaten, sondern nennt in Art. 20 Abs. 3 S. 1 KRK die möglichen, also prinzipiell zulässigen Formen der anderweitigen Betreuung – neben der Adoption vor allem die *kafala* nach islamischem Recht. Für eine menschenrechtsbezogene ordre public-Anwendung folgt daraus, daß die deutschen Gerichte einer fehlenden Adoptionsmöglichkeit im islamischen Recht die Vorbehaltsklausel jedenfalls nicht mit der Begründung entgegensetzen können, eine *kafala* entspreche schlechthin nicht dem von der Bundesrepublik kraft Völkerrechts zu schützenden Kindeswohl.[1049]

Eine mit diesem Ansatz durchaus kongruente Sichtweise hat sich etwa das OLG Karlsruhe in einer Entscheidung aus dem Jahre 1996 zu eigen gemacht.[1050] Das Gericht hatte im Rahmen einer weiteren Beschwerde über einen im Ausgangsverfahren vom AG Heidelberg abgelehnten Antrag auf Adoption

---

1049 Zu den Schwierigkeiten im Umgang mit einer *kafala* im deutschen internationalen Kindschaftsrecht vgl. *Menhofer*, IPRax 1997, S. 252 (253 f.).

1050 OLG Karlsruhe, IPRspr. 1996, Nr. 114, S. 242 f. = IPRax 1999, S. 49 mit Anmerkung von *Jayme* (S. 49 f.).

eines in Marokko geborenen Kindes zu befinden. Bei den Antragstellern handelte es sich um ein seit Jahren in Deutschland lebendes Ehepaar marokkanischer Herkunft; der Ehemann hatte zudem die deutsche Staatsangehörigkeit erworben. Das AG Heidelberg – und ihm folgend das LG – hatten gem. Art. 22 S. 2 i.V.m. Art. 14 Abs. 1 Nr. 1 EGBGB marokkanisches Recht berufen und wegen des dort bestehenden Adoptionsverbots (Art. 83 Abs. 3 CSP) den Antrag abgewiesen. Das OLG hob die Beschlüsse auf und verwies die Sache zur erneuten Entscheidung an das AG zurück. Nach Ansicht des OLG hätten die Instanzgerichte erwägen müssen, „ob nicht der Ausschluß der beantragten Adoption mit den wesentlichen Grundsätzen des deutschen Rechts unvereinbar ist (Art. 6 EGBGB).“[1051] Insoweit entspricht die Entscheidung freilich der traditionellen ordre public-Anwendung. Von Bedeutung sind in diesem Zusammenhang jedoch die Kriterien, die das OLG dem Instanzgericht zur Konkretisierung des ordre public-Verstoßes aufgezeigt hat. Im Beschluß heißt es dazu: „Ferner wird zu prüfen sein, ob nicht hinnehmbare Beeinträchtigungen des Kindeswohls drohen, wenn man dem Kind den durch eine Adoption deutschen Rechts vermittelten Status vorenthält (...). Das Kind lebt heute bei den Beteiligten [den Antragstellern im Adoptionsverfahren, Anm. d. Verf.] (...) aufgrund einer Schutzzusage (kafala) (...). Ein solches Pflegschaftsverhältnis bildet jedenfalls dann eine angemessene Form der Betreuung, wenn es die Kontinuität der kulturellen Kindesentwicklung fördert (...).“[1052] Das Gericht bezog sich im letzten Satz ausdrücklich auf Art. 20 Abs. 3 KRK.[1053] Für die ordre public-Anwendung folgt aus den Erwägungen des OLG, daß der fehlenden Adoptionsmöglichkeit des marokkanischen Rechts nicht von vornherein mit der Erwägung entgegengetreten werden kann, die Bundesrepublik sei völkerrechtlich verpflichtet, die geeignete Betreuung eines Kindes sicherzustellen, und dies sei KRK-konform ausschließlich durch die Adoption zu erreichen. Vielmehr bedarf es einer Prüfung, ob nicht der von Art. 20 KRK vermittelten Wertung gerade die Beibehaltung der *kafala* entspricht.

Den vom OLG angesprochenen Gesichtspunkt der Kontinuität der kulturellen Kindesentwicklung hat *Jayme*, der im Urteil an entsprechender Stelle zitiert wird, durchaus als Stärkung seiner These vom IPR als Schutzmechanismus zur Wahrung der kulturellen Identität[1054] aufgefaßt und der KRK gerade diesen

1051 OLG Karlsruhe, IPRspr. 1996, Nr. 114, S. 242 (243).

1052 Ebd.

1053 Ebd.; allerdings ist das OLG auf die Frage der Anwendbarkeit der KRK vor deutschen Gerichten nicht eingegangen. Daß die deutsche Erklärung zur KRK einer Heranziehung der Konvention im Rahmen der Vorbehaltsklausel nicht entgegensteht, wurde bereits dargelegt, vgl. oben S. 245 ff.

1054 Dazu oben bei Fn. 1012

kollisionsrechtlichen Gehalt zugeschrieben.[1055] Mit Blick auf Art. 20 Abs. 3 KRK will *Jayme* den ordre public dahingehend konkretisiert wissen, daß immer dann, wenn die *kafala* möglich sei, Art. 6 EGBGB nicht eingreife, so daß ein islamisches Kind nicht adoptiert werden könne.[1056] Ihrem Doktorvater folgend, findet auch *Klingenstein* im Urteil des OLG Karlsruhe nachhaltige Unterstützung für die maßgeblich auf Art. 20 Abs. 3 KRK gestützte These vom Recht auf Schutz der kulturellen Identität des Kindes.[1057] Streng an der Methodik *Jaymes* zur Konkretisierung der Vorbehaltsklausel[1058] orientiert, rechnet *Klingenstein* Art. 83 Abs. 3 des marokkanischen CSP zu denjenigen (religiösen) Regeln, die von Art. 20 Abs. 3 KRK als wesentlicher Bestandteil der kulturellen Identität geschützt würden; im Ergebnis, so *Klingenstein*, werde allein die Beachtung des Adoptionsverbotes dem von Art. 20 Abs. 3 KRK vorgegebenen und im Rahmen des ordre public zu beachtenden internationalen Standard gerecht.[1059] Im vorliegenden Fall sei deshalb die kollisionsrechtliche Verweisung zu befolgen, ohne daß Art. 6 EGBGB zur Anwendung gelange.[1060] Überhaupt, so das Ergebnis der Untersuchung, werde das Eingreifen der Vorbehaltsklausel regelmäßig abzulehnen sein, soweit es um die Adoption islamisch geprägter Kinder gehe.[1061]

Jenseits der im Schrifttum geäußerten Bedenken[1062] zeigt doch gerade der von *Jayme* und *Klingenstein* herangezogene Fall aus der Rechtspraxis die Be-

---

1055 Vgl. die Entscheidungsbesprechung in IPRax 1999, S. 49 f.; in gleicher Tendenz bereits die Besprechung zu AG Essen, IPRax 1998, S. 213 (213 f.). *Jayme* sieht in der KRK generell einen Ausdruck des Schutzes der kulturellen Identität, vgl. *ders.*, in: Henrich/Jayme/Strum (Hrsg.), Ehe und Kindschaft, S. 47 ff.; zustimmend *Looschelders*, RabelsZ 65 (2001), S. 463 (468 f.).

1056 So *Jayme* im Diskussionsbeitrag, BerDGVR 38 (1998), S. 117 (119).

1057 Vgl. *Klingenstein*, Kulturelle Identität, S. 110 ff.

1058 Vgl. *Jayme*, Methoden, S. 42 ff., der die Handhabung der Vorbehaltsklausel in fünf Prüfungsschritte zerlegt: 1. Sinn und Zweck der ausländischen Rechtsnorm (a.a.O., S. 42 f.); 2. Rechtspolitische Stabilität des ausländischen Rechtssatzes (a.a.O., S. 43); 3. Herausbildung rechtsvergleichender und internationaler Standards (a.a.O., S. 44 ff.); 4. Wesentlichkeit des als ordre public-Maßstab in Betracht kommenden Rechtssatzes der *lex fori* (a.a.O., S. 52 f.); 5. Vorliegen einer hinreichenden Binnenbeziehung (a.a.O., S. 47).

1059 Vgl. *Klingenstein*, Kulturelle Identität, S. 112; die deutschen Adoptionsregeln seien hingegen rechtspolitisch nicht unumstritten.

1060 Ebd., S. 113.

1061 Ebd., S. 115.

1062 Vgl. die kritischen Anmerkungen von *Siehr* bzw. *Kokott*, BerDGVR 38 (1998), S. 120 (120 f.) bzw. S. 137 (137 f.) zu *Jaymes* Diskussionsbeitrag auf derselben Tagung.

grenztheit der These vom Menschenrecht auf Wahrung der kulturellen Identität. Im Ansatz durchaus zutreffend und in Übereinstimmung mit der hier vertretenen Auffassung ziehen beide eine Norm des völkerrechtlichen Menschenrechtsbestandes – Art. 20 Abs. 3 KRK – als Maßstab der ordre public-Anwendung heran. Zutreffend ist auch, daß ein menschenrechtlich bestimmter ordre public der Aufrechterhaltung einer *kafala* nicht von vornherein entgegensteht, da Art. 20 Abs. 3 KRK die Rechtsvielfalt der Betreuungsmöglichkeiten unter Berücksichtigung der kulturellen Identität des Kindes ausdrücklich anerkennt. Bei diesem Ergebnis darf freilich schon aus menschenrechtlicher Sicht nicht verharrt werden. Für die weitere Beurteilung des Sachverhalts ist von grundlegender Bedeutung, daß die KRK insgesamt – einschließlich Art. 20 Abs. 3 – dem Kindeswohl verpflichtet ist.[1063] Insofern wäre die Prüfung dahingehend fortzuführen, inwieweit die zur Anwendung kommenden (religiösen) Regeln trotz vermeintlicher Achtung der kulturellen bzw. religiösen Identität auch tatsächlich dem Kindeswohl entsprechen. Welche Möglichkeit der Betreuung dem Kindeswohl gerecht wird, läßt sich wiederum anhand der in Art. 20 Abs. 3 S. 2 KRK genannten Kriterien ermitteln: Von Bedeutung sind die Kontinuität der Erziehung sowie die ethnische, religiöse, kulturelle und sprachliche Herkunft des Kindes. Diese Kriterien sprachen aber in dem vom OLG Karlsruhe entschiedenen Fall gerade dafür, daß die Beibehaltung einer *kafala* auch mit dem der KRK zugrundeliegenden Kindeswohlsprinzip nicht vereinbar war: Die verheirateten Antragsteller lebten seit 1980 ständig in Deutschland, der Ehemann hatte seit 1993 auch die deutsche Staatsangehörigkeit, die Ehefrau beabsichtigte die Beantragung derselben; die Eheleute waren nach den vom Amtsgericht angestellten Ermittlungen[1064] in der Bundesrepublik voll integriert, lebten in finanziell gesicherten Verhältnissen und hatten nicht die Absicht, nach Marokko zurückzukehren; das 1990 geborene Kind wurde von den Antragstellern bereits im Alter von vier Wochen in Pflege genommen und lebte seit dieser Zeit in Deutschland, besuchte dort den Kindergarten und war im Zeitpunkt der gerichtlichen Entscheidung bereits eingeschult; in der Familie wurde sowohl Deutsch als auch Arabisch gesprochen. In dieser Situation zeigt sich, daß aus dem anwendbaren Sachrecht nicht auf die kulturelle Identität und aus letzterem schon gar nicht *a priori* auf das Kindeswohl geschlossen werden kann. Bereits unter menschenrechtlichen Gesichtspunkten stellt das Kindeswohl das übergeordnete Prinzip dar. Dem menschenrechtlichen Gebot zur Achtung des Kindeswohls entsprach aber ge-

1063 Über die Beachtung des Kindeswohls als obersten Grundsatz im Rahmen des Art. 20 KRK bestand bei der Ausarbeitung Einigkeit, auch wenn er an dieser Stelle keine explizite Hervorhebung erfahren hat, vgl. *Dorsch*, Konvention, S. 200.

1064 Dem Amtsgericht Heidelberg sei an dieser Stelle für die Möglichkeit der Einsichtnahme in die einschlägigen Verfahrensakten gedankt.

rade die Absicherung der Beziehung zwischen den Antragstellern und dem Kind durch ein in der Bundesrepublik als dem ständigen Aufenthaltsstaat anerkanntes Rechtsinstitut. Die Integration in die deutsche Lebensordnung und -wirklichkeit sowohl der Antragsteller wie auch des Kindes hätte deshalb im vorliegenden Fall, gerade unter Heranziehung der KRK, den Einsatz des ordre public zur Abwehr des Adoptionsverbotes getragen.[1065] Wollte man sich diesem Ergebnis – aus menschenrechtlicher Sicht – verschließen, so wäre entsprechend der oben aufgezeigten Stufenfolge jedenfalls zu prüfen, ob nicht aus grundrechtlichen Erwägungen der Schutz des Kindeswohls den ordre public-Einsatz zur Beseitigung des Adoptionshindernisses erfordert hätte.[1066]

VI. Menschenrechtsbezogener ordre public und innerstaatlich vermittelte Relativität – zum Erfordernis eines Inlandsbezuges

Im I. Kapitel wurde dargelegt, daß der Einsatz der Vorbehaltsklausel relativen und interdependenten Kriterien in materieller, zeitlicher und räumlicher Hinsicht unterliegt. Nach der in dieser Frage geradezu stereotypen Rechtsprechungspraxis, aber auch nach ganz herrschender Ansicht im Schrifttum, bedarf es zur Durchsetzung des ordre public insbesondere einer Inlandsbeziehung des zu beurteilenden Sachverhalts.[1067] Selbst für den grundrechtsbezogenen ordre public verfährt die international-privatrechtliche Doktrin in gleicher Weise, hatte doch das BVerfG die Inlandsbeziehung bereits in der Spanier-Entscheidung als ein relevantes Kriterium für die Durchsetzungskraft der deut-

---

1065 Das zur erneuten Entscheidung aufgerufene AG Heidelberg hat mit Beschluß vom 26. September 1997, Az. 40 XVI 27/97, die Adoption nach deutschem Recht ausgesprochen. Der Beschluß ist nicht näher begründet und enthält keine Auseinandersetzung mit den Vorgaben des OLG Karlsruhe. Allerdings ergibt sich aus dem Tenor, daß das deutsche Sachrecht nicht als Ersatzrecht infolge eines vorangegangenen ordre public-Einsatzes berufen wurde, sondern – entgegen den Entscheidungen im Ausgangsverfahren – unmittelbar gem. Art. 22 S. 2 i.V.m. Art. 14 Abs. 1 Nr. 2 (!) EGBGB. Zu Recht kritisch hinsichtlich der Ermittlung des anwendbaren Sachrechts daher *Klingenstein*, Kulturelle Identität, S. 113 mit Fn. 510.

1066 Im Ansatz zutreffend weist deshalb *Ende*, IPRax 1996, S. 244 (247), darauf hin, einer Versagung der Adoptionsmöglichkeit könne auch das Diskriminierungsverbot des Grundgesetzes entgegenstehen, wenn das Kind wegen des fehlenden verwandtschaftlichen Status gegenüber anderen in Deutschland lebenden Kindern benachteiligt würde.

1067 Vgl. die Ausführungen im I. Kapitel, S. 30 f.

schen Grundrechte bei Sachverhalten mit Auslandsbezug aufgegriffen.[1068] Auch der Gesetzgeber ging bei der Neugestaltung der Vorbehaltsklausel von der Inlandsbeziehung als ungeschriebenes Tatbestandsmerkmal aus, ohne dies für den Bereich der Grundrechte zu spezifizieren.[1069] Auch die traditionelle Ansicht anerkennt freilich, daß das Erfordernis eines Binnenbezuges infolge der Relativität der Vorbehaltsklausel von nachgeordneter Bedeutung sein kann. Je größer die Abweichung des fremden Rechts im Vergleich zu den fundamentalen deutschen Rechtsgrundsätzen, desto geringere Anforderungen werden an die Inlandsbeziehung gestellt.[1070] So lösen nach herkömmlicher Auffassung Verstöße gegen die elementaren Menschenrechte den ordre public ohne weiteres aus. Dies allerdings nicht wegen ihres völkerrechtlichen Ursprungs, sondern weil jene Rechtssätze auch in der autonomen innerstaatlichen Rechtsordnung unverzichtbare Rechtssätze darstellen, deren Verletzung nicht hingenommen werden kann.[1071]

Im I. Kapitel wurden aber bereits Ansätze im Schrifttum kenntlich gemacht, die – abgesehen von der internationalen Zuständigkeit – auf einen Binnenbezug im Bereich der Menschenrechte ganz allgemein wegen deren außerstaatlicher Natur und Herkunft verzichten oder dieses Kriterium zumindest vernachlässigen wollen.[1072] Auf der Grundlage der bisherigen Erkenntnisse ist nunmehr zu untersuchen, ob bei einer auf Menschenrechten beruhenden ordre public-Anwendung tatsächlich noch ein Inlandsbezug gefordert werden kann.

1068 BVerfGE 31, S. 58 (75 und 77); dazu bereits im I. Kapitel, S. 42 ff.

1069 Vgl. Regierungsbegründung zum IPR-Reformgesetz, BT-Drucks. 10/504, S. 43.

1070 Vgl. für die ganz h.M. *Spickhoff*, ordre public, S. 97; MüKo-*Sonnenberger*, Art. 6 EGBGB Rn. 84; *Meise*, Relativität, S. 105; *Neuhaus*, Grundbegriffe, S. 367; *Kropholler*, IPR, S. 241.

1071 Vgl. MüKo-*Sonnenberger*, Art. 6 EGBGB Rn. 84; Staudinger-*Blumenwitz*, Art. 6 EGBGB Rn. 119.

1072 Vgl. die Ausführungen im I. Kapitel, S. 44 ff. und die dortigen Nachweise. Aus der Sicht der traditionellen IPR-Lehre hat *Siehr* die Zurückdrängung des Binnenbezugserfordernisses bei einem menschenrechtlich konkretisierten ordre public und den damit einhergehenden Verständniswandel mit dem Öffnen der Pandora-Büchse verglichen, vgl. den Diskussionsbeitrag von *Siehr* auf der 23. Tagung der DGVR, BerDGVR 33 (1994), S. 301 (302).

1. Inlandsbezug und völkergewohnheitsrechtliche Menschenrechte

Für den über Art. 25 S. 1 GG in die deutsche Rechtsordnung einfließenden Kernbestand des völkerrechtlichen Menschenrechtsschutzes folgt bereits aus seiner Rechtsnatur und seiner Stellung im innerstaatlichen Normgefüge, daß ihrem Durchsetzungsanspruch keine innerstaatlich begründeten Hürden entgegengestellt werden dürfen. Zwar wurde an anderer Stelle festgehalten, daß die innerstaatliche Rangzuweisung, die diese Menschenrechte erfahren haben, einer Berücksichtigung „innerhalb" der Vorbehaltsklausel nicht entgegensteht. Zugleich wurde aber deutlich gemacht, daß dabei stets der spezifisch verfassungsrechtliche Aspekt ihrer Wirkungskraft in der deutschen Rechtsordnung berücksichtigt werden muß.[1073]

In struktureller Hinsicht besteht für die gewohnheitsrechtlich geltenden Menschenrechte eine Parallele zur Wirkungsweise der Grundrechte als Maßstab der ordre public-Anwendung. Art. 25 S. 2 GG verschafft dem Völkergewohnheitsrecht mit seinem jeweiligen völkerrechtlichen Gehalt ohne weiteres und mit Vorrang vor den einfachen Gesetzen innerstaatliche Geltung. Ebenso wie die Grundrechte verlangen deshalb auch die Menschenrechte des universellen Gewohnheitsrechts unabhängig von den (einfach-rechtlichen bzw. richterrechtlichen) Anwendungsvoraussetzungen der Vorbehaltsklausel Beachtung und Durchsetzung. Allein diese Sichtweise wird den Vorgaben, die das BVerfG im Spanier-Beschluß für die Grundrechte aufgezeigt hat, gerecht. Die Nahtlosigkeit, mit der die international-privatrechtliche Lehre und Praxis die Grundrechte inzwischen in die bestehende ordre public-Systematik aufgenommen haben, darf nicht vergessen machen, daß es sich bei den vom BVerfG entwickelten Kriterien, insbesondere hinsichtlich einer relativierten Grundrechtsgeltung, nicht um solche der Vorbehaltsklausel, sondern um grundrechtsimmanente Gesichtspunkte handelt.[1074] Soweit also das BVerfG den Binnenbezug im Einzelfall als Kriterium für den Durchsetzungsanspruch eines Grundrechts herangezogen hat,[1075] ist damit nicht derjenige des Art. 6 EGBGB gemeint, sondern ein spezifisch für die und aus den jeweils betroffenen Grundrechten zu entwickelnder Inlandsbezug. Deshalb erscheint es zumindest unscharf, wenn im Schrifttum gefordert wird, auch bei Grundrechtsverletzungen sei „in gleicher Weise wie auch sonst bei der Anwendung des Art. 6" zu prü-

---

1073 Vgl. im I. Kapitel, S. 40 f.

1074 Auf diesen Aspekt weist etwa *Schröder*, in: FS Schlochauer, S. 137 (140 f.) hin.

1075 Zur Rechtsprechung des BVerfG vgl. im I. Kapitel, S. 42 ff.

fen, ob eine ausreichende Inlandsbeziehung vorliege.[1076] Denn diese Formulierung impliziert, daß das vom BVerfG für die Grundrechte aufgegriffene Kriterium der Inlandsbeziehung mit der von der h.M. geforderten einfachrechtlichen Voraussetzung für das Eingreifen des ordre public identisch ist. Das BVerfG hat sich aber lediglich des Begriffsinstrumentariums des Kollisionsrechts bedient, nicht aber die Reichweite der Grundrechte den Erfordernissen der Vorbehaltsklausel selbst unterworfen.[1077] Zutreffend weist deshalb *Spickhoff* darauf hin, die verfassungsrechtlich vorgegebenen Wertmaßstäbe dürften nicht „durch die Hintertür über das Merkmal des Binnenbezugs" aus den Angeln gehoben werden.[1078] Ebenso wie für die Grundrechte muß deshalb

1076 Vgl MüKo-*Sonnenberger*, Art. 6 EGBGB Rn. 55; ein deutlich differenzierter Ansatz findet sich aber gerade bei MüKo-*Sonnenberger*, Einl. IPR Rn. 315; hierzu noch unten bei Fn. 1123. Dem traditionellen kollisionsrechtlichen Instrumentarium zeigt sich auch die international-privatrechtliche Rechtsprechung verhaftet, wenn – auch im Zusammenhang mit Grundrechtsverstößen – von der für die Anwendung der Vorbehaltsklausel stets erforderlichen Inlandsbeziehung gesprochen wird; vgl. exemplarisch OLG Frankfurt a.M., NJW 1999, S. 3206 (3207); OLG Düsseldorf, IPRspr. 1996 Nr. 6 (S. 9 ff.). Auch bei *Hofmann*, Grundrechte, scheinen die verfassungsrechtlichen Kriterien letztlich nicht eindeutig von den einfach-rechtlichen Voraussetzungen des ordre public-Vorbehalts getrennt, wenn für die Anwendung der Grundrechte im Rahmen von Art. 6 EGBGB generell ein „intensiver" (a.a.O., S. 129) oder „ausreichender" (a.a.O., S. 132) Inlandsbezug gefordert wird.

1077 Nichts anderes meint das BVerfG, wenn es im Spanier-Beschluß, BVerfGE 31, S. 58 (86 f.) darauf hinweist, es dürfe „nicht zwischen tragbaren und untragbaren Grundrechtsverletzungen unterschieden werden." Vielmehr müßte eine Durchsetzung der Grundrechte über Art. 30 EGBGB „die Klausel schlechthin als ‚Einbruchstelle' der Grundrechte in das Internationale Privatrecht verstehen (...) mit der Folge, daß jede durch die Anwendung ausländischen Rechts im Einzelfall bewirkte Grundrechtsverletzung das Eingreifen des deutschen ordre public auslöst." Das rechte Maß ergebe sich dabei aus der Prüfung, „ob und wieweit das betroffene spezielle Grundrecht nach Wortlaut, Inhalt und Funktion unter Berücksichtigung der Gleichstellungen anderer Staaten und der Eigenständigkeit ihrer Rechtsordnungen für auslandsbezogene Sachverhalte Geltung verlangt." Ein generelles Erfordernis eines Binnenbezuges für die Durchsetzungskraft der Grundrechte bei auslandsbezogenen Sachverhalten läßt sich aber der Rechtsprechung des BVerfG nicht entnehmen. Gerade die jüngste grundrechtskollisionsrechtliche Entscheidung vom 14. Juli 1999, BVerfGE 100, S. 313 (364) läßt in ihrer Diktion erkennen, daß das Gericht die Frage nach der Notwendigkeit eines Binnenbezuges als offen betrachtet; angesichts der im vorliegenden Fall gegebenen Verknüpfung mit dem Inland, so das BVerfG, bestehe die Bindung an Art. 10 GG „selbst dann (...), wenn man dafür einen hinreichenden territorialen Bezug voraussetzen wollte", vgl. BVerfGE 100, S. 313 (364). Die Notwendigkeit der Gebietsbezogenheit hatte im Verfahren vor allem die Bundesregierung betont, vgl. BVerfG, a.a.O., S. 338 f.

1078 Vgl. *Spickhoff*, ordre public, S. 125.

auch für die über Art. 25 S. 1 GG eingeflossenen Gewährleistungen gelten: Die Vorbehaltsklausel ist zwar der zulässige Ort, an dem die Menschenrechte zur Geltung gelangen; ihr Durchsetzungsanspruch ist hingegen nicht von den einfach-rechtlichen Voraussetzungen des Art. 6 EGBGB abhängig, sondern allein aus ihnen selbst zu ermitteln.[1079]

Für die gewohnheitsrechtlich verankerten Menschenrechte können deshalb die für den Geltungsanspruch der Grundrechte entwickelten, einschränkenden Kriterien keine Bedeutung erlangen. Nach Inhalt und Funktion sind diese Normen gerade auf universelle Reichweite angelegt. Sie verlangen naturgemäß von allen Staaten gleichermaßen Beachtung und Geltung. Eine Beziehung zu einem bestimmten Staat oder auch nur zu einem bestimmten Rechtskreis ist ihnen fremd. Zudem spiegeln sie in weiten Teilen universelles *ius cogens* wider, also einen von den Staaten nicht derogierbaren Mindeststandard.[1080] Die restriktiven Erwägungen, die bei einer Konkretisierung des ordre public durch genuin deutsches Recht angeführt werden – maßgeblich die Rücksichtnahme auf die Gleichstellung anderer Staaten und Eigenständigkeit ihrer Rechtsordnungen, also letztlich Folgen der Völkerrechtsfreundlichkeit des Grundgesetzes im weiteren Sinn –, vermögen deshalb im Bereich gewohnheitsrechtlich verfestigter Menschenrechte von vornherein nicht Platz zu greifen. Die Inhalte dieser Normen werden nicht vom innerstaatlichen Recht vorgegeben, sondern in ihrem jeweiligen und für alle Staaten verbindlichen völkerrechtlichen Gehalt von der deutschen Rechtsordnung lediglich übernommen. Der Unterschied einer grundrechtsbezogenen und einer menschenrechtsbezogenen ordre public-Handhabung kann kaum treffender umschrieben werden, als dies durch *Doehring* geschehen ist: „Die Grundrechte rangieren anders [als die Menschenrechte, Anm. d. Verf.]. Das liegt vor allen Dingen daran, daß wir Herren unserer eigenen Rechtsordnung sind. Wir können unsere Rechtsordnung modifizieren, wir können von ihr Abstriche machen, wir können unsere Einschränkungen national einsetzen und sagen, so weit sollen sie gehen und so weit sollen sie nicht gehen. Was wir nicht können, ist dasselbe auf völkerrechtliche Menschenrechte anwenden. Wir haben das Völkerrecht in unserer Verfassung rezipiert wie es ist, nicht wie wir es gerne haben möchten. Bei den Grundrechten sind wir Herren unserer eigenen Rechtsordnung. Beim Völkerrecht sind wir das nicht."[1081] Auf eine über die internationale Zuständigkeit

1079 Vgl. auch *Frowein*, ZaöRV 56 (1996), S. 1 (19 f.) zur Behandlung völkerrechtswidriger Enteignungen unter ordre public-Gesichtspunkten.

1080 Vgl. die Ausführungen im II. Kapitel, S. 203 ff.

1081 *Doehring*, Diskussionsbeitrag, BerDGVR 38 (1998), S. 126. Zur „Erledigung" der Forderung nach einem Binnenbezug bei der Beurteilung völkerrechtswidriger Hoheitsakte vgl. *ders.*, IPRax 1998, S. 465 (467).

hinausgehende Inlandsbeziehung des Sachverhalts kommt es deshalb nicht an, wenn die Anwendung fremden Rechts gegen den über Art. 25 GG in die deutsche Rechtsordnung einbezogenen Menschenrechtsbestand verstoßen würde. Völkerrecht und Verfassungsrecht lassen es zwar zu, diese Rechtssätze „innerhalb“ der international-privatrechtlichen Vorbehaltsklausel zur Durchsetzung zu bringen; für relativierende Kriterien, die nicht aus der Völkerrechtsnorm selbst herrühren, ist hingegen kein Raum.[1082]

2. Inlandsbezug bei völkervertraglichen Menschenrechten?

Hinsichtlich der auf Vertrag beruhenden Menschenrechte vermögen allerdings normhierarchische Erwägungen zur Überwindung des Binnenbezugserfordernisses nicht Platz zu greifen. Wie bereits ausgeführt, kommt den Menschenrechtsübereinkommen innerhalb der deutschen Rechtsordnung nach h.M. kein formeller Vorrang vor den einfachen Gesetzen zu.[1083] *Engel* hat deshalb die Gefahr gesehen, die herkömmlichen Voraussetzungen der ordre public-Anwendung, insbesondere die Binnenbeziehung, könnten sich als „einengender Filter für die Menschenrechte“ erweisen.[1084] Seiner Ansicht nach ist es deshalb geboten, die EMRK nicht über die Vorbehaltsklausel, sondern als unmittelbare Schranke für die Anwendung fremden Rechts wirken zu lassen.[1085] Diese Konsequenz ist freilich nur dann zutreffend, wenn die Inlandsbeziehung als unverzichtbares Kriterium angesehen und die Berechtigung dieses Erfordernisses nicht in Bezug gesetzt wird zu der Funktion, die die Menschenrechte im Rahmen der Vorbehaltsklausel entfalten. Daß die Einbeziehung der internationalen Menschenrechte in den ordre public systematisch möglich und verfassungsrechtlich geboten ist, wurde bereits dargestellt. Anstelle eines sich außerhalb der Vorbehaltsklausel vollziehendes „Menschenrechtskollisionsrechts“ gilt es vielmehr, die Rechtfertigung der Anwendungsvoraussetzungen innerhalb des ordre public auf den Prüfstand zu stellen.

1082 Im Ergebnis spielt es deshalb keine Rolle, ob die allgemeinen Regeln des Völkerrechts kraft Art. 25 GG als unmittelbare Schranke der Anwendung fremden Rechts verstanden werden – so etwa *Hofmann*, ZaöRV 49 (1989), S. 41 (54 f.), dazu auch schon oben S. 255 ff. – oder über die Vorbehaltsklausel als „Einbruchstelle schlechthin“.

1083 Vgl. im einzelnen oben S. 259 ff.

1084 Vgl. *Engel*, RabelsZ 53 (1989), S. 3 (49).

1085 Ebd.

a) „Internationalisiertes“ Schutzgut des menschenrechtlichen ordre public

Die generelle Berechtigung eines Binnenbezuges für die Anwendung des Vorbehalts muß im Kontext der Rechtsentwicklung betrachtet werden, die sich seit der erstmaligen Formulierung ordre public-relevanter Rechtssätze vollzogen hat. Vereinzelt wird die Binnenbeziehung schlechthin als „ein Überbleibsel“ des positiven ordre public gesehen und ein entsprechendes Erfordernis im Rahmen von ausschließlich negativ wirkenden Vorbehaltsklauseln von vornherein als Fremdkörper abgelehnt.[1086] In dieser Kritik *Schwanders* an der herrschenden Doktrin liegt zumindest ein zutreffender Ansatzpunkt. Die Inlandsbeziehung erfährt ihre Rechtfertigung dort, wo es um die Durchsetzung autonom inländischer Wertvorstellungen geht. Dies ist stets der Fall bei international zwingenden Normen der *lex fori*. Diese sind heute dogmatisch aus der Vorbehaltsklausel herausgelöst und werden im Wege der Sonderanknüpfung durchgesetzt.[1087] Auch dem ordre public in seiner negativen Funktion liegt aber zunächst ein nationaler Aspekt zugrunde, weil es begrifflich – das wurde schon mehrfach dargelegt – um den Schutz der innerstaatlichen Rechts- und Werteordnung geht.[1088] Auf diese Grundlage der Lehre von der Inlandsbeziehung hat seinerzeit *Meise* ausdrücklich hingewiesen.[1089] Hinter dem Erfordernis eines Inlandsbezuges stehe nämlich, so *Meise*, der „Verzicht der Rechtsordnung, der ganzen Welt bei Gelegenheit der Rechtsanwendung den Stempel des eigenen Ordre public aufzudrücken“.[1090] Die Inlandsbeziehung rechtfertige sich aus der Funktion der Vorbehaltsklausel, die inländische öffentliche Ordnung – und nur diese – zu schützen.[1091] Diese Sichtweise impliziert freilich, daß es allein *eine* Rechtsordnung sein kann, aus der die ordre public-relevanten Rechtssätze herrühren – nämlich die eigene. Schutzgut und Ursprung des ordre public-Maßstabes sind einheitlich auf den innerstaatlichen Rechtsraum fixiert. Die Berücksichtigung außerstaatlicher Wertvorstellungen im Rahmen des ordre public war im traditionellen, national-staatlichen ordre public-Verständnis nicht mitgedacht.

1086 So *Schwander*, IPR I, Rn. 486.

1087 Vgl. dazu die Ausführungen im I. Kapitel, S. 16 ff.

1088 Zum Zusammenhang zwischen dem Erfordernis einer Inlandsbeziehung und der nationalen Ausrichtung des ordre public vgl. insbesondere *Bucher*, RdC 239 (1993-II), S. 9 (53 f.).

1089 Vgl. *Meise*, Relativität, S. 95 ff.

1090 Ebd., S. 97.

1091 Vgl. ebd.; siehe auch *Weitz*, Inlandsbeziehung, S. 14 ff.

Im Rahmen einer menschenrechtsbezogenen Handhabung der Vorbehaltsklausel gilt es hingegen, die Herausbildung souveränitätsbeschränkender Elemente des Völkerrechts, insbesondere im Bereich des Menschenrechtsschutzes, ebenso aufzugreifen und umzusetzen, wie die Öffnung der innerstaatlichen Rechtsordnung für die Interessen der Völkerrechtsgemeinschaft. Daß gerade dieses Zusammenspiel von internationalem Menschenrechtsschutz und deutscher Verfassungsordnung maßgebliche Impulse für die Anwendung der Vorbehaltsklausel zu geben vermag, wurde bereits dargelegt. Die Einbeziehung der auf der Ebene des Völkerrechts entwickelten Wertmaßstäbe kann deshalb für die Handhabung der Vorbehaltsklausel nicht ohne Konsequenz bleiben. Gerade die Menschenrechtsverträge werden heute nicht mehr als Folge reziproker Rechte und Pflichten souveräner Staaten begriffen, sondern als Ausdruck einer objektiven Ordnung.[1092] Das generelle Erfordernis einer Inlandsbeziehung erscheint folglich unangebracht, wenn der Anwendung fremden Rechts von vornherein nicht die exklusive innerstaatliche Werteordnung entgegengesetzt wird, sondern vielmehr die Beachtung außerstaatlich geschaffener und international geltender Rechtssätze in Rede steht.[1093] Über das verfassungsrechtliche Instrumentarium gelangen die Menschenrechtsverträge materiell unverändert – mit ihrem jeweiligen völkerrechtlichen Gehalt und Durchsetzungsanspruch – in die deutsche Rechtsordnung. Wo aber die Bundesrepublik nur mehr als *Sachwalter* und ein deutsches Gericht als Hüter einer staatenübergreifenden Wertordnung fungiert, dort verliert auch der ordre public seinen national-staatlichen Bezugspunkt, seine nationale Exklusivität. Der Achtung fremder Souveränität wird in diesen Fällen nicht mehr die eigene Souveränität, sondern gemeinsame Belange einer Vielzahl von Staaten entgegengestellt. Hier entbehrt das Erfordernis der Inlandsbeziehung als Korrektiv für die Durchsetzung innerstaatlicher Rechtsüberzeugungen seiner herkömmlichen Rechtfertigung. Die Heranziehung der dem Völkerrecht entstammenden Menschenrechte muß vielmehr losgelöst vom einem Inlandsbezug als innerstaatlich gesetztes Kriterium der ordre public-Anwendung erfolgen. Völlig zutreffend läßt deshalb vor allem die neuere Lehre den Inlandsbezug in den Hintergrund treten, wenn die Anwendung fremden Rechts mit den Menschenrechten in Konflikt zu geraten droht.[1094] Zur vollen Entfaltung gelangen diese Ansätze jedoch erst,

---

1092 Vgl. *Kälin*, BerDGVR 33 (1994), S. 9 (10). Zur Abkehr vom synallagmatischen Verständnis menschenrechtlicher Verpflichtungen vgl. bereits oben S. 262.

1093 Ähnlich bereits *Stöcker*, RabelsZ 38 (1974), S. 79 (101); vgl. auch *Bucher*, RdC 239 (1993-II), S. 9 (53 f.).

1094 Vgl. hierzu die Ausführungen im I. Kapitel, S. 46 ff. Die Überwindung des Binnenbezugserfordernisses bei der Durchsetzung elementarer Belange der Staatengemeinschaft hat *Kreuzer*, RabelsZ 43 (1979), S. 571 (577) im Rahmen der Besprechung einer Monographie von *Benvenuti* schon vor längerem angedacht. *Benvenuti*, Ordine Pubblico, analysiert die über hundert Jahre zurückgehende Tradition der italienischen

wenn der ordre public soweit als möglich durch die völkerrechtlich begründeten Menschenrechte bestimmt wird. Solange primär die originär innerstaatlichen Wertentscheidungen zur Konkretisierung des ordre public herangezogen, internationale Maßstäbe aber nur rechtsvergleichend im Rahmen der Auslegung des innerstaatlichen Rechts bedeutsam werden, bildet immer noch der autonom deutsche (Grund-)Rechtssatz den Bezugspunkt der ordre public-Prüfung. Greift man statt dessen vorrangig – i.S.d. oben dargestellten Prüfungsstufen – auf außerstaatlich begründete Rechtssätze als ordre public-Maßstab zurück, so verliert die Vorbehaltsklausel von vornherein ihre inhaltliche Fixierung auf die nationale Rechts- und Werteordnung. Zwar kann der Rechtsanwender, das wurde schon deutlich gemacht, nur auf solche Völkerrechtssätze rekurrieren, die die Bundesrepublik völkerrechtlich binden und die innerhalb der deutschen Rechtsordnung eine Anerkennung erfahren haben. Ist dies aber einmal geschehen, so entscheidet nicht mehr das innerstaatliche Recht über die Reichweite und die Wirkungskraft dieser Rechtssätze, sondern die Völkerrechtsnorm selbst. Folglich ist auch die Frage nach einer erforderlichen Binnenbeziehung allein aus den Menschenrechten selbst heraus zu beantworten.

b) Die universelle Schutzrichtung der UN-Menschenrechtsverträge

Für die universellen Menschenrechtsverträge ist ein Binnenbezugskriterium schon der Natur der Sache nach abzulehnen. Den auf UN-Ebene verwirklichten vertraglichen Menschenrechtsinstrumenten liegt von vornherein ein universeller Geltungsanspruch zugrunde. Ihr einziges räumlich-personales Kriterium

---

Rechtsprechung, den strikt nationalen Charakter der Vorbehaltsklausel durch Einbeziehung fundamentaler Grundsätze der internationalen Rechtsgemeinschaft zu überwinden. Standen im 19. Jahrhundert naturgemäß noch die Prinzipien der europäischen Rechtsgemeinschaft im Vordergrund (a.a.O., S. 18 ff.), so ist die Entwicklung im 20. Jahrhundert durch die Bezugnahme auf Interessen der universellen Staatengemeinschaft gekennzeichnet (a.a.O., S. 102 ff.). Unbeschadet der historischen und systematischen Unterschiede zum italienischen Recht versucht *Kreuzer* die Ansätze *Benvenutis* für das deutsche Kollisionsrecht fruchtbar zu machen. Auf einen Inlandsbezug glaubte er deshalb dort verzichten zu können, wo „echte Belange der gesamten menschlichen Gemeinschaft betroffen" seien, etwa bei Verträgen zum unverantwortlichem Gebrauch von ABC-Waffen, vgl. *Kreuzer*, RabelsZ 43 (1979), S. 571 (578). Die entsprechende Kommentierung in MüKo[1]-*Kreuzer*, Art. 30 EGBGB Rn. 77 wird bei MüKo-*Sonnenberger*, Art. 6 EGBGB Rn. 84 fortgeführt. Für den Bereich des Menschenrechtsschutzes vermochte *Kreuzer*, RabelsZ 43 (1979), S. 571 (576), hingegen zum damaligen Zeitpunkt keinen Konsens in bezug auf universal anerkannte Werte festzustellen.

– das wurde im II. Kapitel deutlich gemacht – ist das hoheitliche Handeln eines Vertragsstaates. Die menschenrechtlichen Verpflichtungen treffen einen Mitgliedstaat, sobald dieser „jurisdiction“ ausübt, unabhängig davon, wem gegenüber die Ausübung von Hoheitsgewalt erfolgt und wo der Erfolg der staatlichen Betätigung eintritt. Die im I. Kapitel aufgezeigten Ansätze des international-privatrechtlichen Schrifttums zur Neuinterpretation der Inlandsbeziehung bei Menschenrechtsbezug verdienen deshalb nachhaltig Zustimmung. Ganz im Sinne *Coester-Waltjens* genügt daher bei Menschenrechtsrelevanz ein „universale[r] Binnenbezug“[1095] für die Anwendung der Vorbehaltsklausel. Diese *contradictio in adiecto* muß nach *Coester-Waltjen* dahingehend aufgelöst werden, daß „bei universalen Menschenrechten (...) ein ausreichender Bezug zur Menschenrechtsordnung immer gegeben [ist].“[1096] Zu diesen universalen Menschenrechten rechnen nach dem dieser Arbeit zugrundeliegenden Verständnis nicht nur die völkergewohnheitsrechtlich gesicherten elementaren Menschenrechte, sondern alle Gewährleistungen, die auf universelle Geltung angelegt sind und auch in der Praxis weltweite Verbreitung gefunden haben, wie dies naturgemäß bei den UN-Übereinkommen der Fall ist.

c) Regionaler Binnenbezug bei EMRK-Rechten?

Nichts anderes als für die universellen Übereinkommen gilt aber im Grundsatz auch für die in der EMRK verankerten Menschenrechte. Wie im II. Kapitel dargelegt wurde, verpflichtet die EMRK jeden Mitgliedstaat zur Gewährleistung der Konventionsrechte gegenüber allen seiner Herrschaftsgewalt unterstehenden Personen.[1097] Vom Begriff der *jurisdiction*, also der Ausübung der durch das Völkerrecht geregelten und begrenzten staatlichen Hoheitsgewalt, umfaßt ist die Staatsgewalt aber auch dann, wenn deren Folgen außerhalb des Territoriums wirksam werden.[1098] Art. 1 EMRK zwingt zwar nicht dazu, im Interesse der Durchsetzung der Konvention exorbitante Zuständigkeiten zu begründen; wo aber für einen Konventionsstaat ein internationaler Gerichtsstand im Einklang mit den völkerrechtlichen Anforderungen begründet ist, verlangt die EMRK ohne weiteres Geltung und Beachtung.[1099]

Im kollisionsrechtlichen Schrifttum wird heute weithin anerkannt, daß die in der EMRK verbürgten Menschenrechte einen grundsätzlich zu beachtenden

1095 *Coester-Waltjen*, Diskussionsbeitrag, BerDGVR 38 (1998), S. 131 (132).

1096 Ebd.

1097 Vgl. *Frowein/Peukert*, EMRK, Art. 1 Rn. 3.

1098 Ebd., Rn. 4.

1099 Vgl. *Stöcker*, StAZ 1981, S. 16 (21).

ordre public-Maßstab setzen.[1100] Trotz dieser „Internationalisierung" der Vorbehaltsklausel wird für ihr Eingreifen bisweilen auch bei EMRK-Relevanz ein Binnenbezug gefordert, sei es zum Forumstaat oder zumindest zum europäischen Rechtsraum.[1101] So interpretiert *Fahrenhorst* die Rechtsprechung des EGMR im Fall *Soering* dahingehend, daß auch die EMRK nicht ohne Rücksicht auf die Binnenbeziehungen des Sachverhalts zur Anwendung kommen könne.[1102] Für die französische Doktrin hat *Mayer* eine Parallele zwischen der Anwendung der EMRK und der vom BVerfG für die deutsche Rechtsordnung entwickelten Grundsätze der Grundrechtsgeltung bei Auslandssachverhalten gezogen.[1103] Seiner Ansicht nach besteht kein Grund, die deutsche Verfassungsrechtsprechung nicht auch für die Frage nach der Reichweite der Konventionsrechte zu übernehmen. Die Tragweite der EMRK-Verbürgungen sei unter Beachtung der internationalen Situation zu ermitteln und die Prinzipien des IPR mit übergeordneten Norminhalten in Einklang zu bringen. Die EMRK fordere aber keine Übertragung europäischer Wertmaßstäbe auf außereuropäische Sachverhalte.[1104]

Im Gegensatz dazu hat sich im französischen Schrifttum vor kurzem *Fohrer* ausdrücklich gegen das Kriterium eines Binnenbezuges bei Heranziehung der EMRK im Rahmen des international-privatrechlichen ordre public ausgesprochen. *Fohrer* entnimmt der Rechtsprechung des EGMR die Grundthese, daß auch bei der Anwendung fremden Rechts, unabhängig davon, ob es sich um

1100 Vgl. für die ganz h.M. nur Staudinger-*Blumenwitz*, Art. 6 EGBGB Rn. 66 ff.; *Palandt-Heldrich*, Art. 6 EGBGB Rn. 7; *Ehricke*, EuGRZ 1993, S. 113 (117); *MüKo*-Sonnenberger, Art. 6 EGBGB Rn. 315; *Beital*, Ausstrahlungswirkung, S. 147 ff., über weite Strecken wortidentisch mit *Engel*, RabelsZ 53 (1989), S. 3 (32 ff.). Auch im französischen Schrifttum rückt die EMRK seit längerem als Maßstab des *ordre public international* ins Blickfeld, vgl. die Beiträge von *Cohen*, 78 Rev. crit. dr. internat. privé (1989), S. 451 (477); *Mayer*, 80 Rev. crit. dr. internat. privé (1991), S. 651 ff.; *Hammje*, 86 Rev. crit. dr. internat. privé (1997), S. 1 ff., sowie die unlängst vorgelegte monographische Untersuchung von *Fohrer*, L'incidence, S. 8 ff. und *passim*.

1101 Zu dieser Fragestellung bereits *Kreuzer*, RabelsZ 43 (1979), S. 571 (576).

1102 Vgl. *Fahrenhorst*, Familienrecht, S. 227 ff. unter Verweis auf EGMR, *Soering*, Urteil vom 7. Juli 1989, Ser. A No. 161, S. 33, Tz. 86. Dort heißt es: „Further, the Convention does not govern the actions of States not parties to it, nor does it purport to be means of requiring the Contracting States to impose Convention standards to other States."

1103 Vgl. *Mayer*, 80 Rev. crit. dr. internat. privé (1991), S. 651 (660 ff.). Auch er zieht die Passage aus dem *Soering*-Urteil als Ausgangspunkt seiner Betrachtung heran, a.a.O., S. 653 f. Die Parallele zum grundrechtskollisionsrechtlichen Diskurs findet sich auch bei *Hammje*, 86 Rev. crit. dr. internat. privé (1997), S. 1 (17).

1104 Vgl. ebd., S. 660 f.

eine Norm eines Mitglied- oder anderen Staates handle, allein maßgeblich sei, ob das Organ eines konventionsrechtlich gebundenen Staates tätig werde.[1105] Den Ansätzen, die sich dogmatisch an den grundrechtskollisionsrechtlichen Diskurs in Deutschland anlehnen,[1106] hält *Fohrer* das in Art. 1 EMRK niedergelegte, ausschließliche Anwendungskriterium der Ausübung staatlicher Hoheitsgewalt entgegen.[1107] Deshalb könne es nicht darauf ankommen, ob die betroffene Person etwa ihren Wohnsitz im Geltungsbereich der Konvention habe oder die Staatsangehörigkeit eines Mitgliedstaates besitze.[1108] Für die Heranziehung der EMRK im Rahmen des kollisionsrechtlichen ordre public sei das herkömmliche Erfordernis einer Inlandsbeziehung allein nach den Maßstäben der in Art. 1 EMRK gesetzten Voraussetzungen der *juridiction* zu bestimmen.[1109]

Dem Ansatz *Fohrers* ist auf der Grundlage der bisherigen Ergebnisse dieser Arbeit vollauf zuzustimmen. Im II. Kapitel wurde an entsprechender Stelle deutlich gemacht, daß der Konvention ein über Art. 1 EMRK hinausgehender räumlich-personeller Bezug fremd ist. Die Anbindung der EMRK an die innerstaatlich entwickelten Kriterien der ordre public-Anwendung würde deshalb der Natur und Funktionsweise der in der Konvention verbürgten Menschen-

1105 *Fohrer*, L'incidence, S. 38 f., insbesondere mit Blick auf die *Soering*-Entscheidung: „Ainsi, qu'il agisse d'une loi (…) le juge français qui a à en connaître doit confronter cette norme à la Convention européenne des droits de l'homme dont son for est membre, et in ce indépendamment de la question de savoir s'il s'agit d'une violation ayant lieu lors de la procédure aboutissant à la solution lorsqu'il s'agit d'une décision de justice, ou tout bonnement quant au contenu matériel de la norme lorsqu'il s'agit d'une loi ou d'un acte de l'exécutif et, surtout, indépendamment de sa provenance (Etat Partie - Etat non Partie) puisque le reproche d'un éventuel non-respect de la Convention sera adressé à l'Etat signataire qui intègre dans son ordre juridique cette norme inadmissible eu égard aux droits protégés."

1106 *Fohrer* greift dabei vor allem zurück auf die von *Hammje*, 86 Rev. crit. dr. internat. privé (1997), S. 1 (17) übernommene Fragestellung *Kreuzers* in RabelsZ 43 (1979), S. 571 (578), nach den Voraussetzungen einer durch die EMRK bestimmten ordre public-Anwendung.

1107 *Fohrer*, L'incidence, S. 96: „Pour notre part, nous ne pouvons partager cette opinion, ayant à l'esprit les buts que s'est assignés la Convention européenne des droit de l'homme notamment dans son article 1er qui détermine son champ d'application, *ratione personae* (…)."

1108 Ebd., S. 97.

1109 Ebd.: „Rien ne pousse alors le for à un examen d'un quelconque lien de proximité national ou européen mais uniquement à un examen de ce qui peut ou ne peut être acceptable pour un individu soumis a à trancher le sort. L'*Inlandsbeziehung* n'est pas évincé, bien au contraire, mais il est apprécié en conformité avec les engagements des Etats ayant souscrit à la Convention." (Hervorheb. im Original).

rechte nicht gerecht. Eine auf zwischenstaatlicher Übereinkunft beruhende europäische Menschenrechtsordnung steht nicht in gleicher Weise zur Disposition wie eine kraft nationaler Souveränität getroffene innerstaatliche Entscheidung für bestimmte Grundwerte. Die von *Fahrenhorst* und *Mayer* zur Stützung ihrer Thesen herangezogene Passage des *Soering*-Urteils[1110] verschleiert die Grundaussage der Entscheidung und bringt die Rechtsprechung des EGMR zu Unrecht in Zusammenhang mit dem vom BVerfG gebilligten Zurücktreten des Durchsetzungsanspruchs der eigenen Rechtsordnung zugunsten der Souveränität anderer Staaten bei Sachverhalten mit Auslandsbezug.

Die maßgeblichen Gesichtspunkte für den Geltungsanspruch der EMRK bei auslandsbezogenen Sachverhalten finden sich vielmehr unmittelbar im Anschluß an die erwähnten Ausführungen im Fall *Soering*. Der Gerichtshof anerkennt zwar, daß im Interesse der wirksamen internationalen Verbrechensbekämpfung nicht stets die Einhaltung der maximalen Anforderungen der EMRK gefordert werden könne.[1111] Zugleich weist er jedoch darauf hin, daß

> „[t]hese considerations cannot, however, absolve the Contracting Parties from responsibility under Art. 3 for all and any foreseeable consequences of extradition suffered outside their jurisdiction."[1112]

Dem Gerichtshof geht es also nicht um die abstrakte Beurteilung des Rechtssystems eines Nichtkonventionsstaates, sondern um die *eigene* Verantwortung der Mitgliedstaaten, wenn sie die unter ihrer Hoheitsgewalt stehenden Personen durch ihr Handeln einem konventionswidrigen Rechtssystem überlassen. Daß die Anwendung der Konvention letztlich alleine von der *jurisdiction*, also von der Ausübung hoheitlicher Gewalt eines Mitgliedstaates abhängt, hat der Gerichtshof in der (ersten) *Loizidou*-Entscheidung nochmals eindringlich hervorgehoben:

> „In this respect the Court recalls that, although Art. 1 sets limits on the reach of the Convention, the concept of ‚jurisdiction' under this provision is not restricted to the national territory of the High Contracting Parties. (...) [R]esponsibility of Contracting Parties can be involved because of acts of their authorities, whether performed within or outside national

1110 Vgl. oben Fn. 1102.

1111 EGMR, *Soering*, Urteil vom 7. Juli 1989, Ser. A No. 161, S. 33, Tz. 86.

1112 Ebd., S. 34, Tz. 86 a.E.

boundaries, which produce effects outside their own territory (...)."[1113]

Eine Relativierung der Staatenpflichten außerhalb der von der Konvention selbst vorgesehenen Möglichkeiten[1114] läßt der Gerichtshof mit Blick auf den besonderen Charakter der EMRK gerade nicht zu. Im *Soering*-Urteil heißt es dazu:

> „In interpreting the Convention regard must be had to its special character as a treaty for the collective enforcement of human rights and fundamental freedoms (...). Thus, the object and purpose of the Convention as an instrument for the protection of individual human beings require that its provisions be interpreted and applied so as to make safeguards practical and effective (...). In addition, any interpretation of rights and freedoms guaranteed has to be consistent with 'the general spirit of rights and freedoms of the Convention, an instrument designed to maintain and promote the ideals and values of a democratic society' (...)."[1115]

Für Sachverhalte mit extra-konventionalen Bezugspunkten gilt dies um so mehr, wenn die in der EMRK verbürgte Rechtsposition auch auf außereuropäischer Ebene ihren Niederschlag gefunden hat. Im *Soering*-Fall zog der Gerichtshof rechtsvergleichend Bestimmungen des universellen aber auch des amerikanischen[1116] Menschenrechtsschutzes heran und stellte mit Blick auf den von Art. 3 EMRK verbürgten Schutz fest:

1113 EGMR, *Loizidou,* Urteil vom 23. März 1995 (*preliminary objections*), Ser. A No. 310, S. 23 f., Tz. 62 des Urteils.

1114 Gerade für den im Fall *Soering* einschlägigen Art. 3 EMRK stellte der Gerichtshof eine schrankenlose und notstandsfeste Verpflichtung der Mitgliedstaaten fest, vgl. EGMR, *Soering*, Urteil vom 7. Juli 1989, Ser. A No. 161, S. 34, Tz. 88. Die Schwierigkeit des Falles lag auf ganz anderer Ebene. Nachdem das Vereinigte Königreich dem 6. Zusatzprotokoll zum Entscheidungszeitpunkt noch nicht beigetreten war, bedurfte es einer Subsumtion des Sachverhalts unter Art. 3 EMRK, die der Gerichtshof mit der Unmenschlichkeit des *deathrow phenomenon* (Todeszellensyndrom) vorzunehmen vermochte, vgl. schon oben im II. Kapitel bei Fn. 309. Zu den Begleitumständen und rechtlichen Besonderheiten des Falles vgl. die Besprechung von *Blumenwitz*, EuGRZ 1989, S. 314 (314 ff. sowie 326 ff.)

1115 EGMR, *Soering*, Urteil vom 7. Juli 1989, Ser. A No. 161, S. 34, Tz. 87.

1116 Im Fall ging es gerade um die Auslieferung in die USA.

„It is also to be found in similar terms in other international instruments such as the 1966 International Covenant on Civil and Political Rights and the 1969 American Convention on Human Rights and is generally recognised as an internationally accepted standard."[1117]

Ein von nationalen Souveränitätserwägungen getragenes Erfordernis eines Binnenbezuges widerspricht deshalb dem Geltungsanspruch der in der EMRK verbürgten Rechte. Die Wahrung der Konventionsrechte obliegt den Staaten gerade aufgrund ihres Souveränitätsverzichts zugunsten einer europäischen Menschenrechtsordnung und Wertegemeinschaft. Allein die Konvention kann daher über ihren territorialen Anwendungsbereich und die für ihr Eingreifen notwendigen Bezugskriterien entscheiden. Insofern ist die Ausgangslage durchaus mit der grundrechtskollisionsrechtlichen Fragestellung vergleichbar: Die berufene Norm muß selbst sagen, ob sie anwendbar ist oder nicht.[1118] Die vom BVerfG für die Geltung der Grundrechte bei Auslandssachverhalten herangezogenen Kriterien der staatlichen Selbstbeschränkung zugunsten der zwischenstaatlichen Ordnung lassen sich hingegen auf die EMRK nicht übertragen. Für die europäische Menschenrechtsordnung wird die Anwendungsfrage durch Art. 1 EMRK beantwortet: Maßgeblich ist das Unterworfensein eines Menschen unter die Hoheitsgewalt eines Vertragsstaates. Die Konvention differenziert nicht danach, ob eine Person vorübergehend, zufällig oder ständig der Rechtsmacht eines Mitgliedstaates unterstellt ist. Sie bindet vielmehr die rechtsanwendenden Organe der Vertragsstaaten von dem Zeitpunkt an die menschenrechtlichen Gewährleistungen, von dem an sie ihre personale Zuständigkeit über die betroffene Person ausüben, mag der Sachverhalt daneben auch Bezugspunkte zu Nichtkonventionsstaaten aufweisen.

Die ehedem von *Kreuzer*[1119] aufgeworfene und von *Hammje*[1120] in den französischen Diskurs übernommene Fragestellung, die EMRK sei „daraufhin zu überprüfen, ob ihre Normen (mit Hilfe des nationalen ordre public) nur auf Sachverhalte Anwendung finden sollen, die eine Binnenbeziehung zum Forumstaat oder doch zu einem Vertragsstaat haben, oder ob die europäischen

---

1117 EGMR, *Soering*, Urteil vom 7. Juli 1989, Ser. A No. 161, S. 34, Tz. 88; der EGMR zieht im weiteren Verlauf auch die UN-Folterkonvention als Vergleichsmaßstab heran.

1118 Im Ausgangspunkt ebenso *Engel*, RabelsZ 53 (1989), S. 3 (35).

1119 Vgl. *Kreuzer*, RabelsZ 43 (1979), S. 571.

1120 Vgl. *Hammje*, 86 Rev. crit. dr. internat. privé (1997), S. 1 (17) unter ausdrücklicher Bezugnahme auf den vorgenannten Beitrag *Kreuzers*.

Menschenrechte absolute Geltung beanspruchen",[1121] ist – mit Blick auf Art. 1 EMRK – in letzterem Sinne zu beantworten.[1122] Die elementare von der EMRK geforderte Binnenbeziehung liegt im Handeln eines Organs des konventionsrechtlich gebundenen Staates. Zutreffend konkretisiert deshalb *Sonnenberger* „den für die Anwendung es Art. 6 notwendigen Inlandsbezug" dahingehend, „daß eine mögliche Verurteilung der Bundesrepublik durch den EGMR ausgeschlossen wird."[1123] Im Ergebnis, so *Sonnenberger* weiter, „läuft dies darauf hinaus, daß hier einer der Fälle vorliegt, wo die Umstände des Sachverhalts, die die Zuständigkeit des deutschen Gerichts begründen, für sich allein den Inlandsbezug herstellen, der zur Anwendung des ordre public führt."[1124]

3. Ergebnis: Völkerrechtlich zulässige Rechtsvielfalt als (alleiniges) relativierendes Kriterium der menschenrechtsbezogenen ordre public-Anwendung

Trotz des Verzichts auf das Erfordernis einer Inlandsbeziehung kommt es nach dem hier verfolgten Ansatz nicht zu einer unreflektierten Durchsetzung der für die Bundesrepublik maßgeblichen Menschenrechtsstandards gegenüber dem Recht von nicht in gleicher Weise gebundenen Staaten. Auch bei Einbeziehung der menschenrechtlichen Verbürgungen verliert Art. 6 EGBGB weder seine Funktion als Ausnahmeklausel noch jegliche Variabilität.[1125] Die überkommenen Anwendungskriterien der Vorbehaltsklausel bedürfen allerdings einer Anpassung an die Natur und an die außerstaatliche Herkunft der ordre public-ausfüllenden Rechtssätze. Wie in den vorangegangenen Abschnitten im einzelnen dargelegt wurde, bleibt das Recht eines Nichtkonventionsstaates nicht bereits bei Abweichung vom maximalen Schutzniveau von der Anwendung ausgeschlossen, sondern erst, wenn das Anwendungsergebnis in keinem Vertragsstaat konventionskonform hätte ergehen können. In diesem Sinne läßt sich gerade die *Soering*-Rechtsprechung des EGMR auch für das Kollisionsrecht

---

1121 *Kreuzer*, RabelsZ 43 (1979), S. 571 (578).

1122 Vgl. bereits *Stöcker*, StAZ 1981, S. 16 (21 f.), allerdings mit der Konsequenz, konventionswidriges Recht nicht über die Vorbehaltsklausel, sondern über Art. 1 EMRK unmittelbar auszuschalten.

1123 Vgl. MüKo-*Sonnenberger*, Einl. IPR Rn. 315.

1124 Ebd.; diese zentrale und völlig zutreffende Aussage wird in der Kommentierung zu Art. 6 EGBGB bedauerlicherweise nicht in gleicher Stringenz und Deutlichkeit wiederholt; vgl. bereits oben Fn. 1076.

1125 Eben diese Befürchtung liegt dem menschenrechtskollisionsrechtlichen Ansatz von *Mayer* zugrunde, vgl. Droit international, Nr. 203.

nutzbar machen. Bei der Anwendung der EMRK ist das Interesse an funktionierenden Kollisionsrechtssystemen durchaus zu berücksichtigen; bei Sachverhalten mit extra-konventionalen Bezugspunkten führt deshalb nicht bereits eine Abweichung vom maximalen Schutzniveau zur Durchbrechung der kollisionsrechtlichen Verweisung. Die kollisionsrechtliche Ausgangssituation entbindet die Mitgliedstaaten jedoch nicht von ihrer aus Art. 1 EMRK folgenden Verpflichtung, die von der EMRK verbürgten Mindestanforderungen auch im extra-konventionalen Rechtsraum zu gewährleisten. Dies gilt um so mehr, als ein Konventionsrecht auch auf außereuropäischer Ebene Anerkennung gefunden hat.

Im Rahmen einer völkerrechtsbezogenen ordre public-Anwendung rechtfertigen deshalb allein die in den Menschenrechtsnormen selbst angelegten Differenzierungen eine variable Handhabung der Vorbehaltsklausel. Die relativen Kriterien sind folglich nicht der Vorbehaltsklausel, sondern den sie ausfüllenden Rechtssätzen zu entnehmen. Das Menschenrecht selbst bestimmt den Grad seiner Einschränkungsmöglichkeiten. Im übrigen entzieht es sich aufgrund seiner außerstaatlichen Herkunft einer weiteren Relativierung durch innerstaatliches Recht und nationale Bezugskriterien. Ein über die Ausübung von Hoheitsgewalt hinausgehender Bezugspunkt zur Rechtsordnung eines Staates ist dem Geltungsanspruch der Menschenrechte nicht zu entnehmen. Er widerspräche dem *raison d'être* der universellen Menschenrechtsübereinkommen.[1126] Eine auf dieser Grundlage vorgenommene Einbeziehung der Menschenrechte in den deutschen ordre public führt gleichwohl nicht zu einem Systembruch. Wie für die Grundrechte im Anschluß an die Spanier-Entscheidung gilt es eben auch hier, traditionelle Positionen zu überdenken und der herausragenden Bedeutung der Menschenrechte für die heutige Völkerrechtsordnung anzupassen. Das weitreichende Bekenntnis der Bundesrepublik zu den Menschenrechten, deren außerstaatliche Herkunft und ihr universeller Geltungsanspruch verlangen eine von nationalen Souveränitätsgesichtspunkten losgelöste Handhabung der Vorbehaltsklausel. Wo die Anwendung fremden Rechts im Ergebnis zu einem Verstoß gegen die Mindestgewährleistungen des völkerrechtlichen Menschenrechtsschutzes führt, ist für die Frage nach einer genügenden Inlandsbeziehung oder sonstiger – innerstaatlich vermittelter – Kriterien kein Raum.

1126 So wohl auch *Kokott*, BerDGVR 38 (1998), S. 71 (107), wenngleich mit der terminologischen Unschärfe, daß die internationalen Menschenrechte für alle Staaten „gelten"; gemeint ist aber ganz offensichtlich der universelle Geltungsanspruch der Menschenrechte bzw. deren universelle Konzeption, vgl. *dies.*, a.a.O., S. 102.

VII. Zur Terminologie einer an den Menschenrechten ausgerichteten ordre public-Anwendung

Anerkennt man, daß der nationale ordre public sich aus den für die Bundesrepublik verbindlichen und im innerstaatlichen Recht geltenden völkerrechtlichen Quellen speisen kann, so stellt sich die Frage, inwieweit zur Kennzeichnung dieser Besonderheit eine eigenständige Terminologie angebracht oder notwendig erscheint.

Nach *Blumenwitz* soll sich zwar für das deutsche IPR insoweit die Bezeichnung *internationaler ordre public* durchgesetzt haben.[1127] Das Schrifttum zeigt sich jedoch keineswegs einheitlich. Die Formelvielfalt, mit der die Schrankenwirkung des Völkerrechts für die kollisionsrechtliche Rechtsanwendung bezeichnet wird, die gelegentlich als „Begriffsverwischung"[1128] oder gar „Begriffshypertrophie"[1129] beschrieben wird. Diese Vielfalt rührt daher, daß der Terminus einerseits begriffliche und inhaltliche Nähe zu etablierten Rechtsbegriffen aufweist, andererseits aber auch methodische Differenzierungen zum Ausdruck bringen kann.

Problematisch erscheint zunächst die Verwandtschaft zum Begriff der *international public order*, mit der die moderne Völkerrechtslehre und –praxis die Kernsätze der zwischenstaatlichen Ordnung beschreibt.[1130] Bereits *Jaenicke* hat in seinem grundlegenden Beitrag auf die terminologischen Überschneidungen der traditionellen international-privatrechtlichen Institute mit den sich auf der Ebene des Völkerrechts herausbildenden Strukturen hingewiesen. Vom

1127 Staudinger-*Blumenwitz*, Art. 6 EGBGB Rn. 56 und 140, dort unter Verweis auf MüKo-*Sonnenberger*, der allerdings bei Art. 6 EGBGB Rn. 71 a.E. den Begriff gerade ablehnt.

1128 MüKo-*Sonnenberger*, Art. 6 EGBGB Rn. 71 a.E.

1129 *Völker*, Dogmatik, S. 303.

1130 Einen Überblick gewährt *Jaenicke*, International Public Order, in: Bernhardt (Hrsg.), EPIL, Vol. II (1995), S. 1348 ff.; zum ordre public des innerstaatlichen Rechts vgl. andererseits *Seidl-Hohenveldern*, Ordre Public (Public Order), in: Bernhardt (Hrsg.), EPIL, Vol. III (1997), S. 788 ff. Die europäische Menschenrechtskommission hatte bereits im Jahre 1961 die EMRK als das Ergebnis der Bemühungen der Mitgliedstaaten gesehen, „to establish a common public order of the free democracies of Europe", vgl. EKMR, *Österreich ./. Italien*, Yearbook IV (1961), S. 116 (140). Der EGMR hat vor allem im (ersten) *Loizidou*-Urteil die Bedeutung der EMRK als „European public order" eindringlich hervorgehoben; vgl. EGMR, *Loizidou*, Urteil vom 23. März 1995 (*preliminary objections*), Ser. A No. 310, S. 27, Tz. 75 sowie S. 32, Tz. 93.

internationalen ordre public spricht er im Sinne eines der Provinienz *und* dem Geltungsbereich nach dem Völkerrecht zugehörigen Instituts, das ggf. auch ohne förmlichen Inkorporationsakt den innerstaatlichen Rechtsanwender verpflichten[1131] und damit „neben" dem nationalen ordre public Berücksichtigung finden soll.[1132] Trotz der Zweifel an der gewählten Terminologie bleibt er letztlich beim Begriff internationaler ordre public.[1133] Wie bereits gezeigt, grenzt dagegen die heutige Doktrin den völkerrechtlichen ordre public in Wirkungsrichtung und Funktion vom kollisionsrechtlichen Vorbehalt ab. Der *völkerrechtliche ordre public* dient dem Schutz der zwischenstaatlichen Ordnung und wendet sich als immanenter Bestandteil des Völkerrechts an die dem Völkerrecht unterliegenden Subjekte.[1134] Ihm kommt die Aufgabe zu, im Interesse der Staatengemeinschaft als solcher auf der *zwischenstaatlichen* Ebene die Einhaltung elementarer Rechtssätze – ggf. unter Durchbrechung anderer reziproker Völkerrechtspflichten – zu sichern.[1135] Hingegen richtet sich der ordre public des IPR an die innerstaatlichen Organe, die mit der Anwendung eines fremden Rechtssatzes befaßt sind. Der *innerstaatliche ordre public* ist dabei – wie gezeigt – nicht auf das innerstaatliche Recht als Quelle beschränkt. Je nachdem, wie die Rechtsordnung eines Staates ein Eindringen nicht-nationaler Rechtsnormen in innerstaatliche Rechtsanschauungen zuläßt und welche Stellung diesen Normen zugewiesen wird, kann bzw. muß sich der Inhalt des ordre public auch aus außerstaatlichen Quellen bestimmen. Gerade zum Institut der *international public order* weist der internationale ordre public im deutschen IPR deshalb nicht nur terminologische, sondern auch materielle Kongruenzen auf.[1136]

1131 Vgl. *Jaenicke*, BerDGVR 7 (1967), S. 83 f.

1132 Vgl. ebd., S. 81.

1133 Vgl. ebd., etwa auf S. 81: „ Der so verstandene Ordre public sollte (...) vielleicht besser als ‚völkerrechtlicher' Ordre public (...) bezeichnet werden. Ebenso in den abschließenden Leitsätzen, Ziff. I.3., auf S. 127.

1134 In diesem Sinne etwa Staudinger-*Blumenwitz*, Art. 6 EGBGB Rn. 61. Vgl. auch *Pentzlin*, Der universelle ordre public, S. 33 f., die von dem Oberbegriff „internationaler ordre public" ausgehend zwischen einem völkerrechtlichen (internationalen) und einem innerstaatlichen (internationalen) ordre public unterscheidet, letzteren wiederum in zahlreiche Untergruppen aufspaltend, vgl. a.a.O., S. 31 f. und 34 ff.

1135 Zu Existenz und Inhalt des völkerrechtlichen ordre public vgl. insbesondere die Referate von *Kälin*, BerDGVR 33 (1994), S. 9 (35 mit Fn. 129) sowie ausführlich *Kokott*, BerDGVR 38 (1998), S. 71 (74 ff.); siehe auch *Wiesbrock*, Schutz, S. 59 ff.

1136 So zählen die elementarsten Verbürgungen des Menschenrechtsschutzes als zwingende Normen des Völkerrechts sowohl zum völkerrechtlichen (vgl. hierzu *Kokott*, BerDGVR 38 (1998), S. 71 (87 f.)), als auch – kraft Art. 25 GG – ohne weiteres zum innerstaatlichen ordre public, vgl. oben S. 255 f.

Für den Bereich des IPR besteht darüber hinaus eine begriffliche Nähe zum *ordre public international*, mit dem der romanische Rechtskreis lediglich den international-privatrechtlichen ordre public beschreibt.[1137] Bei *Raape/Sturm* findet der Begriff des internationalen ordre public ausschließlich in dieser Lesart Verwendung;[1138] dagegen wird vom *internationalisierten* ordre public gesprochen, wenn es um die Einbeziehung völkerrechtlicher Vorgaben in die kollisionsrechtliche Vorbehaltsklausel geht.[1139] *Keller/Siehr* wiederum grenzen den internationalen ordre public ausdrücklich von der französischen Diktion ab und verstehen darunter einen „ordre public der sich an übernationalen Werten orientiert und der deswegen die Aussicht hat, mit demselben Inhalt in mehreren Staaten angewandt und anerkannt zu werden."[1140] Nach *Schütz* „soll die ‚Durchsetzung des internationalen ordre public' als Oberbegriff für alle Lösungswege stehen, die zum Ausschluß völkerrechtswidrigen fremden Rechts im deutschen Internationalen Privatrecht führen können".[1141] *Kropholler* wiederum erfaßt entsprechende Fälle unter Rückgriff auf den nationalen, aber *völkerrechtsbezogenen* ordre public, soweit die verletzte Norm als „allgemeines Völkerrecht" über Art. 25 GG als Wertmaßstab zum Bereich der innerstaatlichen Ordnung gehört.[1142] Nach eingehender Untersuchung teilt *Pentzlin* den „internationalen ordre public" in nicht weniger als sechs weitere Begriffskategorien ein, grenzt davon aber wiederum einen *universellen* ordre public ab.[1143]

Zu Recht bemüht sich vor allem die jüngere Literatur, die unterschiedlichen Funktionen der kollisionsrechtlichen und völkerrechtlichen Institute und die

1137 Noch unübersichtlicher wird deshalb die Begriffsvielfalt bei Einbeziehung des fremdsprachigen Schrifttums, vgl. nur den Überblick bei *Völker*, Dogmatik, S. 276 ff. Zur historischen Entwicklung des *ordre public interne* und des international-privatrechtlichen *ordre public international* in der französischen Doktrin vgl. *Reichelt*, ZfRV 16 (1975), S. 217 (218). Die Notwendigkeit einer begrifflichen Abgrenzung zum romanischen Rechtskreis wird auch bei Staudinger-*Blumenwitz*, Art. 6 EGBGB Rn. 55 f. hervorgehoben.

1138 Vgl. *Raape/Sturm*, IPR I, S. 203.

1139 Vgl. ebd., S. 201; nach *Raape/Sturm* bleibt allerdings völkerrechtswidrigen Hoheitsakten bereits aus allgemeinen Grundsätzen die Anerkennung versagt, ohne daß es eines Rückgriffs auf den (internationalisierten) ordre public bedürfte.

1140 *Keller/Siehr*, IPR, S. 541.

1141 *Schütz*, ordre public, S. 11.

1142 Vgl. *Kropholler*, IPR, S. 243. Allerdings sollen daneben auch „internationale Standards mit oder ohne Völkerrechtsrang" im Rahmen des Art. 6 EGBGB Berücksichtigung finden. Die konkrete Einordnung der Menschenrechte bleibt allerdings undeutlich, vgl. a.a.O., S. 244 einerseits, S. 245 andererseits.

1143 Vgl. *Pentzlin*, Der universelle ordre public, S. 31 ff. (mit Schaubild auf S. 32).

besondere Wirkungsweise völkerrechtlicher Normen im innerstaatlichen ordre public auch in terminologischer Hinsicht deutlicher zum Ausdruck zu bringen. So bezeichnet *Hofmann* die Einbeziehung völkerrechtlicher Standards in die Vorbehaltsklausel als „gewissermaßen ‚*internationalisierten*' deutschen ordre public".[1144] *Kokott* spricht diesbezüglich von der „völkerrechtlichen Auffüllung des innerstaatlichen ordre public".[1145] In der anschließenden Diskussion zu ihrem Referat ist von der „Aufladung" des nationalen ordre public die Rede.[1146] Bereits bei *Wiethölter* findet sich der Gedanke einer „völkerrechtlichen Anreicherung"[1147] des nationalen ordre public. *Sonnenberger* plädiert für den Ausdruck nationaler ordre public völkerrechtlicher bzw. internationaler Prägung.[1148] Letztlich geht es also immer darum, den spezifischen Vorgang einer Einbindung völkerrechtlicher Wertmaßstäbe in das innerstaatliche Rechtsinstitut des ordre public kenntlich zu machen. Wie die bisherige Untersuchung gezeigt hat, bleibt Art. 6 EGBGB stets ein Instrument des innerstaatlichen Rechts, auch wenn er zum Schutz internationaler Menschenrechte eingesetzt wird. Wegen der terminologischen Mehrdeutigkeit dürfte es sich empfehlen, vom Begriff des internationalen ordre public nur behutsam Gebrauch zu machen. Die Systematik und Funktionsweise einer an den Menschenrechten ausgerichteten Handhabung der Vorbehaltsklausel wird wohl am treffendsten dadurch beschrieben, daß von einem *internationalisierten, menschenrechtsbezogenen*, oder *menschenrechtlich angereicherten* ordre public (des innerstaatlichen Rechts) gesprochen wird, wie dies im Verlauf dieser Arbeit bereits durchweg geschehen ist.

VIII. Zusammenfassung der Ergebnisse des III. Kapitels

Die menschenrechtsbezogene ordre public-Anwendung erweist sich als eines der Instrumente des innerstaatlichen Rechts, mit Hilfe derer die innerstaatliche Rechtspraxis in Einklang mit den völkerrechtlichen Verpflichtungen der Bundesrepublik gebracht werden kann. Die Grundlagen dieser Anwendung erge-

1144 *Hofmann*, Grundrechte, S. 136 (mit anderer Hervorhebung); ebenso für den Bereich des Internationalen Enteignungsrechtes auf S. 154 und das IZPR auf S. 177.

1145 *Kokott*, BerDGVR 38 (1998), S. 100.

1146 Vgl. die Diskussionsbeiträge von *Hofmann* und *Delbrück*, BerDGVR 38 (1998), S. 125 bzw. S. 130.

1147 *Wiethölter*, BerDGVR 7 (1967), S. 133 (176).

1148 Vgl. MüKo-*Sonnenberger*, Art. 6 EGBGB Rn. 71.

ben sich aus einer systematischen Verzahnung der betroffenen Rechtsgebiete: Völkerrecht, Verfassungsrecht und Internationales Privatrecht. Zum potentiell ordre public-relevanten Normbestand gehören sämtliche Rechtssätze des Völkerrechts, zu denen sich die Bundesrepublik auf völkerrechtlicher Ebene bekannt, und denen über die Mechanismen des Grundgesetzes innerstaatliche Geltung verliehen wurde. Ob es sich dabei um rein staatengerichtete oder um unmittelbar anwendungsfähige bzw. subjektiv-rechtliche Normen handelt, ist für die Berücksichtigung dieser Rechtssätze als ordre public-Maßstab nicht entscheidend, da die Vorbehaltsklausel gerade dem Schutz der objektiven Rechtsordnung dient. Durch die Anwendung der Vorbehaltsklausel ist stets sicherzustellen, daß ein mit den menschenrechtlichen Verpflichtungen der Bundesrepublik nicht in Einklang stehendes Anwendungsergebnis und damit die Gefahr einer völkerrechtlichen Verantwortlichkeit ausgeschlossen wird.

Einer Einbeziehung der gewohnheitsrechtlich gefestigten Menschenrechte in das einfachrechtliche System der Vorbehaltsklausel steht ihre besondere Stellung im innerstaatlichen Normgefüge nicht entgegen, solange die durch Art. 25 S. 2 GG vorgegebene, spezifische verfassungsrechtliche Komponente nicht vernachlässigt wird. Der weitestgehend zwingende völkerrechtliche Charakter dieser Menschenrechtsnormen setzt sich ohne weiteres auch im Rahmen des kollisionsrechtlichen ordre public durch. Andererseits fügen die Inkorporationsmechanismen und Verfassungsgrundsätze des Grundgesetzes dem jeweiligen völkerrechtlichen Durchsetzungsanspruch des vertraglichen Menschenrechtsschutzes materiell nichts hinzu. Die Völkerrechtsfreundlichkeit des Grundgesetzes verlangt insbesondere nicht, die vertraglich bindenden Menschenrechte stets mit ihrem maximalen Schutzniveau gegenüber dem fremden Recht durchzusetzen; vielmehr streitet die verfassungsrechtliche Entscheidung für eine internationale Offenheit dafür, eine aus Sicht des jeweiligen Vertrages zulässige oder zu billigende Freiheit der Staaten zur Ausgestaltung ihrer innerstaatlichen Rechtsordnung nicht unter Berufung auf das menschenrechtliche Optimum zu beseitigen. Erweist sich allerdings eine fremde Rechtsnorm bzw. deren Anwendung auch unter Beachtung zulässiger Gestaltungsspielräume als mit vertraglich zu gewährleistenden Menschenrechten unvereinbar, so ist für die innerstaatlich vermittelten relativierenden Kriterien der ordre public-Anwendung kein Raum. Insbesondere kann die ordre public-Relevanz der Menschenrechte nicht vom Vorhandensein einer Inlandsbeziehung abhängig gemacht werden.

In methodischer Hinsicht entspricht es dem Grundsatz der Schonung des fremden Rechts, den ordre public-Maßstab zunächst in denjenigen Menschenrechtssystemen zu suchen, die universelle Verbreitung gefunden haben; der auf regional-europäischer Ebene geforderte menschenrechtliche Mindeststandard darf allerdings auch bei der Anwendung des Rechts von Drittstaaten letzlich nicht unterlaufen werden. Den innerstaatlichen Grundrechten kommt in dieser menschenrechtsbezogenen ordre public-Systematik letztlich nur eine Reservefunktion zu. Erst wenn die internationale Menschenrechtsordnung keinen tauglichen ordre public-Maßstab bereithält, soll und muß der innerstaatliche Rechtsanwender auf die Normen des Grundgesetzes zurückgreifen. Im Rahmen der grundrechtskollisionsrechtlichen Überlegungen ist dann freilich eine ganz wesentliche Frage schon entschieden: Bei Fehlen einer vergleichbaren völkerrechtlichen Absicherung wird um so sorgfältiger zu prüfen sein, inwieweit der innerstaatlich geltende Grundrechtsschutz auch bei auslandsbezogenen Sachverhalten seine Durchsetzung verlangt.

IV. Kapitel

Menschenrechtsbezogene ordre public-Anwendung am Beispiel des deutschen internationalen Eheschliessungsrechts

Nach den im vorhergehenden Kapitel gewonnenen Ergebnissen steht fest, daß die für die Bundesrepublik international verbindlichen Menschenrechte mit ihrem jeweiligen völkerrechtlichen Gehalt zum Bestandteil der deutschen öffentlichen Ordnung gerechnet werden können. Im Rahmen der Vorbehaltsklausel entfaltet sich ihr Geltungsanspruch unabhängig von den innerstaatlich gesetzten Anwendungskriterien. Zugleich gilt es aber diejenigen Differenzierungen zu beachten, die insbesondere die völkervertraglichen Normen nach der Natur der Menschenrechtsnorm bzw. der Auslegungspraxis der Überwachungsorgane mit Rücksicht auf die unterschiedlichen Kultur- und Rechtstraditionen in verschiedenen Staaten zulassen. Der Einsatz eines menschenrechtlich bestimmten ordre public kommt in Betracht, soweit der fremde Rechssatz mit den auch für den *lex causae*-Staat einschlägigen menschenrechtlichen Anforderungen, zumindest aber mit dem Mindeststandard des für die Bundesrepublik verbindlichen Menschenrechtsbestandes unvereinbar erweist. Andernfalls kann bzw. muß der Einsatz der Vorbehaltsklausel allein auf die innerstaatlichen Grundrechte gestützt werden, soweit diese unter Berücksichtigung des grenzüberschreitenden Sachverhalts und trotz Fehlens eines menschenrechtlichen Pendants noch Geltung beanspruchen wollen. Anhand dieser – bisher abstrakt – ermittelten und formulierten Erkenntnisse soll im folgenden Kapitel gezeigt werden, inwieweit sich ein Rückgriff auf menschenrechtliche Vorgaben in die bisherige Praxis der ordre public-Anwendung einfügt und ggf. auch neue Wertungsgesichtspunkte aufzuzeigen vermag.

Für eine konkretisierende Betrachtung bietet sich der Bereich des internationalen Eheschließungsrechts aus mehreren Gründen an. Aus kollisionsrechtlicher Sicht deshalb, weil das Institut der Eheschließung in allen Rechtsordnungen und Rechtskreisen der Welt verbreitet ist. Internationale Ehen gehören angesichts wachsender grenzüberschreitender Mobilität gleichsam zum „täglichen Brot“ der international-privatrechtlichen Praxis. Dabei reflektiert die Ausgestaltung des materiellen Eheschließungsrechts innerhalb der einzelnen Rechtsordnungen wie kaum ein anderer Bereich des Zivilrechts das kulturelle, soziale und oft auch religiöse Selbstverständnis eines Staates. Während die deutsche Rechtsordnung die Verbote auf ein geringes Maß begrenzt,[1149] sind in anderen Rechtsordnungen, insbesondere in religiös geprägten Rechten, Eheverbote in vielfältiger Form anzutreffen. Andererseits erlauben gerade die islamisch geprägten Staaten die polygame Ehe, während sie im Abendland traditionell ein zentrales Eheverbot begründet. Aus diesem Grunde sind eherechtliche Vorschriften des fremden Rechts seit je her ein traditionelles Anwendungsgebiet des kollisionsrechtlichen ordre public. Auf der Ebene des Völkerrechts wiederum gehört das Recht auf Eheschließung zum vertraglich in vielfältiger Weise abgesicherten Bestand des internationalen Menschenrechtsschutzes. Mit Ausnahme der KRK[1150] enthalten sämtliche der im II. Kapitel behandelten Menschenrechtsabkommen Vorschriften zur Absicherung des Eheschließungsrechts.

Die wesentlichen Grundsätze der deutschen Rechtsordnung können sich bei der Beurteilung fremder Eheschließungsrechte in zweierlei Hinsicht durchsetzten: Einerseits bei der Frage, inwieweit die inländische Rechtsordnung Eheverboten, die das anzuwendende fremde Recht den Nupturienten auferlegt, Beachtung schenken muß. Anderseits kann der ordre public auch einer vom fremden Recht gerade als zulässigen, nach unserem Verständnis aber gegen elementare Wertentscheidungen der innerstaatlichen Rechtsordnung verstoßenden Eheschließung entgegenstehen. Ausgehend von der besonderen Struktur des deutschen internationalen Eheschließungsrechts wird deshalb im folgenden untersucht, inwieweit den völkerrechtlich verankerten Menschenrechten Lösungsansätze oder jedenfalls Entscheidungshilfen für einen internationalisierten ordre public entnommen werden können.

1149 Seit Inkrafttreten des EheschlRG am 1. Juli 1998 kennt das deutsche Eherecht als trennendes Verbot nur noch die Eheschließung zwischen Verwandten in gerader Linie und zwischen voll- und halbbürtigen Geschwistern (§ 1307 BGB) sowie das aufschiebende Verbot der Eheschließung zwischen Partnern, die durch Adoption in gerader Linie miteinander verwandt sind (§ 1308 BGB).

1150 Dies erstaunt angesichts der sonst weitreichenden Übernahme von Rechte des IPbpR in die KRK. Insbesondere die Regelung der Zulässigkeit von „Kinderehen“ hätte sich durchaus in den sachlichen Regelungsbereich der Konvention eingefügt; gleichwohl war die Frage der Eheschließung Minderjähriger von vornherein nicht Gegenstand der Beratungen, vgl. *Dorsch*, Konvention, S. 151.

I. DER ORDRE PUBLIC-VORBEHALT IM INTERNATIONALEN EHESCHLIESSUNGSRECHT

1. Anknüpfung an das Personalstatut als grundlegender Verweisungsbefehl

Art. 13 Abs. 1 EGBGB[1151] knüpft hinsichtlich der sachlichen[1152] Voraussetzungen der Eheschließung als allseitige Kollisionsnorm an das jeweilige Personalstatut eines Nupturienten an und unterstellt damit insbesondere die Voraussetzungen hinsichtlich Ehefähigkeit, den mangelfreien Ehewillen und das Fehlen von Ehehindernissen dem jeweiligen Heimatrecht der Verlobten.[1153]

2. Spezialgesetzlicher ordre public gem. Art. 13 Abs. 2 EGBGB

Art. 13 Abs. 2 EGBGB gebietet jedoch unter bestimmten Voraussetzungen eine Abweichung vom Anknüpfungsprinzip des Abs. 1. Die Vorschrift wurde

---

1151 Im bilateralen Verhältnis ist der Vorrang von Staatsverträgen gem. Art. 3 Abs. 2 EGBGB zu beachten, insbesondere des Haager Eheschließungsabkommens aus dem Jahre 1902, RGBl. 1904, S. 221, des CICE-Übereinkommens zur Erleichterung der Eheschließung im Ausland vom 10. September 1964, BGBl. 1969 II S. 445. Der Vorrang zwischenstaatlicher Abkommen ist jedoch *in praxi* stark eingeschränkt. Das Haager Abkommen von 1902 gilt mittlerweile nur noch im Verhältnis zu Italien, vgl. Palandt-*Heldrich*, Anh. zu Art. 13 EGBGB Rn. 2; dem neuen Haager Eheschließungsabkommen vom 14. März 1978, Text in StAZ 1977, S. 202 f., ist die Bundesrepublik nicht beigetreten. Hinsichtlich des I. Teils des CICE-Übereinkommens (Befreiung von Ehehindernissen der Verlobten durch die Behörden des Eheschließungsstaates) hat die Bundesrepublik einen Vorbehalt erklärt, der die Anwendung ausschließt, vgl. BGBl. 1969 II S. 454. Zur Bedeutung von Konsularverträgen vgl. Staudinger-*v. Bar/Mankowski*, Art. 13 EGBGB Rn. 29 ff. sowie Palandt-*Heldrich*, Anh. zu Art. 13 EGBGB Rn. 1.

1152 Art. 13 Abs. 1 und 2 EGBGB betreffen nach unbestrittener Ansicht allein die sachlichen Voraussetzungen der Eheschließung, vgl. nur Soergel-*Schurig*, Art. 13 EGBGB Rn. 1; MüKo-*Coester*, Art. 13 EGBGB Rn. 7; siehe auch die Regierungsbegründung zum IPR-Reformgesetz, BT-Drucks. 10/504, S. 52. Für das Formstatut greift dagegen Art. 13 Abs. 3 EGBGB bei Inlandstrauung bzw. Art. 11 für die Eheschließung im Ausland.

1153 Der Anknüpfungsgrundsatz als solcher, der bereits Art. 13 EGBGB a.F. zugrunde lag, verstößt nach unbestrittener Auffassung nicht gegen Art. 3 Abs. 2 oder Art. 6 Abs. 1 GG und bedurfte deshalb keiner Änderung im Zuge der IPR-Reform, vgl. die Regierungsbegründung zum IPR-Reformgesetz, BT-Drucks. 10/504, S. 52.

als unmittelbare Folge des Spanier-Beschlusses des BVerfG im Zuge der IPR-Reform neu gefaßt und spiegelt in ihren tatbestandlichen Voraussetzungen erkennbar die Entscheidung wider. Aus der amtlichen Gesetzesbegründung ergibt sich, daß die vom BVerfG entwickelten Grundsätze durch Art. 13 Abs. 2 EGBGB positiviert und das Grundrecht der Eheschließungsfreiheit aus Art. 6 Abs. 1 GG für den Bereich der international-privatrechtlichen Rechtsanwendung abgesichert werden sollte.[1154]

Art. 13 Abs. 2 EGBGB bringt unter den Voraussetzungen seiner Ziff. 1-3 insoweit deutsches Sachrecht zur Anwendung, als die Nupturienten die nach ihrem Heimatrecht erforderlichen Eheschließungsvoraussetzungen nicht erfüllen.[1155] Nach seinem Wortlaut und einhelliger Meinung im Schrifttum verlangt Art. 13 Abs. 2 EGBGB die kumulative Erfüllung der in Nr. 1-3 genannten Erfordernisse.[1156] Die Nichtbeachtung des fremden Rechts setzt deshalb voraus, daß einer der beiden Eheschließenden Deutscher ist[1157] oder seinen gewöhnlichen Aufenthalt im Inland hat, die Verlobten die zumutbaren Schritte zur Beseitigung des Ehehindernisses unternommen haben und die Versagung der Eheschließung mit der Eheschließungsfreiheit unvereinbar wäre.[1158] In Art. 13 Abs. 2 EGBGB treffen damit ganz augenscheinlich zwei Elemente zusammen, die mit dem Institut des ordre public traditionell verbunden sind: zum einen die Unvereinbarkeit mit den wesentlichen – in Art. 13 Abs. 2 EGBGB durch den Verweis auf die Eheschließungsfreiheit positivierten – Grundsätzen des deutschen Rechts; zum anderen der Inlandsbezug – konkreti-

1154 Vgl. die Regierungsbegründung zum IPR-Reformgesetz, BT-Drucks. 10/504, S. 53; siehe auch MüKo-*Coester*, Art. 13 EGBGB Rn. 23 c.

1155 Deutsches Sachrecht kommt folglich nicht schlechthin, sondern nur partiell – hinsichtlich der fehlenden Voraussetzung(en) – zur Anwendung, vgl. Erman-*Hohloch*, Art. 13 EGBGB Rn. 17 und 22.

1156 Vgl. nur MüKo-*Coester*, Art. 13 EGBGB Rn. 23 f.; Soergel-*Schurig*, Art. 13 EGBGB Rn. 52; Erman-*Hohloch*, Art. 13 EGBGB Rn. 17.

1157 Deutschen gleichgestellt werden Staatenlose und Flüchtlinge mit deutschem Personalstatut, vgl. *Schwimann*, StAZ 1988, S. 35 (36); MüKo-*Coester*, Art. 13 EGBGB Rn. 23 g; Soergel-*Schurig*, Art. 13 EGBGB Rn. 52.

1158 Art. 13 Abs. 2 Nr. 3 Hs. 2 EGBGB nimmt neben dem bis zur IPR-Reform allein in Art. 13 Abs. 2 EGBGB a.F. enthaltenen Tatbestand (Eheschließung der Frau eines in Deutschland für tot erklärten Ausländers) die der Spanier-Entscheidung zugrundeliegende Problematik einer „hinkenden Inlandsbeseitigung" einer Vorehe (so MüKo-*Coester*, Art. 13 EGBGB Rn. 23 i) als stets beachtliche Fälle auf. Zur bestehenden Ehe als Ehehindernis und zur umstrittenen Behandlung der selbständigen bzw. unselbständigen Anknüpfung dieser Vorfrage vgl. Soergel-*Schurig*, Art. 13 EGBGB Rn. 58 ff. einerseits sowie MüKo-*Coester*, Art. 13 EGBGB Rn. 46 ff. andererseits, beide mit Darstellung des Streitstandes.

siert durch die Staatsangehörigkeit bzw. den gewöhnlichen Aufenthalt.[1159] Art. 13 Abs. 2 EGBGB erweist sich damit als eine durch das Grundrecht der Eheschließungsfreiheit bestimmte, spezielle ordre public-Klausel,[1160] bei der das relative Merkmal einer hinreichenden Inlandsbeziehung in gesetzliche Form gegossen ist.[1161]

Angesichts der Spezialität der Norm, ihren besonderen Anwendungsvoraussetzungen und ihrer Entstehungsgeschichte, die sich in Form des ausdrücklichen Hinweis auf die Eheschließungsfreiheit (des Grundgesetzes) niedergeschlagen hat, scheint das internationale Eheschließungsrecht *prima facie* keinen Raum für die Einbeziehung internationaler Menschenrechtsverbürgungen entsprechend den oben zur allgemeinen ordre public-Klausel entwickelten Grundsätzen zu gewähren. Anders wäre hingegen zu befinden, wenn trotz der Existenz von Art. 13 Abs. 2 EGBGB die Anwendung von Art. 6 EGBGB und damit auch die Einbeziehung der Menschenrechte als Maßstab der allgemeinen Vorbehaltsklausel möglich bliebe; hier ist also die Frage nach dem generellen Verhältnis von Art. 13 Abs. 2 und Art. 6 EGBGB aufgeworfen. Daneben ist aber auch zu fragen, ob sich nicht selbst im Rahmen der Anwendung von Art. 13 Abs. 2 EGBGB, der ganz augenscheinlich auf die Eheschließungsfreiheit des Grundgesetzes als Schutzgegenstand verweist, aus den Menschenrechten Folgen für die Handhabung dieser Norm ergeben können bzw. müssen.

3. Verhältnis von Art. 13 Abs. 2 EGBGB zur allgemeinen Vorbehaltsklausel

Beide Vorschriften – Art. 6 und Art. 13 Abs. 2 EGBGB – stimmen hinsichtlich ihrer Funktion insoweit überein, als ihre Anwendung zum Ausschluß des an sich berufenen Rechts führt. Beide Normen entfalten also zunächst Abwehrfunktion.[1162] Während Art. 6 EGBGB sich in dieser negativen Funktion erschöpft und die Frage des anzuwendenden Ersatzrechts ausdrücklich offen läßt,[1163] regelt Art. 13 Abs. 2 EGBGB diese Frage ausdrücklich mit. An die

1159 Vgl. Staudinger-*v. Bar/Mankowski*, Art. 13 EGBGB Rn. 108.

1160 So ausdrücklich die Regierungsbegründung zum IPR-Reformgesetz, BT-Drucks. 10/504, S. 53; für das insoweit einhellige Schrifttum vgl. etwa *Kropholler*, IPR, S. 324; Staudinger-*v. Bar/Mankowski*, Art. 13 EGBGB Rn. 108; Erman-*Hohloch*, Art. 13 Rn. 21.

1161 Vgl. Soergel-*Schurig*, Art. 13 EGBGB Rn. 53.

1162 Vgl. MüKo-*Coester*, Art. 13 EGBGB Rn. 23 b; Staudinger-*v. Bar/Mankowski*, Art. 13 EGBGB Rn. 152.

1163 Dazu im I. Kapitel, S. 20 ff.

Stelle der anstößigen Eheschließungsvoraussetzung tritt, soweit eine Lücke verbleibt, partiell – gleichwohl ausschließlich – deutsches Recht. Art. 13 Abs. 2 EGBGB kommt daher neben der bloßen Abwehr- auch eine Ersatzfunktion zu.[1164] Gleichwohl ist die auf Art. 13 Abs. 2 EGBGB gestützte Anwendung des deutschen Sachrechts keine rechtstechnische Kollisionsnorm im Sinne eines positiven ordre public oder einer einseitigen Verweisungsnorm.[1165] Die kollisionsrechtliche Verweisung auf fremdes Recht wird nicht von vornherein durch international zwingendes Sachrecht überlagert; deutsches Recht kommt vielmehr erst zur Anwendung, wenn der Verweisungsbefehl zu – gesetzlich konkretisierten – untragbaren Ergebnissen führt.[1166]

Aufgrund des funktionalen und inhaltlichen Schnittbereichs von Art. 6 EGBGB und Art. 1 Abs. 2 EGBGB wird in der Lehre seit längerem über die Frage nach dem Verhältnis der allgemeinen Vorbehaltsklausel zum spezialgesetzlichen ordre public des internationalen Eheschließungsrechts gestritten.[1167] Nicht selten wird vorgebracht, wegen der Spezialität von Art. 13 Abs. 2 EGBGB bleibe praktisch nur wenig Spielraum für die Anwendung von Art. 6 EGBGB.[1168] Bei näherer Betrachtung zeigt sich allerdings, daß diese Auffassung schon aus innerstaatlicher Sicht zu kurz greift, darüber hinaus aber Art. 6 EGBGB gerade für den internationalen Menschenrechtsschutz eine grundlegende Bedeutung zukommt.

1164 Vgl. statt vieler MüKo-*Coester*, Art. 13 EGBGB Rn. 23 b; *Schwimann*, StAZ 1988, S. 35 (36).

1165 Vgl. dazu im I. Kapitel, S. 16 ff.

1166 Auf diesen Aspekt weisen v.a. Staudinger-*v. Bar/Mankowski* hin. Nach *kegel*'schem Verständnis zählt Art. 13 Abs. 2 EGBGB dagegen zu den „Kollisionsnormen des ordre public", die von vornherein der materiell-privatrechtlichen Gerechtigkeit den Vorrang vor der international-privatrechtlichen einräumen; er stellt die Vorschrift auf gleiche Stufe mit Art. 13 Abs. 3 S. 1 EGBGB und 17 Abs. 2 EGBGB, vgl. *Kegel*, IPR, S. 117 f., S. 385 sowie S. 597. Gegen die Gleichstellung läßt sich jedenfalls aus normtheoretischer Sicht einwenden, daß die Reihenfolge und Technik der Rechtsanwendung bei Art. 13 Abs. 2 EGBGB eine andere ist, mag auch das Ergebnis – Durchsetzung der materiell-rechtlichen Interessen – gleich ausfallen.

1167 Einigkeit besteht freilich dahingehend, daß bei Fehlen von Art. 13 Abs. 2 EGBGB die darin geregelten Fälle ohne weiteres unter Art. 6 EGBGB zu fassen wären, vgl. nur Soergel-*Schurig*, Art. 13 EGBGB Rn. 73.

1168 Vgl. etwa Palandt-*Heldrich*, Art. 13 EGBGB Rn. 16; ähnlich *Kropholler*, IPR, S. 324.

a) Anwendbarkeit von Art. 6 EGBGB außerhalb von Ehehindernissen i.S.d. Art. 13 Abs. 2 EGBGB

Zum einen entfaltet die Vorbehaltsklausel nach einhelliger Meinung ihre Wirkung im Eheschließungsrecht unbeschadet des Art. 13 Abs. 2 EGBGB, soweit der Eheschließung nach dem anwendbaren Sachrecht kein Hindernis entgegensteht, sondern – umgekehrt – gerade die Heirat zuläßt, die Trauung sich jedoch als mit den wesentlichen Grundsätzen des deutschen Rechts unvereinbar erweist.[1169] In diesen Fällen ist bereits der im Einleitungssatz des Abs. 2 geforderte Tatbestand nicht erfüllt. Inwieweit die innerstaatliche Rechtsordnung etwa nach fremdem Recht zulässige Eheschließungen von gleichgeschlechtlichen Partnern, Minderjährigen, Verwandten oder auch polygame Ehen durch deutsche Standesbeamte zuläßt, bestimmt sich folglich allein nach Art. 6 EGBGB, ohne daß es auf die weiteren Voraussetzungen des Art. 13 Abs. 2 EGBGB ankäme. Bereits an dieser Stelle zeigt sich also ein Anwendungsbereich für die allgemeine Vorbehaltsklausel.

b) Anwendbarkeit von Art. 6 EGBGB außerhalb eines Verstoßes gegen die Eheschließungsfreiheit

Nach wohl überwiegender Auffassung findet Art. 13 Abs. 2 EGBGB aber auch dann keine Anwendung, wenn die Anstößigkeit der fremden Regelung nicht auf einer Verletzung der Eheschließungsfreiheit i.S.v. Art. 6 Abs. 1 GG, sondern auf anderen Gründen beruht, beispielsweise der Religionsfreiheit (bei Verboten gemischt-religiöser Ehen) oder der Menschenwürde bzw. dem Persönlichkeitsrecht (etwa bei rassenbezogenen Ehehindernissen).[1170] Auch hier verbleibt folglich Raum für die Heranziehung der Menschenrechte als Maßstab des allgemeinen ordre public, wie er im vorigen Kapitel aufgezeigt wurde.

1169 Vgl. *Henrich*, Familienrecht, S. 25; MüKo-*Coester*, Art. 13 EGBGB Rn. 24; Staudinger-*v. Bar/Mankowski*, Art. 13 EGBGB Rn. 112; *Ch. v. Bar*, IPR II, Rn. 151; Erman-*Hohloch*, Art. 13 EGBGB Rn. 9.

1170 Vgl. *Spickhoff*, JZ 1991, S. 323 (326); *ders.*, ordre public, S. 232; *Ferid*, IPR, Rn. 8-75; MüKo-*Coester*, Art. 13 EGBGB Rn. 24; Soergel-*Schurig*, Art. 13 EGBGB Rn. 73; OLG Stuttgart, FamRZ 2000, S. 821 (823); mit anderer Tendenz aber im Ergebnis ebenso, MüKo²-*Schwimann*, Art. 13 EGBGB Rn. 23 g; nicht ganz deutlich Palandt-*Heldrich*, Art. 13 EGBGB Rn. 2; a.A. hingegen Staudinger-*v. Bar/Mankowski*, Art. 13 EGBGB Rn. 112 sowie Erman-*Hohloch*, Art. 13 EGBGB Rn. 25.

c) Anwendbarkeit von Art. 6 EGBGB innerhalb des Regelungsbereichs von Art. 13 Abs. 2 EGBGB?

Aus normtheoretischer Sicht erweist sich allerdings die Anwendbarkeit der allgemeinen Vorbehaltsklausel als problematisch, wenn das ausländische Ehehindernis materiell den Schutzbereich des Art. 6 Abs. 1 GG berührt. Hier scheint Art. 13 Abs. 2 EGBGB aufgrund seiner Spezialität den allgemeinen ordre public-Vorbehalt insoweit zu verdrängen, als dieser ebenfalls die Eheschließungsfreiheit zum Gegenstand hat, mit der Folge, daß bei Fehlen der besonderen Voraussetzungen des Art. 13 Abs. 2 – insbesondere eines durch die Staatsangehörigkeit oder den ständigen Aufenthalt vermittelten Inlandsbezuges – eine Prüfung unter der allgemeinen ordre public-Klausel zu unterbleiben hätte.

aa) Keine Spezialität „zu Lasten" menschenrechtlicher Verpflichtungen

Aus grundrechtskollisionsrechtlicher Sicht wäre diese verdrängende Spezialität nicht zu beanstanden, wenn man davon ausgeht, daß der Gesetzgeber mit Art. 13 Abs. 2 Nr. 1 und 2 EGBGB lediglich die vom BVerfG als zulässig erachteten Kriterien für die Wirkungskraft der Grundrechte bei Auslandssachverhalten aufgegriffen und – verfassungskonform – in Gesetzesform gegossen hat. Insbesondere erscheint das Kriterium eines besonderen Binnenbezuges gerechtfertigt, solange die ordre public-Prüfung anhand eines der autonomen innerstaatlichen Rechtsordnung entstammenden Grundrechts vorgenommen wird.

Den menschenrechtlichen Anforderungen wird dieses Ergebnis hingegen nicht gerecht. Die materielle Wirkungskraft der Menschenrechte hängt – das wurde bereits mehrfach betont – nicht von den innerstaatlich gesetzten Anwendungskriterien, insbesondere nicht von einer besonderen Inlandsbeziehung der betroffenen Person zu dem hoheitlich handelnden Staat ab. Sie erschließt sich aus dem Menschenrecht selbst. Entscheidend ist lediglich, daß eine Person von der Hoheitsgewalt eines menschenrechtlich gebundenen Staates erfaßt wird. Bei strikter Anwendung der Voraussetzungen von Art. 13 Abs. 2 EGBGB – insbesondere bei Hinnahme einer Verletzung der völkerrechtlich gewährleisteten Eheschließungsfreiheit wegen fehlender deutscher Staatsangehörigkeit oder mangels gewöhnlichen Aufenthalts einer der beiden Nupturienten im Inland – läge in Art. 13 EGBGB eine menschenrechtswidrige Kollisionsnorm. Da nicht davon ausgegangen werden kann, daß der Gesetzgeber sich in Widerspruch zu den völkerrechtlichen Verpflichtungen der Bundesrepublik setzen wollte, muß ein drohender Konflikt zwischen innerstaatlicher Rechtsanwendung und völkerrechtlicher Verantwortung mittels einer menschenrechtskonformen ordre public-Anwendung ausgeschlossen werden. Der Einlösung seiner menschenrechtlichen Verpflichtungen wird ein Staat nur gerecht, wenn er – wie es *v. Bar* treffend formuliert – „Vorschriften vorhält, die sicherstellen, daß kein Staatsorgan bei sich menschenrechtswidriges Sachrecht anwenden muß. Unter menschenrechtlichen Aspekten darf ein Staat (...) auf eine entsprechende Vorbehaltsklausel nicht verzichten (...).“[1171] Diese These steht völlig im Einklang mit den bisherigen Ergebnissen dieser Arbeit. Konsequenterweise muß sie nun um folgenden Satz erweitert werden: Dort, wo ein menschenrechtlich gebundener Staat Vorbehaltsklauseln bereithält, muß er seinen völkerrechtlichen Verpflichtungen auch durch menschenrechtskonforme Ausgestaltung und Handhabung dieser Normen seitens der innerstaatlichen Organe gerecht werden; insbesondere darf er die Abwehr menschenrechtswidrigen Sachrechts nicht an Voraussetzungen knüpfen, die nicht in dem betreffenden Menschenrecht selbst angelegt sind bzw. dort keine Rechtfertigung finden. In diesem Sinne erscheinen denn auch *v. Bars* weitere Ausführungen folgerichtig, wenn er als praktisches Hauptanwendungsfeld der EMRK – für die universellen Menschenrechtsverträge kann nichts anderes gelten, soweit sie die Eheschließungsfreiheit in vergleichbarer Weise zum Gegenstand haben – „das Recht der Ehehindernisse, also die verbindliche Interpretation dessen, was i.S.v. Art. 13 Abs. 2 Nr. 3 EGBGB mit der Eheschließungsfreiheit unvereinbar ist“, ausgemacht hat.[1172]

Aus alldem folgt, daß Art. 13 Abs. 2 EGBGB für den Bereich der Eheschließungsfreiheit keine Spezialität im Sinne einer Exklusivität zukommen kann. Bei Anwendung fremden Eheschließungsrechts kann – verfassungsrechtlich zulässig – die Wirkungskraft von Art. 6 Abs. 1 GG einschränkenden Kriterien unterworfen sein; die kollisionsrechtliche Rechtsanwendung darf hingegen nicht auch den menschenrechtlichen Verbürgungen Schranken auferlegen, die in den Menschenrechten keinen Rückhalt finden und hinter den Verpflichtungen, die die Bundesrepublik auf der Ebene des Völkerrechts eingegangen ist, zurückbleiben.

bb) Konfliktvermeidende Lösungsansätze

Zur Vermeidung eines Konflikts zwischen innerstaatlichen Anwendungsvoraussetzungen der spezialgesetzlichen ordre public-Klausel und den menschenrechtlichen Verpflichtungen der Bundesrepublik bieten sich im Falle von Art. 13 Abs. 2 EGBGB zwei Lösungswege an.

1171 *Ch. v. Bar*, BerDGVR 33 (1994), S. 191 (208).

1172 Vgl. ebd.

Der erste führte über die menschenrechtskonforme Auslegung des Art. 13 Abs. 2 EGBGB selbst. Dabei müßte zunächst der Begriff der Eheschließungsfreiheit dergestalt interpretiert werden, daß er sich nicht allein auf Art. 6 Abs. 1 GG bezieht, sondern auch die durch das Völkerrecht verbürgten Aspekte der Eheschließungsfreiheit – die es im einzelnen noch aufzuzeigen gilt – mit einschließt. Darüber hinaus müßte die Auslegung berücksichtigen, daß die Gewährleistung der menschenrechtlich begründeten Eheschließungsfreiheit nicht von innerstaatlich gesetzten Voraussetzungen abhängig gemacht werden kann, die dem Wesen des Menschenrechts fremd sind und zu einer unzulässigen Einschränkung seines Geltungsanspruchs führten. Im Einzelfall müßten folglich die besonderen Anforderungen des Art. 13 Abs. 2 EGBGB relativiert oder vernachlässigt werden.

Der zweite Weg ließe die engen Voraussetzungen des Art. 13 Abs. 2 EGBGB unberührt und führte statt dessen über die allgemeine Vorbehaltsklausel. Art. 13 Abs. 2 EGBGB bliebe dann dem Schutz der autonomen innerstaatlichen Grundrechtsordnung vorbehalten, für deren Durchsetzung ein besonderer Inlandsbezug durchaus gerechtfertigt sein kann. Hingegen fiele Art. 6 EGBGB die Aufgabe zu, die *menschenrechtlichen* Grundsätze der Eheschließungsfreiheit mit ihrem jeweiligen völkerrechtlichen Inhalt zur Geltung zu bringen.

cc) Parallelen zu bestehenden Ansätzen

Die beiden Lösungswege ähneln hinsichtlich ihrer Methodik in gewisser Weise den bereits erwähnten Grundpositionen im Schrifttum die – ohne spezifisch menschenrechtliche Erwägungen – zur Klärung des Verhältnisses von Art. 13 Abs. 2 EGBGB zur allgemeinen Vorbehaltsklausel vorgetragen werden.

Vor allem im älteren Schrifttum wurde vorgetragen, die beiden Vorschriften hätten verschiedene Anwendungsbereiche und schlössen sich folglich gegenseitig aus.[1173] Das von Art. 13 Abs. 2 Nr. 3 EGBGB erfaßte Schutzobjekt der

---

1173 So vor allem *Schwimann*, StAZ 1988, S. 35 (38 f.); MüKo^2-*Schwimann*, Art. 13 EGBGB Rn. 23 g und 24. *Ferid*, IPR, Rn. 8-73, meint hingegen, Art. 13 Abs. 2 EGBGB solle von vornherein nur angewendet werden, wenn das ausländische Ehehindernis sich nicht bereits am allgemeinen ordre public breche. Ähnlich wie *Schwimann* will *Ferid* neben den gesetzlich geregelten Sonderfällen allenfalls den in den Materialien genannten Anwendungsfall der entfernten Verwandtschaft bzw. Schwägerschaft sowie die ungerechtfertigt verweigerte Trauungsbewilligung Dritter bei der Heirat Minderjähriger unter den Anwendungsbereich von Art. 13 Abs. 2 EGBGB fassen, vgl. *Ferid*, IPR, Rn. 8-78, 2. Nach *Schulz*, StAZ 1991, S. 32 (34), soll dagegen Art. 13 Abs. 2 EGBGB wiederum nur solche Ehehindernisse betreffen, die auch das deutsche Rechts kennt.

Eheschließungsfreiheit sei auf die dem Spanier-Beschluß zugrundeliegenden Problematik begrenzt. Über die in Art. 13 Abs. 2 Nr. 3 Hs. 2 EGBGB genannten Fälle hinaus, so die Kernaussage, sei die Vorschrift kaum verallgemeinerungsfähig.[1174] Aus dem Zusammenhang von Art. 13 Abs. 2 Nr. 1 und Nr. 2 EGBGB ergebe sich vielmehr, daß alle Ehehindernisse, die so anstößig seien, daß sie auch ohne zumutbaren Beseitigungsversuch den Art. 6 EGBGB verletzten, aus dem Anwendungsbereich der spezialgesetzlichen ordre public-Klausel auszuscheiden wären. Zu diesen nach der allgemeinen Vorbehaltsklausel zu beurteilenden Hindernissen sollten etwa die religiösen Ehehindernisse der Religionsverschiedenheit oder öffentlich-rechtliche bzw. politische Ehehindernisse zählen.[1175]

Das neuere Schrifttum löst hingegen – soweit infolge der Ausscheidung bestimmter, nicht die Eheschließungsfreiheit allein betreffender Ehehindernisse überhaupt noch ein Schnittbereich verbleibt – das Verhältnis zwischen Art. 6 und Art. 13 Abs. 1 EGBGB dahingehend auf, daß bei besonders anstößigen

1174 *Schwimann* erblickte in den gesetzlich geregelten Sonderfällen des Art. 13 Abs. 2 EGBGB eine „zweifache Inlandsbeziehung" (neben dem inländischen gewöhnlichen Aufenthalt oder der deutschen Staatsangehörigkeit eines Nupturienten trete zusätzlich ein Tätigwerden deutscher Behörden bei Scheidung, Anerkennung oder Todeserklärung) bzw. eine „qualifiziere Berührung mit dem deutschen Recht" (durch die ausländische Nichtbeachtung deutscher Ehescheidungen). Diese Häufung von Inlandsberührungen potenziere die Störungsintensität und lasse die Fälle des Nr. 3 Hs. 2 nicht verallgemeinerungsfähig erscheinen, vgl. zu alledem *Schwimann*, StAZ 1988, S. 35 (38). *Kropholler*, IPR, S. 324, mit Fn. 6, zieht wegen der inhaltlichen Nähe der Vorschrift zur Spanier-Entscheidung den Schluß, die Vorschrift sei „überflüssig", da Scheidungsverbote im ausländischen Recht kaum mehr zu finden seien. Auch *Kegel/Schurig*, IPR, S. 690, betrachten zumindest Art. 13 Abs. 2 Nr. 1, 2 und 3 Hs. 1 EGBGB als Ausprägungen des allgemeinen ordre public, für deren Berücksichtigung Art. 6 EGBGB genügt hätte.

1175 Vgl. MüKo²-*Schwimann*, Art. 13 EGBGB Rn. 23 g. Mit Recht ist diesem Ansatz jedoch der Wortlaut von Art. 13 Abs. 2 Nr. 3 Hs. 2 EGBGB entgegengehalten worden. Durch das einleitende „insbesondere" wird klargestellt, daß es sich bei den dort genannten Fällen nur um Regelbeispiele eines ordre public-Verstoßes, nicht aber um exklusive Anwendungsfälle handelt, vgl. Staudinger-*v. Bar/Mankowski*, Art. 13 EGBGB Rn. 150. Davon zeugt auch die Gesetzesbegründung, die in „überzogenen, aus entfernter Verwandtschaft abgeleiteten Ehehindernissen" einen weiteren Anwendungsfall ausdrücklich erwähnt, vgl. die Regierungsbegründung zum IPR-Reformgesetz, BT-Drucks. 10/504, S. 53. Auch *Schwimann*, StAZ 1988, S. 35 (38) akzeptiert das Ehehindernis der entfernten Verwandtschaft (und auch der Schwägerschaft) sowie die Unbehebbarkeit ungerechtfertigter Trauungseinwilligung Dritter bei minderjährigen Verlobten als weiteren Anwendungsfall von Art. 13 Abs. 2 EGBGB; eine Generalisierbarkeit des Tatbestandes lehnt er dennoch ab, vgl. auch MüKo²-*Schwimann*, Art. 13 EGBGB Rn. 23 g.

Ehehindernissen die Anforderungen der Nr. 1 und 2 variabel gehandhabt werden.[1176] Bei entsprechend schweren Verstößen verneint die h.A. regelmäßig auch die Erfüllbarkeit bzw. die Zumutbarkeit der Beseitigungsobligation i.S.v. Art. 13 Abs. 2 Nr. 2 EGBGB.[1177] In diesen Fällen seien auch die Anforderungen an den in Nr. 1 konkretisierten Binnenbezug abzusenken und flexibel entsprechend den zu Art. 6 EGBGB anerkannten Relativitätskriterien zu bestimmen.[1178]

Im Ergebnis stimmen freilich beide Auffassungen überein. Besonders anstößige Ehehindernisse des fremden Rechts brechen sich stets am deutschen ordre public, sei es weil in diesen Fällen von vornherein Art. 6 EGBGB zum Zuge gelangt, sei es infolge einer wegen der Schwere des Verstoßes gebotenen restriktiven Interpretation der besonderen Voraussetzungen von Art. 13 Abs. 2 Nr. 1 und 2 EGBGB. Der Streit reduziert sich, wie *Coester* zutreffend feststellt, auf die eher technische Frage, ob der Tatbestand des Art. 13 Abs. 2 EGBGB vor diesen besonders anstößigen Ehehindernissen endet und bereits deshalb Art. 6 EGBGB einschlägig ist oder ob bei grundsätzlicher Anwendbarkeit von Art. 13 Abs. 2 EGBGB subsidiär – hinsichtlich der flexiblen Bestimmung des Inlandsbezuges – auf Art. 6 EGBGB zurückgegriffen werden kann.[1179] Von entscheidender Bedeutung ist letztlich allein die Wertungsfrage, wann ein solches unerträgliches Ehehindernis vorliegt, das die Ausschaltung des an sich anwendbaren Rechts auch bei Unterschreitung der Anforderungen des Art. 13 Abs. 2 Nr. 1 und 2 EGBGB gebietet.

dd) Übernahme der Ansätze für die menschenrechtsbezogene ordre public-Anwendung

Legt man die bisherigen Ergebnisse dieser Untersuchung zugrunde, so zeigt sich, daß diese (letztlich maßgebliche) Wertungsfrage immer dort bereits entschieden ist, wo das fremde Eheschließungsstatut nicht nur gegen Art. 6 Abs. 1 GG, sondern auch gegen die menschenrechtlichen Vorgaben verstößt. Die Handhabung des international-privatrechtlichen ordre public, sei er aufgrund spezieller oder allgemeiner Vorbehaltsklauseln berufen, geht Hand in Hand mit der völkerrechtlichen Bindung der Bundesrepublik. Darin liegt der Kern der

---

1176 Im Ergebnis übereinstimmend MüKo-*Coester*, Art. 13 EGBGB Rn. 23 d und Staudinger-*v. Bar/Mankowski*, Art. 13 EGBGB Rn. 110; noch nicht so deutlich *Ch. v. Bar*, IPR II, Rn. 150; vgl. auch *Spickhoff*, ordre public, S. 229 und S. 231.

1177 Vgl. MüKo-*Coester*, Art. 13 EGBGB Rn. 23 d; *Staudiner-v. Bar/Mankowski*, Art. 13 EGBGB Rn. 110.

1178 Vgl. *dies.*, ebd.

1179 Vgl. MüKo-*Coester*, Art. 13 EGBGB Rn. 23 d.

oben angeführten These *v. Bars*, wonach die menschenrechtlichen Verpflichtungen der Bundesrepublik Aufschluß über die verbindliche Interpretation der innerstaatlichen ordre public-Normen geben. Soweit die menschenrechtlichen Verbürgungen kraft Inkorporation im deutschen Rechtsraum gelten, bestimmt sich ihre Wirkungskraft autonom; Beschränkungen dieser Wirkungskraft, die nicht bereits in der Menschenrechtsnorm selbst angelegt sind, setzen die Bundesrepublik der Gefahr einer völkerrechtlichen Verantwortlichkeit aus. Diesem Gesichtspunkt gilt es im Rahmen einer Anwendung des ordre public Rechnung zu tragen. Ob dies im Wege des – menschenrechtlich bestimmten – Art. 6 EGBGB geschieht oder durch menschenrechtskonforme Interpretation des Art. 13 Abs. 2 EGBGB ist für das Ergebnis ohne Belang. Die Antwort auf die in beiden Fällen aufgeworfene Wertungsfrage muß stets dieselbe sein.

Wie für den autonom innerstaatlichen ordre public, so ist auch für die menschenrechtsbezogene Anwendung Art. 6 EGBGB von vornherein die einschlägige Norm, wenn das fremde Sachrecht die Ehe nicht verbietet, sondern sie gerade zuläßt. In diesen Fällen kommt den Menschenrechten in zweifacher Hinsicht Bedeutung zu. Zum einen hat der innerstaatliche Rechtsanwender das fremde Sachrecht darauf zu überprüfen, ob die Eheschließung im konkreten Fall den Anforderungen entspricht, die aus menschenrechtlicher Sicht an die Eingehung der Ehe zu stellen sind. Erst wenn sich den menschenrechtlichen Verbürgungen keine relevanten Maßstäbe entnehmen lassen und damit der innerstaatliche Rechtsanwender allein auf seine Rechtsordnung als ordre public-Maßstab verwiesen ist, stellen sich grundrechtsspezifische Wertungsfragen und daraus resultierende Anforderungen an die ordre public-Anwendung. Andererseits hat er bei der Durchsetzung eines autonomen innerstaatlichen Werturteils die völkerrechtlichen Pflichten der Bundesrepublik zur Gewährleistung der Eheschließungsfreiheit zu beachten.

Soweit es die Vereinbarkeit von Eheverboten mit den Menschenrechten betrifft, erscheint es aus systematischer Sicht allerdings vorzugswürdig, bei drohenden Konflikten fremder Eherechte mit den für die Bundesrepublik geltenden Menschenrechten primär auf Art. 6 EGBGB zurückzugreifen. Soweit der Anwendung fremden Rechts menschenrechtliche Bedenken entgegenstehen, ergeben sich die Anforderungen an den ordre public-Einsatz allein aus der betroffenen Menschenrechtsnorm selbst. Anders als die gesetzlich fixierten Voraussetzungen des Art. 13 Abs. 2 EGBGB lassen sich die ungeschriebenen Anwendungsvoraussetzungen der allgemeinen Vorbehaltsklausel für den Bereich der Menschenrechte von vornherein in einer Art und Weise handhaben, die der Natur und dem Inhalt einer menschenrechtsbezogenen Beurteilung des kollisionsrechtlichen Sachverhalts entspricht. Art. 13 Abs. 2 EGBGB bleibt dann – mit seinen nach deutschem Verfassungsrecht zulässigen und vom Gesetzgeber intendierten, aus menschenrechtlicher Sicht aber unpassenden Einschränkungen, insbesondere dem Erfordernis eines Binnenbezugs – denjenigen Sachverhalten vorbehalten, für die der völkerrechtliche Menschenrechtsschutz keinen einschlägigen oder verläßlichen ordre public-Maßstab bietet, so daß allein auf die innerstaatliche Grundrechtsordnung zurückgriffen werden kann und muß.[1180] Im Sinne der Rechtsklarheit ist deshalb der menschenrechtsbezogene ordre public für das internationale Eheschließungsrecht über Art. 6 EGBGB zu gewährleisten. Art. 13 Abs. 2 EGBGB behält dadurch seine Konturen als spezialgesetzlicher und von positiv-rechtlichen Voraussetzungen abhängiger ordre public-Vorbehalt zum Schutz der Eheschließungsfreiheit i.S.v. Art. 6 GG.

II. Der Schutz der Eheschliessungsfreiheit auf völkerrechtlicher Ebene

1. Das Recht auf Eheschließung in den menschenrechtlichen Vertragswerken

Der Schutz der Eheschließungsfreiheit hat im Völkervertragsrecht eine besonders umfängliche Ausgestaltung erfahren. Mit Ausnahme der KRK[1181] enthalten sämtliche im II. Kapitel dargestellten Menschenrechtsabkommen Normen betreffend die Eheschließung. Für die regional-europäische Ebene sichert Art. 12 EMRK das grundlegende Recht auf Eheschließung.[1182] Auf universel-

---

1180 Zur Methodik der menschenrechtsbezogenen ordre public-Anwendung, vgl. im III. Kapitel, S. 285 ff.

1181 Vgl. dazu bereits in Fn. 1150.

1182 Art. 12 EMRK lautet: „Männer und Frauen im heiratsfähigen Alter haben das Recht, nach den innerstaatlichen Gesetzen, welche die Ausübung des Rechts regeln, eine Ehe einzugehen und eine Familie zu gründen.“ Die Gleichstellung der Ehegatten untereinander und in ihren Beziehungen zu ihren Kindern in privatrechtlicher Hinsicht normiert dagegen Art. 5 des 7. Zusatzprotokolls. Das Gleichstellungsgebot greift nach allgemeiner Ansicht erst nach einer erfolgten Eheschließung ein; die innerstaatlich normierten Voraussetzungen für die Eheschließung fallen dagegen in den Anwendungsbereich des Art. 12 EMRK, vgl. *Frowein/Peukert*, EMRK, Art. 5 des 7. ZP, S. 865 (866); *Robertson/Merrills*, Human Rights in Europe, S. 244, letztere unter Hinweis auf die Parallelnorm des Art. 23 Abs. 4 IPbpR, vgl. a.a.O., S. 164. Für die Bundesrepublik entfaltet Art. 5 des 7. ZP mangels Ratifizierung ohnehin keine Wirkung. Zu Vereinbarkeit diskriminierender Ehehindernisse mit den Normen der EMRK selbst vgl. noch unten S. 372 ff.

ler Ebene haben die Eheschließung sowohl der IPbpR (Art. 23 Abs. 2 und 4) und der IPwskR (Art. 10 Abs. 1 S. 2) als auch die Rassendiskriminierungs- (Art. 5 lit. d) iv) CERD) und die Frauendiskriminierungskonvention (Art. 16 Abs. 1 lit. a) und b) CEDAW[1183]) zum Gegenstand. Das Recht auf Eheschließung als solches ist in Art. 23 Abs. 2 IPbpR angesprochen;[1184] Art. 23 Abs. 3 IPbpR[1185] sowie – nahezu wortgleich – Art. 10 Abs. 1 S. 2 IPwskR normieren das Erfordernis der freien Willensbildung der Nupturienten. In Art 5 lit. d) iv) CERD[1186] bzw. Art. 16 Abs. 1 lit. a) und b) CEDAW[1187] werden spezifische Aspekte der Diskriminierung im Zusammenhang mit der Eheschließung aufgegriffen; diese Vorschriften setzen also das Eheschließungsrecht als solches bereits voraus. Art. 16 Abs. 2 CEDAW schließlich befaßt sich mit der – typischerweise junge Frauen und Mädchen betreffenden – Problematik von Kinderehen.[1188]

a) Das Eheschließungsrecht gem. Art. 12 EMRK

Auf europäischer Ebene verbürgt Art. 12 EMRK für Männer und Frauen im heiratsfähigen Alter das Recht, eine Ehe einzugehen und eine Familie zu gründen.[1189] Auch wenn Eheschließung und Familiengründung schon dem Wortlaut

---

1183 Im weiteren Sinne ist auch Art. 9 S. 2 CEDAW hinzuzurechnen, der verlangt, daß einer Frau durch die Heirat nicht die Staatsangehörigkeit des Mannes aufgezwungen wird.

1184 Art. 23 Abs. 2 IPbpR lautet: „Das Recht von Mann und Frau, im heiratsfähigen Alter eine Ehe einzugehen und eine Familie zu gründen, wird anerkannt."

1185 „Eine Ehe darf nur im freien und vollen Einverständnis der künftigen Ehegatten geschlossen werden."

1186 Art. 5 CERD gestaltet das Rassendiskriminierungsverbot des Art. 2 CERD für bestimmte Lebensbereiche aus und fordert von den Vertragsstaaten in lit. d) iv) die Durchsetzung des Diskriminierungsverbotes im Zusammenhang mit dem Eheschließungsrecht und der freien Wahl des Ehegatten.

1187 Art. 16 Abs. 1 CEDAW verpflichtet die Staaten, „auf der Grundlage der Gleichberechtigung von Mann und Frau" insbesondere zu gewährleisten: lit. a): „gleiches Recht auf Eheschließung"; lit. b): „gleiches Recht auf freie Wahl des Ehegatten sowie auf Eheschließung nur mit freier und voller Zustimmung".

1188 Art. 16 Abs. 2 CEDAW lautet: „Die Verlobung und Eheschließung eines Kindes haben keine Rechtswirksamkeit; es werden alle erforderlichen Maßnahmen einschließlich gesetzgeberischer Maßnahmen ergriffen, um ein Mindestalter für die Eheschließung festzulegen und die Eintragung der Eheschließung in ein amtliches Register zur Pflicht zu machen."

1189 Authentische Fassungen: „Men and woman of marriageable age have the right to marry and found a family, according to the national laws governing the exercise of

nach in engem Zusammenhang stehen und die Familiengründung *per se* als Folge der Heirat verstanden werden kann,[1190] so handelt es sich doch um zwei selbständige Rechtsinhalte.[1191] Insbesondere ist die tatsächliche Möglichkeit des Zusammenlebens als Familie keine Bedingung für eine Eheschließung.[1192] Mit Ausnahme der Verschiedengeschlechtlichkeit der Ehepartner[1193] als konstitutives Element des Ehebegriffs fehlen in Art. 12 EMRK weitere konkretisierende Tatbestandsmerkmale. Auch eine explizite Schrankenregelung enthält die Vorschrift nicht. Vielmehr verweist Art. 12 EMRK hinsichtlich der weiteren Ausgestaltung des Eheschließungsrechts in zweifacher Weise auf das nationale Recht der Mitgliedstaaten. Zum einen legt Art. 12 EMRK das heiratsfähige Alter nicht selbst fest; zum anderen bestimmt der zweite Halbsatz ausdrücklich die Maßgeblichkeit der innerstaatlichen Gesetze, soweit es die Ausübung des Eheschließungsrechts betrifft.[1194] Schon aus dieser Verweisung wird deutlich, daß die Eheschließungsfreiheit nicht schrankenlos, sondern nur gemäß den einschlägigen nationalen Gesetzen gewährleistet wird.[1195] Art. 12 EMRK trägt damit dem Gedanken Rechnung, daß gerade im Bereich der Ehe auch innerhalb der europäischen Rechtsgemeinschaft – vor allem bei Ausarbeitung der Konvention, letztlich aber bis heute – keine einheitliche Ausgestaltung der Eheschließungsvoraussetzungen erfolgt ist.[1196] Mit dem Beitritt

---

this right." „A partir de l'âge nubile, l'homme et la femme ont le droit de se marier et de fonder une famille selon les lois nationales régissant l'exercice de ce droit."

1190 EGMR, *Abdulaziz, Cabales and Balkandali*, Urteil vom 28. Mai 1985, Ser. A No. 94, S. 32, Tz. 62.

1191 Ganz einhellige Meinung, vgl. *Cohen-Jonathan*, in: Macdonald/Matscher/Petzold, Protection, S. 405 (430); *Frowein/Peukert*, Art. 12 Rn. 6; *Pernthaler/Rath-Kathrein*, in: Machacek/Pahr/Stadler (Hrsg.), 40 Jahre EMRK, S. 245 (251 f.).

1192 Die Problematik stellte sich in der Konventionspraxis insbesondere bei heiratswilligen Strafgefangenen, vgl. die Stellungnahme der Kommission im Fall *Hamer*, DR 24, S. 5 (16), Tz. 71: „The essence of the right to marry (...) is the formation of a legally binding association between a man and a woman. It is for them to decide whether or not they wish to enter such an association in circumstances where they cannot cohabit"; siehe auch noch unten S. 379. Die Kommission gab damit ihre zuvor im Fall *X./. Bundesrepublik*, Yearbook IV (1961), S. 240 (256), vertretene Ansicht auf, ein tatsächliches Zusammenleben sei notwendiges Element der ehelichen Gemeinschaft.

1193 Dazu noch im einzelnen unten S. 356 ff.

1194 Zu dieser doppelten Verweisung vgl. *Frowein/Peukert*, Art. 12 Rn. 1; *Palm-Risse*, Schutz, S. 123 f. Daß die Verweisung auf das innerstaatliche Recht auch das Kollisionsrecht erfaßt, wird in der Literatur durchweg betont, vgl. etwa *Matscher*, in: FS Neumayer, S. 459 (472), und ergibt sich auch implizit aus der Rechtsprechung des Gerichtshofs, vgl. etwa EGMR, *Johnston and others*, Urteil vom 12. Dezember 1986, Ser. A No. 112, S. 26 f., Tz. 60.

1195 Vgl. *Palm-Risse*, Schutz, S. 154; *van Dijk/van Hoof*, Convention, S. 601.

1196 Vgl. *van Dijk/van Hoof*, Convention, S. 603.

zur EMRK sollten die traditionellen sozialen und kulturellen Anschauungen, die sich gerade in den innerstaatlichen Eheschließungsrechten widerspiegeln, nicht einfach außer Kraft gesetzt werden.[1197] Der Gerichtshof hat deshalb in seiner Rechtsprechungspraxis Beschränkungen der Eheschließung – seien sie formeller oder materieller Natur – nicht schlechthin als Verstoß gegen Art. 12 EMRK angesehen.[1198]

Gleichwohl gilt auch im Rahmen von Art. 12 EMRK, was im II. Kapitel als allgemeines Prinzip der Konventionsorgane für die Auslegung und Durchsetzung der EMRK herausgearbeitet wurde: Die Einräumung von Regelungsspielräumen – sei es durch Schrankenregelungen oder Verweise ins innerstaatliche Recht – bedeutet nicht die Anerkennung einer unbeschränkten und unüberprüfbaren staatlichen Regelungskompetenz. Der von der Konvention geforderte Kerngehalt eines Rechts darf durch nationales Recht und seine Anwendungspraxis nicht unterlaufen werden.[1199] Die Konventionsorgane haben deshalb auch für den Bereich der Eheschließungsfreiheit die Ausübung des staatlichen Gestaltungsspielraumes einer Wesensgehaltskontrolle unterstellt. Im Fall *Hamer* hat die Kommission darauf hingewiesen, daß die Verweisung auf die innerstaatlichen Vorschriften schon nach dem Wortlaut von Art. 12 EMRK[1200] nur die *Ausübung* des Rechts, nicht aber die Garantie der Eheschließungsfreiheit als solche betreffe:

> „[T]his [die Verweisung auf das innerstaatliche Recht, Anm. d. Verf.] does not mean, that the scope afforded to national law is unlimited. If it were, Art. 12 would be redundant. The role of

---

1197 Vgl. *Bernhardt*, in: FS Moser, S. 75 (78).

1198 So heißt es im Fall *F ./. Schweiz*, EGMR, Urteil vom 18. Dezember 1987, Ser. A No. 128, S. 16, Tz. 32: „In all the Council of Europe's Member States, these ‚limitations' appear as conditions and are embodied in procedural or substantive rules. The former relate mainly to publicity and the solemnisation of marriage, while the latter relate primarily to capacity, consent and certain impediments." Zur Vereinbarkeit einzelner Ehehindernisse und Art. 12 EMRK vgl. im einzelnen die nachfolgenden Abschnitte.

1199 Vgl. *Frowein/Peukert*, Art. 12 Rn. 1.

1200 Dieses Wortlautargument findet gerade in den authentischen Sprachfassungen eine Stütze, vgl. die engl. Textfassung: „national laws governing the exercise of that right"; ebenso der französische Text: „lois nationales régissant l'exercice de ce droit". Die amtliche deutsche Fassung entspricht in Wortlaut und Syntax den authentischen Quellen. Dagegen tritt der von der EKMR betonte Gesichtspunkt in der Übersetzung des Art. 12 bei *Frowein/Peukert*, EMRK, nicht zutage; der Passus „Ausübung des Rechts" als Bezugspunkt der innerstaatlichen Regelungsfreiheit bleibt dort unberücksichtigt.

> national law, as the wording of the Article indicates, is to govern the *exercise* of the right."[1201]

Auch der Gerichtshof hat herausgestellt, daß die einschlägigen nationalen Gesetze nicht zur Aushöhlung der Eheschließungsfreiheit führen dürften. In Anlehnung an seine Rechtsprechung zur *margin of appreciation*-Doktrin hat er mehrfach betont, die einzelstaatlichen Beschränkungen der Eheschließungsfreiheit

> „must not restrict or reduce the right in such a way or to such an extent that the very essence of this right is impaired."[1202]

Der Regelungsbefugnis der Staaten sind also dort Grenzen gesetzt, wo der Wesensgehalt der Eheschließungsfreiheit berührt wird.[1203] Inwieweit einzelne Ehehindernisse und -verbote mit dem Wesenshalt des Art. 12 EMRK in Konflikt stehen, wird noch im einzelnen zu untersuchen sein.

b) Das Eheschließungsrecht gem. Art. 23 Abs. 2 IPbpR und die staatlichen Regelungsspielräume

Gem. Art. 23 Abs. 2 IPbpR wird „das Recht von Mann und Frau, im heiratsfähigen Alter eine Ehe einzugehen und eine Familie zu gründen, (...) anerkannt."[1204] Auch Art. 23 IPbpR folgt damit dem traditionellen Ehebild von der Verbindung verschiedengeschlechtlicher Personen.[1205]

Im Gegensatz zu Art. 12 EMRK und Art. 16 AEMR,[1206] auf den Art. 23 IPbpR zurückgeht,[1207] und entgegen der Ausgestaltung anderer Paktrechte enthält Art. 23 Abs. 2 IPbpR seinem Wortlaut nach kein unmittelbares Recht auf Ehe-

1201 EKMR, *Hamer*, DR 24, S. 5 (14), Tz. 61 (Hervorheb. im Original). Vgl. auch den Bericht der Kommission im Fall *Draper*, DR 24, S. 72 (78), Tz. 47.

1202 EGMR, *Rees*, Urteil vom 17. Oktober 1986, Ser. A No. 106, S. 19, Tz. 50; ebenso in EGMR, *F./. Schweiz*, Urteil vom 18. Dezember 1987, Ser. A No. 128, S. 16, Tz. 32.

1203 Vgl. *Pernthaler/Rath-Kathrein*, in: Machacek/Pahr/Stadler (Hrsg.), 40 Jahre EMRK, S. 245 (257); *van Dijk/van Hoof*, Convention, S. 604.

1204 Engl. Vertragstext: „The right of men and women of marriageable age to marry and to found a family shall be recognized."; frz.: Vertragstext: „Le droit de se marier et de fonder une famille est reconnu à l'homme et à la femme à partir de l'âge nubile."

1205 Vgl. *Nowak*, IPbpR, Art. 23 Rn. 13; *Palm-Risse*, Schutz, S. 91; zu gleichgeschlechtlichen „Ehen" vgl. noch eingehend unten S. 355 ff.

1206 Dort heißt es „Man and women have the right (...) to marry."

1207 Zur Entstehungsgeschichte vgl. *Nowak*, IPbpR, Art. 23 Rn. 4.

schließung, sondern verpflichtet die Staaten lediglich, dieses Recht „anzuerkennen", also das Rechtsinstitut als solches innerhalb ihrer Rechtszuständigkeit vorzuhalten.[1208] Trotz dieser abweichenden Formulierung beschränkt sich die Funktion von Art. 23 Abs. 2 IPbpR nach einhelliger Ansicht nicht in einem bloßen Verweis auf eine innerstaatliche Regelungskompetenz der Vertragsstaaten.[1209] Auch der Menschenrechtsausschuß mißt dem atypischen Wortlaut erkennbar keine Bedeutung zu.[1210] Art. 23 Abs. 2 IPbpR ist deshalb die unmittelbare Verpflichtung der Staaten zu entnehmen, für Männer und Frauen im heiratsfähigen Alter die Ehe als besonderes Institut in der innerstaatlichen Rechtsordnung bereitzuhalten und den Zugang zu diesem Institut durch die für eine rechtlich gültige und anerkannte Eheschließung erforderlichen Verfahrensgarantien zu gewährleisten.[1211] Abgesehen von den beiden tatbestandlichen Kriterien der Geschlechtsverschiedenheit und der Ehemündigkeit finden sich in Art. 23 Abs. 2 IPbpR allerdings keine konkretisierenden Elemente, *wie* das Rechtsinstitut der Ehe in den innerstaatlichen Rechtsordnungen ausgestaltet sein muß.

Im Gegensatz zu anderen Paktrechten bietet Art. 23 Abs. 2 IPbpR keine offensichtlichen Ansatzpunkte für eine Schrankenregelung. Auch in den übrigen, die Eheschließung betreffenden Regelungen der universellen Verträge findet sich dafür kein Hinweis. Anders als etwa Art. 12 EMRK, der hinsichtlich der Ausübung des Rechts auf die innerstaatlichen Vorschriften verweist, fehlt Art. 23 Abs. 2 IPbpR selbst eine solche Regelung. Gleichwohl wird allgemein nicht davon ausgegangen, Art. 23 Abs. 2 sollte ein schrankenloses Recht auf Eheschließung gewährleisten.[1212] Bei bei Ausarbeitung des Paktes seien nämlich in nahezu allen Vertragsstaaten Ehehindernisse in vielfacher Hinsicht

---

1208 Vgl. *Nowak*, IPbpR, Art. 23 Rn. 13.

1209 Vgl. nur *Robertson/Merrills*, Human Rights in the World, S. 134 f.; siehe auch *Palm-Risse*, Schutz, S. 86 f.; *Nowak*, IPbpR, Art. 23 Rn. 14; letzterer weist darauf hin, daß sich für die ungewöhnliche Formulierung auch in den *travaux préparatoires* keine Begründung finden läßt. Eine vergleichbare Wortwahl findet sich noch in Art. 21 Abs. 1 IPbpR; auch dort wird der Wortlaut nicht im Sinne einer Abschwächung der Staatenpflichten interpretiert, vgl. wiederum *Nowak*, IPbpR, Art. 21 Rn. 4.

1210 Im *General Comment* 19/39 vom 24. Juni 1990, UN-Doc. CCPR/C/21/Rev. 1/Add. 2 (1990), Tz. 4, heißt es schlicht: „Art. 23, paragraph 2, of the Covenant reaffirms the right of man and women (...) to marry."

1211 Vgl. *Nowak*, IPbpR, Art. 23 Rn. 13; *Palm-Risse*, Schutz, S. 116 f.

1212 Vgl. *Nowak*, IPbpR, Art. 23 Rn. 19; *Kiss*, in: Henkin, Bill of Rights, S. 290 (292); *Palm-Risse*, Schutz, S. 178; im Ergebnis wohl auch *Robertson/Merrills*, Human Rights in the World, S. 134 f.

verbreitet gewesen.[1213] Es könne daher kaum angenommen werden, die Staaten hätten sich mit Unterzeichnung zur Abschaffung aller Eheverbote und Hindernisse verpflichten wollen.[1214] Neben diesem von der Literatur vorgetragenen Argument sprechen aber auch die im II. Kapitel dargestellten Auslegungsprinzipien des Menschenrechtsausschusses, die in den Mittelpunkt der Paktinterpretation nicht die Rechtsangleichung weltweit differierender Rechtsordnungen, sondern die Absicherung eines universellen Mindeststandards stellt, gegen die Annahme eines schrankenlosen Rechts.[1215] Auch für den Bereich der Eheschließungsfreiheit geht der Ausschuß ganz offensichtlich nicht von einem strikten Verbot jeglicher Restriktion aus. Im *General Comment* 19 hat er bestimmte – weithin verbreitete – Verbote aufgegriffen und unbeanstandet gelassen.[1216] Er folgt damit auch im Rahmen von Art. 23 Abs. 2 IPbpR dem generellen Ansatz, die Ausgestaltung einer Paktgarantie dem innerstaatlichen Recht zu überlassen, solange der Wesensgehalt des Rechts nicht beeinträchtigt wird.[1217] An gleicher Stelle hat der Ausschuß aber zugleich die Grenzen der staatlichen Regelungsbefugnis aufgezeigt. Mit Blick auf einschränkende innerstaatliche Gesetzgebung hat er angemahnt,

---

1213 Vgl. *Nowak*, IPbpR, Art. 23 Rn. 19, der darauf hinweist, die Fortgeltung der allgemein anerkannten Ehehindernisse sei von einigen Delegierten ausdrücklich geltend gemacht worden, ohne daß dieser Interpretation widersprochen worden wäre.

1214 Vgl. *Nowak*, IPbpR, Art. 23 Rn. 19; *Palm-Risse*, Schutz, S. 178. Auch gegenwärtig dürfte in keinem Staat der Welt die Erreichung einer bestimmten Altersgrenze alleinige Voraussetzung der Ehefähigkeit sein; regelmäßig wird zumindest (auch) die (partielle) Geschäftsfähigkeit zu fordern sein, was durchaus auch dem IPbpR entnommen werden kann, vgl. unten S. 349 ff.

1215 Vgl. auch *Palm-Risse*, Schutz, S. 177 f.

1216 *General Comment* 19/39, UN-Doc. CCPR/C/21/Rev. 1/Add. 2 (1990), Tz. 4 nennt etwa „degree of kinship or mental incapacity" als zulässige Kriterien. Die Einschränkung der Eheschließungsfreiheit bei Geschäftsunfähigen dürfte freilich schon im Hinblick auf das Erfordernis eines *free and full consent* nicht nur erlaubt, sondern zum Schutz des Erklärenden sogar geboten sein; vgl. *Nowak*, IPbpR, Art. 23 Rn. 32. Von der Zulässigkeit gewisser Einschränkungen der Eheschließungsfreiheit geht ganz offensichtlich auch der Frauenrechts-Ausschuß mit Blick auf Art. 16 CEDAW aus. In *General Recommendation* 21/13 vom 4. Februar 1992, enthalten in UN-Doc A/47/38, Tz. 16, weist der Ausschuß darauf hin, die Eheschließungsfreiheit könne „reasonable restrictions based for example on a woman's youth or consanguinity" unterliegen.

1217 Zu diesem allgemeinen Ansatz vgl. vor allem *Kiss*, in: Henkin, Bill of Rights, S. 290 (292).

„that such provisions must be compatible with the full exercise of the other rights guaranteed by the Covenant (...)."[1218]

Die von den Staaten aufgestellten Voraussetzungen dürfen also insbesondere nicht dazu führen, daß die Gewährleistung anderer Paktrechte beeinträchtigt wird. Dieses Wechselspiel zwischen innerstaatlicher Gestaltungsfreiheit und menschenrechtlichem Mindeststandard, das ganz allgemein der Paktinterpretation durch den Ausschuß zugrunde liegt, gilt es auch für die nachfolgende Untersuchung einzelner ordre public-relevanter Problemfelder des deutschen internationalen Eheschließungsrechts zu berücksichtigen.

2. Gewohnheitsrechtliche Verfestigung des Eheschließungsrechts?

Der vielfältige Widerhall, den die Eheschließungsfreiheit gerade in den universellen Verträgen erfahren hat, wirft die Frage auf, ob sich darin eine universelle *opinio iuris* der Staatengemeinschaft widerspiegelt und daraus Ansätze für eine gewohnheitsrechtlichen Erstarkung der Eheschließungsfreiheit entnommen werden können. Soweit man in der AEMR zumindest die Erkenntnisquelle für sich entwickelnden universellen Konsenses erblickt,[1219] spräche für diese Annahme die Normierung der Eheschließungsfreiheit in Art. 16 AEMR.[1220]

Gleichwohl wird man von einem auf universeller Ebene gewohnheitsrechtlich verfestigten konkreten Rechtsinhalt gerade im Zusammenhang mit der Eheschließung nicht ausgehen können. Die innerstaatlichen Eheschließungsrechte, insbesondere deren Eheverbote und -hindernisse, sind Ausdruck des sozialen, kulturellen und religiösen Selbstverständnisses der Staaten und weichen zu sehr voneinander ab, als daß von einer einheitlichen und gefestigten Staatenpraxis gesprochen werden könnte. Es wurde bereits deutlich gemacht, daß ein Staat trotz Unterzeichnung des IPbpR und seiner völkerrechtlichen Bindung an

---

1218 Vgl. *General Comment* 19/39, UN-Doc. CCPR/C/21/Rev. 1/Add. 2 (1990), Tz. 4. Der Ausschuß nennt in diesem Zusammenhang die in Art. 18 IPbpR verbürgte Gedanken-, Gewissens- und Religionsfreiheit.

1219 Vgl. dazu die Ausführungen im II. Kapitel, S. 210.

1220 Art. 16 AEMR lautet in der amtlichen Übersetzung: „1. Heiratsfähige Männer und Frauen haben ohne Beschränkung durch Rasse, Staatsbürgerschaft oder Religion das Recht, eine Ehe zu schließen und eine Familie zu gründen (...). 2. Die Ehe darf nur auf Grund der freien und vollen Willenseinigung der zukünftigen Ehegatten geschlossen werden (...)."

Art. 23 des Paktes nicht gehalten ist, sämtliche in seiner Rechtsordnung bestehenden Eheverbote zu beseitigen. Wenn aber schon ein menschenrechtlicher Vertrag Einschränkungen einer Rechtsnorm zuläßt, ohne daß hierfür explizite Kriterien in der Norm selbst enthalten sind, so kann diesbezüglich kaum von einem zu Gewohnheitsrecht erstarkten Normgehalt ausgegangen werden. Kennzeichnend für den allgemein anerkannten außervertraglichen Menschenrechtsbestand ist zudem – das wurde im II. Kapitel deutlich – seine inhaltliche Überschneidung, ja weitgehende Kongruenz mit den zwingenden Rechtssätzen des heutigen Völkerrechts. Angesichts der Vielgestaltigkeit der nationalen Eheschließungsrechte wird man den zwingenden Charakter der menschenrechtlichen Eheschließungsfreiheit wohl kaum bejahen können. Nicht einmal für die in Art. 16 AEMR und Art. 23 IPbpR enthaltenen absolut formulierten Garantien läßt sich eine universelle Konvergenz der Eheschließungsrechte ausmachen – dies zeigt gerade die noch im einzelnen darzustellende international-privatrechtliche Praxis. So findet etwa das von Art. 23 Abs. 3 IPbpR aus Art. 16 Abs. 2 AEMR übernommene strikte Erfordernis des freien Willens der Eheschließenden vor allem in einigen Eherechten des islamischen Rechtskreises Widerspruch, in denen die Heirat von vornherein nicht oder jedenfalls nicht allein vom Willen der Frau abhängt, sondern der Mitwirkung Dritter, insbesondere männlicher Familienmitglieder bedarf.[1221] Art. 16 AEMR kann deshalb nicht als Anhaltspunkt eines universellen, gewohnheitsrechtlich erstarkten Eheschließungsrechts als solchem dienen. Eine Funktion als Erkenntnisquelle kommt ihm allenfalls insoweit zu, als er die elementaren, bereits in Art. 2 AEMR sowie in allen Menschenrechtsverträgen enthaltenen Verbote der Diskriminierung aus Gründen der Rasse, der nationalen Herkunft oder der Religion explizit für die Eheschließungsfreiheit aufgreift. Soweit diese Diskriminierungsverbote als gewohnheitsrechtlich verfestigt angesehen werden, entfalten sie freilich auch für die Ausgestaltung innerstaatlicher Eherechte Bedeutung, ohne daß es einer besonderen Hervorhebung in Art. 16 AEMR bedurft hätte.[1222]

1221 Zur Behandlung entsprechender Regelungen des islamischen Rechts unter dem Gesichtspunkt des ordre public vgl. unten S. 338 ff.

1222 Zu diskriminierenden Eheverboten und -hindernissen vgl. unten S. 370 ff.

III. EINBEZIEHUNG DER VÖLKERRECHTLICHEN VORGABEN IN DIE ORDRE PUBLIC-PRAXIS DES DEUTSCHEN INTERNATIONALEN EHESCHLIESSUNGSRECHTS

Im internationalen Eheschließungsrecht können sich ordre public-Erwägungen – wie eingangs dieses Kapitels dargelegt – in zweierlei Hinsicht gegenüber dem fremden Recht durchsetzen: Einmal – sei es im Rahmen von Art. 13 Abs. 2 oder Art. 6 EGBGB[1223] – zur Abwehr von Ehehindernissen und -verboten des fremden Rechts, die mit den wesentlichen Grundsätzen des deutschen Rechts, insbesondere der Eheschließungsfreiheit gem. Art. 6 Abs. 1 GG, unvereinbar sind. Zum anderen – hier greift allein Art. 6 EGBGB – in den Fällen, bei denen das berufene Sachrecht die Eingehung der Ehe gerade zuläßt, einer Eheschließung im Inland aber unsere Ordnungsvorstellungen entgegenstehen. Im Rahmen einer menschenrechtsbezogenen ordre public-Anwendung setzt sich diese Doppelfunktion – systematisch einheitlich über Art. 6 EGBGB[1224] – fort: Einerseits gilt es, Eheverbote und -hindernisse des anwendbaren Sachrechts auf ihre Vereinbarkeit mit dem Wesensgehalt der menschenrechtlichen Verbürgungen zu untersuchen. Die zweite Einwirkungsebene der völkerrechtlichen Vorgaben betrifft die Frage, inwieweit einer nach fremdem Recht gerade zulässigen Eheschließung der ordre public auch aus menschenrechtlicher Sicht entgegengestellt werden darf oder muß.

Im folgenden wird nunmehr anhand ausgewählter Problembereiche des internationalen Eheschließungsrechts untersucht, inwieweit die bisherige ordre public-Praxis und die diesbezügliche Literatur Rückhalt oder Bestätigung in den universellen Menschenrechtsverträgen und der EMRK finden, ggf. aber auch in Konflikt zur völkerrechtlich verbürgten Eheschließungsfreiheit geraten. Die Darstellung konzentriert sich auf die materiellen Kriterien des ordre public-Einsatzes; die rechtstechnisch vorgelagerten und nicht selten umstrittenen Fragen nach Qualifikation, Anknüpfung oder der Ein- bzw. Zweiseitigkeit von Ehehindernissen können dabei nur ansatzweise Berücksichtigung finden.

1223 Zur Abgrenzung der Anwendungsbereiche siehe oben S. 319 ff.

1224 Vgl. dazu die Ausführungen oben S. 326 ff.

1. Ehewille

Von besonderer ordre public-Relevanz sind seit je her die sachlichen Voraussetzungen, die das jeweilige Heimatrecht der Verlobten an die Ehefähigkeit und den Eheschließungswillen der Nupturienten stellt. Für den Bereich des innerstaatlichen Rechts zählt zu den konstitutiven Merkmalen einer Eheschließung, daß diese auf dem persönlichen und freien Willen beider Verlobter beruht.[1225]

Im internationalen Eheschließungsrecht bestimmt das nach Art. 13 Abs. 1 EGBGB berufene Personalstatut des Verlobten, ob für die Eheschließung neben oder anstelle der Willensbekundung der beiden Nupturienten noch Erklärungen Dritter erforderlich sind.[1226]

a) Schutz des persönlichen und freien Ehewillens in der ordre public-Praxis

Hinsichtlich der ordre public-Relevanz von Beschränkungen, die das fremde Recht der (Allein-)Maßgeblichkeit des Willens der Nupturienten auferlegt, ist allerdings zu unterscheiden. Nach allgemeiner Ansicht verstoßen Einwilligungserfordernisse Dritter in ihrer Eigenschaft als gesetzliche Vertreter oder Sorgeberechtigte zur Eheschließung Minderjähriger nicht gegen den ordre public.[1227]

1225 Vgl. Staudinger-*v. Bar/Mankowski*, Art. 13 EGBGB Rn. 188. Der freie Wille der Ehegatten zählt zu den immanenten Bestandteilen der grundrechtlich geschützten Eheschließungsfreiheit, vgl. BVerfGE 29, S. 166 (167); 36, S. 161; *Schmitt-Kammler*, in: Sachs (Hrsg.), GG, Art. 6 Rn. 23; *Lecheler*, in: Isensee/Kirchhof (Hrsg.), HStR VI, § 133 Rn. 19.

1226 Einhellige Meinung, vgl. nur Staudinger-*v. Bar/Mankowski*, Art. 13 EGBGB Rn. 213. Dagegen entscheidet sich die Frage, wie und durch wen der Wille eines Ehegatten geäußert wird, als Formfrage nach der *lex loci celebrationis*. Auch eine vom Formstatut zugelassene Eheschließung unter Abwesenden, insbesondere in Gestalt der „Handschuhehe“ steht der Anerkennung einer im Ausland geschlossenen Ehe nach allgemeiner Ansicht nicht entgegen, solange sich die Vertretung auf die Übermittlung des vom Nupturienten gefaßten Entschlusses beschränkt, vgl. BGHZ 29, S. 137 (140); OLG Karlsruhe, StAZ 1994, S. 286; LG Stuttgart, StAZ 1992, S. 378 (379). Aus der neueren Literatur vgl. *Jacobs*, StAZ 1992, S. 5 ff.; siehe auch MüKo-*Coester*, Art. 13 EGBGB Rn. 112 sowie *Henrich*, Familienrecht, S. 34 f. Die Möglichkeit der Handschuhehe sehen zahlreiche Rechtsordnungen vor, vgl. die Zusammenstellung bei Staudinger-*v. Bar/Mankowski*, Art. 13 Rn. 748 ff.

1227 Vgl. statt aller MüKo-*Coester*, Art. 13 EGBGB Rn. 29. Zur selbständigen Anknüpfung der Vorfragen hinsichtlich Minderjährigkeit und des Kreises der Personensorgeberechtigten vgl. Staudinger-*v. Bar/Mankowski*, Art. 13 EGBGB Rn. 214.

Problematisch sind hingegen fremde Rechte, etwa die der malikitischen Rechtsschule, nach denen die Ehe nicht aufgrund einer eigenen Willensbekundung der Frau geschlossen werden kann, sondern durch einen Heiratsvormund (*wali*), dem auch die Auswahl des Partners obliegt und der die Frau auch gegen ihren Willen verheiraten kann.[1228] Auch andere islamische Rechte kennen die Stellvertretung im Willen mit Partnerwahlfreiheit.[1229] Ob ausländisches Sachrecht, das die Ersetzung des Ehewillens durch Dritte, insbesondere die Eltern oder männliche Verwandte, zuläßt, sich am ordre public bricht, wird in Rechtsprechung und Literatur nicht durchweg einheitlich beurteilt.[1230] Neben diesen

1228 Vgl. im einzelnen *Bergmann/Ferid*, Internationales Ehe- und Kindschaftsrecht, Ordner I, Die Religiösen Eherechte: Islam, 78. Lieferung, S. 6 f.; aktueller die Zusammenstellung bei Staudinger-*v. Bar/Mankowski*, Art. 13 Rn. 188 und 196 ff. Entgegen der älteren Literatur (vgl. etwa *Henrich*, StAZ 1960, S. 100 (101)) beurteilt die heute herrschende Ansicht das Rechtsinstitut des Heiratsvormundes nicht als Formfrage, sondern sieht darin eine echte Stellvertretung im Willen, die als Sachvoraussetzung über Art. 13 Abs. 1 EGBGB anzuknüpfen ist, vgl. Erman-*Hohloch*, Art. 13 EGBGB Rn. 24; *Ch. v. Bar*, IPR II, Rn. 163; MüKo-*Coester*, Art. 13 EGBGB Rn. 32; zumindest *obiter* auch die Rechtsprechung, vgl. BGHZ 29, S. 137 (140) und KG, OLGZ 1973, S. 435 (439).

1229 Vgl. Staudinger-*v. Bar/Mankowski*, Art. 13 EGBGB Rn. 218. Zur Abgrenzung von der Formfrage einer bloßen Stellvertretung in der Erklärung vgl. MüKo-*Coester*, Art. 13 EGBGB Rn. 87; siehe auch oben in Fn. 1226.

1230 Keinen Verstoß hat etwa das OLG Celle, FamRZ 1958, S. 30 angenommen. Das KG, FamRZ 1973, S. 313 (315) hat die Eheschließung durch einen Stellvertreter mit Auswahlvollmacht unter dem Aspekt unangetastet gelassen, daß die deutsche Frau den Ehemann auch tatsächlich heiraten wollte; das Gericht ging allerdings von einer nach *lex loci celebrationis* zu bestimmenden Formfrage aus; vgl. dazu aber Fn. 1228. Dagegen hat das AG Gießen, StAZ 2001, S. 39 einer im Iran durch den Onkel des Ehegatten als Stellvertreter geschlossenen Ehe die Anerkennung versagt, nachdem auch die Brautauswahl durch den Stellvertreter erfolgt war. Wie eng die Grenzen zwischen der Stellvertreung im Willen und in der Erklärung zusammenliegen, zeigt die Entscheidung des BayObLG, StAZ 2001, S. 66 (67); das Gericht stellte darin eine nach iranischem Recht zulässige Stellvertretung im Willen insoweit der Stellvertretung in der Erklärung gleich und behandelte die Vertretung als Formfrage, weil der Stellvertreter wegen konkreter Weisungen hinsichtlich der Person des anderen Ehegatten von der Vollmacht tatsächlich nur in einer dem Willen des Vollmachtgebers entsprechenden Weise Gebrauch gemacht hatte. In der Literatur bejahen den ordre public-Verstoß bei einer echten Stellvertretung im Willen etwa MüKo-*Coester*, Art. 13 EGBGB Rn. 32 und Staudinger-*v. Bar/Mankowski*, Art. 13 EGBGB Rn. 221 jedenfalls dann, wenn die Eheschließung nicht auch vom Willen der Ehefrau getragen oder bestimmt ist. Dagegen sehen Soergel-*Schurig*, Art. 13 EGBGB Rn. 80 und Erman-*Hohloch*, Art. 13 EGBGB Rn. 24 die Stellvertretung im Willen nicht ohne weiteres als ordre public-widrig an. Die Verheiratung gegen den Willen eines Verlobten lassen aber MüKo-*Coester*, Art. 13 EGBGB Rn. 30 und Staudinger-*v. Bar/Mankowski*, Art. 13 EGBGB Rn. 209 stets am ordre public scheitern. Als hinreichenden Binnenbezug

Fällen der Willensersetzung kann das anwendbare Personalstatut aber auch dann in Konflikt mit der Eheschließungsfreiheit geraten, wenn selbst die Erklärung eines volljährigen Heiratswilligen zu ihrer Wirksamkeit der Zustimmung eines Dritten, etwa des Vaters bedarf. Auch in dieser Frage sind die Stellungnahmen in Rechtsprechung und Literatur nicht immer eindeutig.[1231]

Angesichts der unterschiedlichen Behandlung der einzelnen Eheschließungsvoraussetzungen soll im folgenden untersucht werden, inwieweit den völkerrechtlichen Gewährleistungen der Eheschließungsfreiheit Kriterien für die (ausschließliche) Maßgeblichkeit des Willens der Ehegatten entnommen werden können.

b) Der menschenrechtliche Schutz des freien Ehewillens in den UN-Menschenrechtsverträgen

aa) Verbot der Verheiratung gegen den Willen eines Ehegatten

Gem. Art. 23 Abs. 3 IPbpR darf eine Ehe „nur im freien und vollen Willen" der Ehegatten geschlossen werden. Der IPbpR nimmt damit den bereits in Art. 16 Abs. 2 AEMR formulierten Grundsatz des *free and full consent* auf und folgt auf universeller Ebene dem Leitbild der Ehe als einer Lebensgemeinschaft, die auf der freiwilligen und persönlichen Entscheidung der Ehegatten basiert. Damit wird insbesondere jeder Zwang zur Heirat ausgeschlossen – sei es durch

---

halten Letztere die Eheschließung im Inland stets für ausreichend. *Henrich*, Familienrecht, S. 34, verlangt dagegen auch in diesen Fällen eine „gewisse Inlandsbeziehung". *Sturm*, StAZ 1995, S. 343 (350) weist wiederum auf die Schutzfunktion der Eheschließung auch bei Verheiratung von Frauen hin, wenn dadurch Aufenthalts-, Bleibe-, Unterhaltsrechte oder Versorgungsansprüche gesichert werden. Auch bei *Sturm* dürfte aber der maßgebliche Gesichtpunkt darin zu suchen sein, daß die betroffene Frau gerade an der Eheschließung festhalten will.

1231 Im Zustimmungserfordernis des Vaters zur Eheschließung einer volljährigen Tochter nach iranischem Recht hat etwa das LG Kassel, StAZ 1990, S. 169 (171) einen ordre public-Verstoß gesehen. Dieser Auffassung ist *Kremer* in seiner Entscheidungsbesprechung, StAZ 1990, S. 171 f. entgegengetreten; seiner Ansicht nach verstößt das Zustimmungserfordernis nicht gegen Art. 6 Abs. 1 GG. Die Entscheidung des LG Kassel hat hingegen bei *Schulz*, StAZ 1991, S. 32 (35) und MüKo-*Coester*, Art. 13 EGBGB Rn. 29, Zustimmung gefunden. Soergel-*Schurig*, Art. 13 EGBGB Rn. 102, will jedenfalls „überzogene Erfordernisse der Einwilligung Dritter" unter Berufung auf Art. 13 Abs. 2 EGBGB ausschließen. Nicht eindeutig hingegen Erman-*Hohloch*, Art. 13 EGBGB Rn. 24. Nach einer Entscheidung des AG Bad Wildungen, StAZ 1990, S. 169 (170) – mit zustimmender Anmerkung von *Kremer* daselbst – soll das Ehehindernis der fehlenden Zustimmung im Wege einer ausnahmsweisen Befreiung durch ein deutsches Vormundschaftsgericht beseitigt werden können.

Private, insbesondere Eltern oder sonstige Familienangehörige, sei des durch den Staat.[1232] Die Sicherung der Eheschließungsfreiheit hat neben dem IPbpR Eingang in die zentralen UN-Menschenrechtsdokumente gefunden und gehört zum etablierten Bestand des vertraglichen Menschenrechtsschutzes.[1233] So gewährleisten Art. 5 lit. a) iv) CERD und Art. 16 Abs. 1 lit. b) CEDAW die Freiheit der Eheschließung und der Ehegattenwahl unter dem jeweiligen konventionsspezifischen Gesichtspunkt.[1234] Selbst der IPwskR enthält mit Art. 10 Abs. 1 S. 2 eine der wenigen Bestimmungen, die bereits ihrer Formulierung nach zu den unmittelbar verbindlichen Gewährleistungen gezählt werden können:

> „Marriage must be entered into with the free consent of the intending spouses."

Wenngleich hier das Element des „full consent" nicht explizit genannt ist, so tritt jedenfalls das Ziel, jeden Zwang zur Eheschließung auszuschließen, unmißverständlich hervor.[1235]

Angesichts der weitreichenden Absicherung des freien Ehewillens kann kein Zweifel daran bestehen, daß jedenfalls Regelungen, die auf den freien Ehewillen verzichten und auf eine Zwangsverheiratung hinauslaufen, im Widerspruch zu den menschenrechtlichen Vorgaben stehen.[1236] Eine Eheschließung, die ohne oder gar gegen den Willen auch nur eines Verlobten erfolgt, verstößt damit explizit gegen die in den universellen Menschenrechtsverträgen verankerte Eheschließungsfreiheit.

1232 Vgl. *Nowak*, IPbpR, Art. 26 Rn. 31.

1233 Das BVerfG hat deshalb Art. 23 Abs. 3 IPbpR als Interpretationshilfe bei der Beurteilung der Verfassungswidrigkeit des Eheverbotes der Geschlechtsgemeinschaft gem. § 4 Abs. 2 EheG (i.d.F. vom 20. Februar 1946) herangezogen, vgl. BVerfGE 36, S. 146 (162).

1234 Auch das UN-Eheschließungsübereinkommen (vgl. dazu noch unten S. 351) postuliert in Art. 1 Abs. 1 Hs. 1 die „freie und uneingeschränkte Willenseinigung beider Parteien" als Voraussetzung einer rechtmäßigen Eheschließung.

1235 Trotz der kürzeren Formulierung wird sich eine materielle Abweichung vom IPbpR kaum ableiten lassen, vgl. *Palm-Risse*, Schutz, S. 108 f. unter Hinweis auf die Entstehungsgeschichte von Art. 10 IPwskR.

1236 Vgl. *Nowak*, IPbpR, Art. 23 Rn. 31; *Palm-Risse*, Schutz, S. 109 f.; *Coester-Waltjen*, in: FS Rolland, S. 67 (69).

bb) Zustimmungserfordernisse Dritter

Zu klären bleibt dagegen, ob die herausragende Bedeutung des *free and full consent* dahingehend verstanden werden muß, daß neben der Willensentscheidung der Ehepartner keine weiteren Zustimmungserfordernisse mehr zulässig sind. Zumindest die amtliche (bundes-)deutsche Übersetzung von Art. 23 Abs. 3 IPbpR, sprachlich identisch mit Art. 16 Abs. 2 AEMR, scheint darauf hinzudeuten, die Eheschließung dürfe *nur* vom freien und vollen Einverständnis der künftigen Ehegatten abhängig gemacht werden. Aus der Entstehungsgeschichte und dem authentischen englischen Vertragstext wird jedoch deutlich, daß eine solche Exklusivwirkung mit Art. 23 Abs. 3 IPbpR nicht verbunden ist. Der Paktentwurf sah in Art. 23 Abs. 3 IPbpR zunächst denselben Wortlaut wie Art. 16 Abs. 2 AEMR vor: „Marriage shall be entered into only with the free and full consent (...).“ Im Zuge der Beratungen wurde jedoch die Befürchtung geäußert, die Formulierung „only with“ könnte dahingehend ausgelegt werden, daß damit auch Minderjährige ohne elterliche Zustimmung die Ehe eingehen könnten.[1237] Obwohl Art. 16 Abs. 2 AEMR bis dahin nicht in diesem Sinne interpretiert worden war,[1238] gab die Menschenrechtskommission den Bedenken nach und änderte Art. 23 Abs. 3 IPbpR in die letztlich Vertragstext gewordene Fassung ab: „No marriage shall be entered without the free and full consent (...).“ Anders als die von der DDR gewählte Übersetzung, hat die amtliche bundesdeutsche Fassung diese Nuancierung nicht nachgezeichnet.[1239] Aus der Entstehungsgeschichte ergibt sich also, daß jedenfalls das Erfordernis der Eltern- bzw. Vormundszustimmung zur Eheschließung eines minderjährigen Kindes nicht im Widerspruch zu den Vorschriften des Paktes steht, wenn damit das von Art. 23 Abs. 3 IPbpR selbst verfolgte Anliegen verwirklicht wird, die Entscheidung für eine Ehe von einer gewissen seelischen Reife der Verlobten abhängig zu machen.[1240]

Kritisch im Hinblick auf die von Art. 23 Abs. 2 IPbpR garantierte Eheschließungsfreiheit erscheinen hingegen Zustimmungserfordernisse, die ihre Grundlage nicht in der altersbedingten Unreife der Ehewilligen haben, sondern über die Volljährigkeit hinaus ganz generell die Eheschließung vom Willen Dritter – insbesondere der Eltern oder weiterer Familienangehöriger – abhängig ma-

1237 Die Bedenken gehen auf den Vertreter der Philippinen zurück, vgl. *Eriksson*, Right to Mary, S. 85.

1238 Vgl. *Eriksson*, Right to Marry, S. 79 f.

1239 Vgl. *Nowak*, IPbpR, Art. 23 Rn. 33 mit Fn. 77; die DDR-Übersetzung orientierte sich streng an der englischen Diktion: „Ohne die freie und volle Willenseinigung der künftigen Ehegatten (...).“

1240 Vgl. *Eriksson*, Right to Marry, S. 85; *Nowak*, IPbpR, Art. 23 Rn. 23. Zu den Anforderungen an die Ehemündigkeit vgl. sogleich S. 348 ff.

chen. Jedenfalls dann, wenn sich mangels Zustimmung zu bestimmten Partnern die Freiheit des Ehewilligen letztlich auf einen einzig „genehmen“ Ehegatte verengt und damit faktisch zu einem Ausschluß der freien Ehegattenwahl führt, dürfte die Aufrechterhaltung des Zustimmungserfordernisses mit dem Sinn und Zweck von Art. 23 Abs. 2 IPbpR kaum vereinbar sein.[1241]

c) Schutz des freien Ehewillens durch die EMRK

Anders als die Verbürgungen der Eheschließungsfreiheit auf universeller Ebene ist in Art. 12 EMRK der freie und volle Wille der Ehegatten nicht explizit als Element des Eheschließungsrechts angesprochen.[1242] Daraus darf allerdings nicht der Schluß gezogen werden, die EMRK bleibe diesbezüglich hinter den Regelungen des Art. 23 IPbpR zurück.[1243] Die Literatur geht vielmehr ganz überwiegend davon aus, daß die freie und volle Zustimmung der Verlobten zum Leitbild der Eheschließung nach europäischem Verständnis gehört und deshalb auch ohne ausdrückliche Niederlegung in der Konvention von Art. 12 EMRK impliziert sei.[1244] Einem irgendwie gearteten Zwang zur Eheschließung, insbesondere einer Verheiratung gegen den Willen eines Ehepartners, steht deshalb auch Art. 12 EMRK ohne weiteres entgegen.[1245] Die Rechtslage gestaltet sich folglich nicht anders als im Bereich des universellen Menschenrechtsschutzes. Eheschließungsrechte, die eine Vermählung ohne oder gegen die freie Zustimmung beider Ehegatten vorsehen, können vor Art. 12 EMRK keinen Bestand haben.

Nicht so eindeutig verhält es sich wiederum, wenn das anwendbare Recht den freien Willen der Ehegatten respektiert, daneben aber die Wirksamkeit der Eheschließung von der Einwilligung Dritter abhängig macht. Die Ausgestaltungsfreiheit, die Art. 12 EMRK den Vertragsstaaten einräumt, umfaßt die

---

1241 Ähnlich *Palm-Risse*, Schutz, S. 109. Freilich dürften derartige Situationen im kollisionsrechtlichen Einzelfall schwer verifizierbar sein.

1242 Der Passus „with free and full consent“ wurde im Zuge der Beratungen aus Art. 12 EMRK gestrichen; vgl. zur Entstehungsgeschichte *Palm-Risse*, Schutz, S. 105 f.

1243 Anklänge in diese Richtung etwa bei *Volio*, in: Henkin, Bill of Rights, S. 185 (202) und *Robertson/Merrills*, Human Rights in Europe, S. 164.

1244 Vgl. bereits *Guradze*, JIR 1971, S. 242 (261): „nach europäischer Auffassung selbstverständlich“; ebenso *Frowein/Peukert*, Art. 12 EMRK Rn. 4; *Palm-Risse*, Schutz, S. 106; *Nowak*, IPbpR, Art. 23 Rn. 31; deutlich auch *van Dijk/van Hoof*, Convention, S. 602: „the right to marry always depends on the free consent of the partners“.

1245 Vgl. *Palm-Risse, Schutz*, S. 106 sowie *Frowein/Peukert*, EMRK, Art. 12 Rn. 4, beide mit dem Hinweis, eine zwangsweise Heirat bedeutete zugleich eine klare Verletzung von Art. 8 EMRK.

Möglichkeit, der Ausübung des Eheschließungsrechts Schranken zu setzten, soweit dadurch nicht der Wesengehalt der Garantie verletzt wird.[1246] Man wird deshalb Beschränkungen, die bereits bei der Ausarbeitung der EMRK allgemein üblich waren und auch heute noch in den Rechtsordnungen der Mitgliedstaaten verbreitet sind, generell als zulässig ansehen dürfen. Dazu zählen insbesondere Zustimmungserfordernisse bei der Eheschließung Minderjähriger, wie sie zahlreiche Staaten vorsehen.[1247] Problematisch erscheinen hingegen auch im Hinblick auf Art. 12 EMRK die Fälle, in denen auch bei Vorliegen des Ehemündigkeitsalters und der allgemeinen Geschäftsfähigkeit eines Verlobten, die Eheschließung nur mit Einwilligung Dritter – insbesondere der Eltern oder männlichen Verwandter – erfolgen kann. Angesichts der Tatsache, daß, soweit ersichtlich, kein Mitgliedstaat der EMRK *de lege lata* derartige Zustimmungserfordernisse kennt, kann durchaus von einem einheitlichen Standard innerhalb der Vertragsstaaten gesprochen werden, wonach es zur Eheschließung Volljähriger (und altersmäßig Ehemündiger) außer der freien Entscheidung der Verlobten keiner weiteren Zustimmung von Dritter Seite mehr bedarf. Mit Art. 12 EMRK, der ja ein individuelles Grundrecht garantieren will,[1248] dürfte es daher kaum vereinbar sein, trotz Vorliegen der allgemeinen Geschäftsfähigkeit und Überschreiten der altersmäßigen Ehemündigkeitsgrenzen dem Willen der Ehegatten Hindernisse in Form von Zustimmungserfordernissen der Familienangehörigen entgegenzusetzen.

d) Ergebnis

Der freie und volle Wille der Ehegatten ist ein zentrales Element der universellen und europäischen Menschenrechtsverbürgungen. Eheschließungen, die ohne oder sogar gegen den Willen eines Verlobten erfolgen, verstoßen ohne weiteres gegen den menschenrechtlichen Mindeststandard. Inwieweit neben dem Ehewillen der Verlobten die Eingehung der Ehe noch von der Zustimmung Dritter abhängig gemacht werden darf, läßt sich nicht generell beantworten. Sofern die Einschränkungen – wie etwa bei Minderjährigen – sicherstellen sollen, daß eine Ehe nur aufgrund eines verantwortungsvollen Entschlusses eingegangen wird, ergeben sich keine Bedenken. Problematisch

---

1246 Vgl. dazu oben S. 329 ff.

1247 Kurzer Überblick etwa bei Staudinger-*v. Bar/Mankowski*, Art. 13 EGBGB Rn. 212. Im Rahmen der Reform des deutschen Eheschließungsrechts ist das ursprünglich in §§ 1 und 3 enthaltene Einwilligungserfordernis des gesetzlichen Vertreters nunmehr zu einem auf triftige Gründe beschränkten Widerspruchsrecht herabgestuft worden, § 1303 Abs. 3 BGB. Zur Ehemündigkeit im europäischen Vergleich siehe noch unten Fn. 1251.

1248 Vgl. *Frowein/Peukert*, EMRK, Art. 12 Rn. 4.

erscheinen hingegen Eherechte, die eine Eheschließung selbst nach Erreichen der altersmäßigen Ehemündigkeit und der allgemeinen Geschäftsfähigkeit den Willen der Ehegatten nicht genügen lassen. Hier dürfte – insbesondere für den Bereich der EMRK – der Wesensgehalt des menschenrechtlichen Eheschließungsrechts verletzt sein.

2. Ehemündigkeit

Zu den sachlichen Voraussetzungen der Ehefähigkeit gehört neben dem Ehewillen vor allem die Ehemündigkeit, also das Überschreiten von Altersstufen, die das berufene Recht zur Voraussetzung für eine wirksame Eheschließung macht.

a) Ehemündigkeit und deutscher ordre public

Aus Sicht des deutschen Kollisionsrechts sind vor allem zwei Problemlagen ordre public-relevant: Einerseits die nach anwendbarem Sachrecht zulässige Eheschließung junger Minderjähriger, andererseits die Festsetzung einer besonders hohen Altersgrenze durch das jeweilige Personalstatut.

aa) Niedriges Mindestalter

Die Anwendung fremden Rechts, das ein besonders niedriges Mindestalter festsetzt, steht unter dem allgemeinen ordre public-Vorbehalt des Art. 6 EGBGB. Im Gegensatz zum deutschen Eheschließungsrecht, das die Ehemündigkeit grundsätzlich an die Volljährigkeit knüpft (§ 1303 Abs. 1 BGB) erlauben zahlreiche Rechtsordnungen die Eheschließung im deutlich niedrigeren Alter. Als Beispiel sei etwa Art. 91 Nr. 1 des Código Civil Uruguays genannt, das die Eheschließung für Mädchen bereits ab Vollendung des zwölften, für Jungen ab Vollendung des 14. Lebensjahres ermöglicht.[1249] In weiten Teilen der muslimischen Rechtsordnungen entscheidet wiederum die Geschlechtsreife über das Mindestalter für die Eheschließung, die nach islamischem Recht beim Jungen nicht vor dem zwölften, bei Mädchen nicht vor dem neunten Lebensjahr angenommen, mit Vollendung des 15. Lebensjahres aber vermutet

---

1249 Vgl. *Bergmann/Ferid*, Internationales Ehe- und Kindschaftsrecht, *Uruguay*, 111. Lieferung, S. 10. Zum inhaltlich gleichen chilenischen Recht und der kritischen Beurteilung durch den Menschenrechtsausschuß vgl. unten bei Fn. 1273.

wird.[1250] Auch innerhalb Europas besteht kein einheitliches Mindestalter für die Eheschließung.[1251]

In der international-privatrechtlichen Praxis herrscht über das zulässige Mindestalter, dessen Unterschreitung den ordre public auslöst, keine Übereinstimmung. So wurde etwa die Eheschließung einer 14-jährigen deutschen Staatsangehörigen in Uruguay und die niedrige Ehemündigkeitsschwelle des uruguayischen Rechts nicht als Verstoß gegen die inländische Ordnung ge-

---

1250 Vgl. *Bergmann/Ferid*, Internationales Ehe- und Kindschaftsrecht, Ordner I, Religiöse Eherechte: Islam, 78. Lieferung, S. 5. Einen umfassenden rechtsvergleichenden Überblick gewähren Staudinger-*v. Bar/Mankowski*, Art. 13 EGBGB Rn. 196 ff.

1251 Eine Vielzahl der europäischen Staaten knüpft mittlerweile den regelmäßigen Eintritt der Ehemündigkeit an das Erreichen der Volljährigkeitsgrenze, vgl. im einzelnen die Länderberichte bei *Bergmann/Ferid*, Internationales Ehe- und Kindschaftsrecht, (mit dem angegebenen Aktualisierungsstand): *Schweiz* (125. Lieferung), S. 54: 18 Jahre für beide Ehegatten gem. Art. 96 ZGB; die Möglichkeit der Ehemündigkeitserklärung der Frau mit 17 Jahren gem. Art. 96 Abs. 2 a.F. ist im Zuge der Gesetzesreform zum 1. Januar 1996 entfallen. *Niederlande* (123. Lieferung), S. 38 f.: 18 Jahre für beide gem. Art. 1:31 Abs. 1 B.W. mit Befreiungs- und Herabsetzungsmöglichkeit gem. Art. 1:31 Abs. 3 bzw. 2. *Italien* (142. Lieferung), S. 37: 18 Jahre für beide gem. Art. 84 i.V.m. Art. 2 Codice civile mit Dispensmöglichkeit ab 16 Jahren. *Irland* (114. Lieferung), S. 26: 18 Jahre für beide gem. Sec. 31 (1) (a) (i) Family Law Act; das noch im Marriage Act 1972 enthaltene Mindestalter von 16 Jahren und das (formale) Zustimmungserfordernis der Eltern bei Ehegatten unter 21 Jahren wurde mit dem Family Law Act außer Kraft gesetzt. *England* (113. Lieferung), S. 33 f.: Gem. Sec. 3 Marriage Act 1949 bedürfen Minderjährige (unter 18 Jahren) grundsätzlich der Einwilligung der Personensorgeberechtigten; Sec. 2 Marriage Act 1949 sieht die Nichtigkeit der Eheschließung vor, wenn einer der Verlobten das 16. Lebensjahr noch nicht vollendet hat. *Griechenland* (82. Lieferung), S. 17: beide 18 Jahre gem. Art. 1350 ZGB. In *Spanien* (132. Lieferung), S. 22, enthält Art. 46 Nr. 1 ein Eheverbot für nicht emanzipierte Minderjährige (mit richterlicher Dispensmöglichkeit gem. Art. 48 Código civil); die Volljährigkeit und damit die regelmäßige Ehemündigkeit tritt gem. Art. 315 Código civil mit 18 Jahren ein. *Türkei* (123. Lieferung), S. 23, für Männer 17 Jahre, für Frauen 15 Jahre gem. Art. 88 ZGB; im Zuge der Eherechtsreform wurde allerdings mit Wirkung zum 1. Januar 2002 das Minestalter eineinheilich auf 18 Jahre festgesetzt. *Österreich* (124. Lieferung), S. 140, für Frauen 16, für Männer 19 Jahre gem. § 1 Abs. 1 EheG. In *Luxemburg* erreichen Mädchen bereits mit 15 Jahren die Ehemündigkeit, Männer hingegen mit 18 Jahren, Art. 144 Cc; vor Erreichen der Volljährigkeit (18 Jahre, Art. 338 Cc) ist die Eheschließung allerdings nur mit Zustimmung der Eltern möglich, vgl. Art. 148 Cc. Ein Überblick über die Ehemündigkeitsgrenzen außereuropäischer Staaten findet sich bei Staudinger-*v. Bar/Mankowski*, Art. 13 EGBGB Rn. 199 ff.

wertet.[1252] Hingegen wurde unlängst einer 14-jährigen Türkin die Eheschließung in Deutschland trotz Vorlage eines türkischen Ehefähigkeitszeugnisses unter Berufung auf Art. 6 EGBGB versagt.[1253] Ein Mindestalter von 15 Jahren wird in der Rechtsprechung für vereinbar mit dem deutschen ordre public gehalten.[1254] Auch die Literatur schwankt zwischen 14 und 16 Jahren als noch zu duldende Altersgrenze,[1255] macht jedoch den Einsatz der Vorbehaltsklausel vor allem von einer hinreichenden Inlandsbeziehung abhängig.[1256]

bb) Hohes Mindestalter

Andererseits kann der (spezialgesetzliche) ordre public des Art. 13 Abs. 2 EGBGB zur Anwendung gelangen, wenn das fremde Recht ein besonders hohes Alter für die Heiratsmündigkeit vorsieht und damit der Eheschließungsfreiheit Grenzen setzt, die mit dem Grundrecht aus Art. 6 GG nicht mehr vereinbar sind. Insbesondere wenn das erforderliche Alter über demjenigen liegt, welches das Heimatrecht des Verlobten für dessen allgemeine Geschäftsfähigkeit festsetzt, kann dieses Hindernis in Konflikt zur grundrechtlichen Eheschließungsfreiheit stehen.[1257] Auch hier wird die Anwendung des ordre public allgemein von einem ausreichenden Inlandsbezug abhängig gemacht.[1258]

1252 Vgl. AG Tübingen, ZfJ 1992, S. 48 im Anschluß an ein DIV Gutachten, ZfJ 1992, S. 48; kritisch hierzu, schon im Hinblick auf die Anknüpfung an das uruguayische Recht, die Anmerkung von *Coester*, ZfJ 1992, S. 141.

1253 Vgl. FAZ vom 01.02.2001, S. 13 zu einer vom Standesamt Koblenz verweigerten Eheschließung.

1254 Vgl. KG, FamRZ 1990, S. 45 (46).

1255 Für 14 Jahre etwa Erman-*Hohloch*, Art. 13 EGBGB Rn. 24; für 15 Jahre beispielsweise Staudinger-*v. Bar/Mankowski*, Art. 13 EGBGB Rn. 203; für 16 Jahre hingegen MüKo-*Coester*, Art. 13 EGBGB Rn. 27; *ders.* ZfJ, 1992, S. 141. Nicht ganz deutlich *Kegel/Schurig*, IPR, S. 688. Aus dem älteren Schrifttum vgl. etwa *Luther*, FamRZ 1962, S. 346, der die Altersgrenze von 14 Jahren (bzw. 12 Jahren bei Dispens) nach früherem italienischen Recht als hinnehmbar erachtet. *Henrich*, Familienrecht, S. 26 hält auch heute noch eine Altersgrenze von 12-15 Jahren grundsätzlich für vereinbar mit dem ordre public, und will Art. 6 EGBGB erst bei einer Verheiratung von Kindern noch unterhalb dieser Altersschwelle durch die Eltern durchschlagen lassen.

1256 Vgl. etwa MüKo-*Coester*, Art. 13 EGBGB Rn. 27; Erman-*Hohloch*, Art. 13 EGBGB Rn. 24.

1257 Vgl. Soergel-*Schurig*, Art. 13 EGBGB Rn. 59; ausführlich Staudinger-*v. Bar/Mankowski*, Art. 13 EGBGB Rn. 204. Die Eheschließung wäre danach bereits mit Erreichen der Volljährigkeit entsprechend dem Personalstatut (Art. 7 EGBGB) zuzulassen.

1258 Vgl. Staudinger-*v. Bar/Mankowski*, Art. 13 EGBGB Rn. 204.

b) Anforderungen der Menschenrechtsverträge an die Ehemündigkeit

Die völkerrechtliche Ebene gerät im international-privatrechtlichen Diskurs zu den Altersgrenzen der Ehemündigkeit nur vereinzelt ins Blickfeld. So tritt bei *Coester* die Anbindung des ordre public-Maßstabes an die autonom innerstaatlichen Wertentscheidungen deutlich zutage.[1259] Immerhin ziehen etwa *v. Bar/Mankowski* den Beitritt der Bundesrepublik zum UN-Eheschließungsübereinkommen[1260] zur Stützung der These heran, das Verbot der Kinderehe wirke als zweiseitiges Ehehindernis.[1261]

Die grundlegenden menschenrechtlichen Vorschriften zur Eheschließungsfreiheit – Art. 23 Abs. 2 IPbpR und Art. 12 EMRK – gewähren den Vertragsstaaten wie gezeigt gewisse Gestaltungsspielräume für die Ausgestaltung des innerstaatlichen Eherechts. Gleichwohl – auch das wurde bereits deutlich gemacht – dienen beide Menschenrechtsverträge der Absicherung eines Mindeststandards, der sich der staatlichen Gestaltungskompetenz entzieht. Insoweit ist zu untersuchen, ob aus den einschlägigen Vorschriften des internationalen Menschenrechtsschutzes Kriterien für den Einsatz des ordre public bei Fragen der Ehemündigkeit gewonnen werden können.

aa) Ehemündigkeit in den universellen Menschenrechtsverträgen

Auf völkerrechtlicher Ebene ist es bislang nicht zu einer verbindlichen Festlegung eines Mindestalters für die Eheschließung gekommen. Die Konvention über die Erklärung des Ehewillens, das Mindestalter und die Registrierung von Eheschließungen[1262] enthält trotz ihrer Titulierung und der Intention, Kinderehen vorzubeugen, keine konkreten Altersangaben. In Art. 2 des Abkommens heißt es lediglich:

> „State parties to the present convention shall take legislative action to specify a minimum age for marriage. No marriage shall be legally entered into by any person under this age, ex-

---

1259 Vgl. MüKo-*Coester*, Art. 13 EGBGB Rn. 27, der die Altersgrenze von 16 Jahren „in Anlehnung“ an das deutsche materielle Eheschließungsrecht ermittelt.

1260 Dazu sogleich, vgl. Fn. 1262.

1261 Vgl. Staudinger/*v. Bar-Mankowski*, Art. 13 EGBGB Rn. 203.

1262 *Convention on Consent to Marriage, Minimum Age from Marriage and Registration* vom 7. November 1962; internationale Quelle: UNTS, Vol. 521, S. 231. Das Abkommen ist für die Bundesrepublik Deutschland am 7. Oktober 1969 in Kraft getreten, vgl. BGBl. 1969 II S. 161 ff. mit amtlicher Übersetzung.

cept where a competent authority has granted a dispensation as to age, for serious reasons, in the interest of the intending spouses."

Das UN-Übereinkommen verpflichtet folglich die Vertragsstaaten lediglich dazu, überhaupt ein Mindestalter zu bestimmen, überläßt aber die Festsetzung der Altersgrenze selbst der innerstaatlichen Rechtsordnung.

(1) Ehemündigkeit und Art. 23 IPbpR

Demselben Prinzip folgt Art. 23 Abs. 2 IPbpR. Auch er benennt keine Altersgrenze für die Nupturienten und weist damit die Festlegung eines „marriageable age" den Rechtsordnungen der Vertragsstaaten zu. Angesichts der weltweit stark differierenden Traditionen und Regelungen in der Frage des Heiratsalters, herrschte in Beratungen Einigkeit, diese Entscheidung den Mitgliedstaaten zu überlassen.[1263]

Vor dem Hintergrund der bisweilen noch deutlich differierenden Rechtslage in den einzelnen Staaten ist zu fragen, ob nicht der Zweck von Art. 23 Abs. 2 IPbpR gebietet, – entsprechend den vom Ausschuß in anderen Bereichen aufgezeigten Grenzen der staatlichen Handlungsspielräume – zumindest einen menschenrechtlichen Mindeststandard für das Heiratsalter zu ermitteln.

Der Menschenrechtsausschuß hat sich dieser Frage bislang allerdings nur mit vorsichtigen Stellungnahmen zugewandt. Im *General Comment* 19/39 betont er zunächst, Art. 23 Abs. 2 IPbpR lasse sich ein bestimmtes Heiratsalter nicht entnehmen, hebt aber zugleich hervor, das für die Eheschließung erforderliche Mindestalter müsse so gewählt sein,

> „as to enable each of the intending spouses to give his or her free and full personal consent in a form and under conditions prescribed by law."[1264]

Der Ausschuß knüpft damit an das in Art. 23 Abs. 3 IPbpR enthaltene Erfordernis der freien und vollen Willensentscheidung der Ehegatten an, die naturgemäß eine gewisse seelische Reife voraussetzt.[1265] Mit dem Verweis auf Art. 23 Abs. 3 IPbpR ist zumindest klargestellt, daß ein besonders hohes Mindestalter, das noch über den allgemeinen Volljährigkeitsvorschriften des inner-

1263 Vgl. *Eriksson*, Right to Mary, S. 40 f.; *Nowak*, IPbpR, Art. 23 Rn. 16.

1264 Vgl. *General Comment* 19/39, UN-Doc. CCPR/C/21/Rev. 1/Add. 2 (1990), Tz. 4.

1265 In diesem Sinne auch *Eriksson*, Right to Marry, S. 74; *Volio*, in: Henkin (Hrsg.), Bill of Rights, S. 185 (202).

staatlichen Rechts liegt und damit die Rechtsmündigkeit der Ehegatten in anderen Bereichen außer acht läßt, mit dem Pakt schwerlich vereinbar sein dürfte.[1266] Einigkeit besteht freilich dahin, daß die Festsetzung eines Höchstalters, nach dessen Erreichen eine Ehe nicht mehr eingegangen werden kann, mit dem Pakt nicht vereinbar ist.[1267]

Problematischer erscheinen dagegen die Anforderungen an das Mindestalter der Eheschließenden. Auch unter Heranziehung von Art. 23 Abs. 3 IPbpR läßt sich den Normen des Paktes keine fixe Altersgrenze entnehmen.[1268] Einen Anhaltspunkt für das vom IPbpR geforderte Mindestalter gewährt die Entstehungsgeschichte von Art. 23 Abs. 2 IPbpR. Im englischsprachigen Vertragsentwurf war zunächst – in Anlehnung an Art. 16 AEMR – von „*full age*“[1269] die Rede, was nach Meinung der Staatenvertreter sowohl Volljährigkeit als auch Geschlechtsreife zum Ausdruck bringen konnte.[1270] Die englische Fassung wurde allerdings im Zuge der Verhandlungen dem französischen Begriff „*l'âge nubile*“[1271] angeglichen. Damit dürfte die altersmäßige Untergrenze nicht in der Volljährigkeit nach innerstaatlichem Recht, sondern in der Geschlechtsreife zu finden sein.[1272] Ein weiterer Anknüpfungspunkt für die paktkonforme Ausgestaltung der staatlichen Eheschließungsrechte läßt sich der Praxis des Menschenrechtsausschusses entnehmen. In seinen abschließenden Bemerkungen zum jüngsten Staatenbericht Chiles hat der Ausschuß das niedrige Mindestalter von zwölf Jahren für Mädchen und 14 Jahren für Jungen explizit aufgegriffen und Bedenken im Hinblick auf die fehlende geistige Reife der Verlobten in diesem Altersstadium zum Ausdruck gebracht:

> „[M]arriage at such a young age would generally mean that the persons involved do not have the mental maturity to ensure that

1266 Ebenso *Nowak*, IPbpR, Art. 23 Rn. 17; im Ergebnis auch *Palm-Risse*, Schutz, S. 129. Problematisch erscheint deshalb die 1980 erfolgte Erhöhung des Heiratsalters in China auf 20 Jahre für Frauen und 22 Jahre für Männer. Zu den bevölkerungspolitischen Hintergründen des hohen Mindestalters, vgl. *Coester-Waltjen*, in: FS Rolland, S. 67 (73).

1267 Vgl. *Nowak*, IPbpR, Art. 23 Rn. 18.

1268 Vgl. *Palm-Risse*, Schutz, S. 131.

1269 Die Formulierung im Entwurf geht auf den Vorschlag der Frauenrechtekommission zurück, vgl. *Nowak*, IPbpR, Art. 23 Rn. 15.

1270 Die Entstehungsgeschichte zeichnet *Eriksson*, Right to Mary, S. 40 nach.

1271 Ebenso der französische Wortlaut in Art. 12 EMRK und in Art. 16 AEMR.

1272 Vgl. auch *Nowak*, IPbpR, Art. 23 Rn. 15; im Ergebnis ebenso *Palm-Risse*, Schutz, S. 131.

> the marriage is entered into with free and full consent as required under article 23, paragraph 3, of the Covenant."[1273]

Der Ausschuß geht folglich davon aus, daß bei einer Eheschließung im Alter von 14 Jahren ganz generell noch nicht von einem *free and full consent* im Sinne einer selbständigen und verantwortungsbewußten Entscheidung gesprochen werden kann.

Zumindest als Interpretationshilfe zur Festlegung eines Mindestalters kann zudem die Resolution 2018 (XX) der Generalversammlung dienen. Sie erfolgte in Ausführung des UN-Eheschließungsabkommens, welches wiederum parallel zum IPbpR ausgearbeitet und dem auch in den Beratungen der UN-Menschenrechtskommission zum IPbpR Beachtung geschenkt wurde.[1274] Von engen Ausnahmefällen abgesehen, empfahl die Generalversammlung, ein Alter von 15 Jahren als unterste Grenze des Heiratsalters in den innerstaatlichen Rechtsordnungen festzulegen:

> „Member States shall take legislative action to specify a minimum age of marriage, which in any case shall not be less than fifteen years of age, no marriage shall be legally entered into by any person under this age, except where a competent authority has granted a dispensation as to age, for serious reasons, in the interest of the intending spouses."[1275]

Die Resolution der Generalversammlung betraf zwar nicht den IPbpR und entfaltet auch allgemein keine bindende Wirkung. Gleichwohl wird man sie jedenfalls insofern als Interpretationsquelle heranziehen können, als ein Mindestalter von 15 Jahren nicht schlechthin hinter den Erfordernissen des Paktes zurückbleiben dürfte.[1276]

(2) Ehemündigkeit im Lichte von Art. 16 Abs. 2 CEDAW

Neben Art. 23 Abs. 2 IPbpR befaßt sich auf universeller Ebene auch Art. 16 Abs. 2 CEDAW mit dem zulässigen Mindestalter für Eheschließungen. Dort heißt es:

1273 *Concluding Observations* vom 30. März1999, UN-Doc. CCPR/C/79/Add. 104, Tz. 21.

1274 Vgl. die Nachweise bei *Nowak*, IPbpR, Art. 26 Rn. 16.

1275 Resolution der Generalversammlung 2018 (XX) vom 1. November 1965, Principle II. Die Resolution wurde ohne Gegenstimme bei zwei Enthaltungen angenommen.

1276 So auch *Nowak*, IPbpR, Art. 23 Rn. 17; schwächer hingegen *Palm-Risse*, Schutz, S. 130: „unverbindliche Leitlinie".

> „Die Verlobung und Eheschließung eines Kindes haben keine Rechtswirksamkeit; es werden alle erforderlichen Maßnahmen einschließlich gesetzgeberischer Maßnahmen ergriffen, um ein Mindestalter für die Eheschließung festzulegen (...).“

Während der erste Halbsatz[1277] das eigentliche Ziel der Vorschrift – die Ächtung von Kinderehen – zum Ausdruck bringt, betrifft der zweite Halbsatz die Ausgestaltung der innerstaatlichen Rechtsordnung und fordert die Staaten zur Festlegung eines Mindestalters auf. Nachdem im CEDAW ebenfalls kein Mindestalter festlegt wird und – hinsichtlich des Kindsbegriffes – Interpretationsspielräume offenbleiben,[1278] hat der CEDAW-Ausschuß zu dem nach seiner Ansicht anzustrebenden Mindestalter für die Eheschließung in *General Recommendation* 21/13 ausführlich Stellung genommen. Unter Bezugnahme auf die KRK gelangt der Ausschuß zu dem Ergebnis, das Heiratsmindestalter solle – wegen der weitreichenden Verpflichtungen, die mit einer Ehe verbunden seien – grundsätzlich 18 Jahre nicht unterschreiten, jedenfalls nicht unterhalb der Volljährigkeitsgrenze des jeweiligen Staates liegen:

> „Art. 16 (2) and the provisions of the Convention on the Rights of the Child preclude State parties from permitting or giving validity to a marriage between persons who have not attained their majority. In the context of the Convention on the Rights of the Child, ‘a child means every human being below the age of 18 years unless, under the law applicable to the child, majority is attained earlier’. Notwithstanding this definition, (...) the Committee considers that the minimum age for marriage should be 18 years for both man and woman. When man and woman marry, they assume important responsibilities. Consequently, marriage should no be permitted before they have attained full maturity and capacity to act.”[1279]

Selbst wenn dem Ansatz des Ausschusses nachvollziehbare Erwägungen zugrunde liegen,[1280] dürfte diese Auffassung hingegen kaum universelle Zustim-

---

1277 Engl. Wortlaut: „The betrothal and the marriage of a child shall have no legal effect“; frz.: „Les fiançailles et les mariages d'enfants n'ont pas d'effets juridiques“.

1278 Zu den Auslegungsmöglichkeiten vgl. *Eriksson*, Right to Mary, S. 42 f.

1279 *General Recommendation* 21/13 vom 4. Februar 1994, enthalten in UN-Doc. A/47/38, Tz. 36.

1280 Der Ausschuß weist darauf hin, daß insbesondere bei der Heirat von minderjährigen Mädchen eine Beeinträchtigung der Gesundheit und der weiteren Ausbildung bzw.

mung finden. Sie entspricht nicht einmal der europäischen Staatenpraxis.[1281] Zudem droht – angesichts der oben ermittelten Ergebnisse – eine striktes Mindestalter von 18 Jahre wiederum in Konflikt mit dem Eheschließungsrecht in Art. 23 Abs. 2 IPbpR zu geraten. Aus der Stellungnahme des Ausschusses läßt sich jedoch die Ausage übernehmen, daß zumindes ab Vollendung des 18. Lebensjahres bzw. Erreichen der Volljährigkeit generell von einer entsprechenden seelischen Reife der Verlobten zur Eingehung einer Ehe ausgegangen werden kann.

bb) Ehemündigkeit und EMRK

Ebenso wie Art. 23 Abs. 2 IPbpR weist Art. 12 EMRK die Festlegung der Ehemündigkeit den Rechtsordnungen der Vertragsstaaten zu. Auch hinsichtlich der Terminologie[1282] stimmen beide Vorschriften überein. Schon dem Wortlaut nach verlangt deshalb Art. 12 EMRK das Erreichen der Geschlechtsreife als Mindestvoraussetzung für das Eheschließungsrecht.[1283] Neben der Anknüpfung an die physische Entwicklung dürfte daneben auch für Art. 12 EMRK ein weiterer, im Zusammenhang mit Art. 23 Abs. 2 IPbpR bereits herausgestellter Gesichtspunkt, Bedeutung erlangen. Zum Eheschließungsrecht im Bereich der EMRK zählt als immanenter Bestandteil der *free and full consent* der Nupturienten. Von einer selbständig getroffenen und bewußten Entscheidung kann aber, wie gezeigt, erst gesprochen werden, wenn die Eheleute auch einen gewissen Grad der geistigen Entwicklung erreicht haben.[1284] Insofern gestaltet sich die Beurteilung der Grenzen der staatlichen Gestaltungsfreiheit durchaus ähnlich wie im Rahmen von Art. 23 Abs. 2 IPbpR.

Soweit ersichtlich waren bislang die in den Mitgliedstaaten existierenden Altersgrenzen nicht Gegenstand der Rechtsprechung von Gerichtshof und Kommission. Dennoch dürfte wenig Zweifel daran bestehen, daß der Gerichtshof auch für die Frage der Ehefähigkeit dieselben Auslegungsgrundsätze heranzöge, wie allgemein bei der Überprüfung eines den Staaten eingeräumten Gestaltungsspielraumes. Wie im II. Kapitel dargestellt, gewinnt der Gerichtshof unter anderem durch rechtsvergleichende Untersuchung Anhaltspunkte für einen gemeinsamen Standard der Mitgliedstaaten, auf dessen Grundlage die

des beruflichen Werdegangs zu befürchten sei, wenn aus der Ehe alsbald Kinder hervorgehen; *General Recommendation* 21/13, a.a.O., Tz. 36 a.E. und 37.

1281 Vgl. oben in Fn. 1251.

1282 Engl.: „marriageable age“, frz.: „l'âge nubile“

1283 Vgl. die obigen Ausführungen zu Art. 23 Abs. 2 IPbpR.

1284 Ebenso *Palm-Risse*, Schutz, S. 126; vgl. auch *Fahrenhorst*, Familienrecht, S. 195; im Ergebnis wohl ähnlich *van Dijk/van Hoof*, Convention, S. 604.

Auslegung der Konventionsrechte erfolgen kann. Für den Bereich des Eheschließungsrechts läßt sich in den Rechtsordnungen der Vertragsstaaten zwar keine völlige Homogenität feststellen. Allerdings haben sich die Vorschriften über die Ehemündigkeit doch in beide Richtungen angenähert, so daß Extremerscheinungen nicht mehr vorkommen und jedenfalls eine regelmäßige Unterschreitung eines Mindestalters von 15 Jahren nicht dem europäischen Standard entsprechen dürfte.[1285]

c) Ergebnis

Die universellen Menschenrechtsverträge enthalten ebenso wie die EMRK keine verbindlichen Vorgaben für die Altersgrenzen der Ehemündigkeit. Die Festlegung des Heiratsalters liegt in der Rechtshoheit der Vertragsstaaten. Allerdings lassen sich aus der Auslegungspraxis der Vertragsorgane zumindest Anhaltspunkte einer menschenrechtskonformen Wahrnehmung dieser Gestaltungsspielräume entnehmen. Die obere Grenze des Mindestalters darf die Volljährigkeit zumindest nicht wesentlich überschreiten. Andernfalls kann von einer vernünftigen Beziehung zwischen Altersbeschränkung und dem Recht auf Eheschließung im heiratsfähigen Alter nicht mehr gesprochen werden.[1286] Als Untergrenze für die Ehemündigkeit gehen die Menschenrechtsverträge von der Geschlechtsreife der Ehegatten aus. Zugleich muß aber berücksichtigt werden, daß ein *free and full consent*, wie er ausdrücklich in den UN-Konventionen und implizit von der EMRK gefordert wird, eine gewisse seelische und geistige Reife der Ehegatten voraussetzt. Die noch tragbare Untergrenze ist also unter Beachtung des Zusammenspiels von körperlicher und geistiger Reife zu ermitteln. Soweit die international-privatrechtliche Lehre und Praxis das hinzunehmende Mindestalter mit 15 bzw. 16 Jahren ansetzen, findet diese Grenze durchaus Rückhalt in den universellen Menschenrechtsverbürgungen. Dagegen erscheint es aus menschenrechtlicher Sicht angezeigt, bei Unterschreitung des Mindestalters von 15 Jahren den ordre public zum Einsatz zu bringen, soweit nicht besondere Gründe im Einzelfall für die Zulassung der Eheschließung sprechen.

1285 Vgl. den Überblick in Fn. 1251.

1286 Im Ergebnis ebenso *Palm-Risse*, Schutz, S. 124. Zum Erfordernis einer „reasonable relation" zwischen Ehemündigkeitsgrenzen und dem Begriff „marriageable age", vgl. *van Dijk/van Hoof*, Convention, S. 604.

3. Eheschließung gleichgeschlechtlicher Partner

Angesichts sich verändernder gesellschaftlicher Anschauungen und deren Nachzeichnung in den staatlichen Rechtsordnungen entfaltet die Eheschließung gleichgeschlechtlicher Paare zunehmende Relevanz für die Anwendung der Vorbehaltsklausel. Auch in diesem Bereich können sich ordre public-Erwägungen in systematischer Hinsicht auf zweierlei Weise durchsetzen. Zum eine bei der Frage, inwieweit eine nach fremdem Recht zulässige gleichgeschlechtliche Ehe auch im Inland geschlossen werden kann; die Frage ist von vornherein unter Art. 6 EGBGB zu beurteilen. Zum anderen – und dies betrifft den Anwendungsbereich von Art. 13 Abs. 2 EGBGB – stellt sich die Frage, inwieweit der innerstaatliche Rechtsanwender einem ausländischen Eheverbot der Gleichgeschlechtlichkeit auch unter dem Gesichtpunkt der grundrechtlichen Eheschließungsfreiheit gem. Art. 6 Abs. 1 GG Folge zu leisten hat.

Der Begriff der Gleichgeschlechtlichkeit der Lebenspartner weist zwei unterschiedliche Aspekte auf, die kollisionsrechtlich, aber auch unter dem Blickwinkel der völkerrechtlichen Eheschließungsfreiheit, einer differenzierenden Betrachtung bedürfen. Der erste Aspekt bezieht sich auf homosexuelle Partnerschaften, also die Verbindung zweier rechtlich und tatsächlich gleichgeschlechtliche Personen; der zweite Aspekt betrifft den Bereich des Transsexualismus, nämlich die Frage, inwieweit ein als Mann geborener Mensch nach geschlechtsumwandelnder Operation auch rechtlich zur Frau werden kann und als solche einen Mann heiraten darf.

a) Eheschließung homosexueller Partner

aa) Eheschließung homosexueller Paare und deutscher ordre public

Das Institut der bürgerlich-rechtlichen Ehe setzt nach innerstaatlicher Auffassung nach wie vor die Verschiedengeschlechtlichkeit der Ehepartner als Ordnungsprinzip voraus.[1287] Nach derzeit noch ganz herrschender Meinung setzt sich diese Wertung auch international-privatrechtlich durch, so daß von fremden Rechten zugelassene Ehen[1288] bereits der Geburt nach gleichgeschlechtli-

1287 Vgl. statt aller Palandt-*Brudermüller*, Einl. vor § 1297 Rn. 1 m.w.N.

1288 In den Niederlanden ermöglicht die am 1. April 2001 in Kraft getretene Gesetzesänderung nunmehr auch gleichgeschlechtlichen Paaren die bürgerlich-rechtliche Ehe; die belgische Regierung hat für das kommende Jahr ein ähnliches Reformprojekt angekündigt. Eine andere kollisionsrechtliche Behandlung erfahren hingegen institutionalisierte „Partnerschaften", wie sie seit einiger Zeit namentlich Dänemark, Schweden, Norwegen und gerade auch die Niederlande kennen. International-privatrechtlich

cher Partner am deutschen ordre public scheitern; sie sind Nichtehen.[1289] Ein entsprechendes Eheschließungsverbot nach fremdem Recht begegnet folglich auch unter dem Aspekt der Eheschließungsfreiheit nach innerstaatlichem Verständnis keinen Bedenken.[1290]

bb) Homosexuelle Partnerschaften und internationaler Schutz der Eheschließungsfreiheit

Die kollisionsrechtliche Behandlung homosexueller Ehen bzw. die Anerkennung der Geschlechtsverschiedenheit als unabdingbare Eheschließungsvoraussetzung nach fremdem Recht erfährt auch unter Berücksichtigung des internationalen Menschenrechtsschutzes keine andere Beurteilung. Ebenso wie Art. 23 Abs. 2 IPbpR und die weiteren UN-Konventionen spricht auch Art. 12 EMRK von Mann und Frau als den künftigen Ehepartnern. Der Begriff des Heiratens (*to marry, se marrier*) bezieht sich in seiner hergebrachten Bedeutung nur auf Personen verschiedenen Geschlechts. Die in den Menschenrechtsverträgen enthaltenen Garantien der Eheschließungsfreiheit beschränken sich deshalb schon dem Wortlaut nach ausschließlich auf das traditionelle Ehebild als Verbindung von Mann und Frau, so daß homosexuelle Partnerschaften vom Schutzbereich der Eheschließungsfreiheit nicht erfaßt sind.[1291]

---

sind (registrierte) Partnerschaften nach herrschender Anschauung nicht dem kollisionsrechtlichen Ehebegriff zuzuordnen, sondern stellen Institutionen „unterhalb“ der Ehe dar und werden – wie nichteheliche Lebensgemeinschaften – lediglich analog Art. 13 EGBGB angeknüpft. Eine familienrechtlich wirksame Begründung hängt von der jeweiligen Anerkennung im Personalstatut der Partner ab, vgl. zum Ganzen Soergel-*Schurig*, Art. 13 EGBGB Rn. 7; *Henrich*, Familienrecht, S. 51 ff.; MüKo-*Coester*, Art. 13 EGBGB Rn. 6; Staudinger-*v. Bar/Mankowski*, Art. 13 EGBGB Rn. 180 und nach Art. 13 Rn. 77. Die Anerkennung derartiger Lebenspartnerschaften in der Rechtsordnung der Bundesrepublik kann jedenfalls seit Inkrafttreten des LPartG (BGBl. 2001 I S. 266) am 01. August 2001 nicht mehr schlicht der ordre public entgegengehalten werden; vgl. Art. 17 b EGBGB (durch Gesetz vom 11. Dezember 2001, BGBl. 2001 I S. 3513, ist der zuvor durch das LPartG eingeführte Art. 17 a EGBGB nahezu identisch als Art. 17 b EGBGB fortgeschrieben worden), dessen Abs. 4 die Wirkungen einer im Ausland geschlossenen Partnerschaft auf die Vorschriften des BGB und des Lebenspartnerschaftsrechts beschränkt. Zu den allgemeinen international-privatrechlichen Implikationen des Lebenspartnerschaftsrechts vgl. *Wagner*, IPRax 2001, S. 283 ff.

1289 Vgl. MüKo-*Coester*, Art. 13 EGBGB Rn. 38; Erman-*Hohloch*, Art. 13 EGBGB Rn. 27; OLG Präsident Hamm, IPRspr. 1973, Nr. 39; Staudinger-*v. Bar/Mankowski*, Art. 13 EGBGB Rn. 179.

1290 Vgl. statt aller wiederum Erman-*Hohloch*, Art. 13 EGBGB Rn. 27.

1291 Vgl. für die insoweit einhellige Meinung etwa *Eriksson*, Right to Marry, S. 95 f.; *Nowak*, IPbpR, Art. 23 Rn. 13 und 21; zur EMRK vgl. *Frowein/Peukert*, EMRK,

Vor allem die Konventionsorgane der EMRK haben die Geschlechtsverschiedenheit als elementare Voraussetzung der Eröffnung des Schutzbereiches von Art. 12 EMRK herausgestellt. Der Gerichtshof hat zuletzt im Fall *Sheffield and Horsham* seine bisherige Rechtsprechung dahingehend bestätigt, wonach

> „the right to marry guaranteed by Article 12 refers to the traditional marriage between persons of opposite biological sex."[1292]

Die bislang von den Konventionsorganen der EMRK behandelten Fälle betrafen ausschließlich den zweiten Aspekt der Gleichgeschlechtlichkeit: die Transsexuellen-Problematik. Wie noch zu zeigen sein wird, ist die bisherige Entscheidungspraxis für diesen Bereich auch innerhalb der Konventionsorgane heftig umstritten. Soweit es hingegen homosexuelle Partnerschaften angeht, anerkennen auch die Vertreter einer progressiven Interpretation, daß diese angesichts des klaren Wortlauts der Konvention *de lege lata* nicht dem Schutzbereich des Art. 12 EMRK unterfallen können.[1293]

Art. 12 Rn. 2; *Pernthaler/Rath-Kathrein*, in: Machacek/Pahr/Stadler (Hrsg.), 40 Jahre EMRK, S. 245 (251).

1292 EGMR, *Sheffield and Horsham*, Urteil vom 30. Juli 1998, Reports 1998-V, S. 18, Tz. 66; zuvor schon EGMR, *Rees*, Urteil vom 17. Oktober 1986, Ser. A. No. 106, S. 19, Tz. 49 und EGMR, *Cossey*, Urteil vom 27. September 1990, Ser. A No. 184, S. 17, Tz. 43. Im Ergebnis ebenso die Kommission, vgl. die Berichte in den Fällen *Van Oosterwijck*, Ser. B No. 36, S. 27 f., Tz. 57 ff.; *Rees*, Bericht abgedruckt in Ser. A. No. 106, S. 23 ff. (27; Tz. 53) und *Cossey*, Bericht abgedruckt in Ser. A No. 184, Annex, S. 46 ff. (51; Tz. 45); zum uneinheitlichen dogmatischen Ansatz der Kommission im letzteren Fall vgl. *van Dijk/van Hoof*, Convention, S. 606, sowie im einzelnen unten S. 359 ff.

1293 An der bisherigen Beurteilung durch den Gerichtshof dürfte auch der niederländische Vorstoß zur Ermöglichung gleichgeschlechtlicher Ehen (vgl. oben Fn. 1288) nur wenig ändern. Ob die Entwicklung in den Beneluxstaaten sich als Ausgangspunk für einen künftigen europäischen Standard darstellt, wird abzuwarten sein. Auf absehbare Zeit dürfte in der Frage der bürgerlich-rechtlichen Eheschließung von Homosexuellen ein europäischer Konsens wohl nicht zu erzielen sein. Kritisch zum Ausschluß homosexueller Partnerschaften vom Schutzbereich des Art. 12 EMRK etwa *van Dijk* im Sondervotum zu *Sheffield and Horsham*, EGMR, Urteil vom 30. Juli 1998, Reports 1998-V, S. 33 (38): „(...) if one starts from the presumption that Art. 12 has to be considered to refer to marriages between persons of the opposite sex – a presumption which still seems to be justified in view of the clear wording of the provision, although it has the unsatisfactory consequence that it denies to, or at least makes illusive for, homosexuals a right laid down in the Convention (...)." Vgl. auch *van Dijk/van Hoof*, Convention, S. 605 ff.

b) Eheschließung bei Beteiligung eines transsexuellen Partners

aa) Transsexuellenehen und deutscher ordre public

Eine andere Haltung als bei der Eheschließung homosexueller Partner nehmen die neuere international-privatrechtliche Lehre und Praxis hingegen ein, wenn einer der Partner seine bei Geburt bestehende Geschlechtszugehörigkeit durch operativen Eingriff umgewandelt hat. Während die frühere Praxis unter Berufung auf die Vorbehaltsklausel die Eheschließung eines – ursprünglich männlichen – Transsexuellen mit einem Mann verweigerte,[1294] verletzt nach heute herrschender Meinung eine vom Heimatrecht zugestandene Ehefähigkeit nach einer rechtlich anerkannten[1295] Geschlechtsumwandlung die deutsche öffentliche Ordnung nicht.[1296] Vielmehr wird die Verweigerung dieser Ehefähigkeit trotz eines vollzogenen Geschlechtswechsels unter grundrechtsspezifischen Gesichtspunkten als ordre public-widrig angesehen.[1297] In diesem Meinungswandel spiegeln sich letztlich die vom BVerfG[1298] aufgezeigten und durch den

1294 Vgl. OLG-Präsident Hamm, StAZ 1974, S. 69.

1295 Die ganz überwiegende Ansicht knüpft die Frage der Anerkennung der Geschlechtsumwandlung als statusrechtliche Vorfrage entsprechend Art. 7 Abs. 1 EGBGB über das Personalstatut des betreffenden Verlobten an; dagegen wird die Entscheidung über die Ehefähigkeit eines transsexuellen Nupturienten als Hauptfrage nach Art. 13 Abs. 1 EGBGB angeknüpft, vgl. LG Stuttgart, StAZ 1999, S. 15 (16); AG Hamburg, StAZ 1984, S. 42 (43 f.); MüKo-*Coester*, Art. 13 EGBGB Rn. 38; Palandt-*Heldrich*, Art. 7 EGBGB Rn. 6; Erman-*Hohloch*, Art. 7 EGBGB Rn. 6; Staudinger-*v. Bar/Mankowski*, Art. 13 EGBGB Rn. 185.

1296 Vgl. *Spickhoff*, ordre public, S. 230 f.; Staudinger-*v. Bar/Mankowski*, Art. 13 EGBGB Rn. 185; Palandt-*Heldrich*, Art. 6 EGBGB Rn. 20; MüKo-*Coester*, Art. 13 EGBGB Rn. 38. Nicht deutlich hingegen Erman-*Hohloch*, Art. 13 EGBGB Rn. 27.

1297 So ausführlich AG Hamburg, StAZ 1984, S. 42 (43 f.) unter Heranziehung der Art. 1 Abs. 1, 2 Abs. 1, 3 Abs. 1 und 6 Abs. 1 GG und mit ausführlicher Bezugnahme auf die Transsexuellen-Entscheidungen des BVerfG. Vgl. auch MüKo-*Coester*, Art. 13 EGBGB Rn. 38; *Spickhoff*, ordre public, S. 231; Staudinger-*v. Bar/Mankowski*, Art. 13 EGBGB Rn. 185. Letztere weisen darauf hin, daß eine vollzogene, aber nach dem Personalstatut des ausländischen Transsexuellen nicht mögliche oder erfolgte Feststellung der Geschlechtsumwandlung nicht entsprechend dem Transsexuellengesetz durch deutsche Gerichte ersetzt werden könne. Insofern könne sich § 10 Transsexuellengesetz als Schranke der Eheschließungsfreiheit erweisen. Art. 6 Abs. 1 GG gebiete jedoch in diesen Fällen die Eheschließung unter Befreiung von der Pflicht zur Beibringung eines Ehefähigkeitszeugnisses auch ohne gerichtliche Feststellung die Eheschließung zuzulassen. Zu den zumutbaren Anforderungen an die Beibringung eines Ehefähigkeitszeugnisses vgl. aber LG Stuttgart, StAZ 1999, S. 15 (16 f.).

1298 Vgl. grundlegend BVerfGE 49, S. 286 ff.

Gesetzgeber[1299] nachvollzogenen Grundsätze des Transsexuellenrechts wider und belegen damit die Wandelbarkeit der ordre public-Inhalte.[1300]

bb) Eheschließung mit transsexuellem Partner unter dem Gesichtspunkt der menschenrechtlichen Eheschließungsfreiheit

Soweit ersichtlich hat die Frage der Eheschließung Transsexueller auf der Ebene der universellen Menschenrechtsverträge bislang keine explizite Behandlung erfahren. Dagegen waren die Organe der EMRK bereits mehrfach damit befaßt. In den Fällen, in denen eine Verletzung von Art. 12 EMRK gerügt worden war, hatten sich die Beschwerdeführer jeweils erfolgreich einer Geschlechtsumwandlung unterzogen, waren aber an der Eheschließung unter ihrem neuen Geschlecht gehindert, weil die Umwandlung nicht zu einer Korrektur des Personenstands- bzw. Geburtenregisters führte. Die Heirat mit einer Person des früheren Geschlechts war ihnen aufgrund ihrer (rechtlich) fortbestehenden Gleichgeschlechtlichkeit versagt.

Im Ergebnis hat der Gerichtshof bislang derartige innerstaatliche Regelungen, die faktisch zu einem Ausschluß der Eheschließung eines Transsexuellen mit einem Angehörigen seines früheren Geschlechts führen, nicht als Verstoß gegen Art. 12 EMRK gewertet. Ebenso wie in den Fällen *Rees*[1301] und *Cossey*[1302] hat der EGMR auch in seiner jüngsten Entscheidung zum Eheschließungsrecht eines Transsexuellen aus dem Jahre 1998 an der Prämisse festgehalten, Art. 12 EMRK erfasse vom Schutzbereich her nur die Eheschließung von Personen *biologisch* unterschiedlichen Geschlechts; dies folge sowohl aus dem Wortlaut als auch aus der Intention der Vorschrift, die in erster Linie den Schutz der Eheschließung als Ausgangspunkt für eine Familiengründung im Auge habe. Das Festhalten an ausschließlich biologischen Merkmalen zur Bestimmung der Ehefähigkeit sei von der Ausgestaltungsfreiheit der Mitgliedstaaten gedeckt:

> „The Court recalls that the right to marry guaranteed by Article 12 refers to the traditional marriage between persons of opposite biological sex. This appears also from the wording of the Article which makes it clear that Article 12 is mainly concerned to protect marriage as the basis of the family. (...) [T]he attachment to the traditional concept of marriage which underpins

1299 Gesetz über die Änderung der Vornamen und die Feststellung der Geschlechtszugehörigkeit in besonderen Fällen, BGBl. 1980 I S. 1654, sog. Transsexuellengesetz.

1300 Vgl. dazu im I. Kapitel, S. 30.

1301 EGMR, *Rees*, Urteil vom 17. Oktober 1986, Ser. A No. 106, S. 19, Tz. 49 f.

1302 EGMR, *Cossey*, Urteil vom 27. September 1990, Ser. A No. 184, S. 17 f., Tz. 43 ff.

Article 12 of the Convention provides sufficient reason for the continued adoption by the respondent State of biological criteria for determining a person's sex for the purposes of marriage, this being a matter encompassed within the power of the Contracting States to regulate by national law the exercise of the right to marry (...)."[1303]

Zu einer Neuausrichtung seiner Rechtsprechung unter Berücksichtigung sich wandelnder Anschauungen in den Vertragsstaaten hat sich der Gerichtshof auch im Fall *Sheffield and Horsham* im Ergebnis nicht veranlaßt gesehen, obwohl die Möglichkeit einer evolutiven Auslegung im neun Jahre zuvor ergangenen *Cossey*-Urteil durchausoffen gehalten wurde:

> „Although some Contracting States would now regard as valid a marriage between a person in Miss Cossey's situation and a man, the developments which have occurred to date (...) cannot be said to evidence any general abandonment of the traditional concept of marriage. In theses circumstances the Court does not consider that it is open to it to take a new approach to the interpretation of Article 12 on the point at issue."[1304]

Bereits im Fall *Cossey* wurde die restriktive Interpretation nicht einhellig vom Richterkollegium getragen.[1305] Im Fall *Sheffield and Horsham* haben sich nunmehr nicht weniger als neun Richter für eine Neubewertung der Situation von Transsexuellen im Lichte der Konvention ausgesprochen, wenngleich sich die Stellungnahmen im Ergebnis nicht auf das Urteil ausgewirkt haben.[1306]

1303 EGMR, *Sheffield and Horsham*, Urteil vom 30. Juli 1998, Reports 1998-V, S. 18 f., Tz. 66 f. Zum Merkmal der biologischen Verschiedengeschlechtlichkeit in der uneinheitlichen Entscheidungspraxis der Kommission sogleich.

1304 EGMR, *Cossey*, Urteil vom 27. September 1990, Ser. A No. 184, S. 18, Tz. 46.

1305 Die Entscheidung wurde von vier Richtern nicht mitgetragen, vgl. insbesondere das dezidierte Sondervotum von Richter *Martens*, EGMR, *Cossey*, Urteil vom 27. September 1990, Ser. A No. 184, S. 22 ff., in dem er sich für eine Loslösung des Ehebildes von biologisch-sexuellen Kriterien aussprach (S. 33, Tz. 4.5.2); ähnlich äußerten sich auch die abweichenden Voten der Richter *Palm, Foighel und Pekkanen*, a.a.O., S. 42 (43 f., Tz. 5).

1306 Die Richter *Bernhardt, Thór Vilhjálmsson, Spielmann, Palm, Wildhaber, Mkarczyk* und *Voicu* sahen in ihrem gemeinsamen Sondervotum, EGMR, *Sheffield and Horsham*, Urteil vom 30. Juli 1998, Reports 1998-V, S. 26 (28 f.) angesichts weitreichender Erkenntnisforschritte in der medizinischen und psychologischen Forschung jedenfalls im Hinblick auf Art. 8 EMRK den nationalen Spielraum der Mitgliedstaaten eingeengt. Es gehe nicht an, einerseits die medizinischen Mittel für eine Ge-

Im Gegensatz zu der – im Ergebnis eindeutigen – Rechtsprechung des Gerichtshofs gibt die Entscheidungspraxis der Kommission zur Heiratsfähigkeit Transsexueller ein uneinheitliches Bild ab. Im Fall *Van Oosterwijck* stellte die Kommission einen Verstoß gegen Art. 12 EMRK fest; nach ihrer Auffassung lag in der schlichten Weigerung der belgischen Behörden, den Eintrag der Geschlechtszugehörigkeit im Geburts- und Personenstandsregister zu ändern, ohne den Sachverhalt eingehender zu würdigen, ein mit der Eheschließungsfreiheit unvereinbares, indirektes Hindernis.[1307] Auf die Fähigkeit, die Ehe als Geschlechtsgemeinschaft zu vollziehen, sollte es nach Ansicht der Kommission für den Schutzbereich von Art. 12 EMRK nicht ankommen:

> „[T]here is nothing to support the conclusion that the capacity to procreate is an essential condition of marriage or even that procreation is an essential purpose of marriage."[1308]

Wenige Jahre später, im Fall *Rees*, verneinte die Kommission für die vergleichbare englische Rechtspraxis hingegen eine Verletzung von Art. 12 EMRK.[1309] Die Entscheidung erging einstimmig, die Argumentation war je-

---

schlechtsumwandlung vorzuhalten, andererseits aber die rechtliche Anerkennung des neuen Geschlechts zu versagen: „It is no longer possible, from the standpoint of Article 8 of the Convention and in a Europe where considerable evolution in the direction of legal recognition is constantly taking place, to justify a system such as that pertaining in the respondent State, which treats gender dysphoria as a medical condition, subsidises gender reassignment surgery but the withholds recognition of the consequences of that surgery thereby exposing post-operative transsexuals to the likelihood of recurring distress and humiliation." Ähnlich auch das Sondervotum von Richter *Casadevall*, der vor allem kritisiert, daß in der englischen Rechtsordnung keinerlei Bewegung zu erkennen sei, vgl. a.a.O., S. 31 f. *Van Dijk*, a.a.O., S. 38, schließlich erstreckt in seiner abweichenden Stellungnahme die für Art. 8 EMRK gebotene Neubewertung ganz zwanglos auf die Beurteilung der Eheschließungsfreiheit: „Since, in my opinion, Article 8 requires legal recognition of gender reassignment following a surgical operation, this implies that the applicants have to be considered as persons of the new sex for legal purposes, including for the application of Article 12. Therefore, (...) the applicants should be treated as women under Article 12, and should be allowed to marry men. Only in that way is their choice of a new sexual identity socially respected and legally recognised." Der Beurteilung *van Dijks* zu Art. 12 schloß sich Richter *Wildhaber* ausdrücklich an, vgl. a.a.O., S. 40.

1307 EKMR, *Van Oosterwijck*, Ser. B No. 36, S. 27. Der Gerichtshof wies die Beschwerde hingegen mangels Erschöpfung des innerstaatlichen Rechtsweges als unzulässig ab, vgl. EGMR, *Van Oosterwijck*, Urteil vom 6. November 1980, Ser. A No. 40, S. 19, Tz. 40 f.

1308 EKMR, *Van Oosterwijck*, Ser. B No. 36, S. 28.

1309 EKMR, *Rees*, Bericht abgedruckt als Annex in Ser. A No. 106, S. 23 ff.

doch gespalten. Während für fünf Mitglieder der Kommission eine Verletzung von Art. 12 EMRK verneinten, weil bereits Art. 8 EMRK die Anerkennung der Geschlechtsumwandlung nicht gebiete,[1310] sahen die anderen fünf Kommissionsmitglieder den Ausschluß der Eheschließung von der den Mitgliedstaaten zustehenden Ausgestaltungsfreiheit gedeckt. Ihrer Auffassung nach konnte das innerstaatliche Recht die Eheschließung durchaus auf bestimmte Kategorien von Männern und Frauen begrenzen und dabei solche Gruppen ausschließen, bei denen der Vollzug der Ehe als Geschlechtsgemeinschaft von vornherein ausscheide:

> „It follows that the Contracting State must be permitted to exclude from marriage persons whose sexual category itself implies a physical incapacity to procreate either absolutely (in the case of a transsexual) or in relation to the sexual category of the other spouse (in the case of individuals of the same sex)."[1311]

Im Fall *Cossey* vollzog die Kommission abermals eine Kehrtwendung und gelangte so zu den Erkenntnissen im Fall *Van Oosterwijck* zurück:

> „The Commission agrees, in principle, with the Court, that Article 12 refers to the traditional marriage between persons of opposite biological sex. It cannot, however, be inferred from Article 12 that the capacity to procreate is a necessary requirement for the right in question. Men or women, who are unable to have children, enjoy the right to marry just as other persons. Therefore, biological sex cannot for the purpose of Article 12 be related to the capacity to procreate."[1312]

Wie gezeigt, ist der Gerichtshof den Ansätzen der Kommission im Ergebnis weder im Fall *Cossey* selbst, noch im Fall *Sheffield and Horsham* gefolgt. Gleichwohl hat die Kommission damit eine Argumentationslinie aufgezeigt, auf der einzelne Mitglieder des Gerichtshofs unter anderem ihre Sondervoten gründeten.[1313] Insofern zeigt die – *prima facie* – gefestigte Rechtsprechung des

1310 Ebd., S. 27, Tz. 54.

1311 Ebd., S. 28 f., Tz. 55. An diese zweite Argumentationslinie scheint der Gerichtshof im *Rees*-Urteil anzuknüpfen, wenn er vom „opposite biological sex" als Prämisse für die Anwendung von Art. 12 EMRK spricht und die Eheschließungsfreiheit vor allem als Ausgangspunkt für eine Familiengründung geschützt wissen will, vgl. oben in Fn. 1301.

1312 EKMR, *Cossey*, Bericht abgedruckt in Ser. A No. 184, Annex, S. 45 (51), Tz. 45).

1313 Vgl. bereits im II. Kapitel bei Fn. 326 sowie oben bei Fn. 1305.

Gerichtshofs bei genauer Betrachtung durchaus Perspektiven für eine künftige Rechtsentwicklung auf.

c) Ergebnis

Auf der Basis der gegenwärtigen Rechtsprechung des Gerichtshofs dürfte Art. 12 EMRK der Beachtung eines Eheschließungshindernisses für Transsexuelle nach deren Personalstatut derzeit nicht entgegenstehen. In der ordre public-Praxis muß deshalb (weiterhin) auf die autonomen Entscheidungen der deutschen (Grund-)Rechtsordnung abgestellt werden. Gleichwohl zeigt vor allem die jüngste Rechtsprechung des EGMR, daß die Beurteilung der Situation von Transsexuellen auch weiterhin im Fluß ist und im Wege der evolutiven Auslegung der Konvention eine Neubewertung durchaus im Bereich des Möglichen liegt.

4. Bi- und polygame[1314] Eheschließungen

a) Bi- und polygame Ehen im deutschen internationalen Eheschließungsrecht

Zahlreiche, insbesondere die islamisch geprägten Rechtsordnungen kennen bis heute die legale Mehrehe.[1315] Im deutschen Eheschließungsrecht untersagt hingegen § 1306 BGB polygame und bigamische Verbindungen und enthält damit das wohl wichtigste Eheverbot.[1316] Die Vorschrift ist nach ihrem eindeutigen Wortlaut zweiseitig ausgestaltet, verbietet also nicht nur die (weitere) Eheschließung eines verheirateten Deutschen, sondern auch die eines bzw. einer ledigen Deutschen mit einer verheirateten Ausländerin bzw. einem verheirateten Ausländer.[1317] Kommt nach Art. 13 Abs. 1 EGBGB für einen der Nupturienten deutsches Eheschließungsrecht zur Anwendung, so scheitert eine

1314 Der Begriff der Polygamie wird hier im übergreifenden Sinne verwandt und erfaßt auch die Ehegemeinschaft mit mehreren Männern; die Polyandrie ist freilich weltweit eine Ausnahmerescheinung.

1315 Rechtsvergleichender und –historischer Überblick bei Staudinger-*v. Bar/Mankowski*, Art. 13 EGBGB Rn. 235; vgl. auch *Eriksson*, Right to Marry, S. 102 ff.

1316 Vgl. Staudinger-*v. Bar/Mankowski*, Art. 13 EGBGB Rn. 233.

1317 Vgl. nur Erman-*Hohloch*, Art. 13 EGBGB Rn. 31. Ebenso wie im deutschen Recht ist auch in anderen Rechtsordnungen die Zweiseitigkeit des Eheverbots der Bi- und Polygamien der Regelfall, vgl. MüKo-*Coester*, Art. 13 EGBGB Rn. 44; Erman-*Hohloch*, Art. 13 EGBGB Rn. 31; Staudinger-*v. Bar/Mankowski*, Art. 13 EGBGB Rn. 257.

bi- oder polygame Verbindung folglich an § 1306 BGB. Die dem deutschen materiellen Recht zugrundeliegende Entscheidung für die Einehe setzt sich aber auch in den Fällen durch, in denen keiner der Verlobten deutschem Personalstatut unterliegt. Steht fest, daß einer der Nupturienten bereits in gültiger Ehe verheiratet ist,[1318] so wird die tatsächliche[1319] Eingehung einer bi- oder polygamen Verbindung durch Trauung im Inland im Ergebnis einhellig als unzulässig betrachtet, selbst wenn das Heimatrecht beider Nupturienten die Mehrehe gestattet.[1320] Umgekehrt stehen deshalb der Beachtlichkeit eines Mehreheverbots nach fremdem Eheschließungsrecht weder Art. 13 Abs. 2 EGBGB noch Art. 6 EGBGB entgegen.[1321]

1318 Die Vorfrage des Bestands der Ehe ist, soweit nicht Art. 13 Abs. 2 Nr. 3 Hs. 2 EGBGB zur Anwendung gelangt, vor allem bei gespaltener Beurteilung durch die jeweiligen Personalstatute („hinkende Ehen") mit schwierigen kollisionsrechtlichen und anknüpfungstechnischen Problemen verbunden, auf die an dieser Stelle nur hingewiesen werden kann; zum Streitstand vgl. im einzelnen MüKo-*Coester*, Art. 13 EGBGB Rn. 46 ff. sowie Staudinger-*v. Bar/Mankowski*, Art. 13 EGBGB Rn. 259 ff.

1319 Anderes gilt hingegen, wenn die Eheschließung nur potentiell zur Polygamie führt, weil das Personalstatut eines Verlobten die Mehrehe gestattet, zum Zeitpunkt der Inlandstrauung aber noch keiner der Nupturienten eine andere Ehe eingegangen ist bzw. diese wirksam wieder aufgelöst wurde, vgl. Soergel-*Schurig*, Art. 13 EGBGB Rn. 16; Staudinger-*v. Bar/Mankowski*, Art. 13 EGBGB Rn. 247, beide m.w.N.

1320 Die Begründungsansätze sind unterschiedlich. Überwiegend wird Art. 6 EGBGB mit seinem aus Art. 6 Abs. 1 GG ermittelten Maßstab herangezogen, vgl. etwa *Jayme*, Methoden, S. 34; Staudinger-*v. Bar/Mankowski*, Art. 13 EGBGB Rn. 252; Soergel-*Schurig*, Art. 13 EGBGB Rn. 16 und 127; wohl auch MüKo-*Coester*, Art. 13 EGBGB Rn. 45, wenngleich kritisch zur ungleichen Behandlung von polygamen Auslands- und Inlandsehen; im Begründungsansatz undeutlich Erman-*Hohloch*, Art. 13 EGBGB Rn. 32. *Spickhoff*, ordre public, S. 235 und *ders.*, JZ 1991, S. 323 (327) stützt sich im Grunde auf die Vorbehaltsklausel, weist aber darauf hin, genaugenommen werde das inländische materielle Verbot der Mehrehe bei Tätigwerden eines deutschen Standesbeamten sonderangeknüpft. Die im Ausland gültig geschlossene Mehrehe wird hingegen nach einhelliger Meinung auch im Inland anerkannt, insbesondere im Hinblick auf kindschafts- oder sozialrechtliche Wirkungen, vgl. statt aller Palandt-*Heldrich*, Art. 6 EGBGB Rn. 20 mit Nachweisen aus der Rechtsprechung. *Wiethölter*, BerDGVR 7 (1967), S. 133 (139) hat deshalb die herrschende Ansicht zum Verbot der Inlandstrauung als *déni de justice* bezeichnet; ähnlich kritisch *Stöcker*, RabelsZ 23 (1974), S. 79 (106).

1321 Vgl. Staudinger-*v. Bar/Mankowski*, Art. 13 EGBGB Rn. 252.

b) Eheverbote der Bi- und Polygamie unter dem Aspekt der menschenrechtlichen Eheschließungsfreiheit

Die deutsche international-privatrechtliche Praxis, polygame Eheschließungen im Inland nicht zuzulassen und entsprechende Eheverbote fremder Rechtsordnungen anzuerkennen, rechtfertigt sich aus innerstaatlicher Sicht mit dem Prinzip der Einehe, wie es sowohl dem deutschen materiellen Eheschließungsrecht, als auch Art. 6 Abs. 1 GG zugrunde liegt. Sie findet aber darüber hinaus auch Rückhalt in den Menschenrechtsverträgen.

Dies gilt zunächst für die EMRK. Angesichts der festen Verankerung des Bigamieverbotes in den europäischen Rechtsordnungen wird nach ganz einhelliger Meinung ein Anspruch auf Eingehung einer weiteren Ehe durch eine bereits verheiratete Person nicht gedeckt.[1322] Die Kommission hat gerade das Eheverbot der Bigamie ausdrücklich als eine zulässige Schranke der Eheschließungsfreiheit angesehen.[1323] Auch der Rechtsprechung des Gerichtshofs zu Art. 12 EMRK liegt ganz offensichtlich das Leitbild der monogamen Ehe zugrunde.[1324] Freilich bleibt es den Vertragsstaaten auch unter der Geltung von Art. 12 EMRK unbenommen, im Ausland geschlossene polygame Ehen im Inland anzuerkennen; einen Anspruch auf Eingehung vermittelt Art. 12 EMRK hingegen nicht.[1325]

Problematischer erscheint hingegen die Beurteilung der Eheverbote unter dem Blickwinkel der durch die universellen Menschenrechtsverträge, insbesondere durch Art. 23 Abs. 2 IPbpR, gewährleisteten Eheschließungsfreiheit. Hier kann der Schutzbereich der Norm nicht schon unter Hinweis auf ein einheitliches monogames Eheverständnis bestimmt werden. Dennoch wird man die traditionellen und weitverbreiteten Eheverbote der Bi- und Polygamie als mit Art. 23 Abs. 2 IPbpR vereinbar ansehen müssen, auch wenn die Mehrehe in einer Reihe von Mitgliedstaaten zugelassen ist. Zum einen galten entsprechende Verbote bereits bei Ausarbeitung des Paktes in einer Vielzahl von Staaten, so daß kaum angenommen werden kann, diese hätten sich mit der Ratifizierung zur

---

1322 Vgl. *van Dijk/van Hoof*, Convention, S. 604; *Palm-Risse*, Schutz, S. 159 f.; *Fahrenhorst*, Familienrecht, S. 235; *Eriksson*, Right to Marry, S. 100 f.; *Pernthaler/Rath-Kathrein*, in: Machacek/Pahr/Stadler (Hrsg.), 40 Jahre EMRK, S. 245 (256); *Frowein/Peukert*, EMRK, Art. 12 Rn. 2.

1323 Vgl. die Berichte der EKMR zu den Beschwerden *Draper*, DR 24, S. 72 ff., Tz. 48 und *Hamer*, DR 24, S. 5 ff., Tz. 61.

1324 Vgl. etwa EGMR, *Johnston and others*, Urteil vom 28. Oktober 1986, Ser. A No. 112, S. 24, Tz. 52; *F ./. Schweiz*, Urteil vom 18. Dezember 1987, Ser. A No. 28, S. 18, Tz. 38.

1325 Vgl. *Palm-Risse*, Schutz, S. 160 f.; *Fahrenhorst*, Familienrecht, S. 238 f.

Aufhebung dieser Verbote verpflichten wollen.[1326] Vielmehr weisen umgekehrt die jüngeren Stellungnahmen der Überwachungsorgane darauf hin, daß das Institut der Polygamie seinerseits in Konflikt zu den menschenrechtlichen Verbürgungen steht. Der CEDAW-Ausschuß hat bereits mit *General Recommendation* 21 die Auffassung vertreten, polygame Ehen stünden *per se* im Widerspruch zu den Gewährleistungen der Frauendiskriminierungskonvention:

> „Polygamous marriage contravenes a woman's right to equality with men, and can have such serious emotional and financial consequences for her and her dependants that such marriages ought to be discouraged and prohibited. The Committee notes with concern that some State parties, whose constitutions guarantee equal rights, permit polygamous marriage in accordance with personal or customary law. This violates the constitutional rights of women, and breaches the provisions of article 5 (a) of the Convention."[1327]

Den Aspekt der Geschlechtergleichheit, wie er für den Bereich der Eheschließung in Art. 23 Abs. 4 IPbpR zum Ausdruck kommt, hat jüngst auch der Menschenrechtsausschuß aufgegriffen und für polygame Eheschließungsrechte unzweideutig ausgeführt:

> „It should also be noted that equality of treatment with regard to the right to marry implies that polygamy is incompatible with this principle. Polygamy violates the dignity of women. It is an inadmissible discrimination against women. Consequently, it should be definitely abolished wherever it continues to exist."[1328]

Bindet man diese Aussagen in die Auslegung der menschenrechtlich garantierten Eheschließungsfreiheit mit ein, so finden sich auch jenseits der europäischen Rechtstradition Begründungsansätze für den ordre public-Einsatz gegenüber polygamen Eheschließungsrechten. Jedenfalls dort, wo die Mehrehe nicht gleichermaßen Frauen und Männern offensteht, erscheint es gerade unter dem Gesichtspunkt der Geschlechtergleichheit und der Menschenwürde gerechtfertigt, die Eingehung einer polygamen Ehe nicht zuzulassen.[1329]

1326 Vgl. *Nowak*, IPbpR, Art. 23 Rn. 19.

1327 *General Recommendation* 21/13, enthalten in UN-Doc. A/47/38, Tz. 14.

1328 *General Comment* 28, UN-Doc. CCPR/C/21/Rev. 1/Add. 10, Tz. 24.

1329 Vgl. auch *Eriksson*, Right to Marry, S. 101. Den Gesichtpunkt der Geschlechtergleichheit hebt auch *Fohrer*, L'incidence, S. 66 f., unter Hinweis auf Art. 5 des

c) Ergebnis

Die deutsche Praxis des internationalen Eheschließungsrechts, im Inland eine polygame Eheschließung nicht zuzulassen bzw. entsprechende Eheverbote des anwendbaren Personalstatuts eines Verlobten anzuerkennen, erfährt auch unter Heranziehung der menschenrechtlichen Verbürgungen eher Unterstützung als eine Einschränkung. Während die Bestimmungen der EMRK von vornherein kein Recht auf Mehrehe gewährleisten, geht die Auslegungspraxis der UN-Organe dahin, polygame Ehen als mit der Würde und der Gleichheit der Frau unvereinbar anzusehen und deshalb so weit als möglich zurückzudrängen.

5. Eheverbote der Verwandtschaft und Schwägerschaft

Zu den weltweit verbreiteten Ehehindernissen zählen auch die Verbote der Eheschließung zwischen Verwandten und Verschwägerten. Das deutsche Eheschließungsrecht verzichtet seit Inkrafttreten des EheschlRG[1330] auf das Eheverbot der Schwägerschaft und kennt als trennendes Verbot nur noch die Eheschließung zwischen Verwandten in gerader Linie und zwischen voll- und halbbürtigen Geschwistern (§ 1307 BGB) sowie das aufschiebende Verbot der Eheschließung zwischen Partnern, die durch Adoption in gerader Linie miteinander verwandt sind (§ 1308 BGB).

a) Eheverbote der Verwandtschaft und Schwägerschaft im internationalen Eheschließungsrecht

Im internationalen Eheschließungsrecht sind die Eheverbote der Verwandtschaft und Schwägerschaft nach Maßgabe des jeweiligen Personalstatuts der Nupturienten als notwendig zweiseitige Ehehindernisse zu beachten.[1331] Legen die Heimatrechte der Verlobten einen strengeren Maßstab an als das deutsche Recht, so ist dieser grundsätzlich auch unter dem Gesichtspunkt des Art. 13 Abs. 2 EGBGB i.V.m. Art. 6 Abs. 1 GG hinzunehmen.[1332] Dies gilt etwa für

7. Zusatzprotokolls der EMRK für die Behandlung polygamer Ehen im französischen internationalen Privatrecht hervor.

1330 In Kraft seit dem 1. Juli 1998.

1331 Vgl. Staudinger-*v. Bar/Mankowski*, Art. 13 EGBGB Rn. 228.

1332 Einhellige Meinung in Literatur und Rechtsprechung, vgl. OLG Düsseldorf, FamRZ 1969, S. 654, sowie jüngst OLG Stuttgart, FamRZ 2000, S. 821 (822); Palandt-*Heldrich*, Art. 13 EGBGB Rn. 8; MüKo-*Coester*, Art. 13 EGBGB Rn. 40; *Kegel/Schurig*, IPR, S. 688; Erman-*Hohloch*, Art. 13 EGBGB Rn. 28.

das im lateinischen Rechtskreis weithin anzutreffende Ehehindernis der Vormundschaft.[1333] Für das Eheverbot der Schwägerschaft in direkter Linie hat die Rechtsprechung trotz der Neuausrichtung des deutschen Eheschließungsrechts keine Notwendigkeit gesehen, die innerstaatlichen Reformen über Art. 13 Abs. 2 EGBGB auch im Bereich des internationalen Eheschließungsrechts nachzuzeichnen; im Hinblick auf die bis 1998 geltende *lex fori* ist deshalb ein Eheverbot bei direkter Schwägerschaft auch weiterhin grundsätzlich zu respektieren.[1334] Uneinheitlich wird dagegen das in islamischen Rechten teilweise noch bestehende Verbot der Milchverwandtschaft beurteilt.[1335] Art. 13 Abs. 2 EGBGB greift hingegen nach einhelliger Ansicht ein, wenn das Personalstatut selbst bei entfernter Verwandtschaft die Eingehung der Ehe ausschließt.[1336]

Dagegen setzt sich – freilich über Art. 6 EGBGB – der in § 1307 BGB verankerte deutsche ordre public auch international-privatrechtlich durch, sofern ein Personalstatut Ehen zwischen engen Blutsverwandten zulassen sollte.[1337]

b) Verwandtschaft und Schwägerschaft als Schranken der menschenrechtlichen Eheschließungsfreiheit

Aus menschenrechtlicher Sicht werden Eheverboten der Verwandtschaft und Schwägerschaft weder im Hinblick auf Art. 12 EMRK noch auf Art. 23 IPbpR grundlegende Bedenken entgegengebracht. Ihnen liegen regelmäßig anerkannte eugenische und moralische Gründe bzw. Erwägungen zur Wahrung des

---

1333 Vgl. Staudinger-*v. Bar/Mankowski*, Art. 13 EGBGB Rn. 229 f.

1334 Vgl. OLG Stuttgart, FamRZ 2000, S. 821 (822) zu Art. 92 türk. ZGB unter Hinweis auf entsprechende Verbote in zahlreichen Ländern.

1335 Zum Eheverbot der Milchverwandtschaft vgl. allgemein *Bermann/Ferid*, Internationales Ehe- und Kindschaftsrecht, Ordner I, Die religiösen Eherechte: Islam, (78. Lieferung), S. 7 f. Nach Staudinger-*v. Bar/Mankowski*, Art. 13 EGBGB Rn. 232, ist das Verbot mit dem eheschließungsrechtlichen ordre public unvereinbar; MüKo-*Coester*, Art. 13 EGBGB Rn. 40 spricht sich dagegen für die Zulässigkeit aus; nicht eindeutig Erman-*Hohloch*, Art. 13 EGBGB Rn. 28.

1336 So ausdrücklich die Regierungsbegründung zum IPR-Reformgesetz, BT-Drucks. 10/504, S. 53; nichts anderes kann für entfernte Schwägerschaft gelten, vgl. Soergel-*Schurig*, Art. 13 EGBGB Rn. 59. Bei Staudinger-*v. Bar/Mankowski*, Art. 13 EGBGB Rn. 230 findet sich etwa der Verweis auf das Ehehindernis der Schwägerschaft bis zum achten Grad nach südkoreanischem Eherecht.

1337 Einhellige Meinung, vgl. Erman-*Hohloch*, Art. 13 EGBGB Rn. 28; MüKo-*Coester*, Art. 13 EGBGB Rn. 40; Staudinger-*v. Bar/Mankowski*, Art. 13 EGBGB Rn. 231; in der Praxis kennen – soweit ersichtlich – alle Rechtsordnungen Eheverbote zwischen nahen Blutsverwandten.

Familienfriedens zugrunde.[1338] Jedenfalls das in allen Rechtskreisen anzutreffende Verbot der Eheschließung zwischen Blutsverwandten wird allseits für zulässig erachtet.[1339] Die Europäische Menschenrechtkommission hat Verwandtschaft zwischen den Nupturienten als typisches Verbot angesehen, das der nationale Gesetzgeber im Rahmen der Verweisung des Art. 12 EMRK zulässigerweise aufstellen kann.[1340] Auch die Stellungnahmen der Überwachungsorgane universeller Verträge erwähnen die (Bluts-)Verwandtschaft als anzuerkennendes Hindernis.[1341] Angesichts ihrer traditionellen Verbreitung selbst innerhalb der Staaten des Europarates und ihres Beruhens auf sachlichen Erwägungen werden daneben auch die Eheverbote der Schwägerschaft und des Adoptionsverhältnisses weitgehend für vereinbar mit der menschenrechtlichen Eheschließungsfreiheit gehalten.[1342] Die Schwierigkeiten, den noch hinzunehmenden Grad der Verwandtschaft bzw. Schwägerschaft zu ermitteln, gestalten sich hier freilich noch schwieriger, als unter dem Aspekt der grundrechtlichen Eheschließungsfreiheit.[1343]

1338 Vgl. im einzelnen *Fahrenhorst*, Familienrecht, S. 214 ff.

1339 Vgl. *Eriksson*, Right to Marry, S. 94 f.; *Palm-Risse*, Schutz, S. 159 f.; *Nowak*, IPbpR, Art. 23 Rn. 20; *Frowein/Peukert*, EMRK, Art. 12 Rn. 2; *Pernthaler/ Rath-Kathrein*, in: Machacek/Pahr/Stadler (Hrsg.), 40 Jahre EMRK, S. 245 (256).

1340 Vgl. Bericht der Kommission im Fall *Draper*, DR 24, Tz. 48 und im Fall *Hamer*, DR 24, Tz. 61.

1341 So etwa der Menschenrechtsausschuß im *General Comment* 19/39, UN-Doc. CCPR/C/21/Rev. 1/ Add. 2 (1990), Tz. 4 sowie der CEDAW-Ausschuß im *General Recommendation* 21/13, enthalten in UN-Doc. A/47/38, Tz. 16; vgl. bereits oben Fn. 1216.

1342 Vgl. *Fahrenhorst*, Familienrecht, S. 218; *Palm-Risse*, Schutz, S. 161 f.; *Eriksson*, Right to Marry, S. 94. Zum Ehehindernis der Schwägerschaft vgl. den rechtsvergleichenden Überblick im Urteil des OLG Stuttgart, FamRZ 2000, S. 821 (822). Angesichts der Stellungnahmen des Menschenrechtsausschusses erscheint die Auffassung von *Nowak*, IPbpR, Art. 23 Rn. 20, Ehehindernisse, die über die Blutsverwandtschaft hinausgehen – insbesondere Schwägerschaft und Adoption – seien mit Art. 23 IPbpR nicht vereinbar, zu eng am nationalen Eheschließungsrecht ausgerichtet. Derartige Verbote waren seit jeher und sind bis heute weltweit verbreitet; auch das deutsche Recht kennt mit § 1307 BGB jedenfalls ein aufschiebendes Eheverbot für Adoptionsverwandte, bis zur Aufhebung durch das EheschlRG im Jahre 1998 zählte selbst die Schwägerschaft gem. § 4 EheG noch zu den Verbotsgründen.

1343 Auf die Schwierigkeiten eines allgemein verbindlichen Maßstabs weist vor allem *Eriksson*, Right to Marry, S. 94 f. hin.

c) Ergebnis

Den internationalen Menschenrechtsverträgen können Anhaltspunkte für die ordre public-Praxis insoweit entnommen werden, als die weit verbreiteten und in den Rechtstraditionen zahlreicher Vertragsstaaten fest verankerten Eheverbote der Verwandtschaft und Schwägerschaft nicht in Konflikt mit der Eheschließungsfreiheit stehen dürften, soweit ihnen sachliche Erwägungen zugrunde liegen. Über die Grenzen der noch zulässigen Einschränkungen lassen sich allerdings nur schwer gesicherte Aussagen treffen.

6. Religiöse, politische und anderweitig diskriminierende Ehehindernisse

Ein traditionelles Einsatzfeld hat der ordre public auch bei Ehehindernissen, die in der religiösen, staatspolitischen oder sonst diskriminierenden Ausrichtung der *lex fori* begründet sind.

a) Besondere Ehehindernisse und deutsches internationales Eheschließungsrecht

Dazu zählen zunächst die religiösen Ehehindernisse, insbesondere das der Religionsverschiedenheit, wie es in islamisch geprägten Rechtsordnungen aber auch in Israel anzutreffen ist.[1344] Die neuere international-privatrechtliche Praxis und Lehre setzen – jedenfalls bei hinreichendem Inlandsbezug – dem Verbot interkonfessioneller Ehen im Ergebnis einhellig[1345] den deutschen ordre public entgegen.[1346] Auf einen über die Beteiligung eines deutschen Standes-

1344 Rechtsvergleichender Überblick bei Staudinger-*v. Bar/Mankowski*, Art. 13 EGBGB Rn. 388 ff.

1345 Strittig ist lediglich die Frage, ob hierfür auf Art. 13 Abs. 2 EGBGB oder auf den allgemeinen ordre public-Vorbehalt des Art. 6 EGBGB zurückzugreifen ist; für letzteres die inzwischen h.L., vgl. MüKo-*Coester*, Art. 13 EGBGB Rn. 62; Soergel-*Schurig*, Art. 13 EGBGB Rn. 127; Palandt-*Heldrich*, Art. 13 EGBGB Rn. 8; Erman-*Hohloch*, Art. 13 EGBGB Rn. 30; *Sturm*, StAZ 1995, S. 343 (347). Zum Verhältnis von Art. 13 EGBGB und Art. 6 EGBGB vgl. ausführlich oben S. 319 ff.

1346 Aus der Rechtsprechung etwa BGHZ 56, S. 180 (187 ff.); OLG Hamm StAZ 1971, S. 86 f., allerdings vor der Spanier-Entscheidung des BVerfG und deshalb den Grundrechtsbezug ausblendend. Siehe auch AG Kaiserslautern, IPRspr. 1992 Nr. 105; zur Fortwirkung der ordre public-Widrigkeit im Scheidungsverfahren vgl. OLG Koblenz, FamRZ 1994, S. 1262 (1263). Für das im Ergebnis einhellige Schrifttum vgl. MüKo-*Coester*, Art. 13 EGBGB Rn. 62; Krüger, StAZ 1984, S. 336 (337); Staudinger-

beamten hinausgehende Binnenbeziehung wollen *v. Bar/Mankowski* wegen des für die deutsche Rechtsordnung prägenden Grundsatzes der Religionsneutralität sogar ganz verzichten: „Selbst wenn zwei Israelis unterschiedlichen Glaubensbekenntnisses ausschließlich zum Zwecke der Eheschließung in die Bundesrepublik einreisen, wird ihre Eheschließung durch den deutschen ordre public geschützt und ermöglicht."[1347]

Neben den religiösen Ehehindernissen bleibt im Ergebnis auch den vom fremden Recht auferlegten – zumeist politisch motivierten – diskriminierenden Beschränkungen der Eheschließungsfreiheit die Anerkennung im deutschen internationalen Eheschließungsrecht versagt, etwa einem Verbot aus rassischen Gründen, wegen der Staatsangehörigkeitsverschiedenheit der Ehegatten oder ihrer unterschiedlichen sozialen Herkunft.[1348] Soweit derartige Hindernisse nicht ohnehin als fremde Eingriffsnormen außer Betracht zu bleiben haben,[1349] sind sie wegen ihres besonders anstößigen Diskriminierungseffekts nach heute wohl h.M. mit dem grundrechtsbezogenen ordre public unvereinbar, ohne daß es über die Inlandstrauung hinaus eines Binnenbezuges bedürfte.[1350]

---

v. Bar/Mankowski, Art. 13 EGBGB Rn. 339 ff.; *Spickhoff*, ordre public, S. 229; Soergel-*Schurig*, Art. 13 EGBGB Rn. 59 und 127; Palandt-*Heldrich*, Art. 13 EGBGB Rn. 8; *Kegel/Schurig*, IPR, S. 692. Das Reichsgericht hatte hingegen in dem bis 1938 geltenden Verbot des § 64 österr. ABGB keinen ordre public-Verstoß gesehen, vgl. RGZ 132, S. 416 (418) und 148, S. 383 (384). Letzteres Urteil (vom 10. Oktober 1935) war bereits vom rassenideologischen Geist durchdrungen: „Wenn auch § 64 Österr.ABGB (...) nicht ein Ehehindernis der Rassenverschiedenheit, sondern ein solches der Religionsverschiedenheit aufstellt, so ist die Vorschrift doch geeignet, den vom deutschen Gesetzgeber verfolgten Zweck der Reinhaltung des deutschen Blutes zu fördern."

1347 Staudinger-*v. Bar/Mankowski*, Art. 13 EGBGB Rn. 397. Differenzierend hinsichtlich der Inlandsbeziehung hingegen MüKo-*Coester*, Art. 13 EGBGB Rn. 62 und die Rspr., vgl. etwa OLG Hamm StAZ 1977, S. 101 (103 f.) mit enormem Begründungsaufwand zum Inlandsbezug in Anbetracht der Spanier-Entscheidung des BVerfG.

1348 Zu politischen Ehehindernissen im Rechtsvergleich vgl. *Wähler*, StAZ 1989, S. 182 ff.

1349 Zur Beachtlichkeit fremder Eingriffsnormen vgl. allgemein MüKo-*Sonnenberger*, Art. 6 EGBGB Rn. 33 sowie Einl. IPR Rn. 355 ff.

1350 Vgl. im einzelnen Staudinger-*v. Bar/Mankowski*, Art. 13 EGBGB Rn. 402 ff.; MüKo-*Coester*, Art. 13 EGBGB Rn. 65; Erman-*Hohloch*, Art. 13 EGBGB Rn. 30; Soergel-*Schurig*, Art. 13 EGBGB Rn. 59, alle m.w.N. Die Beachtlichkeit einer nach fremdem Recht erforderlichen staatlichen Zustimmung für gemischt-nationale Ehen wird von der Literatur ebenfalls als ordre public-widrig eingestuft. Die (ältere) Rechtsprechung hatte Zustimmungsvorbehalte bisweilen für maßgeblich erachtet, vgl. OLG Oldenburg, IPRspr. 1964/1965, Nr. 80; AG Augsburg, IPRspr. 1951/1952, Nr. 151. Die neuere Rechsprechung neigt wohl der h.L. zu, vgl. etwa AG Bad Wildungen, StAZ 1990, S. 169 (170), wo das Erfordernis der staatlichen Genehmigung bei gemischt-

Problematisch erscheinen schließlich auch diejenigen Eheschließungsrechte, die den Zugang zur Ehe für Männer und Frauen unterschiedlich regeln. Einige der bereits behandelten Eheverbote und -hindernisse sind typischerweise geschlechtsspezifisch ausgestaltet.[1351] Im Bereich der Ehemündigkeit wurde bereits darauf hingewiesen, daß zahlreiche Rechtsordnungen – auch innerhalb Europas – unterschiedliche Altersgrenzen für Männer und Frauen vorsehen.[1352] In der international-privatrechtlichen Praxis werden hingegen, soweit ersichtlich, differenzierende Altersstufen nicht unter dem Aspekt einer diskriminierenden Ungleichbehandlung gewürdigt.

b) Diskriminierende Ehehindernisse unter menschenrechtlichen Aspekten

Eheverboten, die sich auf die Religion, Staatsangehörigkeit oder soziale Herkunft der Nupturienten stützen, muß freilich die Anerkennung jedenfalls auch aus menschenrechtlicher Sicht insoweit versagt bleiben, als sie mit den Diskriminierungsverboten des internationalen Menschenrechtsschutzes unvereinbar sind. Die Beseitigung diskriminierender Gesetze und Praktiken zählt zu den tragenden Säulen des internationalen Menschenrechtsschutzes. Nach allgemeiner Ansicht findet deshalb gerade im Eheschließungsrecht die staatliche Gestaltungsfreiheit eine Grenze in den überlagernden Diskriminierungsverboten der Menschenrechtsverträge.[1353]

Art. 14 EMRK bzw. Art. 2 Abs. 1 IPbpR verlangen – nahezu wortgleich – die Gewährleistung der vertraglichen Menschenrechte in den Vertragsstaaten ohne Benachteiligung insbesondere wegen der Rasse, Religion, der nationalen oder sozialen Herkunft und des Geschlechts. Art. 26 IPbpR statuiert darüber hinaus einen allgemeinen Gleichheitssatz und ein selbständiges Diskriminierungsver-

---

nationalen Ehen nach iranischem ZGB ohne weiteres für ordre public-widrig gehalten wird.

1351 So stellt sich die Problematik der Stellvertretung im Willen und des Heiratsvormundes (dazu oben S. 338 ff.) nur im Hinblick auf die Ehemündigkeit der Frau. Auch das Verbot der interreligiösen Ehen nach islamischem Recht trifft vorwiegend Frauen, vgl. Staudinger-*v. Bar/Mankowski*, Art. 233 Rn. 390.

1352 Vgl. die Übersicht in Fn. 1251.

1353 Vgl. *van Dijk/van Hoof*, Convention, S. 602; *Pernthaler/Rath-Kathrein*, in: Machacek/Pahr/Stadler (Hrsg.), 40 Jahre EMRK, S. 245 (257); *Robertson/Merrills*, Human Rights in Europe, S. 164; *Palm-Risse*, Schutz, S. 159; *Eriksson*, Right to Marry, S. 120 ff.; *Fahrenhorst*, Familienrecht, S. 232 f.; *Moser*, Menschenrechtskonvention, S. 159; *Nowak*, IPbpR, Art. 23 Rn. 20.

bot.[1354] Gleichwohl folgt aus den genannten Vorschriften nicht ein Verbot jeglicher Ungleichbehandlung. Es entspricht der ständigen Praxis der EMRK-Organe, einen Verstoß gegen Art. 14 EMRK nur dann zu bejahen, wenn die unterschiedliche Regelung vergleichbarer Sachverhalte nicht durch sachliche Kriterien gerechtfertigt werden kann oder die Verhältnismäßigkeit der Zweck-Mittel-Relation nicht gewahrt wird.[1355] Auch der Menschenrechtsausschuß hat – insbesondere in den zu Art. 26 IPbpR ergangenen Beschwerdeentscheidungen – Unterscheidungen als paktkonform anerkannt, soweit sie auf „vernünftigen und objektiven" Kriterien beruhen.[1356] Im *General Comment* 18 hat er diese gefestigte Praxis für sämtliche Diskriminierungsverbote des Paktes zusammengefaßt:

> „1. Non-discrimination, together with equality before the law and equal protection of the law without any discrimination, constitute a basic and general principle relating to the protection of human rights. (...).
> 7. (...) [T]he Committee believes that the term ‚discrimination' as used in the Covenant should be understood to imply any distinction, exclusion, restriction or preference which is based on any ground such as race, colour, sex, language, religion, political or other opinion, national or social origin, property, birth or other status, and which has the purpose or effect of nullifying or impairing the recognition, enjoyment or exercise by all persons, on an equal footing, of all rights and freedoms.

1354 Zur akzessorischen bzw. selbständigen Natur der Paktbestimmungen und den Ausformulierungen im IPbpR vgl. allgemein *Ramcharan*, in: Henkin, Bill of Rights, S. 246 (258); zum Verhältnis der einzelnen Vorschriften siehe *Nowak*, IPbpR, Art. 2 Rn. 31 f.; Art. 3 Rn. 5 ff.; Art. 26 Rn. 12 ff. Zur Einführung eines selbständigen Diskriminierungsverbots *de lege ferenda* für den Bereich der EMRK durch das 12. Zusatzprotokoll vgl. bereits oben im II. Kapitel in Fn. 292.

1355 Grundlegend die Entscheidung im Belgischen Sprachenstreit, EGMR, *Case „relating to certain aspects of the laws on the use of languages in education in Belgium"*, Urteil vom 23. Juli 1968, Ser. A No. 6, S. 34, Tz. 10; vgl. auch die im Fall *Rasmussen*, EGMR, Urteil vom 28. November 1984, Ser. A No. 87, S. 14, Tz. 38 gegebene Definition: „For the purposes of Article 14, a difference of treatment is discriminatory if it ‚has no objective and reasonable justification' or if there is not a ‚reasonable relationship of proportionality between the means and the aim sought to be realised' (...)." Zum Umfang des Diskriminierungsverbotes vgl. *Frowein/Peukert*, EMRK, Art. 14 Rn. 22 ff.

1356 Vgl. *Nowak*, IPbpR, Art. 26 Rn. 23.

> 8. The enjoyment of rights and freedoms on an equal footing, however, does not mean identical treatment in every instance. (...).
> 13. (...) [T]he Committee observes that not every differentiation of treatment will constitute discrimination, if the criteria for such differentiation are reasonable and objective and if the aim is to achieve a purpose which is legitimate under the Covenant."[1357]

Für Eheverbote, die entgegen Art. 14 EMRK bzw. Art. 2 Abs. 1 und Art. 26 IPbpR auf religiöser, rassischer oder politischer Grundlage diskriminieren, dürften sachliche Rechtfertigungsgründe, die den Vorgaben des Paktes nicht zuwiderlaufen, kaum zu finden sein; sie stehen deshalb nach allgemeiner Ansicht ohne weiteres im Widerspruch zu den zentralen Menschenrechtspakten.[1358] Damit bleibt ihnen auch die Anerkennung im internationalen Eheschließungsrecht versagt. Für dieses Ergebnis findet sich sogar einer der seltenen Anhaltspunkte eines menschenrechtsbezogenen ordre public in der höchstrichterlichen Rechtsprechung eines deutschen Gerichts. In einer Entscheidung aus dem Jahre 1971 – betreffend das Verbot interreligiöser Eheschließung nach israelischem Recht – hat der BGH zur Auffüllung der ordre public-Erwägungen explizit die menschenrechtlichen Diskriminierungsverbote miteinbezogen. Zur Frage der ordre public-Widrigkeit des Eheverbotes der Religionsverschiedenheit heißt es dort:

> „Bedeutsamer ist in diesem Zusammenhang das Übereinkommen vom 10. Dezember 1962 über die Erklärung des Ehewillens, das Heiratsmindestalter und die Registrierung von Eheschließungen [UN- Eheschließungsübereinkommen (vgl. oben Fn. 1262), Anm. d. Verf.], dem die Bundesrepublik Deutsch-

1357 *General Comment* 18/37 vom 9. November 1989, UN-Doc. CCPR/C/21/Rev. 1/Add. 1 (1989); die Tz. entsprechen dem Original und wurden der Übersicht halber beibehalten.

1358 Vgl. *Palm-Risse*, Schutz, S. 159; *Nowak*, IPbpR, Art. 23 Rn. 20; *Fahrenhorst*, Familienrecht, S. 232 f.; *van Dijk/van Hoof*, Convention, S. 602; *Pernthaler/Rath-Kathrein*, in: Machacek/Pahr/Stadler (Hrsg.), 40 Jahre EMRK, S. 245 (257); *Eriksson*, Right to Marry, S. 120 ff.; *Moser*, Menschenrechtskonvention, S. 159. Der Menschenrechtsausschuß hat im *General Comment* 28, UN-Doc. CCPR/C/21/Rev. 1/Add. 10, Tz. 24 die Unzulässigkeit diskriminierender Eheverbote betont und dabei insbesondere auf das Verbot der interreligiösen Heirat abgestellt. Die von einigen Staaten, u.a. Israel, wegen ihrer religiösen Eherechte angebrachten Vorbehalte zu Art. 23 IPbpR bleiben für die menschenrechtsbezogene ordre public-Anwendung in der Bundesrepublik letztlich ohne Auswirkung, vgl. dazu im III. Kapitel, S. 280 f.

> land ebenfalls beigetreten ist, um sich in den Kreis der Staaten einzureihen, die an der Sicherung der menschenrechtlichen Grundrechte und Grundfreiheiten mitwirken wollen (...). In der Präambel ist auf Art. 16 der Allgemeinen Erklärung der Menschenrechte verwiesen, in dem das Recht volljähriger Männer und Frauen festgestellt wird, ohne Beschränkung durch Rasse, Staatsangehörigkeit oder Religion zu heiraten und eine Familie zu gründen. Durch ihren Beitritt zu dem Übereinkommen, dem die gesetzgebenden Organe zugestimmt haben, hat sich die Bundesrepublik Deutschland zu diesem Recht und damit dazu bekannt, daß religiöse Erwägungen bei der Ermöglichung der Eheschließung durch den Staat grundsätzlich auszuscheiden haben."[1359]

Im Ergebnis nichts anderes kann freilich für diejenigen Diskriminierungsverbote gelten, die nicht allein in der – völkerrechtlich letztlich unverbindlichen – AEMR, sondern in den die Bundesrepublik Deutschland unmittelbar bindenden und innerstaatlich geltenden Menschenrechtsverträgen verankert sind. Während der BGH im Zeitpunkt der Entscheidung allein auf die AEMR als universelles Menschenrechtsdokument zurückgreifen konnte, so stehen heute die zentralen Menschenrechtspakte mit ihren gleichlautenden bzw. speziellen Diskriminierungsverboten als rechtsverbindliche Völkerrechtsnormen zur Verfügung.[1360]

Rassisch motivierten Eheverboten steht zudem Art. 5 lit. d) iv) CERD explizit entgegen, der bei Ausarbeitung der Konvention speziell im Hinblick auf damals bestehende rassische Eheverbote in einzelnen Staaten eingefügt wur-

---

1359 BGHZ 59, S. 180 (190). Die Passage ist gleichzeitig ein Beispiel für die menschenrechtsbezogene Interpretation der international-privatrechtlichen Vorbehaltsklausel, wie sie in dieser Arbeit propagiert wird. Der BGH hat sich damit deutlich von seiner noch in BGHZ 41, S. 135 ff. vertretenen Auffassung distanziert. Bereits im Rahmen der Spanier-Entscheidung hatte das BVerfG Art. 16 AEMR und dessen Aufnahme in die Präambel des UN-Eheschließungsübereinkommens bemüht, um die menschenrechtliche Verankerung der Eheschließungsfreiheit herauszustellen, vgl. BVerfGE 31, S. 58 (68).

1360 Diese Konkretisierung und Verfestigung der völkerrechtlichen Diskriminierungsverbote scheint *Kropp*, StAZ 1984, S. 216 zu übersehen, wenn er allein auf Art. 16 AEMR als Kriterium der ordre public-Widrigkeit religiöser Ehehindernisse abstellt; ähnlich auch Staudinger-*v. Bar/Mankowski*, Art. 13 EGBGB Rn. 393. Explizit für eine Einbeziehung von Art. 12 und 14 EMRK bei der Beurteilung diskriminierender Ehehindernisse hingegen *Wähler*, StAZ 1989, S. 182 (186).

de.[1361] Ohnehin zählt das Verbot der systematischen Rassendiskriminierung, das wurde oben gezeigt,[1362] zum gewohnheitsrechtlichen Kernbestand des Menschenrechtsschutzes, so daß entsprechenden Eheverboten auch unabhängig von den menschenrechtlichen Vertragswerken die Befolgung versagt bleiben muß.

Bei religiösen Ehehindernissen – insbesondere dem islamischen Verbot der interreligiösen Ehe – tritt nicht selten auch ein geschlechtsspezifisches Diskriminierungsmoment hinzu.[1363] Aus der fundamentalen Bedeutung, die den Diskriminierungsverboten auf völkerrechtlicher Ebene zugemessen wird, lassen sich auch Schlüsse auf die Behandlung menschenrechtskollisionsrechtlicher Sachverhalte entnehmen. In Erwiderung auf das *kokott*'sche Referat vor der DGVR hat *Kälin* darauf hingewiesen, daß sich im Falle der häufigen Benachteiligung von Frauen in religiös geprägten Rechtsordnungen beide Beteiligte auf Menschenrechte berufen könnten, allerdings mit unterschiedlicher Zielrichtung, nämlich auf die international garantierte Religionsfreiheit einerseits und auf ein Diskriminierungsverbot andererseits. Welches der beiden Rechte – so *Kälins* Fragestellung – hat dann Vorrang?[1364] Die Antwort darauf geben die internationalen Menschenrechtsdokumente selbst. Sowohl Art. 18 Abs. 3 IPbpR als auch Art. 9 Abs. 2 EMRK enthalten Schrankenregelungen zum Schutz der Rechte und Freiheiten anderer. Die Berufung auf die Religionsfreiheit berechtigt folglich nicht zur Mißachtung der elementaren Diskriminierungsverbote.[1365] Ist aber schon die innerstaatliche Rechtsordnung wegen ihrer – ggf. mehrfach – diskriminierenden Eheschließungsvoraussetzungen nicht mit den Menschenrechten vereinbar, so wird die Menschenrechtskonformität nicht dadurch hergestellt, daß die staatliche Ordnung (zugleich) die Ausübung einer (bestimmten) Religion schützt. Der Menschenrechtsausschuß hat deshalb gerade mit Blick auf die religiös motivierte Ungleichbehandlung von Frauen bei der Eheschließung die Einhaltung der Diskriminierungsverbote angemahnt. Nach Ansicht des Ausschusses stehen Regelungen, die die Heirat von Frauen

---

1361 Vgl. *Lerner*, Racial Discrimination, S. 58. Das Verbot der Ehe zwischen Schwarzen und Weißen in Südafrika nach dem *Prohibition of Mixed Marriages Act* (1949) wurde erst im Jahre 1985 aufgehoben; zur Rechtsentwicklung vgl. *Bergmann/Ferid*, Internationales Ehe- und Kindschaftsrecht, *Südafrika*, S. 28.

1362 Vgl. dazu die Ausführungen im II. Kapitel, S. 203 ff.

1363 Der Menschenrechtsausschuß hat in seiner Stellungnahme zum Staatenbericht Marokkos ausdrücklich auf den Mißstand hingewiesen, daß die interreligiöse Ehe zwar einem muslimischen Mann, nicht aber einer Frau erlaubt sei, vgl. *Concluding Observations*, UN-Doc. CCPR/C/79/Add. 113.

1364 Vgl. den Diskussionsbeitrag in BerDGVR 38 (1998), S. 128.

1365 Vgl. *Nowak*, IPbpR, Art. 18 Rn. 45.

erschweren oder generell der Frau die Möglichkeit nehmen, inter-religiös zu heiraten, im klaren Widerspruch zu Art. 3 i.V.m. 23 Abs. 2 IPbpR.[1366]

Auch im Bereich der ÈMRK hat die Herstellung der Geschlechtergleichheit einen herausragenden Stellenwert. Dies hat der Gerichtshof etwa im Fall *Abdulaziz* unterstrichen:

> „[I]t can be said, that the advancement of the equality of sexes is today a major goal in the member States of the Council of Europe. This means that very weighty reasons would have to be advanced before a difference of treatment on the ground of sex could be regarded as compatible with the Convention."[1367]

Im Hinblick auf die Vereinbarkeit geschlechtsspezifischer Ungleichbehandlung mit der EMRK sind deshalb im Bereich des Eheschließungsrechts allenfalls für die Festsetzung unterschiedlicher Altersgrenzen sachliche Gründe ersichtlich. In der Literatur wird jedenfalls die unterschiedliche körperliche Entwicklung und Reifung von Männern und Frauen als zulässiges Differenzierungsmerkmal anerkannt.[1368] Auch der Menschenrechtsausschuß hat die Frage des unterschiedlichen Mindestalters bei der Eheschließung im *General Comment* 28 gestreift. Der Ausschuß sieht solche Unterschiede ganz offensichtlich nicht als diskriminierend an, solange die Differenzierungskriterien auf gleicher Grundlage beruhen. Jedenfalls müßte dafür Sorge getragen werden, daß eine bewußte und freie Bildung des Eheschließungswillens nicht bereits durch ein entsprechend niedriges Heiratsalter beeinträchtigt wird:

> „States are required to treat men and women equally in regard to marriage in accordance with article 23 (...). Men and women have the right to enter into marriage only with their free and full consent, and States have an obligation to protect the enjoyment of this right on an equal basis. Many factors may prevent women from being able to make the decision to marry freely. One factor relates to the minimum age for marriage. That age

1366 Vgl. *General Comment* 28 vom 29. März 2000, UN-Doc. CCPR/C/21/Rev. 1/Add. 10, Tz. 24.

1367 EGMR, *Abdulaziz, Cabales and Balkandali*, Urteil vom 28. Mai 1985, Ser. A No. 94, S. 38, Tz. 78.

1368 Vgl. *Palm-Risse*, Schutz, S. 128 f.; *Fahrenhorst*, Familienrecht, S. 196; siehe auch *Moser*, Menschenrechtskonvention, S. 157, allerdings mit der unzutreffenden These, Art. 12 EMRK verdränge als *lex specialis* Art. 14 EMRK im Bereich des Eheschließungsrechts.

should be set by the State on the basis of equal criteria for men and women. These criteria should ensure women's capacity to make an informed and uncoerced decision."[1369]

In ähnliche Richtung deutet auch die vom CEDAW-Ausschuß in *General Recommendation* 21 mit Blick auf Art. 16 CEDAW vorgetragene Ansicht. Auch dort werden unterschiedliche Altersgrenzen nicht schlechthin als diskriminierend angesehen. Soweit allerdings die Differenzierung impliziere, der körperlichen und geistigen Entwicklung einer Frau komme bei der Eheschließung keine Bedeutung zu, seien diese mit der Konvention unvereinbar:

> „Some countries provide for different ages for marriage for men and women. As such provisions assume incorrectly that (...) their [der Frauen, Anm. d. Verf.] stage of physical and intellectual development at marriage is immaterial, these provisions should be abolished." [1370]

Freilich wird es im Einzelfall schwierig sein, die Motive der unterschiedlichen Altersgrenzen konkret zu ermitteln.[1371] Soweit allerdings die differierenden Altersgrenzen mit der bei Frauen zumeist früher als bei Männern einsetzenden körperlichen Reife begründet ist, dürfte darin grundsätzlich kein Verstoß gegen die Diskriminierungsverbote des IPbpR bzw. Art. 16 CEDAW zu sehen sein. Allerdings darf – und darin liegt wohl der eigentliche Kern der Stellungnahme des Menschenrechtsausschusses – die Absenkung des Alters nicht dazu führen, daß die Anforderungen, die Art. 23 Abs. 3 IPbpR an die für eine freie und bewußte Entscheidung unerläßliche Reife stellt, unterlaufen werden.

c) Ergebnis

Im Ergebnis sind diskriminierende Ehehindernisse mit besonderer Sorgfalt auf ihre Vereinbarkeit mit dem internationalen Menschenrechtsschutz zu untersuchen. Die zentrale Bedeutung, die den Diskriminierungsverboten im System des universellen wie regionalen Menschenrechtssystem zukommt, läßt im Bereich der Eheschließungsfreiheit nur wenig Spielraum für eine unterschiedliche

1369 *General Comment* 28 vom 29. März 2000, UN-Doc. CCPR/C/21/Rev. 1/Add. 10.

1370 *General Recommendation* 21/13 vom 4. Februar 1992, enthalten in UN-Doc. A/47/38, Tz.38.

1371 Der Ausschuß hat in seiner Überwachungstätigkeit die Festsetzung unterschiedlicher Altersgrenzen häufig kritisch hinterfragt, vgl. die Beispiele bei *Eriksson*, Right to Marry, S. 59.

Behandlung bestimmter Personengruppen, die den Bereich der völkervertraglichen Diskriminierungsverbote berührt.

7. Weitere Ehehindernisse in der Praxis der EMRK-Organe

Die Straßburger Konventionsorgane haben sich – neben den bereits genannten Fällen – explizit mit weiteren, die Eheschließungsfreiheit einschränkenden Regelungen der Vertragsstaaten befaßt, die im Wege eines menschenrechtlichen ordre public Bedeutung erlangen können.

a) Vorenthaltung der Eheschließung bei Strafgefangenen

Die erste Fallgruppe betraf die englische Strafvollzugspraxis, die für Inhaftierte keine Möglichkeit der Eheschließung während der Verbüßung einer Haftstrafe vorsah. Die Kommission sah in den beiden Beschwerden *Draper* und *Hamer* einen Verstoß gegen Art. 12 EMRK.[1372] Den Strafgefangenen könne nicht zugemutet werden, das Ende ihrer mehrjährigen Haft abzuwarten, zumal der Zweck der Haftstrafe durch die bloße Ermöglichung der Eheschließung nicht gefährdet sei.[1373] Für den Bereich des internationalen Eheschließungsrechts kommt den Entscheidungen freilich allenfalls im Bereich von Konsularverträgen Bedeutung zu; die Trauung im Ausland inhaftierter Strafgefangener vor einem deutschen Standesamt erscheint faktisch ausgeschlossen.[1374]

b) Strafwartefrist nach Scheidung

Stärkere Relevanz weist hingegen das dem Fall *F ./. Schweiz* zugrundeliegende sachrechtliche Ehehindernis auf. Der Beschwerdeführer hatte dort die ihm

1372 Vgl. die Berichte der Kommission zum Fall *Draper*, DR 24, Tz. 9 und *Hamer*, DR 24, Tz. 74; anders aber noch die Entscheidung der Kommission im Fall *X ./. Deutschland*, Yearbook IV (1961), S. 240 (254 ff.).

1373 Im Fall *Hamer* hatte der Beschwerdeführer eine fünfjährige Freiheitsstrafe mit erstmaligem Hafturlaub nach 15 Monaten abzubüßen; im Fall *Draper* war der Beschwerdeführer zu lebenslanger Freiheitsstrafe mit frühestmöglicher Entlassung nach 25 Jahren verurteilt worden.

1374 Im Inland ermöglicht das StVollzG die Eheschließung auch für Strafgefangene, vgl. Palandt-*Brudermüller*, § 1305 BGB Rn. 3.

auferlegte dreijährige Strafwartefrist nach Art. 150 a.F. schweiz. ZGB[1375] als Verstoß gegen Art. 12 EMRK gerügt.[1376] Die schweizerische Regierung stellte dagegen die Förderung stabiler Ehen und den Schutz des neuen Ehepartners als legitime *ratio* der Wartefrist heraus. Die Mehrheit[1377] der Richter am EGMR teilte diese Ansicht nicht. Der Gerichtshof stellte zunächst klar, für die Anwendung von Art. 12 EMRK bestehe kein Unterschied zwischen erstmaliger Eingehung der Ehe und einer Wiederverheiratung.[1378] Im Rahmen einer evolutiven Auslegung gelangte der Gerichtshof zu dem Ergebnis, die Strafwartefrist nach schweizerischem Recht stelle zur Zeit der Entscheidung eine singuläre Erscheinung in der europäischen Zivilrechtslandschaft dar. Dies allein vermochte jedoch den Verstoß gegen Art. 12 EMRK nicht zu begründen, da im Bereich des Eheschließungsrechts stets auch die engen Verflechtungen mit der kulturellen und historischen Tradition jeder Gesellschaft zu berücksichtigen seien:

> „The Court notes that a waiting period no longer exists under the law of other Contracting States (…). In this connection, it recalls its case-law according to which the Convention must be interpreted in the light of present-day conditions (…). However, the fact that, at the end of a gradual evolution, a country finds itself in an isolated position a regards one aspect of its legislation does not necessarily imply that that aspect offends the Convention, particularly in a field – matrimony – which is so closely bound up with the cultural and historical traditions of each society an its deep-rooted ideas about the family unit.“[1379]

Gleichwohl müsse eine Rechtsordnung, die die Scheidung von Ehegatten zulasse, auch dafür Sorge tragen, daß der Wiederheirat Geschiedener keine überzogenen Hemmnisse entgegenstünden. Eine dreijährige Strafwartefrist entspreche jedenfalls nicht mehr dem Gebot der Verhältnismäßigkeit und sei mit Art. 12 EMRK unvereinbar:

1375 Art. 150 Abs. 1 ZGB lautete bis zur Zivilrechtsreform im Jahre 1998: Wird die Ehe geschieden, so ist im Urteil dem schuldigen Ehegatten die Eingehung einer neuen Ehe auf ein bis zwei Jahre und im Falle einer Scheidung wegen Ehebruchs (...) auf ein bis drei Jahre zu untersagen (...).“ Die Verhängung einer Strafwartefrist begründete nach § 104 Abs. 1 a.F. ZGB ein Ehehindernis.

1376 Kritisch zur Vereinbarkeit von Ehehindernissen wegen vorangegangenen Ehebruchs mit Art. 12 EMRK bereits *Moser*, Menschenrechtskonvention, S. 158.

1377 Die Entscheidung erging mit der denkbar knappen Mehrheit von 9 zu 8 Stimmen.

1378 EGMR, f. ./. *Schweiz*, Urteil vom 18. Dezember 1987, Ser. A No. 128, S. 16, Tz. 33.

1379 Ebd., S. 16 f., Tz. 33.

„If national legislation allows divorce (...) Article 12 secures for divorced persons the right to remarry without unreasonable restrictions. (...) [T]he disputed measure, which affected the very essence of the right to marry, was disproportionate to the legitimate aim pursued. There was, therefore, a violation of Article 12.“[1380]

Als unmittelbare Folge des Urteils wurde Art. 150 a.F. schweiz. ZGB in der familiengerichtlichen Praxis der Schweiz nicht mehr angewandt.[1381] Im Zuge der Revision des Eherechts ist das Institut der Strafwartefrist nunmehr aus dem schweizerischen Zivilrecht verschwunden.[1382] Gleichwohl behalten die im Urteil getroffenen Aussagen des EGMR für vergleichbare Hindernisse[1383] außereuropäischer Rechtsordnungen Gültigkeit. Spätestens seit Abschaffung der Strafwartefrist im gesamten europäischen Rechtsraum herrscht diesbezüglich ein einheitlicher europäischer Standard, den die Mitgliedstaaten bei Ausgestaltung und Anwendung der Eheschließungsvoraussetzungen zu berücksichtigen haben. Strafwartefristen, die als Sanktion für das Scheitern der Ehe auferlegt werden und über längere Zeit die Neuvermählung verhindern, widersprechen deshalb der von Art. 12 EMRK geschützten Eheschließungsfreiheit und sind über den menschenrechtsbezogenen ordre public auszuschalten.[1384]

c) Kein Recht auf Scheidung zur Ermöglichung der Wiederheirat

Wenn auch der Gerichtshof das Recht auf Wiederheirat eines rechtsgültig geschiedenen Ehegatten ausdrücklich als Schutzgut des Art. 12 EMRK anerkannt hat, so folgt daraus nicht zugleich, daß aus der Konvention selbst ein Recht auf Scheidung ableitbar wäre. Dies hatte der Gerichtshof – in Übereinstimmung

1380 Ebd., S. 18, Tz. 38 und S. 19, Tz. 40.

1381 Vgl. *Villiger*, Handbuch, Rn. 644.

1382 Seit der Reform des ZGB durch Gesetz vom 26. Juni 1998 kennt das schweizerische Eheschließungsrecht nur mehr die Ehehindernisse der Verwandtschaft und des Stiefkindverhältnisses (Art. 95 n.F.) sowie der bestehenden Ehe (Art. 96 n.F.).

1383 Freilich darf das Institut der Strafwartefrist nicht der weithin verbreiteten und grundsätzlich zu beachtenden Frauenwartefrist zur Vermeidung von Vaterschaftsstreitigkeiten gleichgesetzt werden, vgl. hierzu Staudinger-*v. Bar/Mankowski*, Art. 13 EGBGB Rn. 353 ff.

1384 Im Ergebnis ebenso Staudinger-*v. Bar/Mankowski*, Art. 13 EGBGB Rn. 366 und MüKo-*Coester*, Art. 13 Rn. 58, allerdings ohne spezifische Berücksichtigung der Konventionspraxis.

mit der Kommission – bereits im Fall *Johnston* mit Blick auf die irische Rechtslage festgestellt:

> „The Court agrees with the Commission that the ordinary meaning of the words 'right to marry' is clear, in the sense that they cover the formation of martial relationships but not their dissolution. Furthermore, these words are found in a context that includes an express reference to 'national laws'; even if, as the applicants would have it, the prohibition on divorce is to be seen as a restriction on capacity to marry, the Court does not consider that, in a society adhering to the principle of monogamy, such a restriction can be regarded as injuring the substance of the right guaranteed by Article 12."[1385]

Die Kommission hatte bereits vor dem *Johnston*-Urteil Art. 12 EMRK dahingehend interpretiert, daß er den Vertragsstaaten nicht gebiete, in ihrem (internationalen) Eherecht eine Scheidungs- und Wiederverheiratungsmöglichkeit vorzusehen.[1386] An diesen Grundsätzen hat der Gerichtshof auch im Fall *F ./. Schweiz* nicht gerüttelt. Statt dessen stellte er dort auf die unterschiedliche Sachverhaltskonstellation ab und betonte, die Anwendung von Art. 12 EMRK betreffe im vorliegenden Fall allein die Wiederverheiratung eines nach den innerstaatlichen Gesetzen bereits rechtswirksam Geschiedenen.[1387]

Die Durchbrechung des kollisionsrechtlichen Verweisungsbefehls zugunsten der Wiederverheiratungsmöglichkeit Geschiedener, wie sie Art. 13 Abs. 2 Nr. 3 Hs. 2 EGBGB als Folge der Spanier-Entscheidung im deutschen Kollisionsrecht verankert, läßt sich also auf der Grundlage der bisherigen Rechtsprechung der Konventionsorgane gerade nicht auch auf Art. 12 EMRK stützen.[1388] Allerdings erscheint eine evolutive Neuinterpretation nicht ausgeschlossen,

---

1385 EGMR, *Johnston and others*, Urteil vom 28. Oktober 1986, Ser. A No. 112, S. 24, Tz. 52.

1386 EKMR, *Godoy,* Entscheidung vom 5. Oktober 1981, DR 26, S. 207 ff. Der Fall betraf eine der Spanier-Entscheidung des BVerfG durchaus vergleichbare Sachverhaltskonstellation. Ein in der Schweiz wohnhafter Argentinier konnte das nach schweizerischem internationalen Eheschließungsrecht erforderliche Ehefähigkeitszeugnis bzw. den Nachweis der Anerkennung der Eheschließung in Argentinien nicht beibringen, da das Heimatrecht der Nupturienten keine Ehescheidung dem Bande nach und daraus folgender Möglichkeit einer Wiederheirat vorsah.

1387 EGMR, *F ./. Schweiz*, Urteil vom 18. Dezember 1987, Ser. A No. 128, S. 18, Tz. 38.

1388 Die von *Matscher*, in: FS Neumayer, S. 459 (471), gestellte Prognose, die Auslegung des Art. 12 EMRK durch die Kommission dürfte sich auf Dauer nicht aufrecht erhalten lassen, hat sich – wie das *Johnston*-Urteil zeigt – nicht erfüllt.

nachdem – mit Ausnahme von Andorra – mittlerweile in allen EMRK-Staaten eine Scheidung ausgesprochen werden kann.

IV. Zusammenfassung des IV. Kapitels

Für die ausgewählten Bereiche des internationalen Eheschließungsrechts zeigt sich, daß die vielfältigen Eheschließungsvoraussetzungen fremder Rechte eine ordre public-Relevanz nicht allein wegen Verstoßes gegen wesentliche Grundsätze des autonomen innerstaatlichen Rechts aufweisen, sondern daneben auch den menschenrechtlichen Geboten, denen die Bundesrepublik unterworfen ist, widersprechen. Art. 12 EMRK und Art. 23 IPbpR, flankiert durch die speziellen Abkommen und die allgemeinen Diskriminierungsverbote, vermitteln für die Beurteilung fremder Ehehindernisse bzw. die Zulässigkeit von Eheschließungen nach fremdem Recht in weiten Teilen einen der bisherigen international-privatrechtlichen Lehre und Praxis vergleichbaren Wertmaßstab. Gleichwohl fließen die völkerrechtlichen Vorgaben bislang nur selten in die ordre public-Erwägungen mit ein. Die Konsequenz einer verstärkten Einbeziehung des internationalen Menschenrechtsschutzes liegt im Verzicht auf die einschränkenden Kriterien des Art. 13 Abs. 2 EGBGB, insbesondere des Binnenbezuges. Die Gewährleistungen der Menschenrechtsordnung kommen deshalb Heiratswilligen schon dann zu, wenn sie sich rechtmäßig im Inland aufhalten und vor einem deutschen Standesbeamten die Ehe eingehen wollen. Freilich wird man nicht bereits die Pflicht zur Beibringung eines Ehefähigkeitszeugnisses als menschenrechtswidrige Einschränkung der Eheschließungsfreiheit betrachten dürfen, da die völkerrechtlichen Vorgaben der Absicherung eines internationalen Mindeststandards dienen. Diesen Erfordernissen hat allerdings die innerstaatliche Rechtsanwendung unbedingt Folge zu leisten, sei es durch Absenkung der Anforderungen des Art. 13 Abs. 2 Nr. 1 und 2 EGBGB, sei es – was vorzugswürdig erscheint – durch unmittelbare Ausschaltung völkerrechtswidriger Ehehindernisse über die menschenrechtlich angereicherte und vom Binnenbezug losgelöste Anwendung der Vorbehaltsklausel des Art. 6 EGBGB.

Schlussbetrachtung

Zu den Grundprinzipien des deutschen Internationalen Privatrechts zählt das Streben nach internationalem Entscheidungseinklang, dem Ideal, daß ein Rechtsverhältnis dieselbe Behandlung erfährt, unabhängig davon in welchem Staat die rechtliche Beurteilung vorgenommen wird. Diesem formalen Ziel laufen Vorbehaltsklauseln zum Schutz der eigenen Rechtsordnung naturgemäß zuwider. Wird jedoch der ordre public-Maßstab nicht von vornherein den autonomen innerstaatlichen Wertentscheidungen, sondern soweit als möglich den auf der Ebene des Völkerrechts entwickelten Normen entnommen, so verliert der Einsatz der Vorbehaltsklausel seine Introvertiertheit und nationale Exklusivität. Die Öffnung des kollisionsrechtlichen ordre public-Vorbehalts für die außerstaatlich entwickelten und für die Bundesrepublik verbindlichen Wertmaßstäbe ermöglicht eine weitreichende Akzeptanz der richterlichen Einzelfallentscheidung trotz und gerade wegen des Einsatzes der Vorbehaltsklausel.

Die vorliegende Untersuchung hat gezeigt, daß ein solcher Perspektivewechsel bei der Konkretisierung des ordre public ohne systematische Friktionen möglich ist und für die Anwendungsvoraussetzungen der Vorbehaltsklausel nicht folgenlos bleibt. Die Verzahnung der innerstaatlichen Kollisionsrechtsanwendung mit dem völkerrechtlichem Ursprung des Menschenrechtssatzes gelingt mit Hilfe des verfassungsrechtlichen Instrumentariums. Soweit den menschenrechtlichen Normen über Art. 25 GG bzw. Vertragsgesetz nach Art. 59 Abs. 2 GG innerstaatliche Geltung zukommt, verlangt der Grundsatz der Völkerrechtsfreundlichkeit, den völkerrechtlichen Bindungen der Bundesrepublik im Rahmen des ordre public Rechnung zu tragen und damit der Gefahr einer völkerrechtlichen Verantwortlichkeit der Bundesrepublik vorzubeugen. Dem Inhalt und Umfang des Völkerrechtssatzes fügen die Inkorporationsnormen des Grundgesetzes allerdings in materieller Hinsicht nichts hinzu. Die völkerrechtsfreundliche Tendenz der Verfassung begründet deshalb keinen Menschenrechtsoktroi im Sinne einer unreflektierten Lesart und Durchsetzung völkerrechtlicher Maximalstandards. Vielmehr gebietet die internationale Offenheit des Grundgesetzes die Anerkennung der Rechtsordnung fremder Staaten insoweit, als sie sich noch innerhalb des vom Völkerrecht gebilligten oder zugelassenen Rahmens bewegt.

Den eigentlichen Maßstab der menschenrechtsbezogenen ordre public-Konkretisierung gewinnt der innerstaatliche Rechtsanwender daher regelmäßig nicht durch bloße Übertragung seines grundrechtlichen Verständnisses auf die Menschenrechtsnorm, sondern erst unter Heranziehung der internationalen Auslegungspraxis. Hier zeigen sich freilich gravierende Unterschiede, die vor allem in der Struktur und Ausgestaltung der menschenrechtlichen Verträge selbst begründet sind. Während vielerorts eine systematische Durchdringung und Konkretisierung der Menschenrechtsverträge erst noch durch die zuständigen Überwachungsorgane zu bewältigen ist, kann dank justizförmiger Verfahren im Bereich der EMRK, aber auch des IPbpR, mittlerweile auf einen substantiellen Bestand an Rechtsprechungs- bzw. Auslegungsmaterial zurückgegriffen werden. Außerhalb vertraglicher Kodizes wird man dagegen wohl nur die elementarsten Menschenrechte zum gesicherten Bestand des universell geltenden Völkerrechts zählen dürfen.

Stellt der kollisionsrechtliche Rechtsanwender die Unvereinbarkeit des Anwendungsergebnisses mit den völkerrechtlichen Vorgaben fest, so unterliegt die menschenrechtsbezogene ordre public-Anwendung keinen weiteren (innerstaatlich gesetzten) Kriterien, insbesondere nicht dem Erfordernis eines Inlandsbezuges. Durch die Einbeziehung der Menschenrechte, denen *per se* ein universeller Geltungsanspruch innewohnt, verliert der ordre public seine nationale Ausrichtung; damit entfällt auch die Legitimation für den Binnenbezug des Sachverhalts. Die Internationalisierung des ordre public-Maßstabs bietet zugleich die Gewähr, daß die Entscheidung eines nationalen Gerichts in einer Vielzahl von Staaten in gleicher Weise hätte ergehen können oder sogar müssen. Für den Bereich des internationalen Eheschließungsrechts hat sich gezeigt, daß zahlreiche der bislang ausschließlich an innerstaatlichen Wertvorstellungen orientierten ordre public-Fälle in vergleichbarer Weise allein unter Beachtung der menschenrechtlichen Vorgaben gelöst werden können. Gleichwohl verbleiben Bereiche, in denen sich die menschenrechtliche Entwicklung selbst auf europäischer Ebene noch nicht in dem Maße konkretisiert hat, als daß die spezifischen Entscheidungen der deutschen (Grund-)Rechtsordnung vernachlässigt werden könnten.

Den Grundrechten kommt demnach im Rahmen einer zunächst an den außerstaatlichen Menschenrechten orientierten ordre public-Konkretisierung nur mehr eine – freilich unverzichtbare – Reservefunktion zu. Sie treten erst auf den Plan, wenn dem Völkerrecht ein tauglicher ordre public-Maßstab nicht entnommen werden kann. In dieser Phase des Entscheidungsvorganges hat der Rechtsanwender aber ein nach der Judikatur des BVerfG ganz wesentliches Kriterium der grundrechtlichen Fragestellung ermittelt. Steht nämlich fest, daß aus menschenrechtlicher Sicht das konkrete Anwendungsergebnis keinen Bedenken unterliegt, so bedarf es einer besonders sorgfältigen Untersuchung, ob die innerstaatlichen Grundrechte in dieser Situation tatsächlich Geltung beanspruchen wollen. Insofern steht zu erwarten, daß von einer verstärkt menschenrechtsbezogenen ordre public-Anwendung auch Impulse für den grundrechtskollisionsrechtlichen Diskurs ausgehen werden.

LITERATURVERZEICHNIS

Alston, Philip The Committee on Economic, Social and Cultural Rights, in: ders. (Hrsg.), The United Nations and Human Rights: A Critical Appraisal, Oxford 1992, S. 473 ff.

ders. Out of the Abyss?: The Challenges Confronting the New UN Committee on Economic, Social and Cultural Rights, 9 HRQ (1987), S. 332 ff.

ders. The Unborn Child and Abortion Under the Draft Convention on the Rights of the Child, 12 HRQ (1990), S. 156 ff.

Alston, Philip / Quinn, Gerard The Nature and Scope of States Parties' Obligations under the International Covenant on Economic, Social and Cultural Rights, 9 HRQ (1987), S. 156 ff.

Alston, Philip /Simma, Bruno First Session of the UN-Committee on Economic, Social and Cultural Rights, 81 AJIL (1987), S. 747 ff.

dies. Second Session of the UN-Committee on Economic, Social and Cultural Rights, 82 AJIL (1988), S. 603 ff.

dies. The Sources of Human Rights Law: Custom, Jus Cogens and General Principles, 12 Austral. YBIL (1992), S. 82 ff.

Alternativkommentar zum Grundgesetz Band 1, 2. Auflage, Neuwied 1989
zit.: Bearb. in AK-GG

D'Amato, Antony International Law: Process and Prospect, 2. Auflage, New York 1995
zit.: D'Amato, International Law

American Law Institute Restatement of the Law Third: The Foreign Relations Law of the United States, Vol. 2, St. Paul 1987

Audit, Bernard Droit international privé, 2. Auflage, Paris 1997
zit.: Audit, Droit international

Ayala-Lasso, Josè The International Promotion and Protection of Human Rights: The Challenges Ahead?, in: Héctor Gros Espiell amicorum liber: persona humana y dereche international, personne humaine et droit international, human person and international law, Vol. I, Bruxelles, 1997, S. 37 ff.

Badura, Peter Territorialprinzip und Grundrechtsschutz, in: Josef Isensee/ Helmut Lecheler (Hrsg.), Freiheit und Eigentum: Festschrift für Walter Leisner, Berlin 1999, S. 403 ff.

Balekjian, Wahé H. Diskussionsbeitrag, in: Die Wirkungskraft der Grundrechte bei Fällen mit Auslandsbezug, BerDGVR 38 (1998), S. 122 f.

Ballarino, Tito / Bonomi, Andrea The Italian Statute on Private International Law of 1995, Yearb. Priv. Intern. Law, Vol. 2 (2000), S. 99 ff.

Balton, David A. The Convention on the Rights of the Child: Prospects for International Enforcement, 12 HRQ (1990), S. 120 ff.

Banton, Michael International Action against Racial Discrimination, Oxford 1996
zit.: Banton, International Action

ders. Decision-taking in the Committee on the Elimination of Racial Discrimination, in: Philip Alston/ James Crawford (Hrsg.), The Future of UN Human Rights Treaty Monitoring, Cambridge [et al.] 2000, S. 55 ff.

von Bar, Carl Ludwig Theorie und Praxis des Internationalen Privatrechts, Band I (Neudruck der 2. Auflage, Hannover 1889), Aalen 1966
zit.: C. L. v. Bar, Theorie

von Bar, Christian Internationales Privatrecht
Erster Band – Allgemeine Lehren, München 1987
Zweiter Band – Besonderer Teil, München 1991
zit.: Ch. v. Bar, IPR I bzw. II

ders. Menschenrechte im Kollisionsrecht, in: Aktuelle Probleme des Menschenrechtsschutzes, BerDGVR 33 (1994), S. 191 ff.

Batiffol, Henri / Lagarde, Paul Traité de droit international privé, Band I, 8. Auflage, Paris 1993
zit.: Batiffol/Lagarde, Droit international I

Bauer, Monika Vorbehalte zu Menschenrechtsverträgen, München, Univ., Diss., 1994
zit.: Bauer, Vorbehalte

Baum, Gerhart Einführung: Die Menschenrechtspolitik der Vereinten Nationen, in: Gerhart Baum/ Eibe Riedel/ Michael Schaefer (Hrsg.), Menschenrechtsschutz in der Praxis der Vereinten Nationen, Baden-Baden 1998, S. 13 ff.

Bausback, Winfried Keine Wiederaufnahme nach EGMR-Urteil, NJW 1999, S. 2483 ff.

ders. 50 Jahre Allgemeine Erklärung der Menschenrechte – Politisches Dokument mit rechtsgestaltender Wirkung?, BayVBl 1999, S. 705 ff.

Beital, Norbert Die Ausstrahlungswirkung der Europäischen Menschenrechtskonvention und ihrer Zusatzprotokolle auf das deutsche Kollisionsrecht, Tübingen, Univ., Diss., 2000
zit.: Beital, Ausstrahlungswirkung

Beitzke, Günther Grundgesetz und Internationalprivatrecht, Berlin 1961
zit.: Beitzke, Grundgesetz

Benicke, Christoph / Zimmermann, Andreas Internationales Namensrecht im Spannungsfeld zwischen Internationalem Privatrecht, Europäischem Gemeinschaftsrecht und Europäischer Menschenrechtskonvention, IPRax 1995, S. 141 ff.

Benvenuti, Paolo Comunità Statale, Comunità Internazionale e Ordine Pubblico Internazionale, Milano 1977
zit.: Benvenuti, Comunità Statale

Bergmann, Alexander / Ferid, Murad Internationales Ehe- und Kindschaftsrecht, hrsg. von Dieter Henrich, Loseblattsammlung, Stand: 141. Ergänzungslieferung
zit.: Bergmann/Ferid

Bernhardt, Rudolf Anmerkungen zur Rechtsfortbildung und Rechtsschöpfung durch internationale Gerichte, in: Konrad Ginther/ Gerhard Hafner/ Hanspeter Neuhold/ Lilly Sucharipa-Behrmann (Hrsg.), Völkerrecht zwischen normativem Anspruch und politischer Realität: Festschrift für Karl Zemanek, Berlin 1994, S. 11 ff.

ders. Customary International Law, in: ders. (Hrsg.), Encyclopedia of Public International Law, Vol. I , Amsterdam [et al.] 1992, S. 898 ff.

ders. Internationaler Menschenrechtsschutz und nationaler Gestaltungsspielraum, in: ders./ Wilhelm Karl Geck/ Günter Jaenicke/ Helmut Steinberger (Hrsg.), Völkerrecht als Rechtsordnung, Internationale Gerichtsbarkeit, Menschenrechte: Festschrift für Hermann Mosler, Berlin [et al.] 1983, S. 75 ff.

ders. Verfassungsrecht und völkerrechtliche Verträge, in: Josef Isensee/ Paul Kirchhof (Hrsg.), Handbuch des Staatsrechts der Bundesrepublik Deutschland, Band VII, Heidelberg 1992, § 174, S. 571 ff.

ders. Bundesverfassungsgericht und völkerrechtliche Verträge, in: Christian Starck (Hrsg.), Bundesverfassungsgericht und Grundgesetz: Festgabe aus Anlaß des 25jährigen Bestehens des Bundesverfassungsgerichts, Band 2, Tübingen 1976, S. 154 ff.

ders. Einwirkungen der Entscheidungen internationaler Menschenrechtsinstitutionen auf das nationale Recht, in: Kay Hailbronner/ Georg Ress/ Torsten Stein (Hrsg.), Staat und Völkerrechtsordnung: Festschrift für Karl Doehring, Berlin [et al.] 1989, S. 23 ff.

Bernstein, Herbert Ein Kollisionsrecht für die Verfassung, NJW 1965, S. 2273 ff.

Bleckmann, Albert Grundgesetz und Völkerrecht, Berlin 1975
zit.: Bleckmann, Grundgesetz

ders. Völkerrecht, Baden-Baden 2001
zit.: Bleckmann, Völkerrecht

ders. Die Entwicklung staatlicher Schutzpflichten aus den Freiheiten der Europäischen Menschenrechtskonvention, in: Ulrich Beyerlin/ Michael Bothe/ Rainer Hofmann (Hrsg.), Recht zwischen Umbruch und Bewahrung: Festschrift für Rudolf Bernhardt, Berlin [et al.] 1995, S. 309 ff.

ders. Sittenwidrigkeit wegen Verstoßes gegen den ordre public international. Anmerkung zum Urteil des BGH vom 22. Juni 1972, ZaöRV 34 (1974), S. 112 ff.

ders. Die Völkerrechtsfreundlichkeit der deutschen Rechtsordnung, DÖV 1979, S. 309 ff.

ders. Der Grundsatz der Völkerrechtsfreundlichkeit der deutschen Rechtsordnung, DÖV 1996, S. 137 ff.

ders. Bundesverfassungsgericht versus Europäischer Gerichtshof für Menschenrechte, EuGRZ 1995, S. 387 ff.

Blumenwitz, Dieter Versteckte Kollisionsnormen in völkerrechtlichen Verträgen? – Der liechtensteinische Bilderstreit in Deutschland, in: Jean-Francois Gerkens/ Hansjörg Peter/ Peter Trenk-Hinterberger/ Roger Vigneron (Hrsg.), Mélanges Fritz Sturm, Band II, Liège 1999, S. 1386 ff.

ders. Konventionswidrigkeit der Auslieferung an die USA bei drohender Todesstrafe und in Anbetracht der Haftdauer und Haftbedingungen in der Todeszelle: Entscheidungsbesprechung zum Fall Soering des EGMR, EuGRZ 1989, S. 314 ff.

ders. Intertemporales und interlokales Verfassungskollisionsrecht, in: Josef Isensee/ Paul Kirchhof (Hrsg.), Handbuch des Staatsrechts der Bundesrepublik Deutschland, Band IX, Heidelberg 1997, § 211, S. 455 ff.

ders. Die Souveränität der Bundesrepublik Deutschland, in: Peter Badura/ Rupert Scholz (Hrsg.), Wege und Verfahren des Verfassungslebens: Ferstschrift für Peter Lerche, München 1993, S. 385 ff.

ders. Die Liechtenstein-Entscheidung des Europäischen Gerichtshofs für Menschenrechte, AVR 40 (2002), S. 211 ff.

Boschiero, Nerina Die Reform des italienischen IPR-Systems, ZfRV 1996, 143 ff.

Brems, Eva The Margin of Appreciation Doctrine in the Case-Law of the European Court of Human Rights, ZaöRV 65 (1996), S. 240 ff.

Brugger, Winfried Grundrechte und Verfassungsgerichtsbarkeit in den Vereinigten Staaten von Amerika (zugl.: Tübingen, Univ., Habil.-Schr.), Tübingen 1987
zit.: Brugger, Grundrechte

ders. Menschenwürde – Menschenrechte – Grundrechte, Baden-Baden 1997
zit.: Brugger, Menschenwürde

Bryde, Brun-Otto Verpflichtungen Erga Omnes aus Menschenrechten, in: Aktuelle Probleme des Menschenrechtsschutzes, BerDGVR 33 (1994), S. 165 ff.

Bucher, Andreas Grundlagen der Anknüpfungsgerechtigkeit im internationalen Privatrecht aus kontinentaleuropäischer Sicht, Basel 1975
zit.: Bucher, Grundlagen

ders. L'ordre public et le but social des lois en droit international privé, RdC 239 (1993-II), S. 9 ff.

Buchs, Gaby Die unmittelbare Anwendbarkeit völkerrechtlicher Vertragsbestimmungen. Am Beispiel der Rechtsprechung der Gerichte Deutschlands, Österreichs, der Schweiz und der Vereinigten Staaten von Amerika (zugl.: Mainz, Univ., Diss., 1993), Baden-Baden 1993
zit.: Buchs, Anwendbarkeit

van Bueren, Geraldine The International Law on the Rights of the Child, Dordrecht [et al.] 1995
zit.: van Bueren, Child

Buergenthal, Thomas International Human Rights, 2. Auflage, St. Paul 1995
zit.: Buergenthal, Human Rights

ders. Implementing the UN Racial Convention, 12 TexasILJ (1977), S. 187 ff.

ders. To Respect and to Ensure: State Obligations and Permissible Derogations, in: Louis Henkin (Hrsg.), The International Bill of Rights: The Covenant on Civil and Political Rights, New York 1981, S. 72 ff.

ders. Die Bedeutung der Allgemeinen Erklärung der Menschenrechte für den internationalen Menschenrechtsschutz, in: Menschenrechtszentrum der Universität Potsdam (Hrsg.), „Menschenrechte für alle“: 50 Jahre Allgemeine Erklärung der Menschenrechte, Potsdam 1999, S. 19 ff.

ders. The Evolution of International Human Rights, in: Héctor Gros Espiell amicorum liber: persona humana y dereche international, personne humaine et droit international, human person and international law, Vol. I, Bruxelles, 1997, S. 123 ff.

ders. Modern Constitutions and Human Rights Treaties, 36 ColumbiaJTransnatL 1997, S. 211 ff.

Bungert, Hartwin Das Recht der ausländischen Kapitalgesellschaften auf Gleichbehandlung im deutschen und US-amerikanischen Recht. Zugleich ein Beitrag zu einem internationalen Grundrechtskollisionsrecht (zugl.: München, Univ., Diss., 1994), München 1994
zit.: Bungert, Kapitalgesellschaften

ders. Einwirkung und Rang von Völkerrecht im innerstaatlichen Rechtsraum, DÖV 1994, S. 797 ff.

Busse, Daniel Die Berücksichtigung ausländischer „Eingriffsnormen“ durch die deutsche Rechtsprechung, ZVglRWiss 95 (1996), S. 386 ff.

Bustelo, Mara R. The Committee on the Elimination of Discrimination against Women at the crossroads, in: Philip Alston/ James Crawford (Hrsg.), The future of UN Human Rights Treaty Monitoring, Cambridge [et al.] 2000, S. 79 ff.

Clapham, Andrew The ‘Drittwirkung’ of the Convention, in: Ronald St. John Macdonald/ Franz Matscher/ Herbert Petzold (Hrsg.), The European System for the Protection of Human Rights, Dordrecht [et al.] 1993, S. 163 ff.

Coester, Michael Anmerkung zum Beschluß des AG Tübingen vom 25. Oktober 1990, sowie DIV-Gutachten vom 30. Oktober 1989, ZfJ 1992, S. 141

Coester-Waltjen, Dagmar Die Wirkungskraft der Grundrechte bei Fällen mit Auslandsberührung – familien- und erbrechtlicher Bereich, in: Die Wirkungskraft der Grundrechte bei Sachverhalten mit Auslandsbezug, BerDGVR 38 (1998), S. 9 ff.[mit Diskussionsbeitrag, S. 131 ff.]

dies. Einige Anmerkungen zum Eheschließungsrecht, in: Uwe Diederichsen/ Gerfried Fischer/ Dieter Medicus/ Jörg Pirrung/ Thomas Wagenitz (Hrsg.), Festschrift für Walter Rolland, Köln 1999, S. 67 ff.

Cohen, Dany La Convention européenne des droits de l'homme et le droit international privé français, 78 Rev. crit. dr. internat. privé (1989), S. 451 ff.

Cohen-Jonathan, Gérard Respect for Private and Family Life, in: Ronald St. John Macdonald/ Franz Matscher/ Herbert Petzold (Hrsg.), The European System for the Protection of Human Rights, Dordrecht [et al.] 1993, S. 405 ff.

Collins, Lawrence (Hrsg.) Dicey and Morris on the Conflict of Laws, Vol. I, 13. Auflage, London 2000
zit.: Collins (Hrsg.), Dicey and Morris

Cook, Rebecca J. Reservations to the Convention on the Elimination of all Forms of Discrimination against Women, 30 VirginiaILJ (1990), S. 643 ff.

Council of Europe (Hrsg.) Collected edition of the „travaux préparatoires" of the European Convention on Human Rights – Recueil des travaux préparatoires de la Convention Européenne des Droits de l'Homme, Vol. IV, The Hague 1975

Craven, Matthew C.R. The International Covenant on Economic, Social and Cultural Rights: A Perspective on its Development, Oxford 1995
zit.: Craven, Covenant

ders. Towards an Unofficial Petition Procedure: A Review on the Role of the UN Committee on Economic, Social and Cultural Rights, in: Krzysztof Drzewicki/ Catarina Krause/ Allan Rosas (Hrsg.), Social Rights as Human Rights: A European Challenge, Turku/ Åbo 1994, S. 91 ff.

ders. The International Covenant on Economic, Social and Cultural Rights, in: Raija Hanski/ Markku Suksi (Hrsg.), An Introduction to the International Protection of Human Rights: A Textbook, Turku/ Åbo 1997, S. 99 ff.

Crüwell, Konstanze Hände weg von Beutekunst, FAZ vom 4. November 1998, S. 41.

Dahm, Georg / Delbrück, Jost / Wolfrum, Rüdiger Völkerrecht, Band I/1: Die Grundlagen. Die Völkerrechtssubjekte, 2. Aufl., Berlin, New York 1989
zit.: Dahm/Delbrück/Wolfrum, Völkerrecht, Bd. I/1

Damm, Karl-Dieter Die Einwirkung der Grundrechte des Grundgesetzes auf das nach dem deutschen Internationalen Privatrecht anwendbare ausländische Sach- und Kollisionsrecht (zugl.: Mannheim, Univ., Diss., 1993), Pfaffenweiler 1993
zit.: Damm, Einwirkung

Degenhart, Christoph Gerichtsverfahren, in: Josef Isensee/ Paul Kirchhof (Hrsg.), Handbuch des Staatsrecht der Bundesrepublik Deutschland, Band III, Heidelberg 1988, § 76, S. 879 ff.

Delbrück, Jost „Law in the Public Interest". Some Observations on erga omnes Norms in International Law, in: Volkmar Götz/ Peter Selmer/ Rüdiger Wolfrum (Hrsg), liber amicorum Günther Jaenicke, Berlin [et al.] 1998, S. 17 ff.

Deutsche Gesellschaft für die Vereinten Nationen (Hrsg.) Gleiche Menschenrechte für alle. Dokumente zur Menschenrechtskonferenz der Vereinten Nationen 1993, Bonn 1994
zit.: DGVN (Hrsg.), Menschenrechte

van Dijk, Pieter / van Hoof, Godefridus J. H. Theory and Practice of the European Convention on Human Rights, 3. Auflage, The Hague 1998
zit.: van Dijk/van Hoof, Convention

Dimitrijevič, Voijn The Monitoring of Human Rights and the Prevention of Human Rights Violations through Reporting Procedures, in: Arie Bloed (Hrsg.), Monitoring Human Rights in Europe: comparing international procedures and mechanisms, Dordrecht [et al.] 1993, S. 1 ff.

ders. The Roles of the Human Rights Committee, Saarbrücken 1985
zit: Dimitrijevič, Committee

Dinstein, Yoram The Implementation of International Human Rights, in: Ulrich Beyerlin/ Michael Bothe/ Rainer Hofmann (Hrsg.), Recht zwischen Umbruch und Bewahrung: Festschrift für Rudolf Bernhardt, Berlin [et al.] 1995, S. 331 ff.

Doehring, Karl Völkerrecht, Heidelberg 1999
zit.: Doehring, Völkerrecht

ders. Völkerrechtswidrige Konfiskation eines Gemäldes des Fürsten von Liechtenstein als „deutsches Eigentum": Ein unrühmlicher Schlußpunkt, IPRax 1998, S. 465 ff.

ders. Die undifferenzierte Berufung auf Menschenrechte, in: Ulrich Beyerlin/ Michael Bothe/ Rainer Hofmann (Hrsg.), Recht zwischen Umbruch und Bewahrung: Festschrift für Rudolf Bernhardt, Berlin [et al.] 1995, S. 355.

ders. Diskussionsbeitrag, in: Die Wirkungskraft der Grundrechte bei Sachverhalten mit Auslandsbezug, BerDGVR 38 (1998), S. 126 f.

ders. Die allgemeinen Regeln des völkerrechtlichen Fremdenrechts und das deutsche Verfassungsrecht (zugl.: Heidelberg, Univ. Habil.-Schr.), Köln [et al.] 1963
zit.: Doehring, Fremdenrecht

ders. Vertragskollisionen – Der Soering-Fall, in: Jörn Ipsen/ Edzard Schmidt-Jortzig (Hrsg.), Recht, Staat, Gemeinwohl: Festschrift für Dietrich Rauschning, Köln [et al.] 2001, S. 419 ff.

Dölle, Hans Der ordre public im internationalen Privatrecht, in: Ernst Wolff (Hrsg.), Deutsche Landesreferate zum II. Internationalen Kongreß für Rechtsvergleichung in London 1950, Berlin [et al.] 1950, S. 397 ff.

ders. Internationales Privatrecht, 2. Auflage, Karlsruhe 1972
zit.: Dölle, IPR

Donelly, Jack Cultural Relativism and Universal Human Rights, 6 HRQ (1984), S. 400 ff.

ders. Universal Human Rights in Theory and Practice, Ithaca [et. al.] 1989
zit.: Donelly, Universal Human Rights

Dörner, Heinrich Bürgenhaftung und ordre public, in: Klaus Peter Berger/ Werner F. Ebke/ Siegfried Elsing/ Bernhard Großfeld/ Gunther Kühne (Hrsg.), Festschrift für Otto Sandrock zum 70. Geburtstag, Heidelberg 2000, S. 205 ff.

Dorsch, Gabriele Die Konvention der Vereinten Nationen über die Rechte des Kindes (zugl.: München, Univ., Diss., 1992), Berlin 1994
zit.: Dorsch, Konvention

Dreier, Horst (Hrsg.) Grundgesetz-Kommentar,
Band I (Art. 1-19), Tübingen 1996 ,
Band II (Art. 20-82), Tübingen 1998
zit.: Bearb., in: Dreier (Hrsg.), GG

Ehricke, Ulrich Auswirkungen der Europäischen Menschenrechtskonvention auf das deutsche Kollisionsrecht, EuGRZ 1993, S. 113 ff.

Eide, Asbjørn Realization of Social and Economic Rights and the Minimum Threshold Approach, 10 HRLJ (1989), S. 35 ff.

Elbing, Gunther Zur Anwendbarkeit der Grundrechte bei Sachverhalten mit Auslandsbezug (zugl.: München, Univ., Diss., 1992), Berlin 1992
zit.: Elbing, Anwendbarkeit

Empell, Hans-Michael Die Kompetenzen des UN-Menschenrechtsausschusses im Staatenberichtsverfahren (Art. 40 des Internationalen Paktes über bürgerliche und politische Rechte), Frankfurt a.M. [et al.] 1987
zit.: Empell, Kompetenzen

Ende, Monika Kulturelle Identität als notwendige Ergänzung des gemeinschaftsrechtlichen Gleichheitssatzes – Die UN-Kinderkonvention im Kontext der Unionsbürgerschaft, IPRax 1996, S. 144 ff.

Engel, Christoph Ausstrahlungen der Europäischen Menschenrechtskonvention auf das Kollisionsrecht, RabelsZ 53 (1989), S. 3 ff.

Engels, Markus Verbesserter Menschenrechtsschutz durch Individualbeschwerdeverfahren? Zur Frage der Einführung eines Fakultativprotokolls für den Internationalen Pakt über wirtschaftliche, soziale und kulturelle Rechte (zugl.: München, Univ., Diss., 1999), München, 2000
zit.: Engels, Menschenrechtsschutz

Epe, Axel Die Funktion des Ordre Public im deutschen Internationalen Privatrecht, Diss., Tübingen 1983
zit.: Epe, Funktion

Eriksson, Maja Kirilova The Right to Mary and to Found a Family. A World-Wide Human Right, Uppsala, 1990
zit.: Eriksson, Right to Mary

Erman Bürgerliches Gesetzbuch, Handkommentar, hrsg. von Harm Peter Westermann, Band II, 10. Auflage Münster, Köln 2000
zit.: Erman-Bearb.

Fahrenhorst, Irene Familienrecht und Europäische Menschenrechtskonvention: das Ehe- und Familienrecht der Bundesrepublik Deutschland und seine Vereinbarkeit mit der Europäischen Konvention zum Schutze der Menschenrechte und Grundfreiheiten – dargestellt an ausgewählten Beispielen, Paderborn [et al.] 1994
zit.: Fahrenhorst, Familienrecht

Fassbender, Bardo Klageausschluß bei Enteignungen zu Reparationszwecken – Das Gemälde des Fürsten von Liechtenstein, NJW 1999, S. 1445 ff.

ders. Der Fürst, ein Bild und die deutsche Geschichte: Anmerkung zur Entscheidung des Europäischen Gerichtshofs für Menschenrechte im Fall Fürst Hans Adam II. von und zu Liechtenstein gegen Deutschland, EuGRZ 2001, S. 459 ff.

Fastenrath, Ulrich Kompetenzverteilung im Bereich der auswärtigen Gewalt (zugl.: München, Univ., Diss., 1985), München 1986
zit.: Fastenrath, Kompetenzverteilung

Fastrich, Lorenz Revisibilität der Ermittlung ausländischen Rechts, ZZP 97 (1994), S. 423 ff.

Ferid, Murad Internationales Privatrecht, JA-Sonderheft 13, 3. Auflage, Frankfurt a.M. 1986
zit.: Ferid, IPR

ders. Wechselbeziehungen zwischen Verfassungsrecht und Kollisionsnormen, in: Ernst von Caemmerer/ Arthur Nikisch/ Konrad Zweigert (Hrsg.), Vom deutschen zum europäischen Recht: Festschrift für Hans Dölle, Band II, Tübingen 1963, S. 119 ff.

Fischer, Gerfried Schadensersatzansprüche wegen Menschenrechtsverletzungen im Internationalen Privat- und Prozeßrecht, in: Jürgen Goydke/ Dietrich Rauschning/ Rainer Robra/ Han-Ludwig Schreiber/ Christian Wulff (Hrsg.), Vertrauen in den Rechtsstaat: Beiträge zur deutschen Einheit im Recht: Festschrift für Walter Remmers, Köln [et al.] 1995, S. 447 ff.

ders. Abschied vom ordre public bei Börsentermingeschäften im Ausland, IPRax 1999, S. 450 ff.

Fleischmann, Max (Hrsg.) Völkerrechtsquellen, Halle a.d.S. 1905
zit.: Fleischmann, Völkerrechtsquellen

Flinterman, Cees / Henderson, Catherine Special Human Rights Treaties, in: Raija Hanski/ Markku Suksi (Hrsg.), An Introduction to the International Protection of Human Rights. A Textbook, Turku/ Åbo 1997, S. 119 ff.

Fohrer, Estelle L'incidence de la Convention européenne des droits de l'homme sur l'ordre public international français, Bruxelles 1999
zit.: Fohrer, L'incidence

Frowein, Jochen Abr. The European Convention on Human Rights as the Public Order of Europe, Collected Courses of the Academy of European Law, 1990, Vol. I -2, S. 267 ff.

ders. Jus Cogens, in: Rudolf Bernhardt (Hrsg.), Encyclopedia of Public International Law, Vol. III, Amsterdam [et al.] 1997, S. 65 ff.

ders. Obligations erga omnes, in: Rudolf Bernhardt (Hrsg.), Encyclopedia of Public International Law, Vol. III, Amsterdam [et al.] 1997, S. 757 ff.

ders. Die Verpflichtungen erga omnes im Völkerrecht und ihre Durchsetzung, in: Rudolf Bernhardt/ Wilhelm Karl Geck/ Günter Jaenicke/ Helmut Steinberger (Hrsg.), Völkerrecht als Rechtsordnung, Internationale Gerichtsbarkeit, Menschenrechte: Festschrift für Hermann Mosler, Berlin [et al.] 1983, S. 241 ff.

ders. Das Bundesverfassungsgericht und die Europäische Menschenrechtskonvention, in: Walter Fürst/ Roman Herzog/ Dieter C. Umbach (Hrsg.), Festschrift für Wolfgang Zeidler, Band 2, Berlin 1987, S. 1763 ff.

ders. Übernationale Menschenrechtsgewährleistungen und nationale Staatsgewalt, in: Josef Isensee/ Paul Kirchhof (Hrsg.), Handbuch des Staatsrecht der Bundesrepublik Deutschland, Band VII, Heidelberg 1992, § 180, S. 731 ff.

ders. Die Vertreibung der Sudetendeutschen. Zur Frage des Bestehens von Rechtsansprüchen nach Völkerrecht und deutschem Recht, ZaöRV 56 (1996), S. 1 ff.

Frowein, Jochen Abr. / Peukert, Wolfgang Europäische Menschenrechtskonvention. EMRK-Kommentar, 2. Auflage, Kehl am Rhein [et al.] 1996

zit.: Frowein/Peukert, EMRK

Ganshof van der Meersch, Walter J. Le caractère «autonome» des termes et la «marge d'appréciation» des gouvernements dans l'interprétation de la Convention européenne des droits de l'homme, in: Franz Matscher/ Herbert Petzold (Hrsg.), Protecting Human Rights: The European Dimension: Studies in honour of Gérard J. Wiarda, Köln [et al.] 1988, S. 201 ff.

Geiger, Rudolf Grundgesetz und Völkerrecht: die Bezüge des Staatsrechts zum Völkerrecht und Europarecht, 2. Auflage, München 1994

zit.: Geiger, Grundgesetz

Geimer, Reinhold Anerkennung ausländischer Entscheidungen in Deutschland, München 1995

zit.: Geimer, Anerkennung

Ghandhi, P. R. The Universal Declaration of Human Rights at Fifty Years: Its Origins, Significance and Impact, 41 GYIL (1998), S. 206 ff.

ders. The Human Rights Committee and the Right of Individual Communication: Law and Practice , Aldershot [et al.] 1998

zit.: Ghandhi, Human Rights Committee

Giegerich, Thomas Vorbehalte zu Menschenrechtsabkommen: Zulässigkeit, Gültigkeit und Prüfungskompetenzen. Ein konstitutioneller Ansatz, ZaöRV 55 (1995), S. 713 ff.

Goldman, Berthold La protection internationale des droits de l'homme et de l'ordre public international dans le fonctionnement de la règle des Conflits de Lois, in: Problèmes de protection internationale des droits de l'homme. René Cassin amicorum discipulorumque liber, Band 1, Paris 1969, S. 449 ff.

Greer, Steven A Guide to the Human Rights Act 1998, ELR 24 (1999), S. 3 ff.

Gross Espiell, Hector The Envolving Concept of Human Rights: Western, Socialist and Third World Approaches, in: Bertie G. Ramcharan (Hrsg.), Thirty Years After the Universal Declaration, The Hague 1979, S. 41 ff.

Guradze, Heinz Die Menschenrechtskonventionen der Vereinten Nationen vom 16. Dezember 1966, JIR 1971, S. 242 ff.

Häde, Ulrich / Jachmann, Monika Anmerkung zur Entscheidung des AG Kamen vom 13. April 1995, FamRZ 1996, S. 632 ff.

Haedrich, Martina Von der Allgemeinen Erklärung der Menschenrechte zur internationalen Menschenrechtsordnung, JA 1999, S. 251 ff.

Hailbronner, Kay Rechtswirkungen des EG-Südafrikakodex, RIW/ AWD 1982, S. 111 ff.

Hammje, Petra Droits fondamentaux et ordre public, 86 Rev. crit. dr. intern. privé (1997), S. 1 ff.

Hartung, Fritz / Commichau, Gerhard Die Entwicklung der Menschen- und Bürgerrechte von 1766 bis zur Gegenwart, 4. Auflage, Göttingen 1972
zit.: Hartung/Commichau, Entwicklung

Heintzen, Markus Auswärtige Beziehungen privater Verbände (zugl.: Bonn, Univ., Diss., 1987/88), Berlin 1988
zit.: Heintzen, Auswärtige Beziehungen

Henkin, Louis The International Bill of Rights: The Universal Declaration and the Covenants, in: Rudolf Bernhardt/ John Antony Jolowicz (Hrsg.), International Enforcement of Human Rights, Berlin [et al.] 1987, S. 1 ff.

ders. Human Rights, in: Rudolf Bernhardt (Hrsg.), Encyclopedia of Public International Law, Vol. II, Amsterdam [et al.] 1995, S. 886 ff.

Henrich, Dieter Anmerkung zu LG Hamburg vom 16. Oktober 1958, StAZ 1960, S. 100 ff.

ders. Die Bedeutung der Grundrechte bei der Anwendung fremden Rechts, RabelsZ 36 (1972), S. 2 ff.

ders. Internationales Familienrecht, 2. Auflage, Frankfurt a.M. [et al.] 2000
zit.: Henrich, Familienrecht

Herdegen, Matthias Die Rechte des Kindes in der Verfassung, FamRZ 1993, S. 374 ff.

Hesse, Konrad Grundzüge des Verfassungsrechts der Bundesrepublik Deutschland, 20. Auflage (Neudruck), Heidelberg 1999
zit.: Hesse, Grundzüge

Heuer, Carl-Heinz Die Kunstraubzüge der Nationalsozialisten und ihre Rückabwicklung, NJW 1999, S. 2558 ff.

Hobe, Stephan Stärkung des Menschenrechtsschutzes in Europa: Das 11. Zusatzprotokoll zur Europäischen Menschenrechtskonvention, JA 1998, S. 909 ff.

von Hodenberg, Philipp Das Bekenntnis des deutschen Volkes zu den Menschenrechten in Art. 1 Abs. 2 GG (zugl.: Heidelberg, Univ., Diss., 1997), Baden-Baden 1997
zit.: v. Hodenberg, Bekenntnis

von Hoffmann, Bernd Internationales Privatrecht, 6. Auflage, München 2000
zit.: v. Hoffmann, IPR

ders. Diskussionsbeitrag, in: Die Wirkungskraft der Grundrechte bei Fällen mit Auslandsbezug, BerDGVR 38 (1998), S. 129

Hofmann, Rainer Grundrechte und grenzüberschreitende Sachverhalte (zugl. Heidelberg, Univ., Habil.-Schr., 1993), Berlin [et al.] 1994
zit.: Hofmann, Grundrechte

ders. Diskussionsbeitrag, in: Die Wirkungskraft der Grundrechte bei Fällen mit Auslandsbezug, BerDGVR 38 (1998), S. 124 f.

ders. Art. 25 GG und die Anwendung völkerrechtswidrigen ausländischen Rechts, ZaöRV 49 (1989), S. 41 ff.

van Hoof, Godefridus J. H. The Legal Nature of Economic, Social and Cultural Rights: A Rebuttal of Some Traditional Views, in: Philip Alston/ Katarina Tomaševski (Hrsg.), The Right to Food, Doordrecht [et al.] 1984, S. 97 ff.

Humphrey, John P. The Universal Declaration of Human Rights: Its History, Impact and Juridical Character, in: Bertie G. Ramcharan (Hrsg.), Thirty Years After the Universal Declaration, The Hague 1979, S. 21 ff.

Ipsen, Hans Peter Das Verhältnis des Rechts der europäischen Gemeinschaften zum nationalen Recht, in: Aktuelle Fragen des europäischen Gemeinschaftsrechts. Gemeinschaftsrecht und nationales Recht, Niederlassungsfreiheit und Rechtsangleichung. Europarechtliches Kolloquium 1964, Stuttgart 1965, S. 1 ff.

Ipsen, Knut Völkerrecht, 4. Auflage, München 1999
zit.: Bearb., in: K. Ipsen, Völkerrecht

Isensee, Josef Grundrechtsvoraussetzungen und Verfassungserwartungen an die Grundrechtsausübung, in: ders./ Paul Kirchhof (Hrsg.), Handbuch des Staatsrechts der Bundesrepublik Deutschland, Band V, 2. Auflage, Heidelberg 2000, § 115, S. 353 ff.

Jacobs, Uwe Kai Die Handschuhehe – Inhalt und Herkunft einer Eheschließungsform, StAZ 1992, S. 5 ff.

Jacobson, Roberta The Committee on the Elimination of Discrimination against Women, in: Philip Alston (Hrsg.), The United Nations and Human Rights: A Critical Appraisal, Oxford 1992, S. 444 ff.

Jaenicke, Günther Zur Frage des internationalen ordre public, BerDGVR 7 (1967), S. 77 ff.

Jarras, Hans D. Die Erklärung von Vorbehalten zu völkerrechtlichen Verträgen. Zugleich ein Beitrag zu den Kernproblemen des Art. 59 GG, DÖV 1975, S. 117 ff.

Jarass, Hans D. / Pieroth, Bodo Grundgesetz für die Bundesrepublik Deutschland. Kommentar, 5. Auflage, München 2000
zit.: Jarass/Pieroth, GG

Jayme, Erik Wandlungen des ordre public im internationalen Kindschaftsrecht, StAZ 1980, S. 301 ff.

ders. Grundrecht der Eheschließungsfreiheit und Wiederheirat geschiedener Ausländer, RabelsZ 36 (1972), S. 19 ff.

ders. Methoden der Konkretisierung des ordre public im Internationalen Privatrecht, Heidelberg 1989
zit.: Jayme, Methoden

ders. Menschenrechte und Theorie des Internationalen Privatrechts, IJVO-Jahresheft 1991/92, S. 8 ff.

ders. Kulturelle Identität und Kindeswohl im internationalen Kindschaftsrecht, in: Dieter Henrich/ ders./ Fritz Sturm (Hrsg.), Ehe und Kindschaft im Wandel, Frankfurt a.M. [et al.] 1998, S. 47 ff.

ders. Grundgesetz und Neuorientierung des internationalen Privatrechts, in: Reinhard Mußgnug (Hrsg.), Rechtsentwicklung unter dem Bonner Grundgesetz, Heidelberg 1990, S. 127 ff.

ders. Anmerkung zu OLG Karlsruhe vom 20. November 1989, IPRax 1999, S. 49 ff.

ders. Diskussionsbeitrag, in: Die Wirkungskraft der Grundrechte bei Fällen mit Auslandsbezug, BerDGVR 38 (1998), S. 117 ff.

ders. Anmerkung zu AG Essen vom 24.09.1997, IPRax 1998, S. 213 ff.

ders. Europäische Menschenrechtskonvention und deutsches Nichtehelichenrecht, NJW 1979, S. 2425 ff.

ders. Staatsverträge zum Internationalen Privatrecht: Internationalprivatrechtliche, staatsrechtliche, völkerrechtliche Aspekte, in: Staatsverträge zum Internationalen Privatrecht, BerDGVR 16 (1975), S. 1 ff.

Jhabvala, Farrokh The Drafting of the Human Rights Provisions of the UN Charter, 44 NILR (1997), S. 1 ff.

Junker, Abbo Internationales Privatrecht, München 1998
zit.: Junker, IPR

Kadelbach, Stefan Zwingendes Völkerrecht (zugl.: Frankfurt a.M., Univ., Diss., 1991), Berlin [et al.] 1992
zit.: Kadelbach, Zwingendes Völkerrecht

Kahn, Franz Die Lehre vom ordre public (Prohibitivgesetze), Neuabdruck aus Iherings Jahrbücher 39 (1898), S. 1 ff., in: Otto Lenel/ Hans Lewald (Hrsg.), Abhandlungen zum Internationalen Privatrecht, Band I, München [et al.] 1928, S. 161 ff.

Kälin, Walter Die allgemeine Erklärung der Menschenrechte: eine kopernikanische Wende im Völkerrecht?, in: Amnesty International (Hrsg.), Menschenrechte im Umbruch. Fünfzig Jahre Allgemeine Erklärung der Menschenrechte, Neuwied [et al.] 1998, S. 5 ff.

ders. Menschenrechtsverträge als Gewährleistung einer objektiven Ordnung, in: Aktuelle Probleme des Menschenrechtsschutzes, BerDGVR 33 (1994), S. 9 ff.

Karl, Wolfram Besonderheiten der Kontrollverfahren zum Schutz der Menschenrechte, in: Aktuelle Probleme des Menschenrechtsschutzes, BerDGVR 33 (1994), S. 83 ff.

Kegel, Gerhard Internationales Privatrecht, 7. Auflage, München 1995
zit.: Kegel, IPR

ders. Embarras de richesse, RabelsZ 36 (1972), S. 27 ff.

ders. Das Ordnungsinteresse an realer Entscheidung im IPR und im internationalen Privatverfahrensrecht, in: Jürgen Basedow/ Klaus J. Hopt/ Hein Kötz (Hrsg.), Festschrift für Ulrich Drobnig, Tübingen 1998, S. 315 ff.

Kegel, Gerhard / Schurig, Klaus Internationales Privatrecht, 8. Auflage, München 2000
zit.: Kegel/Schurig, IPR

Keller, Max / Siehr, Kurt Allgemeine Lehren des internationalen Privatrechts, Zürich 1986
zit.: Keller/Siehr, IPR

Kilian, Dieter Die Bindungswirkung der Entscheidungen des Europäischen Gerichtshofs für Menschenrechte auf die nationalen Gerichte der Mitgliedstaaten der Konvention zum Schutze der Menschenrechte und Grundfreiheiten vom 4. November 1950 (zugl.: Mannheim, Univ., Diss., 1993), Frankfurt a.M. [et al.] 1994
zit.: Kilian, Bindungswirkung

Kimminich, Otto Die Menschenrechte in der Friedensregelung nach dem Zweiten Weltkrieg, Berlin 1990
zit.: Kimminich, Friedensregelung

ders. Humanitäres Völkerrecht – humanitäre Aktion, München 1972
zit.: Kimminich, Humanitäres Völkerrecht

Kimminich, Otto / Hobe, Stephan Einführung in das Völkerrecht, 7. Auflage, Tübingen [et al.] 2000
zit.: Kimminich/Hobe, Völkerrecht

Kirchhof, Paul Verfassungsrechtlicher Schutz und internationaler Schutz der Menschenrechte. Konkurrenz oder Ergänzung? Landesbericht Deutschland für die IX. Konferenz der Europäischen Verfassungsgerichte, EuGRZ 1994, S. 16 ff.

Kiss, Alexandre C. Permissible Limitations on Rights, in: Louis Henkin (Hrsg.), The International Bill of Rights: The Covenant on Civil and Political Rights, New York 1981, S. 290 ff.

Klee, Kristina Die progressive Verwirklichung wirtschaftlicher, sozialer und kultureller Menschenrechte – Eine Interpretation von Art. 2 Abs. 1 des Internationalen Paktes für wirtschaftliche, soziale und kulturelle Rechte – (zugl. Mannheim, Univ., Diss., 1999), Stuttgart [et al.] 2000
zit.: Klee, Verwirklichung

Klein, Eckart Menschenrechte: Stille Revolution des Völkerrechts und Auswirkungen auf die innerstaatliche Rechtsanwendung, Baden-Baden 1997
zit.: E. Klein, Menschenrechte

ders. Die Arbeit des Menschenrechtsausschusses der Vereinten Nationen: Ziele – Erfolge – Grenzen, in: DGVN (Hrsg.), Blaue Reihe Nr. 68 (1997), S. 22 ff.

ders. The Reporting System under the International Covenant on Civil and Political Rights, in: ders. (Hrsg.), The Monitoring System of Human Rights Treaty Obligations, Berlin 1998, S. 17 ff.

ders. Universeller Menschenrechtsschutz – Realität oder Utopie?, EuGRZ 1999, S. 109 ff.

ders. The Duty to Protect and to Ensure Human Rights Under the International Covenant on Civil and Political Rights, in: ders. (Hrsg.), The Duty to Protect and to Ensure Human Rights, Berlin 2000, S. 295 ff.

ders. Die völkerrechtlichen Verpflichtungen Deutschlands und ihre Bedeutung für die drei Staatsgewalten, in: Peter Koeppel (Hrsg.), Kindschaftsrecht und Völkerrecht im europäischen Kontext, Neuwied [et al.] 1996, S. 31 ff.

ders. Unmittelbare Geltung, Anwendbarkeit und Wirkung von Europäischem Gemeinschaftsrecht, Saarbrücken 1988
zit.: E. Klein, Gemeinschaftsrecht

ders. General Comments – Zu einem eher unbekannten Instrument des Menschenrechtsschutzes, in: Jörn Ipsen, Edzard Schmidt-Jortzig (Hrsg.), Recht, Staat, Gemeinwohl: Festschrift für Dietrich Rauschning, Köln [et al.] 2001, S. 301 ff.

Klein, Friedrich Die Europäische Menschenrechts-Konvention und Art. 25 des Bonner Grundgesetzes, JIR 11 (1962), S. 149 ff.

Klerk, Yvonne Working Paper on Art. 2 (2) and Art. 3 of the International Covenant on Economic, Social and Cultural Rights, 9 HRQ (1987), S. 250 ff.

Klingenstein, Katja Kulturelle Identität und Kindeswohl im deutschen internationalen Adoptionsrecht (zugl.: Heidelberg, Univ., Diss., 1999), Frankfurt a.M. [et al.] 2000
zit.: Klingenstein, Kulturelle Identität

Knoke, Thomas Deutsches interlokales Privat- und Privatverfahrensrecht nach dem Grundvertrag, Frankfurt a. M. 1980
zit.: Knoke, Grundvertrag

Kokott, Juliane Grund- und Menschenrechte als Inhalt eines internationalen ordre public, in: Die Wirkungskraft der Grundrechte bei Fällen mit Auslandsbezug, BerDGVR 38 (1998), S. 71 ff.

dies. Multiculturalism and the Protection of Fundamental Rights under German and International Law, in: Burkhard Ziemske/ Theo Langheid/ Heinrich Wilms/ Görg Haverkate (Hrsg.), Staatsphilosophie und Rechtspolitik: Festschrift für Martin Kriele, München 1997, S. 1307 ff.

Kremer, Arnold Urteilsanmerkung zu LG Kassel und AG Bad Wildungen, StAZ 1990, S. 171 f.

Kreuzer, Karl Ausländisches Wirtschaftsrecht vor deutschen Gerichten - Zum Einfluß fremdstaatlicher Eingriffsnormen auf private Rechtsgeschäfte, Heidelberg 1986
zit.: Kreuzer, Ausländisches Wirtschaftsrecht

ders. Internationales Privatrecht und Bundesverfassungsgericht, in: Eckart Klein (Hrsg.), Grundrechte, soziale Ordnung und Verfassungsgerichtsbarkeit: Festschrift für Ernst Benda, Heidelberg 1995, S. 153 ff.

ders. Rezension von Paolo Benvenuti, Comunità Statale, Comunità Internazionale (Milano 1977), RabelsZ 43 (1979), S. 771 ff.

Kriele, Martin Freiheit und „Befreiung“: zur Rangordnung der Menschenrechte, Frankfurt a.M. 1988
zit.: Kriele, Freiheit

Kronke, Herbert Die Wirkung der Grundrechte bei Sachverhalten mit Auslandsbezug, in: Die Wirkungskraft der Grundrechte bei Fällen mit Auslandsbezug, BerDGVR 38 (1998), S. 33 ff.

Kropp, Wolfgang Eheschließung einer deutschen Staatsangehörigen mit einem Iraner in der Bundesrepublik Deutschland, StAZ 1984, S. 216

Kropholler, Jan Internationales Privatrecht: einschließlich der Grundbegriffe des Internationalen Zivilverfahrensrechts,
3. Auflage, Tübingen 1997
zit.: Kropholler, IPR³

4. Auflage, Tübingen 2001,
zit.: Kropholler, IPR

ders. Die Anpassung im Kollisionsrecht, in: Andreas Heldrich/ Dieter Henrich/ Hans Jürgen Sonnenberger (Hrsg.), Konflikt und Ordnung: Festschrift für Murad Ferid, München 1978, S. 279 ff.

Krüger, Hilmar Zur Eheschließung deutscher Frauen mit Iranern, StAZ 1984, S. 336 f.

Kühne, Gunther IPR-Gesetz-Entwurf: Entwurf eines Gesetzes zur Reform des internationalen Privat- und Verfahrensrechts, Heidelberg, Karlsruhe 1980
zit.: Kühne, IPR-Entwurf

Kühnhardt, Ludger Die Universalität der Menschenrechte, 2. Auflage, Bonn 1991
zit.: Künhardt, Menschenrechte

Kunig, Philip Deutsches Verwaltungshandeln und Empfehlungen internationaler Organisationen, in: Kay Hailbronner/ Georg Ress/ Torsten Stein (Hrsg.), Staat und Völkerrechtsordnung: Festschrift für Karl Doehring, Berlin [et al.] 1989, S. 529 ff.

Lagarde, Paul Urteilsanmerkung zu Cour de Cassation vom 10. März 1993, 82 Rev. crit. dr. internat. privé (1993), S. 449 ff.

Lando, Ole The eternal crisis, in: Jürgen Basedow/ Klaus J. Hopt/ Hein Kötz (Hrsg.), Festschrift für Ulrich Drobnig, Tübingen 1998, S. 361 ff.

Lansdown, Gerison The reporting process under the Convention on the Rights of the Child, in: Philip Alston/ James Crawford (Hrsg.), The future of UN Human Rights Treaty Monitoring, Cambridge [et al.] 2000, S. 113 ff.

Lauer, Hubertus Bedeutung der UN-Kinderrechtskonvention für die Rechtsordnung der Bundesrepublik Deutschland, AGJ-Mitteilungen 3/1996, S. 15 f.

Laurent, François Droit civil international, Band 1, Bruxelles 1881
zit.: Laurent, Droit civil

Lecheler, Helmut Der Schutz von Ehe und Familie, in: Josef Isensee/ Paul Kirchhof (Hrsg.), Handbuch des Staatsrechts der Bundesrepublik Deutschland, Band VI, 2. Auflage, Heidelberg 2001, § 133, S. 211 ff.

Leckie, Scott The Committee on Economic, Social and Cultural Rights: Catalyst for change in a system needing reform, in: Philip Alston/ James Crawford (Hrsg.), The Future of UN Human Rights Treaty Monitoring, Cambridge [et al.] 2000, S. 129 ff.

Lerner, Natan UN Convention on the Elimination of all Forms of Racial Discrimination, 2. Aufl., Alphen aan den Rijn 1980
zit.: Lerner, Racial Discrimination

Lillich, Richard B. Towards the Harmonization of International Human Rights Law, in: Ulrich Beyerlin/ Michael Bothe/ Rainer Hofmann (Hrsg.), Recht zwischen Umbruch und Bewahrung: Festschrift für Rudolf Bernhardt, Berlin [et al.] 1995, S. 453 ff.

ders. Civil Rights, in: Theodor Meron (Hrsg.), Human Rights in International Law: Legal and Policy Issues, Oxford [et al.] 1985, S. 115 ff.

ders. The Growing Importance of Customary International Human Rights Law, 25 GeorgiaJInt&CompL (1995/1996), S. 1 ff.

Looschelders, Dirk Die Ausstrahlung der Grund- und Menschenrechte auf das Internationale Privatrecht, RabelsZ 65 (2001), S. 463 ff.

Lopatka, Adam The World Constitution of the Rights of the Child, in: Héctor Gros Espiell amicorum liber: persona humana y dereche international, personne humaine et droit international, human person and international law, Vol. I, Bruxelles 1997, S. 667 ff.

Lorenz, Stephan Deutscher Gleichberechtigungsgrundsatz und fremdes Kollisionsrecht oder: Soll am deutschen (Grundrechts)Wesen die Welt genesen?, in: Jean-Francois Gerkens/ Hansjörg Peter/ Peter Trenk-Hinterberger/ Roger Vigneron (Hrsg.), Mélanges Fritz Sturm, Band II, Liège 1999, S. 1559 ff.

ders. „RGZ 106, 82 ff.revisited“: Zur Lückenfüllungsproblematik beim ordre public in „Ja/Nein-Konflikten“, IPRax 1999, S. 429 ff.

Loussouarn, Yvon / Bourel, Pierre Droit international privé, 6. Auflage, Paris 1999
zit.: Loussouarn/Bourel, Droit international

Lüderitz, Alexander Grundgesetz contra Internationales Privatrecht? Vorschläge zur Bestimmung des Geltungsbereichs von Grundrechten, RabelsZ 36 (1972), S. 35 ff.

Luther, Gerhard Spannungen bei der Anwendung italienischen Familienrechts durch deutsche Gerichte, FamRZ 1962, S. 346 f.

Macdonald, Ronald St. John The Margin of Appreciation, in: ders./ Franz Matscher/ Herbert Petzold (Hrsg.), The European System for the Protection of Human Rights, Dordrecht [et al.] 1993, S. 83 ff.

Maglio, Valtentina / Thorn, Karsten Neues Internationales Privatrecht in Italien, ZVglRWiss 96 (1997), S. 347 ff.

Makarov, Alexander N. Art. 6 I Grundgesetz und die Anwendung spanischen Eherechts, RabelsZ 26 (1972), S. 54 ff.

Mancini, Pasquale S. Diritto internazionale (Nachdruck der Ausgabe Neapel 1873), Vaduz 1978
zit.: Mancini, Diritto internazionale

von Mangoldt, Hermann / Klein, Friedrich Das Bonner Grundgesetz, Band I, 2. Auflage, Berlin [et al.] 1957
zit. v. Mangoldt/Klein, GG², Bd. I

von Mangoldt, Hermann / Klein, Friedrich / Starck, Christian Das Bonner Grundgesetz. Kommentar, Band 1, 3. Auflage, München 1985
zit.: Bearb., in: v. Mangoldt/Klein/Starck, GG³, Bd. 1

dies. Das Bonner Grundgesetz. Kommentar, Band 2 (Artikel 20-78), 4. Auflage, München 2000
zit.: Bearb., in: v. Mangoldt/Klein/Starck, GG, Bd. 2

Mann, Frederick Alexander Der Internationale Währungsfonds und das Internationale Privatrecht, JZ 1981, S. 327 ff.

ders. Völkerrechtswidrige Enteignungen vor nationalen Gerichten, NJW 1961, S. 705 ff.

Matthei, Simone Der Einfluß der Rechtsprechung des Europäischen Gerichtshofes für Menschenrechte auf die ZPO (zugl.: Regensburg, Univ., Diss., 1999), Frankfurt am Main [et al.] 2000

Matscher, Franz Die Einwirkungen der EMRK auf das Internationale Privat- und zivilprozessuale Verfahrensrecht, in: ders./ Ignaz Seidl-Hohenveldern (Hrsg.), Europa im Aufbruch: Festschrift für Fritz Schwind, Wien 1993, S. 71 ff.

ders. Les contraintes de l'interprétation juridictionnelle – les méthodes d'interprétation e la Convention européenne, in: Fédéric Sudre (Hrsg.), L'interprétation de la Convention européenne des droits de l'homme, Bruxelles 1998, S. 15 ff.

ders. Methods of Interpretation of the Convention, in: Ronald St. John Macdonald/ ders./ Herbert Petzold (Hrsg.), The European System for the Protection of Human Rights, Dordrecht [et al.] 1993, S. 63 ff.

ders. Vertragsauslegung durch Vertragsrechtsvergleichung in der Judikatur internationaler Gerichte, vornehmlich vor den Organen der EMRK, in: Rudolf Bernhardt/ Wilhelm Karl Geck/ Günther Jaenicke/ Helmut Steinberger (Hrsg.), Völkerrecht als Rechtsordnung, internationale Gerichtsbarkeit, Menschenrechte: Festschrift für Hermann Mosler, Berlin [et al.] 1983, S. 545 ff.

ders. Die Begründung der Entscheidungen des Europäischen Gerichtshofs für Menschenrechte, in: Ulrich Beyerlin/ Michael Bothe/ Rainer Hofmann (Hrsg.), Recht zwischen Umbruch und Bewahrung: Festschrift für Rudolf Bernhardt, Berlin [et al.] 1995, S. 503 ff.

ders. IPR und IZVR vor den Organen der EMRK – Eine Skizze – , in: Werner Barfuß/ Bernhard Dutroit/ Hans Forkel/ Ulrich Immenga/ Ferenc Majoros (Hrsg.), Festschrift für Karl Neumayer, Baden-Baden 1985, S. 459 ff.

Maunz, Theodor / Dürig, Günter Grundgesetz-Kommentar. Loseblatt-Ausgabe, München, 37. Lieferung, August 2000
zit.: Bearb. in: Maunz/Dürig (Hrsg.)

Mayer, Pierre La Convention européenne des droits de l'homme et l'application des normes étrangères, 80 Rev. crit. dr. internat. privé (1991), S. 651 ff.

ders. Droit international privé, 6. Auflage, Paris 1998
zit.: Mayer, Droit international

McDougal, Myres S. / Lasswell, Harold D. / Chen, Lung-Chu Human Rights and World Public Order: The Basic Policies of an International Law of Human Dignity, New Haven [et al.] 1980
zit.: McDougal/Lasswell/Chen, Human Rights

McGoldrick, Dominic The Human Rights Committee. Its Role in the Development of the International Covenant on Civil and Political Rights, Oxford [et al.] 1994
zit.: McGoldrick, Committee

Meessen, Karl Matthias Kollisionsrecht als Bestandteil des allgemeinen Völkerrechts: Völkerrechtliches Minimum und kollisionsrechtliches Optimum, in: Werner Flume/ Hugo J. Hahn/ Gerhard Kegel/ Kenneth R. Simmonds (Hrsg.), Internationales Recht und Wirtschaftsordnung: Festschrift für F. A. Mann, München 1977, S. 227 ff.

ders. Staatsverträge zum Internationalen Privatrecht. Völkerrechtliche und verfassungsrechtliche Aspekte, in: Staatsverträge zum Internationalen Privatrecht, BerDGVR 16 (1975), S. 49 ff.

Meise, Helmut Zur Relativität der Vorbehaltsklausel im Internationalen Privatrecht, Diss., Hamburg 1966
zit.: Meise, Relativität

Meng, Werner Anwendung völkerrechtlicher Konventionen über Kinderrechte im Deutschen Recht, in: Peter Koeppel (Hrsg.), Kindschaftsrecht und Völkerrecht im europäischen Kontext, Neuwied [et al.] 1996, S. 5 ff.

ders. Recognition of foreign legislative and administrative acts, in: Rudolf Bernhardt (Hrsg.), Encyclopedia of Public International Law, Vol. IV, Amsterdam [et al.] 2000, S. 50 ff.

Menhofer, Bruno Zur Kafala des marokkanischen Rechts vor deutschen Gerichten, IPRax 1997, S. 252 ff.

Meron, Theodor The Meaning and Reach of the International Convention on the Elimination of all Forms of Racial Discrimination, 79 AJIL (1985), S. 283 ff.

ders. Human Rights Law Making in the United Nations: A Critique of Instruments and Process, Oxford [et al.] 1986
zit.: Meron, Law Making

ders. Human Rights and Humanitarian Norms as Customary Law, Oxford [et al.] 1989
zit.: Meron, Human Rights

Merrills, John G. The Council of Europe (I): The European Convention on Human Rights, in: Raija Hanski/ Markku Suksi (Hrsg.), An Introduction to the International Protection of Human Rights: A Textbook, Turku/ Åbo 1997, S. 221 ff.

ders. The Development of International Law by the European Court of Human Rights, 2. Auflage, Manchester [et al.] 1993
zit.: Merrills, Development

Meyer-Ladewig, Jens Ständiger Europäischer Gerichtshof für Menschenrechte in Straßburg, NJW 1998, S. 512 ff.

Mlinar, Angelika Frauenrechte als Menschenrechte (zugl.: Salzburg, Univ., Diss, 1996), Frankfurt a. M. [et al.] 1997
zit.: Milnar, Frauenrechte

Morris, John H. / McClean, David The Conflict of Laws, 5. Auflage, London 2000
zit.: Morris/McClean, Conflict of Laws

Morsink, Johannes Women's Rights in the Universal Declaration, 13 HRQ (1991), S. 229 ff.

Moser, Berthold Die Europäische Menschenrechtskonvention als Quelle des internationalen Privatrechts, ÖJZ 1974, S. 650 ff.

ders. Die Europäische Menschenrechtkonvention und das bürgerliche Recht. Zum Problem der Drittwirkung von Grundrechten, Wien 1972
zit.: Moser, Menschenrechtskonvention

Mosler, Hermann Das Völkerrecht in der Praxis der deutschen Gerichte, Karlsruhe 1957
zit.: Mosler, Praxis

ders. Jus Cogens im Völkerrecht, SchweizJIR, Vol. 25 (1968), S. 9 ff.

ders. General Principles of Law, in: Rudolf Bernhardt (Hrsg.), Encyclopedia of Public International Law, Vol. II, Amsterdam [et al.] 1995, S. 511

Müller-Katzenburg, Astrid Besitz- und Eigentumssituation bei gestohlenen oder sonst abhanden gekommenen Kunstwerken, NJW 1999, S. 2551 ff.

Münch, Fritz Diskussionsbeitrag, in: Zur Frage des internationalen ordre public, BerDGVR 7 (1967), S. 181

von Münch, Ingo / Kunig, Philip Grundgesetz-Kommentar, Band 2 (Art. 20-69), 5. Auflage, München 2001
zit.: Bearb., in: v. Münch/Kunig, GG, Bd. 2

Münchener Kommentar Münchener Kommentar zum Bürgerlichen Gesetzbuch
3. Aufl., Band 10, EGBGB (Art. 1-38)/IPR, München 1998
zit.: MüKo-Bearbeiter
2. Auflage, Band 7, EGBGB/IPR, München 1990
zit.: MüKo²-Bearbeiter
1. Auflage, Band 7, EGBGB/IPR, München 1983
zit.: MüKo¹-Bearbeiter

Neuhaus, Paul Heinrich Die Grundbegriffe des Internationalen Privatrechts, 2. Auflage, Tübingen 1976
zit.: Neuhaus, Grundbegriffe

ders. Bundesverfassungsgericht und Internationales Privatrecht. Versuch einer Bilanz, RabelsZ 36 (1972), S. 127 ff.

ders. Internationales Familienrecht und Grundrechte, FamRZ 1964, S. 609 ff.

ders. Das internationale Privatrecht im italienischen Zivilgesetzbuch von 1942, RabelsZ 15 (1949/50), S. 22 ff.

Neumayer, Karl Heinz Urteilsanmerkung zu BGH vom 17. Dezember 1959, RabelsZ 25 (1960), S. 649 ff.

ders. Zur Zivilehe eines Spaniers mit einer geschiedenen Deutschen, RabelsZ 36 (1972), S. 73 ff.

ders. Zur positivern Funktion der kollisionsrechtlichen Vorbehaltsklausel – Ein Beitrag zur Geltung zwingender Rechtssätze und überpositiver Grundnormen im internationalen Privatrecht, in: Ernst von Caemmerer/ Arthur Nikisch/ Konrad Zweigert (Hrsg.), Vom deutschen zum europäischen Recht: Festschrift für Hans Dölle, Band II, Tübingen 1963, S. 179 ff.

ders. Diskussionsbeitrag, in: Zur Frage des internationalen ordre public, BerDGVR 7 (1967), S. 181 f.

Nowak, Manfred UNO-Pakt über bürgerliche und politische Rechte und Fakultativprotokoll: CCPR-Kommentar, Kehl am Rhein (et. al.) 1989
zit.: Nowak, IPbpR

ders. U.N. Covenant on Civil and Political Rights: CCPR Commentary, Kehl am Rhein [et al.] 1993
zit.: Nowak, CCPR

ders. The International Covenant on Civil and Political Rights, in: Raija Hanski/ Markku Suksi (Hrsg.), An Introduction to the International Protection of Human Rights: A Textbook, Turku/ Åbo 1997, S. 79 ff.

ders. UN-Ausschuß für Menschenrechte: Rechtsprechungsübersicht Oktober 1981 bis Oktober 1982, EuGRZ 1983, S. 11 ff.

ders. UN-Ausschuß für Menschenrechte: Rechtsprechungsübersicht Juli 1986 bis Juli 1989, EuGRZ 1989, S. 430 ff.

Oellers-Frahm, Karin Die Konventionen und ihre Konsequenzen für den Rechtsanwender, in: Peter Koeppel (Hrsg.), Kindschaftsrecht und Völkerrecht im europäischen Kontext, Neuwied [et al.] 1996, S. 151 ff.

Oppermann, Thomas Europarecht: Ein Studienbuch, 2. Auflage, München 1999
zit.: Oppermann, Europarecht

Opsahl, Torkel The Human Rights Committee, in: Philip Alston (Hrsg.), The United Nations and Human Rights: A Critical Appraisal, Oxford 1992, S. 369 ff.

Palandt Bürgerliches Gesetzbuch, Kommentar, 60. Auflage, München 2001
zit. Palandt-Bearb.

Palm-Risse, Martina Der völkerrechtliche Schutz von Ehe und Familie (zugl. Bonn, Univ., Diss., 1989/90), Berlin 1990
zit.: Palm-Risse, Schutz

Partsch, Karl Josef Menschenrechte und Minderheitenschutz. Zu den Arbeiten des Institut de Droit international in der Zwischenkriegszeit, in: Rudolf Bernhardt/ Wilhelm Karl Geck/ Günther Jaenicke/ Helmut Steinberger (Hrsg.), Völkerrecht als Rechtsordnung, internationale Gerichtsbarkeit, Menschenrechte: Festschrift für Hermann Mosler, Berlin [et al.] 1983, S. 649

ders. Die Anwendung des Völkerrechts im innerstaatlichen Recht – Überprüfung der Transformationslehre, BerDGVR 6 (1964), S. 13 ff.

ders. The Enforcement of Human Rights and Peoples‘ Rights: Observations on their Reciprocal Relations, in: Rudolf Bernhardt/ John Antony Jolowicz (Hrsg.), International Enforcement of Human Rights, Berlin [et al.] 1987, S. 25 ff.

ders. The Racial Discrimination Committee, in: Philip Alston (Hrsg.), The United Nations and Human Rights: A Critical Appraisal, Oxford 1992, S. 339 ff.

ders. Human Rights Interstate Procedure, in: Rüdiger Wolfrum (Hrsg.), United Nations: Law, Policies and Practice, Band 1, München [et al.] 1995, S. 612 ff.

Pentzlin, Friederike Der universelle ordre public im Wirtschaftsrecht als ein Ordnungsprinzip des innerstaatlichen Rechts (zugl.: München, Univ., Diss., 1985), München [et al.] 1985
zit.: Pentzlin, Der universelle ordre public

Pernthaler, Peter / Rath-Kathrein, Irmgard Der grundrechtliche Schutz von Ehe und Familie – Art. 8 und 12 EMRK –, in: Rudolf Machacek/ Willibald P. Pahr/ Gerhard Stadler (Hrsg.), Grund- und Menschenrechte in Österreich, Band II, 40 Jahre EMRK: Wesen und Werte, Kehl am Rhein [et al.] 1992, S. 245 ff.

Perry, Michael J. Are Human Rights Universal? The Relativism Challenge and Related Matters, 19 HRQ (1997), S. 461 ff.

Petersohn, Alexandra Islamisches Menschenrechtsverständnis unter Berücksichtigung der Vorbehalte muslimischer Staaten zu den UN-Menschenrechtsverträgen, Bonn, Univ., Diss., 1999
zit.: Petersohn, Menschenrechtsverständnis

Pitschas, Reiner Verfassungsrechtliche Vorgaben für das Staatsangehörigkeitsprinzip des Internationalen Privatrechts, in: Erik Jayme/ Heinz-Peter Mansel (Hrsg.), Nation und Staat im Internationalen Privatrecht, Heidelberg 1990, S. 93

Pillet, Antoine / Niboyet, Jean Paulin Manuel de droit international privé, 2. Auflage, Paris 1928
zit.: Pillet/Niboyet, Manuel

Polakiewicz, Jörg Die Verpflichtungen der Staaten aus den Urteilen des Europäischen Gerichtshofs für Menschenrechte (zugl.: Heidelberg, Univ., Diss., 1992), Berlin [et al.] 1993
zit.: Polakiewicz, Verpflichtungen

ders. Verfassungs- und völkerrechtliche Aspekte der strafrechtlichen Ahndung des Schußwaffeneinsatzes an der innerdeutschen Grenze, EuGRZ 1992, S. 177 ff.

ders. Die innerstaatliche Durchsetzung der Urteile des Europäischen Gerichtshofs für Menschenrechte. Gleichzeitig eine Anmerkung zum Vermeire-Urteil des Europäischen Gerichtshofs für Menschenrechte vom 29. November 1991, ZaöRV 52 (1992), S. 149 ff.

de Quadros, Fausto La Convention Européenne des Droits de l'Homme: un cas de ius cogens régional? in: Ulrich Beyerlin/ Michael Bothe/ Rainer Hofmann (Hrsg.), Recht zwischen Umbruch und Bewahrung: Festschrift für Rudolf Bernhardt, Berlin [et al.] 1995, S. 555 ff.

Raape, Leo Internationales Privatrecht, 5. Auflage, Berlin 1961
zit.: Raape, IPR

Raape, Leo /Sturm, Fritz Internationales Privatrecht, Band I: Allgemeine Lehren, 6. Auflage, München 1977
zit.: Raape/Sturm, IPR I

Rama-Montaldo, Manuel Human Rights Conventions and Reservations to Treaties, in: Héctor Gros Espiell amicorum liber: persona humana y dereche international, personne humaine et droit international, human person and international law, Vol. II, Bruxelles 1997, S. 1261 ff.

Ramcharan, Bertie G. Standard-Setting: Future Perspectives, in: ders. (Hrsg.), Thirty Years After the Universal Declaration, The Hague 1979, S. 93 ff.

ders. Equality and Nondiscrimination, in: Louis Henkin (Hrsg.), The International Bill of Rights: The Covenant on Civil and Political Rights, New York 1981, S. 246 ff.

Rauscher, Thomas Internationales Privatrecht, Heidelberg 1999
zit.: Rauscher, IPR

Reichelt, Gerte „Europäischer" ordre public im autonomen Kollisionsrecht? ZfRV 16 (1975), S. 217 ff.

Reindel, Florian Auslegung menschenrechtlicher Verträge am Beispiel der Spruchpraxis des UN-Menschenrechtsausschusses, des Europäischen und des Interamerikanischen Gerichtshofs für Menschenrechte (zugl.: München, Univ., Diss., 1995), München 1995
zit.: Reindel, Auslegung

Ress, Georg Verfassungsrechtliche Auswirkungen der Fortentwicklung völkerrechtlicher Verträge, in: Walter Fürst/ Roman Herzog/ Dieter C. Umbach (Hrsg.), Festschrift für Wolfgang Zeidler, Band 2, Berlin 1987, S. 1775 ff.

Ress, Hans-Konrad Die Zulässigkeit territorialer Beschränkungen bei der Anerkennung der Zuständigkeit des Europäischen Gerichtshofs für Menschenrechte. Anmerkung zum Urteil des Europäischen Gerichtshofs für Menschenrechte im Fall *Loizidou* gegen die Türkei vom 23. März 1995, ZaöRV 56 (1996), S. 427 ff.

RGRK Das Bürgerliche Gesetzbuch mit besonderer Berücksichtigung der Rechtsprechung des Reichsgerichts und des Bundesgerichthofs: Kommentar, Band VI: Internationales Privatrecht, 1. Teilband, 12. Auflage, Berlin [et al.] 1981
zit.: RGRK-Wengler, Bd. VI/1

Riedel, Eibe Der internationale Menschenrechtsschutz. Eine Einführung, in: Bundeszentrale für politische Bildung (Hrsg.), Menschenrechte – Dokumente und Deklarationen, 3. Auflage, Bonn 1999, S. 11 ff.

ders. Menschenrechte der dritten Dimension, EuGRZ 1989, S. 9 ff.

ders. Universeller Menschenrechtsschutz. Vom Anspruch zur Durchsetzung, in: Gerhart Baum/ ders./ Michael Schaefer (Hrsg.), Menschenrechtsschutz in der Praxis der Vereinten Nationen, Baden-Baden 1998, S. 25 ff.

ders. Theorie der Menschenrechtsstandards: Funktion, Wirkungsweise und Begründung wirtschaftlicher und sozialer Menschenrechte mit exemplarischer Darstellung der Rechte auf Eigentum und Arbeit in verschiedenen Rechtsordnungen (zugl.: Kiel, Univ., Habil.-Schr. 1983), Berlin 1986
zit.: Riedel, Menschenrechtsstandards

Robertson, Arthur H. / Merrills, John G. Human Rights in Europe. A study of the European Convention on Human Rights, 3. Auflage, Manchester [et al.] 1993
zit.: Robertson/Merrills, Human Rights in Europe

dies. Human Rights in the World, 4. Auflage, Manchester [et al.] 1996

zit.: Robertson/Merrills, Human Rights in the World

Rojahn, Ondolf Die Auslegung völkerrechtlicher Verträge in der Entscheidungspraxis des Bundesverwaltungsgerichts, in: Rudolf Geiger (Hrsg.), Völkerrechtlicher Vertrag und staatliches Recht vor dem Hintergrund zunehmender Verdichtung der internationalen Beziehungen, Baden-Baden 2000, S. 123 ff.

Rolin, Henri Vers un ordre public réellement international, in: Hommage d'une génération des juristes au président Basdevant, Paris 1960, S. 441 ff.

Roosevelt, Franklin D. „Fourt Freedoms" Speech (1941), Abdruck in: Frank Newman/ David Weisbrodt, International Human Rights, Cincinnati 1990, S. 361 f.

Rudolf, Beate Die internationalen Übereinkommen zum Schutz der Menschenrechte, VN 1994, S. 118 ff.

Rudolf, Walter Völkerrecht und deutsches Recht – Theoretische und dogmatische Untersuchungen über die Anwendung völkerrechtlicher Normen in der Bundesrepublik Deutschland, Tübingen 1967
zit.: W. Rudolf, Völkerrecht

Rupp-Swienty, Annette Die Doktrin von der margin of appreciation in der Rechtsprechung des Europäischen Gerichtshofs für Menschenrechte (zugl.: München, Univ., Diss., 1998), München 1999
zit: Rupp-Swienty, Doktrin

Sachs, Michael Grundgesetz. Kommentar, 2. Auflage, München 1999
zit.: Bearbeiter, in: Sachs, GG

Salcedo, Juan Carrillo Human Rights, Universal Declaration (1948), in: Rudolf Bernhardt (Hrsg.), Encyclopedia of Public International Law, Vol. II, Amsterdam [et al.] 1995, S. 922 ff.

Sandrock, Otto Das „einseitige Kollisionsrecht für die Verfassung" und das Ausländische Privatrecht: Viel Lärm um nichts?, in: Werner Flume/ Hugo J. Hahn/ Gerhard Kegel/ Kenneth R. Simmonds (Hrsg.), Internationales Recht und Wirtschaftsordnung: Festschrift für F. A. Mann, München 1977, S. 267 ff.

v. Savigny, Carl Friedrich System des heutigen römischen Rechts, Band VIII, Berlin 1849
zit.: Savigny, System VIII

Schachter, Oscar International Law in Theory and Practice: General Course in Public International Law, 178 RdC 1982-V, S. 21 ff.

ders. The Obligation to Implement the Covenant in Domestic Law, in: Louis Henkin (Hrsg.), The International Bill of Rights: The Covenant on Civil and Political Rights, New York 1981, S. 311 ff.

Scheinin, Martin International Mechanisms and Procedures for Implementation, in: Raija Hanski/ Markku Suksi (Hrsg.), An Introduction to the International Protection of Human Rights: A Textbook, Turku/ Åbo 1997, S. 355 ff.

Schemmer, Franz Der ordre public-Vorbehalt unter der Geltung des Grundgesetzes (zugl.: Köln, Univ., Diss., 1994), Frankfurt a.M. [et al.] 1995
zit.: Schemmer, ordre public

Scherf, Manfred Die Umsetzung des Internationalen Paktes über wirtschaftliche, soziale und kulturelle Rechte vom 19. Dezember 1966 in die Rechtsordnung der Bundesrepublik Deutschland (zugl. Bochum, Univ., Diss., 1987), Frankfurt a.M. 1990
zit.: Scherf, Umsetzung

Schermers, Henry G. Human Rights in the European Union after the Reform of 1. November 1998, 4 EPL (1998), S. 335 ff.

Schilling, Theodor Diskussionsbeitrag, in: Die Wirkungskraft der Grundrechte bei Fällen mit Auslandsbezug, BerDGVR 38 (1998), S. 129 f.

Schlette, Volker Europäischer Menschenrechtsschutz nach der Reform der EMRK, JZ 1999, S. 219 ff.

Schmidt-Bleibtreu, Bruno / Klein, Franz Kommentar zum Grundgesetz, 9. Auflage, Neuwied [et al.] 1999
zit.: Schmidt-Bleibtreu/Klein, GG

Schöpp-Schilling, Hanna Beate Das Frauenrechtsübereinkommen – ein wirksames Instrument für die weltweite Gleichberechtigung und Gleichstellung von Frauen, in: Gerhart Baum/ Eibe Riedel/ Michael Schaefer (Hrsg.), Menschenrechtsschutz in der Praxis der Vereinten Nationen, Baden-Baden 1998, S. 155 ff.

dies. The Convention on the Elimination of all Forms of Discrimination against Women, in: Eckart Klein (Hrsg.), The Monitoring System of Human Rights Treaty Obligations, Berlin 1998, S. 71 ff.

dies. Bedeutung und Auswirkungen des Frauenrechtsübereinkommens, in: Eckhart Klein (Hrsg.), 20 Jahre Übereinkommen zur Beseitigung jeder Form von Diskriminierung der Frau (CEDAW), Potsdam 2000, S. 13 ff.

Schröder, Meinhard Zur Wirkkraft der Grundrechte bei Sachverhalten mit grenzüberschreitenden Elementen, in: Ingo v. Münch (Hrsg.), Staatsrecht, Völkerrecht, Europarecht: Festschrift für Hans-Jürgen Schlochauer, Berlin [et al.] 1981, S. 137 ff.

Schulz, Wolfgang Verfahren und materielle Voraussetzungen der Befreiung von der Beibringung des Ehefähigkeitszeugnisses, StAZ 1991, S. 32 ff.

Schurig, Klaus Zwingendes Recht, „Eingriffsnormen" und neues IPR, RabelsZ 54 (1990), S. 217 ff.

ders. Kollisionsnorm und Sachrecht: Zu Struktur, Standort und Methode des internationalen Privatrechts (zugl.: Köln, Univ., Habil.-Schr. 1980), Berlin 1981
zit.: Schurig, Kollisionsnorm

Schütz, Dieter Der internationale ordre public – Der Ausschluß völkerrechtswidrigen fremden Rechts im internationalen Privatrecht der Bundesrepublik Deutschland (zugl.: Würzburg, Univ., Diss., 1983), Frankfurt a.M. [et al.] 1984
zit.: Schütz, ordre public

Schwander, Ivo Lois d'application immédiate, Sonderanknüpfung, IPR-Sachnormen und andere Ausnahmen von der gewöhnlichen Anknüpfung im internationalen Privatrecht (zugl.: Freiburg, Univ., Diss., 1975), Zürich 1975
zit.: Schwander, Lois d'application

ders. Einführung in das internationale Privatrecht, Erster Band. Allgemeiner Teil, 2. Auflage, St. Gallen 1990
zit.: Schwander, IPR I

ders. Wie kann nationales IPR zu vermehrt internationaler Optik gelangen?, in: Jürgen Basedow/ Isaak Meier/ Anton K. Schnyder/ Talia Einhorn/ Daniel Girsberger (Hrsg.), Private Law in the International Area. From National Conflict Rules Towards Harmonization and Unification: liber amicorum Kurt Siehr, The Hague 2000, S. 673 ff.

Schwarck, Eberhard Ordre public und Wandel grundlegender Wertvorstellungen am Beispiel ausländischer Börsentermingeschäfte, in: Klaus Peter Berger/ Werner F. Ebke/ Siegfried Elsing/ Bernhard Großfeld/ Gunther Kühne (Hrsg.), Festschrift für Otto Sandrock zum 70. Geburtstag, Heidelberg 2000, S. 881 ff.

Schwelb, Egon The International Convention on the Elimination of All Forms of Racial Discrimination, 15 Int&CompLQ (1966), S. 996 ff.

Schweisfurth, Theodor Vorbehalte und Erklärungen beim Abschluß völkerrechtlicher Verträge, in: Rudolf Geiger (Hrsg.), Völkerrechtlicher Vertrag und staatliches Recht vor dem Hintergrund zunehmender Verdichtung der internationalen Beziehungen, Baden-Baden 2000, S. 71 ff.

Schweitzer, Harvey A Children's Rights Convention – What is the United Nations Accomplishing?, in: Richard B. Lillich (Hrsg.), The Family in International Law: Some Emerging Problems, Charlottesville, 1981, S. 115 ff.

Schweitzer, Michael Staatsrecht III: Staatsrecht, Völkerrecht, Europarecht, 7. Auflage, Heidelberg 2000
zit.: M. Schweitzer, Staatsrecht III

Schwenzer, Ingeborg Die UN-Kinderrechtskonvention und das schweizerische Kindesrecht, AJP 1994, S. 817 ff.

Schwimann, Michael Der rätselhafte Art. 13 Abs. 2 nF EGBGB, StAZ 1988, S. 35 ff.

Schwung, Siegfried Ersatzrecht bei einem Verstoß des ausländischen Rechts gegen den ordre public, RabelsZ 49 (1985), S. 407 ff.

Seidel, Gerd Handbuch der Grund- und Menschenrechte auf staatlicher, europäischer und universeller Ebene, Baden-Baden 1996
zit.: Seidel, Handbuch der Grund- und Menschenrechte

Seidl-Hohenveldern, Ignaz Völkerrechtswidrigkeit der Konfiskation aus der Sammlung des Fürsten von Liechtenstein als angeblich „deutsches" Eigentum, IPRax 1996, S. 410 ff.

ders. Ordre Public (Public Order), in: Rudolf Bernhardt (Hrsg.), Encyclopedia of Public International Law, Vol. III, Amsterdam [et al.] 1997, S. 788 ff.

Seidl-Hohenveldern, Ignaz / Stein, Torsten Völkerrecht, 10. Auflage, Köln [et al.] 2000
zit.: *Seidl-Hohenveldern/Stein, Völkerrecht*

Shue, Henry Básic Rights. Subsistance, Affluence and U.S. Foreign Policy, Princeton 1980
zit.: Shue, Basic Rights

Siehr, Kurt Grundrecht der Eheschließungsfreiheit und Internationales Privatrecht. Zugleich ein Beitrag zur Lehre vom ordre public, RabelsZ 36 (1972), S. 93 ff.

ders. Die *lex-fori*-Lehre heute, in: Rolf Serik/ Hubert Niederländer/ Erik Jayme (Hrsg.), Albert A. Ehrenzweig und das internationale Privatrecht, Heidelberg 1986, S. 35 ff.

ders. „False Conflicts", „lois d'application immédate" und anderer „Neuentdeckungen" im IPR – Zu gewissen Eigengesetzlichkeiten kollisionsrechtlicher Systeme, in: Jürgen Basedow/ Klaus J. Hopt/ Hein Kötz (Hrsg.), Festschrift für Ulrich Drobnig, Tübingen 1998, S. 443 ff.

ders. Diskussionsbeitrag, in: Die Wirkungskraft der Grundrechte bei Fällen mit Auslandsbezug, BerDGVR 38 (1998), S. 120 ff.

ders. Das neue Haager Übereinkommen von 1996 über den Schutz von Kindern, RabelsZ 62 (1998), S. 464 ff.

Silagi, Michael Die allgemeinen Regeln des Völkerrechts als Bezugsgegenstand in Art. 25 GG und Art. 26 EMRK, EuGRZ 1980, S. 632 ff.

Simma, Bruno Die internationale Kontrolle des VN-Paktes über wirtschaftliche, soziale und kulturelle Rechte: neue Entwicklungen, in: Ulrich Beyerlin/ Michael Bothe/ Rainer Hofmann (Hrsg.), Recht zwischen Umbruch und Bewahrung: Festschrift für Rudolf Bernhardt, Berlin [et al.] 1995, S. 579 ff.

ders. Das Reziprozitätselement im Zustandekommen völkerrechtlicher Verträge: Gedanken zu einem Bauprinzip der internationalen Rechtsbeziehungen (zugl.: Innsbruck, Univ., Habil.-Schr. 1971/72), Berlin 1972
zit.: Simma, Verträge

ders. Soziale Grundrechte und das Völkerrecht: Der Internationale Pakt über wirtschaftliche, soziale und kulturelle Rechte in der gegenwärtigen Verfassungsdiskussion, in: Peter Badura (Hrsg.), Wege und Verfahren des Verfassungslebens: Festschrift für Peter Lerche, München 1993, S. 83 ff.

ders. Der Ausschuß für wirtschaftliche, soziale und kulturelle Rechte (CESCR): Ein neues Menschenrechtsgremium der Vereinten Nationen, VN 37 (1989), S. 191 ff.

ders. The Implementation of the International Covenant on Economic, Social and Cultural Rights, in: Franz Matscher (Hrsg.), Die Durchsetzung wirtschaftlicher und sozialer Grundrechte, Kehl am Rhein [et al.] 1991, S. 75 ff.

ders. The Examination of State Reports: International Covenant on Economic, Social and Cultural Rights, in: Eckart Klein (Hrsg.), The Monitoring System of Human Rights Treaty Obligations, Berlin 1998, S. 31 ff.

ders. International Human Rights and General International Law: A Comparative Analysis, Collected Courses of the Academy of European Law, 1993, Vol. IV-2, S. 153 ff.

Simma, Bruno / Bennigsen, Sabine Wirtschaftliche, soziale und kulturelle Rechte im Völkerrecht. Der Internationale Pakt von 1966 und sein Kontrollverfahren, in: Jürgen F. Baur (Hrsg.), Festschrift für Ernst Steindorff, Berlin [et al.] 1990, S. 1477 ff.

Simma, Bruno / Fastenrath, Ulrich (Hrsg.) Menschenrechte: ihr internationaler Schutz, München 1998
zit.: Simma/Fastenrath (Hrsg.)

Simma, Bruno / Kahn, Daniel-Erasmus / Zöckler, Markus / Geiger, Rudolf The Role of German Courts in the Enforcement of International Human Rights, in: Benedetto Conforti/ Francesco Francioni (Hrsg.), Enforcing Human Rights in Domestic Courts, The Hague [et al.], 1997, S. 71 ff.

Soergel Kohlhammer-Kommentar zum Bürgerlichen Gesetzbuch und Nebengesetzen, Band 10: EGBGB, 12. Auflage, Stuttgart [et al.] 1996
zit.: Soergel-Bearb.

Sohn, Louis B. The Human Rights Law of the Charter, 12 TexasILJ (1979), S. 129 ff.

ders. The New International Law: Protection of the Rights of Individuals Rather than States, 32 AmUnivLRev (1982), S. 1 ff.

Sommermann, Karl-Peter Völkerrechtlich garantierte Menschenrechte als Maßstab der Verfassungskonkretisierung: Die Menschenrechtsfreundlichkeit des Grundgesetzes, AöR 114 (1989), S. 391 ff.

Sonnenberger, Hans-Jürgen Die Eingriffsnorm: ein internationalprivatrechtliches σκανδαλον? Beobachtungen und Betrachtungen, in: Bernhardt Großfeld/ Rolf Sack/ Thomas J. Möllers/ Josef Drexl/ Andreas Heinemann (Hrsg.), Festschrift für Wolfgang Fikentscher, Tübingen 1998, S. 283 ff.

ders. Die Bedeutung des GG für das deutsche Internationale Privatrecht, Diss., München 1962
zit.: Sonnenberger, Bedeutung

Spickhoff, Andreas Der ordre public im internationalen Privatrecht: Entwicklung, Struktur, Konkretisierung (zugl.: Göttingen, Univ., Diss., 1989), Neuwied [et al.] 1989
zit.: Spickhoff, ordre public

ders. Eheschließung, Ehescheidung und ordre public – Art. 6 Abs. 1 GG und die Anwendung ausländischen Rechts, JZ 1991, S. 323 ff.

Staudinger J. von Staudingers Kommentar zum Bürgerlichen Gesetzbuch, 13. Auflage
Einleitung zum IPR; Art. 3-6 EGBGB Berlin [et al.] 1996
Art. 13-18 EGBGB, Berlin 1996
zit.: Staudinger-Bearbeiter

Steinberger, Helmut Allgemeine Regeln des Völkerrechts, in: Josef Isensee/ Paul Kirchhof (Hrsg.), Handbuch des Staatsrecht der Bundesrepublik Deutschland, Band VII, Heidelberg 1992, § 173, S. 525 ff.

Steiner, Henry J. Individual claims in a world of massive violations: What role for the Human Rights Committee?, in: Philip Alston/ James Crawford (Hrsg), The Future of UN Human Rights Treaty Monitoring, Cambridge [et al.] 2000, S. 15 ff.

Steiner, Henry J. / Alston, Philip International Human Rights in Context: Law, Politics, Morals, Oxford 1996
zit.: Steiner/Alston, Human Rights

Stern, Klaus Idee der Menschenrechte und Positivität der Grundrechte, in: Joseph Isensee/ Paul Kirchhof (Hrsg.), Handbuch des Staatsrechts der Bundesrepublik Deutschland, Band V, 2. Auflage, Heidelberg 2000, § 108, S. 3 ff.

ders. Das Staatsrecht der Bundesrepublik Deutschland,
Band I, 2. Auflage, Müchen 1984
zit.: Stern, Staatsrecht I
Band III/1, München 1988
zit.: Stern, Staatsrecht III/1

Sternberg, Nils Der Rang von Menschenrechtsverträgen im deutschen Recht unter besonderer Berücksichtigung von Art. 1 Abs. 2 GG (zugl.: Hamburg, Univ., Diss., 1998), Berlin 1999
zit.: Sternberg, Rang

Stöcker, Hans A. Art. 30 EGBGB im Spannungsfeld zwischen Religion und Vernunft, StAZ 1968, S. 33 ff.

ders. Der internationale ordre public im Familien- und Familienerbrecht, RabelsZ 38 (1974), S. 79 ff.

ders. Vom ordre-public-Vorbehalt zur internationalprivatrechtlichen Härteklausel, StAZ 1970, S. 325 ff.

ders. Internationaler ordre public zum Schutz der Menschenrechte. Internationalprivatrechtliche Aspekte des Urteils des EGMR in der Sache *Marckx,* StAZ 1981, S. 16 ff.

ders. Die UNO-Kinderkonvention und das deutsche Familienrecht, FamRZ 1992, S. 245 ff.und S. 895 f.

ders. Grundrechtsschutz im Internationalprivatrecht, JR 1965, S. 456 ff.

Stoll, Hans Kollisionsrechtliche Fragen beim Kommissionsgeschäft unter Berücksichtigung des internationalen Börsenrechts, RabelsZ 24 (1959), S. 601 ff.

Streinz, Rudolf Diskussionsbeitrag, in: Die Wirkungskraft der Grundrechte bei Fällen mit Auslandsbezug, BerDGVR 38 (1998), S. 119 f.

Sturm, Fritz Eheschließungsformen im Ausland, ihre Gültigkeit und Nachweisbarkeit im Inland, StAZ 1995, S. 343 ff.

ders. Das Straßburger Marckx-Urteil zum Recht des nichtehelichen Kindes und seine Folgen, FamRZ 1982, S. 1150 ff.

ders. Scheidung und Wiederheirat von Spaniern in der Bundesrepublik, RabelsZ 37 (1973), S. 61 ff.

ders. Durchbruch der Grundrechte bei Sachverhalten mit Auslandsberührung, FamRZ 1972, S. 16 ff.

Suy, Erik Droit des traités et droits de l'homme, in: Rudolf Bernhardt, Wilhelm Karl Geck/ Günter Jaenicke/ Helmut Steinberger (Hrsg.), Völkerrecht als Rechtsordnung, Internationale Gerichtsbarkeit, Menschenrechte: Festschrift für Hermann Mosler, Berlin [et al.] 1983, S. 935 ff.

Tistounet, Eric Overlapping Human Rights Guarantees: Effects on their Interpretation and Examination Procedure in: Eckart Klein (Hrsg.), The Monitoring System of Human Rights Treaty Obligations, Berlin 1998, S. 147 ff.

Tomaševski, Katarina Human Rights Indicators, The Right to Food as a Test Case, in: Philip Alston/ dies. (Hrsg.), The Right to Food, Dordrecht [et al.] 1984, S. 135 ff.

Tomuschat, Christian Die staatsrechtliche Entscheidung für die internationale Offenheit, in: Josef Isensee/ Paul Kirchhof (Hrsg.), Handbuch des Staatsrechts der Bundesrepublik Deutschland, Band VII, Heidelberg 1992, § 172, S. 483 ff.

ders. Die Bundesrepublik Deutschland und die Menschenrechtspakte der Vereinten Nationen, VN 1/1978, S. 1 ff.

ders. Human Rights, States Reports, in: Rüdiger Wolfrum (Hrsg.), United Nations: Law, Policies and Practice, Band 1, München [et al.] 1995, S. 628 ff.

ders. Bewährung, Stärkung, Ausgestaltung, VN 1991, S. 6 ff.

ders. Kritische Bemerkungen zur Lage des deutschen Staatsrecht aus rechtsvergleichender Sicht, DÖV 1998, S. 806 ff.

ders. Menschenrechte, Staatenberichte, in: Rüdiger Wolfrum (Hrsg.), Handbuch Vereinte Nationen, 2. Auflage, München 1991, S. 559 ff.

ders. Is Universality of Human Rights Standards an Outdated and Utopian Concept?, in: Roland Bieber/ Albert Bleckmann/ Francesco Capotori (u.a.) (Hrsg.), Das Europa der zweiten Generation, Gedächtnisschrift für Christoph Sasse, Band II, Kehl am Rhein [et al.] 1981, S. 585 ff.

ders. Human Rights, Petitions and Individual Complaints, in: Rüdiger Wolfrum (Hrsg.), United Nations: Law, Policies and Practice, Band 1, München [et al.] 1995, S. 619 ff.

ders. Human Rights in a World-Wide Framework: Some Current Issues, ZaöRV 45 (1985), S. 545 ff.

ders. Learning from the Human Rights Committee's Experience: The Optional Protocol to the Convention Banning Discrimination Against Women, in: Jörn Ipsen/ Edzard Schmidt-Jortzig (Hrsg.), Recht, Staat, Gemeinwohl: Festschrift für Dietrich Rauschning, Köln [et al.] 2001, S. 313 ff.

ders. Verwirrung über die Kinderrechte-Konvention der Vereinten Nationen: Zur innerstaatlichen Geltungskraft völkerrechtlicher Verträge, in: Franz Ruland/ Bernd Baron von Maydell/ Hans-Jürgen Papier (Hrsg.), Verfassung, Theorie und Praxis des Sozialstaats: Festschrift für Hans F. Zacher, Heidelberg 1998, S. 1143 ff.

ders. Protection of Minorities under Art. 27 of the International Covenant on Civil and Political Rights, in: Rudolf Bernhardt/ Wilhelm Karl Geck/ Günter Jaenicke/ Helmut Steinberger (Hrsg.), Völkerrecht als Rechtsordnung, Internationale Gerichtsbarkeit, Menschenrechte: Festschrift für Hermann Mosler, Berlin [et al.] 1983, S. 949 ff.

ders. Anmerkung zur Entscheidung des UN-Menschenrechtsausschusses vom 15. August 1979, EuGRZ 1979, S. 501 f.

ders. (Hrsg.) Menschenrechte: Eine Sammlung internationaler Dokumente zum Menschenrechtsschutz, DGVN-Texte 42, Bonn 1992
zit.: Tomuschat (Hrsg.), DGVN-Texte 42

Treviranus, Hans D. Vorbehalte zu normativen völkerrechtlichen Verträgen in der Staatspraxis der Bundesrepublik Deutschland, DÖV 1976, S. 325 ff.

Uerpmann, Robert Die Europäische Menschenrechtskonvention und die deutsche Rechtsprechung. Ein Beitrag zum Thema Völkerrecht und Landesrecht (zugl.: Berlin, Freie Univ., Diss., 1991), Berlin [et al.] 1993
zit.: Uerpmann, Rechtssprechung

Ullmann, Christian Verfassungs- und völkerrechtliche Widersprüche bei der Ratifikation der UNO-Kinderrechtekonvention, FamRZ 1991, S. 898 ff.

ders. Erwiderung auf den Beitrag von Stöcker (FamRZ 1992, S. 245 ff.), FamRZ 1992, S. 892 f.

UN Centre for Human Rights (Hrsg.) The First Twenty Years: Progress Report of the Committee on the Elimination for Racial Discrimination, Geneva [et al.] 1991
zit.: UN-Centre for Human Rights (Hrsg.), The First Twenty Years

Verdross, Alfred / Simma, Bruno Universelles Völkerrecht: Theorie und Praxis, 3. Auflage, Berlin 1984
zit.: Verdross/Simma, Völkerrecht

Verhellen, Eugeen Convention on the rights of the child: background, motivation, strategies, main themes, Leuven 1994
zit.: Verhellen, Convention

Verhoeven, J. Applicabilité directe et intention des parties contractantes, in: liber amicorum Prof. em. E. Krings, Bruxelles 1991, S. 895 ff.

Verschraegen, Bea Die Kinderrechtekonvention, Wien 1996
zit.: Verschraegen, Kinderrechtekonvention

Viljanen, Veli-Pekka Abstention or Involvement? The Nature of State Obligations under Different Categories of Rights, in: Krzysztof Drzewicki/ Catarina Krause/ Allan Rosas (Hrsg.), Social Rights as Human Rights: A European Challenge, Turku/ Åbo 1994, S. 43 ff.

Villiger, Mark E. Handbuch der Europäischen Menschenrechtskonvention (EMRK) unter besonderer Berücksichtigung der schweizerischen Rechtslage, 2. Auflage, Zürich 1999
zit.: Villiger, Handbuch

Graf Vitzthum, Wolfgang (Hrsg.) Völkerrecht, 2. Auflage, Berlin [et al.] 2001
zit.: Bearb., in: Graf Vitzthum (Hrsg.), Völkerrecht

Vogel, Hans-Jochen Die Menschenrechte in der Bundesrepublik Deutschland, VN 1/1979, S. 17 ff.

Vogel, Klaus Der räumliche Anwendungsbereich der Verwaltungsrechtsnorm: eine Untersuchung über die Grundfragen des sogenannten Internationalen Verwaltungs- und Steuerrechts (zugl.: Hamburg, Univ., Habil.-Schr., 1963), Berlin 1965
zit.: K. Vogel, Der räumliche Anwendungsbereich der Verwaltungsrechtsnorm

ders. Die Verfassungsentscheidung des Grundgesetzes für eine internationale Zusammenarbeit: Ein Diskussionsbeitrag zu einer Frage der Staatstheorie sowie des geltenden deutschen Staatsrechts, Tübingen 1964
zit: K. Vogel, Verfassungsentscheidung

ders. Wortbruch im Verfassungsrecht. Mit einer Bemerkung zum Verhältnis zwischen BVerfG und demokratischem Gesetzgeber, JZ 1997, S. 161 ff.

Volio, Fernando Legal Personality, Privacy, and the Family, in: Louis Henkin (Hrsg.), The International Bill of Rights: The Covenant on Civil and Political Rights, New York 1981, S. 185 ff.

Völker, Christian Zur Dogmatik des ordre public: Die Vorbehaltsklauseln bei der Anerkennung fremder gerichtlicher Entscheidungen und ihr Verhältnis zum ordre public des Kollisionsrechts (zugl.: Tübingen, Univ., Diss., 1996), Berlin 1998
zit.: Völker, Dogmatik

Wagner, Rolf Das neue Internationale Privat- und Verfahrensrecht zur eingetragenen Lebenspartnerschaft, IPRax 2001, S. 283 ff.

Wähler, Klaus Politische Ehehindernisse im geltenden Recht europäischer und außereuropäischer Staaten. Eine rechtsvergleichende Studie, StAZ 1989, S. 182 ff.

Walz, Gustav A. Völkerrecht und staatliches Recht. Untersuchungen über die Einwirkung des Völkerrechts auf das innerstaatliche Recht, Stuttgart 1933
zit.: Walz, Völkerrecht

Weber, Hermann Anmerkung zur „Liechtenstein-Entscheidung" des Bundesverfassungsgerichts vom 29. Januar 1998, AVR 36 (1998), S. 188 ff.

von der Wense, Wolf Der UN-Menschenrechtsausschuß und sein Beitrag zum universellen Schutz der Menschenrechte (zugl.: Bonn, Univ., Diss., 1999), Berlin [et al.] 1999
zit.: von der Wense, UN-Menschenrechtsausschuß

Weiß, Norman Overlapping Human Rights Guarantees – An Analysis of Causes and a Sketch of Possible Effects, in: Eckart Klein (Hrsg.), The Monitoring System of Human Rights Treaty Obligations, Berlin 1998, S. 183 ff.

ders. Zukünftige Möglichkeiten des Individualrechtsschutzes im Rahmen des Übereinkommens zur Beseitigung jeder Form von Diskriminierung der Frau, MRM 1999, S. 79 ff.

Weißauer, Walther Völkerrechtliche Verträge – Zusammenwirken von Bund und Ländern, in: August R. Lang (Hrsg.), Festschrift für Karl Bengl, München 1984, S. 149 ff.

Weitz, Barbara Inlandsbeziehung und ordre public in der deutschen Rechtsprechung zum internationalen Familienrecht, zugleich ein Beitrag zur Reform des deutschen internationalen Familienrechts (zugl.: Freiburg, Univ., Diss., 1980), Hamburg 1980
zit.: Weitz, Inlandsbeziehung

Wengler, Wilhelm Die Anknüpfung des zwingenden Schuldrechts im internationalen Privatrecht, ZVglRWiss 54 (1941), S. 168 ff.

ders. Rechtsgleichheit und Vielheit der Rechte. Rechtsvergleichende Betrachtungen zum Staatsrecht und zum Kollisionsrecht, in: Ernst v. Caemmerer/ Ernst Friesenhahn/ Richard Lange (Hrsg.), Hundert Jahre deutsches Rechtsleben: Festschrift zum hundertjährigen Bestehen des Deutschen Juristentages 1860-1960, Band I, Karlsruhe 1960, S. 239 ff.

ders. Anmerkung zu BGH vom 29. April 1964, JZ 1965, S. 100 ff.

Wiesbrock, Katja Internationaler Schutz der Menschenrechte vor Verletzungen durch Private (zugl.: Göttingen, Univ., Diss., 1998), Berlin 1999
zit.: Wiesbrock, Schutz

Wiese, Walter Verfassungsrechtliche Aspekte der Vorbehalte zu völkerrechtlichen Verträgen, DVBl. 1975, S. 73 ff.

Wiethölter, Rudolf Zur Frage des internationalen ordre public, BerDGVR 7 (1967), S. 133 ff.

Wolf, Joachim Ratifizierung unter Vorbehalten: Einstieg oder Ausstieg der Bundesrepublik Deutschland aus der UN-Konvention über die Rechte des Kindes?, ZRP 1991, S. 374 ff.

Wolff, Martin Das Internationale Privatrecht Deutschlands, 3. Auflage, Berlin [et al.] 1954
zit.: Wolff, IPR

Wolfrum, Rüdiger Internationales Übereinkommen zur Beseitigung jeder Form von Rassendiskriminierung: Inhalt und Verfahren seiner Durchsetzung, in: Gerhard Baum/ Eibe Riedel/ Michael Schaefer (Hrsg.), Menschenrechtsschutz in der Praxis der Vereinten Nationen, Baden-Baden 1998, S. 129 ff.

ders. The Progressive Development of Human Rights: A Critical Appraisal of Recent UN Efforts, in: Jürgen Jekewitz/ Karl Heinz Klein/ Jörg Detlef Kühne/ Hans Petersmann/ ders. (Hrsg.), Des Menschen Recht zwischen Freiheit und Verantwortung: Festschrift für Karl Josef Partsch, Berlin 1989, S. 67 ff.

ders. International Convention on the Elimination of all Forms of Racial Discrimination, in: Eckart Klein (Hrsg.), The Monitoring System of Human Rights Treaty Obligations, Berlin 1998, S. 49 ff.

Wörgetter, Aloisia Politischen Bemerkungen zum neuen Beschwerderecht für Frauen im Rahmen der VN-Frauenrechtskonvention, in: Eckhart Klein (Hrsg.), 20 Jahre Übereinkommen zur Beseitigung jeder Form von Diskriminierung der Frau (CEDAW), Potsdam 2000, S. 53 ff.

Wuppermann, Michael Die deutsche Rechtsprechung zum Vorbehalt des ordre public im internationalen Privatrecht seit 1945 vornehmlich auf dem Gebiet des Familienrechts (zugl. Gießen, Univ., Diss., 1975), Frankfurt a.M. 1977
zit.: Wuppermann, Rechtsprechung

Yourow, Howard Charles The Margin of Appreciation Doctrine in the Dynamics of European Rights Jurisprudence, Dordrecht [et al.] 1996
zit.: Yourow, Margin

Zimmer, Daniel Ausländisches Wirtschaftsrecht vor deutschen Zivilgerichten – Zur Unterscheidung zwischen einer normativen Berücksichtigung fremder zwingender Normen und einer bloßen Beachtung ihrer tatsächlichen Folgen, IPRax 1993, S. 65 ff.

ders. Savigny und das Internationale Privatrecht unserer Zeit, in: Jean-Francois Gerkens/ Hansjörg Peter/ Peter Trenk-Hinterberger/ Roger Vigneron (Hrsg.), Mélanges Fritz Sturm, Band II, Liège 1999, S. 1709 ff.

Zimmermann, Andreas Neuere Entwicklungen zum Verhältnis zwischen dem UN-Abkommen über die Rechte des Kindes und nationalem Familienrecht, IPRax 1996, S. 167 ff.

Zitelmann, Ernst Internationales Privatrecht, Erster Band, Leipzig 1897
zit.: Zitelmann, IPR I

Zuleeg, Manfred Die innerstaatliche Anwendbarkeit völkerrechtlicher Vertragsbestimmungen am Beispiel des GATT und der Europäischen Sozialcharta, ZaöRV 35 (1975), S. 341 ff.

ders. Zum Standort des Verfassungsstaats im Geflecht der internationalen Beziehungen, DÖV 1977, S. 462 ff.

ders. Abschluß und Rechtswirkung völkerrechtlicher Verträge in der Bundesrepublik Deutschland, JA 1983, S. 1 ff.

Zweigert, Konrad Internationales Privatrecht und öffentliches Recht, in: Fünfzig Jahre Institut für Internationales Privatrecht an der Universität Kiel, Hamburg 1965, S. 124 ff.

ders. Nichterfüllung aufgrund ausländischer Leistungsverbote, RabelsZ 14 (1942), S. 283 ff.

AUGSBURGER SCHRIFTEN ZUM STAATS- UND VÖLKERRECHT

Herausgegeben von Professor Dr. Dieter Blumenwitz

Band 1 Fritz-Harald Wenig: Rechtsprobleme des innerdeutschen Handels.

Band 2 Wilfried Niedermeier: Der Beitritt der Bundesrepublik Deutschland zum Statut des Internationalen Gerichtshofes unter besonderer Berücksichtigung der obligatorischen Gerichtsbarkeit.

Band 3 Johann G. Gleich: Die Anerkennung der DDR durch die Bundesrepublik.

Band 4 Matthias Weigand: Der Vertrag über die gegenseitigen Beziehungen zwischen der Bundesrepublik Deutschland und der Tschechoslowakischen Sozialistischen Republik vom 11. Dezember 1973 - Eine völkerrechtliche Analyse.

Band 5 Werner Trützschler von Falkenstein: Die sich ändernde Bedeutung der Feindstaatenartikel (Artikel 53 und 107 der Satzung der Vereinten Nationen) für Deutschland.

Band 6 Reiner Schenk: Die Viermächteverantwortung für Deutschland als Ganzes, insbesondere deren Entwicklung seit 1969.

Band 7 Wolfgang Wagner: Die Verwirklichung der Menschenrechte im Pakt der Vereinten Nationen über bürgerliche und politische Rechte vom 16. Dezember 1966, im Grundvertrag und den ihn begleitenden Nebeninstrumenten.

Band 8 Ulrich Wacker: Der Konflikt verschiedener Rechtssysteme vor, während und nach der Kolonialzeit in Kenia.

Band 9 Wolfgang Enders: Der mexikanische Bundesstaat. Die politische und sozioökonomische Problematik eines föderalen Verfassungssystems in einem Land der "Dritten Welt".

Band 10 Heiner Hasford: Die Jurisdiktion der Europäischen Gemeinschaften. Zur extraterritorialen Wirkung des Gemeinschaftsrechts.

SCHRIFTEN ZUM STAATS- UND VÖLKERRECHT

Band 11 Wolf Dieter Remmele: Die Selbstdarstellung der Bundesrepublik Deutschland im Ausland durch den Rundfunk als Problem des Staats- und Völkerrechts.

Band 12 Elisabeth Lichtenstern: Die Gesetzgebung im Spannungsverhältnis zwischen Bund und Ländern.

Band 13 Peter Gassner: Kollektivmacht und Individualschutz im amerikanischen Arbeitsrecht.

Band 14 Helga Walter: Das Selbstverständnis des modernen Algeriens. Die historisch-nationalen und islamischen Elemente.

Band 15 Dieter Schütz: Der internationale ordre public. Der Ausschluß völkerrechtswidrigen fremden Rechts im Internationalen Privatrecht der Bundesrepublik Deutschland.

Band 16 Klaus-Peter Kißler: Die Zulässigkeit von Wirtschaftssanktionen der Europäischen Gemeinschaft gegenüber Drittstaaten.

Band 17 Rainhardt Freiherr von Leoprechting: Die neue Rohrwaffen-Artillerie-Munition im Lichte des I. Genfer Zusatzprotokolles vom 12. Dezember 1977. Zur Frage der Völkerrechtskonformität der Verteidigung der Bundesrepublik Deutschland mit modernen konventionellen Artilleriesystemen.

Band 18 Roland Steinmeyer: Die Schiffsgläubigerrechte im südafrikanischen nationalen und internationalen Privatrecht. Eine rechtsvergleichende Darstellung unter Einbeziehung des englischen und deutschen internationalen Privatrechts und unter besonderer Berücksichtigung des ordre public.

Band 39 Barbara Schmidt: Die Erweiterung der seewärtigen Hoheitsrechte der Bundesrepublik Deutschland und der DDR unter besonderer Berücksichtigung deutschlandrechtlicher Probleme. 1989.

Band 40 Hans-Joachim Brauns: Wiedervereinigung und europäische Integration. 1990.

Band 41 Gilbert-Hanno Gornig: Der Hitler-Stalin-Pakt. Eine völkerrechtliche Studie. 1990.

Band 42 Gudrun Lehnberger: Kommunale Entwicklungshilfe. Eine Aufgabe der Gemeinden? - Bestandsaufnahme und rechtliche Würdigung unter besonderer Berücksichtigung der bayerischen Verwaltungspraxis. 1990.

Band 43 Heike Kaup: Der Schwangerschaftsabbruch aus verfassungsrechtlicher Sicht. Eine rechtsvergleichende Untersuchung anhand des deutschen und des amerikanischen Rechts. 1991.

Band 44 Bernadette Steinmeyer: Verfassungsrechtliche Ansätze zur Neuordnung der multirassischen Gesellschaft Südafrikas unter Berücksichtigung des Vorschlages des Verhandlungsforums der "KwaZulu/Natal Indaba". 1991.

Band 45 Burkhard Schöbener: Die amerikanische Besatzungspolitik und das Völkerrecht. 1991.

Band 46 Christian Raap: Die Souveränität der Bundesrepublik Deutschland unter besonderer Berücksichtigung des militärischen Bereichs und der deutschen Einheit. 1992.

Band 47 Andrea Wagner: Der argentinisch-chilenische Konflikt um den Beagle-Kanal. Ein Beitrag zu den Methoden friedlicher Streiterledigung. 1992.

Band 48 Ralf Wittkowski: Die Staatensukzession in völkerrechtliche Verträge unter besonderer Berücksichtigung der Herstellung der staatlichen Einheit Deutschlands. 1992.

Band 49 Michael Piazolo: Das Recht auf Abtreibung als Teilaspekt des Right of Privacy. 1992.

Band 50 Silke Wenk: Das konfiszierte deutsche Privatvermögen in Polen und der Tschechoslowakei. Die Rechtslage nach Abschluß des deutsch-polnischen und deutsch-tschechoslowakischen Nachbarschaftsvertrages. 1993.

Band 51 Antje Kießwetter: Die Verfassungsentwicklung in Namibia. 1993.

Band 52 Angelika Kleffner-Riedel: Regionalausschuß und Subsidiaritätsprinzip. Die Stellung der deutschen Bundesländer nach dem Vertrag über die Europäische Union. 1993.

Band 53 Jerzy Kranz: Entre l'influence et l'intervention. Certains aspects juridiques de l'assistance financière multilatérale. 1994.

Band 54 Knut Kettwig: Rechtsgrundlagen dezentraler grenzüberschreitender Zusammenarbeit im deutsch-polnischen und deutsch-tschechischen Grenzraum. 1994.

Band 55 Ulrich Seidenberger: Die diplomatischen und konsularischen Immunitäten und Privilegien. Ein Beitrag zur Diskussion über die Reformbedürftigkeit des Diplomaten- und Konsularrechts aus staats- und völkerrechtlicher Sicht. 1994.

Band 56 Christian Schede: Bundesrat und Europäische Union. Die Beteiligung des Bundesrates nach dem neuen Artikel 23 des Grundgesetzes. 1994.

Band 57 Florian Prugger: Die Nachfolge in das Vermögen der ehemaligen DDR. Ein Beitrag zu Art. 21 ff Einigungsvertrag unter besonderer Berücksichtigung der Firma F.C. Gerlach des Bereichs Kommerzielle Koordinierung. 1994.

Band 58 Mark Zimmer: Einsätze der Bundeswehr im Rahmen kollektiver Sicherheit. Staats- und völkerrechtliche Grundlagen unter Berücksichtigung des BVerfG-Urteils vom 12.07.1994. 1995.

Band 59 Gerd von Laffert: Die völkerrechtliche Lage des geteilten Zypern und Fragen seiner staatlichen Reorganisation. 1995.

Band 60 Wolfram Schneeweiß: Die rechtliche Stellung der Indianerstämme innerhalb der Vereinigten Staaten von Amerika. Ein Modell für den Schutz der *indigenous peoples*. 1995.

Band 61 Marianne Janik: Möglichkeiten und Grenzen einer gemeinsamen Exportkontrolle für sensitive Waren und Dienstleistungen im Lichte des europäischen Gemeinschaftsrechts. 1995.

Band 62 Michael Brems: Die politische Integration ethnischer Minderheiten aus staats- und völkerrechtlicher Sicht. 1995.

Band 63 Martin Vocke: Verfassungsinterpretation und Normbegründung - Grundlegung zu einer prozeduralen Theorie der Verfassungsgerichtsbarkeit. 1995.

Band 64 Stefan von der Beck: Die Konfiskationen in der Sowjetischen Besatzungszone von 1945 bis 1949. Ein Beitrag zu Geschichte und Rechtsproblemen der Enteignung auf besatzungsrechtlicher und besatzungshoheitlicher Grundlage. 1996.

Band 65 Stephanie Baer: Der Zerfall Jugoslawiens im Lichte des Völkerrechts. 1995.

Band 66 Christine Sauerwald: Die Unionsbürgerschaft und das Staatsangehörigkeitsrecht in den Mitgliedstaaten der Europäischen Union. 1996.

Band 67 Silke Buchner: Die Rechtswidrigkeit der Taten von "Mauerschützen" im Lichte von Art. 103 II GG unter besonderer Berücksichtigung des Völkerrechts. Ein Beitrag zum Problem der Verfolgung von staatlich legitimiertem Unrecht nach Beseitigung des Unrechtssystems. 1996.

Band 68 Bernd Weiß: Einführung und Umsetzung der Europäischen Charta der kommunalen Selbstverwaltung in Deutschland, insbesondere in Bayern und Nordrhein-Westfalen. 1996.

Band 69 Gesine Katharina Neumann: Boliviens Recht auf freien Zugang zum Pazifik. Zur völkerrechtlichen Problematik des Zugangs der Binnenstaaten zum Meer. 1997.

Band 70 Elvira Pfrang: Das Verhältnis zwischen Europäischem Gemeinschaftsrecht und deutschem Recht nach der Maastricht-Entscheidung des Bundesverfassungsgerichts. Eine Studie zu den Konflikten beider Rechtsordnungen auf dem Gebiet des Grundrechtsschutzes und der Kompetenzen. 1997.

Band 71 Dieter Blumenwitz / Burkhard Schöbener: Stabilitätspakt für Europa. Die Sicherstellung mitgliedstaatlicher Haushaltsdisziplin im Europa- und Völkerrecht. 1997.

Band 72 Matthias Weinberg: Schutz der deutschen Minderheit in Polen nach den Weltkriegen. Ein Vergleich unter Berücksichtigung der aktuellen Rechtslage. 1997.

Band 73 Reinhard Müller: Der "2+4-Vertrag und das Selbstbestimmungsrecht der Völker. 1997.

Band 74 Stefan Strobl: Das Nichtverbreitungsregime für Kernwaffen nach 1995 und der freie Zugang zu nuklearen Technologien und Materialien. 1997.

Band 75 Christine Weber: Das Gegenzeichnungsrecht unter besonderer Berücksichtigung der Verfassung des Fürstentums Liechtenstein. 1997.

Band 76 Stephan Semrau: Die Gemeinsame Außen- und Sicherheitspolitik der Europäischen Union. 1998.

Band 77 Marcus Schultz: Die Auslandsentsendung von Bundeswehr und Bundesgrenzschutz zum Zwecke der Friedenswahrung und Verteidigung. Völker- und verfassungsrechtliche Analyse unter besonderer Berücksichtigung der Entscheidung des Bundesverfassungsgerichtes zum Einsatz deutscher Streitkräfte vom 12. Juli 1994. 1998.

Band 78 Benedikt P. Kuttenkeuler: Die Verankerung des Subsidiaritätsprinzips im Grundgesetz. Ein Beitrag zur Bedeutung des Subsidiaritätsprinzips für die Kompetenzabgrenzung im Bundesstaat. 1998.

Band 79 Winfried Bausback: Verfassungsrechtliche Grenzen des Wahlrechts zum Deutschen Bundestag. 1998.

Band 80 Elvira Pfrang: Towards Liberalisation of the European Electricity Markets. The Directive concerning Common Rules for an Internal Market in Electricity in the Frame of the Competition and Internal Market Rules of the EC-Treaty. 1999.

Band 81 Alexander Wolf: Prozessuale Probleme des „Maastricht"-Urteils des Bundesverfassungsgerichts. 1999.

Band 82 Jürgen Bartl: Die humanitäre Intervention durch den Sicherheitsrat der Vereinten Nationen im "Failed State". Das Beispiel Somalia. 1999.

Band 83 Thomas Gnielinski: Die Reform des deutschen Staatsangehörigkeitsrechts. Eine Analyse und Bewertung der vorliegenden Gesetzesvorhaben. 1999.

Band 84 Margarita González: Der völkerrechtliche Status des Panamakanals nach Ablauf der Übergangszeit im Jahr 1999. 2000.

Band 85 Petra Johnen: Die Verfassungsentwicklung Südafrikas unter besonderer Berücksichtigung der verfassunggebenden Gewalt des Volkes. 2001.

Band 86 Markus Allstadt: Die offene Völkerrechtslage im deutsch-tschechischen Verhältnis und ihre Bedeutung für die Osterweiterung der Europäischen Union. Zugleich Überlegungen zu den Auswirkungen zwingenden Völkerrechts in der Vertriebenenfrage. 2000.

Band 87 Gerrit Aschmann: Europol aus Sicht der deutschen Länder. 2000.

Band 88 Mark Weber: Der Berlin-Status im intertemporalrechtlichen Konflikt. Dargestellt am Beispiel von Grundstücksenteignungen im Ostteil Groß-Berlins. 2001.

Band 89 Heidi Hellwig: Die Staatsangehörigkeit als Anknüpfung im deutschen IPR. Unter besonderer Berücksichtigung des Gesetzes zur Reform des Staatsangehörigkeitsrechts. 2001.

Band 90 Aline Bruer-Schäfer: Der Internationale Strafgerichtshof. Die Internationale Strafgerichtsbarkeit im Spannungsfeld von Recht und Politik. 2001.

Band 91 Andreas Rosenfeld: Die Verfassungsentwicklung von Mosambik. Ein Beitrag zur rechtsstaatlichen Transformation im südlichen Afrika. 2001.

Band 92 Markus Pallek: Der Minderheitenschutz im deutschen Verfassungsrecht. Eine analytische Untersuchung des Begriffs sowie der bundes- und landesverfassungsrechtlichen Stellung der ethnischen, nationalen, sprachlichen, kulturellen und religiösen Minderheiten in der Bundesrepublik Deutschland vor dem Hintergrund der völker- und europarechtlichen Rahmenbedingungen. 2001.

Band 93 Ansgar Firsching: Die Samen, ihre Rechtsstellung in Schweden und ihre Rechtsstellung im Lichte der Indigenous Peoples weltweit. 2002.

Band 94 Jörg Dunker: Regionale Integration im System des liberalisierten Welthandels. EG und NAFTA im Vergleich. 2002.

Band 95 Katharina Wodarz: Gewaltverbot, Menschenrechtsschutz und Selbstbestimmungsrecht im Kosovo-Konflikt. 2002.

Band 96 Grit Hokema: Immunität von Staatsoberhäuptern. 2002.

Band 97 Tido Oliver Hokema: Mehrfache Staatsangehörigkeit. Eine Betrachtung aus völkerrechtlicher und verfassungsrechtlicher Sicht. Unter Berücksichtigung des Staatsangehörigkeitsreformgesetzes vom 15. Juli 1999. 2002.

Band 99 Tobias Irmscher: Die Behandlung privater Beschwerden über systematische und grobe Menschenrechtsverletzungen in der UN-Menschenrechtskommission. Das 1503-Verfahren nach seiner Reform. 2002.

Band 100 Markus Voltz: Menschenrechte und ordre public im Internationalen Privatrecht. 2002.

Gerrit Manssen / Bogusław Banaszak (Hrsg.)

Minderheitenschutz in Mittel- und Osteuropa

Frankfurt/M., Berlin, Bern, Bruxelles, New York, Oxford, Wien, 2001.
259 S., zahlr. Tab.
ISBN 3-631-37922-6 · br. DM 69.–/ € 35.30*

Der Zusammenbruch der kommunistischen Herrschaftssysteme hat dazu geführt, daß in der östlichen Hälfte Europas Staaten entstanden sind, die sich mehr oder weniger ausdrücklich als Nationalstaaten begreifen. Viele von ihnen sind jedoch keine Nationalstaaten, sondern Nationalitätenstaaten. Mit dem Niedergang der Sowjetunion brach daher die Minderheitenproblematik mit elementarer und unerwarteter Wucht auf. Die Notwendigkeit eines effektiven Minderheitenschutzes zur Befriedung dieser Staaten ist evident. Das Völkerrecht allein kann dies jedoch nicht
leisten. Die in diesem Tagungsband vereinigten Beiträge von Vertretern Lettlands, Litauens, Polens, der Tschechischen Republik, Ungarns, Weißrußlands und der Russischen Förderation verdeutlichen die verfassungsrechtlichen und einfachgesetzlichen Bemühungen zur Lösung der Minderheitenproblematik. Offen treten aber auch die politischen Fallstricke und Grenzen auf den eingeschlagenen Wegen zutage.

Aus dem Inhalt: Völkerrechtliche Grundlagen des Minderheitenschutzes · Autonomiekonzepte zum Minderheitenschutz · Europäische Union und Minderheitenschutz · Verfassungsrechtliche und einfachgesetzliche Ausgestaltung des Minderheitenschutzes in Lettland, Litauen, Polen, der Tschechischen Republik, Ungarn, Weißrußland und der Russischen Föderation

www.ingramcontent.com/pod-product-compliance
Ingram Content Group UK Ltd.
Pitfield, Milton Keynes, MK11 3LW, UK
UKHW021128041026
8980IPUK00033B/1360

9 783631 396124